무역의 세계사
A SPLENDID EXCHANGE

『무역의 세계사』는 대부분의 독자와 출판 편집자들이 바라 마지않는 책, 하지만 좀처럼 쉽게 만날 수 없는 책이다. 『옥스퍼드 영국사』나 『로마제국 쇠망사』 같은 통사(通史)는 페이지와 함께 시대를 넘기며 당대의 정치, 경제, 사회, 문화 등을 다채롭게 조망할 수 있어서 좋다. 하지만 너무 방대한 내용을 다루기에 '그래서 뭐가 어떻다는 거지?'라는, 뭔가 즉각적인 교훈을 얻기에 힘든 점이 있다. 반면 『설탕의 세계사』나 『조약의 세계사』처럼 인류 활동의 어느 특정 부문만을 집중해서 엮은 미시사(微視史)는 주제에 집중하다 보니 재미있고 얻는 것도 많지만 전체 역사에서 해당 부문만 잘라낸 것이라서 각 시대의 흐름을 전체적으로 바라보기 어렵고, 너무 작은 분야로 시야를 좁혀 자칫 편협해질 수도 있다.

『무역의 세계사』는 그런 점에서 두 마리 토끼를 멋지게 잡았다고 해야겠다. 저자가 말하듯 "물건을 나르고 교환하는 본능은 인간 고유의 속성이다." 그만큼 인류 문명의 중요한 축인 '무역'에 대해 이 책은 고대부터 현대까지 포괄적이고도 치우치지 않은 해설을 제공한다. 그런 한편 "인류 역사에 왕과 선지자의 종교가 기여한 부분도 있지만 전반적으로는 상인의 야심, 세속적 이념이 흐름을 주도했다"는 저자의 주장대로 '무역의 역사'를 관련된 세계사의 빅 이벤트들, 그리고 오늘날의 세계를 만든 거대한 흐름들과 함께 빠짐없이 묘사해낸다.

통사와 미시사의 장점만 멋지게 취하고 있는 이 책은 시종일관 날카롭고 유머러스한 통찰력도 보여준다. 1635년에 멕시코시티의 이발사들이 중국에서 이민 온 이발사들 때문에 정부에 항의했다는 이야기, 남북전쟁의 이면에는 보호무역주의와 자유무역주의의 대립이 있었다는 이야기, 오늘날 신자유주의에 따라 인도 노동자들이 미국 노동자들의 입지를 좁히고 있는 현상이야말로 18~19세기에 자유무역으로 피해를 보았던 인도의 '짜릿한 복수'가 아닐 수 없다는 이야기 등등은 흥미진진하면서도, 오늘날의 미중 무역전쟁이나 이민 문제 등을 바라보는 데 좋은 시사점을 던져준다. 방대한 지식을 녹여낸 이 책의 번역은 결코 쉽지 않은 고된 작업이었을 텐데, 정밀하고 충실한 번역 덕분에 책의 가치가 더욱 빛나고 있다. 이런 책을 선물해준 저자와 역자에게 감사를 드린다. 재미있으면서도 숨겨진 보물 같은 깨달음을 주는 책이다.

— 함규진 서울교육대학교 교수

『무역의 세계사』는 무역의 역사에 국한되지 않는다. 윌리엄 번스타인의 현란한 글솜씨를 통해 세계의 역사를 아우르는 책이 되었다. 저렴하게 사서 비싸게 팔아 이익을 남기려는 인류의 오래된 욕구는 제국의 설립, 전쟁, 무역 규제로 이어졌으며 최근에는 경제와 금융 세계화에 대한 거센 저항을 낳았다. 무역의 역사에 대한 해박한 지식을 갖춘 번스타인이야말로 무역의 미래에 대한 오늘날의 논쟁을 효과적으로 다루는 데 완벽하게 준비되어 있는 저자다.

— 리처드 실라(Richard Sylla) 뉴욕대 스턴 경영대학교 경제사 및 금융사학과 교수

무역 전쟁이 새로운 현상이라고 생각하는가? '그렇다'고 답했다면 다시 생각해봐야 할 것이다. 윌리엄 번스타인은 무역의 역사에 대한 경이로운 수준의 이해를 바탕으로, 이야기꾼으로서 무역이 인간에게 미치는 영향을 조명한다. 그는 무역의 승자와 패자를 주제로 한 해묵은 논쟁이 오늘날 자유무역과 보호주의를 가르는 분열에 어떤 영향을 미쳤는지 설명하기 위해, 독자를 '유령선'이 출몰하는 바다와 위험천만한

대륙 횡단 여행의 시대로 데려간다. 이 과정에서 저자는 미중 무역 갈등의 뿌리를 파헤치고, 세계가 그 어느 때보다 상업을 통해 긴밀하게 연결된 이 시대에도 자유무역에 대한 오랜 반발이 계속되고 있음을 잘 보여준다. 번스타인은 거장의 통찰력으로 역사를 꿰뚫어 독자가 이 시대의 뿌리 깊은 분열을 이해할 수 있도록 도와준다.

— 사라 본지오르니(Sara Bongiorni)『메이드 인 차이나 없이 살아보기』저자

『무역의 세계사』는 고대부터 오늘날까지의 무역 발전에 대한 노련한 통찰이 가득한 책이다. 번스타인은 광범위한 역사적 맥락을 활용하여 무역의 발전이 사회의 번영에 어떻게 기여했는지 설명하며, 무역과 무역 정책이 국가의 발전에 촉매제로 작용한 설득력 있는 사례를 제시한다. 그는 무역이 세계를 만들어온 과정을 우리가 반드시 이해해야 한다는 정당한 주장을 한다. 앞으로 무역은 긍정적이든 부정적이든 인간 사회에서 핵심적인 역할을 계속 수행할 것이기 때문이다. 경제인뿐 아니라 정치인도 주목해야 하는 책이다.

— 아서 래퍼(Arthur Laffer) 래퍼 어소시에이츠(Laffer Associates) 회장

『무역의 세계사』로 번스타인은 경제사학자이자 최고의 저자라는 기존의 명성을 한층 높였다. 그는 탁월한 연구로 글로벌 무역의 역사에 대해 새롭게 눈뜨게 해주고 재미있는 이야기로 술술 읽히는 책을 선사했다. 독자들은 눈을 뗄 수 없는 장대한 역사를 읽으면서 지적 보상과 즐거움을 느낄 것이다. 아울러 문명의 성장과 사회 발전에 상당한 기여를 한 경제의 글로벌화가 오늘날 어떤 문제에 직면했는지 관심을 기울이게 될 것이다.

— 존 C. 보글(John C. Bogle) 뱅가드 그룹 창립자

번스타인은 국제무역의 광범위한 역사를 조명하면서 신나는 모험 이야기와 학문적 지식을 솜씨 좋게 엮었다. 그가 전하는 고대부터 현재까지 무역의 역사는 물건을 교환하려는 억누를 수 없는 인간 욕구의 이야기이며, 나아가 이러한 욕망이 예술, 과학, 사상의 교환을 촉발한 이야기다. 무역의 역사는 곧 인류의 역사이기도 하다. 대체로 행복한 이야기인 것이다.

— 피에트라 리볼리(Pietra Rivoli) 『티셔츠 경제학』 저자

고대 메소포타미아의 원시적인 물물교환부터 오늘날 글로벌 시장에 이르기까지 인류의 거래를 흥미진진하게 연구한, 매력적이면서도 놀라운 책이다. 번스타인은 방대한 데이터를 활용해 인류의 발전에서 무역이 얼마나 중요한 위치를 차지하는지를 설명한다. 그렇다고 수치를 파고들며 독자들을 따분하게 만드는, 숫자로 점철되어 있는 책은 아니다. 광활한 육지와 바다를 아우르는 장대한 서사이며 시의적절하고 유용한 정보로 가득한 책이다.

— 제이 프리먼(Jay Freeman) 《북리스트Booklist》

번스타인의 강렬한 저서는 무역이 인류 역사에서 얼마나 매혹적이고 때로는 지배적인 요인으로 작용했는지를 보여준다. 또한 독자에게 세계사를 통틀어 기억에 남을 만한 이야기만을 골라 들려준다. 책은 경제학, 사회학, 군사 전략, 보건 문제뿐 아니라 살아 숨 쉬는 개성을 지닌 매력적인 인간들의 이야기들로 가득하다. 단순히 경제사 필독서가 아니라 읽는 내내 즐거움을 주는 책이다.

— 피터 번스타인(Peter L. Bernstein) 『리스크』 저자

번스타인은 유쾌하고 활력 넘치는 이야기꾼으로, 석기시대 이후 국제무역과 경제사가 어떻게 전개되었는지에 대한 풍부한 이야기를 독자에게 들려준다. 이 책은 역사, 지리, 경제를 한 권의 책 안에서 익힐 수 있도록 환상적인 방법으로 집필되었다. 책을 읽는 동안 마치 스크루지 삼촌이 낯선 땅의 옛 문명에서 겪은 모험에 대해 듣는 어린이로 돌아간 듯했다. 물론 내 강의를 듣는 학생들에게 들려줄 많은 아이디어도 얻을 수 있었다.

— 에드 타워(Ed Tower) 듀크대학교 경제학과 교수

무역의 세계사

인류 첫 거래부터 무역전쟁까지, 찬란한 거래의 역사

윌리엄 번스타인 지음 | 박홍경 옮김

라이팅하우스

차례

지도

일러두기

- 본문에서 병기한 인·지명은 일반적인 표기법과 다를지라도 Journal Storage를 통해 영어권 학계에서 가장 일반적으로 쓰는 표기를 기초로 저자가 인용한 자료의 표기를 그대로 존중했습니다.
- 성경 구절은 개역개정판 성경전서를 인용했습니다.

머리말

무역은 어떻게 오늘날의 세계를 만들었는가

더없이 일상적인 날이었다. 9월의 아침, 베를린 중심부의 한 호텔 로비. 나는 호텔의 접수 담당자와 짧은 독일어와 영어로 서로 정중한 인사를 나누면서, 무심코 카운터의 바구니에 담긴 사과를 집어 가방에 넣었다. 몇 시간 후 허기가 느껴졌고 나는 티어가르텐에 가서 간단히 간식을 먹기로 했다. 그리고 이 멋진 도심 공원의 풍경과 소리를 즐기다가, 공짜 사과에 붙은 '뉴질랜드산'이라는 작은 라벨을 놓칠 뻔했다.

타이완산 텔레비전, 멕시코산 상추, 중국산 셔츠, 인도산 도구는 이제 흔하게 구할 수 있다. 그래서인지 이런 무역의 기적이 최근에야 가능해졌다는 사실을 잊곤 한다. 유럽산 사과가 한창 수확되던 시기에 정작 내 손에 들어온 사과가 지구 반대편에서 생산되었다니, 무역의 위대함을 이보다 더 잘 보여주는 사례가 또 있을까?

1000년 전에는 실크, 금, 은, 향료, 보석, 자기, 약품처럼 귀한 대접을 받는 상품만 대륙을 건너올 수 있었다. 물건은 먼 이국땅에서 왔다는 사실만으로 신비롭고 낭만적이며 고귀한 지위를 누렸다. 3세기 로마에서 최고급 수입품은 단연 중국의 실크였다. 역사는 광활한 영토의 정복, 도시적인 건축물과 훌륭한 공학 기술, 법 제도를 통해 로마 황제의 위대함을 강조한다. 하지만 218~222년 로마를 통치했던 엘라가발루스(Elagabalus)는 터무니없는 행동, 미소년과 실크를 탐하던 악취미로 기억될 뿐이다. 그는 고대 세계의 수도에 살던 대중에게 철없는 장난을 하거나 변덕스럽게 아동을 살해하는 기이한 행동으로 충격을 안겨 줬다. 무엇보다 로마인의 관심과 질시를 불러일으킨 것은 그의 화려한 옷장과, 체모를 모두 제거한 다음 얼굴을 붉고 희게 화장한 과시적인 행동이었다. 황제가 가장 좋아하던 옷감은 때때로 리넨과 섞어서 옷을 지어 입던 실크(sericum)였는데, 그는 서양 지도자로는 처음으로 실크로만 만든 옷을 걸쳤다.[1]

동아시아의 누에나방(*Bombyx mori*)에서 탄생한 실크가 고대 로마의 기항지에 도착하면 오로지 지배 계층만 입을 수 있는 옷감이 되었다. 오늘날의 독자들은 값싸고 부드러우며 편안한 합성섬유에 익숙하지만, 고대 시대에 주로 사용된 옷감은 저렴하지만 답답하고 무거운 동물 가죽, 따끔거리는 양모, 주름이 많이 가는 흰 리넨이었다(면직물은 인도와 이집트에서 구할 수 있었으나 생산과정이 까다로워서 실크보다 더 비쌌다). 재봉 도구가 제한적인 시대였기에 맨살에 닿는 느낌이 부드럽고 무게가 거의 느껴지지 않는 실크에 모두가 매료되었을 것이다. 최초의 실크 상인들이 대상 숙소에 머무를 때마다 가방에서 색상이 화려한 견본을 꺼내 숙소의 여주인에게 웃음을 날리며 "만져보기 전에는 믿지 못할 겁니다"라고 말하는 모습이 눈에 선하다.

110년경 활동하던 시인 유베날리스는 사치품을 탐하는 여성들에 대해 "무척이나 매력적인 얇디얇은 로브를 찾는다네 / 살결이 부드러워 고운 실크에도 쓸릴 텐데"라고 표현했다.[2] 신들도 실크의 매력을 거부할 수 없었다. 여신 이시스는 "때로는 노란색, 때로는 장밋빛, 때로는 불꽃색, 때로는 (영혼의 상처를 자극하는) 어둡고 음울한 색으로 일렁이는 고운 실크"를 걸쳤다고 전해진다.[3]

로마인은 실크가 중국에서 생산된다는 것은 알고 있었지만 정작 중국에 대해서는 알지 못했다. 또한 뽕나무 잎이 누에나방의 먹이인 줄 모르고 그저 실크가 나무에서 직접 자라는 줄 알았다.

중국에서 로마까지 실크가 어떻게 전달되었을까? 무척 더디고 위험하며 구간마다 고난이 기다리는 여정을 거쳤을 것이다.[4] 중국 남부 항구의 상인들은 인도차이나를 따라 내려가 말레이반도와 벵골만을 돌아 스리랑카의 항구에 닿는 오랜 여행을 떠나면서 실크를 배에 실었다. 스리랑카에서 만난 인도 상인은 이 실크를 인도 남서부 해안의 타밀 항구인 무지리스, 넬신다, 코마라 등으로 운반했다. 거기서는 다시 그리스와 아랍 중개인이 디오스코디아섬(오늘날 예멘의 소코트라)까지 실크를 옮겼다. 아랍, 그리스, 인도, 페르시아, 에티오피아 상인들이 한데 어우러진 용광로와 같은 지역이었다. 디오스코디아에서 그리스 선박에 실린 화물은 바브엘만데브(Bab el-Mandeb, 아라비아어로 '슬픔의 문')의 홍해 입구를 통해 주요 항구인 이집트의 베레니스까지 이동했다. 이어 낙타로 사막을 건너 나일강까지 이동했다. 거기서 다시 배를 타고 하류의 알렉산드리아로 이동하면, 마침내 그리스와 이탈리아 로마 선박이 화물을 지중해 건너 로마의 거대한 종착지(termini)인 푸테올리(오늘날 포추올리)와 오스티아로 가져갔다. 일반적으로 중국인은 스리랑카 서쪽을, 인도

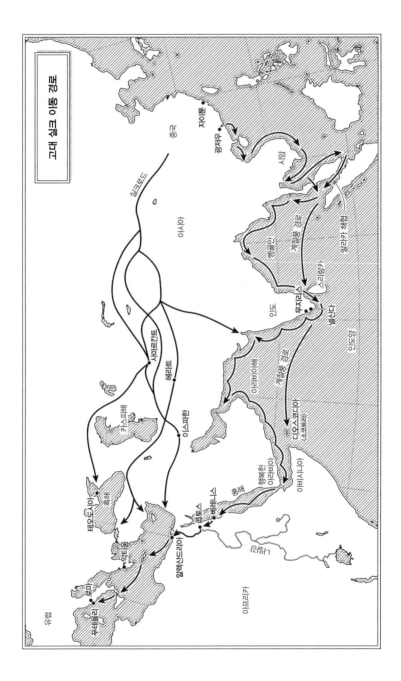

고대 실크 이동 경로

인은 홍해 어귀의 북부를, 이탈리아인은 알렉산드리아의 남부를 넘어 탐험하지 않았다. 오직 그리스인들만이 인도부터 이탈리아까지 자유롭게 다니면서 큰 화물을 운송할 뿐이었다.

여정의 각 단계마다 길고 위험한 순간이 이어졌으며, 실크는 여러 사람을 거칠수록 값이 비싸졌다. 중국에서도 값비싼 제품이었지만 로마에 도착하면 원래보다 백배나 비싸졌다. 무게당 가치가 금과 비슷해서 몇 온스만으로도 일반 남성의 1년 치 임금과 맞먹었다.[5] 엘라가발루스 황제 같은 최고 부유층만 실크로 만든 전신 토가를 입을 수 있었다.

로마에 이르는 또 다른 길로는 그 유명한 실크로드가 있다. 2세기에 한나라 사절이 처음 개척한 길로, 중앙아시아를 거쳐 천천히 육로를 통과하는 경로였다. 길은 무척 복잡했으며 정치와 군사 환경에 따라 카이베르 고개 남쪽에서 북쪽으로는 시베리아 경계까지 다양한 경로가 활용됐다. 당시 그리스, 에티오피아, 인도 상인이 해상 수로를 장악하고 있던 것처럼 사마르칸트(오늘날 우즈베키스탄)의 거대한 도시들, 이스파한(이란에 위치), 헤라트(아프가니스탄에 위치) 같은 육로의 '항구'에서는 유대인, 아르메니아인, 시리아 중개인이 주로 활동했다. 이런 환경이었는데 로마인이 실크가 육로로 닿을 수 있는 북쪽의 세레스(Seres)와 해로로 닿을 수 있는 남쪽의 시나이(Sinae)라는 두 나라에서 생산된다고 착각하고 있었다며 비난할 수 있을까?(세레스와 시나이는 모두 중국을 가리킨다—역주)

해로는 육로와 비교해 비용이 더 저렴하고 안전했으며 신속하게 이동할 수 있었다. 근대 이전에는 불안정한 지역을 돌아갈 수 있다는 이점도 있었다. 처음에 실크는 육로를 통해 유럽에 전달됐지만, 초기 로마제국은 안정되어 있었기에 동양과 서양 사이에 거래되는 실크 등 대다수 상품은 주로 인도양을 거쳐 갔다. 2세기 들어 로마와 동양의 무역이 줄어들긴 했으나 해로는 이슬람이 7세기에 길을 폐쇄할 때까지 열려 있었다.

계절마다 불어오는 계절풍은 실크 교역을 촉진했다. 계절풍을 이용해 이동할 경우 중국 남부를 떠난 실크가 이탈리아의 오스티아나 푸테올리에 도착할 때까지 적어도 18개월이 걸렸다. 아라비아해와 벵골만의 위험 지대를 비롯해 각 지역마다 치명적인 문제가 상인들을 기다리고 있었다. 인명, 선박, 화물을 잃을 위험은 상존했기에, 비극이 발생하더라도 "모두가 침몰했다" 정도로 짧게 언급하고 지나가는 경우가 보통이었다.

오늘날에는 일반 화물의 운송 거리가 길어지더라도 가격이 약간 오르는 정도에 그칠 뿐이다. 대륙 간 대형 화물의 효율성은 실로 놀라울 정도다.

특히 고가의 품목은 음속 수준의 빠르기로 하늘을 누빈다. 냉방 장치가 된 조종석을 지키는 승무원이 화물 운반을 책임지며, 여정의 끝에는 택시와 4성급 호텔이 기다리고 있다. 대형 화물선조차 동영상 기록을 남기며, 식료품 저장실은 근대 이전의 선원들은 상상도 하지 못할 안전과 편안함을 제공한다. 오늘날 항공기와 화물선의 승무원들은 고도로 숙련된 전문가이며, 이들을 '상인'이라고 생각하는 사람들은 거의 없다. 또한 국제무역으로 온갖 상품을 사고파는 다국적기업도 상인으로 간주되지 않는다.

얼마 전까지만 해도 상인을 구별하기란 어렵지 않았다. 상인은 자기

돈으로 약간의 물건을 사서 어디에든 들고 다녔다. 배에 올라서는 자기 화물 위에서 잠을 청했다. 대다수의 상인은 기록을 남기지 않았지만, 게니자(Geniza) 문서는 근대 이전 장거리 교역을 엿볼 수 있는 생생한 창 역할을 한다. 게니자 문서는 중세에 기록된 것으로, 카이로의 고대 회당 인근에 위치한 보관소에서 우연히 발견되었다. 유대인은 하나님의 이름이 들어간 문서라면 어떠한 경우에라도 파손하지 못하도록 법으로 금했는데, 가족과 기업이 일상적으로 주고받은 서신도 포함되었다. 금지 규정이 중세에 기록된 문서 대부분에 적용되었으므로 막대한 양의 문서가 각 지방 회당의 보관소(게니자)에 남아 있었다. 카이로의 유대인은 10~12세기 이슬람 파티마 왕조 시대에 풍요롭고 관대한 분위기에서 그 숫자가 크게 증가했다. 카이로의 건조한 기후는 (히브리 문자와 더불어 아라비아어로 기록된) 유대인의 문서를 보존하는 데 적합했고, 오늘날까지 남아 있게 만들었다. 가족이나 기업인들이 일상적으로 나눈 서신은 지브롤터에서 알렉산드리아나 인도까지 오갔는데, 여기에는 물건을 사고파는 행상들의 고되고 위험하며 암울하고 불만스러운 삶의 애환이 담겨 있다.

여정을 준비하는 과정도 무척 고달팠다. 상인들은 사업 계약을 하러 외국으로 나갈 때 소개장이나 이동 경로에 위치한 현지 통치자가 발급한 통행증 없이는 감히 움직이지 않았다. 관련 문서가 없으면 강도나 폭행을 당하거나 살해될 위험이 있었기 때문이다. 특히 중세 이슬람 세계에서 모든 여행자에게는 동반자(rafiq)가 필요했다. 주로 다른 상인이 그런 역할을 했고, 상인들은 서로에게 안전을 맡겼다. 동반자 중 하나가 사망하는 것만큼 비극적인 사건도 없었다. 현지 당국은 살아남은 여행자가 사망한 동반자의 금전과 소유를 가지고 있다고 가정하고 가진 것을 몰수하거나 고문하기 일쑤였다. 동반자 없이 친척이나 손님을 보내는 행위는 망신스러운 일로 여겨졌다.[6]

이런 세계에서는 육로보다 배를 이용한 여행이 더 빠르고 저렴하며 안전하고 편안하다. 하지만 '빠르다', '저렴하다', '안전하다', '편안하다'는 모두 상대적인 표현이다. 15세기 유럽에서 작은 범선이나 이베리아반도에서 카라크선(대형 범선)이 개발되기 전까지 돛에 의지해 움직이던 선박은 대형 저가 화물을 나르는 데 활용되었다. 승객과 고급 화물은 더 빠르고 안정적인, 노를 저어 움직이는 선박으로 이동했다. 길이가 50미터인 갤리선에는 사공만 500명이 탔다. 선원, 항해사, 승객은 포함시키지도 않은 숫자다. 좁은 공간에 무척 많은 인원이 타다 보니 위생 시설은 매우 부족했고, 선박은 바다 위를 떠다니는 하수관이나 다름없었다. 나일강에서 배를 탄 익명의 상인은 "옆에 탄 승객의 질병과 역겨운 냄새 때문에 끔찍했다"라고 털어놨다. "배에서 세 사람이 사망하고 말았는데 마지막으로 숨을 거둔 자는 사망 후 하루 반 동안 배에 방치되어 부패하는 지경에 이르렀다."[7] 선장은 사망자가 발생한 날 배를 뭍에 대고 시신을 묻기를 꺼렸다. 이슬람 관습을 심각하게 위반하는 행위였기 때문인데, 이는 바다의 승객과 선원이 어떤 위험에 직면했는지를 보여준다.

기본적 위생은 제쳐두고도 선장과 선원 자체가 위험 요인이 되는 경우도 많았다. 강도와 살인은 배에서 흔한 일이었으며, 상선은 부패한 정부 관료들에게 특히 손쉬운 목표물이었다. 나일강의 한 상인은 분명 항구를 떠나기 전 관료에게 '인두세'를 지불했으나 동일한 관료가 갈

취하러 또 찾아오지 않을까 의심해야 했던 상황을 기록해 두었다.

배에서 내려 길을 앞질러간 다음 알 루마일라에서 배에 다시 올랐다. 아니나 다를까 내 추측이 옳았다는 것을 깨달았다. 내가 배에서 내린 뒤 그 관료가 나를 다시 찾아왔다는 것이었다.[8]

이런 고난과 위험은 이슬람 선박만 당하는 것이 아니었다. 이집트 상인들은 종종 이탈리아나 비잔틴 선박으로 여행을 했는데, 달리 더 안전이나 편안함을 누린 것도 아니었다. 어느 배를 타든 살인, 해적, 질병에 노출되었고 배가 통제를 잃고 표류하는 일도 있었다. '유령선'은 머나먼 인도양의 향료 수송로에서 선원과 승객들이 어떤 끔찍한 일을 치렀는지 엿보게 했다.

중세 시대의 항해가 비용이 많이 들고 불쾌한 일이었다 해도 상인들은 육로보다 바닷길을 선호했다. 이집트 파티마 제국의 심장부에 위치한 주요 도로를 따라가는 여정에서도 통행증이 베두인족의 약탈을 막아주지는 못했다. 차라리 사람들이 우글거리고 고약한 냄새가 나는 갑판에서 여러 주를 보내는 것이 당나귀나 낙타에 올라 망을 보며 몇 달을 이동하는 것보다 나았다.

게니자 문서에는 육상 교통의 비용에 대한 설명도 등장한다. 역사 시대에 주로 거래된 제품은 옷감이었다. 카이로에서 튀니지까지 '보라색' 옷감 뭉치를 운반할 때 드는 총비용은 금 8디나르에 달했다(낙타 한 마리에 실을 수 있는 직물은 230킬로그램 정도였다). 이는 중세 이집트 중하층 가구의 넉 달 치 생활비와 맞먹었다. 이 비용의 절반은 카이로에서 알렉산드리아까지 단거리에 해당하는 200킬로미터를 육로로 이동하는 데 들었고, 나머지는 알렉산드리아에서 튀니지까지 2000킬로미터를 바다로 움직이는 비용이었다.[9] 육로 운송의 막대한 비용, 위험, 불편 때문에 상인들은 겨울에 지중해가 '폐쇄'될 때처럼 바다를 이용할 수 없는 경우에만 육로로 움직였다.

상인들이 운 좋게도 화물과 사람 모두 무사히 여정을 마치더라도 변덕스러운 시장 때문에 쓴맛을 볼 수도 있었다. 가격은 예측이 불가능했다. "가격은 어떤 원칙도 따르지 않는다" 혹은 "가격은 신의 손에 달려 있다" 같은 경고가 종종 회자되었다.[10] 그렇다면 상인들은 대체 무슨 이유로 따뜻한 가정을 몇 년이나 떠나서 목숨과 재산을 걸고 여행을 했을까? 답은 간단하다. 상인들의 삶이 아무리 암울해도 근근이 먹고사는 인구 90퍼센트의 농민들보다 나았기 때문이다. 연간 100디나르의 이익을 내면 중상류층의 생활을 누릴 수 있었고, 상인은 큰 부자가 되었다.[11]

애덤 스미스는 인간이 본능적으로 "운반하고 물건을 다른 물건으로 교환한다"라고 지적했다. 이는 "별달리 설명을 더할 수 없는" 인간의 천성이다.[12] 세계무역의 기원에 대한 역사학자들의 탐구만큼 우리가 사는 세상에 대해 많은 것을 알려주는 질문도 없다. 물론 우리가 올바른 질문을 던진다는 가정하에 그렇다. 예를 들어 역사의 여명기부터 메소포타미아와 아라비아 남부 사이에는 곡물과 금속의 장거리 교역이 활발하게 이어졌다. 고고학자들은 그보다 더 먼 과거로 거슬러 올라가, 선사시대에도 흑요석과 석기 같은 전략적 물질이 장거리 운반된 사실을 발견했다. 다른 동물들 중에서도 영장류는 서로 털을 손질해주고 음식을 나누는 등 체계적으로 재화와 서비스를 교환하지만, 먼 거리를 오가는 교역은 호모 사피엔스 이외의 다른 종에서는 찾아볼 수 없는 행동이다. 무엇이 초기 인류를 교역으로 이끌었을까?

진화인류학자들은 아프리카 동부와 서부에서 일어난 인류 행동의 기원을 10만 년 전으로 거슬러 올라가 찾는다.[13] 특히 인간은 '운반하고 교환하는' 내재적 경향에 따라 다양한 재화를 점점 더 많이 거래하기 시작했다. 세계 교역이 증가하는 데 육상 및 해상 운송 기술의 혁신이 크게 기여했지만 무엇보다 정치 안정성이 중요했다. 예를 들어 기원전 30년 옥타비아누스의 군대가 그리스 서부의 악티움 해전에서 안토니우스와 클레오파트라를 무찔러 로마제국의 영토를 대거 확장하면서 로마에는 동양의 후추, 이국적인 동물, 상아, 귀금속이 쏟아져 들어왔다. 새로운 상품 중에서도 중국 실크는 가장 유명하며 사람들이 탐내는 물건이었는데, 앞서도 언급했듯 로마의 지도학자들조차 중국의 정확한 위치를 몰랐다. 로마와 동양 사이의 교역은 제국 초기에 급격히 성장한 만큼 급하게 위축됐다. 2세기 후반에 마르쿠스 아우렐리우스가 사망한 이후 로마가 오랜 쇠퇴기에 접어들었기 때문이다. 엘라가발루스가 아끼던 실크도 쇠퇴기에 인도에서 들여오던 희귀한 사치품이었다.

악티움 해전 이후 장거리 교역의 급격한 성장과 200년 이후의 쇠퇴는 해양 기술의 변화와 무관하다. 인도양 무역로를 오가던 로마, 그리스, 아랍, 인도 상인들이 마르쿠스 아우렐리우스의 치세 이후 항해 능력을 갑자기 상실했을 리 없었기 때문이다.

이제 무역이 세계인이 즐기는 풍성한 농산물에 어떻게 기여했는지 살펴보자. 토마토 없는 이탈리아 요리, 차나무가 자라지 않는 다르질링 인근 고원, 빵이나 소고기가 없는 미국인의 식탁, 감자가 들어가지 않는 독일 요리를 상상해보라. 혹은 커피의 탄생지인 예멘 이외의 지역 곳곳에 널린 카페들을 생각해보라. '콜럼버스의 교환' 이전에 세계에서 생산된 농산물의 범위가 이런 상태였다고 보면 된다. 1492년 이후 불과 수십 년 만에 먼 대륙에서 건너온 작물이 수십억 에이커의 토지를 점령했다. 이런 일이 어떻게, 왜 일어났으며 이는 무역에 대해 무엇을 알려주는가?

무함마드 선지자의 죽음과 르네상스 시대 사이의 700년 동안 유럽, 아시아, 아프리카의 이슬람 국가는 서로마제국보다 발전했다. 무함마드의 추종자들은 장거리 교역로인 인도양을 장악했고, 이 과정에서 서아프리카에서 남중국해에 이르기까지 선지자의 메시지를 전파했다. 그러더니 바르톨로뮤 디아스와 바스코 다 가마가 희망봉을 처음 돈 것을 계기로 서양 세력이 급부상했고, 불과 몇십 년 만에 세계의 무역로를 장악했다. 우리는 이러한 사건을 교역의 역사라는 시각에서 이해할 수 있는가?

유럽의 교역 지배에 앞장선 것은 영국과 네덜란드 동인도회사 등 국가 차원에서 운영되던 거대한 무역 기관이었다. 이들은 국제무역을 대형 기관의 전유물로 만들었으며, 20세기에는 다국적기업이 이를 이어받았다. 다국적기업은 오늘날 서양, 특히 미국의 문화와 경제 지배의 원천으로서 강한 분노와 반감의 대상이 되기도 한다. 근대 다국적 대기업의 뿌리는 무엇이며, 오늘날 만연한 반미주의와 교역에 관련된 문화적 갈등은 새로운 현상인가?

세계가 교역의 지속적 흐름에 점점 더 의존하면서 우리는 번영을 누리는 동시에 취약해졌다. 만약 인터넷에 중대한 장애가 발생한다면 국제경제에 재앙이 일어날 것이다. 인터넷이 널리 사용된 지 불과 수십 년밖에 되지 않았음을 고려하면 놀라운 현상이다. 선진국은 세계의 가장 불안정한 지역에서 채굴하는 화석연료에 중독되고 있다. 게다가 화석연료 운송에서 가장 큰 비중을 차지하는 경로는 페르시아만 입구를 지키는 좁은 해협을 통과해야만 한다. 교역의 역사는 이 같은 위험 수역에서 우리를 안내할 수 있는 지표를 제공하는가?

오늘날에는 일반적으로 20세기의 통신과 교통 혁신을 통해 처음으로 전 세계가 다른 나라와 직접적인 경쟁에 노출되었다고 믿는다. 그러나 앞으로 살펴보겠지만, 이는 전혀 새로운 현상이 아니다. 이전 세기에 세계가 '평평해지는' 과정에서 승자와 패자가 모두 생겼으며, 당연한 일이겠지만 승자는 세계의 변화를 찬성하고 패자는 반대한다. 과거 혁명적인 무역의 역사는 오늘날 세계화를 둘러싼 거대한 정치적 투쟁에 무엇을 시사하는가?[14]

과거에는 상인이 홀로 다니면서 막대한 비용과 영웅적 노력이 필요한 거래를 수행해야 이익을 얻을 수 있었다. 그런 시대의 실크 교역과 게니자 문서는 칠레의 와인, 한국의 자동차, 뉴질랜드의 사과가 주목받는 시대를 사는 우리에게 무엇을 알려주는가?

안정적인 국가는 무역 활동을 한다. 로마와 동아시아 사이의 교역은 옥타비아누스가 악티움에서 승리를 거둔 이후 활성화되었으며, 이후

200년 동안 지중해와 홍해 무역로에서 상대적으로 평화로운 시기가 이어졌다. 로마가 실질적으로 지배한 영토는 알렉산드리아와 인도 사이의 경로에서 서쪽 3분의 1에 불과했으나, 제국의 영향력은 동쪽으로 갠지스강까지 이르렀다.

각 상인이 인도에서 로마까지 내내 물건을 나르는 경우는 거의 없었으나, 인도 토후국과 로마 사이에 얼굴을 마주 댄 외교 접촉은 빈번하게 일어났다. 옥타비아누스가 아우구스투스로 추대되고 몇 년 후, 인도의 통치자들은 아우구스투스를 위해 대사관에 정성을 쏟고 (뱀, 코끼리, 귀금속, 체조 선수 등) 진귀한 선물을 바쳤다. 황제는 로마에서 극진한 대접을 받았을 뿐만 아니라 황제를 기리는 사원이 인도 땅에도 건축되었다. 특히 로마 시민들은 인도의 많은 지역을 자유롭게 통행할 수 있는 권리를 얻었다. 1945~1948년 퐁디셰리 인근에서 발굴된 고고학 유적지는 로마의 교역 식민지가 200년까지 제 기능을 했음을 보여준다.[15]

인도의 현지 제품은 그 모양이 오래 유지되는 금화와 은화로 구매되었다. 동전에는 황제의 얼굴이 새겨져 있어 그 주조 시기를 알 수 있었다. 지금도 인도 남부에서 당시의 동전이 은닉된 장소가 발견되어 2000년 전 교역 패턴을 알려준다. 특히 아우구스투스와 티베리우스(기원전 27~기원후 37년) 시대의 금화와 은화도 발견되어 당시 대규모 화물이 활발히 거래되었음을 짐작케 한다. 티베리우스의 사망 이후 인도 동전의 구성도 변화했다. 은이 아닌 금으로만 주조된 동전이 많았으며 칼리굴라, 클라우디우스, 네로(37~68년)의 얼굴도 발견되었다. 역사학자 E. H. 워밍턴(E. H. Warmington)의 지적에 따르면, 은화가 발견되지 않는다는 것은 곧 사치품을 주로 거래했음을 암시한다. 180년 마르쿠스 아우렐리우스가 사망한 이후에 제작된 로마 금화는 거의 발견되지 않았다.[16] 200년경 로마와 한나라의 권위가 무너졌을 때 동양과의 교역도 거의 중단되기에 이르렀다.

이 시기 교역의 발전을 이룬 또 다른 집단은 그리스 선원들이었으며, 그들은 인도양 서부에서 여름 남서 계절풍을 타고 항해했다. 처음에 그리스인이 계절풍을 이용하여 외해로 나아간 이유는 그저 페르시아 연안의 해적을 피하기 위해서였다. 하지만 기원전 110년경에 이르자 위험한 여름 항로를 통해 바브엘만데브의 홍해 입구에서 인도의 남단까지 아라비아만을 건너 동쪽으로 직접 나아갔고, 여기에는 6주 이상이 걸리지 않았다. 중국에서 자기나침반을 발명하기 천년 전의 일이다. 전설에 따르면 히팔루스(Hippalus)라는 항해사가 아라비아만 무역풍을 '발견'했다고 하지만, 인도와 아랍 선원들에게도 이미 잘 알려져 있던 항로였을 것이다. 다만 해안선을 따라 수천 킬로미터를 천천히 움직이느니 무서운 계절풍이 불기 전에 광활한 인도양을 활보하려 했던 그리스인의 의지가 장거리 해상 교역을 활성화한 핵심 요인이었음은 분명하다.

선원들은 늦봄이나 늦여름에 바브엘만데브를 떠나 바람을 타고 동쪽으로 이동했다. 오늘날 파키스탄 지역이 목표였다면 북쪽으로 향했을 것이다. 폭풍우가 맹렬한 한여름에는 일반적으로 항해를 피했으며, 말라바르 해로의 경우에는 인도의 남부를 지나는 또 다른 위험이 도사리고 있었다. 반면 서늘하고 잔잔한 북동 계절풍을 타고 돌아가는 여정은 보다 안전했다. 바브엘만데브가 북쪽이나 남쪽 방향으로 멀어진다고 해도 크게 걱정하지 않았던 이유는 아라비아나 아프리카 동부에서 선원들이 휴식하거나 보급품을 얻을 수 있었기 때문이다. 이집트 프톨레마이오스 왕조의 그리스 상인들은 야금 기술을 활용하여 선박을 쇠못으로 단단하게 고정시키는 추가적인 이익도 누렸다(초기 아랍과 인도 선박의 목재는 코코넛 섬유로 연결되었는데 거친 바다에서 분해되기 십상이었다). 못질을 한 선체는 여름의 남서 계절풍을 이용할 때 빛을 발했다. 격렬한 폭풍우가 일면 튼튼한 선박까지도 해체되는 경우가 비일비재했기 때문이다. 19세기에 쾌속 범선과 증기선이 등장할 때까지 계절에 따라 계절풍(여름에는 남서 계절풍, 겨울에는 북동 계절풍)을 이용하는 습관이 인도양 교역의 흐름을 결정했다.

바다에 도전하는 인간 내면의 욕망이 거대한 이익을 안겨줬듯, 육로에서는 굼뜨고 몸집이 크며 공격에 무방비인 낙타를 활용한 전략이 보상을 안겨줬다. 낙타는 북아메리카에서 이미 멸종되고 유라시아에서도 빠르게 멸종해가고 있으며, 6000년 전에는 오로지 낙타유를 제공하는 가축으로서만 인정받았다. 2500년 뒤인 기원전 1500년경 인류는 낙타가 수백 킬로그램의 짐을 나를 수 있다는 점을 이용하여 과거에는 감히 생각하지 못한 경로에 도전했다. 낙타를 길들이지 못했다면 아시아와 아라비아를 횡단하여 실크와 향을 운반하던 교역은 상상할 수도 없었을 것이다.

낙타와 말의 조상이 북아메리카에서 발생했으며 베링 해협의 육교를 건너 아시아로 이주했다는 사실은 거의 알려져 있지 않다. 낙타나 말을 급히 몰아 북아메리카의 심장부에서 유라시아의 심장부까지 수십 년 만에 이동하는 위험한 여정은 성공을 거뒀으나, 온화한 지역의 식물종은 척박한 환경을 견디지 못했다. 식물은 북아메리카 서식지에서 유라시아로 이어진 얼어붙은 육교를 통해 수천 년 동안 이주해야 했으므로 생존할 가능성이 거의 없었다. 따라서 빙하기에 동물은 베링 해협을 거쳐 이주할 수 있었어도 작물은 그런 일이 불가능했다.

하지만 1493년 크리스토퍼 콜럼버스의 2차 항해로 상황이 완전히 달라졌다. 콜럼버스의 항해는 구세계와 신세계의 농업과 경제를 뒤흔든 사건이었다. 콜럼버스가 안내한 17척은 이베리아판 노아의 방주로, 식민지 개척자 1300명과 더불어 서양의 거의 모든 작물과 가축 종류를 신세계까지 운반했다. 새로운 땅에서 구세계의 생명은 들불처럼 번져나갔다. 서반구의 호박, 파파야, 구아바, 아보카도, 파인애플, 코코아 같은 '비주류' 작물과 유럽의 포도, 커피, 다양한 과일, 개암나무의 교환은 큰 경제적 중요성을 지녔다.

특히 콜럼버스의 항해로 이동한 동식물 가운데 돼지만큼 직접적 영향을 미친 종도 없었다. 당시의 돼지는 요즘 농장에서 키우는 돼지와 비교해 외양이나 기질 측면에서 심술궂고 비계가 적으며 몸놀림이 빠른 멧돼지에 가까웠는데, 사료 무게의 20퍼센트를 단백질로 전환시킬 수 있었다(소는 6퍼센트에 불과하다). 이처럼 풍부한 고기를 제공하는 초식동물은 신세계의 풍부한 열대 풀, 과일, 뿌리를 맹렬한 기세로 먹어 치웠다. 게다가 돼지에게 위협이 될 만한 맹수도 최초의 아메리카 원주민이 대륙에 출현한 이후 사라진 상황이었으며, 치명적 질병이 발생하지도 않았다. 이처럼 천국 같은 환경에서 돼지는 사육자들의 관리를 벗어나 그 개체 수가 빠르게 증가했다. (1493년 탐험의 목적지로 오늘날 아이티와 도미니카공화국이 위치한) 히스파니올라뿐만 아니라 쿠바,

푸에르토리코, 카리브해의 작은 섬들에서도 왕성하게 번식했다. 이내 스페인인은 암수 한 쌍을 무인도에 풀어놓기만 하면 몇 년 지나지 않아 돼지고기를 풍부하게 얻을 수 있다는 사실을 발견했다. 이처럼 우호적인 환경에서는 돼지뿐 아니라 말과 소도 인간이 별달리 관리하지 않아도 번성했다. 스페인인은 히스파니올라와 쿠바 등 사료가 풍부한 지역에서 아메리카 대륙을 공격할 기반을 마련했다. 카리브해에서 기른 말과 투견 뒤로 '살아 있는 병참'과 다름없는 거대한 돼지 떼가 따라왔다.[17] 총과 검으로 무장한 무시무시한 기병들은 처벌을 걱정할 필요 없이 수많은 원주민을 쓰러뜨렸다.

소는 코르테스(Cortés)와 피사로(Pizarro)가 아메리카 대륙을 정복한 뒤 수십 년 만에 스페인령 아메리카에서 15개월마다 두 배 수준으로 증가했다. 멕시코에서 아르헨티나 팜파스까지 광활한 신세계는 가축의 검은 물결로 뒤덮였다. 멕시코의 한 프랑스인은 경이에 사로잡혀 "평평한 거대한 평원이 끝없이 펼쳐졌고 도처에 셀 수 없이 많은 소가 거닐었다"라고 기록했다.[18]

가축의 숫자는 기하급수적으로 늘었지만 소수의 현지 인구가 소비하는 양은 극히 일부에 불과했다. 가축에서 유일하게 판매할 수 있었던 가죽과 발굽을 떼어낸 나머지 부위는 그대로 부패했다. 1800년 아르헨티나에서만 연간 무려 백만 단위의 가죽을 수출했다.

하지만 19세기 후반 냉장선이 발명되면서 유럽 대륙에 값싼 스테이크를 제공할 수 있었다. 20세기에 아시아에서 수입된 값싼 직물과 전자 제품이 미국 제조업체에 타격을 입혔듯, 유럽의 도축업자들도 신대륙의 값싼 육류로 피해를 입었다. 『뉴욕타임스』의 칼럼니스트 토머스

프리드먼(Thomas Friedman)이 1800년에 책을 썼다면, 유럽 무두장이에게 평평해진 세계 교역에 대해 별 어려움 없이 써 내려갈 수 있었을 것이다. 1900년 유럽의 목장주들도 프리드먼의 주장을 이해하는 데 무리가 없었을 것이다(토머스 프리드먼의 저서 『세계는 평평하다』 등 참고―역주).

하지만 번영의 이면에는 비극이 잠복해 있었다. 수천 년 동안 유럽인은 특화된 목적을 위해 길들인 가축과 가까운 곳에 거주했기 때문에 치명적인 병원균에 면역력을 기를 수 있었다. 반면 아메리카 원주민은 병원균에 취약했다. 검이나 머스킷 총과 더불어 천연두와 홍역이 원주민을 공격하기 시작했으며, 백인이 실제로 모습을 드러내기도 전에 질병이 수백 킬로미터 떨어진 지역에 먼저 도착해서 피해를 입히는 경우도 많았다. 한 스페인인은 인디언이 "양동이 속 물고기처럼" 떼죽음을 당했다고 묘사했다.[19] 여기에 지나친 방목, 유럽산 작물 위주의 단조로운 재배, 현지 종을 잠식한 잡초 때문에 환경이 파괴되었다.

한편 원주민이 재배하던 감자와 옥수수 등은 유럽인의 식단을 바꾸었다. 감자와 옥수수는 에이커당 칼로리가 밀보다 높았다. 감자는 척박한 토양에서도, 해수면이나 수백 미터 고도에서도 잘 자랐다. 옥수수는 감자에 비해 까다로워서 비옥한 토양과 따뜻한 기후에서 재배해야 했지만, 쌀을 재배하기에는 건조하고 밀을 재배하기에는 습한 '애매한' 기후에서 잘 자랐다. 포르투갈에서 우크라이나에 이르는 남부 유럽의 빈곤한 유럽인이 재배하기에 안성맞춤인 작물이었다. 1800년 이 지대는 세계 최대의 옥수수 재배지가 되었다.

옥수수와 감자는 유럽이 치명적인 '맬서스의 덫'에서 벗어날 수 있도록 도왔을 뿐만 아니라 직접적으로 교역을 자극하는 역할을 했다. 산업혁명의 여명기에 유럽인은 소비하고 남은 옥수수와 감자를 제조품과 교환했다. 잉여 농산물 덕분에 농민들은 생산성이 더 좋은 제조업으로 옮겨 갈 수 있었다. 작물 생산의 증가는 반대로 비료의 수요를 크게 늘렸다. 처음에는 라틴아메리카와 태평양의 구아노섬에서 비료를 집중적으로 공급했다. 유사하게 참마, 옥수수, 담배, 견과류가 중국에 전파되면서 17~18세기에 새롭게 부상한 청나라가 영향력을 손쉽게 확대할 수 있었다.[20]

'세계화'는 단편적인 하나 혹은 여러 사건으로 구성된 것이 아니다. 매우 오랜 기간에 걸쳐 서서히 전개된 과정이었다. 다시 말해 세계는 인터넷의 발명과 교역으로 어느 순간 갑자기 '평평해진' 것이 아니며, 20세기 말 무역도 갑작스럽게 세계적 영향력을 거머쥔 대기업이 지배한 것이 아니었다. 역사의 여명기에는 값비싼 화물 위주로 운반되다가 점차 저렴하고 부피가 크며 쉽게 상할 수 있는 제품으로 그 대상이 확대되고, 이 과정에서 구세계의 시장은 점차 통합되었다. 유럽인이 최초로 신세계를 탐험한 이후 세계는 빠르게 통합되었다. 오늘날의 거대한 컨테이너선, 제트기, 인터넷, 세계화된 공급과 제조망은 지난 5000년 동안 이어진 과정의 연장선상에 있다. 따라서 과거에 일어났던 사건을 살펴보면 급변하는 국제무역의 패턴을 이해하는 데 도움이 된다.

지난 10년 동안 저자는 금융과 경제 분야를 파고들어 세 권의 책을 펴냈다. 첫 번째는 이론적이고 실용적인 금융 분야를 역사적 주제로 고찰한 논문이다. 발표한 책이 호평을 받으면서 역사 분야를 점점 더 깊이 탐색했다. 특히 세 번째 저서인 『부의 탄생』에서는 1820년 이후 글로벌 풍요의 제도적 기원을 살폈다. 독자들이 눈치챘는지 모르겠으나 지적재산권, 법치, 자본시장 메커니즘, 과학적 합리주의가 최근 축적된 부를 뒷받침한다는 가정에서 출발했다. 공산주의 실험이 실패하고 현재 각국이 빈부 격차로 소란을 겪는 상황은 이러한 제도가 얼마나 큰 영향을 미치는지를 보여준다.

이 책은 그러한 이념적 피난처에 숨어들지 않는다. 경제가 세계화되면서 개인의 삶, 산업, 국가에 일어난 고통과 실직은 현실적 문제이며 지금도 격렬한 논쟁이 벌어지고 있다. 경제학 언어로 말하자면, 인간은 평균(일반 시민의 부)뿐만 아니라 분산(부유층과 빈곤층 간 격차의 확대)에도 영향을 받는다. 자유무역이 제공하는 인센티브와 동기는 인류 전반의 복지를 향상시키는 동시에 사회를 좀먹는 부의 불균형을 확대한다. 무역으로 하층계급의 실질소득이 약간 증가하더라도 부유층의 부가 크게 증가하는 모습을 바라보며 경제적 박탈감에 시달릴 것이다.

최근 통계에 대한 관심이 높아지면서 평균을 의미하는 'mean'과 'average'의 차이에 이념적인 무게가 생겼다. 정치권에서는 평균의 의미를 포용하면서도 다소 의미가 다른 전문용어인 중간값(median)은 거의 사용하지 않는다. 중간값은 상위 50퍼센트, 즉 '중간에 있는 사람'의 소득이나 부를 뜻한다. 빌 게이츠가 청중이 가득 찬 회의실에 들어선다면 그 회의실에 있는 사람들의 평균 소득은 치솟겠지만 중위 소득 면에서는 큰 변화가 없을 것이다. 시장에 우호적인 보수주의자들은 여기에 큰 의미를 부여하지 않는다.

이 책의 목적은 통계를 집중적으로 다루는 데 있지 않다. 시대별 교역량과 원자재 가격에 대한 구체적 데이터를 확인하려면 이 책의 참고문헌에서 찾을 수 있을 것이다. 세계무역의 역사는 세심하게 선택된 이야기와 개념을 통해서 효과적으로 전달할 수 있다. 이 책에서 소개한 이야기와 아이디어가 독자들에게 유용한 정보를 제공하고 자유무역을 놓고 거대한 이념적 분열을 겪고 있는 현재의 극단적인 상황에 도전을 제기하기를 바란다.

이 책은 다음과 같이 구성되었다. 1~2장에서는 세계 교역의 기원을 다루며, 석기시대에 장거리 교역이 일어났음을 시사하는 단편적 증거에서 출발한다. 메소포타미아에서 발견된 최초의 기록은 교역이 일어났음을 부인할 수 없는 증거로서, 티그리스강과 유프라테스강 사이의 비옥한 토양에서 생산된 잉여 곡물과 옷감이 수출되었으며 반대로 전략적 금속, 특히 충적 토양에서는 구할 수 없던 구리가 수입되었음을 보여준다. 초창기 교역의 축은 아나톨리아의 고원에서 메소포타미아를 거쳐 페르시아만과 인도양을 건너 인더스강까지 무려 4800킬로미터를 아울렀다. 우르, 아카드, 바빌론, 니네베(모두 오늘날의 이라크)는 이러한 교역의 중심지였다. 이 중심 도시에서 발생한 교역의 규모와 수준은 시간이 흐르면서 상승했고, 지중해를 거쳐 서쪽으로 확산되어 유럽의 대서양 해안까지 진출했다. 동쪽으로는 중국에까지 미쳤다. 로마가 멸망하던 시기에 재화는 많은 중개인의 손을 거쳐 런던에서 한나라의 수도인 장안에까지 이르렀다. 활발했던 고대 교역은 서로마제국이 멸망하면서 자연스럽게 휴지기에 들어갔다.

3~6장은 인도양에서의 교역이 대두된 과정을 다룬다. 이야기는 고대 후기 아라비아의 서쪽 외딴 곳에서 시작된다. '무역의 종교'인 이슬람이 폭발적 호응을 얻으면서 안달루시아에서 필리핀에 이르기까지 영향을 미쳤는데, 신에게 선택받은 통로인 무함마드 선지자 자신도 원래는 상인이었다. 이슬람은 위대한 상업 항구의 선진 체계를 하나로 결집했다. 그 속에서 현지인과 먼 곳에서 이주한 상인 가족과 계층은 이익이라는 하나의 목적을 추구하며 한데 어우러졌다. 이 체계에서 유럽인은 배제되다시피 했다. 유럽은 무슬림이 아라비아, 아시아, 아프리카를 정복하면서 천년 가까이 인도양 교역에서 배제되었다. 당시 각국은 '무역', '약탈', '보호'라는 무역의 기본적인 '트릴레마(trilemma : 삼중고)'에 직면했다. 변변치 않은 도시국가에서부터 세계 최고의 제국에 이르기까지 다양한 정부는 세 가지 선택 사항에 어떻게 접근하느냐에 따라 다른 교역 환경을 맞았고, 나라의 운명이 결정되기도 했다.

7~10장은 바스코 다 가마가 무슬림 '봉쇄'를 깨뜨리면서 이 거대한 다문화 교역 체계가 파괴된 과정을 보여준다. 그전까지 무슬림은 인도양의 서쪽 관문에서 유럽 상인들을 저지했다. 포르투갈이 희망봉을 돌아가는 데 성공하면서 오늘날처럼 서양이 상업을 지배하는 시대가 열렸다. 이후 수십 년 만에 포르투갈은 고아(Goa)에서 인도양을 호령하는 위치에 올라섰고, 말라카와 호르무즈에서 동쪽과 서쪽의 요충지를 봉쇄했다(하지만 홍해의 입구인 아덴을 차지하려는 시도는 실패했다). 그런 포르투갈인도 한 세기 뒤 네덜란드인에게 밀려났으며, 네덜란드는 다시 영국 동인도회사에 밀려났다.

근대 역사에 왕과 상인의 야심, 선지자의 종교심이 기여한 부분도 있지만 전반적으로는 세속적 이념이 흐름을 주도했다. 11~14장에서는 근대 경제 원칙에 비추어 오늘날의 글로벌 무역을 조명한다. 케인스는 다음과 같은 유명한 말을 남겼다.

자신이 정치적 영향에서 상당 부분 자유롭다고 생각하는 현실적인 사람들은 이미 세상에 없는 경제학자들의 노예인 경우가 많다. 허공에서 목소리를 듣는 광적인 지도자들은 수년 전 활동한 학자들에게서 광기를 끌어낸다.[21]

무역 분야의 근대 저자인 데이비드 리카도(David Ricardo), 리처드 코브던(Richard Cobden), 엘리 헤크셰르(Eli Heckscher), 베르틸 올린(Bertil Ohlin), 볼프강 스톨퍼(Wolfgang Stolper), 폴 새뮤얼슨(Paul Samuelson)은 그 어느 때보다 통합된 글로벌 시스템에서 벌어지는 거대한 소란을 이해할 수 있도록 도와줄 것이다.

이 책의 구조는 큰 틀에서 연대기를 따르지만, 서로 얽혀 있는 여러 이야기는 단순한 날짜와 사건의 흐름을 대신한다. 예를 들어 서로 긴밀한 관계가 있는 두 가지 이야기, 즉 아라비아 남부의 향 교역과 낙타 길들이기는 수천 년의 시간을 아우른다. 또 다른 극단적 사례로 구체적이고 유용한 여행 기록을 남긴 중세 여행자들, 즉 마르코 폴로(Marco Polo), 모로코의 법학자 이븐 바투타(Ibn Battuta), 포르투갈의 약재상 토메 피레스(Tomé Pires)는 서로 관련이 없으면서도 세계무역의 구체적인 단편을 엿볼 수 있게 도와주는데, 불과 수십 년 안에 일어난 일들이다.

궁극적으로 이 책은 매우 간단한 두 가지 개념을 축으로 한다. 첫째,

무역은 인간의 거부할 수 없는 본능으로 식량, 피난처, 성적 호감, 교제처럼 원초적 욕구에 속한다. 둘째, 교역에 참여하려는 욕구는 인류의 행보에 지대한 영향을 미쳤다. 지리, 기후, 지적 능력을 활용해 생산할 수 있는 바에 집중하고 그 생산물을 다른 곳에서 생산된 최고의 상품과 교환하는 교역 행위만으로도 세계를 번영으로 이끈다. 리카도의 비교 우위 법칙은 각국이 모든 재화를 생산하기보다 아르헨티나는 소를 키우고, 일본은 자동차를 생산하며, 이탈리아인은 유행하는 신발을 만드는 것이 나음을 알려준다. 게다가 수백 년 동안 낙타와 선박은 짐을 챙기는 과정에서 역사의 환상적인 부속품을 부지불식간에 함께 운반했다. 바로 '아라비아 숫자', 대수학, 복식부기 같은 인류의 지적 자산이다. 장거리 탐험에 필요하지 않았다면 정확한 시계는 훨씬 나중에야 개발됐을 것이다. 쉽게 상하는 음식물을 먼 거리까지 대량으로 운반하려는 욕구가 없었다면, 오늘날 큰 가치를 느끼지 못하지만 가장 기본적인 가전인 냉장고를 선진국에서 집집마다 구비하고 있지도 못할 것이다.

현대인의 삶은 교역이라는 강에 점점 더 큰 영향을 받고 있다. 그 흐름과 경로를 이해하려면 고대 수메르의 딜문과 캄베이 등 교역의 기원을 찾을 수 있는 중심지까지 거슬러 올라가야 할 것이다.

독자에게 드리는 글

이 책의 몇 가지 주제와 관련해서는 불확실성이 존재한다. 하지만 여러 이야기에 무수히 존재하는 매혹적인 세부 사항을 완전히 무시하기가 어려웠다. 이야기의 흐름을 유지하기 위해 논쟁의 여지가 있고 흥미를 불러일으키는 사소한 정보는 주에 담았다. 관심 있는 독자들은 참고하면 좋을 것이나 무시해도 무방하다.

이 책에서 묘사한 사건은 전 세계 도처에서 일어났다. 따라서 관련된 고유명사를 로마자로 표기하는 데 종종 문제가 생겼다. 온라인 데이터베이스인 JSTOR(Journal Storage)를 통해 영어권 학계에서 가장 일반적으로 쓰는 표기를 확인하여 사용했다.

수천 년의 역사를 다루는 과정에서 화폐의 문제도 있었다. 근대 이전의 경우 기본적인 화폐는 놀라울 정도로 일관적이었다. 약 4그램(1온스의 8분의 1)의 작은 금화가 주로 통용되었으며 오늘날 미국의 10센트 동전 크기였다. 프랑스의 리브르, 피렌체의 플로린, 스페인이나 베네치아의 두카트, 포르투갈의 크루사도, 이슬람권의 디나르, 비잔틴의 베잔트, 로마 후기의 솔리두스가 이러한 예다. 오늘날 금의 가치로 환산하면 80달러 정도의 가치를 지닌다. 이와 관련하여 세 가지 예외가 있다. 네덜란드의 길더는 무게가 5분의 1 정도였으며, 영국의 1파운드 금화와 로마 초기의 아우레우스는 무게가 두 배 정도였다. 이슬람권의 디르함, 그리스의 드라크마, 로마의 데나리온은 은화로, 크기와 무게가 거의 비슷했다. 가치는 반숙련 근로자의 하루 임금 수준이었으며, 금화와 은화의 교환비는 1 대 12 정도였다.

1장

메소포타미아의 초기 교역

먼 과거가 우리에게 보내는 메시지는 우리를 염두에 둔 것도, 우리가 선택한 것도 아니다. 그저 기후, 지리, 인간 활동의 무심한 흔적일 뿐이다. 그 메시지는 인간의 지식을 얼마나 예측할 수 없는지, 인간의 발견 능력에는 어떤 한계가 있는지를 상기시킨다.

— 대니얼 부어스틴(Daniel Boorstin)[1]

기원전 3000년경 어느 수확기. 한 유목 부
족이 수메르의 농경민이 사는 부락을 급습하는 사건이 일어났다. 공격
자들은 먼 거리에서 새총, 창, 활로 공격했기에 방심하고 있던 농경민
들은 깜짝 놀랄 수밖에 없었다. 농경민들은 메이스(mace)를 들고 공격
자들을 포위했다. 메이스는 적의 머리를 내리칠 수 있도록 두꺼운 몽
둥이 끝에 둥근 돌을 붙인 모양이었는데, 인류가 같은 인간을 상대하
기 위해 제작한 최초의 무기였다(동물의 두개골은 두껍고 각진 형태이기
때문에 메이스를 휘둘러서 제압하기가 쉽지 않았다). 인간의 두개골은 약하
고 둥글어 공격자를 향해 다가가거나 달아날 때 메이스로 머리를 으스
러뜨리는 전술이 특히 효과적이었다.[2]
　사실 수확기에 농경민을 공격하는 것이 보기 드문 사건은 아니었다.
유목 부족이 키우는 염소와 양은 질병에 취약한 데다 기후의 영향도
크게 받았기 때문에, 유목민이 안정적으로 곡식을 재배하는 이웃을 습
격해서 식량을 빼앗는 사건이 잦았다. 다만 이번 공격에서 특이한 점
은 공격자들이 스스로를 보호할 목적으로 기이하게 빛나는 모자를 썼
다는 것이었다. 이전에는 메이스로 머리를 곧장 내리치면 상대가 죽음
에 이르렀지만 이제는 잠시 멍한 반응을 보일 뿐이었다. 여러 번 내리

쳐도 투구의 표면이 매끈해서 빗맞기 일쑤였다. 이처럼 방어가 쉬워지자 양측 간 힘의 균형이 급격히 무너졌고, 유목 부족은 농경민을 철저히 짓밟았다.

공격에서 용케 살아남은 농경민은 쓰러져 있는 유목민에게 다가가 머리에 있는 투구를 유심히 살폈다. '헬멧'은 가죽으로 만든 머리 덮개에 약 3밀리미터 두께의 신기한 주황색 금속을 덮은 형태였다. 티그리스강과 유프라테스강 사이의 평탄한 충적지에서는 구리가 생산되지 않았기 때문에 농경민들은 이전에 구리를 본 적이 없었다. 유목 부족도 서쪽 방향으로 수백 킬로미터 떨어진 시나이 사막에서 생산된 구리를 사막 주변에 거주하는 상인들에게서 얻은 것이었다. 얼마 지나지 않아 수메르 농민들도 자체적으로 구리를 확보하기 시작했고, 메이스 끝에 뾰족한 모양의 구리를 붙인 치명적 무기를 제작했다. 그러자 유목민들은 더 두꺼운 투구를 만들어 쓰는 방식으로 대응했다. 이렇게 인류의 군비 경쟁이 시작되었고, 무역을 통해 얻은 희귀 금속으로 무장하는 행태는 오늘날까지 이어지고 있다.[3]

농경민과 유목민은 어떻게 투구에 사용된 구리를 얻었을까? 농가와 초원에서 구리 광산까지의 거리가 수백 킬로미터에 달하는데 어떻게 교역이 이루어졌을까? 고인류학자들은 질문의 답을 6만~8만 년 전으로 거슬러 올라가서 찾았다. 당시 아프리카에서 유전적으로 현생인류에 가까운 존재가 처음으로 출현해 정교한 도구를 만들었으며, (목걸이에 사용된 것으로 추정되는) 조개껍데기를 꿰었고, 대자석 조각으로 추상적인 그림을 그렸다. 그중 일부가 5만 년 전 팔레스타인을 거쳐 비옥한 초승달 지대와 유럽으로 이주한 것으로 추정된다. 이주가 시작되기 전에 언어가 발달하면서 이전보다 복잡하고 '인간'에게서만 발견되는 고유한 행동을 보였을 것이다. 예를 들어 이들은 동물 뼈와 뿔 도구에 능숙하게 그림을 새겼고, 동굴벽화를 그렸고, 조각을 했고, 창이 날아가는 범위와 정확도를 개선한 발사기 등 정교한 미사일 기술도 개발했다. 이처럼 기술 수준이 높아지면서 새로운 무기, 도구, 장신구의 장거리 무역 등 현생인류의 또 다른 활동도 가능해졌다.[4]

한편 전통적으로 역사학자들은 헤로도토스(Herodotus)가 카르타고와 헤라클레스의 기둥(지브롤터 해협) 너머 리비아 일부에 살던 종족, 즉 오늘날 서아프리카인으로 추정되는 무리 사이에 일어났던 '침묵 교역(silent trade)'을 설명한 기원전 430년경 기록에서부터 인류의 발자취를 더듬는다.

이 지역에 접근한 카르타고인들은 싣고 온 물건을 내리고 해변가에 가지런히 늘어놓은 다음 배로 돌아가 연기를 피웠다. 연기를 본 원주민들은 해변으로 다가가 물건 값에 해당하는 금을 바닥에 놓고 자리를 피했다. 그러면 카르타고인들이 다시 해변에 접근하여 금을 살폈다. 금의 양이 물건 값으로 적절해 보이면 가지고 떠났지만, 못 미친다고 생각하면 다시 배로 돌아가 기다렸다. 원주민은 상대가 만족할 때까지 금을 추가했다. 양쪽은 철저하게 정직한 태도로 거래에 임했다. 카르타고인들은 물건 값에 만족하기 전까지 절대로 금에 손을 대지 않았으며, 원주민 역시 카르타고인들이 금을 가져가기 전까지 물건을 만지지 않았다.[5]

헤로도토스가 거래자들의 예의를 설명한 부분에서는 신화의 기운마저 느껴진다.[6] 하지만 기본적 설명은 실제 일어난 사건에 근거했을 것이다. 선사시대의 사건을 전하는 구전에 따르면, 한 사람 혹은 여러 사람이 배를 타고 항해하면서 처음 장거리 무역을 시작했다고 한다.

배고픔은 아마도 인간이 처음 배를 만든 이유였을 것이다. 2만 년 전 북유럽의 환경은 오늘날의 라플란드와 유사했다. 날씨는 춥고 땅은 경작되지 않았으며, 나무도 지금보다 듬성듬성 자랐다. 경쟁 관계의 네안데르탈인을 이제 막 제거한 유럽 최초의 호모 사피엔스는 순록 같은 큰 사냥감으로 연명했다. 창이나 활로 날쌘 동물을 사냥하는 일은 상황이 좋을 때조차 녹록지 않았다. 하지만 순록에게는 헤엄을 못 친다는 결정적 약점이 있었고, 인류는 그 점을 가차없이 파고들었다. 물에 빠진 순록은 뿔을 높이 쳐든 상태에서 코가 물속에 잠기지 않도록 천천히 움직였기 때문에 공격에 취약했다. 석기시대 어느 시점에선가 한 천재적 인물은 수면에서 사냥하는 일이 뭍에서보다 훨씬 수월하다는 사실을 깨닫고 배를 만들기 시작했다. 손쉽게 쓰러뜨려 잡은 사냥감을 일단 배에 싣기만 하면 부족민이 사는 곳까지 옮기기도 쉬웠다. 이내 인류는 다른 물건을 운반하는 데도 배의 이점을 적용하기 시작했다.

동굴벽화와 흩어져 있는 해양 유적을 조사해보면, 배는 1만 5000년 전 북유럽에서 처음 등장한 것으로 추정된다. 초기의 선박은 동물 가죽을 (순록의 뿔 같은) 단단한 뼈대에 이어 붙인 형태로 사냥과 이동에 주로 활용되었다. 일반적으로 노를 젓는 사람이 후미에 앉았고, 무기를 든 사냥꾼이나 승객이 앞에 탔다. 고고학 기록에 순록 뼈로 만든 바늘이 동시에 등장하는 것도 우연이 아니다. 바늘은 가죽으로 배를 제작할 때 꼭 필요한 물건이었기 때문이다. 북유럽의 춥고 스텝 지대 같은 지형에서는 모피를 두른 사냥꾼들이 쓸 만한 나무가 부족했다. 그러므로 '원시 형태의' 통나무배가 등장하기 전에 사람들은 가죽으로 배를 만들었다.

초창기 장거리 무역이 어땠는지 유추할 수 있는 수단은 석기처럼 내구성이 있는 유적뿐이다. 초기에 선박을 통해 거래된 물건으로 흑요석을 빼놓을 수 없다. 이 검은색 화산암(유리질)은 오늘날 전 세계의 정원사와 조경사가 즐겨 활용하는 재료이지만, 선사시대에는 미적 용도가 아닌 다른 속성으로 그 가치를 인정받았다. 손쉽게 면도날처럼 날카롭게 쪼개지는 특성이 있어 절삭 도구와 무기로 쓰기가 편리했던 것이다. 역사적으로 흑요석의 가치는 두 가지 측면에서 찾을 수 있다. 첫째, 흑요석은 일부 화산 지대에서만 생산된다. 둘째, 정교한 원자 지문 기술을 적용하면 각 표본이 어떤 화산에서 나왔는지 추적할 수 있다.

그리스 본토의 프랜치티 동굴에서 발견된 흑요석 조각은 원래 동굴에서 약 160킬로미터 떨어진 멜로스섬에서 1만 2000년 전에 생성된 것이다. 돌 조각은 분명 배로 운반됐겠지만, 멜로스의 흑요석이 어떤 이유로 본토로 흘러 들어갔는지 알려주는 고고학적 유물이나 문학적 표현, 구전조차 남아 있지 않다. 흑요석 조각은 상인이 현지 물건과 교환하기 위해 가져간 것일까? 아니면 흑요석의 가치를 귀하게 여긴 본토의 탐험대가 수집한 것일까?

흑요석 원자 지문을 추적하면 비옥한 초승달 지대와 유카탄반도에 이르는 광범위한 지역에서 흑요석이 어떤 경로로 이동했는지 알 수 있다. 콜린 렌프루(Colin Renfrew)라는 연구자는 원자 지문 추적을 활용해 기원전 6000년경 중동 지역의 유물과 해당 재료가 원래 생성된 지역을 비교했다. 그는 발굴 현장에서 출토된 흑요석이 상당히 먼 지역에서 형성됐다는 사실을 밝혀냈는데, 이는 오래전부터 무역이 일어났음을 강하게 시사하는 증거였다. 예를 들어 메소포타미아 지역에서 발견되는 돌날은 아르메니아의 두 지역에서 집중적으로 출토됐다. 화산에서 약 400킬로미터 떨어진 지역의 경우 출토된 뗀석기의 절반이 흑요석이었던 반면, 화산에서 800킬로미터 거리에 있는 두 번째 지역에서는 뗀석기의 2퍼센트만 흑요석이었다.[7]

석기시대 흑요석의 이동을 통해 유추한 선사시대의 교역 행위를 현대적 시각으로 조명해보자. 아르메니아에서 메소포타미아까지 흑요석 더미를 운반한 것은, 말하자면 보스턴에서 워싱턴 D.C.로 크리스마스 소포를 보내는 행위와 같다. 하지만 오늘날에는 갈색 옷을 입은 직원에게 몇 달러를 지불하고 소포를 건네면 되지만, 고대에는 선박이 두 지역을 오가는 데만 꼬박 두 달이 걸렸다. 또한 이 기간 동안 상인 한 사람이 내내 품을 팔아야 했는데, 노동력의 가치를 어림잡아 계산해도 오늘날의 5000~1만 달러에 달한다.

농업이 발전하는 가운데 해양 신기술이 농경민에게도 전파됐다. 이들은 가죽-뼈대 형태의 배를 이용해 하천을 왕래했고, 이때 시작된 무역의 형태가 이후 수천 년 동안 유지되었다. 선진 농경 사회의 상인들은 곡물, 가축과 더불어 의복이나 도구 등의 기초적인 제품을 하류로 싣고 가서 수렵 채집인들의 가죽 등과 교환했다. 고고학자들은 수목으로 덮이지 않은 작은 하중도(river island)에서 선사시대 시장의 유물을 주로 발견한다. 배로 오가기 편할 뿐만 아니라 매복을 피할 수 있다는 이점이 있어 시장을 열기에 더없이 적합한 장소였다.

기원전 5000년에 사용된 도끼와 자귀(정)는 석기시대에 수상 교역이 일어났음을 보여주는 중요한 증거다. 고고학자들은 흑해의 도나우강 어귀부터 발트해와 북해에 이르는 드넓은 지역에서 발견되는 도끼와 날의 원산지가 발칸반도의 채석장이라는 사실을 밝혀냈다. 원래 생산된 지역으로부터 무척 먼 지역에서 석기가 발견됐다는 점을 통해 장거리 교역으로 다양한 물건이 교환됐음을 짐작할 수 있다.[8]

수상 운송은 육상 운송에 비해 비용도 훨씬 덜 들고 효율성도 높다. 짐수레 말 한 필이 등에 지고 갈 수 있는 짐의 무게는 보통 90킬로그램 정도다. 마차를 이용해서 잘 닦인 길을 갈 경우 말은 1800킬로그램의 짐을 끌 수 있다. 그런데 짐을 하천에 놓고 길에서 끄는 경우에는 무려 27톤의 짐을 운반할 수 있다. 고대의 작은 배에도 이 정도의 짐을 실을 수 있었을 것으로 보인다.[9]

헤로도토스의 기록에는 가죽을 이어 붙인 배가 '야자수 나무로 만든 통에 든' 포도주를 옮겼다는 설명도 등장한다. 이때 배의 모양은 '방패처럼 둥근 형태'였고 아르메니아 상인 둘이 유프라테스에서 바빌론까지 몰고 갔다. 여기에서 해상 무역에 활용된 초기 화물선이 유래했는데, 배 모양이 둥근 것이 특징이었다. 배 형태 때문에 속도는 느렸지만 선원과 건조 재료를 최소한으로 줄이면서도 많은 짐을 실을 수 있었다(반면 고대 이래 전함은 가느다란 모양이었는데, 속도가 빠른 대신 적재량이 적었다).

교역에 사용한 선박에는 최대 14톤의 짐을 실을 수 있었고 당나귀도 태웠다. 상인들은 목적지에 도착하면 목재 틀을 해체해서 버렸지만,

귀중한 가죽은 접어서 당나귀 등에 싣고 아르메니아로 돌아갔다. 헤로 도토스는 이를 다음과 같이 설명했다.

거센 물살 때문에 노를 저어서 상류로 이동하기란 거의 불가능했다. 그래서 나무 대신 가죽으로 배를 만들었다. 당나귀에 가죽을 싣고 아르메니아로 돌아간 사람들은 이전과 같은 모양으로 배를 다시 건조했다.[10]

아르메니아로 돌아간 사람들은 새로 틀을 짜서 가죽을 입히고 다시 짐을 실었다. 그리고 수개월이 걸리는 물물교환의 여정을 또다시 시작했다. 석기시대의 북유럽 수렵 채집인과 농경민도 유사한 방식으로 하류까지 짐을 싣고 간 다음 배를 접어서 상류로 이동했을 것이다.

초창기의 교역은 이런 모습으로 진행되었다. 하지만 영토를 공격(또는 방어)하려는 시도가 아주 이른 시기부터 이어졌다. 이에 따라 충적지의 선진 농경 사회에서 생산된 곡물을 주로 비옥도가 떨어지는 지역에서 발견된 금속과 교환하는 거래가 일어났다.

약 6000년 전 인류는 처녀광의 순 금속층 바로 아래에서 발견되는 풍부한 동광을 제련하는 방법을 파악했다. 얼마 지나지 않아 아나톨리아 산악 지대(오늘날 터키의 아시아 지구)의 에르가니(Ergani) 광산에서 채굴된 구리가 우르크(오늘날 이라크 남부로, 바스라에서 서쪽 방향으로 약 160킬로미터 거리의 지역)의 초기 정주지로 운반되기 시작했다. 이때 유프라테스강이 에르가니 광산과 우르크를 연결하는 역할을 했다. 현대적 선박을 이용한다면 수 톤의 구리도 몇 주 만에 하류의 우르크로 손쉽게 운반하겠지만, 고대에 수백 톤의 곡물을 물살을 거슬러 아나톨리

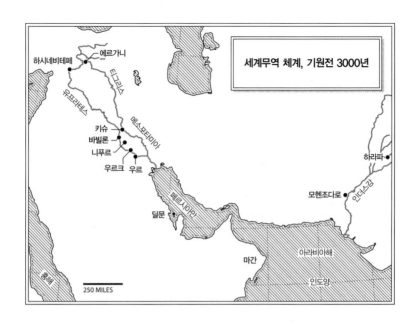

하시네비테페 •
에르가니 •
키슈 •
바빌론
니푸르 •
우르크 • 우르
티그리스
유프라테스
메소포타미아
세계무역 체계, 기원전 3000년
페르시아만
딜문
마간
홍해
250 MILES
하라파 •
모헨조다로 •
인더스강
아라비아해
인도양

아로 실어 나르기란 보통 어려운 일이 아니었을 것이다.[11]

나중에 메소포타미아 문명은 페르시아만에 위치한 광물을 상대적으로 편리하게 이용하는 이점을 누렸다. 기원전 3000년 직전에 기록된 내용에 따르면, 페르시아만을 따라 구리와 곡물이 대규모로 운반됐음을 알 수 있다. 고대 수메르의 창조 설화에는 젖과 꿀이 흐르는 딜문이라는 땅에 번영이 이어지기를 기원하는 대목이 나온다. 딜문은 오늘날의 바레인 지역으로 추정되는데, 땅이 기름져서 풍요를 누린 것은 아니었다. 호르무즈 해협의 페르시아만 입구에 위치한 마간(Magan, 오늘날 오만)에서 생산된 구리를 거래하는 교역소 역할을 했기 때문에 전략적 요충지로서 번성할 수 있었다.

고고학자들은 지금의 칼라트 알 바레인 인근에서 고대의 딜문으로 추정되는 지역의 탐사를 진행했고, 여기에서 청동기시대의 유물이 출토되었다. 학자들은 불과 20만 제곱미터의 지역에 5000명 정도가 거주한 것으로 추산하는데, 이러한 인구 규모는 농경 배후지에서 지원할 수 있는 수준을 훨씬 넘어선 정도다. 기원전 2800년경 소형 선박에 보리 수 톤을 싣고 페르시아만을 건너 딜문과 마간으로 갔다는 설형문자 기록도 남아 있다. 기원전 2000년쯤에는 화물선 규모가 곡물 수백 톤을 실을 수 있을 정도로 커졌다. 무척 이른 시기부터 오늘날의 라스베이거스 같은 지역이 탄생한 것이다. 척박한 토양에 대규모 인구가 거주했지만, 수백 킬로미터 떨어진 지역에서 실어 오는 곡물 덕분에 제 기능을 할 수 있었다.[12]

딜문 지역에 대한 탐사는 페르시아만에서 수메르인이 곡물과 구리를 어떻게 교역했는지 그려보도록 상상력을 자극한다. 섬에 마을이 형성되었고, 샘에서는 고대인이 '달다'고 표현한 신선한 물을 얻을 수 있었다. 기원전 2000년에는 메소포타미아 최대의 도시인 우르에 맞먹는 규모의 땅덩어리에 성곽을 건설했다. 중앙에는 정사각형 모양의 광장이 위치했고, 성곽의 한쪽은 해문(海門)을 향했으며, 반대편에는 인장과 저울이 가득해 세관으로 추정되는 건물이 있었다. 광장 주변에는 티그리스 양안에서 난 대추와 보리가 가득 든 거대한 광주리가 높이 쌓여 있었다. 우르로 향하는 메소포타미아산 의복과 상아, 동괴(銅塊) 등 값비싼 물건은 세관 근처에 보관했다. 상인들이 건물 안에서 세관원들과 논쟁을 벌이거나 뇌물을 건네면서 회유하는 동안 뱃사람들은 초조하게 물건을 지켰다.

기원전 1800년이었다면 동괴는 우르의 구리 상인 중 영향력이 가장 컸던 이-나시르(Ea-nasir)의 창고로 향했을 것이다. 고고학자들은 이-나시르의 창고에서 전략적 거래를 자세하게 기록한 토판을 발견했다.[13] 한 토판에는 금속 20톤을 운반한 내용이 쓰여 있었고, 또 다른 토판에는 나니(Nanni)라는 고객이 불만을 가졌다고 기록되어 있었다.

당신은 "기밀-신(Gimil-Sin)에게 훌륭한 주괴를 제공하겠다"라고 말해놓고선 약속을 지키지 않았다. 사신에게 형편없는 주괴를 건네면서 "가져가든지 그냥 떠나라"라고 말했다는데, 나를 어떻게 보고 이런 짓을 저지르는가? 우리 모두 신사가 아닌가?[14]

이-나시르의 창고에 있는 구리를 생산한 인류 최초의 금속 장인들은 호기심과 투지가 대단한 사람들이었을 것이다. 제련 기술은 기원전 3500년경 처음으로 등장했는데 광석의 유형에 따라 황, 산소, 염소나 탄산염을 제거하여 금속의 순도를 높이는 것이 관건이다. 얼마 지나지 않아 비옥한 초승달 지대의 야금가들은 현지에서 생산된 구리에 외부에서 들어온 주석을 배합하기 시작했다. 새로 탄생한 구리-주석 합금은 구리-비소나 구리-안티몬 합금 못지않게 강도와 내구성이 뛰어났을 뿐만 아니라 순동보다 녹는점이 낮았다. 게다가 거품이 일지 않아서 손쉽게 주조할 수 있었다.

마법과도 같은 새로운 합금은 바로 청동이었다. 청동은 이내 다양한 무기, 조리 도구, 제례 용품의 재료로 쓰이기 시작했다. 체계화된 농경을 발전시킨 수메르의 초기 우르 왕조가 기원전 2800년경 인류 최초로 10 대 1이라는 구리와 주석의 최적 배합률을 발견한 것은 우연이

아니었다.[15]

수메르가 주석을 들여온 부분에 대해서 명쾌하게 알려진 사실은 두 가지뿐이다. 현지에서 조달이 가능하고 가격이 저렴한 비소나 안티몬과 달리, 주석은 조달하는 데 상당한 비용이 들고 원산지도 멀었다. 주석 가격은 구리의 열 배가량이었는데, 이러한 비율은 20세기 초까지 대체로 유지되었다. 그런데 수메르인은 어디에서 주석을 들여왔을까? 브르타뉴와 콘월에서 기원전 2000년 전부터 주석이 생산되기는 했지만, 헤라클레스의 기둥(지브롤터 해협) 너머로 주석을 운반했다는 기록은 기원전 450년에야 등장한다. 당시 대서양을 누비던 페니키아의 항해자 히밀코(Himilco)가 유럽 북부의 광산에서 생산된 주석을 운반했다는 기록이 남아 있다.[16] 역사학자들은 유럽 북부의 주석이 프랑스를 거쳐 가는 다양한 육로를 통해 비옥한 초승달 지대까지 전달됐다고 추정한다. 특히 지중해 연안 해안산맥의 발원지에서 대서양에 면한 오늘날의 보르도까지 북서쪽으로 흐르는 가론강 계곡을 따라가는 경로가 활발히 이용됐을 것이다. 이 기간에 중앙아시아에서도 주석이 풍부하게 공급되었다. 즉 지브롤터를 거쳐 가는 해로, 프랑스와 중앙아시아를 각각 거쳐 가는 육로 등 세 가지 경로가 주로 이용되었다.

이와 관련하여 고고학자들은 흥미로운 단서를 발견했다. 1983년 해양 고고학자 돈 프레이(Don Frey)는 난파선 정보를 학계에 종종 보고하던 터키의 해면 채취 잠수부들에게 슬라이드를 몇 장 보여줬다. 대화가 끝나자 한 잠수부가 프레이에게, 터키 서부의 해안 도시 보드룸에 있는 절벽의 해저에서 주괴 더미를 봤다는 정보를 알려줬다. 잠수부가 가리킨 울루부룬 지역을 탐사하자 기원전 1350년경 가라앉은 난파선이 발견되었고, 그 안에서 코끼리와 하마의 가공하지 않은 상아, 초기의 유리, 다량의 동괴 등 고대의 유물이 대거 출토되었다. 고고학자들은 배와 함께 약 1톤의 주석과 10톤의 구리가 가라앉은 것으로 추정했다. 청동을 주조하는 이상적 배합 비율과 일치하는 셈이다.[17] 하지만 주석의 산지나 난파선의 국적에 대해서는 알려진 바가 없다.[18]

고대 초기에 장거리 주석 교역이 있었다는 점을 상당 부분 추측에 기대는 것 아니냐고 생각할 텐데, 사실이 그렇다. 최초의 설형문자 토판은 기원전 3300년경 제작되었다. 이 시기는 동 제련법을 처음 발견한 직후이자 청동이 등장하기 직전이다. 다시 말해 이 토판이 기록된 시대 이전에 일어난 교역에 대해서는 고고학적 증거가 거의 남아 있지 않다. 하지만 장거리 주석 교역이 기원전 3000년경 존재했다면 리넨, 유향, 몰약, 호랑이, 타조 깃털 등 지금은 역사 속으로 자취를 감췄지만 한때 사람들의 눈과 귀와 코를 즐겁게 했을 수많은 진귀한 물건이 먼 거리를 오갔으리라 짐작할 수 있다.

오늘날 서양에서는 지구에서 정치적으로 가장 불안정한 지역에 원유를 의존해야 하는 현실을 불안하게 여긴다. 그런데 고대 메소포타미아의 고통은 이보다 더했다. 하천 사이의 평평한 충적지에 수자원과 토양이 집중되었고 이 제한된 지역에서 보리, 밀, 어류, 양모가 주로 생산됐다. 하지만 고대 문명의 요람에는 당대의 전략물자라 할 수 있는 금속, 대형 목재, 건축용 석재가 거의 생산되지 않았다. 수메르, 아카드, 아시리아, 바빌로니아 등 위대한 메소포타미아 민족들의 명운은 식량 잉여분을 오만과 시나이의 금속, 아나톨리아와 페르시아의 화강

암과 대리석, 레바논의 목재와 어떻게 교환하느냐에 달려 있었다.

이후 메소포타미아 문명이 확대되면서 장거리 교역도 활발해졌다. 기원전 4000년경에는 비옥한 초승달 지대 바깥에도 지역 공동체의 연합이 존재했다. 오늘날 파키스탄 지역인 인더스강 일대에서 체계화된 농경, 군사, 종교, 행정 활동이 일어난 것이다. 문서가 기록되기 이전부터 비옥한 초승달 지대와 인더스 문명 간 교류가 있었음을 보여주는 증거가 남아 있다. 고고학자들은 메소포타미아에서 기원전 4000년 말경 제작된 등과 잔을 발견했는데, 인도양과 오만만에서만 채취할 수 있는 소라 껍데기로 제작된 것이었다. 두 지역을 오가는 데 천문학적 비용이 들었을 테니, 소라 껍데기 유물이 궁이나 지위가 높은 사람들의 무덤에서만 출토되는 것도 우연이 아니다.

기원전 2500년에는 신분을 과시하는 상징이 소라 껍데기 잔과 등에서 구리로 만든 단지, 도구, 장신구로 바뀌었다. 이 시대에도 구리의 운반 비용은 여전히 비쌌고, 평민은 금속이 아닌 석재로 만든 도구를 사용했다. 설사 평민이 구리로 만든 훌륭한 기구를 손에 넣을 능력을 가졌더라도 구리로 된 고급 제품은 지배 계층과 군인 차지였을 것이다.

이후 500년 동안 금속 생산량이 증가하면서 메소포타미아에서는 구리로 만든 도구가 널리 사용되기 시작했다. 청동기시대에는 구리가 귀했기 때문에 소, 곡물과 더불어 교역품으로 활용됐다. 하지만 기원전 2000년경 구리 공급이 증가하면서 가치도 하락했다. 그러자 구리 대신 은이 교환 수단, 즉 오늘날 '화폐'라고 일컫는 대상으로 자리 잡았다.

은이 화폐로 통용되면서 다른 산물의 구입과 판매도 촉진되어 상업이 활성화되었다. 화폐가 없다면 서로 대응하는 물건끼리 맞바꾸는 수밖에 없다. 예를 들어 열 가지 물건이 있다면 경우의 수가 45가지 발생한다(가격도 45종류가 존재한다). 반면 은화를 보편적으로 활용하면 하나의 물건에 한 가지 가격이 매겨지기 때문에 총 10종의 가격이 존재할 뿐이다. 게다가 소 한 마리의 가치를 각자의 주관에 따라 닭 50마리 또는 55마리로 결정하는 환경에서는 대규모 거래가 성립될 수 없다.

앞서 살펴본 나니와 이-나시르라는 상인들의 거래는 초창기 금융시장의 형성을 보여주는 사례이기도 하다. 금속과 곡식을 거래하던 상인들은 이른바 알릭-딜문(alik-Dilmun, 문자 그대로 '딜문의 상인')이었는데, 농산물을 대량으로 구매한 다음 딜문까지 운송할 수 있도록 배편을 준비했다. 여기에는 외부 투자자의 자본이 필요했고, 투자자들은 자본을 빌려주는 대가로 막대한 이윤을 요구했다. 한 토판에 기록된 희귀한 계약서에는 'U'라는 부유한 남성이 'L'과 'N'이라는 교역 상대에게 자금을 빌려준 금융거래가 나타나 있다.

기름 5구르, 의복 30벌에 해당하는 은 2미나를 딜문에서 구리를 구입하는 원정의 대가로 L과 N에게 지급한다. 탐험을 무사히 마치면 U는 상업적 손실을 입지 않는다. 채무자들은 U에게 적정 대가로서 은 1세켈당 구리 4미나를 지급하기로 합의한다.[19]

다시 말해 U는 L과 N이라는 상인들에게 은 120세켈(2미나)을 빌려주고 구리 480미나(대략 250킬로그램)를 돌려받는 계약을 맺었다. 항해가 실패하더라도 손실은 L과 N이 떠안는다.

메소포타미아로 상아, 귀금속, 노예, 향료, 기름 같은 다양한 물건이 유입되었지만 곡식 이외에 어떤 물건이 다른 문명으로 전달되었는지 알려진 내용은 거의 없다. 메소포타미아는 세계에서 가장 부유한 농경 지대였기 때문에 어류와 양모 등 '확인할 수 없는 품목'을 막대한 규모로 수출했을 것이다.[20] 역사학자 크리스토퍼 에덴스(Christopher Edens)는 티그리스와 유프라테스의 북부 및 남부에서 일어난 초창기 교역에 대해 우리가 얼마나 희미하게 알고 있는지 다음과 같이 묘사했다.

　문헌은 불과 몇 점밖에 남아 있지 않고 그나마 서로 연관성이 전혀 없으니, 우리는 빈약한 기록에 근거한 일방적 정보를 가지고 있을 뿐이다. 경제적 문서는 메소포타미아를 설명할 뿐 외부의 존재에 대해서는 알려주지 않는다. 다른 출처를 봐도 외부에서 선박이 도착했다는 것만 확인되고 어떤 화물을 싣고 왔는지는 설명되어 있지 않다.[21]

그렇더라도 역사적 자료를 통해 약 4800킬로미터에 이르는 활 모양 지대에 도로망과 해로가 존재했음을 알 수 있다. 아나톨리아 산악 지대로부터 남동 방향으로 메소포타미아와 페르시아만을 통과하는 길, 동쪽 방향으로 인도양 연안을 따라가는 길, 북동 방향으로 오늘날 파키스탄의 인더스강으로 향하는 길이 있었다.[22] 이처럼 광범위한 지역을 아우르는 교역은 오늘날 세계무역기구(WTO)의 1.0 버전이라고 부를 수 있을 텐데, (후대의 로마 제국과 한나라 간 교역처럼) 간접적 형태였으며 수천 건까지는 아니어도 적어도 수십 건의 여정과 중개인 및 거래가 개입됐을 것이다. 아나톨리아인과 인더스강의 민족은 서로의 교역품에 대해 알고 있었지만, 직접 만났는지 여부는 알 수 없다. 이들

사이에 수많은 중개인이 끼어 있었을 것이다. 상인들은 기회가 닿으면 수상 운송을 적극적으로 활용했으며, 배로 오갈 수 없는 경우에는 인류가 수송 목적으로 길들인 최초의 동물인 당나귀를 이용했다.[23]

수메르나 이집트 모두 초기에는 관료와 사제가 교역을 주도했다. 그런데 수메르의 경우 기원전 2000년에 접어들면서 (이-나시르 같은) 민간인이 교역의 대부분을 넘겨받은 반면, 이집트에서는 정부가 교역을 계속 주도했다. 4800킬로미터에 이르는 교역 지대를 '교역 디아스포라' 최초의 본거지라고 볼 수 있는지는 분명하지 않다. 영구 식민지에는 본국과 제2의 고향 사이의 교역을 촉진하는 외국 상인들, 외지와 고향에서 신뢰를 받는 중개인들이 활동했다.

당시의 교역을 엿보게 하는 흥미로운 단서가 많은데, 특히 메소포타미아에서 발견된 다수의 인장(seals)은 인더스강에서 흔히 사용되던 종류다. 동물의 머리 모양을 한 핀은 원래 메소포타미아에서 생산된 것이지만 인더스 문명의 유적에서도 출토된다. 고대 시대에 석인(石印)은 오늘날의 수축 포장과 같은 기능을 했다. 상인들은 용기 마개 부분에 젖은 점토 덩어리를 바른 후 인장을 굴리거나 눌러서 표시를 남겼다. 그대로 점토가 말라서 굳으면 물건을 구입한 사람은 인장 표시를 보고 판매자가 용기의 내용물을 보증함을 확인할 수 있었으며, 표시는 이동 중에 변경되지 않았다. 석재 표시를 통해 물건의 유형과 수량에 대한 정보를 추가로 전달하는 경우도 있었다.[24] 관료는 자체적인 디자인을 활용했으며, 문명마다 상인과 관료가 저마다 다른 인장을 사용했다. 따라서 메소포타미아에서 '인더스 문명'의 인장이 발견됐다는 사실은 두 강 사이에 위치한 지역에서 인더스강의 상인 무리가 활동했음을 강하게 시사한다.

초기 교역 디아스포라가 존재했다는 강력한 증거는 이 교역 지대의 서쪽 끝에서 발견되었다. 1990년대에 고고학자 길 스타인(Gil Stein)은 유프라테스강에서 배가 다닐 수 있는 최북단인 하시네비 테페(Hacinebi Tepe)에서 아나톨리아 유적을 발굴했다. 거기서 스타인은 기원전 4100년까지 거슬러 올라가는 선진 문명의 증거를 발견했는데, 주거지 및 묘지와 더불어 독특한 모양의 평평한 석인이 출토되었다. 스타인 발굴 팀은 기원전 3700년 우르크 문명의 특징을 보여주는 유물이 있는 지역도 발굴했다. 이러한 유물 중에는 메소포타미아의 전형적인 원통형 인장과, '메소포타미아식' 도살의 흔적을 보여주는 염소 뼈도 있었다. 남쪽에서 이동한 세력이 이 지역을 점령한 증거로 해석할 수도 있지만, 몇 가지 이유에서 그럴 가능성은 낮다. 첫째, 식민지 지역의 규모가 비교적 협소하다. 둘째, 성벽이 존재하지 않았다. 셋째, 메소포타미아에서 상류로 이동했다고 볼 근거가 빈약하다. 넷째, 아나톨리아인은 최소한 군사적 측면에서 메소포타미아인보다 앞서 있었다. 그런 점에서 스타인이 발견한 유적은 최초의 알려진 교역 디아스포라의 흔적일 가능성이 높으며, 이 지역에 구리 산업이 태동한 시기와 같은 시대에 존재했을 것이다.[25]

기원전 3300년경 문자가 출현하면서 역사의 장막이 걷혔고, 이후의 장거리 교역은 이미 우리에게 잘 알려져 있다. 기록을 통해 우리는 사치품과 전략물자뿐 아니라 곡물과 목재 같은 기본 산물도 대량으로 거래됐음을 알고 있다.

기원전 3000년 페르시아만은 교역의 대동맥과 같은 역할을 했다. 문명이 점차 서쪽의 이집트, 페니키아, 그리스에서도 발전하면서 또 다른 해로가 중요해졌다. 바로 홍해를 벗어나 인도양으로 향하는 바닷길이었는데, 홍해의 남쪽 출구인 바브엘만데브(오늘날 예멘)를 지나쳐 갔다. 이집트-홍해 길은 4000년 이상 세계 무역의 중심점으로 기능했고, 덕분에 이집트인은 막대한 이익을 누렸다.

프톨레마이오스 이전의 이집트는 풍부한 채석장과 인근 시나이 사막의 동광에 손쉽게 접근할 수 있다는 이점을 누렸다. 그래서 수메르인과 달리 중요한 전략물자를 외부에 의존할 필요가 없었다. 물론 이집트도 자급할 수 없는 품목이 있었는데, 그중 가장 중요한 것은 목재였다. 이집트인은 페니키아의 목재를 지중해 길을 통해 수월하게 들여왔다. 페니키아의 목재는 쉽게 부패하지 않는 성질이 있어 가치를 높게 인정받았다.

이집트 선박은 홍해를 누볐고, 남쪽으로 2400킬로미터 떨어진 '푼트'(오늘날 예멘과 소말리아)까지 진출했다.[26] 최소한 기원전 2500년부터 푼트로 항해했음을 암시하는 기록이 남아 있는데, 운 좋은 고고학적 발견으로 우리는 기원전 1470년 하트셉수트의 명령으로 떠난 푼트 원정을 자세히 알 수 있다.

하트셉수트 여왕은 남편(이자 이복동생)이 먼저 사망하자 기원전 1479년 이후 그의 아들을 대신해 섭정했다. 여왕이 다이르 알 바흐리(나일강 유역에 위치, 룩소르 맞은편)에 건설한 장제전(葬祭殿)에는 푼트로 떠나는 교역 원정이 양각 부조와 서술로 기록되어 있다.

원정기는 네 개 판에 묘사되어 있는데, 첫 번째 판에는 돛을 갖추고 사공을 태운 25미터 길이의 갤리선이 여러 척 등장한다. 두 번째 판에

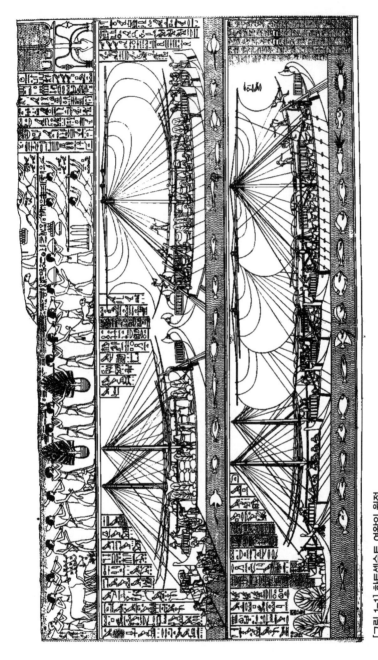

[그림 1-1] 하트셉수트 여왕의 원정
오른쪽 하단에서 시작하여 시계 방향으로 이야기가 진행되며, 두 번째 판은 왼쪽 하단 모퉁이에 작은 면적을 차지하고 있다.

는 푼트에 도착하여 이집트산 곡물과 옷감을 하역하는 모습이 나타나 있다. 세 번째에는 푼트의 대형 식물이나 나무를 싣는 모습이 보이며, 네 번째 판에는 선박이 고국으로 돌아가는 모습이 담겨 있다. 판 위에는 다음과 같은 글이 새겨져 있다.

배에는 푼트에서 나는 진귀한 물건을 가득 실었다. 신의 땅에서 자라는 질 좋은 향목, 미르나무 송진(몰약) 꾸러미, 신선한 미르나무, 흑단, 순수한 상아, 에뮤의 녹색금, 녹나무, 각종 향, 눈에 바르는 화장품, 유인원, 원숭이, 개, 표범, 원주민과 그들의 자녀였다. 이제껏 어떤 왕도 들여오지 못한 물건이었다.[27]

하트셉수트의 치세 이후 이집트 왕조가 쇠락하자 페니키아인이 홍해 무역을 장악했다. 가나안 해상 민족의 먼 친척뻘인 페니키아인은 오늘날의 레바논 지역에 정착했다. 새로 정착한 땅에는 목재가 풍부했고, 메소포타미아와 이집트 사이에 위치한다는 전략적 이점까지 있었다. 이런 이유로 고대 민족 가운데 페니키아인처럼 해로로 물건을 거래하는 데 뛰어난 민족은 없었다. 이후 1000년 동안 페니키아인은 동지중해 교역에서 두각을 나타냈다. 페니키아인은 최초로 장거리 '직접' 무역에 종사한 민족일 것이다. 구약 성경의 〈열왕기상〉에는 다음과 같은 구절이 나온다.

솔로몬 왕이 에돔 땅 홍해 물가의 엘롯 근처 에시온게벨에서 배들을 지은 지라 히람이 자기 종 곧 바다에 익숙한 사공들을 솔로몬의 종과 함께 그 배

로 보내매 그들이 오빌에 이르러 거기서 금 사백이십 달란트를 얻고 솔로몬 왕에게로 가져왔더라.[28]

이 구절을 풀이하면 다음과 같다. 기원전 1000년경 솔로몬 왕국의 장거리 교역은 페니키아인이 담당하고 있었다(히람은 페니키아의 유력 도시국가인 티레의 왕). '에시온게벨'은 아카바만(홍해의 남동단)에 있는 엘라트('엘롯') 인근의 항구도시인 텔 알 쿠라이파(Tall al-Khulayfah)를 가리킬 가능성이 높다. '오빌'이라는 지역에서 귀금속, 공작, 상아, 유인원을 들여왔다는 점에 비추어 오빌은 인도를 뜻하는 것으로 보인다.[29] 성경에 언급된 금 420달란트의 무게는 약 13톤으로, 오늘날의 가치로 환산하면 2억 7000만 달러에 이른다. 현재 기준으로 따져봐도 실로 어마어마한 금액이다.

기원전 400년 페니키아인은 유럽 서부의 해안뿐만 아니라 아프리카의 동쪽과 서쪽 해안을 훤히 꿰고 있었다.[30] 고대 세계에서 믿을 수 없을 정도로 광범위한 교역 범위였다. 페니키아가 장거리 교역을 장악하고 있었기 때문에 기원전 600년경 이집트의 네코 왕은 페니키아 선원들에게 아프리카 일주를 의뢰했다. 헤로도토스의 기록을 살펴보자.

페니키아인은 아라비아만에서 남쪽 해양까지 항해했으며, 가을마다 아프리카 해안에서 접근할 수 있는 지역에 입항하여 씨를 뿌리고 이듬해에 추수할 때까지 기다렸다. 추수기에 곡물을 확보하면 다시 출항하여 꼬박 2년을 항해했다. 그리고 3년째에 헤라클레스의 기둥을 돌아 이집트로 돌아왔다. 선원들은 아프리카 남단을 돌아 서쪽으로 항해할 때 태양이 오른편에, 즉 북쪽에 있더라는 이야기를 들려줬다. 다른 사람들은 어떨지 모르나 나로서는 도저히 믿을 수 없는 말이었다.[31]

서쪽을 항해할 때 태양이 오른편(북쪽)에 있더라는 대목을 오늘날 독자들은 이해할 수 있겠지만, 헤로도토스는 의문을 가질 수밖에 없었을 것이다. 고대의 역사학자는 남반구에서 태양의 움직임을 이해하지 못했을 가능성이 큰 만큼, 바스코 다 가마(Vasco da Gama)보다 2000년 먼저 아프리카의 남단을 돌아온 용맹한 페니키아인에 대한 기록은 신빙성이 높다고 봐야 한다.[32]

이후 수백 년 동안 권력의 중심축은 에게해에 눈독을 들이고 있던 동쪽의 페르시아로 옮겨 갔다. 다리우스 대왕(Darius the Great)은 헬레스폰트 해협(오늘날 다르다넬스 해협)을 통해 북쪽으로 가는 험난한 육로를 대체하기 위해 수에즈 운하를 완성했다. 수에즈 운하는 나일강과 지중해를 홍해와 연결시켰다(운하 건설은 원래 이집트 네코 왕이 기획했다).[33] 하지만 에게해를 장악하려는 페르시아의 야망은 기원전 5세기 초 마라톤, 살라미스, 플라타이아 전투에서 패배하면서 좌절됐다. 반면 전투에서 승리한 그리스는 지중해의 정치, 교역, 군사 면에서 강국으로 부상했다.

그리스와 페니키아의 독립적인 도시국가는 지중해와 흑해에서 두루 교역하고 식민지를 건설했다. 페니키아는 지중해를 훨씬 벗어나는 곳까지 항해하곤 했지만, 일반적인 교역 범위는 대륙이나 해양에 미치지 못했다. 아테네인의 거대한 야망은 결국 펠로폰네소스 전쟁을 일으켜 그리스 세계를 파괴했고, 기원전 4세기에 알렉산드로스 대왕이 전 그리스, 이집트, 아시아 서부를 극적으로 정복하는 토대를 마련했다. 이를 계기로 서양 세계에 헬레니즘 문명이 전파되었으며, 고대의 교역 범위가 대대적으로 확대됐다.

알렉산드로스 대왕이 남긴 항구적 유산으로는 세계적인 도시 알렉산드리아의 건설을 꼽을 수 있다. 이 도시는 수백 년 동안 아라비아, 인도, 중국과 수익성 뛰어난 교역을 하는 기지 역할을 했다. 하지만 기원전 323년 알렉산드로스가 숨을 거두면서 중심지로서의 기능도 오래가지 못했다. 게다가 제국은 계승을 자처하는 세력 간 전쟁이 일어나면서 여러 나라로 쪼개졌다. 그중 하나인 이집트의 경우 프톨레마이오스가 다스렸으며, 앞선 왕조로부터 항해 및 교역 전통과 페니키아의 선박 건조 기술을 물려받았다. 페니키아인의 선박 건조에서 핵심 기술은 선체를 삼나무 판자로 만드는 것이었다. 기술을 확보한 이집트인은 홍해를 거쳐 인도양까지 탐험했고, 정기적으로 인도까지 왕래하는 대양 교역을 시작했다. 하지만 이집트인의 항해에서 우선순위는 교역보다는 '고대 세계의 탱크' 코끼리를 에티오피아에서 데려오는 데 있었다.[34] 알렉산드로스 사후 패권을 다투던 페르시아 셀레우코스 제국과의 경쟁에 활용하기 위해서였다. 그래서 프톨레마이오스 2세는 토사로 막혀버린 다리우스의 옛 운하를 다시 이용하기 위해 시도했지만 결국 실패했다.

전략적으로 봤을 때 이집트는 지중해에서 홍해를 거쳐 인도양에 이르는 길 사이에 위치해 있었고, 운하는 프톨레마이오스가 원하는 코끼리를 운반해 오는 최적의 경로였다. 수에즈를 통과하는 해수면 높이의 운하를 건설하려는 계획은 기원전 600년 네코 왕에서부터 시작되었다. 하지만 운하 건설은 여러 난관에 부딪혔다. 100~130킬로미터 길이에 수심이 깊은 운하를 건설하기란 현대의 가장 부유한 국가에도 큰 부담이 될 정도로 막대한 프로젝트다. 헤로도토스는 네코가 운하 건설을 시도하는 과정에서 징집병 12만 명 이상이 사망했다고 전했다. 게다가 운하의 서쪽 종착지인 나일강은 홍수위일 때 운하에 침전물을 쌓았다. 반대로 강 수위가 낮을 때는 홍해의 해수면보다 낮아져서 바닷물이 유입되는 바람에 음용수와 관개수가 염분으로 오염되었다. 무엇보다 적들이 운하를 이용해 이집트를 포위할지 모른다는 두려움이 있었다. 이런 이유로 네코 왕은 결국 운하를 완성시키지 못했다.

그럼에도 운하 건설의 유혹은 쉽게 포기할 수 없을 정도로 강렬했다. 이후로도 고대 페르시아인, 프톨레마이오스 왕조, 로마인, 초기 무슬림 제국이 건설을 시도했다.[35] 무슬림 제국을 제외한 나머지는 기본적으로 동일한 경로를 계획했다. 나일 삼각주 가장 동쪽의 지류(펠루시악 지류)에서 강바닥이 말라 있는 투밀라트 계곡을 거쳐 북쪽 끝에 위치한 오늘날의 대염호수, 즉 수에즈만 북부까지 연결하려는 계획이었다. 칼리프가 통치하던 시기에는 펠루시악 지류에 토사가 쌓여 아랍 기술자들이 삼각주의 남쪽 지류에 운하를 설치할 수밖에 없었다. 성서 시대에는 대염호수의 남단이 좁은 해협을 거쳐 수에즈만으로, 나아가 홍해까지 이어졌다. 훗날 나일강과 대염호수를 연결하는 작업은 이전 시대에 기능하던 운하에서 토사가 쌓인 드넓은 면적을 준설하는 일 위주로 진행되었다.

대염호수와 수에즈만 사이의 좁은 해협은 수심이 얕아서 썰물 때 강한 동풍이 불면 땅이 드러나기 일쑤였다(모세와 백성들이 바다를 건넜다

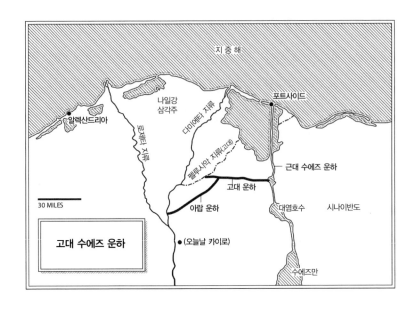

지 중 해

나일강 삼각주

알렉산드리아

다미에타 지류

로제타 지류

펠루시아 지류(고대)

포트사이드

근대 수에즈 운하

고대 운하

아랍 운하

대염호수

시나이반도

(오늘날 카이로)

수에즈만

30 MILES

고대 수에즈 운하

는 전설 같은 이야기는 이러한 환경 덕분에 가능했을 것이다. 이스라엘 백성들이 바다를 건너자마자 바닷물이 뒤쫓아오던 이집트인을 삼켰다. 대염호수와 수에즈만 사이의 해협은 1000년경 완전히 폐쇄되었는데, 지진 때문인 것으로 추정된다).

페르시아와 아바스 왕조가 각각 100년 이상 운하를 운영했지만 나머지 운하는 과연 제대로 작동했는지, 얼마나 오래 기능했는지 알 수 없다. 게다가 운하는 뱃사람들에게 홍해 경로가 안고 있는 여러 결점을 노출시켰다. 북쪽에서 불어오는 강한 역풍은 북쪽으로 향하는 항해를 어렵게 만들었다. 다른 방향으로 운항하는 선박도 위험천만한 모래톱을 피해 가야 했다. 그나마 바람과 암초를 어느 정도 견뎌낼 만한 시기에는 전체 경로에 해적이 들끓었는데, 특히 경로의 상단에서 해적질이 심각했다.

다시 프톨레마이오스의 코끼리 이야기로 돌아가보겠다. 아프리카 심장부 동쪽에 서식하는 코끼리는 에티오피아 선박을 타고 홍해에서 북쪽에 위치한 이집트 베레니스 항까지 이동했다. 거기에서 뭍으로 내려 사막을 건넌 다음, 나일강을 타고 항해할 수 있는 콥토스(Coptos)나 카이노폴리스(Caenopolis)로 이동했다. 그다음에는 배를 타고 북쪽의 알렉산드리아까지 약 500킬로미터를 항해했다.

나일강은 세계의 주요 하천 가운데 유일하게 북쪽으로 흐르는 강이며 연중 북풍이 분다. 이러한 조건으로 선박이 북부의 하류로, 남쪽의 상류로 다닐 수 있다. 나일강, 사막, 홍해를 거쳐 인도양을 오가는 경로는 증기기관이 발명되기 전까지 교역의 '주요 간선도로' 역할을 했다. 증기기관이 발명된 후에는 뱃사람들이 기상의 급격한 변화를 걱정할 필요가 없었고, 토사가 쌓여 있는 나일 삼각주를 피해 가는 현대 운하의 건설이 가능해졌다.

기원전 200년 이후 프톨레마이오스 왕조의 그리스 상인들은 점차 동쪽의 인도를 향해 교역 활동을 넓혀갔다. 100년 후 시지쿠스의 에우독소스(Eudoxus of Cyzicus)라는 야심 찬 항해자는 이집트에서 기나긴 해안 경로를 따라 바브엘만데브를 거쳐 인도까지 항해했다. 그는 처음에 아라비아 해안의 남부와 동부를 차례로 거쳐 간 다음 페르시아만 어귀의 호르무즈 해협을 지나 오늘날의 이란과 파키스탄 해안을 항해한 뒤 남쪽에 있는 인도의 교역 중심지까지 이동했다. 총 항해 거리는 8000킬로미터에 달했다. 에우독소스의 위업은 인도양 계절풍의 획기적인 '발견'으로 이어졌다.

거대한 인도양은 열원(熱源)같이 기능하여, 아시아 대륙이 여름에 달아오르고 겨울에 냉각되는 동안에도 대체로 일정한 기온을 유지한다. 고온에서는 저기압이 형성되고 저온에서는 고기압이 형성되기 때문에, 탁월풍이 (저온의) 고기압 지역에서 (고온의) 저기압 지대로 분다. 즉 여름에는 남쪽에서 남서 계절풍이, 겨울에는 북쪽에서 북동 계절풍이 부는 것이다.

(에우독소스의 항해사로 일한 인물로 보이는) 이집트의 그리스계 항해사 히팔루스(Hippalus, 라틴어로 계절풍을 의미한다—역주)가 바로 이 계절풍을 이용한 덕분에, 그리스 상인들은 바브엘만데브에서 인도까지 불과 몇 주만에 아라비아해를 건널 수 있었다. 그 결과 소코트라와 말라바르 항구처럼 다양한 민족이 어우러지는 대규모 도시가 번성했다. 여러 나라와 인종 출신의 교역 디아스포라가 한데 어울려 여러 언어로 소통하던 공동체에서는 대량의 화물이 관리되고 부가 창출되었으며 실크, 면, 향료, 보석, 이국적 동물 등 동양의 사치품을 원하는 (로마인을 비롯한) 서구인의 끝 모를 욕구를 만족시켰다.

아우구스투스가 권좌에 오르면서 향후 200년 가까이 지속된 팍스 로마나(Pax Romana)의 토대가 마련되었다. 고대의 장거리 교역이 성행하는 안정적 환경이 조성된 것이다. 머지않아 인도의 사절들이 진귀한 선물을 들고 로마에 나타났다. 무역풍과 함께 도착한 중국산 실크, 인도의 야생동물 같은 새로운 사치품은 제국의 부유층을 흥분시키기에 충분했다. 원숭이, 호랑이, 앵무새, 코뿔소는 수도에서 어렵지 않게 만날 수 있는 동물이 되었고 라틴어를 하는 앵무새가 대유행이었다. 특히 로마인이 높이 평가한 인도와 아프리카 코끼리의 상아는 가구, 무기, 전

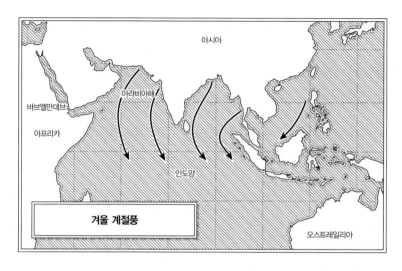

겨울 계절풍

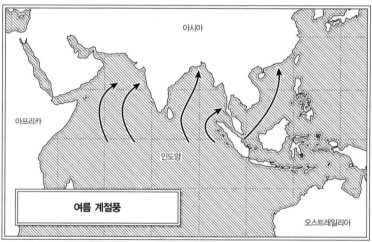

여름 계절풍

차, 장신구, 악기를 장식하는 용도로 각광받았다. 스토아학파 철학자이
자 극작가인 세네카(Seneca)는 상아로 다리를 장식한 삼발이 테이블을
무려 500점이나 보유했다고 전해진다. 그가 제국의 사치를 앞장서서

비판했던 인물이라는 점을 고려하면 결코 적은 양이 아니다.

수입한 물품이 모두 사치품은 아니었다. 원양선에는 와인, 목재, 심지어 물 주전자 같은 바닥짐이 필요했으므로 이러한 '밸러스트 물품'(배의 균형을 유지하기 위해 하부에 싣는 중량물—역주)이 대량으로 거래됐다. 그리스 선박을 통해 대량 반입된 후추는 로마인이 먹는 지중해의 단조로운 밀과 보리 요리에 풍미를 더했다. 408년 로마를 공격한 고트족의 알라리크(Alaric)가 포위를 풀고 물러나는 조건으로 검은 후추 3000파운드(약 1.5톤)를 요구했다는 사실에서 후추의 인기를 짐작할 수 있다.

인도 서남부의 말라바르 해안에 낮게 솟아 있는 서고츠산맥은 여름 계절풍의 습기에 영향을 받는다. 열대기후와 더불어 풍부한 강수량은 검은 후추(Piper nigrum)와, 길이가 길고 향이 더 강해서 값이 비싼 필발(Piper longum)을 재배하는 데 이상적인 환경이다.

말라바르산 후추는 오스티아와 푸테올리, 그리고 물론 로마의 창고(horrea)로 향했다. 현대인들은 로마제국의 수도 하면 콜로세움과 포룸의 유적을 떠올리지만, 고대 로마의 경제생활은 주로 아파트, 가게, 창고가 늘어선 골목에서 이뤄졌다. 그중에서도 오늘날 포룸 유적지를 관통하는 로마의 중심가인 비아 사크라(Via Sacra) 인근의 후추 창고(horrea piperataria)가 가장 중요한 역할을 했다. 근대 이전의 세계에서 흔히 그랬듯, 로마에서도 특정 상품의 교역이 한 지역에 집중되는 경향이 있었다. 창고에 보관된 후추는 비아 사크라 근처에 있는 '후추 구역'의 소매점에 배분되었다. 그러면 부유층과 중산층이 소매점에 와서 후추를 조금씩 구매했다(반면 인도에서 온 진주, 상아, 목재 가구, 중국 실크 등의 귀중품은 포룸 내부에서 판매되었다). 아피키우스(Apicius)라는 로마인이 쓴 요리책은 당대의 요리책으로는 유일하게 지금까지 전해 내려오는데, 레시피 468개 가운데 349개에 후추가 들어간다. 로마인은 메인 요리뿐만 아니라 사탕, 와인, 약에도 후추를 넣었다.[36]

과거 로마인에게 후추 무역이란 오늘날 야심만만하고 물욕이 강한 사람들의 투자은행과도 같았다. 다시 말해 최고 부유층에게 직접 닿을 수 있는 방법이었다. 제국 초기에는 탐욕스러운 사람을 가리켜 "낙타 등에서 방금 구매한 후추를 처음으로 가져가는 자"라고 표현했다.[37] 시인 페르시우스는 다음과 같이 기록했다.

> 돈에 눈먼 탐욕스러운 상인들, 달려가네
> 메마른 인도제국으로, 떠오르는 태양으로
> 거기서 톡 쏘는 후추와 풍부한 약물을 얻어
> 향료와 이탈리아 물건으로 바꾸네.[38]

플리니우스는 "유일하게 만족스러운 특징이란 얼얼함 하나뿐인데, 이런 후추를 구하러 인도까지 가다니! 게다가 야생에서 자라나는 후추와 생강이 금, 은과 같은 무게로 팔린다"라며 개탄했다.[39] 플리니우스의 도덕적 분노와 세네카 등이 로마의 타락을 비판한 것은 오늘날 일반적으로 이해되는 바와 무관치 않다. 동양과 서양 간 교역이 활발해지면서 로마제국은 찰나의 기쁨을 위한 사치품 구입에 금과 은을 모조리 쏟아부었고 그 바람에 제국이 멸망에 이르렀다는 것이다. 악명 높은 네로 황제는 고대판 경상수지 적자를 키우는 데 온힘을 다했다. 플리니우스는 "정통한 관계자에 따르면 아라비아에서 1년 내내 생산된 향수가 네로 황제가 포파이아(Poppaea) 황후의 장례식 날 쏟아부은 양에 못 미친다고 한다"라고 전했다.[40] 영국의 역사학자 E. H. 워밍턴은 인도-로마 교역을 다룬 저작물에서, 한 장 전체를 '무역역조'에 할애했다.[41]

이탈리아는 생산해낸 이상을 소비했고, 로마라는 도시와 라티움 지방에는 생산품이 부족했다. 뿐만 아니라 제국 전체로 봐도 해외, 특히 동양에서 대량으로 물건을 수입했지만 교역의 균형을 이룰 정도의 물건을 공급하지 못하는 경우가 빈번했다. 그 결과 제국에서 귀금속이 주화의 형태로 빠져나갔으나 충분한 양이 돌아오지는 못했다.[42]

하지만 로마가 후추와 실크 때문에 파산했다는 통념은 사실이 아닐 수도 있다. 제국에는 비금속과 귀금속을 포함한 천연자원이 풍부했으며, 로마인도 물건을 대량으로 수출했다. 인도에는 지중해의 붉은 산호와 중국에서 인기가 좋았던 세계 최고급의 유리를 판매했다. 다수의 그리스 선박 짐칸이 스페인산 납과 키프로스산 구리로 채워졌다. 콘월에서 채굴된 주석은 잉글랜드에서 알렉산드리아까지 운반된 다음 또 다른 지역으로 수송되었고, 이집트와 인도행 이탈리아 선박에는 고급 와인이 가득 실렸다. 중국과 인도가 기후와 천연자원의 이점을 살려 실크나 후추 같은 고가의 농산물 시장을 장악했듯, 로마는 선진 토목 기술을 살려 광업 분야에서 두각을 나타냈다. 게다가 중국과 인도 사람들은 금보다 은을 훨씬 더 선호했다. 은이 동양으로 흘러 들어가는 동안 인도의 금은 서양으로 대거 이동했다. 예를 들자면 17세기 후반에는 중국에서 금 1온스의 가치가 은 5~6온스에 불과했으나, 스페인에서는 은

12온스에 달했다.[43] (마르코 폴로는 13세기 후반 버마에서 금 1단위로 은 5
단위밖에 구입할 수 없다고 기록했다.[44]) 이와 같이 동서양 간 금과 은의 교
환 비율이 상이한 상황은 최소한 세네카의 시대에도 일어났다. 그러므
로 로마 상인이 중국산 물건을 사면서 은 이외의 다른 수단으로 지불했
다면 정신 나간 짓이었을 것이다. 경제사학자 데니스 플린(Dennis Flynn)
과 아르투로 지할데즈(Arturo Giráldez)는 "동양-서양, 북부-남부, 유럽-
아시아 등 사이에 화폐 자원이 보상으로 제공되는 무역 불균형은 존재
하지 않았다. 그저 교역이 일어났을 뿐이다"라고 주장했다.[45]

　서로마제국의 멸망은 세계무역이 그 요람지인 인도양 밖으로 뻗어나
가는 속도를 둔화시켰다. 그러나 교역 자체가 멈춘 것은 아니었다. 강
력한 신흥 유일신교인 이슬람이 발원하면서 인도양을 통한 교역이 새
롭게 확대되었다. 이에 따라 교역은 아시아의 드넓은 평원에서, 광활
한 유라시아 대륙의 변경에서도 일어났다. 한나라-로마 축을 중심으
로 한 교역은 막대한 거리를 아울렀지만 통합의 정도는 강하지 않았
다. 화물은 생산지에서 목적지까지 수많은 인종, 종교, 문화, 법 전통
의 상인들을 거쳐야 했다.

　선지자의 탄생을 계기로 파편적이고 다민족을 거치는 고대의 교역은
자취를 감췄다. 무함마드(Muhammad)가 사망한 이후 몇 세기 만에 하나
의 문화, 하나의 종교, 하나의 법이 구세계 3개 대륙 간 교역을 통합시
켰다. 이러한 상태는 최초의 유럽 선박이 동양에 도착하기 전까지
1000년 가까이 유지됐다.

2장

그리스 교역 해협을 누가 장악하는가

우리의 숙적이자 조직력이 떨어지고 운명의 배신을 당한 저들에게 맞서 가슴 속에 분노를 품고 전쟁에 나아가자. 적을 다룰 때는 공격자를 향한 영혼의 분노를 해소할 권리를 주장하는 것이 가장 정당하고 합법적임을 기억하자. 또한 우리는 옛말처럼 적에 앙갚음을 하는 기쁨으로 가장 큰 기쁨을 누려야만 한다.
—시라쿠스 항에서 아테네 해군을 패퇴시키기 전날,
　　스파르타의 장수 귈리푸스(Gylippus)[1]

말라카를 지배하는 자가 베네치아의 명운을 쥐고 있다.
—토메 피레스(Tomé Pires)[2]

펠로폰네소스 전쟁 중 아테네인의 시칠리아 원정대가 파멸한 일화만큼 현대인의 영혼을 휘젓는 옛이야기도 드물다. 그리스의 머나먼 스파르타에서 시칠리아 동부의 항구 시라쿠스까지 이동한 스파르타군은 북쪽에서는 평원, 남쪽에서는 항구에서 아테네군과 아테네 전함을 하나씩 제거해 나갔다. 과장 없이 꼼꼼하게 역사를 기록한 투키디데스(Thucydides)조차 "그리스 역사에서 우리가 알고 있는 가장 위대한 행동이었다. 승자에게는 가장 빛나는 성공이요, 완파당한 자에게는 재앙과도 같은 패배였다"라고 노골적으로 표현했다.[3]

　펠로폰네소스 전쟁이 교역의 역사와 무슨 연관성이 있겠냐 싶겠지만 사실은 연관성이 크다. 아테네가 제국주의적 지배를 추구한 이유는 가장 기초적 상품인 곡물을 거래하는 일, 그리고 서구 문명에서 그리스라는 요람이 위치한 특유의 지리적 환경과 직접적 연관이 있었다. 서양 문명의 문화적·제도적 기초가 고대 그리스에서 처음 마련되었듯, 중요한 해상 교통로와 전략적 해상 요충지를 장악하려는 현대 서양의 집착은 곡물을 수입에 의존할 수밖에 없었던 그리스만의 농업적·지리적 환경에서 비롯되었다. 19세기와 20세기의 영국과 미국에게 세계의 대양 항로를 차지하도록 충동질한 요인은 과거에 그리스가 식량을 수입 밀과 보리로 충당하던 시절에 처음 나타났다.[4]

투키디데스 이후 서양의 많은 역사학자들은 자존심 강한 아테네인이 군이 힘과 자원의 한계치를 무시하고 머나먼 시칠리아 해안에 가서 패배를 맛본 이유가 무엇인지 궁금하게 여겼다(투키디데스는 아테네의 추방당한 장군으로, 저 유명한 연대기를 처음으로 작성한 인물이다). 우리 시대의 최강대국이 중동의 전장에서 수렁에 빠지자, 사람들이 고대 시대에 일어난 갈등에 점점 더 관심을 갖는 것도 우연이 아니다. 오늘날의 주요 외교 정책을 옹호하는 사람들을 아테네에서 활동하던 주요 인물들과 연관 짓기란 어렵지 않다. 오만하고 명석하며 신의가 없는 강경론자 알키비아데스(Alcibiades)와, 신중하고 충성스러운 온건론자이지만 시라쿠스인에게 붙들려 처형당한 니키아스(Nicias)를 떠올려보라.

그런데 애초에 아테네인은 무슨 이유로 제국 건설을 추진했을까? 고대 그리스는 수백 개의 독립적인 도시국가로 구성되어 있었는데, 동맹 관계가 변화무쌍했으며 서로 끝없이 전쟁을 벌였다. '그리스'는 문화적·언어적 개념이었지 국가를 의미하는 것은 아니었다. 말썽 많은 형제애는 기원전 5세기 초 페르시아의 침입처럼 외부에서 심각한 위협이 제기될 때에나 예외적으로 발휘되어 그들을 하나로 묶어주었다. 하지만 그조차도 오래가지 못했다.

에게해 지도를 잠시 들여다보면 많은 상황이 설명된다. 그리스의 해안선은 매우 복잡하며 섬, 반도, 작은 만, 내포, 해협이 상당히 많다. 이처럼 지형이 복잡한 데다 산악 지형이 주를 이루다 보니 대다수의 교역이 바다를 거쳐 일어날 수밖에 없었다.

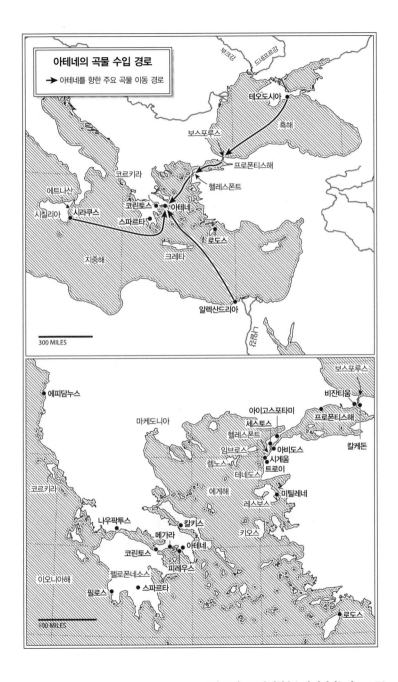

지리적 환경 요인과 더불어 대부분 도시국가의 토양이 척박하여 기아의 궁지에 내몰렸다. 티그리스와 유프라테스 사이의 비옥한 토양과 초목이 우거진 나일강 유역에 뿌리내린 인류 최초의 문명은 세계에서 가장 생산성 좋은 경작지를 활용할 수 있는 축복을 누렸다. 반면 그리스의 경우 산악 지대가 아닌 지역조차 다른 문명을 꽃피운 도시처럼 충적 분지가 아니라 석회암 토양이었다. 연평균 강수량도 40센티미터 정도에 불과했다. 이로써 농업의 기회가 제한적이었기 때문에 인구는 해안가에 주로 거주하면서 어업, 제조, 교역에 종사했다.

전통적으로 그리스 농가에서 생산되는 곡물은 자급자족에도 충분치 않을 정도로 빈약했다. 반면 와인과 올리브유는 풍부하게 났기 때문에 외부에서 생산된 밀, 보리와 교환할 수 있었다. 그리스 농민들은 가족을 먹여 살리기 위해서뿐만 아니라 민회 활동에 참여하고 장갑 보병으로서 기본적 군역을 감당할 시간과 자원을 확보하기 위해서 교역에 의존했다.[5]

기원전 1000년대 초반 그리스의 일부 도시국가가 처음으로 민주주의를 발전시킬 즈음 식량 공급이 달리기 시작했다. 그리스 도시국가 중에서도 특히 아테네가 위치한 아티카의 토양이 척박했다. 투키디데스는 아테네 토양의 비옥도가 떨어져 침입자들이 굳이 넘보지 않았기 때문에 견고한 정치적 환경이 마련되었다고 짐작했다. 그는 '척박한 토양이 주는 안정성'은 상대적으로 더 부유하고 강력하지만 분열된 도시국가로부터 부, 권력, 지식을 끌어들이는 역할을 한다고 보았다.[6]

초기 그리스에서는 최소한 먹고살 수 있을 정도의 보리를 재배했을 것이다. 하지만 시간이 흐를수록 부유하고 안목 있는 그리스인은 밀을 원했다. 밀을 재배하려면 생장에 맞춰 물이 적절히 공급되어야 하는데, 강수량이 빈약하고 불안정한 지역에서는 여간 어려운 일이 아니었다. 영국의 중세 민중 영웅 존 발리콘(John Barleycorn, 보리를 의인화한 이름으로, 보리는 영국에서 식량이나 다른 기호식품의 원료로 쓰이는 중요한 곡물이었다—역주)의 예에서 보듯, 그리스와 로마도 제례에서 보리 빵을 사용했다. 보리는 건조한 기후와 척박한 토양에서 재배하기가 훨씬 수월한 작물이었다. 기원전 6세기에 활발한 교역이 일어나기 전까지 밀로 만든 빵은 그리스의 축제일에만 먹을 수 있는 귀한 음식이었다.[7]

만족할 줄 모르는 그리스의 주부들은 밀을 어디에서 구했을까? 기원전 6세기 전에는 지중해의 곡창 지대인 이집트에서 주로 밀을 들여왔다. 헤로도토스는 아마시스(Amasis) 왕이[8] 나일 삼각주의 카노푸스 지류에 있던 나우크라티스를 그리스의 여러 도시에서 온 상인들을 위한 교역 도시로 건설했다고 기록했다.[9]

또한 그리스인은 시칠리아를 식민지로 삼아 동부 해안 에트나산 주변의 비옥한 화산토를 이용했다. 시라쿠스는 아테네의 남서쪽에 위치하여 강력한 경쟁 관계에 있었던 코린토스의 식민지 개척자들이 기원전 8세기 말 에트나산 남부에 건설한 도시였다. 하지만 그리스인이 크게 이득을 본 장소는 흑해 북부 해안의 광활하고 풍요로운 배후지였다. 코린토스 농민들이 시라쿠스를 건설할 즈음, 에게해 도시국가는 매우 비옥한 부크강과 드네프르강 유역(오늘날의 우크라이나 남부)에 식민주의자들을 대규모로 보냈다(흑해를 가리키는 그리스의 '폰투스 에욱시네(Pontus Euxine)'를 줄여 이후에는 '폰투스'라고 칭한다).

그리스 시민들이 폰투스와 시칠리아의 식민지에서 곡물을 확보하기 시작하면서 단순한 지리적 요소가 일부 국가에 영향을 미쳤다. 아테네와 에게해 군도의 동맹이 곡물을 추가로 확보하기 위해 북동쪽의 폰투스에 선박을 보낸 것이다. 한편으로 또 다른 집단도 영향을 받았다. 스파르타, 코린토스, 메가라(아테네와 코린토스의 중간에 위치) 등이 주축이 된 동맹은 서쪽의 시칠리아에 눈독을 들였다. 이때 코린토스와 메가라의 선박은 코린트만을 벗어나 서쪽의 시칠리아를 향해 곧장 항해하거나, 펠로폰네소스를 남쪽으로 돌아가는 긴 경로를 선택해야 했다. 어떤 경로를 선택하든 좁은 물길을 거쳐 가야 했으므로 경쟁 관계의 도시국가나 해적의 공격에 매우 취약했다. 예를 들어 코린트만을 오가는 코린토스와 메가라 선박은 너비가 1.6킬로미터에 불과한 서쪽 입구에서 손쉽게 차단당할 수 있었다. 시칠리아로 향하는 남쪽 길도 적국과 해적의 공격에 노출되어 있었다. 그리스 본토 남부, 즉 스파르타가 위치한 펠로폰네소스반도와 크레타섬 사이에 섬이 늘어서 있는 해협을 통과해야만 했기 때문이다.

아테네와 에게 동맹이 곡물을 들여오는 경로는 더 취약했다. 폰투스의 곡창 지대에 닿으려면 에게해와 흑해 사이에 있는 위험할 정도로 좁은 통로를 지나가야 했다. 게다가 그런 통로가 하나도 아니고 둘이나 있었는데, 바로 다르다넬스(옛 이름인 헬레스폰트는 '그리스의 다리'라는 뜻)와 북쪽의 더 좁은 보스포루스였다. 또한 아테네의 항구도시인 피레우스를 오가는 선박은 사로니코스만 출구에 있는 여러 섬 사이의 해협을 지나야 했다. 기원전 7세기 중반 아테네의 인구가 불어나자 아티카의 척박한 토양에서 생산된 곡물로는 식량 자급을 이룰 수 없었다. 도시국가가 해외 곡물에 의존하는 정도는 점점 더 커졌다. 이들은 정교한 공예품과 도기, 옷감, 올리브유, 와인 등 환금작물을 곡물로 교환했다.

아테네인의 생존은 지구상에서 가장 취약한 공급로에 달려 있다고 해도 과언이 아니었다. 설상가상으로 폭풍이 몰아치는 일기와 구름 때문에 거의 1년 내내 바다가 '폐쇄'되어 항해 시즌이 5월 초에서 9월 말까지 4개월 반에 그쳤다[10](자기 나침반이 발명되기 전에는 하늘이 구름에 뒤덮인 상태에서 야간에 개방 수역을 항해하기가 극히 어려웠다).

그리스의 인구가 늘어나면서 희소한 곡물 자원을 확보하기 위한 경쟁이 더 치열해진 데다 지리적 환경이 분열되어 있다 보니 두 집단이 각축전을 벌이는 구도가 형성되었다. 한편은 아테네가, 나머지는 스파르타가 맹주였다. 양 동맹은 지속적으로 전쟁을 벌였고, 비극적인 펠로폰네소스 전쟁에서 갈등이 정점에 달했다.

헬레스폰트와 폰투스의 곡물 지배권을 놓고 그리스인이 벌인 '패권 다툼'은 기원전 700년경 초부터 시작되었다. 기원전 660년경 아테네의 숙적이자 스파르타의 동맹인 이웃 메가라가 보스포루스의 경비견 역할을 맡길 요량으로 비잔티움과 칼케돈을 건설했다. 얼마 안 있어 서쪽의 에게해에 접한 도시국가 미틸레네가 헬레스폰트 어귀의 시게움을 점령했다. 호메로스가 기록한 트로이 유적에서 몇 킬로미터 거리의 지역이다.

기원전 600년경 아테네인은 미틸레네가 점령한 시게움을 탈취하면서 반격에 나섰다. 기원전 535년 아테네의 참주 페이시스트라토스(Peisistratus)는 흑해 인근을 식민화하기 위한 계획을 대대적으로 추진했고 해협의 방어를 강화했다(33년 동안 그는 수로를 건설하고 아테네 최초의 도서관을 건립하는 위업도 달성했다).

페이시스트라토스는 시게움 남쪽에 위치하여 남서 방향에서 헬레스폰트에 접근하는 길목을 지키던 테네도스, 임브로스, 램노스 등 3개 섬을 장악했다. 기원전 506년 아테네는 에게해 서쪽의 에비아섬을 칼키스에게 빼앗아 비옥한 서부 해안을 차지했다. 이는 곡물 공급을 늘림과 동시에, 선박이 피레우스와 헬레스폰트 사이를 방해 없이 항해하는 '해상 고속도로'를 완성시키는 이중 효과가 있었다. 기원전 6세기 후반과 5세기 초반에 페르시아가 여러 차례 침입하면서 흑해 무역은 일시적으로 중단되었다. 아테네는 전혀 경계를 늦추지 않았으며, 기원전 480년 살라미스에서 페르시아 크세르크세스(Xerxes) 왕의 해군을 무찔렀다. 2년 후에는 헬레스폰트 안쪽의 세스토스섬에서 페르시아 세력을 완전히 몰아냈다.

아테네는 페르시아의 공격으로 전멸당할 위기를 간신히 피했는데, 살라미스 해전 중에는 시민들이 도시를 떠나 피난길에 오르는 사태까지 벌어졌다. 참혹한 경험에 간담이 서늘해진 아테네인은 '긴 장벽'을 축조했다. 남부의 항구도시 피레우스에 90미터 너비로 평행하게 서 있는 이중 성벽을 6킬로미터가량 쌓았다. 이에 아테네는 해상에서 공급받은 물자를 부두를 통해 내려 더 이상 육상에서 포위받지 않을 수 있었다.

하지만 궁극적으로 '긴 장벽'은 아테네의 취약점을 육지에서 바다로 옮긴 것에 불과했다. 기원전 476년 스파르타의 장수 파우사니아스(Pausanias)가 세스토스와 비잔티움을 점령하여 아테네의 급소인 헬레스폰트와 보스포루스를 급습했다. 아테네는 양 도시에서 스파르타군을 즉각 쫓아냈다.

기원전 450년 아테네는 교역로의 안전을 확보하기 위해 해군을 대대적으로 확대하고 흑해를 쉼 없이 순찰했다. 육군과 해군을 시민병으로 구성한 상황에서 전례 없는 조치였다. 페리클레스(Pericles)가 몸소 전함을 지휘하면서 해역에서 군사력을 과시했다.

평화기에 아테네 상인들은 연간 100만 부셸 이상의 곡물을 헬레스폰트를 통해 운반했다. 기근에 시달릴 때는 아테네로 향하는 곡물이 연간 300만 부셸까지 증가했다. 곡물의 대부분은 폰투스에서 생산되었고, 부크강과 드네프르강이 합류하는 지점에서 동쪽에 위치한 테오도시아에서 선적했다.

흑해 연안과 배후지에서도 그리스로 소, 양털, 어류, 목재를 보냈다. 상대적으로 공예품의 수준이 낮은 지역에서는 이집트의 세련되지만 싫증난 제품보다 그리스 물건의 가치를 더 높게 쳤다. 그리스 상인들이 이집트보다 폰투스의 투자에서 더 높은 수익을 올리면서 교역의 축도 점차 북쪽으로 이동했다.

이 시점에서 아테네는 해군력을 키우는 것만으로는 충분치 않음을 깨달았다. 적들이 언제라도 에게해, 헬레스폰트, 보스포루스의 좁은 해협을 차단하고 이 해로를 따라 정치를 장악할 수 있었다. 또한 일부 도시와 요새를 점령하는 전략도 충분치 않았다. 지역의 다른 도시국가도 아테네와 동일한 해로와 관문에 의존하고 있었기 때문에, 질서를 유지하려면 이해가 걸린 모든 도시국가가 인력과 자원을 투입할 필요가 있었다. 이를 달성할 수 있는 유일한 방법은 마음이 맞는 도시국가 집단을 결합하고 중앙에서 동맹을 이끄는 것이었다. 동맹은 점차 아테네 제국의 형태를 띠었다.

외유내강의 아테네가 어떻게 이런 재주를 부렸는지를 살피다 보면, 오늘날 미국 독자들은 불편할 정도로 익숙한 레퍼토리라는 생각을 할 것이다. 아테네는 에게해와 흑해의 동맹 국가를 해적으로부터 보호하고, 그리스 정착민에게 빼앗겼던 영토를 되돌려달라며 만용을 부리던 지역 '야만인'의 공격에서 막아줬다. 그 대가로 동맹국은 아테네에 공물을 바치고, 피레우스 항으로 향하는 곡물에 수출세를 부과하지 않았다. 에게해 항로를 장악한 아테네는 스파르타, 코린토스, 메가라 같은 적에게는 반대로 불이익을 줄 수 있었다. 예를 들어 펠로폰네소스 전쟁 초기에 아테네는 코린토스와 메가라로 오가는 항해를 차단하기 위해 코린트만으로 가는 서쪽의 좁은 입구에 위치한 나우팍투스에 기지를 건설했다.[11] 아테네는 정치와 군사적 영향력을 대대적으로 동원하여 로도스(오늘날 터키의 남서 해안에 위치), 에게해 서부의 키오스섬, 레스보스섬 등 주저하던 동맹과 관계를 유지했다. 심지어 곡물 가격을 조절할 수 있었으며, 곡물 공급이 차단되거나 전염병이 돌 때를 대비해 비축하기도 했다. 사재기를 하거나 곡물을 재수출하는 상인은 아테네인이든 외국인이든 관계없이 재판에 회부되었다.

제1차 세계대전과 마찬가지로, 기원전 431년 펠로폰네소스 전쟁도 사소한 갈등에서 시작되었다. 에피담누스(오늘날 알바니아 해안의 두러스)라는 작은 도시국가에서 민주당과 귀족당이 다툼을 벌이면서 문제가 커졌다. 민주당은 코르키라(오늘날 코르푸)에 지원을 요청했는데, 앞서 에피담누스를 건설한 바 있는 코르키라는 아테네와의 동맹으로 해군력을 동원할 수 있었다. 민주당은 코르키라가 지원을 외면하자 코린토스로 달려가서 함대를 지원받았다.

코린토스가 옛 식민지에 간섭한 데 분개한 코르키라는 코린토스 함대를 물리쳤다. 아테네는 코린토스가 스파르타의 동맹과 힘을 합쳐 거대한 코르키라 함대를 사로잡고 힘의 균형이 불리한 방향으로 무너지지 않을까 경계했다. 이로 인해 아테네와 코린토스 사이에 해상 갈등이 발생했고, 이내 그리스 세계 전반에서 '글로벌 갈등'으로 격화됐다.

처음에는 상황이 아테네 제국에 유리하게 흘러갔다. 아테네는 펠로폰네소스 남서부의 필로스에서 승리를 거두고 스파르타의 병사들을 대거 포로로 잡았다. 당시 스파르타는 거대한 노예 인구를 억누를 만한 인력이 만성적으로 부족한 상태였다. 이에 포로로 잡힌 군사를 찾아오기 위해 아테네와 평화조약을 체결하기를 원했다. 하지만 아테네는 전쟁 상태를 계속 유지했다.

기원전 415년 젊고 야심만만한 팽창주의자 알키비아데스와, 연장자로 조심성 많고 경륜 있는 전사 니키아스가 시칠리아 침공을 놓고 논쟁을 벌였다. 알키비아데스는 아테네에 곡물의 가치가 얼마나 큰지 강조했다. 그러자 니키아스는 시칠리아가 풍요롭다는 사실이야말로 침공하지 '말아야' 할 이유라고 맞섰다. "시칠리아는 자체적으로 곡물을 재배하여 수입에 의존할 필요가 없다는 점에서 아테네보다 훨씬 우위에 있다."[12]

논쟁에서 강경론자들이 이겨 시칠리아를 파괴하기 위한 원정에 나서면서, 정작 본국은 외부 공격에 취약한 상태가 되었다. 스파르타의 위대한 장수 리산드로스(Lysander)는 아테네를 직접 공격하는 대신, 제국에서 공격에 취약한 고리인 헬레스폰트를 다시 한 번 공략했다. 약삭빠른 장군은 천천히 세력을 모아 기원전 405년 한여름이 오기까지 기다렸다. 이때가 되면 곡물을 실은 거대한 선단이 바다가 폐쇄되기 전에 남쪽으로 항해할 준비를 했다. 정확한 시점에 리산드로스는 헬레스폰트 내측 세스토스 인근의 아이고스포타미에 남아 있던 아테네 함대를 향해 달려들었다. 스파르타군은 아테네 선박의 대다수를 침몰시키거나 포획하고 수천 명의 군사를 죽였다. 아테네의 성스러운 갤리선이 살아남아 본국에 끔찍한 소식을 전했다. 패배 소식이 피레우스에 닿았고, "통탄하는 소리가 도시의 긴 장벽까지 닿았다. 소식이 입에서 입으로 전달되고 모두가 그 밤을 뜬눈으로 보냈다."[13]

굳이 아테네를 직접 침략할 필요조차 없었다. 무시무시한 스파르타 중장 보병이 나서지 않아도, 잔인한 기근을 이용하면 아테네를 보다 효율적으로 손쉽게 꺾을 수 있었다. 아테네는 이후 치욕스러운 평화협정에서 간신히 독립을 지켜냈다. 대신 남은 함대를 포기했고, 피레우스의 방어 시설을 완전히 파괴했으며, 그때까지 아테네를 포위할 수 없게 만든 '긴 장벽'을 무너뜨렸다. 그중에서도 가장 큰 수모는 스파르타의 동맹이 되는 것이었다.

아테네는 다시 일어섰고, 스파르타의 해군력이 약해지는 틈을 타 흑해 무역을 장악했다. 하지만 권력과 영향력이 이전에 미치지 못했다. 다음 도전자는 기원전 360년 해협을 장악한 테베였다. 아테네는 3년 뒤 다시 해협의 지배권을 빼앗아 왔다. 이내 알렉산드로스 대왕의 아버지인 마케도니아의 필리포스(Philip) 왕은 헬레스폰트의 페린투스(헬레스폰트와 보스포루스 사이의 프로폰티스 내해에 있는 작은 도시)와 비잔티움을 차례로 공격했다. 이번에도 아테네인은 데모스테네스(Demosthenes)라는 웅변가의 연설에 힘입어 시련을 버텨냈고, 다시 한 번 가까스로 위기를 넘겼다.

알렉산드로스는 그리스 선박에게 항해의 자유를 보장했지만, 해협을 실질적으로 장악하고 있는 주체가 누구인지 확인시키기 위해 이따금 화물선을 억류하곤 했다. 이후 수백 년 동안 아테네는 대체로 독립을 유지했지만 더 이상 자신의 운명을 스스로 결정하지 못했다. 아테네는 서양의 여러 제도와 지적·예술적 시도를 고안해냈지만 한편으로는 불명예스러운 전통을 남기기도 했다. 펠로폰네소스 전쟁 이후 수백 년 동안 아테네는 서양의 노쇠한 제국이 세계적 강대국에서 야외 테마파크로 전락하여 오로지 예술, 건축, 학파, 과거 유산만으로 인정받게 되는 수모를 겪었다. 이후 수많은 제국이 아테네의 전철을 밟았다.

그리스가 서양 문명의 요람이라면, 그리스 특유의 전략적 지리 요소는 해로의 중요성을 강조하는 서양의 해군 전략에도 영향을 미쳤다고 봐야 한다. 베네치아, 네덜란드, 잉글랜드는 각각 13세기, 17세기, 19세기판 아테네였다고 할 수 있다. 식량을 자급할 수 없는 수준으로 몸집이 커지자 번영과 생존이 해로와 머나먼 카테가트(유틀란트와 스웨덴 사이의 해협), 영국 해협, 수에즈, 아덴, 지브롤터, 말라카, 헬레스폰트와 보스포루스 같은 전략적 요충지의 장악 여부에 달려 있었다.

오늘날 사우디아라비아, 이라크, 이란의 거대한 유전에서 생산되는 원유가 페르시아만을 통과하면서 미국, 영국, 인도, 중국의 국방 장관은 좁은 물길을 자유롭게 통과하는 항해가 얼마나 중요한지 절실히 느끼고 있다. 반면 중세 아시아의 거대한 교역국은 인도양의 개방된 지리를 안정적으로 이용하던 상황이라 이 같은 교훈을 얻을 기회가 없었다. 수백 년 동안 이슬람 세력은 세계의 장거리 교역 중심지인 인도양에 힘없고 후진적인 유럽 국가가 발을 들이지 못하도록 차단했다. 하지만 이는 전적으로 무슬림의 중동 대륙 정복 덕분이었고, 중동은 유럽이 인도양 '뒷문'인 페르시아만과 바브엘만데브에 접근하지 못하도록 막았다. 예를 들어 바그다드의 아바스 왕조는 세력이 막강했음에도 그토록 중요한 호르무즈의 페르시아만 요충지 보호를 등한시하여 해적이 들끓었다(초기 아랍제국도 도로의 건설과 유지를 고려하지 않았다).

몽골과 명나라는 일본, 인도네시아, 인도양을 향해 해상 습격을 시도하면서도 정작 서쪽을 향하는 모든 교역을 통제하는 말라카 해협을 지키는 일에는 별로 노력을 기울이지 않았다. 인도의 무슬림 지배자들 역시 포르투갈의 위협을 받기 전까지는 해로에 신경을 끄다시피 했다. 인도 서부 해안 구자라트의 도시 디우를 통치하던 무슬림 지배자 말리크 아야즈(Malik Ayaz)는 이집트의 맘루크 통치자들에게 포르투갈 세력을 쫓아달라며 원조를 구했다. 1508년 맘루크-인도 연합 함대는 차울(Chaul, 오늘날 뭄바이의 남부)에 머물던 포르투갈의 소함대를 기습해 승리를 거뒀다. 하지만 이듬해 포르투갈인은 디우에 더 큰 함대를 파견하여 전세를 역전시켰다. 이를 계기로 무슬림이 독점하던 중요한 향료 무역을 유럽이 장악하게 되었다.

여름과 겨울 계절풍이 바스라에서 말라카에 이르는 인도양에 불어오면 해상 전략과 권력은 그리 중요하지 않았다. 인도양의 편리하고 개방된 지리 때문에 무슬림 교역 세력은 유럽의 맹공격에 맞설 준비가 미흡했다.

인도양에서 서양 세력이 부상하긴 했지만 이곳을 완전히 장악한 것은 아니었다. 무슬림은 차울에서 실력을 보여줬듯, 신세계의 아메리카 원주민처럼 손쉽게 나가떨어질 상대가 아니었다. 디우 해전에서 패배한 몇 년 후 세력을 회복한 이집트 함대는 아덴에서 유럽인을 물리쳤다. 무슬림 선지자의 군대는 전략적으로 중요한 바브엘만데브의 지배권을 1839년 잉글랜드가 오스만제국에게 탈취하기 전까지 유지하는 데 성공했다. 무슬림 해군은 용맹하고 기술적으로도 정교했지만 헬레스폰트, 카테가트, 지브롤터, 영국 해협의 거친 무리에게 적수가 되지 못했다.

바브엘만데브를 비롯해 지브롤터, 호르무즈, 말라카 해협을 거니는 미 해군에게서 헬레스폰트에 집착하던 아테네인의 망령을 발견하기란 어렵지 않다. 포르투갈 함대가 차울에서 잠시나마 패배를 맛본 대목에서는 아덴에서 공격당한 미 해군 이지스 구축함 콜(Cole)이 떠오른다. 하지만 이야기가 너무 앞서갔다. 펠로폰네소스 전쟁에서 로마 함락까지 1000년, 로마 멸망에서 포르투갈의 인도양 진출로 서양이 패권을 쥔 시대가 오기까지 1000년이 한 번 더 지나야 한다.

로마의 멸망 이후 대부분의 기간 동안 강력한 신흥 일신교 지지자들은 오늘날 서양이 교역을 장악하고 있듯 중세 시대의 장거리 교역을 지배했다. 과거 무슬림이 교역을 장악하며 남긴 유산이 여전히 생생하기만 하다.

3장

대상의 길
낙타와 선지자

화가와 삽화가는 거의 예외 없이 낙타를 옆모습만 그린다. 낙타를 정면에서 보면 둥글납작하고 흐물거리는 코가 윗입술과 닿아 있다. 이빨을 감싸고 있는 윗입술은 짧은 아랫입술 위에 불룩하게 부풀어 있다. 눈을 가늘게 뜨고 관찰하자니, 낙타를 옆모습으로 보면서 정면을 상상했을 때와 전혀 다른 동물이 앞에 서 있다. 큰 바다뱀이나 개의 얼굴을 한 공룡처럼 전혀 다른 생물체를 보고 있는 느낌이다.

— 레일라 해들리(Leila Hadley)[1]

여행자라면 반드시 사막 습격이 어떤 방식으로 일어나는지 알아야만 한다. 접근하는 상대가 같은 편일 수도 있지만 늘 적이라고 가정해야 한다. 습격자는 두 종류로 나뉜다. 우리 부족과 혈수(血讐) 관계가 없거나, 혈수가 있었던 자들이다. 어느 편이든 상대는 내가 가진 낙타와 무기를 빼앗으려 하며, 특히 혈수 관계가 있는 자들은 목숨까지 노린다.

— 버트럼 토머스(Bertram Thomas)[2]

최근 지리학계와 고생물학계에서 발표한 연구가 사실이라면, 공룡은 6500만 년 전 거대한 소행성이 멕시코만을 강타하여 빙하기를 불러오면서 갑자기 시작된 암흑의 혹한기로 멸종했다. 추위에 적응하기가 더 수월한 온혈의 포유류 조상들은 부활하는 데 성공했다. 약 4000만 년 전에는 토끼 크기의 프로틸로푸스(Protylopus)가 북아메리카에 출현했다. 약 300만 년 전 플라이스토세 초기에 파나마 지협이 형성되자 프로틸로푸스가 남아메리카로 이주할 수 있었다. 라마, 알파카, 과나코, 비쿠냐 같은 프로틸로푸스의 후손이 안데스 산맥에서 번성했다. 북아메리카에서는 약 50만 년 전 프로틸로푸스가 오늘날의 낙타로 진화했을 것으로 추정된다.

　1만 년 전 막을 내린 플라이스토세의 특징은 거대한 빙하 작용이 간헐적으로 일어났다는 것이다. 빙결이 일어난 시기에는 극지방의 빙관(氷冠)이 확대되어 해수면이 수백 미터 수준으로 낮아졌다. 현재 수심이 곳곳에서 60미터에 불과한 베링 해협의 경우 바닥이 드러나기에 충분한 환경이었다. 베링기아(Beringia)라고 불리는 육교 덕분에 동반구와 서반구의 동식물이 이동할 수 있었다.

　플라이스토세 후반의 이 같은 이동기에 두 차례의 중대한 이동이 일어났다. 인류가 시베리아에서 신세계를 향해 동쪽으로 이동한 것과, 낙타와 말이 반대 방향으로 이동하여 아시아, 나아가 아프리카까지 이른 것이다. 낙타와 말은 곧 북아메리카에서 자취를 감추었다. 거대한 검치 호랑이의 먹잇감이 되었을 수도 있고, 기후변화로 먹이를 찾지 못했기 때문일 수도 있다. 또는 선사시대 인간 때문에 사라졌을 가능성도 있다. 말은 훗날 스페인 정복자들이 아메리카 대륙에 극적으로 다시 들여오지만, 낙타가 원산지에서 번성하는 일은 다시 일어나지 않았다.

처음에 낙타는 구세계의 새로운 터전에서도 번성하지 못했다. 날쌘 말과 달리 무방비 상태의 낙타는 최고 속도가 시속 30킬로미터 정도에 불과했다. 사자나 몸집이 크고 날쌘 포식자의 먹잇감이 되기 십상이었다. 아라비아를 비롯한 아시아의 건조한 지역에서 낙타는 물을 저장하고 보존하는 이점을 발전시켰다. 덕분에 육식동물이 우글거리는 오아시스에서 멀리 떨어진 사막 지역에서도 오랫동안 버틸 수 있었다.

흔히 생각하는 것과 달리 낙타는 혹에 물을 저장하는 대신 몸 전체에 수분을 고루 분산시킨다. 한 번에 물을 최대 190리터가량 들이켠 다음 물을 마시지 않고 며칠 동안, 극한의 환경에서는 몇 주까지도 버틸 수 있다. 낙타는 신장의 특별한 능력을 통해 수분을 보존하고 효율적으로 오줌을 농축시킨다. 최초의 아시아 낙타는 쌍봉낙타(Bactrian)였는데, 무더운 아라비아와 아프리카 사막에서는 우리에게 낯익은 단봉낙타(dromedary)가 주를 이뤘다. 단봉낙타는 표면적이 적어 수분 증발을 줄일 수 있는 이점이 있다. 수분을 보존하는 다른 방법도 발전했는데, 한낮의 더위에는 (포유류로서는 이례적으로) 체온을 최대 6도 올려 땀으로 손실되는 수분의 양을 최소화하는 능력이 있다. 오늘날까지 아라비아

와 아프리카에서는 단봉낙타가, 아시아에서는 쌍봉낙타가 주를 이루고 있다.[3]

두 변종은 멸종 위기에 처했으나 운 좋게 인간이 출현하면서 가까스로 멸종을 모면했다. 낙타는 인간이 길들일 수 있는 몇 안 되는 동물에 속한다. 인간이 길들이려면 흔치 않은 특징 몇 가지를 동시에 갖춰야만 한다. 우선 인간의 구미를 당기면서 영양가가 높은 음식을 공급해야 하며, 사육이 쉽고 온순하고 인간을 무서워하지 않아야 한다. 또한 인간이 걸리는 질병에 걸리지 않고, 가두어 기를 수 있어야 한다. 이러한 조건을 충족하는 동물은 몇 종 안 된다. 인류는 1만 년 전 처음으로 염소와 양을 길들인 이래 닭, 돼지, 소에 이어 낙타를 길들였다(당나귀, 말, 개는 주로 이동, 사냥, 군사적 유용성 때문에 길들였으나 종종 식용으로도 활용됐다[4]).

우리 주변의 흔한 곡물과 동물을 초기 인류가 어떻게 처음 재배하고 길들였는지는 알 길이 없는데, 낙타도 예외는 아니다. 인류학 증거를 근거로 조사해보면 5000년 전 인간은 아프리카의 뿔, 즉 아라비아 남부로부터 홍해 건너편에 위치한 지역에서 처음으로 낙타유를 마시기 시작한 것으로 추정된다. 지금도 소말리아인은 낙타를 타고 다니지 않는다. 몸집이 크고 움직임이 굼뜨며 어색한 짐승을 타면 손쉬운 표적이 된다고 생각하기 때문이다. 현재 이 지역은 세계 최대의 낙타 서식지이며 오로지 젖을 얻기 위해 낙타를 기른다. 인류는 점차 낙타를 다른 용도로 쓸 수 있음을 발견했다. 수컷에게서 고기와 가죽을, 암수 모두에게서 털을 얻고, 그리고 이동에도 사용할 수 있음을 깨달은 것이다.

기원전 1500년까지는 주로 당나귀가 짐을 나르는 짐승으로 쓰였다. 이후 유목민은 이동을 위해 낙타를 대거 사육했다. 당나귀가 부드럽고 가벼운 짐을 실을 수 있는 가정용 세단이라면, 낙타는 푹신한 발굽이 있어 길도 없는 장거리의 황무지를 두 배의 짐을 싣고 두 배로 빠르게 갈 수 있는 랜드로버였다. 이 같은 낙타의 능력은 중동 사막과 아시아 스텝 지대의 교역에 혁명을 일으켰다.[5]

몰이꾼 한 사람이 끌고 갈 수 있는 낙타는 3~6마리 정도였고, 하루에 1~2톤의 짐을 30~100킬로미터 나를 수 있었다. 기원전 730년경 아시리아의 티글라트-필레세르 3세(Tiglath-pileser III)는 아라비아의 삼시(Samsi) 여왕을 물리치고 소 2만 마리, 향료 5000묶음, 낙타 3만 마리 등의 전리품을 취했다.[6]

상인은 짐이 잔뜩 든 무거운 가방을 그냥 낙타 등에 얹을 수 없었다. 낙타의 혹은 부드럽고 지지력이 없었기 때문에 이동 중에 짐이 흔들렸다. 따라서 틀과 완충재를 댄 안장을 얹어 낙타 등에서 짐 무게를 분산시켜야 했다. 기원전 1300년에서 기원전 100년 사이에 이슬람교 이전 시대의 아라비아 유목민은 낙타가 평균 230킬로그램 이상을 지고 갈 수 있는 정교한 안장을 만들었다. 가장 힘센 낙타는 450킬로그램 이상의 짐을 나를 수 있었다. 안장 가운데 가장 발전된 형태인 아라비아 북부의 안장은 지난 2000년 동안 중동 지역에서 한결같이 애용되었다.

중앙아시아의 쌍봉낙타는 아라비아 사막의 낙타처럼 고도로 특화되고 섬세하게 사육되었다. 단봉낙타와 비슷한 시기인 기원전 2500~2000년에 이동을 위해 길들여지기 시작했다. 아시아 스텝 지대, 이란, 인도의 기후는 다소 서늘하고 습도가 높아 쌍봉낙타가 유리했다. 사막의 아랍인이 단봉낙타를 이동뿐 아니라 젖, 고기, 털을 공급하는 동물로서 그 가치를 인정한 반면 중앙아시아는 상황이 달랐다. 이 지역에서는 이미 정착 농업이 뿌리내리고 널리 퍼져 있었다. 중앙아시아인은 양털이 낙타털보다 우수하며, 소의 젖과 고기가 낙타의 젖과 고기보다 훨씬 영양이 풍부하고 맛도 좋다는 사실을 발견했다. 게다가 낙타가 번성하기 어려운 습도 높은 기후 환경에서는 단거리의 경우 황소와 물소를 부리는 편이 나았다.

이에 따라 고대에 시간이 흐를수록 크기와 다양성 면에서 가치가 높은 단봉낙타의 개체 수가 늘었고, 쌍봉낙타의 영역에서도 그러한 영향을 받기 시작했다. 시리아와 이라크를 시작으로 이란, 인도에 이어 중앙아시아까지 단봉낙타가 퍼졌다. 쌍봉낙타와 단봉낙타가 만난 접점에서 교잡이 일어나자, 교잡을 할 때 전형적으로 일어나는 마법과 같은 효과가 나타났다. 두 유형의 낙타는 유사성이 높아 교잡이 가능했는데, 쌍봉낙타와 단봉낙타 사이에서 태어난 1세대(교잡 제1대)는 잡종이 종종 그렇듯 활력과 힘이 넘쳤다. 중앙아시아의 장거리 육상 무역에 안성맞춤이었기에 실크로드를 따라 잡종의 '슈퍼 낙타' 수요가 높아졌다. 낙타 교배종은 중국에서 아시아의 서쪽 끝자락까지 무려 500킬로그램의 짐을 나를 수 있었다.

낙타의 경우 쌍봉 씨낙타를 단봉낙타 암컷 여러 마리와 교배시키거나, 반대의 방식으로 교배시킬 수 있었다. 하지만 대부분은 쌍봉 씨낙타와 단봉낙타 암컷을 교배시키는 방식을 썼다. 중앙아시아에서조차 단봉낙타를 찾기가 수월했기 때문에 쌍봉 씨낙타 한 마리가 단봉낙타 암컷 여러 마리를 거느리는 식이었다(서양에서 다목적으로 활용되는 불임 노새는 암말과 수나귀를 교배시킨 경우인데, 그렇게 하는 이유는 낙타와 사뭇 다르다. 씨말과 암나귀를 교배시킨 '역'교잡 제1대, 즉 버새를 찾아보기란 흔치 않다. 몸집이 작은 암나귀의 산도를 통해 교배종을 낳기가 어렵기 때문이다).

축산업계에서 예외 없이 적용되는 원칙이 있는데, 억센 제1대 교배종을 다시 짝짓기시키지 '않는다'는 것이다. 제2대가 태어날 경우 오히려 몸집이 작고 퇴화되는 경우가 많기 때문이다. 아랍어와 터키어에서 제2대 교배종을 가리키는 단어는 '왜소한 놈'으로 번역된다. 결과적으로 단봉낙타와 교배종이 아프리카와 아시아의 거의 전 지역을 점령했다. 다만 중앙아시아의 고도가 높고 기온이 낮은 산지에서는 강인한 교배종조차 번성하기 어려워 순종의 쌍봉낙타를 기른다.[7]

모로코에서 인도와 중국 서부에 이르기까지 낙타가 널리 활용됐다는 점은 이 동물이 운송 수단으로서 얼마나 효율성이 높은지를 보여준다. 근대에 도로가 잘 닦이면서 효율성이 높은 낙타와 화차의 조합도 가능해졌다. 유엔식량농업기구(UNFAO)는 오늘날 낙타의 개체 수가 2000만 마리에 약간 못 미친다고 추산한다(여기에는 도로의 발달로 쓸모가 없어지자 야생을 떠돌게 된 오스트레일리아 오지의 낙타 65만 마리가 포함된다).[8]

낙타와 몰이꾼의 능력이 특출한 경우 하루에 약 100킬로미터도 이동할 수 있지만, 일반적으로는 하루 평균 50킬로미터를 이동한다. 낙타의 '안전한' 용수량이 3일임을 감안할 때 오아시스와 여행자 쉼터가 약 160킬로미터 간격으로 위치해야 한다는 계산이 나온다. 이는 여정을 크게 제한시킬 수 있는 조건이며, 중앙아시아에서는 더더욱 그렇다. 게다가 낙타는 가파르고 좁은 비탈길을 지나가지 못하기 때문에 아시아 지역 산길에서는 당나귀를 활용해야 했다.[9]

앞서 실크를 낙타 등에 실어 먼 거리로 이동시킬 수 있다는 사실을 살펴봤다. 그런데 실크가 중국에서 로마까지 낙타와 배로 운반되기 전 수천 년 동안 또 다른 값비싼 화물이 광활한 아라비아 사막에서 고대 세계의 문명 중심지인 비옥한 초승달 지역까지 수천 킬로미터를 이동했다.

무덥고 건조한 기후는 아라비아반도의 트레이드마크이자 저주이다. 광활한 사막을 가로지르는 하천은 거의 없다시피 하다. 바싹 마르고 구불구불한 와디(미국 남서부에서는 '아로요'라고 부른다)에 간헐적으로 유수가 있으나, 베테랑 여행자도 놓치고 지나가기 일쑤다. 하지만 수십 년에 한 번씩 폭우가 내리면 잠잠하던 하천이 급류로 돌변한다.

고대에 아라비아반도에도 '행복한 아라비아(Arabia Felix)'라고 알려진 지역이 있었다. 땅이 기름진 덕에 붙은 별칭이다. 행복한 아라비아는 반도의 산악 지대인 남서부(오늘날 예멘)에 위치해 있었는데, 이곳은 따뜻하고 습한 여름 계절풍의 영향을 받으며 연평균 강우량은 25센티미터 정도다. 남서부의 항구도시 아덴(Aden)은 아랍어 에덴(Eden)에서 그 지명이 유래했는데, 반도에서 드물게 습도가 높은 땅을 정확하게 표현한 것이다(반도의 나머지 건조한 지역은 '사막의 아라비아(Arabia Deserta)'라고 부른다).

향은 유향과 몰약, 그리고 행복한 아라비아에서 수천 년 동안 재배된 매우 진귀한 향료를 일반적으로 지칭하는 단어다. 초기 사바인과 미나인, 바브엘만데브 너머 소말리아의 민족들이 향 재배 방법을 발견하고 수출했다.

향은 고대 서양에 실크와 후추가 전파되기 전까지 가장 대표적인 사치품이었다. 기원전 1500년 아라비아에 거주하던 사람들은 이제 막 길들인 낙타로 주로 비옥한 초승달 지역과 지중해 분지의 소비자들에게 향을 운반했다. 이미 기원전 3500년 이집트와 바빌론 귀족들은 향을 내는 제품의 가치에 눈떴다. 기원전 2500년경 세운 석비는 푼트 지역(오늘날 예멘과 소말리아)과 향을 교역하는 여행을 기리는 내용을 담고 있다. 상인들은 홍해 전역을 항해했을 수도 있지만, 앞서 살펴봤듯 수심이 얕고 해적과 역풍 때문에 여정이 쉽지 않았다. 그래서 홍해의 아라비아 해안을 따라가는 북부의 육로를 이용한 다음 시나이를 거쳐 서쪽으로 이동하는 편이 더 안전하고 안정적이었다.

향의 재배 주기를 고려해도 낙타를 이용하는 편이 유리했다. 농장주들은 주로 봄가을에 작물을 수확했는데, 이집트로 항해할 수 있는 겨울 계절풍이나 인도로 항해하는 여름 계절풍을 타기에 시기가 맞지 않았다. 반면 낙타 무리는 연중 이동이 가능했다.[10] 홍해를 항해할 때의 어려움과 수확 및 계절풍의 특성 때문에 반도의 민족들은 낙타를 길들여 향을 운반했다.

교역품은 주로 두 가지로 나뉘었다. 하나는 유향나무(*Boswellia sacra*)에서 생산되는 고무질 수지인 유향, 다른 하나는 몰약나무(*Commiphora myrrha*)에서 생산되는 향유인 몰약이었다. 두 식물종은 그 키가 수십 센티미터 정도에 불과하며, 아라비아 남부와 인근 소말리아 북부의 고지대에서 주로 자랐다.

유향과 몰약은 종교적 이유와 세속적 이유 모두에서 사치품으로 각광받았다. 현대인은 고대 문명을 상상할 때 주로 시각과 청각 요소를 떠올리고 후각적 요소는 제대로 이해하지 못하고 있다. 위생 시설이 변변치 않은 비좁은 도시에서는 지도 없이 냄새로도 장소를 식별할 수 있었다. 주요 하수 시설과 도축장에서 나오는 오수는 악취를 풍기고 관청, 신전, 극장 주변에서는 소변 냄새가 진동했다. 특히 무두질 공장, 생선 가게, 묘지에서 풍기는 악취는 후신경을 강하게 자극했다.

게다가 깨끗한 물로 자주 목욕하고 옷을 갈아입는 특권은 부유층만 누릴 수 있는 시대였기 때문에 몰약만큼 가치 있는 물건도 드물었다. 몰약은 바디로션처럼 간편하게 바를 수 있었고 일상적인 악취를 가려주었다. 의사들은 의약품에 듬뿍 첨가했으며, 고대의 방부제로도 활용되었다. 또한 향은 성적 용도로도 사용되었다. 성경에 등장하는, 유명하면서도 짓궂고 치명적 매력을 지닌 음란한 여인의 유혹에서 잘 드러난다.

> 내 침상에는 요와 애굽의 무늬 있는 이불을 폈고
> 몰약과 침향과 계피를 뿌렸노라
> 오라 우리가 아침까지 흡족하게 서로 사랑하며 사랑함으로 희락하자
> 남편은 집을 떠나 먼 길을 갔는데
> 은 주머니를 가졌은즉 보름 날에나 집에 돌아오리라 하여[11]

향의 또 다른 종류인 유향은 신비로운 특성을 지녔다. 유향은 고르게 연소되는 특징이 있었고, 연기가 우아하면서 안개같이 피어올랐다. 고대인은 연기가 서서히 천국으로 올라가서 그 모습과 향기로 신을 기쁘게 한다고 생각했다. 중국과 인도에서는 장례식에서 유향을 태웠다. 초기 유대인도 장막에서 유향을 태웠는데, 오묘한 덩굴 모양의 연기가 전능자의 임재를 가린다고 여겼다.[12]

플리니우스는 알렉산드로스 대왕이 제단에서 엄청난 양의 향을 태우기를 즐겼다고 기록했다. 알렉산드로스 대왕의 스승인 레오니데스(Leonides)는 "왕이 유향을 생산하는 민족을 정벌하고 나서 신을 경배한 방식"에 대해 책망했다. 플리니우스는 알렉산드로스가 아라비아를 정복했을 때는 "레오니데스에게 유향을 실은 배 한 척을 보내면서 아낌없이 신을 경배하라는 전갈을 보냈다"라고 전했다.[13]

플리니우스는 행복한 아라비아에서 유향 교역이 어떻게 일어났는지도 생생하게 설명했다. 유향나무에서는 매끄럽고 거품이 이는 수액이 분비되어 나무껍질 아래에 모였다. 재배자들이 나무에 상처를 내면 수액이 흘러 땅이나 야자 매트로 떨어졌고 마르면서 딱딱하게 굳었다. 이렇게 해서 모은 유향은 순도가 높아 상품 가치가 컸다. 반면 나무에 말라붙거나 껍질로 오염된 부산물은 2등품으로 분류되었다. 플리니우스는 유향나무를 키우는 재배자들의 정직한 태도에 경이를 표했다.

숲은 분명하게 구획되었고 재배자들이 서로 정직하게 대했기 때문에 무단 침입이 일어나지 않았다. 나무에 상처를 낸 뒤 지키는 이가 아무도 없었지만 수액을 훔쳐 가는 사람이 없었다.[14]

베두인족은 오늘날까지도 플리니우스가 관찰한 대로 소유자를 표시하여 나무를 기른다. 기원전에는 향을 재배하는 지역이 나무의 자연 서식지에 국한되었고, 현지인은 서늘하고 습도가 높은 남서 계절풍이 오기 전에 1년 중 기온이 가장 높은 5월에만 향을 채취했다. 몇 주 동안 향을 말려 완성품이 준비되면 낙타에 싣고 북쪽의 비옥한 초승달 지대와 지중해로 운반했다. 남은 향은 몇 개월 더 보관했다가, 최악의 폭풍우가 지나가면 선박에 실어 동쪽의 인도로 보냈다. 그리스의 박물학자 테오프라스토스(Theophrastus)는 초기 교역의 특징인 신뢰할 만한 '침묵 교역'을 이렇게 묘사했다.

그들은 각자 자기 몫의 유향과 몰약을 가져와 똑같은 형태로 조심스럽게 쌓았다. 그러고는 물건 더미 위에 각 꾸러미의 수량과 가격을 표시한 판을 올려놨다. 상인이 와서 판을 살펴보고 마음에 들면 상품을 받은 그 자리에서 따져보고 물건 값을 치렀다. 그러고 나면 사제가 와서 물건 값의 3분의 1을 신의 몫으로 가져갔고, 나머지는 물건을 판매한 사람이 와서 가져갈 때까지 안전하게 그 자리에 있었다.[15]

이제 막 건조된 유향은 연한 고무질 형태였고, 향을 보호할 수 있는 나무 상자에 담겼다. 몰약유는 증발하는 특성이 있었기 때문에 동물 가죽에 담아서 운반했다. 머나먼 비밀의 왕국에서 생산된 이 귀한 물건은 수천 년 동안 아라비아반도의 남서부 모퉁이에서 바빌론, 아테네, 고대 이집트의 수도 멤피스까지 복잡한 길을 가로질러 이동했다. 역사학자 나이젤 그룸(Nigel Groom)은 "고대에 대상이 몰고 가는 낙타가 안장 양쪽으로 유향 바구니를 불룩하게 매달고 있거나, 몰약을 넣고 단단하게 동여맨 작은 염소 가죽 부대를 흔들며 이동하는 모습을 그려볼 수 있다"라고 기록했다.[16]

이와 같은 형태의 교역은 팍스 로마나를 계기로 변화했다. 로마가 취한 전리품은 상당 부분이 향을 구입하는 데 들어갔다. 문명 초창기에는 그리스인과 로마인이 인신 공양으로 신에게 제사를 올렸을 것으로 보이나, 그리스 고전기와 로마 공화국 초기에는 공양물이 동물로 바뀌었다. 이때 제단 옆에는 삼발이 위에 유향을 올려놓은 아세라(acera)가 있었다.[17] 향을 태우는 의식은 로마의 제사에서 가장 중요한 부분을 차지했고, 향은 제국에서 면세품에 속했다. 반면 나머지 수입품에는 25퍼센트의 관세가 적용되었다.(포룸의 티투스 개선문에는 70년에 황제가 예루살렘을 정복한 후 발삼을 들고 수도에서 개선 행진을 하는 모습이 묘사되어 있다.)[18] 제국이 번성할수록 향 수요도 증가했다. 로마가 1~2세기에 행복한 아라비아를 향해 남쪽으로 지배력을 확장하면서 해로와 낙타의 이동 경로 모두 안전해졌으며 운반 비용도 저렴해졌다.

향 수요가 늘자 재배자들은 한해살이 작물의 재배 횟수를 한두 번 더 늘렸다. 그러자 5월에 한 번 수확할 때보다 생산물의 품질이 떨어졌다. 재배 지역은 동쪽의 주파르(Zufar, 오늘날 오만)까지 확대되었다.

이처럼 재배지가 확대되면서 화물을 로마까지 나르는 이동 거리도 크게 늘었다. 새로운 재배지에서 제국으로 향하는 유향과 몰약 가운데 일부는 아라비아 동쪽의 항구 카나(Qana)와 모샤(Moscha)에서 홍해의 베레니스를 거쳐 알렉산드리아까지 선박으로 운송되었다. 하지만 대부분의 경우 낙타가 활용되었다. 행복한 아라비아의 왕은 수익성 좋은 시장에 참여하려고 기회를 엿보던 차에 교역품의 상당수가 자기 영토의 동쪽에 위치한 샤브와를 거쳐 간다는 사실을 발견했다.

플리니우스는 향이 수집되어 샤브와까지 운반되는 과정을 설명하면서 "물건이 통과할 수 있는 문 하나만 열려 있었다"라고 지적했다. 지정된 문으로 통과하지 않는다는 것은 곧 밀수를 뜻했고 적발될 경우

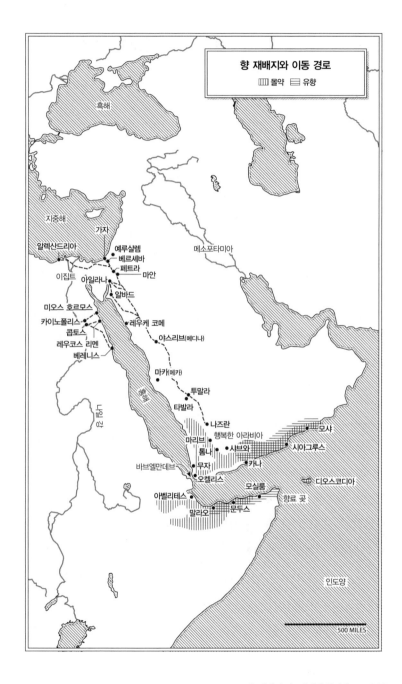

향 재배지와 이동 경로

▦ 몰약 ▤ 유향

흑해

지중해

가자

알렉산드리아

예루살렘

베르세바

페트라

마안

이집트

아일라나

알바드

메소포타미아

미오스 호르모스

카이노폴리스

콥토스

레우코스 리멘

베레니스

레우케 코메

야스리브(메디나)

마카(메카)

홍해

투말라

타발라

나즈란

행복한 아라비아

마리브

모샤

톰나

샤브와

시아그루스

무자

카나

바브엘만데브

오켈리스

디오스코디아

아벨리테스

모실룸

향료 곶

말라오

문두스

나일 강

인도양

500 MILES

사형으로 다스렸다. 육로는 단일 부족이 독점했던 것으로 보이며, 부족의 성직자가 수확과 이동을 감시했다. 플리니우스는 이 부족이 게바인 혹은 미나인이라고 여러 번 언급했다.

샤브와의 성직자는 수입관세로 화물의 10퍼센트를 가져갔다. 나머지 물건은 이후의 교역을 통제하는 게바 혹은 미나의 수도 톰나(Thomna)로 향했다. 플리니우스는 톰나에서 가자까지 거리가 약 2400킬로미터이며, 하루에 37킬로미터씩 이동한다고 가정할 때 65일 걸린다고 계산했다. 이 과정에서 발생한 비용에 대해서는 다음과 같이 설명했다.

유향의 일정 부분은 성직자와 왕의 신하들에게 바쳤으나 경비, 시종, 문지기, 하인도 자기 몫을 챙겼다. 사실 짐을 나르는 내내 계속 비용이 발생했는데, 물과 사료를 구입하거나 역에 이르러서는 숙박 비용이 들었다.[19]

낙타 한 마리가 로마로 이동할 때마다 구매와 운송에 드는 총비용은 1000데나리온 또는 파운드당 2데나리온이었다. 색깔이 흰 정도와 취성(脆性), 연소의 용이성 등을 기준으로 따졌을 때 최상품의 유향은 로마에서 파운드당 6데나리온에 판매되었다. 최하품의 가격은 파운드당 3데나리온으로 검은 후추와 같은 수준이었다(1데나리온은 8분의 1온스 무게의 작은 은화로, 숙련된 노동자의 하루 품삯과 비슷했다. 몰약 1파운드는 2주 치 일당에 해당했다). 반면 가장 진귀한 향료인 팔레스타인산 발삼은 파운드당 1000데나리온에 팔렸다.

유향은 가격 측면에서 매력이 떨어졌지만 수량으로 단점을 충분히 극복할 수 있었다. 향 가운데 유일하게 유향만 낙타에 실어 나를 정도의 수량(약 500파운드)이 생산되었기 때문에 당대에 가장 중요한 교역품으로 간주되었다. 플리니우스의 설명을 액면 그대로 받아들여서 낙타 한 마리가 행복한 아라비아에서 로마까지 향을 나르는 데 총 1000데나리온이 든다고 가정한다면, 파운드당 판매 가격이 평균 5데나리온이고, 낙타 한 마리가 유향을 나를 때 1500데나리온의 이익이 발생했음을 알 수 있다.

향은 공급망 전체에서 부를 창출했다. 이와 같은 부는 중개인, 대상에게 서비스를 제공한 사람들, 한 번에 최대 여섯 마리의 낙타를 몰던 낙타 몰이꾼에게 배분되었다. 반도의 서쪽 해안(홍해)을 따라 천천히 이동한 대상은 행복한 아라비아에서 생산되는 향을 비옥한 초승달 지대, 훗날에는 그리스, 로마, 비잔티움의 부유한 소비자들에게 전달했다. 여정을 따라 거대한 시장이 번성했으며 특히 사바와 게바의 도시인 샤브와, 톰나, 마리브가 번영을 누렸다. 또 다른 집단인 유목 부족도 향 공급망을 약탈하면서 번창했다. 교역품은 아라비아 동부에서 가자, 푸테올리 부두의 알렉산드리아를 거쳐 6400킬로미터가량 이동했다.

누가 교역을 통제했는지 확실하게 알 수 없는 상황인데, 오늘날 예멘과 사우디아라비아를 조사하는 일이 제한되어 있는 까닭이 크다. 고대의 중요 지역이었던 마리브의 미나와 게바는 21세기 대부분의 기간 동안 서양인에게 출입 금지 구역이었다. 1951년 예멘의 이맘은 미국의 유명 고고학자인 프랭크 올브라이트(Frank Albright)가 수수께끼를 풀 수 있도록 마리브 방문을 허용했으나, 올브라이트 일행은 불만에 찬 현지인들이 총구를 겨누는 바람에 곧바로 쫓겨나고 말았다. 그 대안으로 고고학자들은 이집트 멤피스와 그리스의 델로스에서 단편적이지만 흥미를 자아내는 미나인의 비문을 발견했다. 비문의 존재는 아라비아의 교역 디아스포라가 고향에서 수천 킬로미터 떨어진 곳에서까지 활동했음을 시사한다.

운송 목적으로 낙타를 길들이는 현상이 북쪽과 동쪽으로 확산되면서 팔미라, 사마르칸트, 시라즈(각각 오늘날 시리아, 우즈베키스탄, 이란) 등 유명한 내륙 중심지가 생겨났다. 이들 지역은 여러 나라의 낙타 상인, 대상 몰이꾼, 상인이 모여들면서 부유해지고 강대해졌다. 현재 향료 교역을 확인할 수 있는 가장 대표적인 흔적은 나바테아(오늘날 요르단 남부)의 수도였던 페트라에 있는 거대한 석조 사원과 묘지일 것이다.

태양을 숭배하던 이 비밀의 왕국은 기원전 300년부터 로마가 멸망할 때까지 번영했다. 이 지역의 번성은 아라비아산 향료의 북쪽 운반 경로 3분의 1을 장악한 데 따른 것이었다. 마찬가지로 지중해에서 낙타를 이용해 운송하던 경로의 종착지였던 가자에서도 무역이 성행했다. 알렉산드로스 대왕은 레오니데스에게 유향 15톤과 몰약 3톤을 보냈는데, 이는 기원전 332년 알렉산드로스가 티레에서 이집트로 가는 길에 가자의 창고를 약탈해서 손에 넣은 것이다. 당시 가자는 이미 유서 깊고 부유한 지역으로 과거의 유산이 즐비했으며, 수백 년 동안 아시리아의 침입을 여러 차례 받은 상태였다.

향료가 이집트에 도착할 즈음 행복한 아라비아 재배자들의 속 편한 정직성은 자취를 감춘 지 오래였다. 플리니우스는 다음과 같이 기술했다.

반면 헤라클레스가 유향을 판매할 목적으로 가공하던 알렉산드리아에서는 단순히 공장에 보초를 세우는 조치만으로는 충분하지 않았다. 작업자의 앞치마에는 인장을 찍었고 머리에는 끝이 막힌 그물망이나 마스크를 썼다. 작업장을 떠나기 전에는 모든 의복을 벗어야 했다.[20]

고대의 향료 교역은 오늘날 코카인이나 헤로인 거래와 다를 바가 없었던 셈이다. 원료를 재배하는 농가에서는 상대적으로 안전하지만, 완제품 형태로 최종 소비자에게 전달될 때는 매우 위험한 물건이 되었다.

향료가 최종 목적지인 로마에 미친 영향은 그리 유익하지 못했다. 실크와 더불어 향료의 수입은 제국 내부에 유통되던 은을 고갈시켰다. 나이젤 그룸은 제국의 수도로 모인 낙타 1만 마리 분량의 향료를 구입하는 데 연간 1500만 데나리온가량이 들었다고 추정했다. 해외에서 약탈한 물건이라도 부두에 도착하기만 하면 문제가 없었다. 세네카가 축적한 부만 해도 1억 데나리온에 달했다고 전해진다. 하지만 2세기에 정복 활동이 중단된 반면 로마인의 낭비는 절정에 달하면서 제국의 힘은 향을 태운 연기 속에 사라져갔다.[21]

유향과 몰약 덕분에 대상의 이동 경로에 있는 많은 도시와 마을이 번성했지만 그중에서도 한 곳, 즉 예멘의 유향 생산자와 머나먼 지중해 동부 및 비옥한 초승달 지역 소비자의 중간쯤에 위치한 아라비아 서부의 작은 오아시스가 문명 세계를 사로잡았다. 이 지역에서 향료 무역은 이슬람의 탄생을 촉진하는 역할을 했다. 이슬람교가 군사, 종교, 상업적으로 미친 영향은 중세 아시아, 유럽, 아프리카를 탈바꿈시킬 정도로 막대했다. 아시아의 육로와 해로를 따라 세계무역이 성행하면서 이슬람은 아시아 대륙의 상업뿐만 아니라 종교에도 지배적 영향을 미쳤다.

신흥 종교의 전설은 사막 아랍인의 조상으로서 변두리의 오아시스 작은 땅에서 일하던 정착 농경민에게서 시작한다. 약 3000~3500년 전 이들은 처음으로 낙타를 길들이는 데 성공했고, 덕분에 삭막하고 두려운 아라비아 황무지를 이겨낼 능력이 생겼다. 하지만 기동성을 새로 확보했어도 상황은 여전히 위태로웠다. 비가 내리지 않는 지독한 여름철이면 모두 오아시스에 모여 살았고, 다른 계절에는 염소와 낙타의 먹이를 찾아 사막 주변부를 옮겨 다녔다.

암울한 유목 생활에도 이점은 있었다. 지리적으로 멀리 떨어져 있는 탓에 정복자들의 손길이 미치지 않았던 것이다. 로마 멸망 이후 서쪽에서는 비잔틴과 사산조 페르시아가 양대 포식자 역할을 했는데, 이들은 각각 트라야누스(Trajan)와 다리우스(Darius) 시대의 영광을 되찾기를 원했다. 비잔틴제국은 페르시아에게 메소포타미아를 빼앗았고, 페르시아는 비잔틴제국으로부터 시리아와 이집트를 수복하려 했다. 생사를 건 대립이 계속되는 사이 양강은 남쪽의 메마른 사막에 머물던 세력을 등한시했다. 이에 아랍 지역은 외따로 떨어져 독립을 누렸지만 한 지역만은 예외였다. 바로 계절풍의 영향을 받고 토양이 비옥하며 향료를 생산하던 행복한 아라비아였다. 고대판 그레이트 게임(Great Game)이라고 할 만한 패권 경쟁에서 행복한 아라비아는 운 나쁘게도 노리개로 전락했다.

사막의 거칠고 무법적인 환경은 아라비아반도의 경제와 종교를 형성했고, 오늘날 무슬림 세계의 문화에까지 영향을 미쳤다. 중앙집권의 권력이 없는 아라비아에서 개인의 생존은 예나 지금이나 전적으로 가문과 부족의 영향에 달려 있었다.

서양에서 말하는 개인의 자율과 법치라는 개념은 사막에서 통하지 않는다. 한 부족민에 대한 공격은 곧 부족 전체에 대한 공격을 뜻했다. 살인자가 은밀하고 신속하게 사라질 수 있는 환경에서는 피의자가 유죄인지 무죄인지 중요하지 않다. 피의자가 속한 가문 전체가 '응징(thar)'의 책임을 졌다. 오늘날 중동에서 익숙하게 벌어지고 있는 명예 회복과 보복 행위에 따른 혼란은 끝없이 이어지며 어디서부터 시작됐는지도 알 수 없는 듯하다. 희생자가 처음으로 의지하는 대상이 경찰이나 독립적 사법 체계가 아닌 일가친척인 상황에서 가난과 정치 불안은 흔한 일이다.

이처럼 척박하고 메마른 환경에서는 인근 부족의 천막이나 대상을 약탈하여 생계를 잇는 경우가 많다. '가주(ghazu)'는 사막에서 자행되는 악명 높은 군사 작전으로, 말을 타고 습격하는 행위를 뜻한다(말은 낙타와 비교해 속도가 빠르고 통제가 쉽다). 침입자들은 사상자를 발생시켜 또 다른 가주가 일어나는 상황을 피하도록 신속하고 교묘하게 공격한다.[22] 교역을 할 때는 교역할지, 보호할지, 습격할지 3자택일의 궁지에 처한다. 부족 이외에 자신을 보호해줄 권력 기관이 없을 때 사업가들은 예외 없이 습격을 선택한다.

이슬람교가 발원하기 이전 시대의 사막 거주자들은 여러 신을 섬겼고, 이슬람교는 초기 아랍의 신앙과 관습에서 많은 부분을 차용했다. 초기 아랍인은 신전을 만들고 수많은 신을 모셨다. 그중에서 으뜸은 메카의 카바이며, 그곳 한 모퉁이에 끼워져 있는 검은 돌은 유성이라는 설도 있다. 카바가 아랍의 주요 신 알라(al-Llah)를 위해 세워졌는지, 아니면 그보다 아래의 다른 신 후발(Hubal)을 위해 세워졌는지는 확실치 않다. 고대 중동 사람들은 일반적으로 유성 파편을 숭배했다. 이 책 도입부에도 언급했던 로마의 실크 애호가 황제 엘라가발루스는 원래 시리아인으로, 황제에 오르기 전 신전의 신관이었다. 그가 일하던 에메사(오늘날 시리아의 홈스)의 신전에는 우주에서 날아온 물체가 보관되어 있었다. 제위에 오르자 그는 신전에 있던 돌을 로마로 가져가서 또 다른 신전을 지음으로써 로마인을 실망에 빠뜨렸다[23](엘라가발루스가 사망하고 22년 후 아랍 출신의 필리푸스 아라부스가 세계 최강인 로마제국의 황제에 올랐다).

500년경 사막의 아랍인은 기독교인, 유대인과 빈번하게 교류했다. 유대인은 기원전 586년 네부카드네자르(Nebuchadnezzar)가 예루살렘을 정복하자 남쪽 헤자즈로 이주하여 야자수 농장을 조성한 것으로 보인다. 이와 유사하게 북쪽의 비잔티움과 바브엘만데브 건너 남쪽의 콥트 기독교인 아비시니아에서 이동한 기독교인도 아라비아로 퍼져 나갔다. 기독교도와 유대인은 아랍인이 여러 신을 섬기는 모습과 지배적 교리, 내세 개념이 없는 것을 조롱했다. 그러자 사막 거주자들 사이에서 종교적 열등감이 생겨났고, 억눌린 열망은 자체적인 종교 체계의 탄생으로 이어졌다.

메카가 정확히 언제부터 상업 중심지로 활기를 보였는지는 알 수 없다. 가치 있는 물건을 만들지도 않았고, 소비나 행정의 중심지도 아니었으며, 전략적으로 가치가 높은 곳도 아니었다. 일부 역사학자들은 메카가 위치 면에서 이점을 누렸다고 지적했다. 메카는 아라비아반도를 올라가는 두 달 여정에서 중간쯤에 위치해 있다. 북쪽의 비잔티움과 남쪽의 아비시니아령 예멘에서 멀리 떨어져 있었기 때문에 양 세력에게 약탈당할 염려가 상대적으로 적었다. 하지만 이러한 이유만으로 상업 중심지가 될 수는 없다. 메카가 부상하는 데 향료 교역이 어느 정도 영향을 미쳤는지도 불분명하다. 대상의 주요 경로가 메카를 거치는지 여부도 논쟁거리다(메디나는 항료 교역의 경로였을 가능성이 매우 높다).[24] 메카는 메마르고 황량한 계곡에 위치해 있고, 이슬람교가 발원하기 이전 시대에는 120킬로미터 떨어진 타이프의 동산과 농장에서 재배된 식량에 의존했다.[25] 좁은 의미에서 메카는 몹시 건조하고 내륙에 위치한 아라비아판 베네치아의 축소판이라고 할 수 있었다. 베네치아도 주요 향료의 교역로상에 있었느냐와 무관하게 일상생활과 식량 공급 자체가 무역에 밀접하게 연관되어 있었다.

이슬람교가 탄생하기 이전 아라비아에서 메카가 초기에 두각을 나낸 실제 이유는 카바의 검은 돌을 비롯해 다른 사막 신을 섬기는 인근의 신전 때문일 가능성이 있다. 해마다 신자들은 카바의 돌과 검은 돌을 숭배하고 순회하기 위해 핫즈(hajj)라는 순례길에 올랐다(훗날 이슬람교에서도 이를 받아들였다). 핫즈는 메카에 부와 권력이 몰리는 데 적지 않은 기여를 했다.

5세기 말 쿠사이(Qussay)가 이끄는 쿠라이시 부족이 북쪽에서 이동해 메카를 차지했는데, 이들은 곧이어 비잔틴제국과 아비시니아인의 침략을 막아냈다. 쿠사이는 쿠라이시와 다른 이웃 부족에게 교역에 참여하고 대상을 보호해주는 것이 대상을 습격하는 것보다 더 이득이라고 설득했다. 상인들에게 세금을 부과하는 대신 안전한 통행을 보장해주자, 상인들을 위협하여 통행량이 줄어든 상황에서 약탈할 때보다 더 큰 이익이 났다.[26] 메카에 정착한 쿠라이시 부족민의 수가 점점 증가하고 부유해지면서 집단적 성격과 유목 민족으로서의 유산이 약화되었다. 이후 쿠라이시 부족의 삶은 교역을 중심으로 펼쳐졌고, 더 이상 오아시스와 사막 천막의 위험천만한 환경에 영향을 받지 않았다.

500년대 후반부터 아비시니아인이 기독교로 개종하고 비잔티움의 같은 종교인들과 긴밀한 관계를 유지하며 역내 강국으로 부상했다. 독립적인 행복한 아라비아의 마지막 지도자이자 외모가 수려했던 유수프 아사이(Yusuf Asai, 두 누와스(Dhu Nuwas) 또는 '머리 타래가 대롱거리는 남자'로도 알려져 있다)는 6세기 초 유대교로 개종하고 나서 왕국 내에 머물고 있던 수천 명의 기독교인을 학살하거나 노예로 삼았다. 525년 아비시니아인은 유수프 아사이의 반기독교적 잔혹 행위에 대항하여 바브엘만데브를 공격하고 유수프 아사이의 군대를 제압했다. 절망에 빠진 왕은 말에 올라탄 채 바다로 몸을 던졌다고 전해진다.[27]

예멘의 유대 왕조가 패배하면서 행복한 아라비아는 아비시니아 기독교도가 점령했고, 그 영향이 오늘날에까지 미치는 일련의 사건이 일어났다. 570년 행복한 아라비아의 아비시니아인 총독인 아브라하(Abraha)는 왕에 반역하여 아라비아반도에 자신의 왕국을 세웠다. 독실한 기독교인이었던 아브라하는 바브엘만데브 너머로 싣고 온 아프리카산 코끼리를 앞세워 군사를 무장시켰고, 비잔틴제국의 유스티니아누스 황제의 선동으로 메카를 공격했다. 당시 메카는 아라비아에서 이교도가 저항하는 마지막 거점이었다. 코끼리는 고대에 대다수의 전장에서 두려움을 불러일으키는 무기였으나, 운 나쁘게도 아라비아의 타오르는 사막에서 걸리는 질병과 혹독한 기후에 적응하지 못하고 도시를 지키는 성문 앞에서 무너지고 말았다. 메카 사람들은 코끼리 같은 동물을 본 적이 없는 데다 동물생태학과 미생물학의 기초 지식도 없었기 때문에, 이를 신의 개입으로 여겼다. 이후 아라비아에서 571년은 '코끼리의 해'로 알려졌다.[28] 같은 해 선지자 무함마드가 쿠라이시 부족 변방의 가문에서 태어났다. 무슬림은 선지자의 탄생을 신화적인 코끼리 사건으로 미화했다. 선지자 역시 상인으로 성장했다.

만약 아브라하와 코끼리가 메카 공격에 성공했다면 무함마드는 기독교 성직자가 되었을 가능성이 있다. 무함마드에 대해 역사적으로 분명히 남아 있는 흔적은 없다. 그의 일생을 담은 최초의 기록은 사후 100년이 지나서야 발견되었고, 이마저도 초기 연대기 작자들의 이념적 필요에 의해 왜곡되었다. 그렇더라도 특정 기본 사실은 논란의 여지가 없어 보인다. 어린 나이에 고아가 된 무함마드는 백부이자 번창하던 상인인 아부 탈리브(Abu Talib)의 손에서 자랐다. 무함마드가 백부의 사업을 관찰하고 거들면서 성장기를 보냈겠지만, 초기에 직업 면에서 어떤 노력을 기울였는지 직접적인 기록은 남아 있지 않다. 다만 스물다섯 살 무렵 연상의 과부이자 번창하던 무역 회사를 이끌던 카디자(Khadija)에게 고용되었다는 것은 확실한 사실이다. 카디자의 대상이 어떤 물건을 취급했는지 정확하게 알 수는 없으나, 인근 타이프에서 생산된 대추, 건포도, 가죽, 예멘의 유향, 이집트의 옷감 등이 포함되었을 것으로 추정할 수 있다.

여성인 카디자가 직접 물건을 실어 나르지 않았기 때문에, 무함마드는 대리인으로서 짧은 기간 동안 시리아에서 많은 경험을 쌓을 수 있었다. 청년 무함마드의 유능함과 인성에 깊은 인상을 받은 카디자는 그에게 청혼했고, 무함마드가 이를 받아들였다. 이제 무함마드는 지위와 재력을 갖춘 사람이 되었다.

여행 중 무함마드는 유대인과 기독교인, 즉 '성경의 사람들'을 만났고 그들의 매력적인 신앙 체계가 큰 힘을 가지고 있음을 발견했다. 하지만 유대교와 기독교가 적대시되던 외세와 연계되어 있다는 사실은 매력을 반감시켰다. 이에 무함마드와 아랍인은 독자적인 길을 찾기 시작했다. 그러는 가운데 메카의 신흥 상인 귀족으로 떠오른 부유한 쿠라이시 부족이 물질만능주의적 태도를 보이면서 종교를 향한 아랍인의 갈망이 더 커졌다. 사람들은 쿠라이시가 부족의 오랜 행동 규칙을 저버렸다고 여겼다.[29] 이슬람을 연구하는 서양의 저명한 역사학자 막심 로댕송(Maxime Rodinson)은 이렇게 표현했다.

사막의 후예들이 전통적으로 추구해온 덕목은 성공을 보장하는 길이 아니었다. 그보다는 탐욕과 큰 기회를 주시하는 능력이 더 유용했다. 부자들은 오만하고 고압적으로 변했으며, 자신의 성공을 부족 전체가 아닌 개인의 영광으로 여겼다. 혈연은 점차 약화되었다.[30]

6세기 후반 아랍인은 두 가지 필요에 따라 움직였다. 하나는 외국에서 유래한 두 일신교에 맞서서 하나의 통일된 정체성을 갖추려는 시도였고, 다른 하나는 쿠라이시의 부와 부패에 대적하는 정치 세력을 키우자는 것이었다. 이처럼 사회경제적 변화가 크던 시기에 사막의 여러

신 가운데 알라가 부상했다. 610년 지브릴(가브리엘) 천사가 메카 외곽의 히라 산에서 번민하던 무함마드에게 나타나 코란의 첫 구절을 지시했다고 전해진다. 종교를 갈망하는 마른 부싯깃에 불이 붙자마자 큰불로 번져 대대적인 개종과 정복 행위가 아시아, 아프리카, 유럽의 상당 지역을 집어삼켰다.

무슬림은 카디자의 후원이 선지자가 궁극적 임무를 완수하는 데 중요한 역할을 했다고 여겨왔다. 흔히 아랍인은 "알리(Ali)의 칼과 카디자의 부가 아니었다면 이슬람은 일어서지 못했을 것"이라고 말한다(알리는 무함마드의 사촌이자 사위로, 나중에 선지자의 네 번째 계승자가 되었다. 알리 암살을 계기로 무슬림은 소수의 시아파와 다수의 수니파로 나뉘었다. 시아파와 수니파는 계승자를 알리처럼 무함마드의 혈통으로 이어가느냐 여부에서 입장이 엇갈린다).

세계의 주요 종교 가운데 상인이 창시한 종교는 이슬람교가 유일하다(무함마드의 계승자인 아부 바크르(Abu Bakr) 역시 직물 상인이었다). 이와 같은 보기 드문 사실은 신앙을 널리 퍼뜨렸고, 이후 900년 동안 아시아의 육로와 인도양의 해로를 통해 전파되는 역사적인 사건으로 이어졌다. 그 흔적은 동아프리카의 무슬림 인도인이 세운 근대 식민지부터 서아프리카에서 지금도 활동하고 있는 레바논 상인들, 그레이엄 그린(Graham Greene)의 소설 속 제3세계 소도시를 차지한 '시리아인'에 이르기까지 현대에도 남아 있다.

이슬람의 가장 신성한 문서에는 상업의 중요성이 강조되어 있으며, 코란의 유명한 구절도 마찬가지다. "믿는 신앙인들이여 너희들 가운데 너희들의 재산을 부정하게 삼키지 말라. 서로가 합의한 교역에 의해야

되니라."[31] 교역과 상업에 대한 가장 중요한 구절은 무함마드의 일화를
모은 하디스(hadith)에 나오는데, 교역 행위에 대한 일반적인 조언을 준
다. "핫즈 기간 중 교역 행위가 해가 되지 않는다"라는 점에 대해서 다
음과 같이 전한다.

사는 자와 파는 자는 갈라서지 않거나 갈라서기 전까지는 거래를 취소하
거나 확인하는 선택을 할 수 있다. 이들이 진실을 말하고 서로에게 물건의
흠에 대해 이야기를 나누면 거래에 축복이 임할 것이나, 숨기는 것이 있고
거짓을 말한다면 거래의 축복은 사라진다.[32]

자비르 빈 압둘라(Jabir bin Abdullah)라는 서술자는 무함마드를 개인적
으로 만났던 일화를 설명한다. 무함마드는 자비르에게 골칫거리이던
낙타를 사겠다면서 금화 한 닢을 지불한 뒤, 나중에 자선의 표시로 낙
타를 돌려주면서 자비르에게 금화는 그냥 가지라고 했다. 인생의 그
시점에 선지자는 교역에서 발을 뺐을지 모르나, 교역의 영향이 여전히
선지자에게 남아 있었을 수도 있음을 후대에게 알려준다.[33]
새로운 교리가 몇 주 만에 메카부터 메디나까지 휩쓸었고 이후 중동
전역, 나아가 서쪽으로는 스페인, 동쪽으로는 인도까지 전파되었다.
상업적 측면에서 초기 이슬람은 상업이라는 풍선을 급속하게 부풀린
것으로 볼 수 있다. 풍선 밖에는 불신자가 있고, 그 내부에서는 신학
적·제도적으로 통합이 이루어졌다. 이슬람이 초기에 급격하게 전파된
과정을 자세히 다루는 것은 이 책의 범위를 벗어난다. 하지만 빛의 속
도로 전파된 데는 다른 신자의 물건을 빼앗지는 못하지만 불신자에게

는 이러한 금지를 적용하지 않는 새로운 교리와 가주(약탈)라는 경제적 명령 간 갈등이 적잖이 기여했다.

상인으로 태어난 선지자는 침입자로 생을 마감했다. 622년 그는 메카에서 축출된 직후 도시의 불신자들이 이끄는 대상을 공격하기 시작했다. 신흥 종교는 정복당한 불신자의 전 재산을 몰수하여 5분의 1을 알라와 움마(이슬람 공동체)에 귀속시키고, 나머지는 승리를 거둔 부대와 지도자들이 나눠 가지라고 규정했다.[34] 평화롭게 개종하는 사람은 재산을 지킬 수 있었다. 그러므로 멀리 떨어진 부족이 개종하는 경우 그보다 더 먼 곳까지 가서 저항하는 불신자 부족을 공격하여 약탈해야만 했다. 632년 선지자가 사망한 후 이와 같은 과정이 급속도로 진행됐다. 일부는 정복당했지만 일부는 신흥 종교의 정치, 영성, 군사적 영향력에 압도되고 재산을 지킬 생각으로 개종하기에 이르렀다. 정복과 평화로운 개종이라는 방법은 이슬람의 영토를 빠른 속도로 넓히고 반도의 깊은 내륙에서 먼 지역까지 퍼져 나가도록 도왔다.

6년 후 아랍의 군사들은 콘스탄티노플에 당도했다. 하지만 전략가인 이사우리아조의 레오(Leo the Isaurian) 황제가 위세를 떨친 데다 매서운 겨울 한파가 아라비아의 기후에 익숙해 있던 병사들과 낙타로 보급을 받던 부대에 치명적인 영향을 미쳤다. 이 밖에 일련의 기이한 상황이 이어지면서 아랍군은 콘스탄티노플 성문에서 앞으로 나아가지 못했다. 이슬람 학자인 J. J. 손더스(J. J. Saunders)는 "[콘스탄티노플이] 무너졌다면 발칸 반도가 침략당했을 것이고, 아랍인은 도나우강을 건너 유럽의 심장부까지 진출했을 것이다. 그랬다면 기독교는 독일의 숲 속에서 광신도들에 의해 명맥이 유지되는 종교로 전락했을 것이다"라고 기록했다.[35]

아랍인의 최우선 과제는 반도에서 새로 개종한 굶주린 무리에게 식량을 공급하는 일이었다. 먼 옛날부터 이집트는 지중해의 곡창지대 역할을 했기에, 무슬림은 식량 수요가 많은 아라비아 시장에 공급하기 위해 곡창지대를 대대적으로 정복했다. 처음에 칼리프는 대상이 곡식을 향료 교역로로 운반하도록 명했으나, 이내 나일강과 홍해 사이에 해수면 높이의 운하를 개척했다. 이로써 아라비아와 이집트 곡창지대를 잇는 저렴한 해로가 확보되었다. 현대와 마찬가지로 당시에도 전략적 고려 사항이 고대 수에즈 운하의 운명을 좌우했다. 처음에 지도자들은 운하를 지중해까지 바로 확장하는 방안을 고려했고, 이는 오늘날의 경로와 거의 흡사하다. 하지만 칼리프 오마르(Omar, 아부 바크르에 이은 선지자의 두 번째 계승자)가 반대하고 나섰다. 비잔틴제국이 지중해와 홍해를 잇는 경로를 이용해 핫즈를 방해할까 우려했기 때문이다. 한쪽 사람들을 먹이는 길은 곧 다른 쪽 사람들을 굶게 만드는 길이기도 했다. 이전에 북쪽의 콘스탄티노플로 향하던 곡식은 이제 홍해를 따라 이동했다. 비잔틴제국이 멸망한 데는 중요한 곡창지대를 상실한 영향이 컸다. 100년 후 칼리프 아부 자파르(Abu Jaffar)는 아라비아의 반역자들에게 향하는 식량을 차단하기 위해 마지막으로 운하를 폐쇄했다.

655년 무슬림 세력은 마스트 전투에서 승리를 거두며 비잔틴제국으로부터 지중해 동부의 지배권을 빼앗았다. 당시만 해도 아랍군은 해군을 보유하고 있지 않았다. 그래서 전함에 콥트 기독교도 선원들을 배치했다. 아이러니하게도 이 선원들은 자신을 다스리던 그리스인을 경멸했고, 이슬람 역사상 가장 위대한 승리로 기록될 전투에 기여했다. 서양을 인도 및 중국과 이어주던 해로가 단번에 끊어졌고, 약 850년

후 바스코 다 가마가 유럽인으로서는 최초로 인도양을 건너기 전까지 이 상황은 변하지 않았다.[36]

마스트 전투에서 승리를 거둔 이슬람 해군은 지중해에서 점차 지배권을 확대했다. 해방된 베르베르 노예인 타리크 이븐 지야드(Tariq ibn Ziyad)는 711년 대범하게 스페인 남부의 바위 곶을 공격하여 정복했다. 당시 고트족이 지배하던 스페인에서 우마이야의 침입자들이 처음 승리를 축하한 지 3년 만에 스페인 전체가 무슬림에게 정복당했다. 무슬림은 바위 곶을 자빌 타리크(Jabil Tariq), 곧 타리크의 언덕이라고 불렀고 나중에 이 지명은 지브롤터로 바뀌었다.

지중해에서 전략적으로 중요한 섬에 속하던 키프로스가 649년 아랍의 첫 공격에 함락된 이후 827년에 크레타, 870년에 몰타가 차례로 아랍인의 차지가 되었다. 지중해 최대의 거점인 시칠리아도 100년 이상의 갈등 끝에 965년 아랍인의 손에 넘어갔다. 새 천년이 밝을 때 기독교 세력은 한때 로마가 '우리 바다(mare nostrum)'라고 부르던 지중해가 무슬림 선박으로 뒤덮인 모습을 지켜봤을 것이다. 유럽에서 무슬림은 정복 활동을 이어 나가 교역을 장악했다. 9~10세기에 주조된 이슬람 주화가 유럽 중부, 스칸디나비아(특히 스웨덴 동부의 고틀란드섬), 잉글랜드, 아이슬란드에서까지 대량으로 발견되었다.[37]

750년을 기준으로 이전에는 초기 우마이야 왕조가, 이후에는 아바스 왕조가 지배했다. 이들은 로마제국보다 더 넓은 영토를 다스렸는데, 대대적인 정복 활동이 마무리되어 전리품 공급이 줄어들자 상업적 요소가 군사적 우선순위에 영향을 미치기 시작했다. 이들에게는 가난하고 후진적인 서유럽보다 실크 교역로가 지나가는 부유한 중앙아시아가 더 매력적이었다. 우마이야조는 732년 프랑스의 도시 푸아티에에서 패배하기 전까지 갈리아로 돌아오지 않았다. 또한 718년부터 스페인과 포르투갈에서 레콩키스타(reconquista, 에스파냐의 그리스도교가 이슬람교도에 대해 벌인 회복 운동—역주)가 일어났지만 적극적으로 대응하지 않았다. 레콩키스타는 1492년 마지막 무어인(과 유대인)을 축출하면서 마무리됐다.

반면 무슬림 군대는 먼 중앙아시아 지역을 거듭 공략했으며, 751년 탈라스(오늘날 카자흐스탄)에서 처음으로 당나라 군대에 승리를 거뒀다. 탈라스와 더불어 이익이 나는 대상 교역로가 무슬림의 손에 들어왔고, 이러한 상황은 오늘날까지 유지되고 있다. 극적인 정복은 종종 놀라운 행운을 안겨주기도 한다. 탈라스에서 무슬림이 얻은 가장 중요한 소득은 영토도 실크도 아닌 평범하면서도 귀중한 자원이었다. 탈라스에 억류되어 있던 중국인 죄수 가운데 제지업자가 있었고, 이들은 이슬람 세계와 유럽에 놀라운 기술을 전파했다. 인류의 문화와 역사를 바꾼 실로 엄청난 사건이었다.

초기에 무슬림 정복자들은 기본적으로 팍스 로마나를 재현했는데 규모가 그보다 더 컸다. 우마이야와 아바스 제국은 사실상 옛 국경과 장벽을 없앤 거대한 자유무역 지대로 기능했다. 특히 아득한 고대에서부터 동과 서를 가르는 경계 역할을 하던 유프라테스강을 따라 자유무역이 이뤄졌다. 더 이상 아시아로 향하는 세 가지 주요 경로, 즉 홍해와 페르시아만, 실크로드가 경쟁을 벌이지 않았다. 대신 글로벌 물류 체계가 통합되었고, 칼리프의 종주권을 인정하는 세력은 누구나 길을 이용할 수 있었다.

이후 1000년 가까이 무슬림의 항해는 정복과 개종 활동을 능가했다.

놀랍게도 선지자의 죽음 이후 100년이 흐른 8세기 중반에 페르시아인으로 추정되는 무슬림 상인 수천 명이 중국의 항구뿐 아니라 내륙의 도시까지 진출했다.[38] 반면 중국 최초의 대형 정크(junk, 극동 지방에서 어로와 화물 운송에 사용된 배—역주)는 1000년쯤에야 인도양을 항해했다. 이후로도 400년이 지난 후 전설적인 환관 정화(鄭和)가 대형 선박으로 스리랑카와 잔지바르를 항해했다.

아랍어는 새로운 제국의 공용어였으며, 무슬림 해군은 지브롤터에서 스리랑카에 이르는 항구와 항로를 누볐다. 9세기 중앙아시아의 이슬람 통치자들은 하자르족과 계약을 맺고 이들을 통해 스칸디나비아인과 교류했다. 동쪽에서는 중국과의 교류가 일어나 실크로드와 해로가 활기를 띠었으며, 북아프리카 상인들은 남쪽의 사하라 너머로 대상을 보냈다. 선지자의 죽음 이후 불과 몇 세기 만에 추종자들이 알려진 세계의 대부분을 거대한 상업 지대로 만들었다. 이 상업 지대에서는 아프리카의 금, 상아, 타조 깃털을 스칸디나비아산 모피, 발트해의 호박, 중국산 실크, 인도산 후추, 페르시아산 금속 공예품과 거래할 수 있었다.[39] 게다가 정복 활동으로 활력을 얻은 아랍인은 다양한 방면에서 문화적 르네상스를 경험했다. 당대의 가장 위대한 문학, 예술, 수학, 천문학이 살아 숨 쉬던 곳은 로마나 콘스탄티노플, 파리가 아닌 다마스쿠스, 바그다드, 코르도바였다.

팍스 이슬라미카(Pax Islamica)에 온전히 축복만 따른 것은 아니었다. 서양과 동양의 경계가 서쪽의 지중해로 이동하면서 무슬림이나 기독교도 모두 자유로운 통행이 불가능해졌다. 역사학자 조지 후라니(George Hourani)는 "고속도로 대신 지중해가 변경이 되자 곧 전쟁의 바다로 변

했다. 이런 변화로 알렉산드리아가 쇠락했다"라고 지적했다.[40] 무슬림
의 상업적 연결망은 환어음, 정교한 대출 제도, 선물 시장 등 여러 선
진적 기능을 했다. 하지만 어떤 이슬람 국가도 현대 세계의 금융 제도
기반인 국영은행 혹은 중앙은행을 설립하는 데 이르지 못했다.[41]

그러나 이는 핵심에서 벗어난 지적이다. 로마가 멸망한 후 수백 년 동
안 옛 제국은 세계 상업에서 변두리로 몰락했고 중동, 인도, 중국에서
진행되던 상업과 기술의 혁명에 대해 알지 못했다. 그렇더라도 지중해
항해에 선박의 방향을 바꿔주는 아랍의 대형 삼각돛이 도입되면서 혜
택을 받았다. 고대 서양의 사각돛으로는 방향 전환이 불가능했다.

팍스 이슬라미카는 어떤 도전도 없이 순조롭게 진행되다가 11세기
에 기독교 세력이 부활하면서 스페인, 시칠리아, 몰타에서 상당 부분
의 영토를 잃었다. 1095년 교황 우르바노 2세(Urban II)는 영토 회복에
힘입어 클레르몽 공의회를 열고 1차 십자군 원정의 필요성을 주장했
으며, 일시적으로나마 성지를 되찾았다.

12세기 살라딘(Saladin)은 파티마 왕조 정복에 이어 예루살렘의 십자
군을 축출하는 데 성공했으며(다만 살라딘은 적인 기독교도와 교역하는 데
더 만족했다), 중동에서 무슬림 세력을 통합했다. 살라딘의 승리로 이슬
람은 절정을 맞았지만 이후 처참한 불운이 이어졌다. 13세기에 몽골이
침입했고, 14세기에는 흑사병이 유행했으며, 15~16세기에는 바스코
다 가마가 인도양을 개척하기에 이르렀다.

이슬람은 오랜 세월에 걸쳐 쇠락했다. 하지만 무슬림 상인들은 16세
기까지 장거리 교역을 장악했고, 근대 초까지도 여러 지역에서 영향력
을 행사했다.

4장

상인들의 종교
범이슬람 상권의 등장

13세기가 가까워지면서 지중해의 양대 해양 도시인 제노바와 베네치아는 교역로를 서로 차지하기 위해 생사를 넘나드는 전쟁을 벌였다. 1292년 제노바의 축축한 어느 감방에서는 베네치아 출신의 한 해군 사령관이 전기를 구술했고, 이를 다른 수감자가 받아 적었다. 기록을 하던 수감자는 피사 출신의 작가로, 이름은 루스티켈로(Rustichello)였다.

코르출라의 달마티안섬에서 붙잡힌 포로가 새로 사귄 수감자에게 들려준 이야기란! 포로로 붙잡히기 100년 전 그의 가문은 동양과의 교역으로 부유해졌다. 당대 최고의 교역 중심지인 콘스탄티노플의 베네치아 구역에 향료와 실크가 가득 찬 창고를 보유했을 정도다. 베네치아는 진귀한 동양 물건의 거래뿐 아니라 성지를 오가는 순례자와 십자군의 통행으로도 부를 축적했다.

베네치아 출신 포로가 동양에 대해 잘 알기는 했지만 이 분야의 선구자는 아니었다. 이미 수백 년 동안 유럽의 상인, 사절, 선교사가 부, 권력, 선교를 위해 실크로드를 따라 동양을 탐험한 터였다. 실제로 이 베네치아 포로가 태어난 직후부터 40년 동안 그의 아버지와 삼촌은 근거지인 콘스탄티노플을 떠나 몽골이 지배하던 중앙아시아의 내륙 깊은 곳으로 향했다. 형제는 중앙아시아의 교역 도시인 부하라(오늘날 우즈베키스탄)에서 전쟁을 벌이던 부족에게 붙잡혔다. 거기서 두 사람은 중앙아시아 훌라구(Hulagu) 대칸의 사신을 만났다. 형제가 구사하는 이탈리아어에 매료된 칸의 사신은 두 사람을 동양으로 초대했다. 눈치 빠른 두 상인은 실크와 향료의 본거지로 향하는 여행을 굳이 거절하지 않았다.

1265년경 형제는 훌라구의 형제인 쿠빌라이(Kublai) 칸의 조정에 도착했고, 거기에서 몇 년을 머물렀다. 나중에 두 사람은 쿠빌라이가 교황 클레멘스 4세(Clement IV)에게 보내는 서신을 들고 베네치아로 돌아갔다. 호기심 많고 기독교에도 관심이 있던 쿠빌라이는 서양의 유력한 종교를 중국인에게 전파할 수 있도록 기독교 선교사 100명을 초청하고자 했다. 하지만 1269년 형제가 고향에 도착해보니 클레멘스 교황은 이미 세상을 떠나고 없었다. 마페오(Maffeo)와 니콜로 폴로(Niccolo Polo) 형제는 새 교황이 쿠빌라이가 요청한 사제들을 보내줄 때까지 기다리는 수밖에 없었다. 두 사람이 중국에서 부를 좇는 사이 니콜로 폴로의 아내가 사망했기 때문에 니콜로는 이제 열다섯 살짜리 아들 마르코(Marco)를 돌봐야 했다. 아버지가 길을 떠날 때 어린아이였던 마르코는 어느덧 성인기를 앞두고 있었다.[1]

『마르코 폴로의 여행기』는 마르코 폴로가 베네치아의 요청을 받고 기억과 메모를 바탕으로 구술한 내용을 루스티켈로가 기록한 책이다. 처음에는 당시 유럽의 공용어인 프랑스어로 기록된 것으로 추정된다. 책에는 소를 신성시하고 과부가 남편을 화장하는 장작더미에 스스로 몸을 던지며 청년들이 납치당하고 대마초를 피우며 남성들에게 여성

과 사치품을 권하고 암살자로 훈련받는 사람들이 사는 땅, 끈적거리고
불에 타는 물질이 흐르는 땅(메소포타미아의 유전 지대), 먼 북쪽에 위치
하여 여름에는 태양이 지지 않고 겨울에는 태양이 뜨지 않는 땅 등 기
상천외한 이야기가 담겨 있었다. 유럽인은 여행기를 과도한 상상의 산
물 정도로 치부했다. 하지만 『마르코 폴로의 여행기』는 놀라울 정도로
정확했다. 폴로 자신이 직접 경험한 내용뿐 아니라 버마, 시베리아, 자
바, 신비로운 향료 제도 등 방문하지 않은 지역에 대해 간접적으로 듣
고 구술한 내용도 꽤 정확했다.

마르코 폴로는 유명한 상인 집안 출신이고 『마르코 폴로의 여행기』
가 외국의 풍습, 물건, 의복, 관습에 대해 방대한 내용을 전달했지만,
중세 장거리 교역에 대해서는 자세히 전하지 않았다. 계량적 내용이
빠진 이유는 책을 기록한 루스티켈로가 노련한 작가였기 때문으로 해
석할 수도 있다. 그는 향료 가격이나 계절풍 항해의 정확한 흐름보다
는 남편의 시신을 화장하는 불길에 자발적으로 뛰어드는 아내의 이야
기, 둘레가 몇 킬로미터인 도시 이야기가 중세의 문학 시장에서 반응
이 더 좋으리라는 것을 간파했을 것이다.[2]

팍스 로마나와 한나라 시대의 안정적 환경이 1~2세기에 로마와 중
국 간 장거리의 간접적 교역을 활성화했듯, 7~9세기 이슬람 제국과 당
나라가 위세를 떨치면서 칼리프가 지배하는 땅과 중국은 더욱 직접적
으로 교류했다. 중국 문헌에 따르면 무함마드가 사망하기 12년 '전'인
620년에 이미 이슬람이 광저우에 전해졌다고 한다.[3]

중국에서 아직 자기나침반이 발명되기 전 12세기 무렵의 항해자들

은 천측항법(천체의 수평면상 고도를 측정하여 구면삼각법으로 선박이나 항공기의 위치를 구해 항해하는 방법—역주)에 의지할 수밖에 없었다. 안개가 끼고 하늘이 흐린 날 항해하는 것은 폭풍우가 몰아칠 때 못지않게 위험했다. 선원들은 그리스 시대부터 위도를 측정하는 방법을 알고 있었지만 경도의 정확한 측정은 18세기에야 가능해졌다. 중세 여행자들은 개방 수역에서 늘 두려움이라는 감정과 동행했다. 5세기에 인도까지 항해했다가 돌아온 중국의 한 순례자는 이를 생생하게 전했다.

대양은 경계도 없이 광활하게 펼쳐져 동쪽과 서쪽을 구분할 길이 없었다. 해, 달, 별을 관찰하여 앞으로 나아갈 수 있을 뿐이었다. 날씨가 흐리고 비가 내리면 배가 바람에 실려 이동했지만 마땅한 길 없이 나아갔다. 깜깜한 밤에는 파도밖에 보이지 않았다. 물결이 서로 부딪치면서 마치 불이 난 듯 밝아졌다. 상인들은 어디로 가는지 알지 못해 공포에 질렸다. 바다는 깊이를 가늠할 수 없이 깊었고 닻을 내릴 수 있는 곳도 찾을 수 없었다.[4]

7세기에 중국인은 이미 많은 중동 상인들을 만났던 터라 항구로 쏟아져 들어오던 무슬림을 구별할 줄 알았다. '파사(波斯, 페르시아)' 사람들은 긴 형태의 페르시아만에서 해양 강국의 전통을 쌓았으며, 내륙의 '대식(大食, 아랍)'에서 온 사람들보다 숫자가 더 많았다. 또한 중국인은 이슬람 세계를 더 멀고 신비로운 '불름(拂菻, 비잔틴제국)'과 분명하게 구별할 줄 알았다. 당시 비잔틴은 경이로운 원석과 유리를 생산하는 곳으로 유명했다.[5] 758년에는 광저우에 모여 있던 무슬림이 도시를 약탈하고 불태운 다음 노획물을 가지고 바다로 도망치는 사건도 있었다.[6]

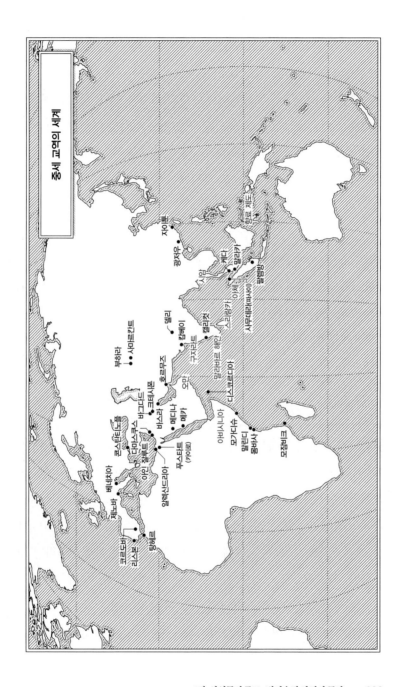

중세 교역의 세계

부하라
●●●사마르칸드
발리
시안
장안
장자우
광저우
캘리컷
제다
말라카
멜링방
믈라위 해안
스리랑가
마자비트
캄베이
구자라트
디스코르디아
오만
모가디슈
말린디
몸바사
킬와
모잠비크
호르무즈
바그다드
크테시폰
바스라
메디나
메카
콘스탄티노플
테살로니키
살로네
아인
니코메디아
푸스타트(카이로)
알렉산드리아
베네치아
제노바
리스본
코르도바
튀니스

무슬림 가운데서도 페르시아인은 중국인이 페르시아를 이해하는 정도보다 더 중국을 잘 알고 있었다. 이슬람 이전 시대에도 페르시아가 중국과 교역을 했는지에 대해서는 논란의 여지가 있다. 하지만 무슬림 군대가 크테시폰(오늘날 바그다드의 남쪽)에서 사산조 페르시아를 굴복시킨 직후인 636년에 아랍과 페르시아 선박이 중국의 항구로 곧장 항해했다. 727년 중국에서 기록된 문서에는 칼리프 통치 기간 중 이슬람의 세계 교역에 대한 훌륭한 설명이 나온다.

파사인은 본래 상업을 중시하며 [지중해] 바다에서 대형 선박으로 항해한다. 또한 인도양의 실론섬으로 가서 보석을 얻는다. 금을 손에 넣기 위해 [아프리카로 추정되는] 쿤룬(K'un-lun)이라는 나라에도 가며 큰 배로 곧장 중국의 광저우에 가서 실크 제품 등을 구입한다. 현지인들은 소를 죽이기를 즐겨하는데 하늘[알라]을 섬기지만 불법(佛法)은 알지 못한다.[7]

'파사'는 중국의 해안가를 따라 교역 디아스포라를 설립했다. 이들이 취급하던 수출입 물량이 증가하면서 많은 수의 무슬림 상인이 거주했고, 이들과 함께 오거나 그 뒤를 따라 유대인도 모여들었다. 이와 거의 동시에 네스토리우스파 기독교인도 서양에서 육로를 거쳐 중국 해안가에 도달했다. 네스토리우스교도는 이단이라는 이유로 비잔틴제국에서 쫓겨났지만, 무슬림 세계에서는 이들을 '성경의 사람들'이라며 포용했다. 편협함으로 무장한 가톨릭교회에게 배척당한 무리가 관용을 베푼 이슬람에 매료당해 동쪽으로 퍼져 나간 것이다.

동양과 서양은 750년 아바스 왕조가 우마이야 왕조에 승리를 거두면서 더욱 빈번하게 교류했다. 이에 이슬람의 중심지도 내륙에 위치한 수도 다마스쿠스에서 강기슭에 위치하여 페르시아만으로 이동하기 쉬운 바그다드로 옮겨 갔다. 아바스 왕조의 한 통치자는 "이것이 티그리스강이다. 이제 우리와 중국 사이에는 어떤 장애물도 없으며 바다에 떠 있는 모든 것이 우리에게 흘러올 수 있다"라고 감탄했다.[8]

선사시대의 교역에 대한 기록은 현재 거의 남아 있지 않으며, 역사시대에도 중국과 이슬람 세계 간 교역을 엿볼 수 있는 기록은 단편적 문서뿐이다. 그중에서 가장 잘 알려진 문헌이 아랍어로 쓰인 『중국과 인도 여행기(Akhbar Al-Sin wa'l-Hind)』이다. 9세기 중반에 술레이만(Sulayman) 등 여러 아랍 상인들이 기록한 것으로 추정되는 이 책은 독자들을 바그다드에서 광저우까지 다채로운 여정으로 인도한다. 400년 후 『마르코 폴로의 여행기』에 등장하는 놀라운 경험과 모험의 예고편 격이다.

『중국과 인도 여행기』에 따르면 바스라와 페르시아만의 심해항인 시라프에서 짐을 실은 선박은 계절풍이 부는 시기에 따라 호르무즈 바깥의 오만에서부터 인도의 말라바르 해안까지 한 달 동안 이동했다. 말라바르에 도착한 선박은 한 척당 10~30디나르의 세금을 냈다(오늘날 가치로 환산하면 800~2400달러). 그 후에는 벵골만을 건너는 한 달 여정의 항해를 떠났고 도중에 안다만 제도에 들러 식량을 비축했다.

원주민은 인육을 먹었다. 곱슬머리에 피부가 까맸고 얼굴과 눈이 못생겼으며 다리가 길었다. 나체로 다녔는데 남자들 성기의 길이가 50센티미터 정도였다. 가끔 이 식인종이 선원들을 붙잡았지만 용케 도망치는 데 성공했다.[9]

상인들은 동남아시아의 케다 해안에 상륙했다. 오늘날 말레이시아의 페낭에서 북부에 있는 지역인데, 이곳에서 말라카 해협을 돌아 남쪽으로 항해할지, 아니면 말레이반도의 좁은 중앙부를 육로로 건널지를 결정했다. 케다에서 말라카를 지나 인도차이나로 가는 여정은 20일 정도 걸렸다. 인도차이나에서 광저우까지 가는 데 또 한 달이 걸렸다.『중국과 인도 여행기』는 바스라에서 광저우까지 배로 총 4개월 정도 걸린다고 설명했지만, 계절풍의 변화와 도중에 맞닥뜨리는 행정상의 문제로 1년을 훌쩍 넘길 수도 있었다.

상인과 선장은 연 단위로 계절풍을 타고 모항을 오가는 일정을 선호했기 때문에 선박과 선원들은 매년 특정 경로만 지나다니게 되었다(그나마 여러 번의 항해에도 운 좋게 살아남은 경우). 구자라트의 한 상인은 배에 부드러운 면직물과 고향에서 생산되는 인디고를 싣고 여름 계절풍을 타고 말라카로 이동했다. 거기에서 물건을 실크, 향료, 자기로 교환한 다음 거래가 끝나면 겨울 계절풍으로 고향에 돌아왔다. 혹은 겨울에 서쪽으로 항해했다가 여름에 아덴에서 말과 향료를 싣고 돌아오는 방법도 있었다. 동아프리카 해안의 말린디로 가는 경우에 금과 노예를 싣고 돌아왔다. 계절풍이 부는 패턴과 고국에서 인기 좋은 품목을 고려하여 바그다드-광저우 항로를 거쳐 오는 물건은 최소한 세 척의 서로 다른 선박에 실렸다.

『중국과 인도 여행기』에 따르면 중국인은 아랍과 페르시아 상인들에게 구리, 상아, 향, 별갑을 샀고 광저우에 도착한 무슬림은 금, 진주, 실크와 양단을 배에 실었다. 물건을 교환하는 과정은 무척 까다로웠으며 정부가 독점했던 것으로 보인다. 중국인은 바그다드에서 들여온 물건을 '다음번 선원들이 들어올 때까지' 6개월 동안 광저우의 창고에 보관했다. 물건의 30퍼센트를 수입관세로 지불했는데 "정부는 어떤 물건을 원하든 가장 높은 가격에 구입했고 대금도 즉시 결제했으며 거래를 불공정하게 진행하는 부분도 없었다."[10]

『중국과 인도 여행기』는 중국 여행기에 대한 서양의 전통을 세우는 역할을 했고, 훗날 마르코 폴로와 이븐 바투타(Ibn Battuta) 등 수많은 여행자들이 이 책의 전통을 이어받았다. 『중국과 인도 여행기』에서 기록의 대부분을 차지하는 익명의 저자들은 천조(天朝, '천자의 조정'을 뜻하며 당시 중국을 일컫는 말—역주)의 규모와 세련된 수준에 놀라움을 금치 못했다. 중국에는 대도시가 200곳 이상 있었고, 생활양식이 이국적이었으며, 제도가 발전한 상태였다. "중국에 사는 사람들은 빈부노소를 막론하고 서예를 배웠고 글쓰기 기법을 익혔다." 오늘날 사회보장제도에 대해 논하는 사람들은 『중국과 인도 여행기』에 설명된 중국의 세제, 노인 연금 체계를 참고할 만하다.

[세금은] 개인이 보유한 부와 토지를 기반으로 징수되었다. 누구라도 아들을 낳으면 그 이름을 관청에 등록했다. 18세가 되면 인두세를 부과했고 80세에 이르면 더 이상 징수하지 않았다. 그때부터는 국고에서 [연금을] 지급했다. 중국인은 "젊을 때 세금을 거둬들였으니 늙었을 때 급여를 지급한다"라고 말한다.[11]

하지만 경건한 무슬림이 중국인의 모든 관습을 바람직하게 여긴 것은 아니었다. 특히 중국인의 식단에 돼지고기가 많이 포함되는 점과 화장실에서 별도의 용지를 사용한 점은 무슬림의 위생 규칙에 어긋났다. 무슬림은 기이한 음료에 대해서도 기록했다.

왕이 거둬들이는 가장 중요한 수입원은 향초(香草)였다. 뜨거운 물에 타서 마시곤 했는데 마을마다 아주 높은 가격에 팔렸다. 이를 '차(al-sakh)'라고 부른다. 세 잎 식물보다 잎이 많고 향도 약간 더 강하며 시큼한 맛이 난다. 중국인은 물을 끓인 다음 잎을 뿌려 넣었으며 모든 병을 다스리는 데 썼다.[12]

서양은 이제 막 차를 접한 상태였지만 1000년 후에는 차로 인해 교역 제국이 형성되고 세계적으로 설탕, 노예, 자기의 수요가 증가했다. 『중국과 인도 여행기』가 기록되고 약 100년 후, 페르시아의 선장 부르주그 이븐 샤리아르(Burzug Ibn Shahriyar)는 선원과 상인에게 직간접적으로 들은 123편의 짧은 이야기를 기록했다. 『인도의 경이(The Book of the Marvels of India)』라는 제목의 이 책에는 남아메리카의 소설가가 묘사했을 법한 비현실적이고 무시무시한 짐승, 인육을 먹는 거인이 등장한다. 또한 난파선 선원들에게 달려드는 여성들이 사는 섬도 나온다.

남자 한 명당 약 천 명의 여성이 달려들어 산으로 끌고 가서는 쾌락의 도구로 만들었다. 남자들은 하나 둘씩 정신을 잃었고 기진맥진하여 목숨을 잃었다.[13]

기상천외한 이야기 사이사이에는 인도양에서 있었던 중세 교역을 묘사하는 소품문이 등장한다. 책에는 당시 상인들과 선원들이 난파를 무척 경계했다는 사실이 잘 드러나 있다. 거의 모든 이야기에 난파선이 등장하기 때문이다. 중국으로 가는 여행은 위험천만했고 무려 일곱 번이나 항해를 다녀온 선장이 있다는 이야기에 저자는 놀라움을 감추지 않았다.

선장 이전에는 누구도 사고 없이 항해에 성공한 사람이 없었다. 살아서 중국까지 도착하는 것도 대단한 능력인데 고향으로 안전하게 돌아오기까지 하다니 전대미문의 일이었다.[14]

사람들은 오로지 막대한 부를 거머쥘 수 있다는 약속에 이끌려 재앙이나 다름없는 위험에 뛰어들었다. 『인도의 경이』에는 배 한 척을 소유한 이샤크(Ishaq)라는 유대인 상인의 이야기가 나온다.

백만 디나르 상당의 사향, 또 백만 디나르 상당의 실크와 자기, 그 밖에 많은 양의 보석과 원석, 중국인의 솜씨가 담긴 진귀한 물건을 셀 수 없이 많이 실었다.[15]

『인도의 경이』에는 이샤크가 무슬림 친구에게 선물을 주는 이야기가 나온다. 선물은 금색 뚜껑을 덮은 검은색 도자기 꽃병이었다. 친구가 내용물을 묻자 이샤크는 "내가 중국에서 자네에게 해준 생선 요리라네"라고 답했다. 친구는 2년 전 요리이니 상태가 고약하겠다고 대꾸하고는 병을 열었다. 그런데 병 안에는 "루비 눈을 하고 최고급 사향으로 고명을 얹은 황금빛 생선이 있었다. 병에 든 물건은 5만 디나르 정도의 가치가 있었다." 하지만 이샤크는 결국 부정직한 무슬림 이웃들에게 재산을 빼앗겼고, 수단의 한 관리에게 약속했던 뇌물을 챙겨주지 못하자 살해당하고 말았다.[16]

책에 나오는 가장 긴 이야기에는 중세 인도양 교역의 또 다른 두 가지 특징이 생생하게 묘사되어 있다. 하나는 부도덕하지만 이익이 크게 난 노예무역이 성행했다는 점이고, 또 하나는 중국, 아랍, 페르시아, 인도를 하나로 묶는 이슬람의 힘이 바그다드에서 광저우까지 미쳤다는 사실이다.

이야기는 늘 그렇듯 난파선에서 출발하는데, 이번에는 배경이 동아프리카의 해안이다. 식인종이 출현할까 두려워 해안가에 머물던 상인들은 현지 왕이 자신들을 선뜻 받아들이고 환대해주자 크게 기뻐했다. 왕은 심지어 상인들이 장사를 할 수 있도록 허락했다. "사업을 하는 데 어떤 제약도, 왕에게 지불해야 할 비용도 없었다." 장사가 끝나자 왕과 신하들은 상인들을 수리해놓은 배로 데려갔다. 떠나려는 순간 화자는 배에 타고 있는 현지인들을 노예시장에서 팔았을 때 얼마를 벌 수 있는지 계산하고 있는 자신을 발견한다.

젊은 왕은 오만의 시장에 팔면 못해도 30디나르는 받을 것이고, 신하들은 160디나르를 받을 수 있을 것이다. 저들이 입고 있는 옷은 최소한 20디나르는 되어 보인다. 모두 합하면 우리는 손 하나 까딱하지 않고도 3000디르함 이상의 이익을 올릴 수 있는 것이다.[17]

상인들은 노예들과 먼바다까지 나아갔다. 왕은 상인들에게 자신이 어떤 친절을 베풀었는지 일깨우면서 수치심을 주려 했지만, 그들은 왕의 애원에 귀를 닫아버렸다. 도중에 다른 노예들을 200명 더 태웠고, 왕과 시종들을 포함한 모든 노예가 오만에서 팔렸다.

몇 년 후 우연히도 화자는 예의 그 동아프리카 해안에서 또다시 난파를 당했다. 설상가상으로 그를 맞은 사람은 노예로 팔아넘긴 왕이었다. 왕은 무시무시한 심판을 예상하는 화자를 똑바로 쳐다보면서 차분하고 정중한 태도로 이야기를 들려줬다. 왕은 오만에서 자신을 산 주인을 따라 바스라와 바그다드로 갔으며, 거기에서 이슬람으로 개종했다고 말했다. 하지만 얼마 후 도망쳤고 카이로, 나일강, 아프리카의 덤불숲에서 머리털을 곤두서게 만드는 일련의 모험을 거쳐 옛 왕국에 다시 돌아올 수 있었다고 했다. 돌아와 보니 자신이 자리를 비운 사이 왕국의 백성들도 이슬람으로 개종한 상황이었다.

교역국은 이슬람의 상업적 관습과 법을 지키면 보상을 받았다. 왕은 이슬람 관습과 법에 따라 신의 없는 상인에게까지 친절을 베풀었다. 그러면서 "무슬림은 우리에게 형제와 같다는 사실을 알게 될 것이오. 우리도 무슬림이기 때문이오"라고 말했다. 왕은 간절한 소망이 있다면서, 노예를 잃어버린 바그다드의 옛 주인에게 배상을 하고 싶다고 털어놨다. "배상이 늦어졌으니 주인이 값을 치른 금액의 열 배를 지불하고 싶소." 안타깝지만 왕의 바람은 성취되지 못했을 것이다. 그런 임무라면 정직한 사람이 맡아야 할 텐데, 화자는 그럴 만한 사람이 아니었기 때문이다.[18]

『중국과 인도 여행기』와 『인도의 경이』에 기록된 중국을 중심으로 진행된 최초의 직접 교역은 9세기에 당나라의 정세가 불안정해지면서 와해되었다. 현대 인도네시아에 거주하던 화교들에게 무척 낯익은 시나리오겠지만 동아프리카의 인도인, 전 세계의 유대인, 중국 해안 식민지의 외국인 상인들은 역경의 시기에 손쉬운 희생양이 되었다.

840년 당 무종(武宗)은 중국이 어려움에 처한 이유가 외부에서 들어온 사상 때문이라고 비난했다. 878년 봉기를 일으킨 황소(黃巢)는 광저우를 약탈하면서 도시의 무역 지구에 거주하던 12만 명의 무슬림(주로 페르시아인), 유대인, 기독교인을 살해했다.[19] 상인들을 학살하고도 만족하지 못한 황소는 중국 남부의 뽕나무 밭을 파괴하여 주요 수출 산업의 근간을 흔들고자 했다.[20] 878년 광저우에서 일어난 비극적 사건 이후 중국의 해외 교역 중심지는 점차 북쪽의 항구도시로 타이완 해협 인근에 위치한 취안저우(泉州)로 이동했다. 마르코 폴로와 이븐 바투타가 자이툰(宰桐)이라고 칭하던 전설상의 그 지역이다. 한때 중국에서 해외 교역품 거래의 중심지 역할을 하던 광저우는 현대에 이르러서야 과거의 영광을 되찾을 수 있었다.

광저우보다 북부에 위치한 새로운 수출입항은 한국 및 일본과 오랫동안 교역이 진행되던 곳이었다. 아랍과 페르시아 상인들은 거기서 접한 한국산과 일본산 물건에 매료되었다. 무슬림 선박의 규모와 화물은 상당한 정도여서 선적할 때 몇 미터 길이의 사다리를 썼고, 8~9세기 중국인은 그 모습을 보고 크게 놀랐다. 황제는 곧 해상 무역의 감독관을 임명하여 선박 등록, 관세 징수, '희귀하고 진귀한 물건'의 수출 금지 업무를 맡겼다.[21] 감독관을 맡은 고위층 가운데 조여괄(趙汝适)이라는 관리는 13세기 초 자이툰에서 외국과의 무역을 감독했는데, 고국을 그리워하는 선원과 상인 수백 명의 기억을 모아 상세히 기록한 『제번지(諸蕃志)』를 펴냈다. 말하자면 『마르코 폴로의 여행기』의 대척점에 있는 책이다. 조여괄은 한 번도 중국을 벗어난 적이 없었지만 『제번지』에서 소아시아와 알렉산드리아 등 먼 이국땅에 대해 묘사했다. 여기에는 도시의 유명한 등대 같은 세부적 내용이 포함되었는데, 일부는 정확했으나 그렇지 않은 부분도 있었다.[22]

13세기에 몽골이 북쪽의 스텝 지대를 벗어나 중국으로 진출할 당시 페르시아와 아랍 상인들은 광저우와 자이툰의 대규모 무슬림 자치 공동체를 기반으로 중국과의 장거리 교역을 독점하고 있었다. 조여괄은 이를 다음과 같이 설명했다.

우리 조정은 외국에서 온 이방인들을 세심하게 배려하여 [자이툰과] 광저우에 [해상 교역의] 특별 감독관을 설치하였다. 외국 상인들은 어려움이 있거나 불만 제기를 원할 때마다 특별 감독관을 찾으면 된다. 귀한 물건을 다양하게 갖춘 대형 상점이 있는 외국의 부유한 나라 중에서 아랍을 능가하는 곳은 없다.[23]

중세의 다른 여행자들은 사뭇 다른 관점에서 이야기를 들려준다. 스페인 랍비인 투델라의 벤자민(Benjamin)은 12세기 중반 유럽과 중동을 두루 여행했는데, 알렉산드리아와 콘스탄티노플이 얼마나 북적거리고 화려한지 설명했다. 그는 특히 바그다드의 높은 지식 수준에 큰 감명을 받았다. "이곳은 철학자, 수학자, 그 외 모든 과학자가 만나는 장소다." 비슷한 시기에 무슬림 상인 샤리프 이드리시(Shereef Idrish)도 시칠리아의 바이킹 왕 로제르 2세(Roger II)의 후원으로 『전 세계 여러 나라를 자세히 알고자 하는 사람을 위한 즐거움(Pleasure for the Man Who Wants to Know Thoroughly the Various Countries of the World)』이라는 지리서를 펴냈다. 책에서 이드리시는 당대 홍해에서 일어난 교역을 매우 자세히 설명했다. 그는 특히 아덴 항에 매료됐고 거기서 "후추, 향이 강한 물건, 다른 무취의 물건, 알로에 나무, 쓴 알로에, 별갑, 상아, 흑단, 라탄, 자기, 가죽 안장"을 실은 중국의 정크를 목격했다.[24]

교역에 대한 일화는 허구의 인물 셰에라자드(Scheherazade)가 남편의 손에 죽임을 당하지 않기 위해 이야기를 들려준다는 작자 미상의 작품집 『천일야화』에도 나온다. 책에서 가장 잘 알려진 이야기는 알리바바, 알라딘, 신드바드의 모험이며 14세기에 기록된 것으로 추정된다.[25]

신드바드의 모험은 사실 어린이들을 위한 이야기가 아니었으며, 설정 면에서 상당 부분 『인도의 경이』와 유사하다. 두 작품을 모두 접한 독자들은 신드바드 전설이 먼저 기록된 『인도의 경이』에서 많은 부분을 빌려 왔거나 동일한 구전에 근거한다고 여길 것이다.

향신료와 보석을 찾아 떠난 일곱 번의 여행에서 주인공은 난파를 당하거나 타고 가던 배에서 외따로 떨어지는 경험을 한다. 이어 무시무시한 괴물이나 악당과 결투를 벌인다. 예를 들어 세 번째 여행에서 신드바드와 일행은 기괴한 거인에게 붙잡히는데, 거인은 "마치 푸주한이 도축할 양을 고르듯" 첫 번째 희생자를 골랐다. 고르곤은 마침내 배에서 가장 통통하면서도 맛좋은 한입 거리 식사를 찾아냈다. 바로 왕(rais)이었다.

고르곤은 푸주한이 짐승을 잡듯 왕을 붙잡아서 바닥에 처박고는 목을 밟아 부러뜨렸다. 침을 길게 뱉고 엉덩이를 찌르고는 머리에서 왕관을 벗겨냈다. 그러더니 맹렬한 불길을 뿜어 왕을 뒤덮은 침을 말린 다음 뒤집어서 살이 구워질 때까지 불을 땠다. 어느 정도 구워지자 불을 끄더니 케밥을 꽂은 꼬챙이처럼 들었다. 마치 인간이 닭을 발라 먹듯 시체의 몸통과 사지를 갈기갈기 찢고 손톱으로 살점을 뜯었다. 몸을 구부려서 먹고 뼈에 붙은 살을 발라 먹었는데 얼마 남지 않은 찌꺼기는 벽 한쪽으로 던졌다.[26]

신드바드와 동행하던 여행자들도 차례차례 같은 운명을 맞았다. 고르곤은 앙상한 몸매의 주인공은 한입 거리도 안 되겠다고 생각했는지 유일하게 풀어줬다. 신드바드의 모험은 믿기지 않는 탈출기에 더해 아바스와 파티마 왕조 시절의 장거리 교역을 상상하도록 자극한다. 『천일야화』를 대충 읽은 사람이라도 신드바드가 뱃사람이 아니라 여러 곳에 토지와 창고를 거느린 바그다드의 부유한 상인 집안 출신임을 알 수 있다. 신드바드는 배를 소유하거나 지휘하지 않았으며 선원으로 일한 적도 없다.

정확히 말하자면 인도양에서 상인과 선원의 차이는 백지장 수준에 불과했다. 선원 중에서 보수를 받고 일하는 사람은 드물었으며, 대부분 자신의 이익을 위해 교역 물품을 운반하여 생계를 꾸렸다.[27] 신드바드의 직업이 정확히 무엇이었든 그가 일하던 방식은 게니자(Genizah, 유대교 회당 서고)의 문서를 읽는 사람들에게 낯설지 않았을 것이다.

나는 한시라도 빨리 상인들과 함께 바소라[오늘날 바스라, 페르시아만 위쪽에 위치]로 향하는 배에 오르고 싶어서 항해에 필요한 물건과 상품을 구입했다. 거기에서 우리는 다시 배에 올라 여러 낮과 밤 동안 항해를 했고 이 섬과 저 섬을, 이 바다와 저 바다를, 이 해안과 저 해안을 거쳐 갔다. 배가 닿는 곳이면 어디에서나 물건을 사고팔거나 교환했다.[28]

앞서 언급했듯 홍해는 해적이 들끓고 해협이 좁으며 위험한 모래톱이 있고 역풍이 불어 상인들이 지나다니기 까다로운 바다였다. 실크로드 역시 기본적으로 효율성이 매우 떨어지는 길이었고, 육로에서 마주치는 위험과 정치적 문제가 바다에 도사리는 위험보다 가볍지 않았다. 그러므로 아시아와 유럽 사이에 존재하던 세 가지 경로에서 마지막 '신드바드의 길', 즉 지중해를 건너 시리아 사막을 지나고 티그리스강이나 유프라테스강을 따라 하류로 이동해서 페르시아만을 빠져나가 인도양에 이르는 경로가 가장 선호되었다.

신드바드의 모든 모험은 고향 아바스 왕국에서 바그다드의 고운 옷감을 외국에서 교환할 목적으로 사들이는 장면으로 시작한다. 바그다드에서 신드바드는 작은 배를 타고 하류의 바스라까지 이동한 다음 먼 바다로 나아갈 큰 배로 갈아탔다. 배는 페르시아만을 거쳐 인도양으로 이동했다.

여정 중에 그는 바그다드에서 산 물건을 잃어버렸다가 용케 되찾는다. 그런 다음 "막대한 이익을 얻어서 당대에 유행하던 물건과 장비를 샀다." 고향에 있는 가문의 창고를 채우기 위해서였다. 고르곤의 저녁식사 거리가 되는 운명을 피해 간 직후 전개된 신드바드의 이야기는 다음과 같다.

우리는 힌드[인도] 땅에 도착하기 전까지 몇 군데 섬에 들렀지만 물건을 사고팔지는 않았다. 힌드에서는 정향과 생강, 온갖 종류의 향료를 샀다. 그다음에 신드[중국] 땅으로 가서 또 사고팔았다. 이어 다시 배에 올라 순풍을 타고 전능자 알라의 축복을 받아 풍요로운 여행을 즐겼다. 마침내 안전하게 바스라에 도착하여 며칠을 머문 다음 바그다드로 돌아가자마자 집에 달려가 가족과 지인, 친구들에게 인사했다.[29]

소설 속 주인공은 왜 모험을 떠났을까? 애덤 스미스(Adam Smith)의 지적대로라면, 거래하고 물물교환하려는 인간의 본성이 중세의 충직한 무슬림을 통해 발현된 것이다. 이는 "여러 인종이 모인 사회와 교역, 이익을 향한" 욕망이며 바그다드와 광저우를 오가는 항로에서 일어나는 로맨스와 모험적 요소가 가미되었다.[30]

신드바드 이야기에는 보석으로 뒤덮이고 까마귀를 잡아먹는 거대하고 흉악한 새(『인도의 경이』에 나오는 괴물과 유사), 몸집이 무척 커서 선원들이 섬으로 착각한 물고기, 인간을 잡아먹는 고르곤 같은 기괴한 생명체들이 등장한다. 이는 근대 이전 사회에 지리적 제약이 컸다는 사실을 반영한다. 유럽인은 동양을 상상하며 허구의 이야기를 지어냈다. 곡(Gog)과 마곡(Magog)의 땅에는 무릎이 없고 털이 난 인간과 비슷한 종이 살았는데 그 피로 진귀한 붉은 염료를 만들 수 있었다고 전해진다. 염료는 중국과 프레스터 존(Prester John)이 다스리던 극동 지방의 제국에서 쓰였다. 중국인도 서양에 대한 꿈같은 이야기를 만들어냈다. 예를 들어 서양에서는 물에 사는 양의 털을 깎아서 면직물을 만든다는 식이었다.[31]

이처럼 중세 인도양 교역이 일어나던 시기에 회자된 허구와 실화가 뒤섞여 전해 내려오지만 한 가지 사실만은 분명하다. 실크, 백단향, 향신료, 자기 등 중국에서 생산된 네 가지 진귀한 물건이 순종마, 상아, 향, 면, 금, 구리 등 동양인이 원하던 아라비아와 아프리카의 물건과 교환되었다는 점이다. 곡물은 항상 바닥짐 삼아 배에 실렸다. 특히 뱃사람들은 시간이 지날수록 부패하는 밀보다는 오히려 품질이 좋아지는 쌀을 크게 선호했다.[32]

고대 이래로 동양과 서양의 위대한 문명은 변경에서 약탈을 일삼던 유목민에게 시달렸다. 유목민의 근거지는 북유럽에서 몽골까지 드넓은 띠를 형성했으며, 아시아의 투르크계나 유럽의 게르만-스칸디나비아계였다. 유목 민족은 정착 농민들을 공격하면서 1000년 이상 연마해 온 기술을 사용했다. 농경에 뛰어나고 제도적으로 발전했으며 문화적으로 성숙된 정착 민족을 압도하는 경우도 많았다. 5세기에 로마에서 일어났던 사건도 그런 예에 속한다.

하지만 유목 민족이 가장 극적인 성공을 거둔 시기는 13세기 초 칭기즈 칸(Chingiz Khan)이 스텝 지대를 벗어나 중앙아시아 전역을 호령한 때다. 불과 수십 년 만에 대칸의 후예들이 여러 제국을 지배했고, 이들이 다스리는 영토는 그 전에도 후에도 비교 대상이 없을 정도로 광대했다.

1255년 칭기즈 칸의 손자인 몽케(Mongke)는 무슬림 세계를 정벌하기 위해 동생 훌라구를 보냈다(폴로 형제를 동양으로 초대한 사람이 바로 훌라구의 사신이었다). 훌라구는 1258년 바그다드를 파괴하고 수십만 명을 학살했는데, 무슬림 세계에서는 지금도 당시의 비극을 애도할 정도다. 만약 몽케가 갑작스럽게 사망하지 않았다면, 몽골인은 지중해를 향해 정벌 행진을 이어갔을 것이다. 몽케의 사망 소식을 접한 훌라구는 제위를 물려받기 위해 몽골로 돌아갈 수밖에 없었다. 훌라구가 잔류시킨 일부 몽골인은 1260년 팔레스타인의 아인 잘루트에서 이집트계 맘루크 왕조의 군사들에게 진압당했다. 설상가상으로 제위는 훌라구가 아닌 쿠빌라이에게 돌아갔다. 쿠빌라이는 남송을 멸망시키고 중국을 차지했다.

1200년대 중반부터 1300년대 중반까지 100년 동안 중국에서 유럽으로 향하는 육로는 안정적인 몽골의 차지가 되었다. 몽골인은 정복한 민족의 종교와 문화뿐 아니라 상업도 열정적으로 받아들였다. 이에 따라 아시아의 몽골제국 네 곳 가운데 세 곳이 이슬람으로 개종하기에 이르렀다. 나머지 한 곳은 쿠빌라이가 세운 원(元)나라로, 중국의 고대 문화에 빠르게 융화되었다. 몽골은 이슬람과 더불어 기독교의 영향도 받았다. 쿠빌라이는 기존 중국의 고위 관료를 신뢰하지 않아 여러 임무를 외국인에게 맡겼고, 폴로 가문의 세 사람도 여기에 포함되었다.

칭기즈 칸의 손자들이 세계를 정벌한 1260년부터 100년 후 몽골제국이 내분과 전염병으로 와해될 때까지, 실크로드는 어떤 방해도 받지 않고 열려 있었다. 많은 유럽인과 무슬림이 그 기회를 이용하여 중국과 서양을 오갔다. 그중에서도 역사에 가장 확실한 자취를 남긴 두 사람이 마르코 폴로와 이븐 바투타다.

대표적인 상인 집안이었던 폴로 가문은 칭기즈 칸의 손자들 덕분에 교역로가 열리자마자 기회를 활용하기 시작했다. 반면 이븐 바투타는 상인이 아니라 무슬림 재판관인 카디(qadi)였다. 1304년 모로코 탕헤르의 학자 집안에서 태어난 바투타는 가문의 다른 남성들처럼 이슬람 법을 연구했다. 학문을 마친 후에는 신도의 의무를 지키기 위해 1325년 메카로 핫즈를 떠났다. 마르코 폴로가 사망하고 1년 후의 일이다.

바투타는 여행에 흠뻑 빠졌던 것이 분명하다. 약 30년 동안 아시아, 아프리카, 유럽을 아우르는 12만 킬로미터 거리를 여행했기 때문이다. 비유하건대 바투타는 히피족이 유레일패스 한 장을 들고 기타, 하모니카, 기부금 상자를 지니고 다니면서 생계를 충당하듯, 중세 이슬람 시대에 샤리아(sharia, 이슬람법) 전문 지식을 십분 활용해 여행했다. 샤리아 법은 전수할 가치가 충분했고 그 과정에서 부, 권력, 따르는 여성이 계속 늘었다. 삶이 지루해질 때, 역경이 닥치거나 자기 보호가 필요할 때 그는 첩과 불만에 찬 전처, 자녀, 인척을 뒤로하고 훌쩍 떠나기 일쑤였다.

1300년경 혈기 넘치는 투르크계 무슬림이 고대 힌두교 왕조가 다스리던 인도 북부와 중부를 차지하고 델리에 새 왕조를 세웠다. 초기 인도 무슬림 통치자 가운데 가장 유명한 인물은 술탄 무함마드 이븐 투글루크(Muhammad Ibn Tughluq)로, 그가 다스리던 1325~1351년은 바투타가 장대한 여정을 하던 시기와 대체적으로 맞아떨어진다. 투글루크는 군사, 농업, 제도적으로 무모한 정책을 강행하여 악명을 떨쳤다. 예를 들어 그는 남쪽으로 600킬로미터 이상 떨어져 있는 데다 흙먼지 날리는 황량한 데칸고원으로 천도를 시도했다가 실패했다. 인도 농경 제도의 개혁은 기근과 반란으로 막을 내렸으며, 중앙아시아의 몽골을 정벌하겠다며 거대한 군사를 일으키기도 했다(마지막 시도의 경우 거의 폐기되었으나, 예외적으로 카슈미르로 일부 군사를 보냈다가 산악 부족에게 궤

멸망했다).

하지만 투글루크가 진정으로 열심을 낸 분야는 이슬람법이었다. 그는 권력을 얻자마자 이슬람권에서 저명한 학자들을 초빙하기 시작했다. 비용을 아끼지 않았으며 훌륭한 학자들에게는 굉장한 직위, 거처와 특권을 제공했다. 바투타가 인도 북부의 힌두쿠시 산맥을 건넌 것도 이즈음이었다. 8년 가까이 여행을 한 데다 (짐 끄는 노새, 고급 이동식 가구, 천막, 노예와 여성들을 동반하는) 호화로운 여행에 익숙해진 상태라 가문의 지원금이 거의 바닥나 있었다. 델리의 궁정에서 호의를 베푼다는 소식을 전해들은 바투타는 기회를 놓치지 않았다.

도중에 인더스강 저지대를 지났는데, 8세기 인도 아대륙에서 이슬람을 처음 받아들인 지역으로 명망이 높은 지역이었다. 바투타는 이곳에서 힌두교도 노상강도를 만난 일화를 담담히 기록했다.

인도 주민들은 대체로 이교도[힌두교도]다. 일부는 무함마드의 보호 아래 살아가며 마을이나 도시에 거주한다. 하지만 나머지는 산악 지대에 모여 살면서 길에서 강도질을 한다. 당시 우리 편은 남성이 22명이었고, 상대는 말을 탄 사람 두 명 외에 80명이 있었다. 힌두교도 무리는 우리 앞을 가로막고 공격했다. 우리도 맞서 싸웠는데, 신의 도움으로 상대를 물리쳤으며 싸우는 중에 상대방의 말 탄 자 하나와 걷던 자 12명이 사망했다.[33]

바투타의 기록에서는 중세 여행자의 일상이 생생하게 느껴진다. 바투타 일행은 운 나쁘게 사망한 강도 열셋의 머리를 그다음 들른 성채에 걸었다.[34] 그는 (폴로 일행과 마찬가지로) 순장(殉葬)을 목격하기도 했다.

여자는 자신을 치장하고 이교도인 힌두교도와 브라만 대열에 함께했다. 북과 나팔 연주가 이어졌고, 남자들이 여자의 뒤를 따라갔다. 무슬림과 이교도 모두에게 오락 거리인 행사였다. 이미 불길이 타오르고 있었고, 사람들이 먼저 남편의 사체를 불길 속으로 던져 넣었다. 그러자 아내도 불 속으로 뛰어들었다. 두 구의 사체는 완전히 타버렸다. 여자가 불 속에서 죽음을 맞는 관습이 강제는 아니었다. 하지만 불에 뛰어들지 않은 과부는 여생을 형편없는 옷차림을 하고 친척들에게 속박된 채 살아가야 한다. 먼저 사망한 남편에 대한 신의를 지키기 위해서였다.[35]

마침내 바투타는 델리에 도착했다. 금융 역사상 가장 흥미로운 신용 시장이 펼쳐져 있었다. 델리에서 활동하던 많은 기업(과 바투타 같은 외국 카디)은 부를 축적하기 위해 무함마드 투글루크의 환심을 사야 했다. 그러려면 호화로운 선물을 바쳐야 했고, 왕은 훨씬 더 가치 있는 보상을 베풀어 선물 바친 이가 궁정에 재정적으로 더 큰 이해관계를 갖도록 만들었다. 평범한 사람은 왕에게 바칠 값비싼 선물을 구할 방도가 없었다. 그래서 진취적 계획을 품은 탄원자들은 대부분 대출을 활용했다.

중국과 인도의 상인들은 새로 찾아오는 이들에게 수천 디나르를 빌려주고 선물로 바치려는 물건이 무엇이든 구해줬다. 채권자들은 자금뿐 아니라 자기 사람들도 빌려주고선 수행원처럼 채무자 앞에 서 있게 했다. 술탄 앞에 선 탄원자는 어마어마한 선물을 받아 와서 채권자에게 빚을 갚았다. 이런 거래가 번창했고, 막대한 이익이 남았다.[36]

탄원자가 그 순간에 원하는 바를 이루더라도, 일단 궁정의 호사스러운 생활에 익숙해지면 신용이 내리막길을 걷기 십상이었다. 바투타는 델리의 카디로서 왕릉과 일부 마을의 세금 징수인을 관리하는 임무를 맡고 있었음에도 은 5만 5000디나르(금 약 4000디나르)의 빚을 지고 있었다.

델리에서 바투타는 재정적으로 궁지에 몰렸을 뿐만 아니라 정치적으로도 난처한 상황이었다. 투글루크는 권좌에 오른 상태에서도 늘 피에 굶주려 있었다. 이슬람법에 관심이 많은 왕은 이데올로기적 순수성을 요구하며 위협을 가했다. 현대 세계에 무척 낯익은 모습이다. 예를 들어 불충죄는 실제로 저질렀든 아니든 수많은 신하의 명을 재촉했고, 교리적으로 순수성이 떨어지는 경우에도 마찬가지였다. 현대의 한 학자는 다음과 같이 지적했다.

반역자의 몸통을 반으로 가르고 산 채로 가죽을 벗기거나 엄니에 칼을 붙인 코끼리에게 던져주는 것(바투타는 이 광경을 여러 번 목격했다)과, 저명한 학자나 성직자가 공공 정책에 대해 질문을 했다는 이유만으로 수치를 주는 것은 전혀 다른 일이다.[37]

바투타는 체제에 반대하는 수피교 성직자와 잠깐 만났다는 이유로 9일 동안 무장 경계병의 감시 아래 지내야 했다. 이 기간 중 바투타는 지속적으로 불쾌한 상상에 시달렸다. 자신의 고용 계약에 환멸을 느낀 바투타는 술탄에게 핫즈를 떠나게 해달라고 간청했다. 그러자 술탄은 바투타가 도저히 거절하기 어려운 제안을 내놓았다. 원나라의 쿠빌라이칸에게 사신 자격으로 다녀오라는 요청이었다. 사절단에는 노예 및 첩과 더불어 호위 기마병 1000명이 포함되어 있었다. 바투타는 서쪽으로 순례를 떠나기보다 원나라로 가는 편이 낫겠다고 판단하여 제안을 수락했다.

상황이 가장 우호적일 때조차 델리에서 말라바르 해안을 지나가는 육로는 위험하기 그지없었다. 바투타가 이끄는 대규모 사절단은 말라바르까지 육로로 이동한 다음 배를 타고 중국으로 갈 계획이었다. 게다가 투글루크 정권이 불안정한 상황이었기 때문에 이동 여건이 썩 좋지는 않았다. 뉴델리를 벗어난 지 며칠 만에 무려 4000명의 반란군 무리가 사절단을 공격했다. 상대방에게 수적으로 크게 밀리는 상황이었지만, 바투타 일행은 비교적 적은 희생으로 공격자들을 물리칠 수 있었다. 하지만 얼마 안 가 또 다른 반란군이 바투타를 사로잡았다. 바투타는 처형 직전에 가까스로 도망치는 데 성공했다.

일행을 만난 그는 인도 북서부의 캄베이 항구에서 소형 선박에 올라 남서부의 캘리컷 항구로 향했다(인도 아대륙에서 캘리컷 반대편에는 200년 후 영국인이 정착하는 캘커타가 위치해 있다). 인도는 후추를 재배하는 나라였기 때문에 남쪽으로 갈수록 사람들의 형편이 나아졌다. 토양이 비옥하고 잘사는 지역에서는 중국의 거대 정크를 빈번하게 목격할 수 있었다. 쿠빌라이의 신하들이 음식에 쓰는 검은 후추를 대량으로 공수하기 위해 보낸 선박이었다. 50년 전 마르코 폴로는 자이툰의 향신료 시장을 관찰하고 "수입된 후추의 질이 어찌나 훌륭한지 서쪽 세계의 수요를 소화하기 위해 알렉산드리아로 실어 오는 후추가 하찮게 느껴질 정도였다. 아마 가치가 100분의 1도 안 될 것이다"라고 말한

바 있었다.[38]

이븐 바투타는 해양 기술이나 인도와 중국 간 교역량에 대한 세부 정보에는 큰 관심을 두지 않았다(이슬람법이나 인생의 호사를 제외한 나머지 분야에 전적으로 관심이 없었을 것이다). 하지만 고급스러운 중국 선박만은 바투타의 시선을 붙들었다. 갑판이 여럿인 데다 밀폐된 화장실, 승무원들의 서비스, 구조선, "여자 노예나 여성들을 동반한 사용자가 빗장을 지를 수 있는" 선실 문 등이 흥미로웠다.[39]

아쉽게도 중국 선박의 최고급 선실은 이미 다른 손님들이 예약한 상황이었다. 바투타에게는 작은 선실이 배정되었는데, 개인적으로 이용할 수 있는 화장실도 딸리지 않은 방이었다. 궁색함을 참을 수 없던 바투타는 차라리 규모가 작은 인도 선박의 큰 선실을 쓰기로 했다. 그런데 바투타가 금요 기도를 올리는 사이 대형 정크 선단과 인도 선박이 갑작스럽게 닥친 강풍을 헤치고 출항하는 사건이 일어났다. 정크는 좌초해서 가라앉았고 바투타의 시종, 짐, 첩(그중 한 명은 바투타의 아이를 임신 중이었다) 등이 타고 있던 인도 선박은 바투타를 태우지도 않고 남쪽으로 항해하다 수마트라에서 '이교도', 즉 힌두교도에게 붙들렸다.

결국 바투타는 더 작은 배를 구해 훨씬 단출한 모양새로 중국으로 향했다. 도중에 말레이반도 서쪽에서는 왕에게 초대를 받았고, 기이한 광경을 목격했다. 왕의 한 신하가 충성심을 보이겠다며 자신의 목에 칼을 가져갔다.

신하는 내가 한마디도 알아들을 수 없는 말을 길게 늘어놨다. 그러더니 칼을 단단히 붙잡았다. 날카로운 칼날을 얼마나 힘 있게 썼던지 머리가 잘려 나가 바닥으로 떨어졌다. 왕은 내게 "당신네들도 저런 행동을 하는가?"라고 물었다. 나는 이런 광경을 한 번도 본 적이 없다고 답했다. 그러자 왕은 웃으면서 말했다. "여기 신하들은 나를 존경하는 마음에서 목숨을 바친다네."[40]

바투타는 수마트라 북부의 사무데라에서 몇 달을 보냈다. 북쪽의 중국으로 이동할 수 있도록 계절풍 방향이 바뀌기를 기다린 것이다. 그 당시 사무데라는 인도 상인들을 통해 전파된 이슬람이 동남아시아에서 최초로 통치를 시작한 때였다. 1345년에 개종하기 시작한 인도네시아가 세계 최대의 무슬림 인구를 보유한 국가가 되리라고, 바투타는 상상조차 할 수 없었을 것이다.

바투타의 여행기는 중국에 도착하면서 점점 간결해졌다. 그는 중국의 광범위한 지역을 여행한 기록을 남겼는데, 베이징에서 광저우를 오가는 도로와 운하를 통해 몇 달 만에 수천 킬로미터를 이동한 것으로 보인다. 당시 기준으로는 그 넓은 지역을 무척 짧은 시간에 둘러본 것이다. 바투타는 여행 중에 마주친 광경을 마음에 들어 하지 않았다. 여행기의 많은 대목이 그렇듯, 바투타는 서양의 패키지여행 분위기에 큰 영향을 미쳤다. 여행자는 자국민끼리만 어울리고 낯선 음식을 먹으며 형편없는 호텔에서 묵고 가는 곳마다 현지인에게 속임을 당한다.

이 나라를 장악한 이교도의 사고방식을 생각할 때면 무척 심란했다. 숙소 밖을 나갈 때마다 못마땅한 광경을 마주쳤다. 그런 모습에 얼마나 괴로웠는지, 대부분의 시간을 실내에서 보내며 꼭 필요할 때만 밖으로 나갔다.[41]

바투타는 중국의 놀랄 만한 지폐 혁신도 마음에 들지 않았다. 해외에 나간 전형적인 미국인이 외국의 '불안정한 통화'에 광분하듯, 바투타도 불만을 늘어놨다. "1디나르나 1디르함을 쥐고 시장에 가도, 지폐로 바꾸지 않으면 아무도 받지 않는다."[42] (반면 폴로는 중국의 종교와 문화적 다양성을 즐겼다. "정말 마음에 드는 나라다. 사람들은 우상을 숭배한다."[43])

바투타가 중국에서 늘 불쾌했던 것은 아니다. 마르코 폴로처럼 바투타도 자이툰의 규모를 보고 크게 놀랐다. 당시 자이툰에는 중국인, 도시 수비대, 유대인과 기독교인, 선원과 어부, 관청, 무슬림을 위한 자치구 여섯 곳이 있었다. 규모로는 당대 세계 최대였을 이 대도시를 한 바퀴 도는 데 꼬박 사흘이 걸렸다. 안전하게 중국을 여행할 수 있는 점도 칭찬할 만했다. 아시아와 중동 길에서 마주치는 위험에 익숙한 사람으로서는 상상할 수 없는 사치였다. 책에서 바투타가 가장 열정을 보인 부분은 푸저우(福州)에서 고향 탕헤르의 집 근처에 살던 다른 모로코인을 만난 대목이다. 동향 사람은 바투타에게 백인 남성 노예 두 명과 현지 여성 둘을 비롯해 환상적인 선물을 많이 건네줬다.[44]

많은 면에서 제노바인 폴로와 모로코인 바투타는 중세 방랑자의 거울상인 셈이다. 폴로는 기독교인이었고 낯선 민족과 관습, 방문하는 지역에 대한 호기심이 강했다. 또 중국과 중앙아시아를 다스리는 몽골 칸들의 선의에 전적으로 의존했다. 반면 바투타는 무슬림이었고 이슬람 바깥의 세계에는 거의 호기심을 보이지 않았다. 델리의 무슬림 궁정에서 그는 상당한 부, 명예, 영향력을 얻었다.

폴로 가문은 생계와 사업을 위해 아시아의 비기독교인과 적극적으로 접촉했다. 폴로가 외부 세력에 관심을 가지고 개방적 태도로 대했다는 점은 그가 남긴 기록 곳곳에서 묻어난다. 바투타의 경우는 달랐다. 그는 이슬람과 관계없는 민족과 사안에 거의 무관심했다. 폴로와 바투타의 연결 고리가 있다면, 두 사람 모두 동양에 관심이 많았고 전문적인 기록자로서 문서를 남겼다는 사실 정도다.

바투타가 다르 알 이슬람(Dar-al-Islam, 이슬람 세계) 바깥에 있는 민족에 무관심으로 일관했던 점은 중세 아시아 교역을 무슬림이 장악하고 있었다는 사실을 방증한다. 14세기에 바투타는 모로코부터 동아프리카, 인도, 중앙아시아, 동남아시아, 중국에 이르기까지 무려 12만 킬로미터를 이동하면서도 생존과 여행, 심지어 생계를 위해 이슬람 세계 바깥에 있는 사람들과 의미 있는 교류를 할 필요가 없었다.

카이로나 탕헤르에서 향료를 수입하는 무슬림이든, 캄베이나 말라카에서 향료를 공급하는 무슬림이든 동일한 종교와 윤리, 가장 중요하게는 동일한 상법을 따랐다(바로 이런 이유로 바투타 같은 카디의 서비스가 필요했다). 무슬림 지도자는 아프리카, 아라비아, 인도나 동남아시아 어디에 있든 동일한 세금과 관세율을 적용했다. 일반적으로 무슬림에게는 2.5퍼센트를 부과하고 보호를 받는 딤미(dhimmi, 기독교도와 유대인)에게는 5퍼센트, 힌두교도와 정령을 섬기는 원주민 같은 비보호 대상의 비신자에게는 10퍼센트를 부과했다.[45]

무슬림의 의무로 메카와 메디나를 순례하는 핫즈는 인도양 교역 세계를 하나로 묶는 역할을 했다. 모든 신자가 핫즈를 지킬 형편은 아니었고 값비싼 순례 비용을 부담하는 상당수조차 향료, 실크, 면포 꾸러미로 비용을 대신 지불했다. 덕분에 항구도시 제다는 세계적으로 번창한 상업 중심지가 되었다.[46]

자주적 교역국이 즐비한 인도양을 무슬림의 앞바다라고 부를 수는 없었다. 자주적 통치자들은 제각각 국적과 종파가 달랐고, 일부는 무슬림도 아니었다. 예를 들어 캘리컷은 힌두교도 자모린(zamorin)이 다스렸다. 그렇긴 해도 14세기 중세 인도양 교역은 기본적으로 이슬람 세계의 교역이었다고 봐도 무방하다.

바투타가 샤리아(이슬람법)와 무슬림 세계에 집착하고 (중국의 정크에서 누릴 수 있는 안락함을 제외한) 이슬람 세계 밖의 거의 모든 것에 무관심하던 태도에서 오늘날 이슬람이 들고 있는 양날의 검을 분명하게 볼 수 있다. 보편적이면서도 독선적인 신앙은 먼 데 떨어져 있는 민족을 동일한 신앙과 법체계로 묶어준다. 하지만 한편으로는 다른 민족의 신앙과 법체계를 살펴보고 장점을 도입할 여지가 제한적이다.

바투타가 우러러본 인도양의 중국산 리바이어던(성경에 나오는 바다 괴물의 이름이지만, 여기서는 중국의 정크를 가리킨다—역주)은 중세 첨단 기술의 집약체였다. 11세기부터 송나라는 스텝 지대 유목 민족의 침입으로 남쪽으로 밀려나면서 바다에 전략적 관심을 두기 시작했다. 1132년 황제는 수군을 상설했는데, 동양에서는 거의 전례가 없는 혁신적 조치였다. 중국의 군 지도부는 해양 기술의 발전을 우선순위로 삼고 조선소에서 다양한 유형의 거대 전함과 선박을 건조했다. 이들은 배에 쇠못을 사용했으며, 선체가 여러 겹으로 중첩되도록 했다. 다수의 갑판, 선미에 장착한 고도로 효율적인 방향타, 자기나침반(흐린 날에도 정확한 항해를 가능케 한다), 고도로 발전된 형태의 종범(fore-and-aft sail, 배가 바람을 거슬러 항해할 수 있도록 만들어주는 돛) 등을 갖춘 것이 특징이었다. 이

시기의 중국인은 문화적 배타주의를 잠시나마 버리고 페르시아와 인도의 정교한 항해 기술을 받아들였다.[47]

중국의 수준 높은 선박에 비하면, 전통적으로 인도양을 누비던 다우선은 한 겹의 선체를 코코넛 섬유로 이은 조악한 형태였다. 대형 삼각 돛은 엉성했고(바람의 방향에 따라 돛을 감아 올렸다 내렸다 해야 했다), 갑판도 없고 조잡했다. 마르코 폴로는 호르무즈에서 다우선을 타는 대신, 고되고 비용이 많이 들며 위험이 따르더라도 실크로드를 선택했을 정도다.

한 서구인은 다우선에 대해 다음과 같이 묘사했다.

거대한 골풀 바구니와 같으며 쇠를 쓰지 않아 투박하고 틈새를 잇는 작업도 없다. 마치 노끈으로 천을 잇듯 배를 만들었다! 노끈이 끊어지기라도 하면 실제로 틈이 생기는 것이다! 그러므로 바다에 나가려면 해마다 배를 수리해야 했다. 방향타는 탁자의 표면처럼 조잡했고, 방향을 바꾸는 작업은 몹시 고생스러웠다. 게다가 바람이 세게 불면 방향을 바꿀 도리가 없었다.[48]

또 다른 유럽인이 중국의 정크선을 설명한 대목을 보자.

크기가 웅장하고, 선체에는 선실이 100개가 넘으며, 순풍이 불 때는 돛을 열 개 펼쳤다. 돛은 장대했으며, 지지물의 두께가 세 종류였다. 가장 두꺼운 것은 우리 선박에 들어가는 지지물과 동일했으며 두 번째는 옆으로, 세 번째는 아래 방향으로 났다. 정말이지 무척 튼튼한 배였다.[49]

실제로 항해 역사학자들은 인도와 아랍에서 거의 현대에 이르기까지 오랜 세월 다우선을 고집하고 중국과 유럽의 뛰어난 설계를 받아들이지 않은 이유를 궁금하게 여겼다. 답은 세 가지로 요약할 수 있다. 첫째, 인도의 조선업자들은 선원들이 원양 선박의 안전을 바라는 정도보다 전통을 더 중요하게 생각했다. 둘째, 인도의 서부 해안에서는 선박 건조에 필요한 철이 풍부하게 생산되지 않았다. 셋째, 이어 붙인 선체가 항해에는 효과적이지 않더라도 유연성 면에서는 유리했다. 암초와 바위를 만나거나 해안 교역으로 얕은 바다에서 항해할 때는 단단한 판자와 뼈대를 갖춘 중국과 유럽 선박보다 다우선이 안전했다.[50]

중국이 해양 기술에서 우위를 차지하고 있었다는 점을 고려하면 중국 상인들이 말라카 서부에서 크게 주목받지 못했다는 사실은 놀랍다. 중국은 단지 1405~1433년에만 인도양에서 위력을 과시했을 뿐이다. 상인들이 기를 펴지 못한 이유는 유교에서 상업을 천시하고, 가장 뛰어나고 야심 찬 인재들을 교역보다는 경제적으로 부유한 관료 사회에 집중시킨 영향으로 보인다. 당시에도 중국(과 훗날의 일본)의 중앙집권적 정치 구조는 외세와의 접촉을 신속히 차단할 수 있었다.

반면 고도로 분권화된 중세 인도양 교역에서는 다원식 경쟁이 벌어졌다. 정치적 '돌연변이'가 교역과 상업에 적합한 나라는 번창했지만 제도적으로 뒤떨어진 나라는 힘이 약해졌다. 이와 유사하게 유럽의 정치 환경을 살펴보면 지형적으로 산과 강이 많아 수천 개로 쪼개진 국가가 경쟁하던 상황이었기 때문에 경제적으로 효율적인 제도를 갖춘 나라에게 유리했다. 그중 하나인 잉글랜드는 역사상 최초로 초강대국으로 부상했다.[51]

명나라 태조 주원장(朱元璋)의 군사는 1382년 몽골군이 남기고 간 흔적을 좇던 중 무슬림 소작농의 열 살짜리 아들 마(馬)를 붙잡았다. 장수는 어린 포로에게 몽골의 왕위 계승자가 어디로 갔는지 물었는데 당찬 대답이 돌아왔다. "연못에 뛰어들었답니다." 제멋대로 입을 놀린 탓에 마는 궁으로 끌려갔고, 3년 후 관습에 따라 거세되어 환관이 되었다. 마의 주인은 황제의 아들 26명 중 넷째인 주체(朱棣)였다.

대다수의 환관과 달리 그는 목소리가 가늘어지거나 여성적으로 변하지 않았다. 오히려 몸집이 크고 거칠며 목소리가 깊고 울리는, 명석한 전사가 되었다. 그가 모시던 주체가 형들과 잔혹한 전쟁을 벌인 끝에 황위에 오르자 마 역시 내관태감이라는 높은 자리에 올랐다.[52] 또한 정화(鄭和)라는 새 이름을 하사받고 보선(寶船)의 선장이자 인도양 사령관이 되었다.

역사에 따르면 정화가 이끄는 중국의 거대 보선은 1405~1433년에 일곱 번 항해를 떠났다. 하지만 항해는 팽창주의를 추구하던 주체, 곧 영락제(永樂帝)의 원대한 계획에서 시도되었다가 결국에는 유학자와 환관 사이의 해묵은 적대감에 희생되고 말았다.

영락제는 소농 출신의 전사로 고립주의를 추구하던 아버지와 달리 국제적 안목을 갖춘 세련된 통치자였다. 중국이 해외로 호화 원정을 수십 차례 다녀온 것도 이 시기였다. 영락제는 숙적인 몽골과 외교·군사적 교류를 실시했으며, 비록 실패로 돌아가긴 했으나 베트남을 침공하여 이후 오랫동안 잔인한 게릴라전이 이어졌다(현대의 프랑스와 미국은 중국의 전례에서 교훈을 얻지 못한 것이 분명하다).

거대한 보선과 이븐 바투타가 그토록 탐낸 엄청난 규모의 선박 등 영락제가 추진한 여러 환상적인 사업은 역사에 의미 있는 발자취를 남기지 못했다. 당시 중국의 선박 규모는 상대적으로 작은 배조차 길이 30미터에 달했고, 못을 사용했으며, 선체에 물이 새지 않았다. 최대 아홉 개의 돛대와 수십 칸의 널찍한 선실이 있었고, 유럽에서는 현대 초까지 접해보지 못한 정교한 방향타를 선미에 갖추고 있었다.[53]

항해를 떠날 때 대개 300척이 움직였고, 배에 탄 선원은 약 3만 명에 이르렀다. 2년 동안 말라카, 수마트라, 자바, 인도, 나중에는 호르무즈, 홍해, 동아프리카 해안의 상당 부분을 탐험했다. 하지만 중국의 새로운 상업 시장을 개척하는 단계까지 이르지는 못했다. 폴로, 바투타, 중국과 무슬림 관찰자들의 기록을 보면 앞서 몇 세대에 걸쳐 중국 외교관과 상인이 아시아의 항구에 진출했음을 알 수 있다. 정화가 수행한 일곱 번의 원정은 외교적, 군사적, 상징적 측면이 강했다.

원정대는 세밀하게 설계한 항해 계획에 따라 계절풍을 타고 움직였다. 정화의 함대는 가을에 중국 남부의 타이핑(太平)에 집결하여 겨울의 북동 계절풍을 타고 자바의 수라바야까지 이동했다. 거기에 7월까지 머무르다가 남서 계절풍이 불면 수마트라와 말라카를 거쳐 스리랑카와 인도의 말라바르 해안까지 갔다. 원정대의 일부는 호르무즈와 아프리카로 향했다. 이후 12개월 동안은 반대 방향으로 움직였다. 겨울에 북동 계절풍으로 자바까지 이동한 다음 여름의 남서 계절풍을 이용해 고국으로 돌아갔다.

무엇보다 정화의 원정은 배교자인 수마트라인 술탄이 지배하지만 시암인이 소유권을 주장하던 말라카 해협을 안정화하는 역할을 했다. 당시 시암인은 중국의 인도양 접근권을 손에 쥐고 있었다. 정화는 해협에 들끓던 해적을 소탕했을 뿐 아니라 주요 수로의 통제를 놓고 서로 경쟁하던 시암과 말라카의 이해관계를 교묘히 조정하여 모든 당사자가 상업적으로 길을 이용할 수 있도록 만들었다. 이 밖에 정화의 드러나지 않은 임무에는 바다로 도망쳤다고 전해진 영락제의 조카 건문제(建文帝)를 찾는 일도 포함되었다.[54]

보선에 대해 알려진 내용의 상당 부분은 중국인 무슬림이자 번역가로서 아라비아어에 능했던 마환(馬歡)의 기록에서 가져온 것이다. 마환은 정화가 나중에 떠난 원정에 동행했다. 그가 말라카 술탄에게 원정에 대해 설명한 대목에서 '보선 외교'의 성격을 엿볼 수 있다.

황제는 술탄에게 은 인장 두 개, 관, 띠, 의복을 하사했다. 정화는 석판을 세워 말라카를 도시로 격상시켰으며 이후 이곳은 말라카국으로 불렸다. 그 후에는 시암 왕이 감히 침략하지 못했다. 왕의 자리에 오른 술탄은 왕비, 아들과 더불어 중국의 조정에 가서 감사를 표시하고 현지 물건을 조공으로 바쳤다. 조정에서는 술탄에게 원양 선박을 하사하여 나라로 돌아가 땅을 지킬 수 있도록 했다.[55]

마환은 인도와 아라비아에서 서양의 일신교를 접했다. 캘리컷에서는 사람들에게 전해 내려오던 출애굽기의 한 대목을 기록했다.

종교를 창시한 이는 모세(Mou-hsieh)였으며, 백성들은 그가 진정으로 하늘이 낸 사람임을 알았다. 모두가 모세를 숭배하고 따랐다. 나중에 이 거룩한 자는 다른 장소로 다른 이들과 갔으며, 남동생에게 백성을 다스리고 가르치도록 명했다.

불운하게도 모세의 남동생은 백성들에게 금으로 된 소를 숭배하라고 가르쳤다(성경에 따르면, 모세의 형 아론이 금송아지를 숭배하도록 허용했다—역주). "소는 항상 금을 배설한다. 백성은 금을 얻었고 기뻐했으며 하늘의 도를 잊었다. 모두가 소를 진정한 주인으로 받들었다." 선지자 모세는 돌아와서 소를 부쉈으며 "큰 코끼리에 올라타 사라진" 동생도 제거했다.[56]

정화가 외교와 문화적으로 어떤 성취를 이뤘든 경제적 측면에서만 보자면 중국에서 생산되는 목재, 조선 역량, 군사력을 대대적으로 동원하고도 큰 성과를 내지 못했다. 원정대의 성과로 가장 잘 알려진 것은 상징적 가치를 지닌 아프리카산 기린 몇 마리를 아라비아와 인도의 통치자들에게 얻어 온 일이었다. 기린은 이국적 형상으로 눈을 즐겁게 했지만, 무엇보다도 중국인은 상상 속 동물이 실제로 나타났다고 여겼다. 전설에 등장하는 기린은 유니콘의 뿔, 말의 발굽, 늑대의 이마, 소의 꼬리, 사향노루의 몸통을 하고 있으며 평화와 번영의 시기에만 나타난다고 알려져 있었다. 말라카에서 들여온 것 가운데 중국인의 관심을 사로잡은 또 다른 선물이 있었는데, 깨끗한 유리로 만든 이 물건을 대면 깨알같이 작은 글씨가 크게 보였다. 최초의 안경일 가능성이 높은 이 물건은 베네치아에서 얼마 전 발명된 것이었다.[57]

불운하게도 자기와 실크를 싣고 외국으로 나가는 선박이든, 향료, 진귀한 원석, 모직물, 양탄자를 싣고 외국에서 들어오는 선박이든 환관들의 창고를 거쳐야 했다. 환관들은 국가의 해외 교역 대부분을 관리했다. 1424년 영락제가 사망하자, 환관들과 외국인 공포증에 시달리던 유교 관리들은 권력 다툼을 벌이기 시작했다. 정화는 일곱 번째 항해에서 숨을 거뒀으며, 그의 배가 1433년 7월 양쯔강으로 돌아온 이후 누구도 정화의 위업을 계승하지 않았다.

중국에서는 불과 몇 세대 만에 함대와 상선이 고사해버렸다. 1500년 황제는 돛이 둘 이상인 선박을 건조하는 자를 사형에 처한다고 명했다. 1525년에는 아예 바다로 나가는 '모든' 선박의 건조를 금지했다. 수군이 없어지자 해적의 약탈이 이어졌다. 16세기 중반에는 일본 해적이 중국 해안까지 진출해 기승을 부렸다. 지금도 푸젠성 여성들은 외국에서 침입한 호색한들의 눈빛을 피하기 위해 푸른색 천으로 얼굴을 가린다.[58]

얼마 전부터 정화의 원정은 역사수정주의자들의 주제로 떠올랐다. 영국의 퇴역한 잠수함 사령관 개빈 멘지스(Gavin Menzies)는 『1421 : 중국, 세계를 발견하다(1421: The Year China Discovered the World)』에서, 정화의 6차 원정 파견대가 아메리카 대륙(과 더불어 오스트레일리아, 뉴질랜드, 브라질의 대서양 해안, 카보베르데 제도)을 방문했을 가능성을 시사했다. 해양사학자들은 멘지스의 주장 대부분을 진지하게 받아들이지 않고 있다.[59]

오늘날 중국은 군사력과 경제력을 바탕으로 기지개를 켜면서, 정화의 원정이 중국 외교의 따뜻하고 비공격적인 면모를 보여주는 역사적 사례라고 설명한다. 하지만 그런 의도라면 정화의 원정을 구체적으로 파고들지 않는 편이 나을 것이다. 당시 원정대는 황제의 권위에 어울리는 경의를 표현하지 않는 현지인을 납치하고 도륙하는 경우도 많았기 때문이다. 예를 들어 1차 원정 당시 정화는 말라카 해협에서 해적을 5000명 이상 살상했다. 해적의 우두머리는 황제에게 올리는 선물로 중국으로 끌려가 참수당했다. 나중에 떠난 원정에서 정화는 스리랑카, 수마트라 동부의 팔렘방, 세무데라(오늘날 반다아체 인근, '사무데라'라는 현재 지명이 세무데라에서 유래한 것으로 추정된다—역주)의 통치자들을 사로잡았다가 풀어줬으며 군사를 이끌고 전투를 벌인 적도 많았다.[60]

바스코 다 가마와 정화의 활동 시기는 불과 65년밖에 차이 나지 않는다. 만약 인도양으로 진출한 최초의 유럽인이 보선을 마주쳤으면 어땠을지는 상상에 맡기는 수밖에 없다. 보선을 지원하는 가장 작은 정크조차 포르투갈의 초라한 범선을 위에서 내려다볼 정도로 컸다. 포르투갈은 다행스럽게도 역사의 변덕 덕분에 수치를 피해 갈 수 있었다. 바스코 다 가마가 인도양을 항해할 당시에는 그를 물리칠 능력이 있는 세력이 마침 자리를 비운 뒤였다.

1511년 4월 20일 약재상(이자 희귀한 향료에 해박한) 토메 피레스(Tomé Pires)는 인도에서 부를 축적할 생각에 리스본에서 배를 타고 바다로 나갔다. 하지만 그는 고향 땅을 다시 밟지 못했다. 피레스는 유럽 최초로 천조, 즉 중국에 대사로 파견되었으나 감금되어 있다가 70세에 숨을 거뒀다. 1930년대 프랑스 국립도서관을 방문한 포르투갈 연구자가 '파리 사본(Paris Codex)'을 발견하지 않았더라면 피레스의 일화는 영원히 묻힐 뻔했다. 사본에는 피레스가 여행 중 기록한 『동방제국기(Suma Oriental)』가 포함되어 있었다. 책에서 피레스는 유럽인에게 노략당하기 직전의 인도양이 상업 중심지로서 어떤 모습이었는지를 묘사했다. 그는 아시아 상업 뿌리의 마지막 모습을 세밀하고 정통한 방식으로 후대에 전했다.

당시 아시아 교역의 기본 축은 캄베이의 거대한 구자라트 항(오늘날 인도의 대도시 아마다바드에서 남쪽으로 100킬로미터 거리)에서 출발했다. 구자라트 항은 인도의 섬유와, 말라카를 향해 동쪽으로 이동하는 유럽산 제품이 모이는 집산지였다. 이곳에서 물건은 희귀 향료와 중국산 실크, 자기와 교환되었다.

피레스는 캄베이가 위치한 마히강의 드넓은 만을 묘사하면서 "두 팔 가운데 오른쪽 팔은 아덴을 향해, 다른 팔은 말라카를 향해" 뻗어 있는 모습이라고 설명했다.[61] 캄베이를 다스리는 세력은 무굴제국의 무슬림 통치자들이었지만, 도시의 장거리 교역은 카스트 제도에서 상인 계급에 해당하는 힌두교도가 장악하고 있었다.

이 사람들이 교역에서 가장 좋은 몫을 차지하는 것은 분명하다. 상품을 이해하는 사람들이며, 거래의 조화에 깊은 관심을 보인다. 구자라트 사람들은 물건이 관계되어 있다면 공격조차 용서할 수 있다고 말할 정도다. 어디에 가나 정착한 구자라트인을 만날 수 있다. 이들은 교역을 부지런하고 신속하게 수행하며, 우리가 계산하고 기록하듯 숫자로 회계를 본다. 캄베이에는 정착한 카이로 상인들을 비롯해 호라산 출신, 아덴과 호르무즈에서 온 길란인도 있다. 모두 캄베이의 항구도시에서 훌륭한 교역을 하는 사람들이다. 점원이나 중개인이 되려는 사람은 캄베이에 가서 배워야 한다. 교역은 그 자체가 과학으로, 그 어떤 고상한 일을 방해하기는커녕 큰 도움을 주기 때문이다.[62]

16세기 포르투갈인은 아시아와 아메리카 대륙을 침입한 서양인들 가운데 가장 난폭한 애국주의자였다. 그런 점에서 고향 사람들이 구자라트의 이교도들에게 많이 배워야 한다는 피레스의 지적은 아시아 토착 교역의 범위와 정교함이 어느 정도였는지 짐작케 한다.

피레스는 인도에서 9개월가량 머물렀으며, 포르투갈에서 동방 업무를 맡고 있던 아폰수 드 알부케르케(Afonso de Albuquerque)의 명령에 따라 이제 막 포르투갈이 점령한 말라카로 파견되었다. 피레스가 도착했을 즈음 말라카는 포르투갈이 정복하기 전 현지인들이 도시를 건설한 지 100년도 채 지나지 않은 상태였다. 1400년경 힌두교도 술탄으로 수마트라를 통치하던 팔렘방(오늘날 싱가포르와 자바의 중간 지역)의 파라메스와라(Parameswara)는 자바의 힌두교도 왕조 마자파힛(Majapahit)에 반기를 들었다가 북쪽의 싱가포르와 해협으로 축출되었다. 파라메스와라는 싱가포르를 처음 정복한 후 말라카에 정착했다. 말라카(Malacca)라는 지명은 '숨은 도망자'라는 뜻의 옛 말레이어 'malaqa'에서 유래했다.[63]

힌두교 마자파힛은 자바와 수마트라에서 무슬림 소수 집단에게 공격을 당한 데다 내부적으로 분열과 부패가 일어나 세력을 잃어갔다. 파라메스와라는 적절한 시기에 적절한 장소를 찾아간 적합한 인물임을 입증했다. 그는 약삭빠르게 상업적 감각을 발휘했으며, 팔렘방 등지에서 현지인과 외국 상인을 가리지 않고 활발히 교류했다. 게다가 이제는 자바와 남부 수마트라의 갈등에서 자유로운 자연항을 통제하면서도 해협을 좌지우지하는 위치에 있었다. 파라메스와라가 해협을 통해 상업적 역량을 발휘한 것은 우연이 아니었다. 그는 해양 민족이 세운 스리위자야 제국의 마지막 남은 혈통이었다. 한때 제국은 팔렘방의 수도를 중심으로 수마트라와 자바 및 말레이 반도에 이르는 드넓은 지역을 다스렸으며, 해협을 통해 현지와 장거리 교역을 통제한 덕분에 부와 권력을 누렸다.

파라메스와라의 후계자들도 출중한 능력을 입증했고, 말라카는 이내 세계적인 상업 중심지로 발돋움했다. 오늘날 싱가포르가 세계의 주요 해양 관문을 차지한 수출입항 역할을 하듯, 싱가포르에서 북서 방향으로 약 210킬로미터 떨어진 말라카도 중세 상업을 호령했다. 또한 오늘날 싱가포르처럼 중세 말라카는 서쪽으로는 인도, 아랍 세계, 유럽과 중국을, 동쪽으로는 전설적인 향료 제도를 연결했다.

피레스에게 말라카는 눈부신 장소였다. 도시의 광경, 향기, 활기는 약속의 땅을 연상시켰다. 세심한 관찰가인 피레스는 당대 식민지 관리자로서는 드물게도 숫자를 다루는 능력이 있었고, 행정과 교역 분야에 안목을 갖추고 있었다. 『동방제국기』가 해변에서 읽을 만한 책은 아니지만, 포르투갈인이 처음 말라카를 정복한 순간 어떤 마법이 일어났는지 생생하게 담겨 있다. 피레스는 말라카에서 무려 84개 언어가 소통되고 있음을 발견했다. 오늘날 런던이나 뉴욕처럼 여러 문화가 어우러진 도시였다.

카이로에서 온 무어인, 메카, 아덴, 아비시니아 사람, 킬와인, 말린디, 호르무즈, 파르시, 루미인, 투르크, 투르크멘 사람, 기독교계 아르메니아인, 구자라트인, 차울 사람, 다볼, 고아, 데칸 왕국, 말라바르, 클링, 오리사의 상인, 실론, 벵골, 아라칸, 페구, 시암인, 케다인, 말레이인, 파항 사람, 파타니, 캄보디아, 참파, 코친차이나 사람, 중국인, 류큐인, 브루나이인, 루손 사람, 탐좀푸라,

라우에, 방카, 링가(이 밖에 1000개의 섬이 존재), 몰루카 제도, 반다, 비마, 티모르, 마두라, 자바, 순다, 팔렘방, 잠비, 통칼, 인드라기리, 카파타, 메낭카바우, 시아크, 아르캇, 아루, 바타, 톰자노국, 파세, 페디르, 몰디브 사람.[64]

역사학자이자 사회학자인 재닛 아부 루고드(Janet Abu-Lughod)는 "이러한 특징만큼 15세기 세계 체계의 '모습'을 잘 보여주는 사실도 없다"라고 지적했다.[65] 피레스의 기록에서 특히 '루미인'이라는 표현이 눈에 띈다. 루미인은 유럽 남부인, 투르크인 또는 비잔틴의 그리스인에게 다양하게 적용되던 용어이기 때문이다(콘스탄티노플은 60년 전 투르크인에게 정복당한 상황이었다). 포르투갈이 말라카를 정복하기 이전에 이미 이탈리아인이 말라카에서 활동하고 있었을까? 1326년에는 마르코 폴로의 열정적 기록을 따라서 온 제노바 상인들이 중국의 거대 항구인 자이툰에 심심찮게 모습을 드러내고 있었다. 따라서 피레스가 말라카에서 이탈리아인을 마주쳤다고 해도 그리 놀랄 일은 아니었을 것이다. 제노바인은 베네치아인 못지않게 여행에 뛰어났으나 이익이 막대한 교역로에 대한 자세한 정보는 철저하게 비밀에 부치기로 유명했다. 근동에 대한 최초의 상세한 기록이 마르코 폴로처럼 입심 좋은 베네치아인에게서 나온 것도 우연이 아니었다.[66] 설사 말라카에 이탈리아인이 없었다 해도 이들이 취급하던 상징적 상품인 진홍색 염료, 채색한 모직물, 구슬, 유리, 온갖 종류의 무기가 인도 상인들을 통해 알렉산드리아에서 홍해, 캄베이를 거쳐 말라카로 흘러 들어왔다.

항구로 유입되는 막대한 상품은 네 명의 항만장이 관리했다. 항만장은 각각 아랍 중동과 인도, 시암과 중국, 현지 수마트라 항구, 인도네시아 나머지 지역에서 오는 물건을 감독했다. 피레스는 교역의 주요 축이 인도 서부의 구자라트, 특히 주요 항구인 캄베이와 말라카 사이에 있음을 발견했다. 인도에서 가장 가치 있는 상품은 직물이었고, 피레스는 30종에 달하는 직물에 대해 기록했다. 이와 더불어 아편과, 면 서부에서 오는 향이 귀하게 취급되었다. 이 밖에 메이스, 육두구, 정향, 백단향, 주석, 중국산 실크와 자기가 서부로 이동했다. 주요 행선지는 인도, 페르시아만, 이집트와 유럽이었다. 피레스는 해마다 구자라트의 소규모 항구를 출발한 네 척의 선박이 들어온다고 기록했다. 선박마다 3만 크루사도(오늘날 가치로 환산하면 240만 달러) 상당의 화물이 실려 있었다. 또한 캄베이에서도 해마다 거대 선박 한 척이 도착했는데, 여기에 실린 물건 가치는 "7~8만 크루사도에 달했다."[67] 이 모두가 인도의 서부 해안에서 온 것이며, 인도 동부 해안을 오가는 선박도 비슷한 규모의 물건을 싣고 있었을 것이다.

말라카에 대한 정확한 정보는 무엇인가? 말라카가 해양 세계에서 중요한 관문으로 번성한 이유는 단순히 '계절풍의 종착지'[68]이기 때문이 아니었다. 해협은 말레이와 수마트라 해안을 따라 수백 킬로미터나 뻗어 있었고 좁은 싱가포르에서 통제하기가 쉬웠다. 게다가 말레이와 수마트라에는 파라메스와라가 1400년 말라카를 발견하기 이전부터 수백 년 동안 존재해온 교역 도시가 있었다.

도시의 부와 명성은 파라메스와라와 후손이 남긴 천재적 제도 덕분으로 봐야 한다. 해협에 있는 수많은 교역 도시 가운데 말라카만 유일하게 교역할 것인가, 침략할 것인가, 아니면 보호할 것인가라는 물음에 대한 답을 찾았다. 말라카인은 관세를 전통적 이슬람법에 따라 부과되는 정도보다 가볍게 책정했다. '서쪽', 즉 인도인과 아랍인이 들여오는 물건에 (통상적인 10퍼센트가 아니라) 최대 6퍼센트의 관세를 적용한 것이다. 만약 서쪽에서 온 사람이 아내와 더불어 항구에 정착하면 3퍼센트만 내면 됐다. 동쪽에서 온 사람, 즉 말레이인, 인도네시아인(귀한 향신료를 가져오는 몰루카 제도 사람 포함), 시암인, 중국인은 관세를 전혀 내지 않았다. '동쪽 사람들'의 물건을 포함한 모든 수입품에서 술탄과 신하들에게 바치는 '선물'을 공제했는데, 피레스는 이를 전체 물건 가치의 1~2퍼센트 정도로 추정했다. 수출세는 상인, 동쪽 사람, 서쪽 사람, 현지인 어느 누구도 낼 필요가 없었다.

합리적이고 견고한 법체계가 비공식적으로나마 존재했던 것으로 보이며, 이는 중세 잉글랜드의 발전된 관습법과도 견줄 만했다. 술탄의 최고 공직자(bendara)는 시장 겸 최고 재판장 역할을 하면서 분쟁을 감독하고 사업이 원활하게 진행되도록 이끌었다(그는 앞서 언급한 '선물'을 받는 수혜자 중 하나이기도 했다). 일반적으로 벤다라의 형제는 관세 심판관(tumungam)을 맡아 현지 상인과 외국 상인으로 구성된 위원회와 함께 화물의 가치를 매겼다. 이를 기초로 관세를 징수한 다음 많은 상인들을 대상으로 입찰을 진행했다.

시간이 짧고 물건 양이 많아서 상인들을 물렸다[즉 화물이 모두 판매된 상태]. 말라카 사람들이 물건을 배로 가져가서 임의로 판매했다. 여기에서 상인들은 정산하고 이익을 챙겼으며 현지 상인들도 이익을 거뒀다. 이는 무척 질서정연하게 진행되어 배를 타고 온 상인에게 유리하거나 반대로 그들이 불쾌하게 떠나는 일이 없었다. 말라카에서 상품에 적용되는 법과 가격은

잘 알려져 있었다.[69]

애덤 스미스였다면 이 짧은 글귀가 바로 자유 시장의 성공에 필수 조건이라고 지적했을 것이다. 제대로 기술되고 잘 알려진 규정에 따라 정해진 장소 한곳에서 정해진 시간에 경매가 열렸으며, 정보를 충분히 숙지한 참여자들 다수가 참여했다. 경매는 참여자들이 정직하다고 여기는 정부 기관의 후원을 받았다. 중세 열대지방판 이베이(eBay)라고 할 수 있었으며, 훌륭한 규정이 훌륭한 상인들을 유치했고 이 상인들은 규정을 더 발전시켰다.

파라메스와라는 자바의 마자파힛을 견제하기 위해 파세(북부 수마트라)의 무슬림 왕 딸과 결혼을 추진했고, 이를 위해 이슬람으로 개종했다. 그는 간절히 원하던 힌두교도 숙적으로부터의 보호 방편을 마련했다. 1400년 해협의 주민들에게는 해당 사항이 없더라도, 적어도 이 지역에서 활동하던 상인 대다수는 선지자의 제자였다. 동남아시아에서 개종이 일어나기에 앞서 무슬림 상업이 번창한 데는 그럴 만한 이유가 있었다. 기독교와 동방 종교는 기본적으로 신학이 뒷받침하지만, 이슬람의 근간은 상업을 비롯해 모든 분야를 다루는 법체계에 있었다. 따라서 아라비아의 신흥 일신교는 규정이 명시되어 있든 영국의 관습법처럼 객관적 당사자에 의해 강제되든 관계없이 조직적인 경제활동에 종사하는 사람들에게 특히 매력적으로 다가갔다.

종교적 열정이 넘치는 사람이 아니더라도 최소한 이슬람 개종은 신용도에 긍정적 영향을 미쳤다. 일반 대중은 이웃의 무슬림 상인들이 누리는 부와 경건함에 감명을 받고 이슬람의 길을 따랐다.[70] 동남아시아에서 일어난 개종은 아라비아와 페르시아의 정복 활동에 따른 결과가 아니었다. 캄베이와 캘리컷의 직물 및 향신료 상인들이 현지 여성들과 결혼하면서 종교가 자연스레 전파되었다. 혼혈 자손들은 어머니의 종교와 상관없이 거의 대부분 무슬림으로 자랐고, 또래나 어머니의 지인과 가족들에게 선지자의 말을 전했다[71](피레스가 말라카에 도착했을 당시 서양인은 이슬람이 장악했던 스페인과 유럽 남동부에서 세력을 회복하고 있었지만 무슬림 상인들은 자바, 수마트라, 인도네시아 동부의 힌두교 제국에서 무함마드의 말을 적극적으로 전파하고 있었다).

스리위자야의 경우처럼 파라메스와라는 정화의 원정대를 비롯해 중국과 개방적으로 소통했다. 술탄과 중국인은 돈독한 관계를 유지했는데, 여기에는 말라카인과 중국인 모두와 경쟁 관계에 있던 시암인을 저지하려는 의도도 있었다. 1411~1419년 파라메스와라는 중국을 방문한 것으로 보이며, 영락제에게 여러 차례 조공을 바쳤다. 1433년 중국인이 인도양에서 자취를 감추자 말라카인은 손쉽게 해협의 빈자리를 채울 수 있었다.

인도양에서 말라카만 유일하게 번창하는 해양 교역국으로 발돋움할 기본 공식을 발견한 것은 아니었다. 피레스의 기록은 가장 성공적인 사례를 강조했을 뿐이다. 중세 시대에 베네치아와 광저우 사이에 위치하여 번성했던 도시와 항구는 말라카와 유사한 규칙을 따랐을 것이다. 캘리컷에서는 힌두교의 세습 통치자인 자모린이 상업적 성공을 이루는 데 필수적인 법적·상업적 제도와 해군 조직을 정비했다. 다만, 안타깝게도 다 가마가 인도에서 처음으로 밟은 땅이 캘리컷이었다.

오늘날 영국에서 알 수 있듯, 가장 번성하는 왕족도 결국에는 힘이 약해지게 마련이다. 말라카의 경우 포르투갈인이 지평선에 등장하면서 무절제한 술탄 마흐무드 샤(Mahmud Shah)가 지배권을 잡았고, 유럽인은 통통한 아보카도를 탐하듯 도시를 황폐화시켰다. 인도양의 고대 무역에 참여하던 무슬림과 다른 아시아인은 이제 이전과 다른 게임의 규칙을 적용받았지만, 과거보다 상황이 좋지 않았다. 새로 등장한 잔인하고 유능한 사람들은 요리에 쓰는 재료를 확보하려는 목적에 따라 움직였다. 오늘날 이 재료가 서양의 대다수 주방에서 별로 쓰이지 않는다는 사실은 역사상 가장 기이한 인과관계가 아닐까.

노르웨이 베르그부텐(Bergbuten)에서 발견된 고대 암각화는 가죽을 바느질하여 만든 배의 이물에 있는 사냥꾼의 모습을 선명하게 보여준다. 뒤편에는 노 젓는 사람이 서 있다. 출처 :『초기의 배』(콘웨이 해양 신문)

지난 2000년 동안 지속적으로 사용된 아라비아 북부의 안장은 단봉낙타의 부드럽고 움직이는 혹에 화물을 실을 때의 어려움을 해결했다. 하루에 몰이꾼 한 사람이 낙타 3~6마리를 끌고 갈 때 2톤 이상을 50킬로미터가량 운반할 수 있었다. 출처 :『투아레그의 목축』(템스 앤 허드슨)

짐에 깔려 일어나지 못하는 쌍봉낙타의 모습. 당나라(9세기경) 시대의 이 도자기는 중국 실크로드 상인의 무덤에서 출토된 것이다. *시카고 자연사박물관 제공.*

미망인이 남편을 화장하는 장작더미로 몸을 던지는 곳, 대마에 몽롱한 암살자들이 천국에 와 있다고 생각한 곳, 태양이 여름에 지지 않거나 겨울에 뜨지 않는 곳 등 마르코 폴로의 환상적이나 사실에 기초한 이야기 속 배경은 유럽 도처에서 비웃음을 샀다.

현대 중국 정부는 21세기 중국이 대외적으로 평화적인 목적을 추구한다는 사실을 알리기 위해, 15세기 환관 출신의 정화 제독이 인도양을 일곱 번 탐험한 역사를 되살려냈다. *데이비드 쿠트니코프(David Kootnikoff) 제공.*

베네치아의 도제 엔리코 단돌로는 4차 십자군 원정이 베네치아와 이집트의 향료 무역에 위협이 될 것으로 여겼다. 그는 원정을 방해했으며, 90세에는 남은 원정대를 이끌고 콘스탄티노플을 약탈했다. *뉴욕 그레인저 컬렉션(Granger Collection) 제공.*

항해왕자 엔히크는 주앙 1세와 포르투갈 출신의 필리파 왕비 사이에서 태어난 막내아들로 모로코 정벌에 참여했다. 그는 광활한 북아프리카 사막의 끝자락에서, 사하라를 건너 인도제국으로 향하려는 어머니의 꿈이 무모하다는 사실을 깨달았다. 고국으로 돌아온 왕자는 15세기 포르투갈의 아프리카 해안 탐험을 후원했고, 덕분에 디아스와 다 가마가 희망봉을 돌아오는 업적을 이룰 수 있었다.

15세기에 아프리카 해안을 따라 내려가던 포르투갈 탐험선은 남쪽으로 갈수록 거세지는 역풍 때문에 실패했다. 바스코 다 가마는 남서쪽으로 '크게 돌아' 희망봉을 향해 동쪽으로 항해하여 탐험에 성공했다. 이후 다 가마는 아프리카와 아시아의 항구에서 잔혹함으로 악명을 떨쳤고 무역과 외교 관계를 악화시켰다. *영국 그리니치의 국립해양박물관 제공.*

아폰수 드 알부케르크는 인도양에 포
르투갈 제국을 세웠다. 그는 말라카와
호르무즈의 요충지를 장악했으나, 이슬
람 선박이 바브엘만데브를 통해 향료
를 교역하는 흐름은 막지 못했다. 뉴욕
그레인저 컬렉션 제공.

16세기 오스만의 피리 레이스 제독은 인도양, 홍해,
페르시아만에 가늘게 포진해 있던 포르투갈군을
수십 년 동안 공격했다. *business-with-turkey.com*
제공.

포르투갈의 용병 페르낭 데 마갈랴잉
시는 마누엘 왕이 거절하자 스페인 왕
을 찾아가 향료 제도가 토르데시야스
경계선을 기준으로 스페인의 영토에
있다고 설득했고, 최초로 세계를 일주
한 인물이 되었다. 오늘날에는 영어식
이름인 페르디난드 마젤란으로 알려져
있다. 뉴욕 그레인저 컬렉션 제공.

노예 3~4명이 작동시키는 3기통 분쇄기는 신세계의 설탕 생산에 혁명을 일으켰다. 장치 중앙에 위치한 수직 롤러가 역회전하는 가운데, 노예 두 사람이 서로 반대 방향에 서서 사탕수숫대를 기계에 넣고 있다. 버지니아대학교 특별 컬렉션 자음.

1611년 동인도회사의 총독 헨리크 브라우어는 희망봉을 돌아 동남쪽으로 틀어 광활한 인도양을 항해했다. 그는 노호하는 40도대의 속도와 일기를 활용하여 향료 제도에 닿은 최초의 지휘관이었다.

고아에서 포르투갈 대주교의 비서로 일했던 얀 하위헌 판 린스호턴은 고향 홀란트로 돌아와 사람들에게 향료 제도의 비밀을 알렸다. 1596년 발간된 린스호턴의 《여행(Itinerario)》에 기록된 항해와 교역 관련 자료는 네덜란드 동인도회사가 성공할 수 있는 발판을 마련했다.

네덜란드 동인도회사의 상인 얀 피터르스 존 쿤은 향료 무역 독점을 집요하게 추구하면서 복식부기와 칼을 효율적이면서도 가차없이 활용했다.

네덜란드의 위대한 법학자 위고 그 로티우스는 모든 나라가 공해에서 자유롭게 항해할 권리가 있다는 '자 유해론'을 설파했다. 하지만 향료 제 도에서 네덜란드 동인도회사가 누리 던 독점을 위협한 영국에게는 이러 한 권리를 적용하지 않았다.

영국 동인도회사의 총독 조시아 차 일드 경은 공개적으로 보호주의에 단호하게 반대하는 목소리를 내고 은밀한 곳에서는 매수도 서슴지 않 았다. 1697년 세계화에 반대하는 폭도가 차일드의 자택과 의회, 동인 도회사를 습격했다. *런던의 국립초상 화미술관 제공.*

조시아 웨지우드의 기술과 마케팅 능력 덕분에 지구 반대편에서 온 차나 설탕을 채운 웨지우드 컵과 단지는 상류층으로 편입하기를 열망하는 영국 대중에게 필수적인 상징물이 되었다. 뉴욕 그레인저 컬렉션 제공.

1757년 이전 영국 동인도회사가 인도에 보유한 영토는 면직물 교역에 필요한 소규모 식민지에 국한되었다. 이해에 젊은 로버트 클라이브 대령이 이끄는 영국군은 프랑스의 지원을 받던 인도군을 플라시에서 꺾고 벵골의 대규모 지역을 차지했는데, 동인도회사가 인도에서 처음으로 얻은 대규모 정복지였다. 영국 국립해양박물관 제공.

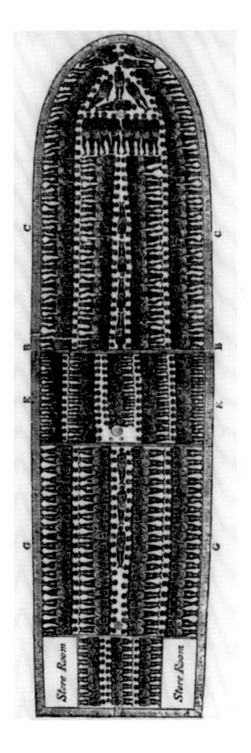

이 도해는 노예선의 극도로 밀집된 환경을 잘 보여준다. 1790~1791년 영국 하원 특별위원회에서 제시된 증거의 발췌.

윌리엄 자딘은 영국 동인도회사의 외과 의사 조수였으나 중국에서 아편 거래로 막대한 이익을 거뒀고, 제임스 매디슨과 무역회사를 설립했다. 지금도 두 사람의 이름을 딴 회사가 존속한다.

뭄바이의 파르시였던 잠셋지 지지보이는 병을 취급하는 상인이라는 가업에 만족하지 못하고 동인도회사의 상선 브런즈윅호에 올라 중국으로 향했다. 이 과정에서 평생 동안 관계를 이어가는 윌리엄 자딘을 만났으며, 두 사람은 함께 부를 쌓고 기사 작위도 받았다.

제임스 매디슨은 스코틀랜드의 부유한 가문 출신이었던 덕분에 중국과 인도 사이의 무역을 수행하는 '공행'에 곧바로 진입할 수 있었다. 이에 따라 윌리엄 자딘이 그랬듯 동인도회사에서 오랜 기간 견습 생활을 하지 않았다. 나중에 두 사람은 아편 거래를 장악하는 세력이 된다.

바그다드 출신으로 봄베이에서 활동하던 유대인 상인 데이비드 사순은 2차 아편전쟁으로 아편이 합법화되면서 막강한 영국인 경쟁자들로부터 중국의 아편 무역을 빼앗았다. 사순의 후손들은 영국의 예술과 사업 분야에서 이름을 날렸다. 유대 백과사전 인용.

부유한 포르투갈계 유대 상인 가문에서 태어난 데이비드 리카도는 비교 우위의 개념을 정립하여 어떻게 모든 나라가 교역을 통해 이익을 얻을 수 있는지 설명했다.

직물 날염업자였던 리처드 코브던은 곡물법의 대표적인 반대자가 되었다. 그는 당대 교통과 통신 분야의 첨단 기술이었던 철도, 전신, 1페니 우편 등을 십분 활용하여 1846년 곡물법의 폐지를 이끌어냈다.

결국 곡물법을 폐지할 수밖에 없음을 간파한 토리당 당수 로버트 필 총리가 리처드 코브던의 연설 당시 시드니 허버트 부총리에게 "나는 답변할 수 없으니, 대신 하시오"라고 말했다는 유명한 일화가 있다. 총리는 지배층이었던 토지 귀족을 구하는 영웅적 결단을 내렸으나 이 일로 정치 인생은 막을 내렸다. *뉴욕 그레인저 컬렉션 제공.*

로버트 선생에게
자유무역 산책을 권하는
코브던 아빠

『펀치』에 실린 이 만화는 리처드 코브던이 로버트 필 총리에게 곡물법 폐지 지지를 끌어내기 위해 설득하는 모습을 풍자한 것이다. *런던의 펀치 리미티드 제공.*

1846년 의회에서 곡물법이 폐지되면서 승리를 거둔 후 리처드 코브던은 유럽 대륙으로 관심을 돌렸다. 그는 나폴레옹 3세에게 영향을 미쳤고 코브던-슈발리에 조약을 체결하기에 이르렀다. 조약을 통해 프랑스와 영국 간 관세가 인하되었고 전쟁 직전으로 치닫던 양국의 관계가 회복되었다. *펀치 리미티드 제공.*

코브던 부인의 새로운 제자

존 퀸시 애덤스 대통령과 앤드루 잭슨 대통령 시절 부통령을 지낸 존 칼훈은 북부의 보호무역주의에 대한 사우스캐롤라이나인의 적개심에 공감했다. 그는 1833년 무효화 위기를 설계했는데 이 사건으로 남부와 북부는 실제보다 한 세대 앞서 전쟁을 벌일 위기에 처했다.

영국의 과학자 헨리 베서머가 개발한 제강법으로 고품질 철강의 제조 비용이 저렴해지면서 철도와 고압 증기 엔진을 철강으로 제작할 수 있게 되었다. 이에 따라 유럽에 신세계의 값싼 곡물이 쏟아져 들어왔으며 전 세계적으로 보호무역주의 움직임이 일어났다. *뉴욕의 그레인저 컬렉션 제공.*

펠릭스 쥘 멜린은 신세계의 곡물이 대거 유입되면서 막대한 피해를 입은 프랑스 농민들의 입장을 대변했다. 멜린은 1892년의 급진적인 관세법 통과를 구상했다. *할린그 - H. 로제-비올레(Harlingue-H. Roger-Viollet) 사진*

경제학자 엘리 헤크셰르(왼쪽)와 베르틸 올린(오른쪽)은 점차 세계화되는 경제에서 토지, 노동력, 자본이 어떻게 수렴하는지를 설명했다. 헤크셰르의 사진은 스톡홀름 경제대학교 제공.

윌리스 홀리 하원의원과 리드 스무트 상원의원이 1930년 관세법이 통과된 이후 이를 기념하고 있다. 이 재앙과도 같은 법안은 격렬한 반미주의를 촉발하고 국제무역을 저해했으며 제2차 세계대전 발발에도 적잖은 기여를 했다.

미국의 최장수 국무부 장관으로 기록된 코델 헐은 20세기 초에 벌어진 관세 전쟁이 세계 안보에 미칠 악영향을 분명히 인식했으며 GATT와 WTO가 탄생하는 토대를 마련했다. *미 하원 제공.*

사진은 경제학자 볼프강 스톨퍼(왼쪽)와 폴 새뮤얼슨(오른쪽)이 자유무역의 승자와 패자에 대한 정리를 발전시키고 50년 후에 촬영한 것이다. *미시간대학 신문 제공.*

5장

중세 향료 교역과 노예 교역

유럽 대륙의 변두리 지역에서 주일마다 열리는 시장만큼 사람들의 일상을 잘 보여주는 제도도 드물 것이다. 현지인과 관광객이 모두 즐길 수 있는 주일장은 상설 시장을 열기에는 규모가 작은 마을에 장돌림이 정기적으로 모여든 데서 그 역사적 기원을 찾을 수 있다.

　중세 시장의 모습은 오늘날의 깔끔한 노점과 거리가 멀었다. 당시에는 보통 원형으로 장이 섰고, 동물 판매와 도축처럼 '가장 지저분한' 활동은 시장 주변부에서 일어났다. 식료품을 파는 가판, 필경사, 금속 세공사, 이발사, 치과 의사, 깔개 직공, 옹기장이는 서로 가까이에 모여 있었다. 시장 한가운데에는 상인 계급의 귀족과도 같던 향신료 상인이 주로 위치했다. 14~17세기에 계피, 육두구, 메이스(육두구 열매의 씨 껍질을 말린 향료—역주), 정향은 오늘날처럼 평범한 물건이 아니라 세계적으로 가장 각광받는 상품에 속했다. 향신료 원산지와 공급로에 나라의 부가 달려 있었다. 말하자면 향신료는 21세기의 원유와 팔라듐처럼 중요한 상품이었다.

　중세 향료 교역에서 창출된 부와 영광이 집약된 유산은 오늘날까지 베네치아에서 눈부시게 빛나고 있다. 베네치아의 웅장한 왕궁과 거대

공공건물 대부분은 후추, 계피, 육두구, 메이스, 정향에서 거둔 이익으로 건축되었다. 중세 알렉산드리아에서 육두구 100파운드를 10두카트에 사서 베네치아에서 30~50두카트에 파는 경우가 흔했다. 운송비, 보험료, 양국에서의 관세를 모두 지불하고도 100퍼센트 이상의 이익이 남는 경우가 부지기수였다. 일반적으로 베네치아 갤리선 한 척이 이집트에서 이탈리아까지 100~300톤의 화물을 운반했으며, 이 과정에서 이탈리아는 상상력과 행운을 이용해 막대한 부를 얻었다. 중세 시대에 뚱뚱한 부자는 '후추 부대'라고도 불렸는데, 당시 현실을 감안하면 모욕적 표현으로만 볼 수는 없다. 후추 한 부대가 사람을 사는 값보다 더 비쌌기 때문이다.[1] 역사학자 프레데릭 레인(Frederic Lane)은 15세기의 마지막 해, 즉 포르투갈이 인도양에 진출하기 직전을 기준으로 베네치아의 쾌속 갤리선이 연간 160만 킬로그램을 운송했다고 추산했다. 대부분 알렉산드리아에서 실어서 지중해를 거쳐 오는 형태였다.[2]

향신료를 대규모로 거래했다는 대목에서 한 가지 질문을 제기할 수 있다. 서양에서는 막대한 향신료 수요를 무슨 돈으로 해결했느냐 하는 것이다. 16세기에 페루와 멕시코의 광산에서 채굴된 은이 대서양을 건너 유럽으로 쏟아져 들어오기 전까지, 유럽에는 수입품 가격을 지불할 수 있는 주화가 절대적으로 부족했다. 게다가 서양에서 생산하는 물건 중 동양 사람들이 관심을 보일 만한 상품도 별로 없었다.

현대 이전에는 '제조업'과 '섬유산업'이라는 말이 사실상 동의어였다. 유럽에서 생산되는 양대 직물 가운데 리넨은 인도의 면직물보다 질이 떨어졌으며 양모 역시 더운 지방에 사는 사람들의 관심을 끌 수 없었다. 대신 지중해에서는 붉은 산호가 대량으로 채취되고 이탈리아에서는 고급 유리를 생산했지만, 동양에 사치품을 판매해서 벌어들이는 이익은 중세 서양의 무역 적자를 메우기에 턱없이 부족한 수준이었다.

유럽인은 알렉산드리아와 카이로에서 탐나는 향신료와 교환할 상품을 생산했는가? 그럴 만한 상품이 없지는 않았다. 당시 군사를 탐욕스럽게 모집하던 무슬림 군대에게 노예는 매력적인 상품이었다. 1200~1500년경 이탈리아 상인들은 세계에서 가장 잘나가는 노예 상인들이었으며, 흑해의 동부 해안에서 사람을 사서 이집트와 레반트에서 팔아넘겼다. 노예를 실은 선박은 다르다넬스(고대의 헬레스폰트)와 한때 강성했던 비잔틴제국이 지키던 보스포루스라는 두 곳의 요충지를 거쳐갔다. 이제 비잔틴제국은 이탈리아 교역의 양대 세력인 베네치아와 제노바의 사정거리에 놓이는 신세로 전락했다.

중세의 장거리 교역은 세 가지 주제로 요약된다고 할 수 있다. 즉 향신료 교역, 노예 교역, 그리고 보스포루스와 다르다넬스를 차지하려는 오랜 갈등이다.

후추와 계피는 각각 인도와 스리랑카에서 들여왔는데, 이곳은 적어도 유럽인이 들어본 적이 있는 지명이었다. 반면 메이스, 육두구, 정향의 경우 향료 제도가 원산지였는데 15세기까지 유럽인에게는 미지의 영역(terra incognita)이나 다름없었다.[3] 향료 제도는 상당히 멀리 떨어져 있었기에 이집트, 레반트, 흑해의 항구로 귀한 향료를 들여오는 제노바와 베네치아 상인들도 정확한 위치를 몰랐다. 헤로도토스의 기록에 남아 있는 주석 제도(Tin Islands)처럼 '향료 제도'라는 표현은 원산지의 사람들, 지리, 언어 등 다른 정보가 알려져 있지 않았거나 서양에 이익이 되도록 일부러 무시되었음을 시사한다.

중세에 향료가 얼마나 중요한 상품이었는지 궁금하다면 오늘날 귀한 대접을 받는 물건을 떠올려보라. 상자에 든 고디바 초콜릿, BMW 자동차, 구찌 신발이 그런 예다. 여기에 물건의 원산지에 불확실성을 부여하면 신비감이 감돈다. 멋진 신발에 대해 우리가 아는 유일한 정보는 동양의 어딘가에서 생산되어 항구에 도착한다는 사실뿐이다. 이런 환경에서 구찌 매장은 단순히 이익이 크게 나는 사업 기회를 누릴 뿐 아니라 화폐를 찍어내는 라이선스를 보유한 셈이다. 또한 신발의 공급 망을 따라 형성된 역할은 단기간에 명성을 얻고 막대한 부를 누릴 수 있는 열쇠가 된다. 만약 신발이 피렌체의 평범한 노조 가맹공장에서 제작된 것이라는 사실을 소비자들이 알게 되면 어떤 일이 일어날까?

중세 시대 육두구, 메이스, 정향 교역도 이와 다르지 않았다. 분명 유럽인은 구미를 돋우는 다른 향신료와 허브를 손쉽게 구할 수 있었다. 스페인과 잉글랜드는 8세기에 아랍 상인들이 처음으로 수입한 샤프란을 현지화하여 생산하고 있었다. 후추는 인도에서 들여올 수 있었고 근동에서 고수와 커민을 구할 수 있었다. 월계수 잎, 백리향, 로즈마리, 마조람, 오레가노는 아예 유럽이 원산지다. 하지만 육두구, 메이스, 정향이 귀하고 값비싸며 신비롭다는 이유만으로 수요가 더 높았다. 향신료의 향과 맛을 통해 전달되는 메시지 앞에서 미각적 요소는 중요성을 잃었다. 구매자의 부와 지위가 달린 문제였다.

앞서 로마인이 그랬듯 유럽인도 향신료에 흠뻑 빠졌다. 의사들은 온갖 질병을 다스리는 데 향신료를 썼고, 제프리 초서(Geoffrey Chaucer)는 옷장을 소독해주는 정향과 향료 에일을 만들 수 있는 육두구로 가득한 환상의 숲에 대해 시를 썼다. 향신료와 향은 장갑, 따뜻한 음료, 리큐어, 부잣집에서 만드는 대다수의 음식 레시피에 들어갔다. 역사학자들은 희귀한 향신료가 약효 때문에 높은 가치를 인정받았다고 해석했다. 예를 들어 한 역사학자는 중세 프랑스의 향신료 상점과 19세기 미국의 약국에서 파는 물건이 거의 비슷했다고 지적했다.

하지만 이러한 '약품'이 효과를 냈는가? 치료제 가운데 강력한 힘을 발휘하는 위약효과(placebo effect)의 경우 이국적인 원료나 방법을 사용했는지 여부와 아무런 관계가 없다. 이번 장에서 언급하는 향신료 중에서 그 무엇도 과학적으로 약효를 인정받지 못했다. 오히려 약효를 인정받는 식물은 보편적으로 구할 수 있는 경우가 대부분이다. 대표적 사례로, 모양이 아름답지만 하찮은 취급을 받는 디기탈리스는 심장 약을 만드는 데 쓰인다. 로마와 그리스의 의사들은 귀한 향신료인 양강을 '신장' 질환에 처방했다.[4] 그런데 정확히 어떤 질병을 치료했는가? 고대 의사들이 치료하던 질병은 어쩌면 신장 기능과는 관계가 없었을지도 모른다.

희귀한 향신료가 약으로 쓰인 이유는 다름 아닌 명성 '때문'일 가능성이 높다. 미신은 쉽게 사라지지 않는다. 오늘날조차 코뿔소 뿔로 만든 가루가 정력에 좋다는 소문 때문에 코뿔소가 멸종 위기에 있는 상황이다. 쉽게 구하기 어려운 동물과 식물이 부리는 마법이 워낙 강하다 보니 비아그라가 개발됐어도 코뿔소가 멸종을 피해 갈 수 있을지 의문이다.

모든 향신료가 동방에서 유래한 것은 아니었다. 오늘날 인기 있는 고수는 원래 지중해 동부가 산지였다. 고수는 기원전 1300년 미노아인과 이집트인에게 잘 알려져 있었고, 1000년 후 한나라가 실크로드를 이용하는 과정에서 중국에도 전파되었다. 지중해에서 동쪽으로 전파된 향신료 가운데 고수보다 불길한 사례도 있는데, 그중 하나가 양귀비 씨다. 훗날 유럽인은 무역수지를 개선하기 위해 중독성 강한 추출물인 아편을 수출하기로 계획했다. 이런 이유로 인도에서 양귀비가 재배되었다.

헤로도토스의 기록에 등장하는 주석 제도와 달리 향료 제도는 실제로 존재했다. 정향은 키 큰 정향나무(Syzygium aromaticum)의 꽃봉오리다. 불과 얼마 전까지만 해도 정향은 인도네시아 동부에 위치한 몰루카 제도 북부의 다섯 개 작은 섬(테르나테, 티도레, 모티, 마키안, 바칸)의 화산토에서만 자라났다. 육두구와 메이스는 각각 육두구나무(Myristica fragrans) 열매와 그 껍질을 일컫는다. 육두구나무도 몰루카 남부의 반다 제도 아홉 곳에서만 자랐다.

몰루카인은 유럽인이 찾아오기 훨씬 전부터 향신료를 거래했다. 토착민은 수만 년 전 군도에 처음 정착했으며, 군도는 기원전 2000~1000년에 '오스트로네시아 팽창'이 일어나면서 다른 민족들에게 둘러싸였다. 양옆에 아우트리거(outrigger)가 달린 작은 배를 탄 중국과 타이완 지역의 부족들이 마다가스카르에서 이스터섬에 이르는 인도양과 태평양 해안으로 이주한 것이다. 현지의 활발한 향신료 교역에 힘입어 테르나테와 티도레의 토착민은 주변의 다른 섬이 오스트로네시아의 영향에 굴복할 때도 정체성과 문화를 지킬 수 있었다.

화산 토양의 '안쪽 섬'에서는 향신료와 코코넛만 재배했다. 식량은 할마헤라와 세람 같은 몰루카 제도의 큰 '바깥 섬'에서 재배되는 사고

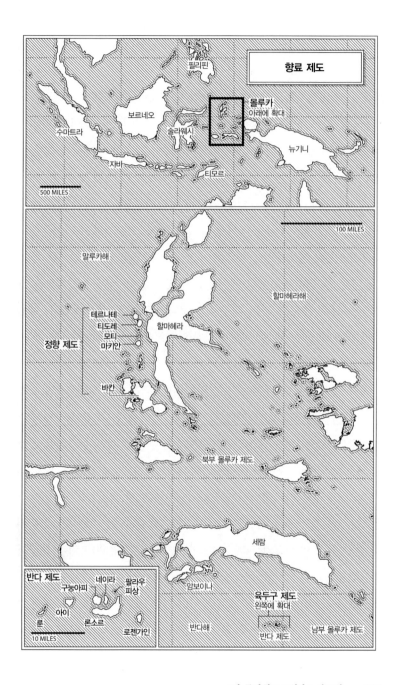

야자에 크게 의존했다. 사고야자는 영양이 풍부하고 생산량이 많았다. 교역은 처음에 섬 사이에서 진행되었으며, 반다인은 작은 배를 타고 안쪽 섬과 바깥 섬을 오가면서 사고와 향신료를 교환했다.

중국의 실크가 로마로 전해졌듯 육두구와 메이스도 로마에 알려진 것으로 보이며, 플리니우스가 『박물지(Historia Naturalis)』에서 소개한 것으로 추정된다. 또한 실크와 마찬가지로 육두구와 메이스의 원산지도 서양인이 이해할 수 있는 범위 바깥에 있었다. 중동과 유럽으로 이 향료를 처음 들여온 공급로는 매우 길고 위험했으며, 거래가 간접적이었고 말도 안 될 정도로 비용이 많이 들었다.[5]

고대와 중세에 육두구와 메이스의 수출 시장이 커지자 향신료를 생산하는 섬은 몰루카 군도 대부분을 장악할 정도로 부유해졌다. 예를 들어 테르나테는 네덜란드인이 도착한 이후로도 한참 동안 규모가 큰 세람섬을 지배했다. 토착 반다인은 향신료 재배 기술이 뛰어났지만 고향에서 먼 지역과 거래를 하지는 않았다. 교역은 피부색이 더 밝고 항해에 뛰어난 오스트로네시아인의 후손이 담당했다. 특히 술라웨시(자바와 향료 제도의 중간 지점)라는 큰 섬에 살던 전설적인 부기인은 몰루카 제도를 벗어나 자바와 수마트라까지 향신료를 운송했으며 중국, 인도, 나아가 유럽 지역에까지 수출하기에 이르렀다.[6]

메이스는 육두구의 껍질인데, 육두구보다 부피가 작았지만 더 비싸게 팔렸다. 포르투갈의 지배 초기 반다인은 연간 1000톤의 육두구를 생산했으나, 메이스 생산량은 100톤에 불과했다. 그래서 메이스는 육두구보다 7~10배 비쌌다. 때로는 이런 가격 차이 때문에 시장에서 기이한 행동이 벌어지기도 했다. 반다인이 육두구 가격을 올리기 위해 육두구를 불태우는 일이 있었다. 또한 네덜란드 동인도회사가 동인도 제도의 총독에게 메이스만 재배하라는 명령을 내렸다는 (사실이 아닐 가능성이 높으나) 유명한 일화가 있다[7] (오늘날에는 상황이 역전되어 육두 구의 인기가 더 높다. 메이스는 파운드케이크나 크림수프처럼 과일 향을 내는 음식에 주로 쓰인다).

향료 제도에서 생산되는 향신료와 후추의 중간 지점에 계피가 있다. 계피가 나는 스리랑카는 로마인이 알고 있는 세계의 동쪽 끝자락에 위 치했다. 계피는 로마제국의 위세가 절정에 도달했을 때 로마에 소개되 었으며, 요리에 빠지지 않는 재료이자 향이 좋은 사치품으로 각광받았 다. 계피 꽃즙은 파운드당 1500데나리온에 팔려, 금과 비슷한 가치였 다. 보다 저렴하게 구할 수 있는 계피유는 꽃즙 가격의 4분의 1 정도였 다.[8] 서양인은 스리랑카의 계피나무에 대해 잘 알지 못했으며, 훗날 이 븐 바투타를 통해 인도 상인들이 해변에 흩뿌려진 귀한 껍질을 모은다 는 정보를 접했을 뿐이다.[9]

같은 상황이 중국에서도 연출되었다. 중국인은 유럽에서 상대적으로 흔히 구할 수 있는 상아와 향 등을 귀하게 여겼다. 하지만 그 물건이 아프리카와 아라비아에서 어떻게 전달되는지는 잘 이해하지 못했다. 반면 중국인은 상대적으로 가까운 몰루카 제도의 정향을 별로 신비롭 게 여기지 않았으며, 이미 한나라 때부터 구취 제거제로 활용하기도 했다. "정향은 입에서 냄새를 없애주는 성질이 있으며, 조정의 고관들 은 황제에게 보고를 올릴 때 입에 정향을 넣었다."[10]

로마제국의 쇠퇴로 후추의 공급이 줄고 가격은 뛰었다. 제국이 정점 에 있을 때 금 1파운드로 구입할 수 있는 후추 양은 300파운드였으나,

4세기 초에는 90파운드로 줄었다. 알라리크가 포위를 푸는 조건으로 후추 1.5톤을 요구했을 당시에는 가격이 더 뛴 상황이었을 것이다. 후추가 귀하고 가격이 비싸졌지만 유럽으로 후추를 공급하는 교역은 암흑시대가 한창일 때조차 중단되지 않았다.[11]

7세기 초 무함마드가 위풍당당하게 메카로 돌아온 직후 이슬람 세력은 바브엘만데브를 차단해버렸다. 그리스 선박은 더 이상 온난하고 소용돌이치는 남서 계절풍을 타고 동쪽의 인도 서고츠산맥을 향해 항해할 수 없었다. 후추는 여전히 무슬림의 손을 거쳐 서쪽으로 유입되었으나 동양의 지식은 더 이상 접할 방법이 없었다. 인도는 스트라본(Strabon), 프톨레마이오스(Ptolemaeus), 폼포니우스 멜라(Pomponius Mela) 같은 그리스와 로마 지리학자들에게 잘 알려진 장소였고, 인도 사신들은 한때 아우구스투스(Augustus)의 환심을 사기 위해 주변을 배회했다. 하지만 이제 인도는 현실에서 멀어져 신화의 바다 건너 어딘가에 있는 땅으로 간주되었다. 에메랄드와 금이 가득한 산을 무시무시한 용과 날개 달린 괴물이 지키는 전설의 땅이 된 것이다. 무함마드가 승리를 거둔 시점과, 바르톨로뮤 디아스(Bartholomew Diaz)와 바스코 다 가마가 희망봉을 돌아오는 시점 사이에 해당하는 9세기에 유럽인은 인도양에 배를 띄울 수 없었다.

유럽인과 무슬림은 육두구, 메이스, 정향이 서양에 처음 전파된 이후 1000년 동안 재배지의 정확한 위치를 몰랐다. 10세기에 활동한 아랍의 역사학자 이븐 쿠르다지바(Ibn Khurdadhbih)는 정향과 육두구를 인도에서 나는 품목에 포함시켰는데, 실제 생산지와의 오차가 6500킬로미터에 달한다. 마르코 폴로, 이븐 바투타, (이 두 여행가가 향료 교역에 대한 지식의 상당 부분을 의존했을) 중국인은 향료가 자바에서 온다고 생각했다. 하지만 실제 향료 제도는 자바에서 동북동 방향으로 1600킬로미터가량 떨어져 있었다.[12]

인도와 몰루카 제도에서 바그다드와 알렉산드리아까지 홍해와 페르시아만을 거쳐 가는 두 가지 경로는 우마이야와 아바스 왕조가 장악하고 있었다. 아바스조는 910년까지 중동을 다스렸다. 아바스조가 몰락하기 전까지 많은 여행자들은 상대적으로 안전한 페르시아만 경로, 즉 신드바드의 길을 선호했다. 하지만 아바스조 이후에 세력을 잡은 이집트 파티마조와 맘루크는 인도와 몰루카 제도에서 향료를 실어 올 때 홍해를 기본 경로로 만들었다.

향료의 일부분은 육로를 거쳐 왔지만, 실크로드는 서로 전쟁을 벌이던 부족과 소국으로 분열되어 있었다. 실크로드가 인도양과 경쟁하려면 경로 전체에서 정치가 안정되어야 했다. 이 불가능에 가까운 조건은 13~14세기 몽골의 통치 기간 중 잠시나마 실현되는 듯했다. 하지만 해양 교역과 해양 세력에 대해 잘 알고 있던 몽골 칸들은 장거리 이동 때 페르시아 고원을 거쳐 페르시아만의 타브리즈까지 이동한 다음 선박으로 중국과 향료 제도에 접근하는 방식을 주로 활용했다.

홍해, 페르시아만, 실크로드라는 세 가지 경로 모두 이탈리아의 양대 상업 중심지인 제노바와 베네치아의 통제 범위 밖에 있었다는 것은 말할 필요도 없다. 기독교 국가의 광신적 애국주의자들은 동방의 향료에 빠져들수록 향료가 있는 곳에 이교도들이 존재한다는 불편한 진실을 마주해야만 했다.

무슬림이 유럽인보다 상업적으로 우위에 있었다는 사실은 중국과의 교역에서 가장 극명하게 드러났다. 사실 인도양을 통해 자유롭게 통행할 수 있던 시기에도 그리스인과 로마인은 실크 생산국에 대해 직접적인 정보를 가지고 있지 않았다. 중세 유럽인에게 중국이란 다른 행성에 있는 곳이나 다름없었다. 반면 이 시기에 아랍과 페르시아 상인들은 중국에 대거 정착지를 세웠다. 유럽인은 앞바다인 지중해에서도 우위를 빼앗겨 무슬림 세력의 확대와 함께 영향력이 서서히 줄었다. 지중해의 동쪽 끝에서는 아랍군이 632년 무함마드가 사망한 지 2년 만에 예루살렘과 레반트 해안을 정복했다. 곧이어 마스트 전투에서는 비잔틴 해군을 완파했다.

9~10세기 지중해에서 무슬림의 영향력이 정점에 이르렀지만 살레르노, 아말피, 베네치아를 출발한 이탈리아 선박은 무슬림이 장악하고 있던 세계 교역에 처음으로 의미 있는 반기를 들었다. 기원후 첫 밀레니엄이 막을 내릴 즈음 유럽은 점점 부강해졌다. 베네치아와 제노바가 이끄는 이탈리아는 알렉산드리아, 카이로, 티레에서 서양의 물품을 향료와 교환했다. 또한 서양이 레반트에서 무슬림 손아귀에 있던 장거리 교역을 빼앗아 오면서 향후 교역에서 우위를 차지하는 기초를 마련했다. 1072~1091년에는 노르만족이 팔레르모, 몰타, 시칠리아의 나머지 지역에서 급격히 퍼져 나갔고 스페인은 톨레도를 탈환했다. 이와 같은 승리에 힘입어 기독교인은 대담해졌으며, 오늘날까지 영향을 미치는 사건을 일으켰다. 1095년 교황 우르바노 2세는 클레르몽 공의회를 소집했고, 여기서 기독교 국가의 통치자들은 성지를 탈환하겠다는 서약을 했다. 1차 십자군은 1099년 예루살렘을 장악하는 데 성공했고, 성안에 있던 무슬림, 유대인, 아르메니아인 남녀와 어린이 대부분을

살육하며 성스러운 임무를 완성했다.

사실 당시 십자군에게는 운도 따랐다. 기독교도가 도착하기 전에 이미 셀주크 투르크와 파티마조가 예루살렘을 놓고 수십 년 동안 갈등을 벌이던 상황이었다. 게다가 내부적으로 불화가 일어나면서 양쪽 모두 세력이 약화된 상태였기 때문에 이교도의 침입을 막아내지 못했다.

성지의 상당 부분은 십자군의 예루살렘 정복 이후 100년 동안 기독교 세력이 지배했다. 하지만 1187년 살라딘이 하틴 전투에서 기 드 뤼지냥(Guy de Lusignan)의 군사들에게 승리를 거두었고, 3개월 후에는 예루살렘을 점령하기에 이르렀다. 1099년 예루살렘에 입성한 십자군이 살육을 자행한 것과 달리, 살라딘은 성에 머물던 시민들을 살려주었다. 이어 무슬림이 아크레도 점령하면서 기독교도 잔당은 티레의 성채에 갇히고 말았다. 티레의 성벽은 견고하기로 유명했고, 고대의 성벽이 1500년 전 알렉산드로스의 군사들을 일시적으로 물리쳤듯 잠시나마 십자군을 보호하는 역할을 했다.

교황 우르바노 3세(Urbano III)는 예루살렘 함락 소식을 듣고 충격을 받아 세상을 뜬 것으로 전해졌다. 뒤를 이은 그레고리오 8세(Gregorio VIII)는 필연적으로 3차 십자군을 소집했고, 2년 후 십자군은 배를 타고 다시 원정길에 올랐다. 베네치아인은 베네치아의 구역이 있던 아크레(오늘날 이스라엘 북부 하이파 근처)를 탈환하는 임무에 특히 적극적으로 참여했다. 하지만 저 유명한 사자심왕 리처드 1세(Richard Coeur de Lion)의 참전에도 불구하고 (혹은 그의 참전 때문에) 3차 십자군은 살라딘에게서 성지를 빼앗는 데 실패했다.

4차 십자군의 암울한 역사는 서양의 성지 탈환 시도가 제노바와 베네치아의 잇속을 얼마나 채워줬는지, 당대에 가장 집중적으로 거래되던 향료와 노예라는 상품의 쌍무 무역에 대해 많은 것을 설명해준다. 이 시점에 인류 역사에서 주목할 만한 인물이 등장했으니, 바로 엔리코 단돌로(Enrico Dandolo)다. 1193년 베네치아의 도제(Doge, 베네치아공화국의 지도자—역주)에 선출되었을 당시 단돌로는 약 80세 나이에 앞을 거의 보지 못하는 상태였다. 단돌로는 베네치아의 갤리선에 기사 4500명과 말, 기사의 종자 9000명, 보병 2만 명 등 프랑크인 군사들을 태우고 성지로 향하는 계획을 승인했다. 십자군에게는 은화 8만 4000마르크(오늘날 가치로 환산하면 2000만 달러 정도)와 살라딘에게 빼앗는 토지와 전리품의 절반을 지급하겠다고 약속했다.

사실 프랑크인의 장수 조프루아 드 빌라르두앵(Geffroi de Villehardouin)은 애초부터 성지를 공격할 생각이 없었다. 앞서 잉글랜드의 리처드 왕에게서 약한 고리인 이집트의 무슬림 제국을 공격하는 데 역량을 집중하라는 조언을 들었기 때문이다. 하지만 빌라르두앵의 군사들은 배가 성지로 가지 않는다는 사실을 까맣게 모르고 있었다. 프랑크인 장수의 숨은 의도를 짐작하지 못한 단돌로는 십자군이 이집트를 공격하지 않는 대가로, 이익이 막대한 거래를 이집트와 이어가는 내용의 협상을 진행했다.

단돌로는 아드리아해의 자다르를 점령할 계획도 품고 있었다. 베네치아의 가장 부유한 교역 상대국인 이집트를 침공하는 계획이야말로 단돌로가 가장 원치 않는 상황이었다. 그렇다면 어떻게 해야 할까? 답은 간단했다. 단돌로는 부두에서 대기하고 있던 십자군에게 진짜 행선지가 어디인지 흘렸다. 배가 성지로 향하지 않는다는 소식을 전해들은 프랑크인 군사들 상당수가 집단으로 이탈했고, 약속한 승선일에 배에 오른 군사는 3분의 1에 불과했다. 군사들이 집단 이탈하자 자금 지원을 약속했던 사람들도 발을 빼기 시작했다. 베네치아 입장에서는 선수금을 제대로 받지 못한 상태에서 값비싼 갤리선을 띄울 마음이 별로 들지 않았다.

어찌됐든 갤리선은 1202년 11월에 출항했고, 십자군은 추가로 보상을 받는 대신 자다르를 약탈하기로 합의했다. 자다르를 점령하자마자 단돌로는 거절하기 어려운 제안을 받았다. 필리프 폰 슈바벤(Philipp von Schwaben) 왕은 비잔틴에서 축출된 황제이자 장인인 이사키오스 앙겔루스(Isaac Angelus)가 콘스탄티노플로 돌아올 수 있도록 도와주면 이집트 원정의 나머지 비용을 부담하겠다고 제안했다.

단돌로는 기독교 국가에서 가장 부유한 도시를 약탈할 수 있는 절호의 기회임을 간파하고 이집트 침략 계획을 좌절시켰다. 군사들은 곧 보스포루스로 향했고 빌라르두앵은 상황을 다음과 같이 전했다.

나이 들고 앞이 보이지 않는 베네치아의 도제가 완전무장을 한 채 산마르코(Saint Mark) 깃발을 들고 갤리선 이물에 섰다. 도제는 자신을 뭍에 내려주지 않으면 군사들에게 몸소 정의를 실현하겠다고 외쳤다.[13]

오랜 포위전 끝에 콘스탄티노플이 무너졌고 약탈이 시작되었다. 콘스탄티노플 경기장에 있던 거대한 청동 말 네 마리는 베네치아의 산마르코대성당으로 옮겨졌다(현재 산마르코 광장의 청동 말은 복제품이며 원본은 바실리카 박물관에 보관되어 있다). 싸구려 장식품 너머에서 베네치아인은 "병참의 주인이자 로마제국 절반의 주인(Masters of a Quarter and a Half-quarter of the Roman Empire)"이 되었다. 즉 콘스탄티노플 본토의 8분의 3에 더해 그와 비슷한 규모의 비잔틴 영토를 추가로 얻었다(인용문의 'quarter'에는 4분의 1이라는 다른 뜻이 있다—역주). 게다가 평화조약에는 과거 제국의 영토를 자유롭게 통행하고 베네치아와 경쟁 관계인 제노바와 피사는 통행에서 제외시킨다는 조건이 포함되었다. 단돌로의 계획대로 4차 십자군은 성지를 밟지 못했으며 베네치아와 이집트의 교역 관계도 유지되었다. 90세가 된 눈 먼 노인 입장에서는 나쁠 것 없는 거래였다.[14]

베네치아와 이집트 간 교역은 실로 어마어마했다. 성지에서 운 좋게 돌아온 십자군을 통해 동방의 이국적 향료에 대한 수요가 유럽 대륙 곳곳으로 확산됐다. 원래 독일의 수도승들은 레브쿠헨(Lebkuchen)이라는 생강 쿠키를 나눴는데, 십자군 원정 이후에는 후추를 첨가하여 페퍼쿠헨(Pfefferkuchen)을 만들었다.[15]

이제 역사상 가장 흥미진진한 거래가 체결될 토대가 마련되었다. 유럽인은 향료에 마음을 빼앗긴 상태였고, 무슬림은 몽골군이나 십자군과 싸울 병사가 절실하게 필요했다. 이러한 상황에서 이탈리아인은 중요한 인력이 지나다니는 해협을 장악하고 있었다. 최초의 아랍제국인 우마이야의 경우 이슬람 개종자들로 군대를 일으키는 데 문제가 없었다. 베두인족은 자부심 넘쳤고 매우 독립적이었으며 군사적으로 능력이 출중했다. 그런데 무슬림의 정복 영역이 중동 전체로 확대되면서 아라비아의 적은 인력으로는 이슬람 군대의 규모를 제대로 키울 수 없었다.

이슬람 세력이 새로 정복한 영토의 주민들은 농경 사회의 '문명화된' 사람들로, 전사가 아닌 농민이었다. 메소포타미아의 아바스조와 이집트의 파티마조에서 이런 경향이 두드러졌다. 정착하여 농사로 생계를 이어가는 사람들은 군인으로서 기량이 떨어졌다. 비교적 편안하게 번영을 누리던 카이로의 상인이나 바그다드의 필경사 역시 유능한 장교로 만들기 어려웠다.[16]

대부분의 희소 상품이 그렇듯, 군사들도 굶주리고 환경이 척박하며 그 수가 많은 지역에서 조달해야만 했다. 역사학자 대니얼 파이프스(Daniel Pipes)는 강력한 중앙정부의 전통이 없는 '주변 지역(marginal area)'에서 전사들을 데려오는 일이 불가피했다고 지적했다. 주변 지역의 주민들은 혹독한 환경에서 살았고 다음과 같은 특징이 있었다.

스스로를 보호하기 위해 집단적 생활을 하며 상호 신뢰를 통해 유대감을 높인다. 질서를 유지하기 위해 명예에 대한 자세한 규약을 만들고 자경 활동을 발전시킨다. 이는 종합적으로 각자의 재능과 군사적 역량을 높이는 효과가 있다. 이런 집단에서는 습격을 통해 전리품을 취하고 갈등을 벌이는 일이 고질적으로 벌어진다. 방어와 공격을 위해 모든 남성은 유아기부터 무도를 익히고 군사로 훈련받으며 늘 실전에 대비한다.[17]

파이프스가 '주변 지역'이라고 표현한 무슬림 병사들의 고향은 어디였을까? 주로 아나톨리아와 캅카스 지역이었다. 산악 지대의 전사들은 주기적으로 남쪽과 서쪽을 공격하여 중동과 유럽의 '앞선' 문명 주민들을 약탈했다. 캅카스에서도 특히 체르케스 출신의 인기가 좋았는데, 여성과 남성 노예들의 외모가 아름다워 가치가 높았다.

파이프스가 언급한 주변 지역 사람들은 궁도 등의 무도를 익혔다. 궁도에 능한 사람들은 사냥터뿐 아니라 전장에서도 능력을 뽐냈다. 이와 함께 중세 스텝 지대의 거주자들은 어릴 때부터 말에 등자를 사용하는 기술을 배웠다. 등자는 5세기 중국에서 개발된 것으로 추정되며, 중앙아시아를 거쳐 이슬람 세계까지 서서히 전파되었다. 등자는 말과 기수를 한몸으로 만들었고 말에 오른 전투원은 긴 창, 검, 곤봉 등을 휘두를 수 있어 전투에 혁신적 변화를 일으켰다.

9세기 중반 아바스 군사들은 주로 주변 지역 출신의 노예로 구성되었다. 이집트에서는 파티마 왕조 이전의 부이 왕조가 투르크인을 대규모로 사들였다. 파티마는 부이보다 범위를 더 넓혀서 투르크인, 슬라브인, 베르베르인으로 군대를 일으켰다.[18]

이슬람 특유의 맘루크(mamluk) 노예제는 중세 무슬림 세계의 군사, 인구, 정치적 필요와 더불어 인간의 본성이 만들어낸 결과였다. 중세와 고대 맘루크 제도는 대개 백인 노예를 토대로 했다. 한 역사학자는 "맘루크에 관한 한 아프리카 노예시장은 무시되었다"라고 표현했다.[19]

여성 노예들은 가정과 하렘으로, 남성 노예들은 훈련소와 군대로 보내져 "이교도에서 무슬림으로, 소년에서 성인 남성으로, 신병에서 준비된 병사로, 노예에서 자유인으로" 거듭났다. 군대의 유대감을 강화하는 오랜 기술은 병사들의 사기(élan)를 드높였고, 이에 더해 훈련 교관과 (해방 노예 출신의) 지휘관들이 자유와 부를 약속하며 충성심을 고취했다.[20] 맘루크 제도의 권위 있는 학자인 데이비드 아얄론(David Ayalon)은 다음과 같이 설명했다.

술탄이 몸값을 치르고 자유를 준 맘루크는 술탄의 주요 지지 세력을 구성했다. 맘루크 노예제는 맘루크에게 주인이자 해방자를 향한 강한 충성심을 심어주는 한편 다른 노예들에게도 유대감을 느끼게 만들었다. 술탄과 그의 맘루크들은 강한 연대감으로 하나가 되어 끈끈한 집단을 형성했다. 술탄과 맘루크는 말하자면 쌍방향의 관계였다. 맘루크는 술탄이 지배하는 동안 권력을 누릴 수 있었고, 술탄의 권력은 맘루크에게서 나왔다.[21]

해방 노예들은 군에서 고위 지휘관의 지위까지 올랐고 이내 술탄을 물러나게 만들었다. 권력이 주는 특혜와 호사를 누리는 사이 가장 뛰어난 맘루크들은 군인으로서의 자질과 기술을 서서히 잃어갔다. 한두 세대 만에 주변부 체르케스와 이집트 훈련소에서 도착한 굶주린 노예 병사들이 유약하고 나태한 주인들에게서 권력을 빼앗았다. 새로운 맘루크 술탄은 이전 술탄의 군대, 이른바 '로열 맘루크'의 최고위층을 제거한 뒤 자신을 추종하는 자들을 그 자리에 앉혔다. 새로운 사이클이 시작된 것이다. 권력 집단이 대체되는 작업은 빠르거나 완만하게 진행됐고 무력을 사용하거나 보상을 활용했다. 어떤 경우든 축출된 맘루크 여러 세대가 민간과 군대의 하위 계급에 공존하는 상황도 심심치 않게 찾아볼 수 있었다.[22]

맘루크 사이에서 현재 술탄이 자신들이 은혜를 베푼 덕분에 권력을 잡고 있다는 인식이 퍼져 나가면서 전체 시스템이 부패했다. 파이프스는 "군사들은 통치자가 자신들에게 빚을 지고 있다고 여기며 그저 결정권자로만 인정했다"라고 지적했다.[23] 오래지 않아 술탄은 '옛 친구들'에게 압박을 느꼈고 '새 친구들'을 만들어야겠다고 생각했다. 현재의 지지자들이 주장하는 권리를 요구하지 않는 세력이 필요했던 것이다. 그렇다면 '새 친구들'은 어디에서 데려왔을까? 술탄은 이제 막 훈련소에 도착한 노예 병사들에게 자신을 지지하는 대가로 자유와 권력을 주겠다고 약속했다.[24] 쿠르드족이 이끄는 아이유브 왕조가 막을 내릴 때쯤 왕궁의 한 신하가 동료에게 술탄의 맘루크 부대가 어떤 제복을 입고 있는지 물었다고 한다. "언젠가 그 제복을 입은 자들이 이 나라를 정복하고 우리의 토지와 재산을 차지할 걸세." 그의 말은 불과 한 세대가 지나기도 전에 실현되었다.[25]

맘루크 노예제는 앞서 살펴봤듯 초기의 아랍 정복이 일어난 지 1~2세기 후에 시작되었다. 아바스, 부이, 파티마 왕조를 거치면서 제도가 서서히 정착되었고 새로운 노예를 적극적으로 확보할 필요성이 늘 존재했다. 마침 상업적 감각이 발달한 베네치아인이 보스포루스 해협을 통제하는 세력으로 떠올랐고, 13세기 전반에 이집트의 노예 수요를 채워줄 수 있었다.

쿠르드인 살라딘은 1187년 예루살렘을 정복하기에 앞서 이집트 파티마 왕조를 무너뜨리고 아이유브 왕조를 세웠다. 아이유브 왕조는 단명했다. 살라딘의 투르크와 캅카스 출신 맘루크는 능란한 기병인 데다 활과 화살로 십자군을 비롯한 적을 무척 효과적으로 제압했다. 하틴 전투에서 맘루크 궁수들은 화살을 400개씩 지급받았고 "전쟁이 한창일 때는" 낙타 70마리 분량의 화살을 추가로 대기시켜놨다. 전쟁에서 맘루크 부대가 맹활약하지 않았다면 살라딘이 이끄는 쿠르드족은 성지에서 프랑크인을 몰아내지 못했을 것이다. 살라딘의 기습 부대인 할카(halqa) 역시 맘루크 투르크인이 주축이었다.[26] 나아가 맘루크 부대가 없었다면 무슬림은 비잔틴제국, 인도, 중앙아시아를 정복하지 못했을 것이다. 오늘날 중동과 아프리카 북부의 소수민족 거주지에 몰려 사는 미미한 종교 집단에 그쳤을지 모른다.[27]

13세기 초 살라딘이 이집트에 설립한 아이유브조는 여전히 노예 부대에 크게 의존하고 있었다. 현지 상인들은 육로를 통해 아나톨리아 (오늘날 터키의 아시아 지구)와 메소포타미아에서 노예들을 데려왔다. 그러나 이내 몽골이 이집트를 둘러쌌고, 1243년경에는 남캅카스에서 이집트로 향하는 육로에 있는 아나톨리아와 메소포타미아가 몽골 차지가 되었다. 이에 따라 아이유브조가 맘루크 병사를 확보하는 데 차질이 빚어졌다.[28]

4차 십자군 원정을 계기로 지중해 동부, 보스포루스, 흑해를 장악하여 이 지역의 바다와 해협에서 일어나는 교역을 사실상 독점하고 있던 베네치아인이 아이유브조를 기꺼이 도와주었다. 단돌로가 1204년 콘스탄티노플을 점령하면서 베네치아는 몽골군이 방해하지 않는 해로를 이용하여 아이유브조에 노예를 공급할 수 있었다. 베네치아인은 십자군 원정 시기에도 이집트와 교역을 이어 나갔다. 한편으로는 거대한 베네치아 상인 공동체가 형성되어 있던 아크레를 비롯하여 성지의 여러 기독교 왕국에 선박, 군사, 무기를 공급했다. 살라딘은 칼리프에게 자신들이 유럽인을 공격할 때 사용할 무기를 다른 유럽인이 팔고 있는 모양새라고 으스댔다. 곧 유럽 상인들은 새로운 세대의 군사들도 공급할 것이었다.[29]

시기적으로 매우 중요하던 1250년, 맘루크 군사들은 마지막 아이유브조 술탄인 투란 샤(Turan-Shah)를 겹겹이 포위한 뒤 살해하고 맘루크 왕조를 세웠다. 맘루크조는 이후 250년 동안 명맥을 이어갔으며, 맘루크 군대는 19세기까지 이집트 군대의 중심축으로서 기능했다.[30]

13세기 중반은 세계 역사상 가장 치열한 전쟁터였다. 1250년 맘루크조가 설립되었고, 같은 해에 프랑스의 루이 9세가 이집트를 침공하는 재앙과도 같은 사건이 일어났다. 1258년 몽골군이 바그다드를 함락했고, 1260년 이집트의 맘루크가 아인 잘루트(오늘날 이스라엘 근처로 추정)에서 훌라구의 일한국 몽골군을 꺾었다. 1261년에는 4차 십자군 원정 이후 베네치아인과 프랑크인이 세운 괴뢰국인 라틴제국이 멸망했다. 데이비드 아얄론은 "아인 잘루트 전장에서는 어제의 이교도가 내일의 무슬림에게 승리를 거뒀으니 같은 편이 대결한 것이나 다름없었다"라고 표현했다.[31] 다시 말해 백인 노예인 맘루크는 몽골과 긴밀한 연관을 맺고 있었는데, 이 노예들은 군사 훈련을 받으면서 이슬람으로 개종했다. 나중에 몽골제국도 쿠빌라이의 영토를 제외하고 이슬람으로 개종했다. 일련의 사건을 거쳐 이집트의 맘루크는 지중해 동부에서 지배 세력으로 부상했고 레반트에서 서양의 야망을 좌절시켰다.

몽골이 맘루크에 패배하고 콘스탄티노플의 라틴제국이 멸망하면서 이탈리아에서 가장 큰 영향을 받은 세력은 오랫동안 베네치아의 기에 눌려 있던 제노바였다. 제노바는 루이 9세의 이집트 원정대에 선박을 건조해주는 등 적극적으로 지원했는데, 원정대가 패배하면서 군사적으로 힘이 약해졌을 뿐만 아니라 상업적으로도 큰 타격을 입었다. 그러던 차에 판세가 갑자기 바뀌었다. 1261년 또 다른 동맹 세력인 비잔틴이 단돌로와 프랑크인이 설립한 라틴 괴뢰국에게서 콘스탄티노플을 탈환하는 데 성공한 것이다. 순식간에 살아난 비잔틴은 이전까지 베네치아가 독점적 교역권을 행사하던 해협과 옛 제국의 도시에서 베네치아인을 몰아냈다. 과거에 제노바와 비잔틴이 맺은 조약 덕분에 흑해의 독점 교역권은 이제 제노바로 넘어갔다.

이집트의 맘루크는 노예를 조달할 때 해로만 활용할 수 있었기 때문에 제노바 및 비잔틴과 친선 관계를 맺기 원했다. 심지어 일한국 북부에 위치한 몽골족이자 캅카스와 크림반도의 노예 원산지를 실질적으로 통제하던 황금 군단(칭기즈 칸의 손자 바투 칸이 흑해에서 헝가리에 이르는 지역에 세운 나라로 킵차크한국이라고도 한다—역주)과도 원만한 관계를 추진했다. 맘루크와 비잔틴은 이집트 노예 선박이 보스포루스를 자유롭게 통행하도록 권리를 보장하는 내용의 공식 조약을 체결했다. 이와 더불어 맘루크조는 몽골족이 알렉산드리아에 노예 푼둑(funduq, 숙소)을 세울 수 있도록 허용했다.[32]

이집트 맘루크가 흑해에 자유롭게 접근할 수는 있었지만 노예 수요를 충당하기에는 해상 역량이 부족했다. 그래서 제노바의 항구와 선박이 필요했다. 제노바의 선박은 크림반도의 카파에서 노예를 실었다. 카파는 고대 폰투스(흑해) 곡물항인 테오도시아에 건설된 도시로, 황금 군단이 13세기 중반에 사들인 지역이다(이후 '카파'라는 지명은 원래 그리스 지명을 슬라브어로 발음한 '페오도시야'로 바뀌었으며, 지금은 우크라이나의 영토다). 제노바인은 이집트 맘루크조가 아크레와 티레의 마지막 십자군 보루를 공격할 때 눈을 감았다. 어쩌면 무슬림 공격자들을 해상에서 지원하겠다는 약속을 했는지도 모른다.

슬라브인을 실은 선박은 알렉산드리아를 향해 남쪽으로 항해했다(알렉산드리아의 입구 중에 페퍼 게이트(Pepper Gate)라는 문도 있었다). 아니면

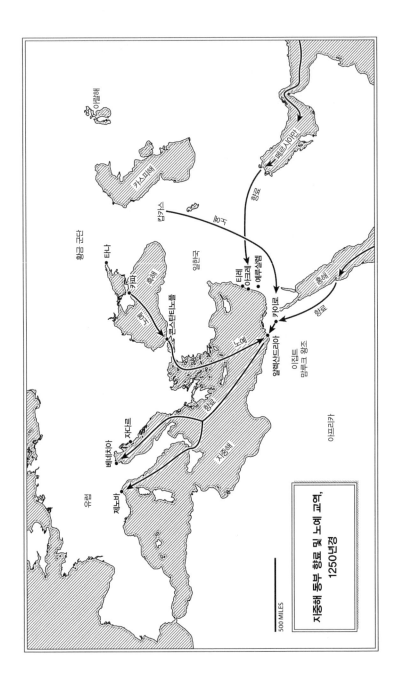

지중해 동부 항로 및 노예 교역,
1250년경

500 MILES

카이로로 이동하여 아랍 상인들이 동쪽에서 구입해 온 후추, 생강, 계피, 육두구, 정향을 배에 실었다. 이와 같은 교역을 통해 제노바는 금융과 전략 면에서 경쟁 관계의 베네치아를 앞서 나갈 수 있었다. 레반트의 십자군 전초기지가 무너진 데는 제노바가 노예 군사들을 실어 날라준 공이 컸다. 제노바인은 신과 마몬(Mammon) 사이에서 누구를 선택할지 망설임이 없었던 듯하다("… 너희가 하나님과 재물을 겸하여 섬기지 못하느니라(마태복음 6장 24절)" 참고. 본문에서 마몬은 재물을 의미한다—역주). 역사학자 앤드루 에렌크로이츠(Andrew Ehrenkreutz)는 다음과 같이 밝혔다.

맘루크와 비즈니스 관계를 맺을 때 얻을 수 있는 물질적 혜택과 비교하면, 레반트에서 십자군이 당한 최후의 수치는 제노바의 냉정한 기독교인에게 큰 관심사가 아니었다.[33]

보스포루스-흑해 간 슬라브 노예 수송로의 수요가 증가하자마자 일한국의 위협이 사라졌고, 1291년 아크레와 티레가 함락되면서 해로도 와해되었다. 일련의 사건으로 맘루크의 노예 수요가 크게 줄어든 가운데 일한국의 약화로 아나톨리아와 메소포타미아를 지나가는 전통적인 슬라브 대상의 경로가 다시 열렸다. 비록 제노바는 해상에서 슬라브 노예의 경로를 잃었지만 13세기 후반에 축적한 전문 지식, 상업적 교류, 조선 능력은 전쟁으로 얻었던 해상 노예 교역로보다 더 오래 유지되었다.

향료 교역으로 막대한 부를 얻은 세력은 이탈리아뿐만이 아니었다.

제노바와 베네치아는 노예, 유리, 섬유제품을 알렉산드리아의 부두와 카이로의 푼둑에 내려놓고 구할 수 있는 향료를 모두 사들였다. 공급망의 동쪽 끝에서 인도와 말레이 무슬림 상인들은 파세, 팔렘방, 훗날에는 말라카를 포함한 해협의 수출입항에서 향료 제도의 현지 상인들이 실어온 정향, 계피, 육두구, 메이스를 구입했다. 인도 상인들은 진귀한 화물을 겨울 계절풍을 타고 벵골만을 거쳐 인도까지 운송했다. 이어 예멘으로 이동하여 카리미(Karimi) 상인들과 접촉했다. 카리미는 맘루크와 함께 부상한 세력으로 막대한 부를 누렸다. 알렉산드리아와 카이로의 푼둑에서 이탈리아인을 안내하고 협상하는 이들이 바로 카리미였다.

유럽인은 알렉산드리아와 비교해 카이로가 더 활기 넘친다고 전했다. 좁고 구불구불한 거리에 터키, 아라비아, 예멘, 페르시아, 이탈리아, 프랑스, 인도에서 온 상인들이 북적댔고 동방에서 가져온 보물의 향내가 가득했다고 한다. 지금과 마찬가지로 당시에도 상인들은 장사의 흥이 넘치는 시장에서 잠시 벗어나 피라미드를 바라보곤 했다. "카이로에서 벗어나는 길에는 대추야자, 오렌지, 레몬, 석류나무가 가득한 정원이 펼쳐져 눈이 즐거웠다."[34]

카리미의 유래는 역사 속에 묻혀버렸고, 상업적으로 어떤 교류를 했는지도 분명하게 알려져 있지 않다. 하지만 이들은 중세에 막대한 부를 누리던 세력을 이해할 수 있는 연결 고리를 제공한다. 기록에 따르면 1150년경 파티마 왕조가 몰락을 향해 갈 때 카리미의 영향력은 정점에 달했다. 이들은 홍해와 바브엘만데브에서 들끓던 해적을 물리치기 위해 파티마 해군에 돈을 지불하고 보호받았다고 한다. 게니자 문서에 등장하는 유대인 상인처럼 소규모 상인들은 감히 해군의 보호를 요청할 비용을 감당할 수 없어 카리미에게 밀려난 것으로 보인다. 카리미가 원래 힌두교도인지 무슬림인지, 인도인인지 이집트인인지, 상인이었는지 선주였는지 알려져 있지 않으나 많은 출처에는 후자로 묘사되어 있다. 반면에 인도인이자 힌두교도였다는 추정은 '카리미'라는 단어가 타밀어에서 사업을 뜻하는 'karyam'에서 유래했다는 주장에서 비롯된 것이다.[35]

어찌됐든 맘루크 시대에 카리미는 아랍 무슬림의 실세로 떠올랐지만 전체 구성원이 이집트인은 아니었다. 이들은 외부에 '후추와 향료 상인'으로 알려졌으며, 예멘과 이집트 사이의 교역 통제권을 쥐고 있었다. 아버지가 아들에게 물려주는 가내 기업을 통해 협력 관계를 맺은 데다 이슬람의 상업과 사회적 제약으로 묶여 있었으며, 홍해를 거쳐 가는 긴 보급로를 따라 거대한 푼둑을 세웠다. 보급로 양 끝에 위치한 예멘과 이집트를 근거지 삼아 홍해에서 이집트 해안까지 이르고 대상으로 사막을 가로지르며 나일강을 건너는 익숙한 고대 무역로를 따라 여러 항구와 기착지를 구불구불 거쳐 가는 경로였다. 13세기 상인 무함마드 빈 아브드 알라흐만 빈 이스마일(Muhammad bin Abd al-Rahman bin Ismail)은 시리아, 메카, 이집트, 이라크, 페르시아만의 국가를 오갔다. 당시에는 그리 특별한 일도 아니었는데, 그는 특히 중국을 세 번 다녀왔다고 알려졌다. 그는 500디나르로 사업을 시작해 5만 디나르 규모로 키웠다.[36]

무슬림 세계에서 "카리미 상인을 닮는다"라는 말은 21세기 초에 "록펠러 같은 부자가 된다"라는 말과 동일한 의미를 지녔다. 많은 카리미가 100만 디나르 이상의 부를 축적했으며, 야시르 알발리시(Yasir al-

Balisi)라는 상인의 재산은 무려 1000만 디나르에 달했다고 한다. 오늘날 가치로 환산하면 5억 달러에 가까운 규모인데, 산업혁명 이전에는 상상하기 어려운 일이었다.[37] 카리미의 자금은 알렉산드리아, 카이로, 메카, 제다에 모스크, 학교, 병원을 짓는 데 사용되었다. 무엇보다 카리미의 부가 가장 크게 흘러 들어간 분야는 군대였다. 1352년 시리아가 맘루크에 대항하고 1394년 티무르가 레반트를 위협했을 때 카리미의 거상 세 사람이 자금을 대서 이집트를 승리로 이끌었다.[38]

하지만 여느 제국과 마찬가지로 맘루크도 탐욕스러워지고 부패했으며 이익을 따졌다. 1428년 술탄 바르스베이는 카리미의 향료 독점권을 빼앗아 중개인의 위치로 강등시켰다. 1453년 오스만조는 콘스탄티노플을 함락하고 기독교도와의 모든 거래를 중단시켰으며, 무슬림과 이탈리아인 사이의 향료 교역도 거의 끊기다시피 했다. 비슷한 시기에 포르투갈인은 아프리카의 서부 해안을 따라 아래 방향으로 항해를 시작했다. 바르톨로뮤 디아스는 1488년 아프리카 남단의 곶을 발견했고, 10년 후에는 바스코 다 가마가 인도양으로 진출했다. 이로써 무슬림이 아시아와 서양의 교역을 독점하던 시대도 영원히 막을 내렸다.

향료-노예 교역이 남긴 빛나고도 오랜 유산은 제노바인이 흑해에 새로 건설한 항구도시 카파에 몽골군이 치명적 선물을 안기면서 산산조각 났다. 카파라는 지명은 기억할 만하다. 수백만 유럽인의 죽음, 아시아에서 몽골 지배의 붕괴, 무슬림 교역 제국의 약화, 궁극적으로 서양의 불멸의 비상을 예고하는 이름이기 때문이다.

6장

흑사병과 질병 교역

카파는 중세판 미국의 변경 종착역과도 같
았다. 중국까지 뻗어 있는 거대한 몽골 한국(汗國)의 경계에 이르기 전
유럽의 마지막 도시였기 때문이다. 1266년경 황금 군단, 즉 아시아 북
서부에서 유럽 동부에 이르던 몽골제국은 카파를 제노바인에게 팔았
다. 제노바 사람들은 크림반도에 위치한 카파가 실크로드의 서쪽 끝
에 있다는 점에서 가치가 크다고 봤다. 카파의 부두에서 상인들은 이
집트로 향하는 노예와, 이탈리아와 프랑스 및 북유럽의 대서양으로
향하는 동방의 사치품을 실었다.

  카파가 이탈리아인의 손에 넘어간 뒤 번성하는 모습을 보자 몽골인
은 배가 아팠다. 도시를 약탈하는 한편 가치가 높아진 땅덩어리를 놓
고 주도권 싸움을 벌였다. 황금 군단의 통치자 토크타 칸은 이탈리아
인이 투르크 형제와 자매들을 노예로 수출한다는 구실을 내세워 노략
질을 일삼았다. 1307년에는 카파에서 동쪽으로 1100킬로미터가량 떨
어진 수도 사라이에 머물던 이탈리아인을 억류했고, 그해 말에는 카파
를 점령했다. 이탈리아인은 1308년까지 저항하다가 도시를 불태우고
떠났다. 몽골이 약탈을 마치자 제노바인은 도시를 다시 건설했다.

  타나는 베네치아인이 노예를 사던 전초기지로, 카파 동쪽에 위치하

여 황금 군단의 공격에 더 취약했다. 1343년에 타나가 공격을 받자 이탈리아인은 서쪽의 카파로 도망쳤고, 황금 군단의 투르크 동맹인 킵차크는 기회를 놓치지 않았다. 이후 3년 동안 킵차크는 무시무시한 투석기를 앞세워 종종 카파를 포위했지만 결과적으로 실패하고 말았다. 1308년 도시가 폐허가 된 이후 제노바인은 보스포루스를 통해 해상 원조를 늘리고 동심원 형태의 성벽을 이중으로 쌓아 카파의 방어를 군건히 했다.

하지만 킵차크인도 제노바인도 모르는 사이에 심판의 무기가 동쪽에서 유입되었고, 양쪽 모두 패배하고 말았다. 처음에는 성 밖에서 공격하던 킵차크가 무너져 잠시나마 카파 안에 머물던 이탈리아인에게 숨통을 틔워줬다. 그러나 얼마 안 가 방어자들도 무너졌다. 이후 심판의 무기는 제노바 갤리선을 타고 유럽을 강타했으며, 이어 선지자 무함마드의 땅에도 상륙하여 잿빛 파멸을 이끌었다.

페스트균(*Yersinia pestis*)은 여러 인간 병원체와 마찬가지로 오랜 기간 '동물 전염원(animal reservoir)'에 잠복해 있었다. 페스트의 경우 설치류가 만성적 감염 상태에 있었고 중세에는 히말라야 산기슭, 아시아 스텝 지대, 아프리카 그레이트 레이크 지역의 마르모트와 들다람쥐가 전염원이었다. 설치류 가운데 특히 주목할 대상은 타르바간이라는 천공 동물(burrowing animal)인데, 생김새는 거대한 다람쥐와 같으며 키 60센티미터, 무게 8킬로그램에 겨울잠을 잔다.

1000년 동안 스텝 지대의 거주자들은 감염된 설치류와 거리를 유지했다. 감염된 동물은 행동이 굼떠서 쉽게 식별할 수 있었다. 하지만 이

따금 감염 확산을 차단하는 문화적 장벽이 무너지곤 했다. 가장 흔한 사례가 현지 관습에 익숙하지 않은 외부인이 감염된 동물을 사냥하는 경우였고, 이는 흑사병의 발병으로 이어졌다.[1]

현대인은 위대한 역사학자 윌리엄 H. 맥닐(William H. McNeill) 시카고 대학 교수 덕분에 전염병의 기원과 역사적 영향에 대해 잘 알고 있다. 1955년경 맥닐 교수는 1521년 에르난 코르테스(Hernán Cortés)의 아즈텍 점령을 검토하던 중 이상한 점을 발견했다. 현지인이 수백만 명에 달하고 맹렬하고 무자비한 전사들도 다수 포함된 상황에서 600명에 불과한 스페인 정복자들이 어떻게 승리를 거뒀는가 하는 궁금증이 생긴 것이다. 물론 유럽인은 말, 총, 철검을 지니고 있어 크게 유리했지만 맥닐은 보이지 않는 다른 요인이 영향을 미쳤음을 간파했다.

사실 아즈텍인은 전년도에 수도 테노치티틀란에서 코르테스를 제압했으며, 악명 높은 슬픈 밤(noche triste)에 스페인 정복자들은 패배 직전에 몰렸다. 그러다 4개월 후 천연두가 아즈텍을 휩쓸었다. 맥닐은 승리를 거둔 아즈텍 장수가 천연두로 사망했다는 대목에서 자물쇠가 열리는 느낌을 받았다. 그는 천연두가 스페인의 아메리카 대륙 정복에 어떤 역할을 했는지 꿰뚫어 봤고, 오늘날 현대인이 세계 역사를 이해하는 데 새로운 차원을 더해주었다.

맥닐은 테노치티틀란과 200년 전 유럽에서 발생한 사건이 동일한 현상임을 깨달았다. 면역력이 없는 집단에 새로운 질병이 전파되면서 재앙이 벌어진 것이었다. 그는 문명의 충돌 과정을 설명했고, 이 과정에서 교역은 종종 주된 원동력으로 작용했다.

오늘날 우리는 분명하게 이해하고 있지만 무역과 여행(더불어 현대와 같은 인구밀도 상승)은 새로 건설된 지역이든 역사가 오랜 곳이든 병원체가 빛의 속도로 퍼져 나가게 만든다. 여러모로 따져봤을 때 고대와 근대 이전에는 상황이 더 위험했다. 과거 세계는 서로 완전히 분리된 '질병 풀(disease pool)'로 구성되어 있는 전염병 부싯깃통과 같았다. 각 풀 안의 인구는 해당 질병에 어느 정도 저항할 수 있지만 다른 풀에서 건너온 질병에는 취약했다. 한 지역에 1000년 동안 문제를 일으키지 않고 잠복해 있던 병원체가 수백 킬로미터 떨어진 지역에서는 종말을 가져올 수도 있는 것이다. 14~18세기에 세계의 교역이 활발해지면서 질병 풀이 서로 뒤섞였고 마침내 대재앙이 벌어졌다. 현대인에게 희소식이 있다면, 앞으로 질병의 혼합이 추가로 일어날 여지가 상대적으로 적다는 것이다. 이제 세계적 유행병은 HIV 바이러스같이 인간 이외의 숙주에서 머물던 병원체가 변이를 일으켜 인간을 감염시키는 경우에만 가능하다. 콜럼버스 이전 시대와 비교하면 기준이 훨씬 높아진 셈이다. 콜럼버스 이전에는 인근의 질병 풀에서 건너온 상인이나 선원 또는 설치류 때문에 치명적인 전염병이 돌 가능성이 충분했다.

맥닐은 1859년 영국인이 오스트레일리아에 토끼를 전파하면서 벌어진 사건도 주목했다. 영국인은 향수병을 달래면서도 익숙한 동물을 사냥해서 잡아먹을 생각으로 신대륙에 토끼를 가져갔다. 불행하게도 새로운 대륙에는 이 앙증맞은 동물의 포식자가 존재하지 않았다. 토끼는 빠르게 증식하여 그렇지 않아도 목초지가 풍부하지 않던 신대륙을 헐벗게 만들었고, 아직 초창기이던 양 산업을 위협했다. 토끼는 생후 6개월부터 번식이 가능하다 보니 울타리, 독극물, 덫, 라이플총으로도 개체 수를 줄일 수 없었다. 상상력을 적극적으로 발휘한 대책이 필요했다.

1950년 오스트레일리아 사람들은 토끼에게만 치명적 효과를 일으키는 점액종 바이러스를 야생에 퍼뜨렸다. 이전에 바이러스에 노출된 적 없던 토끼는 저항할 수 없었다. 당시 벌어진 상황은 천연두와 페스트가 퍼졌을 때 멕시코와 유럽 사람들이 경험한 바와 다르지 않았다. 이후 몇 년 동안 토끼 대학살이 벌어져 개체 수가 80퍼센트 줄었다. 감염된 토끼의 사망률은 99.8퍼센트에 달했다.

그런데 오스트레일리아에서 토끼가 절멸하기 직전에 자연선택이 일어나면서 질병에 내성이 강한 종이 생존에 성공했다. 이러한 과정은 바이러스가 명맥을 유지하는 데도 효과적이었다. 더 이상 점액종 바이러스는 이전처럼 빠르고 치명적으로 토끼를 죽일 수 없었다. 토끼는 더 오래 살았고 효과적으로 증식했다. 1957년에는 감염된 토끼 중 4분의 1만 죽음에 이르렀다. 극히 치명적인 질병과 완전한 무방비 상태의 숙주 사이에 성립했던 일방적 관계는 대치 국면으로 바뀌었다. 이전보다 덜 치명적인 병원체와 내성이 더 강한 개체군이 공존하는 상황이 된 것이다.

인간이 새로운 질병에 노출될 때도 동일한 과정이 일어났다. 처음에는 사망률이 높지만 자연선택의 결과 내성이 강해지고 병원체의 치명적 정도도 줄어든다. 이처럼 병원체와 숙주가 서로 적응해 나가는 '질병 평형(disease equilibration)' 과정은 5~6세대에 걸쳐 진행되는 것으로 추정된다. 토끼에게는 몇 년 정도이며, 사람에게는 100~150년가량에 해당된다. 홍역과 수두는 한때 성인들의 목숨까지 앗아 가는 병이었지만, 지금은 면역력을 갖추지 못한 어린이들에게 주로 영향을 미친다.

또한 이러한 질병이 원래는 인간 가까이에서 생활하는 가축에게 발생했다는 점은 우연이 아니다. 천연두는 우두에서, 인플루엔자는 돼지의 질병에서, 홍역은 개 디스템퍼나 우역에서 유래했다.[2]

페스트는 좀 더 복잡한 축에 속한다. 다른 질병과 달리 페스트에 관한 한 인간은 아직 평형상태에 이르지 못해 14세기 구세계를 강타했듯 치명적인 결과가 벌어질 수 있다. 반면 병원체에게 인간 감염은 부차적으로 일어나는 결과일 뿐이다. 페스트균 입장에서 유일하게 중요한 숙주는 타르바간처럼 들에 사는 설치류인데, 지금도 수백만 마리가 감염되어 있는 상태다. 이 질병은 타르바간에게도 빠르게 퍼져 나가 치명적 영향을 미치지만, 타르바간이 비교적 고립된 상태이기 때문에 군체 간 전염 속도가 빠르지 않을 뿐이다. 아시아 남서부 사막의 게르빌루스쥐의 경우에만 각 개체가 만성적으로, 낮은 수준의 감염을 일으키는 것으로 알려져 있다.[3] 과학자들은 땅속에 사는 설치류를 처음에 감염시킨 최초 병원소가 어디에서 왔는지 정확하게 알지 못한다. 중국 남부의 히말라야 어딘가라고 추정할 뿐이다.

만약 인간, 마르모트, 들다람쥐가 페스트의 유일한 숙주라면 이러한 숙주에서 멀리 떨어져 있는 사람들은 안전을 유지할 것이다. 문제는 이 밖에 두 가지 종이 치명적인 질병 사슬에 관련되어 있다는 사실이다. 첫 번째 주인공인 벼룩은 동물을 물어서 병원체를 포유류에서 다른 포유류로 옮긴다. 벼룩은 몇 킬로미터 떨어져 있는 인간과 먼 데 떨어져 있는 땅속 설치류까지 이동하지는 못한다. 두 번째 종인 곰쥐(black rat)는 들에 사는 설치류와 문명 사이에 기본적인 '다리' 역할을 하며 야생의 동물 전염원이 인간의 영역에 발을 들이게 만든다. 병원체는 인간과 마찬가지로 벼룩이나 쥐에게도 치명적이다. 감염된 쥐는 죽을 수밖에 없으며, 벼룩 역시 죽은 설치류를 떠나 결국에는 페스트로 죽는다. 이때 운 나쁜 사람이 감염된 벼룩과 가까운 거리에 있을 가능성이 있다.

벼룩 가운데 쥐벼룩(*Xenopsylla cheopsis*)은 죽음의 고리에서 중요한 역할을 한다. 이 벼룩은 두 가지 측면에서 치명적인데, 우선 곰쥐에게 기생한다는 점이다. 타르바간은 인간과 가까이에서 접촉하는 경우가 드문 반면, 곰쥐는 이른바 '공생동물'이다. 사람이 버린 쓰레기와 음식물을 먹으면서 가까이에서 적응하며 번식하는 것이다. 또한 곰쥐는 타르바간과도 함께 산다. 이 과정에서 쥐벼룩과 페스트균이 타르바간에서 곰쥐로 옮겨 간다. 쥐벼룩은 쥐가 죽는 경우에만 숙주를 떠나는데, 이때 병원균을 인간에게 옮긴다. 쥐벼룩의 두 번째 치명적 특징은 벼룩에게서만 나타나는 특성인데, 소화기관이 페스트균에 취약하다는 사실이다. 페스트에 감염된 쥐벼룩은 장폐색을 일으켜 감염 물질을 설치류와 인간에게 쏟아낸다.[4]

쥐가 죽으면 쥐벼룩은 진정한 벼룩의 낙원인 말과 낙타로 옮겨 간다.[5] 짐을 나르는 동물뿐 아니라 다수의 포유류와 조류가 페스트에 극도로 취약하다.

페스트균에 대해 쥐벼룩, 곰쥐, 인간은 불운하고 무고한 방관자라 할 수 있다. 이 병원균의 주된 임무는 전염원인 들에 사는 설치류에서 계속 머무는 것이다. 특히 정착생활을 하는 농경문화에서는 인구밀도가 높고 도시가 발달하기 때문에 도시 환경에 적응한 공생 관계의 곰쥐가 모여든다.

곰쥐는 치명적 역할을 훌륭히 해낸다. 인간 가까이에 서식할 뿐만 아니라 뛰어난 등반가이기도 하다. 로마와 한나라가 흥할 무렵 곰쥐는 실크로드와 계절풍을 이용한 해로를 인간과 동행했다. 서력기원이 시작되고 얼마 지나지 않아 곰쥐는 계절풍을 타고 이동하는 다우선과 그리스 선박의 계류삭을 타고 배에 올라 유럽으로 향했다.

'plague'(전염병을 지칭하나 페스트를 뜻하는 단어이기도 하다—역주)라는 단어는 많은 혼란을 준다. 사실 고대에 창궐한 전염병은 페스트균과 무관해 보인다. 수메르의 기록에는 기원전 2000년에 유행한 전염병이 언급되어 있으며, 기원전 1000~500년에 기록된 구약성경 앞머리에도 비옥한 초승달 지대에 신의 징벌로 전염병이 발생했다는 내용이 있다. 현대의 번역가들은 당시의 사건을 '전염병'으로 묘사하지만, 성경과 다른 고대 문헌에는 원인을 제공한 박테리아나 바이러스를 규명할 수 있는 구체적인 임상 정보가 나오지 않는다.

극히 드물기는 하지만, 고대 관찰자들이 구체적으로 질병의 발생 원인을 밝힌 경우도 있다. 히포크라테스(Hippocrates)는 기원전 400년경 『전염병에 대하여(Of the Epidemics)』에서, 타소스섬에서 발병한 유행성 이하선염(고통 없이 귀가 붓고 목이 쉬며 기침이 나는 질환)에 대해 자세히 기록했다. 하지만 그의 저작물에는 페스트균 감염을 추정할 수 있는 설명이 등장하지 않는다.[6] 펠로폰네소스 전쟁을 기록한 위대한 역사학자 투키디데스는 고대 역사에서 가장 유명한 전염병을 기록한 인물이다. 그는 기원전 430년 아테네에 전염병이 유행하여 제국 군대의 4분의 1 가량이 목숨을 잃었다고 기록했다. 다만 원인이 되는 병원체를 정확하게 식별할 수는 없다.[7]

로마 공화국과 로마제국도 전염병 때문에 주기적으로 고통을 받았다. 166년 마르쿠스 아우렐리우스의 군단이 메소포타미아에서 병원체를 들여온 사례가 대표적이다. 당대의 여러 문헌은 수도에 거주하던 인구의 3분의 1이 사망했고 군대 전체가 파괴되었다고 전한다. 3세기 중반에는 또 다른 전염병이 로마를 습격해 하루 최대 5000명의 사망자가 발생했다.[8] 이 경우에도 로마를 덮친 역병의 정확한 정체는 알 수가 없다. 비옥한 초승달 지대의 가축 사육장과 거주지에 머물던 천연두와 홍역이 처음으로 유럽을 덮쳤을 가능성을 짐작할 뿐이다.

페스트균에 감염되면 서혜부와 겨드랑이가 붓고 고열이 나며, 검은색 출혈성 발진이 나타나고 빠른 시일 내에 사망한다. 임상적 특징이 뚜렷하기 때문에 기원후 500년 이전의 고대에 페스트가 발병했다면 기록이 남아 있어야 한다. 특히 객담을 통해 사람 사이에 병원균이 전염되는 폐렴형 페스트의 경우, 동이 틀 때는 감염 여부를 알 수 없으나 해 질 녘에는 도시 전체를 폐허로 만들 정도로 치명적이다.[9]

서력기원이 시작될 즈음, 감염된 벼룩과 설치류가 히말라야 산기슭의 고대 전염원에서 인도의 말라바르 해안까지 진출하는 데 성공했다. 감염된 곰쥐는 서쪽으로 향하는 무역선의 계류삭에 재빠르게 올라탔다. 선박은 겨울 계절풍을 타고 인도양을 건너 알렉산드리아로 (또는 소코트라나 아덴 같은 중계항으로) 향했고, 배가 항구에 닿자 곰쥐도 새로운 땅에 발을 디뎠다. 541년 비잔틴의 유스티니아누스 황제가 다스리던 시기에 페스트균에 감염된 사람을 묘사한 최초의 사례가 등장했다. 페스트는 신체 넓은 부위에 출혈성 발진을 일으키기 때문에 흑사병(Black Death)이라고도 불렸다. 역사학자 프로코피우스(Procopius)는 '유스티니아누스 역병'이 (최소한 서양의 관찰자가 보기에는) 이집트에 처음으로 나타났다고 기록했다. 고대 홍해 경로를 가로지르는 해상 보급로였기 때문이다(페르시아만을 거쳐 가며 손쉽게 이용할 수 있는 '신드바드의 길'은 비잔틴제국의 숙적인 페르시아제국에 막혀 있었다).[10]

프로코피우스는 전염병의 발병을 직접 목격했다. "[541~542년 겨울과] 유사한 시기에 전염병이 돌았는데 인류를 집어삼키다시피 했다."[11] 그는 통증과 염증을 수반하며 림프샘이 붓는 가래톳에 대해 분명하게 설명했다. "서혜부뿐만 아니라 겨드랑이, 귀 밑과 다른 부위에도" 페스트의 특징인 붓는 증상이 나타났다.[12] 하지만 사람 간 직접 접촉이 일어나지 않았다는 점에서 그는 혼란스러워했다.

의사나 다른 누구도 환자나 시신을 만져서 병에 걸린 것이 아니었다. [죽은 자를] 장사지내면서 많은 이들이 [질병에서] 자유로워졌음에도 여전히 병이 돌았고 어떻게 질병에 걸렸는지 파악할 새도 없이 사망했다.[13]

최초의 전염병은 벼룩을 통해서 사람 사이에 전염되었다. 벼룩을 통한 전염은 14세기 유럽에 영향을 미친 폐렴형 전염에 비해 전염 속도가 느렸다. 동로마제국에서는 최초로 질병이 창궐한 이후 5~10년 간격으로 역병이 찾아왔고 면역력이 떨어지는 어린아이들이 특히 큰 피해를 입었다. 541~542년에는 콘스탄티노플 인구의 4분의 1가량이 사망했는데, 프로코피우스는 사망률이 정점에 달했을 때 하루 1만 명이 죽었다고 기록했다. 700년에는 인구가 반으로 줄어들었다. 역병이 돌기 전 유스티니아누스 황제는 제국의 통일을 눈앞에 두고 있었으니, 페스트가 통일의 희망을 산산조각 냈다고 해도 과언이 아니다. 전염병이 휩쓸고 간 유럽은 암흑시대에 들어갔다. 반면 (곰쥐가 적응하지 못한) 사막기후가 펼쳐지고 대도시가 없어 질병에서 보호받은 초기 이슬람 신자들은 지정학적 진공상태를 기회로 세력을 넓힐 수 있었다. 또한 전염병은 무슬림이 더 동쪽으로 진출하도록 도와줬다. 프로코피우스는 페르시아가 황폐화되었다면서, 연이은 역병으로 무슬림이 636년 크테시폰(오늘날 이라크)에서 역사적인 승리를 거뒀다고 기록했다.[14]

동로마제국에서 전염병의 기세가 꺾였을 당시에는 이미 동방과의 교역이 쇠퇴하는 추세였다. 622년 콘스탄티노플에 마지막으로 역병이 돌았는데, 같은 해 쿠라이시는 무함마드와 추종자들을 메카에서 쫓아내 메디나로의 헤지라를 촉발시켰다. 8년 사이에 무함마드의 군대는

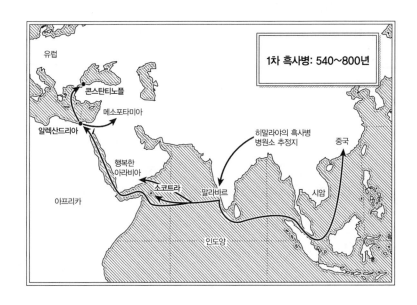

아라비아 전역을 장악했고, 이후 1000년 동안 서양의 선박이 바브엘만 데브를 이용하지 못하도록 차단했다. 이후 여러 세대 동안 서양인은 실크로드에도 접근할 수 없었다. 유럽은 서력기원이 시작된 이래 줄곧 아시아로 자유롭게 접근했지만 이슬람 군대에게 길을 빼앗겼다. 이처럼 뼈아픈 패배에서 유럽에 비친 한줄기 희망을 찾자면, 길이 차단된 덕분에 이후 700년 동안 아시아의 전염원에서 보호받았다는 점이다.

뜨겁고 건조하며 사람이 거의 살지 않는 아라비아반도는 거주자들을 질병에서 보호하는 역할을 했다. 하지만 무슬림이 정복한 비옥한 초승달 지대는 인구밀도가 높아 질병이 퍼져 나가기에 이상적이었다. 639년에는 페스트가 시리아를 덮쳐 약 2만 5000명의 무슬림 군사들이 목숨을 잃었다. 무함마드의 두 번째 계승자인 칼리프 우마르는 시리아에 머물던 탁월한 장수 아부 우바이다(Abu Ubaydah)를 살리기 위해 본국으로 불러들였다. 칼리프는 진짜 의도를 숨기고 장군과 긴급히 논의할 일이 있다고 전했지만, 아부 우바이다는 숨은 뜻을 간파했다. 하지만 알라의 뜻을 저버리고 싶지 않았던 그는 시리아에 남았고, 결국 수많은 아랍 장수들처럼 목숨을 잃었다.[15]

페스트는 이슬람 분열에도 한몫했다. 아부 우바이다가 사망한 뒤 다른 장수인 무아위야 이븐 아비 수프얀(Muawiyah ibn Abi Sufyan)이 칼리프 알리(무함마드의 4대 계승자이며 사촌이자 사위)를 물리쳤는데, 이후 무슬림은 수니파와 시아파로 갈라져 끝없이 갈등을 벌였다. 만약 우마르의 유능한 장수 아부 우바이다가 전염병으로 목숨을 잃지 않았다면 이슬람이 오늘날과 같은 분열을 겪지 않았을지도 모를 일이다.

'유스티니아누스의 역병'이 이슬람의 기세등등한 전사들에게 어떤 영향을 미쳤든, 비잔틴과 페르시아에 훨씬 큰 피해를 끼친 것은 분명하다. 역사학자 조시아 러셀(Josiah Russell)은 "샤를마뉴(Charlemagne)도, 하룬(Harun)도, 위대한 이사우리아 왕조나 마케도니아 왕조도 벼룩, 쥐, 간균으로 형성된 패턴을 끊지 못했다"라고 지적했다.[16] 알리의 칼이나 카디자의 부와 더불어 흑사병도 신흥 종교 이슬람의 적인 비잔틴과 페르시아의 목숨을 주기적으로 앗아 간 공로를 인정받아야 한다.

유스티니아누스의 역병이 일어나고 몇 세대 만에 간균은 인도에서 동쪽의 중국 항구로 퍼져 나갔다. 7세기 초에 기록된 신뢰할 만한 중국 문헌에는 페스트를 묘사한 대목이 등장한다. 확실한 인구 자료는 없지만 전염병으로 당나라에서 사망한 인구가 비잔틴제국의 사망자와 맞먹었던 것으로 추정된다. 한 관찰자는 762년 산둥성(山東省) 인구의 절반이 사망했다고 전했다. 2~742년 중국의 인구는 4분의 1가량 줄어든 것으로 보인다.[17]

그러고는 아무 일도 일어나지 않았다. 전염병은 마지막으로 622년 콘스탄티노플을 삼켰고, 767년에는 제국의 주변부를 황폐화시켰다. 이후 14세기에 대재앙이 발생하기 전까지 기독교 국가에서 흑사병으로 인한 피해를 기록한 문헌은 추가적으로 발견되지 않았다.

수천 년 동안 아시아의 야생 설치류에 잠복해 있던 페스트가 최초의 밀레니엄 중반에야 유럽에 도달한 이유는 무엇일까? 처음 페스트가 발발한 이후 800년 동안 잠잠했던 이유는 무엇일까? 또한 유스티니아누스 역병이 유럽의 동로마제국에 집중된 반면 중세에 창궐한 페스트가 유럽 대륙 전체에 피해를 입힌 이유는 무엇일까?

무엇보다도 전염병은 교역을 통해 전파된다. 감염된 인간은 며칠, 감염된 쥐는 몇 주, 감염된 벼룩은 몇 개월밖에 생존하지 못한다. 간균을 다른 대상 숙소나 항구, 인간, 설치류, 숙주 곤충에게 옮기려면 바다와 스텝 지대를 신속하게 건너야만 한다.

유스티니아누스 역병이 북부 유럽의 여러 도시를 강타했을 당시 그 영향이 대륙 전체로 퍼져 나가지 않은 이유는 크게 두 가지다. 첫째로 유럽에서 페스트는 주로 지중해 항로를 통해 전파되었다. 서쪽과 북쪽으로 향하는 길은 고트족, 반달족, 훈족에게 가로막힌 상황이었다. 둘째로 6~7세기에 중간 숙주 역할을 한 곰쥐는 지중해 연안 너머로 크게 퍼지지 않았기 때문에 대서양 항구는 상대적으로 안전했다.[18] 유스티니아누스 역병 당시 그나마 다행스럽게도 병원체가 유럽의 야생 설치류에 퍼져 나가지 않았다. 하지만 14세기 유럽에도 행운이 반복되지는 않았다. '무슬림 격리'에 의해 수백 년 동안 아시아와 접촉하지 못한 유럽 상인들은 13세기 몽골의 정복 이후 육로로 교류를 이어갔다. 칭기즈 칸의 후예들 덕분에 육상 교역이 재개되면서 그동안 유럽에서 잠잠했던 페스트가 더 큰 화를 불러왔다.

6세기 페스트는 바다를 통해 유입된 반면, 14세기에는 육로로 전파되었다. 몽골 칸들이 정치적 화합을 이루면서 실크로드가 열렸고, 중국의 진귀한 물건과 함께 카파의 포위자들을 감염시킨 쥐와 벼룩도 같이 이동했다. 몽골군과 동맹이 감염당한 규모는 정확히 알 수 없다. 맥닐은 스텝 지역의 전사들이 1252년 북쪽 방향에서 중국 남부와 버마의 히말라야 산기슭을 공격할 당시 감염된 설치류를 통해 질병에 걸린 것으로 추정했다.

중국에서는 1331년에 페스트가 돌아왔다는 기록이 처음 등장했다.

거의 동시에 페스트는 몽골의 지배로 왕래가 손쉬워진 실크로드를 타고 빠르게 퍼졌다. 감염된 벼룩은 서쪽으로 향하는 군마의 갈기, 낙타의 머리털, 짐칸과 안장주머니에 숨어 있던 곰쥐에 올라탔다. 장거리 상품 교역은 간접적으로 진행되었기 때문에, 실크와 향신료가 도중에 중개인에게 인도되는 방식이었다. 이 과정에서 간균은 여러 차례 여정에 합류했다.

맥닐은 대상이 묵는 숙소가 질병을 옮기는 핵심적 연결 고리 역할을 했고 낙타와 상인뿐 아니라 간균에게도 자양분을 공급했다고 지적했다. 대상의 숙소마다 일꾼, 주인, 손님이 페스트로 목숨을 잃었다. 생존자들이 사방으로 흩어지고 현지의 야생 설치류가 전염되면서 전염병의 전파 속도가 빨라졌다. 중국에서 페스트가 발병하고 7년 뒤인 1338년, 실크로드의 중간 지점인 이시크쿨호(오늘날 키르기스스탄) 인근의 교역소가 피해를 입었다. 1345년에는 페스트가 카스피해 북부의 아스트라한을 덮쳤고 이어 카파에도 전파되었다.[19, 20]

1346년에는 악성 간균이 카파에 머물던 킵차크의 군대를 무너뜨렸다. 전염병 연대기 작자인 가브리엘레 데 무시(Gabriele de' Mussi)는 "타타르인은 몸에 증상이 나타나자마자 사망했다. 체액이 응고하여 겨드랑이나 서혜부가 부었고 이어 고열이 났다"라고 전했다.[21]

카파의 공격자들을 덮친 페스트가 얼마나 강력했던지 즉시 포위를 풀고 물러날 수밖에 없었다. 하지만 이들은 물러나기 전에 역사상 가장 참혹한 생물학 테러를 감행했다. 데 무시의 설명을 계속 살펴보자.

죽어가던 타타르인은 질병이 몰고 온 엄청난 재앙에 넋이 나갔으며 달아

날 희망이 없음을 깨달았고 포위에도 관심을 잃었다. 하지만 악취로 성안의 모든 사람이 죽기를 바라면서 사망자의 시체를 투석기에 올려 성안으로 던지라는 명령이 떨어졌다. 이에 병사들은 산더미처럼 쌓인 시체를 성안으로 던져 넣었다. 악취가 무척 심했고 수천 명 중 한 사람도 남아 있는 타타르 군에게서 도망칠 수 없을 정도였다.[22]

이처럼 참혹한 공격은 절체절명의 순간에 직관을 따른 결과일 수도 있고, 세계 최고의 투석기 전문가였던 '타타르족'(몽골과 동맹 세력)이 투석기야말로 시체를 제거할 수 있는 가장 효과적인 장비임을 간파한 결과일 수도 있다. 이내 카파를 지키던 수천 명의 방어자들도 공격자와 같은 운명을 맞았고, 흑사병은 몇 달 만에 유럽과 중동을 휩쓸었다.

일단 카파에 도달한 페스트는 교역을 통해 퍼져 나갔다. 카파에 닥친 재앙에서 살아남은 일부 선원들은 이탈리아의 고향으로 돌아갔다. 이번에도 배에 선원들과 함께 곰쥐가 숨어들어 선박의 밧줄을 질주하는가 하면 병원균을 유럽의 부두에 옮기고 중세 최악의 재앙을 촉발했다.[23] 프란체스코 수도회의 수도사인 미켈레 다 피아자(Michele da Piazza)는 이탈리아에 흑사병이 상륙하던 순간을 기록했다.

1347년 10월 초 제노바의 갤리 열두 척이 신께서 그들의 죄악에 내리신 형벌을 피해 메시나로 들어왔다. 제노바인의 몸에는 병균이 있어서 누구라도 그들과 말을 섞으면 치명적인 질병에 감염되며 죽음을 피하지 못하고 함께 사망한다. 그들의 물건을 취하거나 만지거나 손을 댄 자도 마찬가지다.[24]

전염병에 감염된 선박은 항구에 닿는 순간 입항을 거부당했다. 도시가 감염되자마자 생존자들은 도망쳤고 덕분에 질병은 더 먼 곳으로 퍼져 나갔다. 다 피아자는 "메시나인은 배를 무척 꺼렸고 누구도 선원들과 이야기를 나누거나 무리에 섞이기를 거부했다. 선원들이 눈에 들어오면 숨을 참고 황급히 도망쳤다"라고 기록했다.[25]

1347년 유럽은 유스티니아누스의 역병이 돌던 시대에 비해 간균이 번식하기에 더 좋은 환경이었다. 그사이 지중해 해상 교역망은 신속하고 안정적이며 대규모로 확대되었다. 감염된 쥐는 800년 전과 비교해 이 항구에서 저 항구로 더 빨리, 더 규칙적으로, 더 많이 옮겨 다닐 수 있었다.

2차 흑사병이 돌기 반세기 전인 1291년, 제노바의 지휘관 베네데토 자카리아(Benedetto Zaccaria)는 지브롤터 근처에서 무어인을 물리쳤다. 이에 따라 서양 선박은 무슬림의 스페인 정복 이후 처음으로 해협을 지나다닐 수 있게 되었다.[26] 한편으로는 '전염병에 감염된 선박'이 새로 열린 길을 통해 대서양으로 진출하고 북유럽까지 재앙을 옮기도록 만들었다.

6~7세기에는 곰쥐가 지중해 동부 너머로 퍼져 나가지 않았지만, 1346년에는 감염된 쥐가 어느 방향에나 발을 디뎠고 유럽의 야생 설치류 전염원에게 병을 옮겼다. 곰쥐가 도처에 퍼져 나가면서 페스트가 처음 맹공격을 시작한 이후 수백 년 동안 반복적으로 전염병이 창궐했다. 게다가 짐 나르는 동물의 이동 경로도 새로 닦이면서 육로를 통해 전염병이 전파될 기반이 마련되었다. 폐렴형 페스트의 초기 감염 상태였던 상인들은 하루 2~8킬로미터 속도로 대륙을 가로질렀을 것이다.[27]

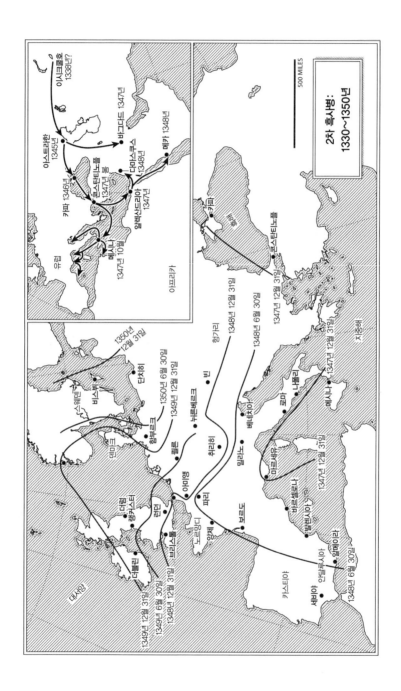

2차 흑사병:
1330~1350년

500 MILES

아시크쿨호
1338년?

바그다드 1347년

아스트라한
1345년

다마스쿠스
1348년

메카 1348년

카파 1346년

콘스탄티노플
1347년 봄

알렉산드리아
1347년

유럽

메시나
1347년 10월

아프리카

카파

콘스탄티노플

콘스탄티노플 1347년 12월 31일

1348년 12월 31일

1348년 6월 30일

지중해

1347년 12월 31일

1347년 12월 31일

메시나 1347년 12월 31일

헝가리

1350년
12월 31일

단치히

빈

1350년 6월 30일

나폴리

로마

함부르크

취리히

1349년 12월 31일

쾰른

밀라노

베네치아

뉘른베르크

북해

스웨덴

프라하

마르세유

비스뷔

이페엥

보르도

아비뇽

파리

덴마크

더럼

프랑크푸르트

런던

브리스톨

앙제

바르셀로나

발렌시아

1347년 12월 31일

대서양

1349년 12월 31일

1349년 6월 30일

1348년 12월 31일

카스티야

세비야

그라나다

1348년 6월 30일

인틀루시아

알메이라

226 —

1347~1350년 페스트는 이탈리아 북부에서부터 서서히 멈추지 않고 유럽으로 확산되었다. 지도에서 보듯 페스트는 해로와 육로 모두를 통해 퍼져 나갔고, 일반 교역품과 마찬가지로 육지보다 바다에서 더 빠르게 확산되었다. 소규모 공동체 일부는 완전히 쑥대밭이 된 반면, 타격을 입지 않고 피해 간 대도시도 여럿이었다. 이 기간 동안 유럽인은 서너 명 중 한 명꼴로 사망한 것으로 추정된다. 초기의 참사는 1350년에 일단락되었지만, 유스티니아누스 역병 이후와 마찬가지로 수십 년 동안 간격을 두고 반복적으로 발병했다. 베네치아는 1575~1577년 페스트로 인구의 3분의 1이 줄었는데, 1630~1631년에도 재앙이 찾아왔다.[28]

페스트가 처음 위세를 떨칠 때처럼 유럽을 공포에 빠뜨린 사건은 이전에도, 이후에도 없었다. 페스트가 선박을 통해 퍼진 것은 분명했다. 군주든 평민이든 바다와 항구가 죽음의 화물을 싣고 오는 상선으로 북적대는 모습을 상상했다. 아비뇽 같은 내륙 도시에서는 새로 향료가 도착해도 질병이 숨어 있으리라는 생각에 감히 손을 대지 않았다. 벼룩을 통한 전염이 현대 이전에는 설명되지 않아 프로코피우스를 혼란에 빠뜨렸듯, 감염 과정에 대한 무지는 유럽인을 오싹하게 만들었다. 데 무시는 약탈을 위해 잠시 부대를 이탈한 제노바 병사 네 사람의 섬뜩한 이야기를 전했다.

병사들은 해안의 리바롤로에 갔는데 병으로 마을 주민 모두가 목숨을 잃은 상태였다. 네 사람은 한 집에 들어가 침대 위에 놓여 있던 양털을 훔쳐 왔다. 부대에 돌아온 그들은 밤에 그 양털을 덮고 잠이 들었다. 아침이 되었을 때 넷은 더 이상 산 사람이 아니었다. 모두가 패닉 상태에 빠졌고, 이후 누구도 죽은 자의 물건과 옷을 사용하지 않았다.[29]

훔친 옷가지에는 감염된 벼룩이 있을 가능성이 높았으니 적절한 조치가 아닐 수 없다. 이탈리아에 간균이 처음으로 상륙한 이후 도시에 간 소식 전달자들은 신체적으로 접촉을 피하면서 겁에 질린 사람들을 향해 죽음이 천천히 오고 있다고 전했다. 처음 페스트가 발병했을 당시에는 사망률이 얼마나 높았던지, 사람들이 종말을 향해 가고 있다고 생각했다. 그러나 1346~1350년 페스트가 한창일 때 살아남은 사람이 있다는 사실은 이후에 전염병이 돌 때 사람들의 공포감을 누그러뜨렸다. 만약 공포감이 처음처럼 지속됐다면 이후에 유행한 페스트도 처음 못지않게 끔찍한 결과를 냈을 것이다.[30]

중세에는 전염병의 감염 원리에 무지했기 때문에 피해 갈 수 있었던 수천만 명의 유럽인, 아프리카인, 아시아인이 목숨을 잃었다. 또한 과학적 지식의 부재는 반유대교 정서를 부추겼고 유대인을 질병보다 더 무서운 상황으로 몰아갔다. 역병이 돈 원인을 둘러싸고 온갖 설이 나돌았다. 육체적 범죄나 신학적 범죄에 대한 형벌이라는 설명이 반복적으로 제기되었고, 사시(evil eye)와 오염된 '기운'으로 설명하려는 시도도 있었다. 그중에서도 가장 악질적인 설은 히브리인이 우물을 오염시켰다는 주장이었다. 이러한 망상은 기독교도를 패닉으로 몰아갔다. 유대인 수천 명이 모진 고문 끝에 범죄를 저질렀다고 허위로 자백했고 화형이나 능지처참을 당했다. 독일의 저명한 수도사 하인리히 트루케스(Heinrich Truchess)의 기록은 끔찍한 히스테리의 전형을 보여준다.

1349년 1월 4일 콘스탄츠 시민들은 유대인 330명을 집 두 채에 가두어 불태웠다. 일부는 불길에 맞춰 춤을 추고 노래를 부르기도 했으며 나머지는 눈물을 흘렸다. 유대인은 사람을 가두어 불태울 목적으로 만든 집에 갇혀서 화형을 당했다. 1월 12일에는 부켄에서, 1월 17일에는 바젤에서 유대인이 불에 탔으며 유아는 따로 분리되어 침례를 받았다.

트루케스는 이와 유사한 맥락의 진술을 몇 단락 이어가면서 크고 작은 도시에서 벌어진 참사를 전했다. 그는 끝으로 "한 해 안에 쾰른에서 오스트리아 사이에 있던 모든 유대인이 불에 탔고, 오스트리아의 유대인도 같은 운명을 기다리고 있다. 하나님의 저주를 받은 자들이기 때문이다"라고 결론을 맺었다.[31]

오스트레일리아에서 1950년 점액종 바이러스를 도입한 뒤 몇 년 동안 토끼 개체 수에 변화가 있었듯, 흑사병이 몇 차례에 걸친 가차없는 공격으로 유럽의 인명을 앗아간 이후 다섯 세대(125~150년)가 지나갔다. 유럽인 사이에서 점차 면역성이 생기면서 생식이 암울한 사망을 누르고 유리한 고지를 차지하기 시작했다. 당시 가장 정확한 인구통계를 보유하고 있던 영국의 경우, 페스트가 유행하기 직전인 1335년 인구가 550만 명이었는데 1455년 210만 명으로 줄었다. 〔그림 6-1〕에는 영국 인구의 하락과 회복 추세가 나타나 있다. 페스트가 처음 발병한 이후 400년 동안 인구가 페스트 이전 수준으로 회복되지 못했다는 점을 주목해야 한다.

서유럽에서 페스트가 마지막으로 발생한 사례는 1720년 마르세유에서다. 러시아와 오스만제국은 19세기까지 영향을 받았으며, 중국에서

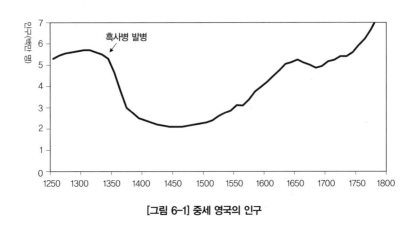

흑사병 발병

[그림 6-1] 중세 영국의 인구

는 20세기 초에도 수천 명이 페스트로 목숨을 잃었다. 흑사병 발병 직전 유럽 인구는 5000만 명가량으로 추산된다. 따라서 최초의 발병 당시 1200~1500만 명이 사망한 것으로 추정되며 이후 100년 동안 더 많은 사람이 희생당했을 것이다. 역병이 거듭 발생하면서 사망이 출생률을 압도하는 상황이 이어졌다.

  유럽을 휩쓸고 간 대재앙은 페스트의 전체 퍼즐에서 일부분에 불과하다. 유럽에서 흑사병에 대한 문화와 인구 관련 기록이 불완전한 수준이라면 중동과 근동의 기록은 전무하다고 봐야 한다. 아랍과 인도, 중국에는 『데카메론(Decameron)』 같은 기록이 없었다. 하지만 중세 이슬람 세계의 의술은 유럽보다 뛰어났으며, 아랍과 인도 의료진이 남긴 정확한 임상적 설명을 종합해보면 유럽에서 흑사병이 발생한 직후 동양에서도 페스트가 거대한 피해를 입혔음을 알 수 있다.[32] 14세기 중반 동양에는 유럽보다 다섯 배가량 많은 인구가 살고 있었던 것으로 보인다. 페스트로 목숨을 잃은 인구도 최대 1억 명에 달했을 것으로 추정된다.

역병은 말갈기와 선박을 통해 빠르게 전파되었다. 유럽과 마찬가지로 스텝 지대와 인도양의 육상 및 해상 중심지가 특히 큰 타격을 입었을 것이다. 유럽의 경우에는 페스트가 브뤼헤와 제노바 같은 항구도시에 더욱 큰 피해를 입혔다. 베네치아는 1348년 처음 페스트가 휩쓸고 지나간 후 인구의 60퍼센트를 잃었다. 페스트가 발생하기 전에 거의 끊이지 않고 진행됐던 항구 개선 작업은 100년 이상 중단될 수밖에 없었다.[33]

동양의 항구에서 벌어진 일은 키프로스의 기록을 통해 짐작해볼 수 있다. 키프로스는 지중해 교역에서 기독교도가 우세하던 중심지였으며, 이 밖에 소수의 무슬림이 활동하고 있었다. 1348년 페스트로섬에서 기르던 가축이 죽었고, 이어 사람도 감염되었다. 수많은 기독교도가 죽거나 섬을 떠났는데, 혹시나 남은 무슬림이 권력을 잡을까 두려워하던 이들은 모든 무슬림 포로와 노예를 한데 모아 몇 시간 만에 절멸시켰다. 이후 일주일 안에 키프로스의 왕자 네 명 중 세 명이 사망했다. 네 번째 왕자는 도망쳤지만, 배에 오르고 하루 만에 다른 승객과 함께 죽고 말았다.

또 다른 갤리 상선은 처음에 수백 명을 싣고 출발했으나 로도스에 도착했을 때 상인 열세 명만 남았고, 키프로스에 도달하기까지 목숨을 부지한 사람은 넷뿐이었다. 섬이 황폐화된 것을 발견한 네 사람은 트리폴리(오늘날 리비아)로 건너가 깜짝 놀란 사람들에게 기막힌 이야기를 들려줬다.[34] 주변에서 일어나는 재앙에 혼이 나간 유럽인은 같은 시기에 동양에서도 비극이 진행되고 있음을 깨닫지 못했다. 예외적으로 가브리엘레 데 무시만 상황을 제대로 파악하고 있었다.

1346~1348년 비통한 사건으로 얼마나 많은 이가 어떻게 죽었는지 목격하고 곡을 하며 한탄하던 생존자들, 즉 중국인, 인도인, 페르시아인, 메디아인, 쿠르드인, 아르메니아인, 실리시아인, 조지아인, 메소포타미아인, 누비아인, 에티오피아인, 투르크인, 이집트인, 아랍인, 사라센인, 그리스인(동양에서는 대부분 피해를 입었다)은 최후의 심판이 임했다고 여겼다.[35]

데 무시는 1348년에 3개월 동안 바그다드 주민 48만 명 이상이 사망했다고 추정했다. 당시 유럽 최대 도시인 파리의 인구가 18만 5000명 수준이었으니 어느 정도 과장이 섞였을 것이다. 또한 데 무시는 중국에서 "뱀과 두꺼비가 비와 함께 쏟아졌고 사람들의 거처에 들어가 수많은 이들을 잡아먹었다"라고 기록했다.[36] 이집트에서도 페스트로 황폐화된 키프로스의 갤리 상선과 유사한 사례가 있었다. 페스트에 감염된 흑해의 어느 항구에서 맘루크 수백 명을 태우고 출발한 배가 알렉산드리아에 들어왔는데 생존자는 선원 40명, 상인 네 명, 노예 한 명뿐이었다. 살아남은 사람들조차 도착하자마자 모두 숨을 거뒀다.[37]

페스트는 서쪽 방향으로 이동하여 북아프리카의 무슬림 항구를 강타한 이후 모로코와 스페인의 우마이야조까지 도달했다. 이븐 바투타의 어머니도 1349년 페스트로 목숨을 잃었다. 튀니스는 특히 큰 타격을 입었다. 무슬림 의사들은 천막에 거주하는 베두인족이 거의 감염되지 않았다는 점에 주목했으며, 세계의 의학자들 가운데 유일하게 정확한 결론에 도달했다. 질병이 신의 분노, 기운, 사시, 불신자들이 퍼뜨린 독극물 때문이 아니라 전염 때문에 퍼졌다는 결론을 내린 것이다.[38]

중세 아랍 문명 가운데 이집트 맘루크조는 강한 역사적 전통을 발전시켰다. 이곳에서는 비서구 세계에서 역병이 어떤 영향을 미쳤는지 풍부한 정보를 얻을 수 있다. 알렉산드리아에 페스트가 도착한 시기는 이탈리아 해변에 처음 상륙한 때와 거의 일치한다. 이집트에서는 치명적인 폐렴형 페스트가 유행한 것으로 보이며, 18개월에 걸쳐 남쪽의 나일강 상류가 서서히 타격을 입었다. 당시 부유한 이집트인 사이에서는 러시아 모피가 유행했다. 무더운 날씨에 걸치기에는 어리석은 사치품이었을 뿐만 아니라 벼룩을 옮기는 데 이상적인 도구였다.[39]

페스트는 핫즈 순례객을 따라 이집트를 벗어나 다음 목적지인 메카의 항구도시 제다를 강타했고, 이어 메카까지 덮쳤다. 페스트로 많은 사람이 희생당하자 무함마드가 도시를 페스트로부터 보호하기로 약속했다고 생각한 무슬림 신학자들은 혼란에 빠졌다. 반면 메디나는 안전하게 유지되자, 많은 이들은 메카에 이교도들이 존재하여 알라가 벌을 내렸다고 생각했다.

초기 사망자 수는 유럽과 비슷한 수준이었지만, 페스트가 이집트 맘루크조에 미친 영향은 훨씬 더 참혹했으며 오래 유지되었다. 1348년 이집트에 페스트가 처음 발병한 이후 시간이 흐르자 현지인들에게는 면역력이 생겼다. 1441~1541년에 페스트가 적어도 열네 번, 즉 7년에 한 번꼴로 발병했다. 이때 면역력을 미처 갖추지 못한 집단은 크게 세 부류였다. 어린아이, 청소년, 캅카스에서 방금 구입해 온 노예 군사였다. 노예들은 맘루크조에서 가장 값진 자원이었다. 새로 들어온 맘루크는 이집트 훈련소에서 단체 훈련을 받았기 때문에 사망률이 매우 높았다. 당시 관찰자들은 "맘루크 사망자가 셀 수 없이 많았다"라면서 "성채의 병영은 로열 맘루크(현재 술탄의 지지 세력)가 모두 죽어 텅 빈 상태였다"라고 전했다.[40] 엘리트 군사가 수천 명 수준이었음을 감안하면 그 손실은 헤아리기 어려운 정도였다.

막사에 거주하는 맘루크의 사망률은 엄청났다. 이 질병으로 1000명가량이 사망했다. 거세된 환관 160명, 술탄의 궁에 기거하던 궁녀 160명 이상, 첩 17명, 술탄의 자녀 17명도 목숨을 잃었다.[41]

페스트 때문에 현재 술탄이 얼마 전 구입한 맘루크가 큰 타격을 입은 반면, 옛 술탄의 맘루크는 피해가 덜했다. 이들은 면역성이 있었고 신분도 자유로웠다. 정치적 불안이 형성되기에 더없이 좋은 환경이었다.

이집트는 페스트로 군사력이 파괴됐을 뿐만 아니라 많은 인적자원과 금융 자원을 잃었다. 부유한 카리미 상인들은 쥐와 낙타가 바글거리는 시장과 거대 창고에서 주로 일을 했기 때문에 페스트의 주요 희생자가 될 수밖에 없었다. 덕분에 1428년 술탄 바르스베이(Barsbay)는 손쉽게 돈을 벌었다.

간균은 벼룩, 설치류, 인간뿐 아니라 다른 동물에게도 피해를 입혔다. 유럽과 중동의 들판은 조류, 가축, 심지어 맹수의 사체로 뒤덮였고 사체 대부분의 림프샘에서 가래톳이 발견되었다. 소와 낙타가 떼죽음을 당하면서 경제적 손실도 컸다. 카이로와 팔레스타인 사이에 위치한 대상 숙소인 빌바이스에서는 마을 거주자와 더불어 술탄의 단봉낙타

대다수가 죽었다.

흑사병에서 운 좋게 살아남은 유럽의 농민들은 숲으로 피하여 삶을 새로 시작할 수 있었다. 하지만 이집트에서는 그런 선택권이 없었다. 나일강에서 불과 몇 킬로미터 떨어진 지역에서부터 태양이 작열하는 사막이 끝없이 펼쳐졌다. 당시 이집트의 기록에는 사람이 자취를 감춘 마을에 대한 언급이 종종 등장한다. 이후 이집트는 과거의 부, 권력, 영향력을 다시는 회복하지 못했다. 페스트 발생 직전의 이집트 인구는 800만 명으로 추정되는데, 1798년 나폴레옹이 침입했을 당시에는 300만에 불과했다. 최근의 신뢰할 만한 추정에 따르면, 근대 초 이집트의 인구는 예수가 탄생할 때와 동일한 수준에 머물렀다.[42]

경제통계로 피해 정도를 짐작할 수 있다. 흑사병 이전에 정부는 950만 디나르의 세금을 거둬들였으나, 1517년 오스만 침입 당시 세수는 180만 디나르에 불과했다. 페스트가 처음 발생하고 거의 반세기가 지난 후인 1394년에 알렉산드리아에서 일하던 방직공은 1만 3000명가량이었는데, 반세기 후에는 800명으로 크게 줄었다.[43]

질병의 인간 매개체였던 몽골족도 과거의 영광을 회복하지 못했다. 1368년 명나라는 역병에 시달리던 지배 세력에 반기를 들고 속박에서 벗어났다. 1405년 티무르의 사망 이후 몽골의 공격은 강도가 점차 약해졌다. 기병들이 남쪽의 문명화된 농경 민족을 맹렬한 기세로 약탈하는 경우도 줄었다. 한국이 막을 내리면서 스텝 지대는 홉스의 무정부 사회로 돌아갔다. 폴로 일가, 이븐 바투타, 제노바 상인들이 중국과 교류하던 길도 다시 사라져버렸다. 향료에 목마른 유럽인은 동양으로 향하는 다른 길을 찾을 수밖에 없었다.

몽골과 명나라의 인구 자료는 1330~1420년 중국 인구가 7200만 명에서 5100만 명까지 감소했음을 시사한다. 현대 이전에, 심지어 전쟁 중에도 군인과 민간인을 쓰러뜨리는 데 칼보다 더 무서운 무기는 미생물이었다. 중국의 인구 감소로 세수가 줄어든 요인은 1433년 정화의 마지막 원정 이후 인도양에서 중국 해군이 자취를 감추는 데 한몫했다.

이집트에서는 교역과 산업구조가 거의 붕괴되고, 세계 무대에서 몽골족이 모습을 감추며, 인도양을 누비던 중국 해군이 사라져 공백이 생기자 간신히 버텨낸 유럽인이 적극적으로 활동할 여지가 생겼다. 6~7세기에 비잔틴과 페르시아제국을 공격하여 무슬림에게 평탄한 앞길을 만들어줬던 페스트균이 14~15세기에는 오히려 이슬람의 쇠퇴를 앞당겼다.

기원전에 교역은 아시아, 유럽, 아프리카의 '질병 풀'이 뒤섞일 정도로 빠르고 광범위하게 진행되지 않았다. 역병은 시간과 공간의 제약으로 진원지로 추정되는 히말라야의 산기슭에 고립되었고, 천연두와 홍역도 비옥한 초승달 지대에 머물렀다. 하지만 로마-한나라 시대에 장거리 교역이 폭발적으로 증가하고, 이슬람과 몽골 세력이 영향을 미치면서 질병은 먼 거리에 있는 무방비 상태의 사람들을 공격했다. 구세계에 서로 분리되어 있던 질병 풀은 이후 1500년 동안 충돌하고 결합되어 대재앙을 일으켰고, 이 과정에서 아시아인과 유럽인의 면역성이 향상되었다. 신세계에 처음 발을 디딘 서양의 이주자들은 자신과 함께 이동한 미생물이 원주민 사회를 짓밟으리라고 짐작조차 하지 못했다. 윌리엄 맥닐의 말을 빌리자면, 탐험 시대의 막이 오를 때 "유럽은 새로

운 인간 감염 측면에서 줄 것은 많고 받을 것은 적은" 상태였다.[44]

더 놀라운 사실은 아시아의 좁은 지역 일부에 머물던 전염병균이 전 세계로 확산되었다는 것이다. 그렇다면 페스트가 근대까지 계속 문제를 일으키지 않았던 이유는 무엇일까? 1346년 이후 간균이 여러 종에 미치는 영향은 이전보다 약해졌다. 14세기에는 개, 고양이, 새가 인간과 함께 떼죽음을 당했지만 이제는 질병에 이전처럼 취약한 모습을 보이지 않는다. 쥐와 인간에게 영향을 미치는 정도 역시 덜할 것이다.[45]

아직 이야기는 끝나지 않았다. 1666년 런던 대화재 이후 영국에서 페스트가 자취를 감췄다는 점은 우리에게 시사하는 바가 있다. 더 이상 목재 틀을 쓰지 않고 벽돌집을 세우면서 쥐가 숨어들기 어려웠고, 벼룩도 초가지붕이 아닌 기와지붕에서 사람에게 뛰어들기 힘들었다. 서유럽에서 목재로 만든 가옥이 사라지고 벽돌집이 보편화되면서 쥐와 인간 사이의 거리가 멀어졌고 질병 감염 경로도 차단되었다. 21세기 들어 위생 개념이 철저해지고 항생제를 사용하면서 치명적 병원체를 지닌 지하 전염원으로부터 인간을 보호하는 막이 한 겹 더 늘었다.

교역과 질병은 양방향으로 작용한다. 교역이 역병의 전파를 부채질했듯 역병은 오랜 교역 패턴을 변화시켰다. 14세기 아랍의 역사학자 이븐 할둔(Ibn Khaldun)은 흑사병이 세계 교역에 미친 영향에 대해 통찰력 있는 분석을 제공했다.

14세기 중반에 동양과 서양의 문명에 파괴적인 역병이 찾아와 국가가 파괴되었고 인구가 줄었다. 역병은 문명이 낳은 긍정적 산물을 삼켰고 없애버렸으며 노쇠하던 왕조를 전복했다. 도시와 건물은 버려졌으며 도로와 표지는 없어졌다. 정착지와 주거지는 공동화되었으며 왕조와 부족은 힘을 잃었다. 동양에서도 문명에 따라 다르겠지만 같은 사태가 일어난 것으로 보인다. 마치 망각과 속박을 요청하는 존재의 목소리에 세계가 응한 것 같았다.[46]

14~16세기 역병이 휩쓸면서 지구의 장거리 교역 기관을 무너뜨렸다. 이 과정에서 중동의 위대한 무슬림 문명과, 마르코 폴로와 이븐 바투타를 눈부시게 했던 인도 및 중국의 수출입항 등 가장 발전한 상업 사회도 황폐화되었다. 유럽 역시 거의 파괴되다시피 했으나 생존자들은 몇백 년 만에 종교에서 영감을 얻은 잔혹함과 천재성을 결합하여 잔해를 공격했고 근대 서양의 교역 지배를 굳건히 했다.

7장

대항해시대
포르투갈 교역 제국

귀국의 신사인 바스코 다 가마가 우리나라를 방문한 것을 기쁘게 생각합니다.
이곳에는 계피, 정향, 생강, 후추, 보석이 풍부하여 귀국의 금, 은, 산호, 붉은
옷감과 교환하기를 원합니다.
— 캘리컷의 자모린이 포르투갈 국왕에게 보내는 친서(1498년)[1]

올해[1503년] 인도, 호르무즈 등을 향하는 바다에 프랑크의 선박이 나타났다.
그들은 일곱 척을 빼앗아 배에 타고 있던 이들을 죽이거나 일부는 포로로 잡
았다. 그들이 저지른 악행을 신께서 저주하실 것이다.
— 예멘 역사학자 우마르 알 타이브 바 파키(Umar al-Taiyib Ba Faquih)[2]

1440년경 니콜로 데 콘티(Niccolò de' Conti)라
는 베네치아의 상인이 교황 에우제니오 4세(Eugenius IV)의 알현을 요청
하러 로마로 떠났다. 동방을 여행하다가 중대한 죄를 저질렀기 때문이
다. 콘티는 사로잡혔을 때 자신뿐 아니라 일가족을 살해하겠다는 위협
을 당하자 이슬람으로 개종한 바 있었다. 사건 직후 두 아들과 아내가
흑사병으로 사망하자, 강압에 못 이겨 개종한 배교자는 죄 사함을 받
기 위해 서둘러 바티칸으로 향했다.

데 콘티에게는 다행스럽게도, 교황은 계피향 음료를 받고 그의 잘못
을 숨겨주었다. 상인은 여행 중 이 음료의 원료를 직접 목격했는가? 사
실이었다. 네 죄를 사하노라! 면죄를 받는 대가로 데 콘티는 여행 중
목격한 내용을 교황의 비서이자 명석한 인문주의 학자인 지안 프란체
스코 포지오 브라치올리니(Gian Francesco Poggio Bracciolini)에게 자세히
보고했다.

데 콘티가 설명한 내용은 마르코 폴로의 설명과 맞아떨어졌을 뿐만
아니라 어떤 면에서는 오히려 폴로의 기록보다 나았다. 교황을 지근거
리에서 보필하는 영리한 학자를 만족시키기에 충분했다. 데 콘티는 저
유명한 폴로가 한 세기 전에 남긴 기록보다 더 자세히 거리와 이동 시

간을 표기했다. 또한 그는 이야기에 한참 몰입한 교황의 비서에게 스리랑카에서 실제로 관찰한 계피나무에 대해 설명했다. 게다가 데 콘티는 수마트라에서 후추와 장뇌밭도 둘러보고 왔다. 그다음에는 더 이상 바람이 불지 않을 때까지 한 달 넘게 동쪽으로 항해하여 육두구와 메이스가 재배되는 '샌데이'섬에 도착했다. 그리고 정향나무가 빽빽하게 자라는 '반단'섬을 여행했다. 데 콘티의 이야기를 들은 비서가 얼마나 큰 기쁨에 사로잡혔을지 짐작할 수 있으리라. 이 베네치아 상인은 전설적인 향료 제도를 발견한 듯했다.[3]

과연 데 콘티는 전설상의 나라에 발을 들인 최초의 서양인이었을까? 그렇지 않을 가능성이 높다. 세계에서 가장 값비싸고 각광을 받는 상품이 무궁무진하게 존재하는 지역을 발견한 중세 유럽 상인의 입장에서 생각해보라. 상인에게 여행 기록을 남기는 일은 중요치 않았을 것이다.

십자군 원정의 주요 목적이 (베네치아나 제노바 사람이 아닌 이상) 상업적 성격과 거리가 멀었음에도 기독교도는 무슬림이 돈 되는 향료 무역을 장악하고 있음을 분명히 인식했다. 성지에서 십자군은 지중해로부터 홍해 북동단의 아카바만까지 이어지는 요새를 통해 이집트와 시리아를 오가는 대상 행렬을 방해했다. 1183년 르노 드 샤티용(Renaud de Châtillon)은 홍해에서 아랍 선박을 잇달아 공격했다. 이전에 무슬림의 영역으로 간주되던 중요한 해상 통로에 이교도들이 침입하자 이슬람권에서는 크게 놀랐다. 이집트는 거친 반격에 나서 샤티용을 북쪽으로 밀어냈다.

1249년 나일 삼각주의 다미에타에서 벌어진 일련의 사건은 무슬림 세계에서 향료 무역이 얼마나 중요한 의미였는지 잘 보여준다. 기독교 세력이 다미에타를 점령하자, 이집트 아이유브 왕조는 전략적인 무역 전초기지를 되찾기 위해 예루살렘을 기독교도에게 돌려주겠다는 제안까지 했다. 하지만 아이유브조의 제안은 거절당했다.[4] 향료 무역에 관한 한 기독교도나 무슬림이나 신보다 재물을 중요시했다.

15~16세기 또 다른 목표가 유럽인을 동양으로 몰아갔다. 사라센인에 맞서 싸워줄 아시아의 기독교 동맹을 찾아 나선 것이다. 이베리아 최초 탐험가들의 탐험 정신에서 향료와 아시아의 십자군 전사를 찾으려는 두 가지 목적은 뗄 수 없는 관계였다. 신화 속 프레스터 존(Prester John)에 대한 기이한 이야기를 살펴보지 않고는 이 탐험가들의 동기를 제대로 이해할 수 없다.

프레스터 존이라는 이름이 수많은 사람들의 입에 오르내렸지만 거의 알려진 바가 없었으며, 특히 위치에 관해서는 왕국이 '인도 제도'에 있다는 것 말고는 아무 정보도 없었다. 중세 시대에 인도 제도는 이집트, 일본, 혹은 그 사이의 어딘가를 의미할 수도 있었다. 이 베일에 싸인 인물이 정확히 언제, 어디서, 어떻게 존재를 알리기 시작했는지는 중세 연구가들 사이에서도 논란이 있다. 12세기에 십자군은 성지의 상당 부분을 차지했지만, 점차 분노한 이슬람 군대에 둘러싸여 지푸라기라도 잡아야 하는 상황에 몰렸다. 1141년 초기 몽골의 지도자로 종교를 정확히 파악하기 어려운 야율대석(耶律大石)이 사마르칸트 근처에서 무슬림 군사를 물리쳤다. 사마르칸트는 12세기 유럽인의 지리적 관심 범위를 한참 벗어나는 지역이었기 때문에 서구인의 귀에 무슬림의 패배 소식이 크게 왜곡되어 전해졌다고 해도 이상하지 않은 일이었다. 인도 제도에서 온 기독교도 왕이 이교도를 짓밟았다는 소문까지 전해졌다.[5] 머지않아 왕은 동쪽에서 이교도를 공격하여 성지의 기독교 왕국 전초기지를 위험에서 건져낼 것으로 기대됐다.

그로부터 3년 후인 1144년, 십자군 원정이 시작된 이후 처음으로 강건한 기독교 국가 에데사(오늘날 시리아-터키 국경 지역에 위치)가 무슬림 세력에 무너지고 말았다. 승리한 사라센인은 에데사의 기독교도를 학살하여 서구 세계를 전율하게 만들었다. 휴(Hugh)라는 프랑스 주교는 도움을 구하기 위해 해안 도시 자블라(오늘날 레바논)에서 유럽으로 서둘러 돌아갔다. 그의 메시지는 간단했다. 프레스터 존은 실재하며 이미 사라센인을 공격했다. 예상과 달리 티그리스강이 얼어붙지 않아 안타깝게도 프레스터 존이 강을 건너지 못했으며 그가 탄 배도 임무를 수행하지 못했다. 휴 주교는 "프레스터 존은 동방박사의 후손이며 예루살렘으로 갈 계획이었으나 막혀버렸다"라고 전했다.[6] 휴 주교가 유럽의 형제들에게 보낸 메시지는 분명했다. 프레스터 존의 구원이 임하지 않았으니 도움을 신속하게 보내야 한다고, 그는 재촉했다.

에데사가 함락되고 몇 년 후, 발신처가 알려지지 않은 편지 한 통이 비잔틴의 마누엘 콤네누스(Manuel Comnenus) 황제에게 도착했다. 프레스터 존이 쓴 것으로 알려진 편지는 왕국의 부와 규모, 백성들의 덕목을 자랑했다. "나 프레스터 존은 최고의 자리에 있으며 부, 덕, 권력이 하늘 아래 숨 쉬고 있는 모든 생명체를 뛰어넘는다. 일흔두 명의 왕이 내게 조공을 바친다."[7] 그중에서도 가장 놀라운 것은 그를 시중드는 이들의 혈통을 설명한 대목이었다.

매달 왕 7명, 대공 62명, 백작 365명이 차례로 시중을 들며 이 밖에도 다양한 분야에서 우리 일을 수행하는 이들이 있다. 홀에서는 매일 만찬이 열리고 오른편에는 12명의 대주교가, 왼편에는 12명의 주교가 있다. 하늘의 별과 바다의 모래를 헤아릴 수 있는 자라야 우리 왕국과 권력의 광대함을 가늠할 수 있을 것이다.[8]

물론 편지는 날조된 것이었다. 위조된 편지의 성격과 양식으로 봤을 때 유럽인이 작성했을 가능성이 높지만, 누가 어떤 의도로 저지른 짓인지는 알려져 있지 않다. 이후 400년 동안 서양의 군주들과 탐험가들은 시종일관 두 가지 성배를 쫓았다. 서구를 사라센인의 손에서 구원할 프레스터 존과, 어마어마한 부를 안겨줄 향료였다.

무슬림이 인도양, 홍해, 페르시아만을 통해 중요한 교역로를 왕래하는 동안 유럽인은 그저 시장 진입을 꿈꾸는 정도에 그쳤다. 서쪽에서 동쪽 방향으로 위세를 떨치던 아시아 교역국은 아덴, 호르무즈, 캄베이, 캘리컷, 아체, 말라카(각각 오늘날의 예멘, 이란, 인도, 인도, 수마트라, 말레이시아에 위치)였다. 이들 중 누구도 공해에서 해군력을 과시하지 않았다. 이들은 교역 제도에 힘입어 번성했다. 세관원들은 부패했는가? 통치자가 과도한 선물을 요구하는가? 아니면 해적 퇴치 조치를 위한 비용을 조달하기 위해 세금을 부과하는가? 외국 상인들은 거주하는 지역에서 내부 문제를 해결하는 데 필요한 자치권을 누리는가? 상인들은 이런 질문에 우호적 환경을 제공하는 항구를 이용함으로써 문제를 피해 갈 수 있었다. 부패와 폭정이 없었던 것은 아니다. 어찌됐든 중세 아시아가 아닌가. 그저 불법행위가 소란스럽지 않게 억제되어야 했다.

1000년 전에는 전 세계 바다에 해적이 들끓었지만, 인도양의 경우 지중해와 달리 거대하고 강하며 적대적일 가능성이 있는 해군이 상선을 괴롭히지 않았다. 막강한 교역국이 해상에서 위협하는 일이 없었기 때문에 아시아의 선박은 대체로 중무장하지 않은 상태로 항해할 수 있었다. 덕분에 항해에 필요한 인력이 크게 줄었고, 대신 많은 화물을 선적할 수 있었다. 게다가 기워서 만든 아시아 선박의 경우 갑판에서 대포를 발사하면 목표물을 명중시키기 전에 자기가 먼저 가라앉을 위험마저 있었다.

유럽인이 도착하기 전 아시아 교역 세계를 동방의 발할라(북유럽과 서유럽 신화에 나오는 궁전으로 '기쁨의 집'이라는 뜻―역주)라고 부를 수는 없었다. 그렇긴 해도 상인이 관세를 내고 현지 술탄에게 선물을 바치며 해적의 괴롭힘을 받지 않는 한 인도양은 공해(mare liberum)나 다름없었다. 상인과 통치자 입장에서 한 나라가 모든 해상 교통을 통제한다는 발상은 터무니없게 느껴졌다.[9] 하지만 이러한 상황은 1498년 어느 암울한 날에 중무장한 바스코 다 가마의 선단이 캘리컷에 입항하는 순간 완전히 바뀌었다.

15세기가 가까워지면서 유럽인이 인도양에 접근할 수 있는 방법은 세 가지뿐이었다. 수에즈나 페르시아만을 통해 직접 통과하거나, 아프리카 남단의 곶을 돌거나, 서쪽으로 미지의 영역을 모험하는 방법이었다. 이러한 경로 중 하나를 시도한 것으로 알려진 최초의 유럽인은 바디노 비발디(Vadino Vivaldi)와 우골리노 비발디(Ugolino Vivaldi)라는 제노바의 형제였다. 1291년 형제는 동향 출신인 자카리아(Zaccaria)가 지브롤터를 무슬림에게서 탈환하고 몇 달 후, 인도를 찾겠다며 해협을 거쳐 드넓은 대서양으로 나아갔다. 이후 두 사람의 소식은 들려오지 않았다. 지금도 역사학자들은 형제의 목표가 희망봉을 도는 것이었는지, 아니면 세계 일주였는지 정확히 알지 못한다. 목표가 무엇이었든 이탈리아인은 형제의 탐험에 매료되었으며, 수년 동안 두 사람이 돌아오기를 헛되이 기다렸다. 비발디 형제의 미스터리는 단테의 『지옥』에서 율리시스가 헤라클레스의 기둥을 거쳐 위험천만한 여행을 떠나는 부분에 영감을 준 것으로 알려졌다.[10]

인도 제도를 찾아 미지의 대서양으로 항해를 떠난 최초의 유럽인이 제노바 사람이었던 것은 우연이 아니다. 향료 교역에서 베네치아에 밀리던 제노바는 소금이나 백반 같은 광물과 목재, 농산물, 노예 등 지중해와 흑해를 오가는 선적 화물에 상업적인 에너지를 쏟아부었다. 돛으로 항해하던 둥근 배는 화물을 싣는 데 더 적합한 모양으로 입증되었고, 장거리 탐험에 안성맞춤이었다.[11]

제노바를 무심히 방문한 사람들이라도 난공불락의 해안 산맥이 도시를 유럽 본토에서 차단하는 역할을 하는 것을 알아차렸다. 철도와 아스팔트가 깔리기 전에는 화물 집산지를 오가는 거의 모든 물건이 배로 운반되었다. 현지의 여러 기업과 제조업자는 노새와 말이 끄는 수레 대신 삼각돛을 단 작은 배로 물건을 주고받았다. 제노바에서는 풋내기 선원이라도 단기간에 선원으로 탈바꿈했다.

15세기가 되자 제노바라는 교역 제국을 비추던 해가 저물고 이베리아 서쪽 자락에 위치한 포르투갈에 여명이 밝았다. 역사학자 존 H. 플럼(John H. Plumb)은 "목숨의 가치가 형편없이 낮았고 내세는 바로 코앞에 있었으며 빈곤이 도처에 있어 사람들은 사치와 재물이라는 상상력에 빠져들었고 소유욕에 눈멀었다"라고 기록했다.[12] 유럽이 인도양에 진출할 수 있도록 해양 기술을 완성시킨 장본인이 포르투갈이었다. 돌파구가 마련되자 서양의 굶주린 이리 떼는 내달리기 시작했고, 사방에서 굶주리고 재능이 있으며 거친 청년들이 리스본으로 몰려들어 공격에 앞장섰다.

13세기 중반 포르투갈도 200년 전 스페인이 그랬듯 무어인을 내쫓았다. 잔인한 결투에 이어 14세기 말 스페인의 침공 이후 포르투갈은 1385년 아비스 왕조의 주앙(주앙 1세)과 잉글랜드 출신의 왕후 필리파(Philippa)가 즉위하면서 통일과 독립을 이뤘다. 절묘하게 잘 어울리던 부부는 두 가지 열매를 맺었다. 하나는 잉글랜드와 포르투갈의 동맹이었으며, 또 다른 하나는 유능하고 용맹한 다섯 아들이었다.

포르투갈은 평화에 익숙하지 않았기에 좀이 쑤셨다. 1415년에 왕은 지브롤터 해협 맞은편에 위치한 무어인의 항구도시 세우타를 차지하기 위해 아들 셋을 보냈다. 필리파는 인도양에서 무슬림의 지배를 약화시키기 위한 예비 조치로 세우타 공격을 계획한 주인공이었다. 세우타는 사하라를 거쳐 인도양으로 동진하는 포르투갈 대상로에서 서쪽 끝에 위치한 곳으로, 배가 닻을 내리는 해상 교두보였다. 이와 함께 대상이 아프리카에서 노예와 금을 싣고 와 하역하는 지역이기도 했다. 여러모로 세우타 공격은 포르투갈이 증오하는 무어인에게 치명적이었다.

막내아들인 항해왕자 엔히크(Infante Dom Henrique)는 세우타 너머로 끝없이 펼쳐진 사막을 바라보는 순간 어머니의 계획이 무모하다는 사실을 간파했다. 엔히크는 이후의 북아프리카 공격에도 참여했지만 결국 포르투갈로 돌아왔고, 남부 알가르베의 총독으로 정착하여 아프리카를 돌아가는 해로를 찾는 일에 힘썼다.[13]

프톨레마이오스가 사망한 지 2000년 가까이 지났지만, 아프리카가 남극까지 이어져 있어 일주가 불가능하다는 그의 이론은 여전히 통하고 있었다. 하지만 엔히크의 생각은 달랐다. 엔히크는 유럽 남서부 끝에 위치하여 바람이 강하게 부는 세인트빈센트곶의 성에서 유럽 최고의 해양과학 후원자 역할을 했다. 성의 흉벽에서 그는 이베리아의 초기 탐험가들이 아프리카 서해안을 따라 항해를 떠나는 모습이나 식민지 주민들이 아조레스로 향하는 모습을 지켜봤다. 아조레스 제도에서 가장 서쪽에 위치한 섬은 뉴펀들랜드와 불과 1900킬로미터 떨어져 있다. 왕자는 국적을 불문하고 지도를 만드는 전문가들에게 재정을 지원했고, 기존에 알려진 세계의 탐험 지도를 최대 규모로 소장했다.

엔히크의 후원에 힘입어 포르투갈 선원들은 선체가 둥글고 삼각돛을 단 새로운 유형의 범선을 개발했다. 이에 바람을 비스듬히 맞으면서도 다른 유럽 선박보다 화물을 넉넉히 싣고 항해할 수 있었다. 범선이 없었다면 이후 포르투갈인이 아프리카 해안을 따라 내려가는 일도, 인도 제도를 항해하는 탐험도 불가능했을 것이다.

범선은 아프리카를 일주하는 포르투갈의 탐험을 도왔을 뿐 아니라 보다 직접적으로 이익도 냈다. 포르투갈 상인들의 이동 속도와 화물 수송 능력이 향상되면서 아프리카에서 이익이 가장 크게 나는 수출품인 노예와 금을 북아프리카 항구를 거쳐 손에 넣을 수 있었다. 더 이상 무슬림이 통제하는 사하라를 낙타로 횡단할 필요가 없게 된 것이다. 포르투갈의 중개인들은 아프리카의 금이 오늘날 말리와 니제르강, 볼타강 상류 지역에서 생산된다는 사실은 모른 채 내륙에 위치한 교역 도시까지 침투했다. 그중에는 전설적인 팀북투도 포함되어 있었는데, 포르투갈 상인들은 거기서 값싸게 금을 사서 하류로 운반한 다음 대기하고 있던 대상에게 전달했다.[14]

1460년 엔히크가 사망할 무렵 그가 후원하던 포르투갈 선박이 적도 아프리카의 해역에 이르렀지만 아직 인도양으로 이어지는 남쪽 항로에는 닿지 못했다. 많은 이들이 아프리카를 돌아 동방으로 간다는 엔히크의 바닷길에 의문을 품기 시작했고, 왕은 아프리카를 동쪽으로 가로질러 인도 제도를 찾는 계획을 부활시켰다. 1486년 오늘날의 나이지리아 지역에서 활동하던 포르투갈 상인들은 해안에서 동쪽으로 약 1600킬로미터 거리에 위치한 '20개 달' 영토를 다스리는 오가네(Ogané)라는 부유한 지도자에 대한 기이한 이야기를 접했다. 왕은 항상 실크 커튼 뒤에 모습을 숨긴 채 천 밑으로 한 발을 뻗어 듣는 이들에게 자기 뜻을 전하는 것으로 알려졌다. 마치 누구도 얼굴을 본 적이 없는 프레스터 존의 이야기 같았다. 이미 비잔틴의 마누엘 콤네누스 황제가 전설 속 프레스터 존이 서명했다는 허풍 가득한 가짜 편지를 받은 지 300년 이상 흐른 뒤였으나, 포르투갈인에게 인간 수명의 법칙은 안중에도 없었다. 드디어 프레스터 존을 발견했다는 결론을 내린 이들은 아프리카를 거쳐 인도 제도로 향하는 육로를 찾기로 결정했다.

주앙 2세는 신하들 중에서 재능이 돋보이는 페루 다 코빌량(Pero da Covilhã)과 아폰수 데 파이바(Afonso de Paiva)를 선발해, 왕실 지리학자들이 오가네 혹은 프레스터 존의 왕국으로 지명한 아비시니아(에티오피아의 옛 이름)로 보냈다. 향료의 독점 교역을 협상하기 위해서였다. 상인으로 위장한 두 신하는 지중해를 건너 이집트에 도착한 뒤 갈라져 파이바는 아비시니아로, 코빌량은 인도로 향했다. 두 사람은 3년 후 카이로에서 다시 만나기로 약속했다.

몇 년 후 파이바는 알려지지 않은 곳을 방문한 뒤 카이로로 돌아왔으나 병에 걸리고 말았다. 도중에 누구와도 연락을 주고받지 않았기 때문에 어떤 여정을 거쳐 무엇을 발견했는지는 지금까지도 미스터리로 남아 있다. 코빌량은 말라바르 해안을 구석구석 돌아본 후 카이로로 돌아왔으나 이미 파이바가 세상을 떠난 후였다. 그는 파이바가 사망했다는 소식을 듣고는 홀로 포르투갈로 돌아갈 계획을 세웠다. 그러나 주앙 2세의 사절인 유대계 포르투갈인 두 사람을 만난 자리에서, 프레스터 존과의 교역 협정 체결이 매우 중요하다는 말을 전해 들었다. 코빌량으로서는 파이바가 임무에 성공했는지 여부를 알 수 없었기 때문에 직접 아비시니아로 가야만 했다.

결국 코빌량도 다시 고국 땅을 밟지 못했다. 삭발을 하고 무슬림으로 변장한 그는 유럽인으로서는 극히 드물게도 메카를 방문했다. 1493년에는 아비시니아로 가서 통치자 에스켄데르(Eskender) 왕과 교역 협상을 진행했다. 이듬해 에스켄데르 왕이 사망하고 그의 형제가 왕위를 물려받았는데, 유럽에서 온 코빌량을 얼마나 마음에 들어 했던지 왕궁에 계속 붙잡아두었다. 코빌량은 넓은 영토와 여러 아내를 거느리고 살다가 수십 년 후 조용히 숨을 거두었다. 유럽의 군주와 탐험가의 마음을 뒤흔들던 프레스터 존의 흔적은 여전히 찾지 못한 상태였다.

코빌량은 아비시니아에 도착하기 전후로 포르투갈 왕에게 인도와 관련해 수집한 희귀한 정보를 전달했다. 여기에는 현지의 힌두교 상인과 무슬림 상인의 활동뿐 아니라 바람과 항해 패턴, 물건 가격 등이 포함되었다. 또한 그는 동아프리카 해안을 탐험했는데, 현지 선원들에게 아프리카를 실제로 일주할 수 있다는 소식을 접하고는 이를 고국의 바르톨로뮤 디아스에게 전해달라는 메시지를 보냈다. 디아스는 이미 1487년에 인도양에 닿기 위해 탐험을 떠났다.

계속 남쪽으로 내려가면 대륙의 남단이 나올 것이오. 배가 인도양에 이르면 선원들에게 소팔라와 달의 섬으로 가는 길을 알아 오라고 시키시오. 거기에 가면 인도로 데려다줄 수로 안내인을 만날 것입니다.[15]

이즈음 디아스는 이미 희망봉을 돌았으며 코빌량이 얻은 귀한 지식은 다른 포르투갈 탐험가들에게 전달되지 않았을 가능성이 높다.

1451년, 연로한 엔히크 왕자가 남쪽으로 마지막 원정을 보내던 시기에 제노바의 양모 방직공 집에 한 아이가 태어났다. 역사에 크리스토퍼 콜럼버스(Christopher Columbus)라는 이름을 남길 아이였다. 제노바에 넘실대던 항해의 유혹은 청년 콜럼버스의 마음을 사로잡았다. 그는 생애 처음 떠난 교역 여행에서 에게해 서부의 키오스섬을 향했을 것이다. 당시 키오스에서는 제노바의 카르텔(moan Giustiniani)이 매스틱(mastic)이라는 천연수지 산업을 장악하고 있었다. 이 끈끈하여 씹기 어려운 수지에서 '저작(mastication)'이라는 단어가 유래했는데, 키오스 남부의 10여 곳을 제외한 다른 지역에서는 재배가 불가능한 작물이었다. 이 진귀한 원료는 약효가 뛰어난 것으로 추정되어 독점 교역에서 큰 이익이 났다.

콜럼버스가 키오스로 첫 항해를 떠나던 1474년, 제노바와 베네치아 모두 오스만조에 밀려 에게해에서 영향력을 잃었다. 20년 전 오스만 왕조는 콘스탄티노플까지 장악한 상황이었다. 이후 제노바인은 동쪽이 아닌 서쪽으로 눈을 돌렸고 콜럼버스 역시 예외가 아니었다. 한두 해 뒤 신체 건강한 이 청년은 중세에 화물을 나르던 중간 크기의 둥근 배인 코그선에 올랐다. 코그선은 매스틱을 대량으로 실었고 리스본으로 향하는 길을 호송대가 지켰다. 포르투갈 남쪽 바다에 이르렀을 때 부르고뉴의 사략선이 호송대를 습격했다. 공격자들은 크게 오판하고 있었다. 이들이 제노바 선박에 올랐을 때 치열한 전투가 이어졌고, 양쪽에서 수백 명이 칼에 베이거나 바다에 빠져 목숨을 잃었다. 콜럼버스 전설을 부풀리려는 의도가 엿보이는 이 일화에서, 영웅적인 청년 콜럼버스는 침몰하는 배에서 인디아나 존스처럼 용맹하게 뛰어내렸고 해안가까지 몇 킬로미터를 헤엄쳐 갔다고 전해진다. 알가르베의 라고스에 있는 제노바 식민지에서 간호를 받은 그는 이내 기력을 회복했다.

이후 그는 포르투갈에서 제노바의 주요 교역 디아스포라가 위치한 북쪽의 리스본으로 이동했다. 거기서 콜럼버스는 무척 활기찬 해상 활동의 현장과 마주쳤다. 리스본의 미로 같은 거리에서는 아이슬란드부터 기니에 이르는 다양한 언어가 왁자지껄하게 들려왔다. 잘 훈련된 코로 정향, 계피, 몰약의 향을 맡으면 어떤 부두에 다가가고 있는지 분간할 수 있었으며 항구에서는 덴마크 선원이나 세네갈 왕자와 자연스럽게 마주칠 수도 있었다.

한편 콜럼버스의 남동생 바르톨로메오 콜럼버스는 이미 리스본에서 지도 제작자로 활동하고 있었다. 이후 10년 동안 콜럼버스는 동생에게 지도 제작에 관한 전문 지식을 얻었으며 포르투갈 선박을 타고 항해 기술도 익혔다. 이 기간 동안 그는 당대의 여느 선원들처럼 드넓은 지역을 항해했다. 남쪽으로 아프리카의 황금해안(오늘날 가나)까지, 서쪽으로 아조레스 제도까지, 북쪽으로 아일랜드까지 다녀왔으며 아이슬란드를 방문했을 가능성도 있다.[16] 중세 시대에는 아시아와 유럽의 선원이 급여 대신 화물을 수당으로 받는 관행이 있었다. 따라서 콜럼버스도 자기 이익을 위해 물건을 나르고 사고팔았을 가능성이 높다.

1480년경 일련의 사건을 거치면서 청년 선원이자 지도 제작자 겸 상인인 콜럼버스는 후대에 널리 알려진 상징적 인물로 거듭났다. 전도유망한 상인답게 그는 남부럽지 않은 결혼을 했다. 아내인 펠리파 페레스트렐로(Felipa Perestrello)는 리스본의 부유한 상인 가문 출신이었다. 페레스트렐로 가문은 마데이라 인근에 작은 섬을 가지고 있었고 엔히크 왕자의 지시로 그곳에 정착했다. 콜럼버스는 라틴어 및 포르투갈어와 더불어 카스티야어(표준 스페인어—역주), 수학, 선박 건조, 천문학 지식도 습득했다. 포르투갈에 도착하기 전에는 이미 제노바 최대의 무역회사와 긴밀하게 일했으며 유력 가문과의 결혼, 다양한 상업적 경험, 항해 경험 덕분에 리스본의 궁정에 쉽게 접근할 수 있었다.

반세기 이상 나라를 다스리던 아폰수 5세가 1481년 사망하자, 그의 아들이자 주앙 1세의 증손자인 주앙 2세가 왕위에 올랐다. 그는 종조부인 엔히크의 뒤를 이어 대서양과 아프리카에서 활발한 탐험이 일어나도록 후원했다. 1484년경 적도아프리카에서 돌아온 콜럼버스는 새로 왕위에 오른 주앙 2세에게 대담한 제안을 했다.

남아 있는 기록이 불완전한 여느 위인들처럼 콜럼버스에 관해서도 엄청난 경외심을 불러일으키지만 믿기 어려운 이야기가 전해 내려온다. 특히 이사벨라 여왕이 콜럼버스의 1차 항해 자금을 대기 위해 보석을 담보로 제공했다는 일화나, '콜럼버스와 달걀'로 알려진 유명한 일화가 그런 예다.[17] 무엇보다 콜럼버스와 관련하여 가장 널리 알려져 있으면서도 상징적인 대목은 지구가 둥글다는 선구적 아이디어였다. 특히 이 신화는 그가 탐험 계획에 대해 유럽 지도자들을 설득하는 데 왜 어려운 시간을 보냈는지와 관련되어 있다.

중세에도 교육을 받지 못한 계층은 세계가 평평하다고 생각했다. 기원전 205년 알렉산드리아에 에라토스테네스(Eratosthenes)라는 그리스인이 살았는데, 그는 지구가 구체라고 결론 내리고 직경을 계산했다. 이후 2000년 이상 그보다 더 오차가 적은 계산이 등장하지 않을 정도로 정확했다. 사실 콜럼버스는 서쪽으로 항해하면 인도 제도에 닿을 수 있다고 제안한 최초의 인물도 아니었다. 대서양을 횡단하여 인도로 가는 경로는 1세기에 활동하던 로마의 지리학자 스트라본으로 거슬러 올라가며, 그에 앞서 아리스토텔레스가 이를 제기했을 가능성도 있다. 실제로 일부 역사학자들은 비발디 형제가 스트라본의 조언에 따라 향료 제도 탐험에 나섰다고 생각한다. 15세기 말에는 완고한 아폰수 5세마저 아프리카를 돌아 인도에 닿는다는 엔히크의 꿈이 목적을 달성하는 최선의 방법이 아닐 수도 있다는 의구심을 품었다.

아폰수는 리스본의 대성당 참사회에 서쪽 경로의 실행 가능성을 물었다. 그러자 참사회는 왕의 질문을 피렌체의 저명한 물리학자이자 지도 제작자인 파올로 달 포초 토스카넬리(Paolo dal Pozzo Toscanelli)에게 전했다. 토스카넬리는 리스본에서 중국까지의 거리가 8000킬로미터에 불과하기 때문에 가능하다고 답했는데, 실제보다 크게 과소평가한 계산이었다.

전해 내려오는 유산을 통해 콜럼버스는 서쪽 항로를 확인하기 어렵다는 점을 이해했을 수도 있지만, 그는 토스카넬리의 견해를 받아들였다. 토스카넬리는 같은 이탈리아인이 "향료가 자라는 지역을 탐험하려는" 열망에 찬성한다고 회신했다. 나중에 콜럼버스는 토스카넬리가 지지 의사를 밝힌 서신을 자금을 모으는 일에도 활용했다.[18]

여느 외골수처럼 콜럼버스도 거의 모든 길목마다 착각에 빠졌다. 서쪽 탐험의 실행 가능성은 그 거리가 짧은지 여부에 달려 있었다. 유럽에서 아시아까지의 거리를 직접 계산할 길은 없었지만, 동쪽으로 갈 때의 거리 추정치를 지구 둘레에서 빼는 방식으로 추산할 수는 있었다. 예를 들어 오늘날 우리는 리스본에서 말라카까지 동쪽 방향으로 약 1만 1000킬로미터라고 알고 있다. 지구의 둘레는 약 4만 킬로미터이므로 (적도를 따라) 서쪽으로 갈 경우 약 2만 9000킬로미터라는 계산이 나온다.

콜럼버스에게는 안된 일이지만 지리학자들은 이미 계산을 마친 상태였다. 서쪽 탐험 경로는 너무 길어서 바다에서 생존이 불가능했다. 프톨레마이오스는 유라시아 대륙이 지구의 절반에 걸쳐 있다고 추정했다. 이 경우 서쪽으로 가는 경로는 동쪽으로 탐험할 때의 거리인 2만 킬로미터와 비슷하다. 이러한 추정은 정확하며, 만약 아메리카 대륙이 탐험을 가로막지 않았다면 중간 위도로 리스본에서 중국까지 이동할 경우 약 1만 9000킬로미터를 간 다음 추가로 6500킬로미터를 더 가야 인도에 닿을 수 있다. 낙관적으로 4노트 속도로 이동한다고 해도 중국까지 4개월이 걸리는데, 당시 어떤 배에도 그렇게 긴 여정을 수행할 만한 물자를 실을 수 없었다. 게다가 음식과 물이 동나기 전에 선원 대다수가 괴혈병에 희생될 가능성이 높았다. 콜럼버스가 동방으로 가는 길에 아메리카 대륙을 만나지 않았다면, 그와 선원들은 비발디 형제처럼 어디론가 사라졌을 것이 분명하다.

자기주장에 반하는 불편한 근거를 맞닥뜨린 콜럼버스는 타르수스의 사울(신약성경의 사도바울이 개명하기 전 이름—역주)부터 아들 조지 부시(George Bush)에 이르기까지 자기 확신으로 똘똘 뭉친 사람들처럼 행동했다. 바로 사실을 조작한 것이다.[19] 그는 그럴싸하게도 지구 둘레의 추정치를 최저치인 2만 7000킬로미터로 잡은 반면, 유라시아 대륙의 동서 길이는 최대한 길게 잡았다. 이때 마르코 폴로가 지팡구(일본)를 설명한 대목에 주목했다. 일본은 중국에서 수천 킬로미터 동쪽에 위치한 나라로 알려져 있었다. 콜럼버스는 포르투갈에서 일본까지 동쪽으로의 거리는 최대한 길게 잡고 지구는 최대한 작게 계산하여, 지팡구의 황금 지붕이 탐험의 출발 지점인 아조레스 제도, 즉 리스본에서 동남쪽으로 1600킬로미터 거리에 근접해 있다고 주장했다.

대체 무엇이 콜럼버스를 서쪽 지평선에 있는 미지의 영역으로 인도했을까? 그는 정말로 신세계를 찾고 있었을까, 아니면 '그저' 중국, 인도, 일본에 신속하게 도달할 방법을 찾고 있었을까? 금과 향료에 목말라 있었을까? 재능이 뛰어나고 야망도 있지만 신분이 미천한 인물들이 원하는 존경을 얻고 싶었을까? 혹은 구원할 영혼을 찾고 있었을까? 수백 년 동안 학자들은 관련 문서와 그가 여백에 남긴 내용의 동기, 그 의미에 대해 토론을 벌였다. 아마 정확한 진실은 밝혀지지 않을 것이다.[20] 후일 그는 여행에 동행한 정착민들을 통해 자신의 동기를 돌아보며 불만을 제기했다.

금과 향료를 삽으로 모을 수 있다는 믿음에 이끌리지 않고 배에 오른 사람은 없었다. 그들은 설사 금이 있다 해도 광산에 묻혀 있으며 향료는 우듬지에 있기 때문에 금은 채굴해야 하고 향료는 재배하고 관리해야 한다는 생각을 하지 않았다.[21]

콜럼버스는 궁정에서 새로 형성한 인맥을 활용해 주앙 2세를 설득하기 시작했다. 처음에 왕은 젊은 제노바인의 야심 찬 제안에 호의적이었으며, 그러한 환경에 놓인 여느 깨어 있는 군주답게 행동했다. 왕은 콜럼버스의 계획을 저명한 천문학자, 수학자, 지리학자로 구성된 수학자 회의(Junta dos Mathemáticos)에 회부했다. 위원회의 검토 기록은 남아 있지 않으나, 콜럼버스가 포르투갈에서 일본까지의 거리를 추정한 계산이 터무니없다는 사실을 발견했을 것이다.

게다가 콜럼버스는 요구 사항이 많았다. 왕실 선박의 사용, 세습 작위, 인도 제도 무역에서 창출되는 이익의 상당 부분을 포함하여 항해에 대한 관대한 보증까지 요구했다. 이런 조건은 콜럼버스의 신뢰성을 높이는 데 도움이 되지 않았다. 콜럼버스는 지역에서 가장 부유한 상인의 사위였음에도 포르투갈 왕실에서 전혀 지원을 얻어내지 못했다.

주앙 2세가 후원할 기미를 보이지 않자, 콜럼버스는 1484년 서둘러 코르도바로 떠났다. 거기서 그는 탐험 계획을 이사벨과 페르난도에게 설명했다. 두 사람은 각각 아라곤과 카스티야 왕국을 다스리던 군주였으나, 16년 전 왕국을 합병함으로써 근대 스페인의 발판을 마련했다. 스페인 왕실에서도 리스본과 유사한 상황이 펼쳐졌다. 처음에 스페인 여왕은 같은 민족 출신인 콜럼버스에게 호감을 가졌다. 하지만 이번에는 더 깐깐한 전문가 위원회의 검증을 받아야 했다. 여왕의 사제인 에르난도 데 탈라베라(Hernando de Talavera)가 이끄는 위원회가 결정을 내리기도 전에, 페르난도와 이사벨은 그나마 얼마 안 되는 급료를 깎았고 콜럼버스는 포르투갈로 돌아갔다.

콜럼버스가 리스본에서 상처를 보듬는 사이 상황은 그에게 더 나빠졌다. 그는 1488년 희망봉을 돌아온 바르톨로뮤 디아스의 선박이 타구스강을 배회하는 장면을 목격했다. 디아스가 남아프리카를 돌아왔다는 것은 곧 포르투갈이 서쪽 경로를 탐험할 필요가 없음을 의미했다. 그는 스페인으로 돌아가 탈라베라 위원회의 논의를 기다렸고, 마침내 1490년에 최종 결정이 내려졌다. 위원회는 왕실에 "콜럼버스의 약속과 제안은 실현 불가능하며 헛되기에 거부할 만하다"라고 보고했다. 하지만 콜럼버스가 여왕에게 집요하게 항의하자, 여왕은 두 번째 위원회의 조사를 허락했다. 이번에도 결과는 달라지지 않았다.[22]

당시 바르톨로메오 콜럼버스가 잉글랜드로 건너가 형의 계획을 헨리 7세에게 전한 것으로 보인다. 그가 1490년 프랑스에 도착해 샤를 8세에게 접근했다는 기록도 남아 있다. 하지만 양국에서 모두 거절을 당한 바르톨로메오는 형이 1차 항해에서 돌아올 때까지 프랑스에 머물렀다.

1492년 초 스페인 왕실은 콜럼버스에게, 왕국에서 그가 더 이상 환영받지 못한다는 사실을 알렸다. 콜럼버스가 물건을 실은 나귀와 함께 지평선 너머로 사라지려는 순간, 사신이 그에게 다시 돌아오라고 전했다. 페르난도의 신하 가운데 콜럼버스의 지지자인 루이스 데 산탄젤(Luis de Santangel)이 여왕에게, 서쪽 탐험을 지원할 경우 비용은 얼마 안 들면서 막대한 이익을 챙길 가능성이 있다고 마지막으로 설득한 것이다. 게다가 산탄젤은 자신이 항해의 보증을 서겠다고 나섰다. 이사벨이 실제로 장신구를 담보로 내놓았던 것으로 보이지만 산탄젤은 여왕에게 희생할 필요가 없다며 안심시켰다.

위대한 모험이 으레 그렇듯 비전, 용기, 지식, 세밀한 관심, 끈질긴 노력만으로는 충분치 않았다(콜럼버스는 1492년 항해에 나서기 전에 배 세 척의 모든 목재를 꼼꼼하게 살폈다). 운도 따라야만 했다. 만약 주앙 2세가 콜럼버스의 제안을 받아들여 그가 훤히 알고 있는 포르투갈 아조레스에서 탐험에 나섰다면 해당 위도에서 부는 사나운 바람 때문에 배가 침몰했을 것이다. 공교롭게도 콜럼버스가 떠난 네 차례 탐험은 모두 아조레스 남쪽의 스페인 카나리아 제도에서 출발하여 카리브해 쪽으로 부는 북동 무역풍을 이용할 수 있었다.

결국 콜럼버스, 산탄젤, 이사벨의 판단은 옳은 것으로 드러났지만 그 근거는 빗나갔다. 반면 포르투갈, 잉글랜드, 프랑스, 스페인 왕에게 조언한 학자들은 콜럼버스보다 지리적 지식이 더 풍부했기 때문에 콜럼버스가 '인도 제도'를 탐험한 기념비적 1차 항해에서 돌아왔을 때 큰 충격을 받았을 것이다.[23] 신세계의 해안선은 일찍이 스칸디나비아 탐험가들도 어렴풋이 인지했고, 콜럼버스보다 수세기 전 활동한 유럽과 아시아의 탐험가들도 알았을 가능성이 있지만, 어느 누구도 거대한 신세계의 코앞까지 다가갔다는 사실을 상상하지 못했다.[24]

훗날 유능한 정복자들은 탐험을 나서며 본능적으로 전문가들과 동행했다. 하지만 고집불통인 콜럼버스는 서쪽 항해에 전문가를 데려가지 않았다. 배에는 그가 스페인으로 데려간 원시적인 카리브 '인도인'이 사실은 인도의 원주민이 아님을 지적할 아랍 통역가들이 없었고, 선박을 짓누르는 거대한 무게의 노란색 금속이 황철석이라는 빛 좋은 개살구일 뿐이라는 사실을 알려줄 보석상이 없었다. 콜럼버스가 항해에서 돌아와 페르난도와 이사벨에게 진상한 '계피'와 '후추'가 구세계에서는 본 적 없지만 그저 평범한 나무껍질과 고추일 뿐이라고 경고해줄 토메 피레스 같은 약재상도 없었다. 콜럼버스는 설사 전문가와 동행했더라도 그들의 말을 믿지 않았을 것이다. 그는 3차 항해에 이르러서야 자신이 아시아와 전혀 다른 장소에 도착했음을 서서히 깨달을 정도로 둔했다.

하지만 신세계의 발견이 탐욕스러운 자들을 흥분시키기에 충분하다는 사실은 양모 방직공의 야심만만한 아들도 짐작할 수 있었다. 그가 발견한 '일확천금'에 이르는 길은 귀족들의 자금 대여 행렬 못지않게 경이로웠으며, 신세계에서 콜럼버스가 귀환한 이후 사회는 엄청난 대격변을 겪었다. 이를 시인 겸 극작가이자 전기 작가인 슈테판 츠바이크(Stefan Zweig)는 다음과 같이 기록했다.

자기 수입과 지위에 불만을 품고 있던 유럽인, 자신이 병풍 신세에 머물고 있다고 느끼지만 기회를 기다리기에는 인내심이 부족한 사람들, 청년들, 실

직자들, 귀족의 사생아들, 도피자들 모두 신세계를 밟기를 원했다.[25]

콜럼버스 항해의 결과로 의도적이든 아니든 인종 청소와 대량 학살
이 일어났다. 유럽인은 처음에는 아메리카 원주민 통치자들로부터, 나
중에는 토지로부터 확보할 수 있는 금은을 최대한 착취했다. 근대 경
제사학자들은 원주민의 경제 발전 수준, 인구밀도, 백인 정착민들의
질병률, 뒤이은 경제 발전 사이의 충격적인 상관관계를 설명했다.[26] 신
세계, 오스트레일리아, 뉴질랜드의 경우 원주민의 경제 발전 수준과
인구밀도가 비교적 낮고 기후 환경도 유럽인에게 우호적이었다. 여기
서 백인 침략자들은 토착민들 사이에서 생존했고, 정착했고, 진압하거
나 학살했다. 정복자들은 이전에 상상할 수 없던 부를 얻었다. 부의 상
당 부분은 카리브해의 사탕수수 농장 등 무역에서 창출되었으나 정착
민들은 주로 광업과 농업, 나중에는 제조업에 종사했다.

이와 같은 일련의 흐름은 토착민의 인구가 많고, 유럽인의 사망률이
높으며, 원주민의 무역과 제조 경제 기반이 상대적으로 탄탄한 인도양
에서는 일어날 수 없었다. 백인들은 경제 발전 수준이 높고 비교적 풍
요로우며 조직력이 강한 다수의 원주민 틈에서 생존하거나 그들을 정
복할 수 없었다. 적어도 처음에는 유럽인에게 무역이란 일종의 유행과
도 같았다.

간단히 말하자면 아프리카, 인도, 스리랑카, 말라야연방, 인도네시아
의 인구가 많고 질병에 찌든 저지대로 7~8개월 여행하는 동안이나 그
이후에 수십만 명의 유럽인이 죽음에 이르렀다. 예를 들어 17세기에만
약 2만 5000명의 유럽 병사들이 고아의 왕립병원에서 말라리아, 뎅기

열, 장티푸스, 콜레라로 목숨을 잃었다.[27] 반면 불과 5~6주 이동하여 인구밀도가 낮고 훨씬 더 온화한 고지대인 멕시코, 페루, 북아메리카에 정착한 유럽인은 생존할 가능성이 더 높았다.

당장 이야기의 흐름에서 중요한 갈등은 15~16세기 양대 해양 강국인 포르투갈과 스페인 사이의 지속적인 다툼이었다. 양국의 갈등은 콜럼버스의 작은 선박이 1492년 8월 3일 새벽 팔로스 데 라 프론테라의 항구를 떠나던 순간 최고조에 달했다.

이베리아의 두 형제 나라는 부모가 아끼는 자녀들로 이해할 수 있다. 성모는 이베리아 극단주의자의 신학적 순수성과 열정을 아끼는 반면, 성부는 두 자녀가 평화를 유지하는 일에 마음을 쓰고 있다. 양국은 마치 어린아이들처럼 자기주장의 정당성을 부모의 권위, 이 경우에는 교황의 승인에서 구했다. 유럽 강대국의 군주들조차 이론상으로는 한낱 봉신에 불과했으며, 바티칸에 적지 않은 공물을 바친 대가로 왕관을 빌려 쓰는 모양새였다.

부모의 사랑은 평등하지 않았다. 15세기 중반 교황들은 경건한 태도로 북아프리카 무어인에게 맞서 십자군 전쟁을 벌이던 엔히크 왕자를 편애했다. 교황 니콜라오 5세는 1455년 사망하기 직전에 '포르투갈 제국주의의 헌장'이라는 칙령에서 엔히크를 칭송하고, 그에게 모로코와 인도 제도 사이의 모든 이교도를 정복하고 개종시킬 권위를 부여했다. 무엇보다 포르투갈에 아프리카와 인도 제도 사이의 영토에서 일어나는 교역의 독점권을 부여했다.[28]

그러던 1492년 8월, 콜럼버스가 팔로스를 떠나고 8일 후 스페인 출신의 성직자가 금전적 후원과 더불어 페르난도와 이사벨의 지원을 업고 교황 알렉산데르 6세에 올랐다. 1493년 콜럼버스가 1차 항해에서 돌아오자마자 알렉산데르 교황은 새로 발견된 모든 영토의 소유권을 스페인에게 부여하는 칙령을 발표했고 유사한 칙령이 이어졌다. 같은 해 후반에 카보베르데 제도의 서쪽 방향으로 100리그(약 560킬로미터) 지점을 경계선으로 정한다는 내용의 칙령을 발표했다. 경계선 너머의 모든 육지는 발견이 됐든 안 됐든 페르난도와 이사벨의 영토에게 속한다는 내용이었다. 마지막 칙령에서는 스페인의 영토를 인도까지 남쪽과 동쪽 방향으로 확장했다. 포르투갈은 분노를 금치 못했다. 교황의 칙령은 포르투갈이 3대에 걸쳐 아프리카 해안을 탐험한 노력을 무시했으며, 니콜라오 5세의 칙령에도 반할뿐더러 5년 전 바르톨로뮤 디아스가 아프리카 남단을 돌아온 업적은 고려하지 않았다.

부패한 스페인 교황에게 진저리가 난 주앙 2세는 페르난도 및 이사벨과 직접 협상을 하기로 결심했다. 스페인의 군주들은 무자비한 포르투갈을 두려워했고 신세계를 파악하느라 분주했기 때문에 합리적인 타협안을 찾기를 바랐다. 1494년 6월 7일 양국은 역사적으로 중요한 토르데시야스 조약을 체결했다. 토르데시야스는 스페인 중부의 마을 이름이다.

토르데시야스 조약은 카보베르데에서 서쪽으로 370리그(2000킬로미터) 거리에 위치한 경선을 따라 세계를 양분했다. 이 경계선은 그리니치에서 서쪽으로 약 45도에 위치하고 있으며 아시아는 포르투갈, 신세계는 스페인의 영토로 정했다.[29]

일반적인 시기에 국가는 땅덩어리를 한 뼘이라도 더 차지하기 위해 목숨과 재산을 건다. 하지만 당시는 일반적인 시기가 아니었다. 포르투갈은 선지자가 사망한 이후 서양에서 그토록 원하던 목표인 인도양 접근을 달성했다. 스페인은 대륙 두 곳을 발견했다. 이러한 성과에 두 앙숙은 마치 어린 학생들이 쉬는 시간에 물건을 바꾸듯 전 세계를 나눠 가졌다.

뜨거운 6월의 나른한 토르데시야스에서 주앙 2세의 사자들은 어떤 생각을 했을까? 아프리카와 아시아 전체가 포르투갈 차지가 된 조약을 체결하던 당시 인도양의 남서쪽 끝자락에 이른 것은 바르톨로뮤 디아스의 선박뿐이었다. 포르투갈은 이제 막 흑사병에서 벗어나 인구가 100만 명밖에 남지 않은 상황이었는데, 몇천 명의 신체 건장한 선원들

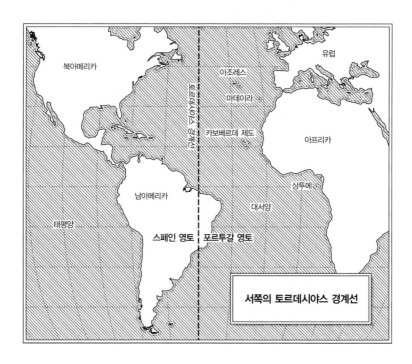

과 몇백 척의 대양 선박으로 세계 최대의 가장 정교한 무역 조직을 상대하리라는 사실을 짐작이나 했을까? 포르투갈인이 인도양에 간헐적으로 배치한 선단을 살펴보면, 가장 큰 배에 몇 안 되는 유럽인 관리와 군인이 승선해 아시아나 아프리카 노예 수백 명에게 명령을 내리는 구조였다.[30] 포르투갈은 말하자면 자동차 꽁무니를 따라잡은 개와 다름없었다. 날쌔고 흉포하며 송곳니 흔적을 여럿 남기며 분투했지만 결국에는 길가 먼지 속에 버려질 운명이었다.

주앙 2세는 아시아 향료와 여전히 행방이 묘연한 프레스터 존을 찾는다는 불가능에 가까운 임무를 맡기기 위해 적임자를 선택했다. 바스코 다 가마의 1497~1499년 항해는 당대에 해상에서 거둔 가장 획기적인 성과였으며, 왕이 명령한 목표를 이루기 위해 대양을 건너 인도까지 왕복으로 4만 5000킬로미터를 이동했다. 콜럼버스는 큰소리를 쳤을 뿐 왕이 바라던 목표를 이루지 못했다. 게다가 콜럼버스가 목표로 한 '인도 제도'의 정의는 지리적 정확성 측면에서 아쉬운 점이 많았다. 그가 말하는 목적지는 일본, 중국, 인도인가, 아니면 프레스터 존의 왕국인가?

콜럼버스와 달리 다 가마는 출항하기에 앞서 항해 관련 지식을 세밀하게 습득했다. 그는 인도 남서부의 말라바르 해안에 위치한 캘리컷이 인도아대륙의 가장 부유한 수출입항이라고 이해하고 있었다. 동아프리카 해안을 떠난 뒤 다 가마의 선박이 남서 계절풍을 타고 안착한 지점과 거의 맞아떨어졌다. 다 가마는 두 가지 혁신에 힘입어 해상 위업을 이뤄냈다.

1488년 디아스는 희망봉을 향해 이동하는 길에 엔히크가 파견했던 최초의 포르투갈 탐험대가 탐색한 해로를 따라갔다. 적도 이남에 이르자 남동 무역풍이 불면서 항해가 어려워졌다. 디아스가 1489년 귀환하고 다 가마가 다시 항해를 나서는 1497년까지 8년 사이에 역사에 이름이 알려지지 않은 선원이 문제의 해결책을 찾아냈다. 다 가마의 배는 오늘날 시에라리온 지역을 지날 때 오른쪽으로 방향을 틀어 대서양을 향해 정서 방향으로 수백 킬로미터를 이동했다. 이어 서서히 시계 반대 방향으로 직경 수천 킬로미터의 반원을 돌아 희망봉을 지났다. 배가 대양에서 얼마나 큰 호를 그렸는지 다 가마의 탐험대는 브라질에서 불과 수백 킬로미터 거리를 지나쳤다. 그럼에도 그는 위험한 희망봉을 남쪽으로 우회하는 목표는 이루지 못했고 아프리카 남서 해안의 세인트헬레나만을 찍고 지나갔다.

다 가마의 소형 선단은 무려 95일 동안 육지를 보지 못했다. 반면 콜럼버스는 카나리아에서 바하마에 닿기까지 불과 36일밖에 걸리지 않았다. 다 가마는 항해술이 탁월했고, 그가 계산한 위도는 오차가 2도 이상 벗어나지 않았다. 하지만 콜럼버스는 부정확한 항해로 악명이 높았다. 쿠바의 위치를 보스턴과 같은 북위 42도로 추정할 정도였다.[31]

다 가마의 탐험선이 아프리카 남부 해안에 닿은 지 얼마 지나지 않아 선원들이 기이한 질병으로 고통을 받기 시작했다. "팔다리가 붓고 잇몸이 치아를 덮어 먹지 못했다."[32] 작은 범선을 타고 육지를 보지 못한 채 몇 개월을 이동한 선원들은 체내 비타민 C가 고갈됐고, 유럽 선원들을 괴롭히던 괴혈병에 걸리고 말았다. 목적지를 향해 가는 중에는 때마침 부유한 동아프리카 항구에 도착하여 질병의 공격을 피할 수 있었다. 하지만 고국으로 돌아가는 길에는 그런 운이 따르지 않았다.

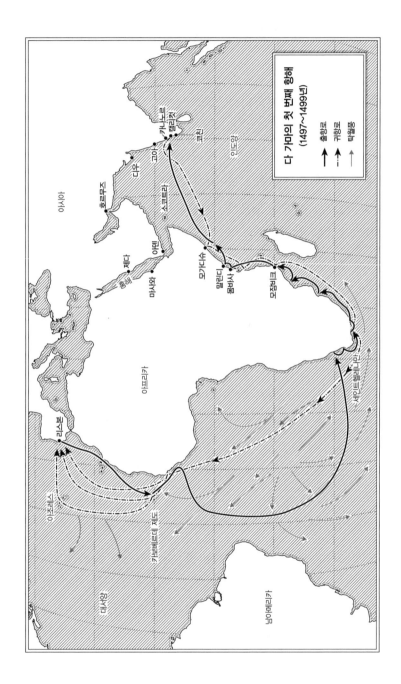

다 가마의 첫 번째 항해
(1497~1499년)

출항로
귀항로
탁월풍

유럽

리스본

아조레스

카보베르데 제도

대서양

남아메리카

아프리카

세인트헬레나 만

모잠비크

몸바사
말린디

모가디슈

소코트라

아덴

홍해

제다

마사와

호르무즈

아시아

다우

고아

칼리쿠트
카나노르

코친

인도양

다 가마가 항해 준비에서는 탁월했지만 상업적 계획까지 치밀했던 것은 아니다. 포르투갈인은 토착 상인들에게 어떤 물건을 찾고 있는지 알리기 위해 금, 향료, 상아의 표본을 실었지만 정작 원하는 물건과 교환할 만한 물건은 가져가지 않았다. 무지 때문인지 오만 때문인지, 혹은 둘 다에서 비롯된 문제인지 알 수 없는 일이다.

초반에 남아프리카에서 다 가마의 교역 활동은 순조로웠다. 원주민들은 유럽산 리넨 소량을 현지 물건으로 기꺼이 맞바꿔줬다. 리넨은 현지인들에게 귀한 물건이었던 것이다. 하지만 북쪽으로 이동할수록 무슬림이 장악한 인도양의 교역 중심지가 나타났고 시장 상황은 급변했다. 상인들은 피부색이 옅었고 아라비아어를 구사했다. 모잠비크의 섬에서 포르투갈 선원들은 무슬림 통치자를 만났다.

모자, (비단 옷), 산호 등 여러 물건을 제안했지만 통치자는 우리가 건넨 물건을 전부 무시한 채 우리에게 없던 붉은 옷감을 요구했다. 그럼에도 우리는 가진 물건을 모두 그에게 전달했다. 어느 날 선장[다 가마]은 무화과와 콩피(고기를 자체 지방에 절여 뭉근하게 익힌 요리—역주)를 풍성하게 차려 그를 식사에 초대하고는 선원 두 명을 앞으로의 항해에 동행하게 해달라고 요청했다.[33]

초라한 배에 보잘것없는 전문 지식을 갖춘 이들과 동행하고 질 낮은 물건을 내미는 덥수룩한 모양새의 유럽인은 활발한 인도양 교역으로 번창하던 무슬림 지도자들에게 깊은 인상을 주지 못했다. 유럽인은 아시아의 물건과 항해술로도 경외심을 얻지 못했다. 익명의 선원은 다음과 같이 회상했다.

이 나라의 선박은 크고 갑판도 위용이 대단하다. 못을 사용하지 않았으며
판자를 서로 엮은 형태였다. 돛은 야자수 잎으로 만들었다. 선원들은 제노
바의 바늘[자기나침반]을 사용하여 키를 잡았고 사분의와 해도를 갖췄다.[34]

선박을 조종하는 사람들은 무슬림 교역 디아스포라인 페르시아 상인
들이었다. 몸바사(오늘날 케냐)에서 포르투갈인이 관찰한 바에 따르면
"도시에는 무어인과 기독교도가 세운 식민지가 각각 존재한다. 후자의
경우 자기들의 군주를 섬기면서 따로 거주했다."[35] 처음에는 현지의 술
탄과 교역 공동체 모두 조심성 있는 태도로 정중하게 다가오는 포르투
갈인을 환대했다. 이익이 크게 나는 거래를 기대하기도 했다. 하지만
얼마 지나지 않아 현지 상인들은 포르투갈인이 프레스터 존의 행방에
집착한다는 사실을 깨달았고 나름대로 그 궁금증을 충족시켜줬다. 위
대한 기독교 지도자는 언제나 지평선 너머에, 인근 왕국을 지나가거나
다음 항구에 닿으면 만날 수 있는 듯했다. 다 가마의 선원들은 외양이
무슬림으로 보이지 않으면 모두 기독교도로 간주했다.

이 인도인들의 피부색은 황갈색이다. 약간의 옷가지를 걸쳤으며 수염과
머리를 길러서 땋았고, 소고기를 먹지 않는다고 말했다. 선장이 배를 타고
마을에 갈 때 이 기독교 인도인들은 배에서 공격을 퍼붓다가 [다 가마의]
모습을 보고는 손을 뻗어 외쳤다. 그리스도! 그리스도![36]

다 가마의 선원들은 힌두교 상인들을 기독교도로 착각했으며, 상인들이 외친 이름은 신의 아들 그리스도가 아닌 '크리슈나(Krishna)'였을 가능성이 높다. 이 음울한 종교적 코미디는 인도에서도 벌어졌다. 처음에 포르투갈인은 인도를 기독교 국가로 여겼으며, 이국적인 교회(힌두교 사원)에 모신 팔다리가 여럿인 인물들이 성부, 성자, 성령, 성모, 성인을 뜻한다고 생각했다.

대서양 남부에 드넓은 호를 그리며 이동한다는 아이디어와 함께 다 가마의 위업을 이뤄낸 다른 '혁신'은 인도양 선원들의 도움이었다. 아랍의 전설적인 선원이자 인도양 항해에 관련된 권위 있는 중세 문서를 기록한 이븐 마지드(Ibn Majid)가 다 가마의 인도 탐험을 안내한 것으로 전해졌다. 그래서 이슬람 세계에서는 오늘날까지도 이븐 마지드의 의도치 않은 배반을 저주한다. 관대하고 개방적인 마지드가 신뢰하지 못할 만한 포르투갈인에게 이용당했다는 일화는 반제국주의 선전에 기여하는 바가 있다. 하지만 마지드가 인도 항로를 안내한 선원이었을 가능성은 희박하다. 말린디(몸바사에서 북쪽으로 100킬로미터 떨어진 지역)에서 고용 또는 납치된 다 가마의 선원은 구자라트 출신이었으며 포르투갈까지 동행했다. 마지드는 오만 사람으로, 그의 방대한 전기에는 포르투갈을 방문했다는 기록이 등장하지 않는다.[37]

다 가마가 어느 정도 선행을 베풀었는지는 모르나 분명 관대한 인물은 아니었다. 그는 사소한 일에도 선원들에게 도둑질, 납치, 살인을 명령했다. 모잠비크에서 고용된 선원 두 사람은 불성실하다며 매질을 당하고 몸바사에서 기회를 엿봐 도망쳤다. 탐험대가 아프리카의 마지막 기항지에 도착했을 때는 이미 포르투갈인이 피에 목말라 있다는 소문이 파다했고, 현지인들은 거래를 원치 않았다. 당시 다 가마의 탐험대는 물자 부족에 시달렸고 인도로 향하는 안내가 절실하게 필요했기 때문에 현지의 적대적인 분위기는 큰 문제였다. 말린디에서 다 가마는 현실적 이유로 인내심을 발휘할 수밖에 없었고, 선의의 징표로 몸바사와 모잠비크에서 사로잡은 인질을 석방하기까지 했다.

1498년 4월 24일, 물자를 다시 보충하고 말린디의 술탄이 제공한 구자라트 출신 선원을 확보한 다 가마의 탐험대는 여름 계절풍을 타고 북동쪽의 대양으로 전진했다. 닷새 후에는 적도를 건너 유럽 항해자들의 오랜 벗인 북극성을, 5월 18일에는 말라바르 해안의 산맥을 마주쳤다. 불과 23일 만에 4500킬로미터를 이동한 탐험대는 목표로 한 캘리컷을 불과 11킬로미터 거리로 지나쳤다. 다만 세계에서 가장 험악하기로 악명 높은 교역국은 계절풍의 비밀을 '발견'하는 데 성공했다. 이제 양 치는 들판 한가운데 늑대가 들어섰고, 세계무역은 결코 과거와 같지 않았다.

포르투갈은 교역 제국의 면모보다 돈을 갈취하는 폭력배의 모습을 보였다. 현지 상인들에게 향료 등을 시장가격보다 싸게 팔도록 압박하고, 무슬림 등의 세력을 정직한 상거래에서 내쫓았다. 보호와 해적질은 종이 한 장 차이인데, 포르투갈은 그 경계를 넘나들기 일쑤였다. 인도로 향하는 1차 항해에서 다 가마는 치밀한 갈취 계획을 세웠다. 소함대는 상대 선박에서 인사하러 올 때까지 기다렸다가 인질을 붙잡았다. 각 선박을 지휘하는 다 가마, 그의 형제 파울로(Paulo), 니콜라우 코엘류(Nicolau Coelho)는 가급적 배를 떠나지 않았으며 '교역 협상'을 핑계로 완력을 행사하곤 했다.[38]

바스코 다 가마는 포르투갈 교도소에서 언어 능력이 출중한 수감자(degradados)를 골라 탐험선에 태우고는 낯선 땅을 만나면 먼저 내려 보냈다. 캘리컷 땅을 처음 밟는 영광을 누린 주앙 누네즈(João Nunez)는 얼마 전 개종한 유대인으로 아라비아어를 구사했다. 그는 스페인어와 이탈리아어를 쓰는 튀니지인과 마주쳤을 때 "악마가 당신들을 데려왔구먼! 무슨 이유로 여기에 왔는가?"라는 질문을 받았다. 이에 누네즈는 "기독교도와 향료를 찾으러 왔다"라고 대꾸했다.[39]

동아프리카에서 그랬듯 인도의 현지인들도 유럽의 교역품에 흥미를 보이지 않았다. 다 가마는 캘리컷의 힌두교 지도자인 자모린을 만날 준비를 하면서 "[줄무늬 천] 열두 장, 붉은 두건 네 개, 모자 여섯 개, 산호 네 줄, 손 씻는 대야 여섯 개가 든 상자, 설탕 상자, 기름 두 통, 꿀 두 단지"를 보냈다. 그런 물건은 게니자의 밑바닥 상인들도 관심을 보이지 않았으니, 인도 수출입항의 가장 부유한 지도자는 더 말할 것도 없었다. 선물을 본 자모린의 신하들은 유난스럽게 비웃으면서 다 가마의 사신에게 말했다. "메카의 별 볼일 없는 상인이나 인도의 다른 지방에서 가져온 물건은 왕에게 바칠 만한 가치가 없으며, 선물을 하려거든 금을 바치시오."[40]

캘리컷에서 다 가마에게 불만을 품은 사람은 자모린뿐만이 아니었다. 도시에서 권력을 누리던 무슬림 상인들은 유럽 기독교도의 출현을 좋은 징조로 여기지 않았으며 자모린에게 신중하게 대하라고 조언했을 것이다. 이에 자모린은 선장이 온종일 기다리도록 방치했다.

그렇지 않아도 좋지 않던 상황은 더 나빠졌다. 선물을 폄하하는 이야기를 들은 선장은 빈손으로 자모린을 찾아갔고, 자모린은 그런 그를 질

책했다. 그러자 다 가마는 자신의 목적은 교역이 아닌 탐험이라고 밝혔다. 이에 자모린은 "무엇을 발견하러 왔는가? 돌인가, 사람인가? 사람을 찾으러 왔다면 어찌하여 아무것도 가져오지 않았는가?"라고 따졌다.[41]

다 가마는 상업적 준비가 미진한 데다 다른 문화와 관습에 대한 이해도 형편없었다. 별 볼 일 없는 교역품, 오만한 태도, 포르투갈인의 피해망상이 종합적으로 어우러져 인질을 잡는 지경에 이르렀고, 무슬림 상인들과의 관계는 더 악화되었다. 그렇지 않아도 무슬림 상인들은 선장이 자신들을 도시에서 내쫓아달라고 요구했다는 소식을 들었을 것이다. 다 가마의 선원들이 지나갈 때마다 상인들은 바닥에 침을 뱉으며 "포르투갈! 포르투갈!"이라고 외쳤다.

이미 10년 전 페루 다 코빌량은 전설적인 탐험을 하면서 다 가마에게 부족한 상업적·외교적 지혜를 축적했다. 하지만 디아스와 마찬가지로 다 가마도 코빌량이 얻은 귀중한 지혜를 전수받지 못했음이 분명한데, 이는 중세 시대의 의사소통 상태를 보여주는 사례다.

어려운 환경에서도 결국 인도 상인들과 다 가마의 선원들은 상업적 거래에 성공했다. 무슬림 상인들은 새로 찾아온 이들이 종교적 증오심을 품고 있고 도덕적으로도 위험한 존재임을 간파했다. 또한 힌두교 신하들은 자모린이 서양인의 물건에 관심을 보이지 않았음에도 다 가마가 가져온 유럽산 직물과 향료를 맞바꾸었다. 포르투갈인은 고급 리넨 셔츠를 싼값에 넘겼다는 생각에 실망했다. 금은으로 따지면 리스본에서 받을 수 있는 가격의 10분의 1 수준이었다. 하지만 향신료를 더 저렴하게 구입한 데 만족했다.

힌두교도 자모린은 처음에는 유럽인과의 교역을 허용했지만 선장이 보이는 이중적 태도에 진저리를 냈다. 다 가마의 탐험대는 항구에 정박한 세 달 동안 후추와 다른 진귀한 물건을 실으면서도 관세를 내지 않았으나, 자모린은 일행이 1498년 8월 29일 캘리컷을 떠나도록 승인했다.[42]

다 가마가 1차 인도 제도 항해에서 당한 어려움은 탐험대가 으레 겪는 수준이었다. 리스본을 떠난 약 170명의 선원 가운데 돌아온 사람은 절반도 안 됐다. 사망자의 대부분은 인도양을 거쳐 돌아오는 길에 괴혈병으로 목숨을 잃었다.[43] 떠나는 길보다 돌아오는 길에 질병으로 사망한 선원들이 더 많았고, 나중에는 건장한 선원들이 배를 제대로 통제할 수 있도록 세 척 가운데 한 척을 포기했다. 파울로 다 가마는 1499년 9월 리스본에 닿기 전에 들른 마지막 항구인 아조레스에 도착한 다음 날 사망했다. 그래도 문제없었다. 이미 다 가마의 선원들은 탐험 비용의 60배에 달하는 후추, 계피, 정향을 캘리컷에서 실어 온 터였다. 탐험에서 살아남은 초라한 생존자들이 리스본으로 입항할 때 어느 누구도 끔찍한 인명 피해에 대해 묻지 않았다.[44]

포르투갈 왕은 기념비적 항해와 상업적 성과에 발빠르게 후속 조치를 취했다. 6개월도 채 지나지 않은 1500년 3월 페드루 알바르스 카브랄(Pedro Alvares Cabral)은 13척의 선박과 약 1500명의 선원을 이끌고 항구를 떠났다. 그는 더 효과적으로 대서양을 '넓게 가로질러' 공포의 희망봉 남단을 무사히 건넜으며, 이 과정에서 최초로 브라질을 방문한 유럽인으로 기록되었다. 다행스럽게도 브라질은 토르데시야스 경계선에서 포르투갈 영토에 속했다.

카브랄의 항로는 이후 유럽에서 인도 제도를 향하는 탐험대가 따라

가는 전형이 되었다. 대서양의 남동 무역풍을 최대한 활용하기 위해 늦겨울에 출항한 다음 여름 계절풍을 타고 인도양을 건너면, 리스본을 떠난 지 6개월 만인 9월에 인도에 도착할 수 있었다(한 선장은 "2월 마지막 날에 떠나면 적당하지만 3월 첫날이면 늦는다"라고 전했다[45]). 인도에서 가을을 지내면서 짐을 싣고 선박과 목재를 정비한 유럽인은 겨울 계절풍을 타고 고국으로 돌아왔다. 늦겨울 유럽에서 출발하는 항로는 빠르기는 했어도 더 위험했다. 일정상 이동 중에 남반구의 맹렬한 풍랑에 노출될 확률이 높았기 때문이다. 카브랄은 대서양의 폭풍을 만나 네 척을 잃었다. 그나마 남은 아홉 척 가운데 인도에 닿은 배는 여섯 척뿐이었다. 그래도 문제없었다. 어찌됐든 큰 이익이 났고 사람 목숨 값은 푼돈에 불과했다. 수백 명의 영혼은 유럽인이 그토록 원하는 후추, 계피, 정향을 사기 위해 치른 비용인 셈이었다.

인도에 도착한 카브랄은 2년 전 다 가마의 편집증과 잔인함으로 형성된 위태로운 외교 관계를 또다시 휘저었다. 다 가마를 상대한 자모린은 성정이 불같았지만 다 가마와의 무역 관계에 만족했는데, 그사이 사망하여 아들이 뒤를 이은 상황이었다. 카브랄 역시 포르투갈인에게 무슬림 상인보다 우월적 지위를 부여해달라고 요구했다. 처음에는 상황이 잘 풀리는 듯했다. 유럽인은 인근 인도 왕국에서 코끼리를 싣고 있는 배 한 척을 사로잡아 자부심 넘치는 자모린에게 선물로 바쳤다. 탐험대의 거대한 배는 후추와 고급 향신료로 채워졌다. 그러다 무슬림 선박이 향신료를 싣고 홍해에서 메카와 가까운 제다 항으로 향한다는 소식을 들은 카브랄은 그 배를 사로잡았다. 포르투갈인에게 증오의 대상인 '메카의 무어인'과 일어나는 모든 교역은 자모린과의 '합의'에 어굿나는 행위였다. 그러자 소식을 접한 무슬림이 분노하여 포르투갈의 교역소를 급습했고 54명을 살해했다.

포르투갈은 자모린의 의중을 듣기 위해 하루 기다렸다. 하지만 어떤 말도 전달되지 않자 나쁜 상황을 가정했다. 자모린이 교역소 공격의 배후라고 생각한 이들은 인도 선박 열 척을 포획하여 선원들을 죽이고 마을을 온종일 대포로 공격하여 쑥대밭으로 만들었다. 그러고는 남쪽에 위치한 캘리컷의 경쟁 지역인 코친으로 도망쳤다. 코친과 캘리컷 북쪽으로 65킬로미터 떨어진 카나노르에서는 작은 배에 향료를 더 실었다. 자모린의 역공과 코친 통치자의 배신을 두려워한 카브랄 무리는 서둘러 길을 떠나느라 은과 화물을 실을 공간이 남았음에도 해안가의 상인들까지 버려둔 채 떠났다. 리스본으로 돌아오는 길에 카브랄은 배 한 척을 더 잃었다.[46]

왕은 선박의 3분의 2를 잃은 데다 새 자모린과 전쟁까지 벌이고 온 카브랄 때문에 심기가 불편했다. 그래도 이런 잘못은 용서할 수 있었다. 더 심각한 문제는 카브랄이 가득 싣고 온 계피가 저급한 물건이라는 사실이었다. 이에 1502년 다시 탐험을 떠나는 다 가마에게 25척의 배를 제공했다.

1차와 2차 탐험 사이에 3년의 세월이 흘렀지만 다 가마가 친절하고 관대한 선장으로 변했을 리 없었다. 게다가 그에게는 교역 이외의 관심사도 있는 듯했다. 다 가마는 2년 전 캘리컷에서 자행된 교역소 살상에 대한 보복으로 말라바르 해안과 홍해 사이에 일어나는 모든 무슬림 교역을 차단할 작정이었다. 리스본을 떠난 지 7개월 만인 1502년 9월 초, 다 가마의 선단은 카나노르 연안에 자리 잡고 때를 기다렸다.

3주 후인 9월 29일, 다 가마는 핫즈 순례에서 돌아오는 미리(Miri)호를 사로잡았다. 배에는 메카에서 돌아오던 남성, 여성, 어린이 수백 명이 타고 있었다. 이후 5일 동안 다 가마의 선원들은 배에 있는 화물을 내리고 승객들의 소지품을 빼앗았다. 목숨을 살려주면 뭍에서 훨씬 더 큰 보답을 제공하겠다는 승객들의 애원에는 귀를 닫았다.

항해에 동행했던 선원이자 연대기 작자인 토메 로페스(Tomé Lopes)는 1502년 10월 3일 약탈이 끝난 이후 "남은 생애 모든 순간 기억하게 될" 사건을 목격했다.[47] 다 가마는 배를 불태우라고 명령했다. 승객들은 더 이상 잃을 것이 없는 상황에서 남녀를 가리지 않고 다 가마의 부하들에게 돌과 맨주먹으로 맞섰다. 이어 무슬림은 포르투갈 선박 한 척을 들이받아서 다 가마의 부하들이 자신의 배를 다치지 않고 미리호를 폭격할 수 없도록 만들었다. 비좁은 공간에서 맹렬한 싸움이 이어졌다. 그동안 무슬림 여성들은 다 가마가 연민을 베풀어주지 않을까 하는 희망에 보석과 갓난아이들을 내밀어 보였다. 하지만 호의는 돌아오지 않았다. 배에서 유일하게 목숨을 건진 승객은 부모에게 분리시켜 세례를 줄 수 있는 아동들과 선원들뿐이었다.

젊은 자모린은 평화를 청하면서 포르투갈 교역소에 대한 공격보다 미리호에서 일어난 학살과 약탈이 더 심각하다는 점을 암시하고는 지나간 일은 덮자고 제의했다. 이는 다 가마를 더 격분시킬 뿐이었다. 그는 "세상이 만들어진 처음부터 무어인은 기독교도의 적이었으며 기독교도 역시 무어인의 적이었다. 언제나 서로가 전쟁을 벌여왔다"라며 비난했다.[48]

다 가마는 험악한 분위기에서 캘리컷에 도착했고, 카브랄보다 더 맹렬하게 항구를 폭격했다. 11월 1일에는 무슬림 수십 명을 돛대에 매달아 죽였다.

죽은 자들의 머리, 손, 발을 잘라낸 다음 배에 실었다. 희생자들이 [2년 전 교역소에서 일어난] 포르투갈인 사망 사건의 당사자가 아님에도 이러한 벌을 받았다면 문제의 불씨를 지핀 자들에게는 더 잔인한 죽음이 기다리고 있으리라는 편지도 실어 보냈다.[49]

이 사건뿐만이 아니었다. 이따금 포르투갈인은 다우선을 약탈하고 시체를 매달아 사격 연습을 했고, 현지 통치자에게 시체 토막을 전달하면서 카레 재료로 쓰라고 권했다.[50] 포르투갈인의 잔악함은 그 시대적 배경을 고려해도 정도가 심하며, 가톨릭 근본주의자들이 이를 더 부추겼다. 중세 기독교도는 불신자들을 지옥으로 보내야 마땅하다고 여겼다. 유대인, 무슬림, 힌두교도가 어차피 사후에 지옥 불에 떨어질 운명이라면 현세에서 고통을 당한들 동정할 필요가 없었다.

이처럼 정당한 근거 없이 포르투갈인이 악행을 저지르면서 다 가마와 자모린은 전면전을 벌일 수밖에 없었다. 1503년 1월 힌두교 통치자는 다 가마가 안전한 코친을 벗어나 캘리컷의 매복한 장소로 이동하도록 꾀어냈다. 무리가 매복 장소에 이르자 날쌘 인도 선박이 직접 공격에 나섰지만 모두 격퇴당했다.

겨울을 향해 가면서 계절풍이 부는 시간이 시시각각 다가오자 포르투갈인은 마침내 항구를 떠났다. 이번에는 카나노르와 코친에 일부 선박을 정박시키고 영구 기지로 삼아 인도양을 지키도록 했다. 떠나는 선박은 어마어마한 양의 향료를 싣고 고국으로 돌아갔다. 한 추정에 의하면 미리 대학살 이후 다 가마는 코친에서 후추 1700톤, 계피와 정향, 메이스, 육두구 400톤을 선적했다. 선장은 4만 두카트 상당의 향기로운 화물을 타구스강으로 실어 간 것으로 전해졌다.[51]

다 가마는 1498년 동아프리카와 인도 땅을 밟은 지 5년 만에 막대한 이익을 창출하는 교역 기반을 다졌다. 하지만 동시에 인도로 가는 길에 위치한 모든 항구에서 적을 만들었다. 가볍게 지나가는 지역에서조차 포르투갈인 때문에 추방된 무슬림 상인들의 원한을 샀다. 새로 구축된 향료 교역로는 길고 취약했기 때문에 요새화된 포르투갈 기지로 보호하고 지켜야 했다. 오늘날에도 아조레스에서 마카오에 이르는 길목에 당시의 문화와 건축물이 남아 있다.

제국은 신속히 건설되었고, 1505년에는 프란시스쿠 드 알메이다(Francisco de Almeida)가 인도의 초대 식민지 총독으로 취임했다. 먼저 그는 킬와(오늘날 탄자니아 해변)를 들러 공격하고 진압했으며, 아랍 술탄을 꼭두각시로 세우고 거대한 요새를 구축했다. 다음에는 몸바사를 약탈했는데, 그가 인도로 이동하는 동안 수비대는 모잠비크의 섬을 장악했다. 포르투갈은 몇 개월 만에 동아프리카의 주요 항구를 대부분 차지했다. 점령한 기지와 교역소는 아프리카의 금을 인도 향료와 거래하는 장소가 되었다. 여기에서 확보한 금으로는 구자라트의 옷감을 사들였다. 옷감, 금, 향신료의 삼각 무역은 사실 새로운 발상이 아니었다. 이미 아랍과 아시아 상인들은 수백 년 동안 삼각무역을 해왔다. 하지만 유럽인은 삼각무역을 통해 인도양에서 추가로 이익을 낼 수 있었고 희망봉을 돌아가는 위험천만한 항해도 피할 수 있었다.

인도에 도착한 알메이다는 말라바르 항구를 체계적으로 진압했다. 처음에는 양대 무슬림 세력인 맘루크 이집트인과 구자라트의 무슬림 지도자들이 거칠게 저항했다. 1508년 무슬림 연합군은 봄베이 남부의 차울 항에 매복했다가 치명적인 공격을 실시했으며, 이 과정에서 알메이다의 아들이 사망했다. 총독은 1년 후 디우(봄베이 북부)에서 무슬림 연합군을 격파하여 아들의 원수를 갚았다. 이로써 인도양에서 유럽 해군의 패권을 위협하는 한 축이 사라졌다. 이번에도 베네치아는 돈 앞에 신앙심을 저버렸고, 구자라트-맘루크 해군에게 군사 전문가들을 제공하여 기독교 형제들에 맞서는 무슬림 원정을 지원했다.

동아프리카와 인도 정벌에서 세 번째로 공격에 나선 주자는 아폰수드 알부케르크(Afonso de Albuquerque)라는 포르투갈 해군 장교로, 유럽의 인도양 정복을 상징하는 인물이다. 알부케르크는 소말리 항구와 교역에 중요한 섬 두 곳을 잇달아 장악했다. 한 곳은 홍해로 향하는 다문화적 관문인 소코트라 군도였고, 또 한 곳은 페르시아만의 경비견 역할을 하는 호르무즈섬이었다. 호르무즈는 모래, 돌, 소금, 황으로 유명한 건조 지역으로 서양 열강을 성가시게 했다. 유능한 알부케르크가 인도 총독에 임명됐을 때 호르무즈 주민들은 포르투갈인을 쫓아냈고, 알부케르크는 몇 년 후 섬을 다시 점령했다.

인도양에서 포르투갈의 활동은 삐걱거렸다. 1508년 알부케르크가 인도에 도착했을 때 전임 총독인 알메이다는 알부케르크를 인정하지 않았다. 몇 달 후 포르투갈에서 또 다른 선단이 알부케르크의 임명 사실을 확인하는 문서를 가지고 올 때까지 알메이다는 그를 냉대했다. 강성하고 풍요로우며 적대적인 캘리컷은 포르투갈의 정복 활동에 완강히 저항했고, 코친은 포르투갈의 손아귀에 있었으나 항구로 활용하기에 적절치 않았다. 결국 알부케르크는 고아섬으로 눈을 돌려 1510년에 정복했다. 그가 고아에 본부를 설립한 인도국(Estado da Índia)은 아시아와 아프리카의 포르투갈 식민 제국 전체를 일컫는 이름이었다.

다음 타깃은 아덴이었다. 알부케르크에게는 눈엣가시와 같았고, 궁극적으로 보면 인도국의 심장부를 관통하는 지역이었다. 아덴은 해안 산맥의 사화산에 건설된 성곽도시로 '슬픔의 문', 즉 바브엘만데브를 내려다봤다. 유럽으로 향하는 아시아 교역품은 대부분 바브엘만데브를 지나쳤다. 해협 건너의 아비시니아에서는 노예, 상아, 커피, 도시에서 소비되는 식량이 건너왔으며, 산맥으로 난 길을 통해서는 향과 아라비아의 훌륭한 말이 공수되었다. 북쪽으로 향하는 화물은 홍해 중간 지점인 제다에 정박한 거대한 심흘수선(深吃水船)에 실려 이동했다. 거기에서 후추, 정향, 육두구, 구자라트의 질 좋은 면직물, 중국산 실크와 자기, 기타 이국적 물건은 홍해의 나머지 지역과 수에즈만의 얕고 암초가 있는 지대를 건너기에 적합한 소형 선박으로 옮겨졌다.[52]

포르투갈은 인도의 향료 중심지와 호르무즈를 장악했지만 아덴은 통제하지 못했다. 이에 날쌘 무슬림과 힌두교 선원들은 이베리아인의 요새를 손쉽게 우회하고 무방비 상태의 홍해를 거쳐 이집트까지 이동했다. 포르투갈은 아덴을 장악하지 않고는 향료 무역을 독점할 수 없었다.

결과적으로 알부케르크는 아덴을 손에 넣지 못했다. 처음에는 소코트라섬을 차지하면 바브엘만데브를 충분히 통제할 수 있다고 생각했지만, 섬은 해협에서 멀리 떨어져 있었다. 그는 소코트라를 점령했다가 몇 년 후 섬을 포기했으며, 1513년에는 아덴을 직접 공격하기에 이르렀다. 하지만 철저한 패배를 맛봤다. 그는 홍해 상류로 항해하다 역풍을 만났고 인도로 돌아가 총독 임무를 수행할 수밖에 없었다. 알부케르크의 홍해 진출 시도는 300여 년 전인 1183년 르노 드 샤티용이 이끄는 십자군이 북쪽에서 내려와 이 해양 요충지를 차지하기 위한 짧은 임무를 수행한 이래 서양 군대가 처음 등장한 사건이었다.

그래도 알부케르크는 포기하지 않고 바브엘만데브를 주시했다. 아덴이 아니라면 해협에서 아비시니아 방면에 위치한 마사와섬에서 해로를 차단하는 방안을 노렸다. 마사와 역시 아덴을 비롯한 이 지역의 전략적 항구와 마찬가지로 무슬림의 손길이 오랫동안 미친 지역이었다. 무슬림은 8세기에 기독교도인 아비시니아인에게 마사와를 빼앗았다. 1515년 알부케르크는 포르투갈 왕에게 서신을 보내, 마사와를 차지하기만 한다면 인근 지역을 통치하는 프레스터 존의 도움을 얻어 섬에 물자를 공급하고 무장시키며 무슬림의 손길이 닿지 않도록 차단시킬 수 있다고 주장했다.

이제 인도에는 어떤 불확실성도 남아 있지 않으나 아덴과 홍해의 경우 사정이 다릅니다. 황공하오나 프레스터 존의 항구인 마사와를 차지해야만 합니다.[53]

알부케르크는 서신을 작성하고 3개월 후 사망했다. 아덴을 차지하지 못한 포르투갈인은 차선책을 썼다. 상거래와 핫즈 순례를 위해 선박이 이동하는 시기에 맞춰 인도에서 겨울 계절풍을 타고 해군을 보내 바브엘만데브를 차단한다는 전략이었다. 하지만 거리가 워낙 멀었기 때문에 막대한 비용을 들여 군함 몇 척을 보내서는 해상 금수 조치라는 목적을 달성할 수 없었다.

포르투갈이 향료를 독점할 수 있는 마지막 기회는 1538년 오스만제국이 아덴을 합병하면서 영영 날아갔다. 역사학자들은 포르투갈의 선장과 식민지 관료 입장에서는 해협을 지나는 아시아 상인들을 눈감아 주는 편이 완전히 통제하는 것보다 이익이었다고 설명한다. 아덴의 포르투갈 요새를 통제하기란 거칠고 위험하며 보람도 없는 일이었을 것이다.[54]

오스만의 위대한 피리 레이스(Piri Reis) 제독은 이슬람 세계에서 알부케르크에 맞서는 장수였다. 포르투갈에게는 안타깝게도 레이스는 알부케르크보다 오래 활동했다. 술탄을 위해 일하는 수십 년 동안 그는 홍해, 인도양, 페르시아만을 누비면서 유럽의 적을 괴롭혔고 앞질렀으며 선수를 쳤다. 레이스는 페르시아만 북부에서 포르투갈에 대적하는 전투를 지원하라는 명령을 거부한 이후 오스만의 바스라 총독 지시로 90세에 공개 참수를 당했다.

그의 뒤를 이은 오스만의 제독들은 레이스의 전통을 따라 동아프리카에서 아라비아 남부, 오만, 심지어 말라바르 해안에 이르는 지역에서 포르투갈 기지를 약탈하고 간헐적으로 정복하기도 했다. 언젠가 투르크의 군함 한 척은 동아프리카의 스와힐리어 구사 지역에서 요새와 교역소를 차지하고 있던 포르투갈인을 쫓아냈다.[55] 이제 이베리아인도, 그보다 더 강성한 오스만도 아시아와 유럽 사이의 해상 교통을 통제할 수 없었다. 이내 포르투갈은 새로운 경쟁자의 도전에 맞닥뜨렸다.

1505년 하급 귀족이자 친척 사이였던 포르투갈 청년 페르낭 데 마갈랴잉시(Fernão de Magalhães, 이하 '마젤란'으로 표기—역주)와 프란치스쿠 세항(Francisco Serrão)은 인도에서 돈을 벌기로 결심하고 수천 명의 군인과 선원 틈에 끼어 알메이다의 선단에 올랐다. 이후 두 사람이 겪은 모험은 현대인에게 환상적으로 보이지만 당대에는 일상적으로 일어난 일이었다. 두 사람은 일생 동안 서로의 생각과 경험에 의지했으며, 결국 역사의 항로를 바꾸기에 이르렀다.

이후 몇 년 동안 마젤란은 많은 전투에 참전했고 부상을 입기도 했다. 특히 1506년 알메이다가 자모린과 맘루크 술탄의 연합군을 격퇴한 카나노르 전투에서 부상당한 후에는 의병제대를 하여 고국으로 돌아왔다. 하지만 동방의 모험과 기회를 맛본 그에게 포르투갈은 빈곤하고 답답하게만 느껴졌다. 마젤란과 세항은 인도로 떠나는 선박을 타고 다시 바다로 나갔다.

그들이 새로 합류한 탐험대는 1505년의 탐험대보다 규모가 훨씬 작았지만 중요성은 결코 덜하지 않았다. 포르투갈 왕은 탐험대를 이끄는 로페즈 드 세케이라(Lopez de Sequeira)에게 말라카와의 교역 관계를 수립하라는 임무를 맡긴 터였다. 아덴이 인도양 서단에 위치하여 유럽, 이집트, 터키, 말라카로 향하는 물자를 통제한다면, 말라카는 대양의 동단에 위치한 좁은 해협으로 향료 제도의 향료와 중국이나 일본의 사치품이 지나갔다. 1509년 4월 소함대는 코친에 도착하여 물자를 다시 보급받고 선박을 수리했다. 8월 19일에는 여름 계절풍을 타고 유럽 선원들에게는 미지의 영역인 동쪽으로 나아갔다. 탐험대는 23일 후인 9월 11일에 말라카에 도착했다.

이날 포르투갈인과 아시아인에게는 놀라움, 기대, 호기심, 걱정이 교차했다. 유럽인은 이미 인도의 경이로움을 맛봤지만 열대의 반짝이는 아름다움, 부, 거대 상선, 수많은 상인과 상점, 당대 최대의 수출입항에서 들려오는 수십 가지 언어에서 느껴지는 문화적 다양성이란 또 다른 경험이었다. 물론 그 지역을 결국 자신들이 차지하게 되지만 값비싼 비용을 치른다는 사실은 짐작도 못 했을 것이다. 마찬가지로 말라카의 귀족과 상인 공동체도 몇몇 유럽인만 만났을 뿐이지만 포르투갈인의 잔악함은 이미 전해 들은 상태였다.

겉으로는 평화롭고 화기애애했다. 몇 달 동안 암울한 배와 선박 수리장에 갇혀 있던 포르투갈 선원들은 세계에서 가장 활기찬 항구도시에서 풍요로운 음식, 달콤한 음료, 이국적인 여인들을 만나 한껏 들떴다. 하지만 항구에 머무르던 포르투갈의 선박 다섯 척 가운데 하나의 선장이었던 가르시아 드 소사(Garcia de Sousa)는 말라카인 수백 명이 웃는 얼굴로 작은 쌍동선에서 포르투갈 선박을 기어올라 현지 물건의 판매를 시도하는 모습을 걱정스럽게 지켜봤다. 매복을 감지한 그는 경험이 풍부하면서도 믿을 만한 선원인 마젤란을 불러, 세케이라에게 위험을 알리라고 전했다. 마젤란이 세케이라의 배에 도착해보니 그는 체스를 즐기고 있었고, 게임에 참가한 사람들 뒤로 치명적인 크리스 단도(날이 굽은 말레이 칼)를 쥔 원주민들이 보였다. 마젤란은 세케이라에게 낮은 목소리로 경고했으나 선장은 귀 기울이지 않았다.

바로 그 순간 공격 신호인 한 줄기 연기가 왕궁에서 피어올랐다. 선단은 가까스로 위기를 벗어났다. 세케이라와 마젤란을 비롯한 포르투갈인은 말레이인이 크리스 단도를 휘두르기 전에 선실에서 제압한 다음 그들을 배 밖으로 던졌으며 다가오는 쌍동선에 총격을 가했다.

말라카의 열대 열기에 현혹되어 해변에 머물던 선원들에게는 운이 따르지 않았다. 많은 수가 도망쳤으나 이미 말레이인이 배를 훔친 뒤였다. 그날 해안가에 머물던 포르투갈인 가운데 생존자는 프란치스쿠 세항이 유일했다. 원주민에 둘러싸여 죽음의 문턱까지 갔으나 작은 배로 그를 구하러 온 사촌 마젤란 덕분에 해변을 벗어날 수 있었다. 탐험대의 생존자들은 서둘러 말라카를 떠났다.

앞서 마젤란은 다양한 상황을 목격하고 능숙하게 처신했지만 다른 인도국 군인에 비해 두드러지는 공적을 세운 것은 아니었다. 말라카에서 겪은 사건 덕분에 그는 상을 받고 진급했다. 1510년 알부케르크는 마젤란을 장교로 임명했으며, 마젤란은 총독의 선단을 수행했다. 이듬해에는 말라카를 장악하여 콘스탄티노플이나 베네치아 부럽지 않은 부를 얻었다. 해양 요충지에 대한 서양의 집착은 인도양에서도 발휘되었고 포르투갈인은 본능적으로 중국, 일본, 향료 제도에 이르는 지역과의 풍성한 무역을 장악했다.

포르투갈이 대성공을 거두는 동안 두 사촌은 서로 다른 길을 걸었다. 마젤란은 충분한 보상을 받아 누리고 있었다. 말라카에서 향료와 전리품을 챙겨 부유해졌으며 명성도 얻었다. 특히 살아남은 덕분에 들고 있던 현물을 현금화할 수 있었으며, 말라카에서 구입한 말레이 노예와 함께 귀국했는데 이 부분에 대해서는 나중에 다시 언급할 것이다. 반면 세항은 운명의 수레에 한 번 더 오르기로 결정했고, 안토니오 드 아브레우(António de Abreu)가 이끄는 알부케르크 선단의 파견대 세 척 가운데 한 척을 지휘하여 향료 제도로 향했다.

아브레우, 세항, 그리고 선원들에게 믿기 어려울 정도의 운이 따랐다. 반다와 암보이나에서 그들은 팔찌, 종, 값싼 장신구와 맞바꾼 정향, 메이스, 육두구를 가득 싣고 서둘러 귀환했다. 하지만 아브레우가 지나친 욕심을 부린 것이 화근이었다. 물건을 과도하게 선적한 탓에 세항의 배가 파손되었고 암초에 걸려 오도 가도 못하는 신세가 되었다.[56] 세항은 용기를 발휘해 생존자들을 구해냈고 암보이나로 돌아갔다. 군에서는 세항에게 말라카로 귀환하고 왕의 처분을 받으라는 명령이 내려졌다. 하지만 세항은 한계에 다다른 상황이었다. 그는 왕의 영광을 위해 이미 여러 번 목숨을 걸었다. 암보이나의 열대 풍경과 친절한 원주민은 왕에 대한 충성과 극명한 대비를 이뤘으며, 세항의 지친 육체는 그 간극을 이길 수 없었다. 그는 다시 포르투갈인에게 돌아가는 대신 원주민 사회에서 테르나테 왕의 군사 고문으로 일했으며, 젊은 아내와 함께 아이들과 노예들로 가득한 집에서 행복을 누렸다.

그렇다고 세항이 고국과 관계를 완전히 단절한 것은 아니었다. 무엇보다 그는 생명의 은인인 사촌에게 지속적으로 서신을 보냈다. 베른 조약이 체결되고 만국우편연합이 설립되기 수백 년 전에 세항의 서신이 유럽인의 인식을 벗어난 땅에서 유럽까지 전달되었다는 사실은 놀랍다. 세항은 사랑하는 사촌에게 동쪽으로 돌아와 지상낙원에서 함께하자고 간청하는 한편, 구체적이고 정확한 항해 정보와 상업적 정보를 전했다. 얼마 지나지 않아 마젤란은 그 어떤 유럽인보다 향료 제도에 대해 많은 정보를 확보했고 그 지식을 십분 활용할 계획을 세웠다. 마젤란은 세항에게 보낸 마지막 서신에서 "포르투갈을 통해서가 아니라면 다른 방법으로라도" 사촌에게 가겠다고 약속했다.[57]

1512년 고향 리스본으로 돌아온 마젤란은 이방인에 이름도 없고 칭송받지 못하는 식민지 전쟁 참전 용사 취급을 받았다. 반면 도시는 향료 무역 덕분에 풍요를 누렸다. 낮은 직책으로 왕궁을 배회하는 일에 싫증 난 그는 군대를 따라 모로코로 떠났다. 그곳에서도 전투가 빈번했고 마젤란은 다시 한 번 중상을 입었다. 이번에는 무릎이 파열되어 더 이상 전투에 참전할 수 없을뿐더러 영원히 발을 절름거리는 신세가 되었다. 게다가 병참 장교로 있던 탓에 절도 혐의를 받고 군법회의에 회부될 처지가 되자, 그는 마누엘 왕에게 호소하기 위해 리스본으로 건너갔다. 하지만 왕은 알현을 거부했고, 마젤란에게 모로코로 돌아가 재판을 받으라는 명령을 내렸다. 결국 마젤란은 재판을 받은 후 혐의를 벗었다.

당대에 자존심 강한 여느 정복자들과 마찬가지로 마젤란은 군주 앞에서도 떨지 않았다. 왕과 국가를 지키기 위해 잔악한 악마들과 몇 차례나 맞섰던 충직한 신하는 조용히 연금을 모으는 대신 왕에게 알현을 청했다. 이번에는 마누엘 왕도 허락했다. 마젤란이 왕을 만난 장소는 주앙 2세가 크리스토퍼 콜럼버스의 제안을 거절한 바로 그 공간이었을 것이다. 왕의 두 번째 거절로 포르투갈은 또다시 값비싼 대가를 치르게 되었다.

콜럼버스와 달리 마젤란은 탐험이나 정복을 향한 거창한 계획을 제시하지 않았다. 그저 몇 푼 안 되는 연금을 인상해달라는 것과, 왕궁에서 자신을 향해 으스대는 풋내기 청년들보다 높은 자리로 승진시켜달라는 요구였다. 아울러 자신의 용기, 왕을 향한 헌신, 능력, 오랜 경험에 어울릴 만한 자리를 청했는데, 바로 인도로 향하는 선박의 사령관이었다.

왕이 세 가지 요구를 모두 거절하자 실의에 빠진 마젤란은 왕에게 포르투갈이 더 이상 자신을 필요로 하지 않는지, 이제 다른 곳에서 일자리를 알아봐도 되는지 물었다. 왕은 이 자신만만하고 요구가 많은 건방진 자를 눈앞에서 치우고 싶은 마음에 마젤란의 행방이 포르투갈에 중요하지 않다고 답했다.

그럼에도 마젤란은 왕궁에서 1년 이상 머물면서 때를 기다렸다. 그는 왕궁 도서관에서 포르투갈이 최근 아시아와 브라질을 탐험할 때 사용한 해도와 일지를 통해 유용한 정보를 챙겼다. 특히 그는 남아메리카 해안에 관한 정보를 주시했다.

또한 탁월한 지리학자이자 천문학자인 뤼 팔레리오(Ruy Falerio)와 손잡았다. 팔레리오는 마젤란이 지닌 특별한 기술을 간파하는 한편 그에게 부족한 항해 전문 지식을 제공했다. 두 사람 가운데 누가 최초의 세계 일주 계획을 가능케 했는지는 미스터리다. 어찌됐든 둘은 남아프리카 끝자락인 남위 40도 부근에 '남부 해협'이 있으리라 추정했다. 희망봉처럼 인도 제도로 이어지지만 지구 반대편에 위치한 지역이다.

콜럼버스가 지구 둘레를 과소평가했듯, 마젤란의 경로도 지나친 낙관에 근거했다. 훗날 마젤란의 이름을 딴 마젤란 해협과 그 이남의 곳은 온화하고 잔잔한 40도에서 수천 킬로미터 떨어진 곳에 위치했다. 콜럼버스의 오판처럼, 어긋난 계산 덕분에 마젤란은 용기를 얻어 계획을 밀어붙였다.[58] 마침내 콜럼버스처럼 마젤란도 스페인에서 후원과 격려를 얻었다. 스페인에서 그는 이름의 철자와 발음을 카스티아어 페르난도 데 마가야네스(Fernando de Magallanes)로 바꾸었으며, 이후 영어권에서 그의 이름은 '페르디난드 마젤란(Ferdinand Magellan)'으로 알려졌다.

마젤란이 스페인 왕을 설득하는 작업은 콜럼버스에 비해 쉬웠다. 20년 전 토르데시야스 조약에서 포르투갈은 아프리카의 소유권을 보호하기 위해 원래 교황이 정했던 경계선을 서쪽으로 약 1400킬로미터 옮겼다. 마젤란은 스페인 왕에게, 포르투갈이 비용을 치러야 한다고 말했다. 조약에 따라 지구를 이분했기 때문에 동반구의 경계선 역시 1400킬로미터 서쪽(오늘날 동경 135도 부근)으로 옮겨야 한다는 주장이었다. 마젤란의 추정에 따르면 경계선을 옮길 경우 향료 제도는 스페인의 영토가 된다. 그는 스페인에 도착하고 몇 달 후인 1517년 가을에 탐험에 대한 지원을 약속받았다. 2년 후 마젤란은 다국적 선원들로 구성된 탐험대와 함께 탐험 역사상 가장 놀라우면서도 위험천만한 원정 길에 올랐다.

선원 265명 가운데 일주에 성공한 사람은 필리핀인이나 포르투갈인 손에 죽거나 괴혈병으로 사망하거나 도망치지 않은 31명뿐이었다. 불과 수백 킬로미터 거리에 있던 두 사촌이 몇 주 간격으로 살해된 사건은 역사의 가장 애처로운 우연으로 기억될 것이다. 마젤란은 막탄 해변에서 필리핀 원주민의 창에, 세항은 현지 술탄의 독극물에 목숨을 잃었다. 사망 당시 세항은 정향의 양대 산지이자 오랜 숙적인 테르나테와 티도레 간 싸움에 휘말린 상태였다.

최초의 세계 일주에서 가장 놀라운 이야기는 '말라카의 엔히크'라는 노예와 관련되어 있다. 1512년 마젤란이 리스본으로 데려간 노예였는데, 세계 일주를 하는 동안 대서양과 태평양에서 주인을 섬겼고 마젤란이 사망하면 해방되리라는 약속을 받았다. 하지만 마젤란이 살해된 후에도 노예 신분이 유지되자 도망쳐 사라졌다. 그의 출생지나 이후의 삶에 대해서는 알려진 바가 없으나, 그는 지구를 한 바퀴 일주한 최초의 인간이다.

일주에 나선 배 다섯 척 가운데 오로지 두 척만 티도레에 닿았다. 선원들은 말 그대로 뼈만 남은 상태였고, 억류된 현지 선원들이 길을 인도했다. 선원들은 배에 정향을 가득 실었으며, (세항을 독살한) 술탄은 배가 뭍에 가까이 있음을 확인한 후 선체가 충격에 파괴될 것을 우려해 서둘러 작별을 고했다.

그나마 두 척 가운데 일주에 성공한 것은 빅토리아호뿐이었다. 그렇더라도 티도레에서 싣고 온 정향 26톤으로 탐험 비용을 충분히 만회할 수 있었다.[59] 스페인 왕은 무너져가는 배를 스페인으로 이끌고 온 후안 세바스티안 드 엘카노(Juan Sebastián de Elcano) 사령관에게 연금과 계피 스틱, 육두구, 정향을 하사했다.

16세기 초에는 협소한 화산 자락을 누가 차지하느냐가 스페인과 포르투갈의 운명을 좌우했다. 마젤란이 세계 일주를 떠났다는 소식이 리스본에 닿자, 마누엘 왕은 포르투갈이 향료에서 거두는 막대한 이익이 위협을 받을까 두려움에 떨었다. 마젤란이 떠난 경로는 극소수만 아는 비밀이었으므로 스페인 선박이 동쪽과 서쪽 가운데 어느 경로를 선택했는지도 가늠할 수 없었다. 마누엘 왕은 포르투갈 선박을 어느 방향으로 보내야 할지도 판단하지 못한 것이다. 왕은 스페인 선박을 찾을 요량으로 아르헨티나부터 희망봉, 말라카까지 배를 보냈다. 마침내 포르투갈인은 마젤란의 빅토리아호 대신 트리니다드호를 찾았으나, 티도레에 정박해 있던 배는 보수가 시급한 상황이었다. 게다가 겨울 계절풍을 놓쳤기 때문에 태평양을 건너 동쪽 방향으로 위험천만한 여행을 시도할 수밖에 없었다. 선원들은 일본 북부 근처까지 이르렀으나 지칠 대로 지쳐 항해를 포기하고 몰루카로 돌아왔지만 포르투갈인에게 사로잡혔다. 이미 포르투갈은 빅토리아호를 놓친 후였고, 트리니다드호의 선원 네 사람만 스페인으로 돌아왔다.

사실 마누엘 왕은 근심할 필요가 없었다. 스페인이 티도레에 작은 교역소를 남겨놨어도, 그때쯤 트리니다드호와 빅토리아호 선원들은 마젤란과 팔레이로가 오판했다는 사실을 깨달았을 것이다. 안타깝게도 향료제도는 포르투갈의 영토에 있었다(필리핀도 상황은 마찬가지였지만 스페인의 펠리페 2세가 1565년 섬을 정복하면서 스페인 차지가 되었다). 이후 250년이 흘러서야 경도의 정확한 측정이 가능해졌다. 하지만 이미 육두구, 메이스, 정향이 흔하고 값싸져서 경도는 더 이상 중요하지 않았다.

스페인 국왕은 참혹한 여정에 대해 듣고, 길고 위험하며 큰 비용이 드는 희망봉 경로조차 세계 일주에 비하면 손쉬운 경로라는 사실을 알아차렸다. 결국 외교적 문제와 향료 제도에 선박을 파견할 때 드는 비용 때문에 스페인은 향료 무역을 포기해야 했다. 때마침 스페인의 카를 5세는 포르투갈의 새 국왕인 주앙 3세의 누나와 결혼했으므로 포르투갈과 우호적 관계를 유지할 필요도 있었다. 또한 스페인 정부는 군사적 탐험으로 만성 적자에 시달리고 있었다. 서쪽 국경에서 현금 확보와 평화를 원했기에 1529년 스페인은 향료 제도의 소유권을 35만 두카트를 받고 포르투갈에 넘겼다.[60]

이제 포르투갈은 스페인과의 경쟁에서 자유로워졌으나 여전히 아시아의 교역 강국을 상대해야 했다. 포르투갈은 인구도 적고 자원이 제한적이었기 때문에 인도양 전체를 지키는 일을 해낼 재간이 없었다.

향료 제도는 비교적 좁은 지역이었으나 향료를 생산하는 나무가 많았고 해변과 원주민의 쌍동선도 즐비했으며 금화 몇 푼이나 육두구 약간에 자기 임무를 망각하는 부패한 인도국 관료들이 수두룩했다. 절망적인 인력난을 겪던 포르투갈은 몰루카에서 황폐화된 교역소 하나만 관리할 수 있었다. 결국 포르투갈 선박을 통해 유럽에 공급되는 정향은 전체 공급량의 8분의 1에 불과했다.[61] 계피는 독점이 더 어려웠고, 후추는 독점이 불가능한 수준이었다. 후추가 서고츠산맥 전역과 더불어 수마트라에서도 재배됐기 때문이다.

포르투갈이 향료를 가득 싣고 이집트에서 출발해 유럽으로 향하는 무슬림 선박을 제지할 유일한 방법은 홍해를 봉쇄하는 길뿐이었다. 하지만 앞서 살펴봤듯 이 역시 현실성이 떨어졌다. 알메이다와 알부케르크가 인도양 서부에 기지를 설립한 후 수십 년 동안 포르투갈은 바브엘만데브의 교통을 장악한 듯 보였다. 하지만 인도국 관료들과 해양 관료들은 쉽게 부패했다. 베네치아의 한 외교관은 다음과 같이 기록했다.

홍해를 관리하는 포르투갈 군사들은 왕의 명령에 반해 향료의 통행을 허용했다. 그 지역에서 포르투갈 군인들은 계피, 정향, 육두구, 메이스, 생강, 후추, 다른 약품의 판매를 통해서만 생계를 꾸릴 수 있었기 때문이다.[62]

베네치아에서는 외교관들에게 포르투갈인을 그저 지켜보기만 한 죄를 물을 수도 있었다. 토메 피레스의 표현에 따르면, 포르투갈은 냉정하고 탐욕스러운 손을 말라카의 가늘고 긴 목구멍으로 뻗치고 있었다.

베네치아 상인들은 다 가마가 포르투갈로 귀환했다는 소식에 겁먹었을 테고, 실제로 최악의 우려가 현실로 일어나는 듯했다. 베네치아의 향료 무역이 1498년 이후 수십 년 동안 4분의 3가량 급감한 것이다. 하지만 교역량 급감이 포르투갈의 방해 때문만은 아니었다. 지나치게 많은 향신료가 희망봉과 리스본을 거쳐 안트베르펜으로 유입된 것이 문제였다. 안트베르펜은 북유럽에서 세력이 강성해진 합스부르크의 교역 중심지였다. 다 가마가 1497년 리스본을 떠나 1차 탐험에 나설 당시 유럽인의 후추 소비량은 연간 200만 파운드 미만이었으나, 1560년에는 600~700만 파운드로 증가했다.[63]

　베네치아 향료 교역에서 희망봉 경로보다 더 해로운 요인은 세력이 강성해진 오스만제국과 베네치아의 관계 악화였을 것이다. 16세기 초 투르크족은 지중해 서부에서 사치품을 실어 나르던 베네치아의 날쌘 갤리선을 공해에서 쫓아냈다.[64] 그렇더라도 이런 흐름은 포르투갈이 세를 확장하던 초기에만 유지되었으며, 1500년 직후 이집트로 향하는 향료는 완전히 사라지다시피 했다.[65] 그런 경우가 아니라면 베네치아 상인들은 향료 더미를 높이 쌓아놓고 카이로와 알렉산드리아에서 공정한 가격에 팔았을 것이다.

　1560년대에 베네치아는 투르크와의 교역 관계 개선에 나섰다. 오스만제국이 바브엘만데브, 홍해, 이집트를 완벽히 장악하고 유럽에서 사치품 수요가 크게 증가하면서 다 가마가 희망봉 경로를 개척하기 전보다 더 많은 양의 후추가 베네치아에 공급됐을 것이다. 하지만 베네치아만 콘스탄티노플과의 관계 개선에 나선 것은 아니었다. 프랑스와 독일의 왕국도 오스만과 원만한 관계를 맺으면서 이들의 선박이 베네치

아 갤리선을 견제했다.[66]

　베네치아가 포르투갈에 대해 우려할 동안 포르투갈은 이슬람의 교역 망이 미치는 위력에 조바심쳤다. 지금은 믿기 어렵지만, 16세기 포르투갈이 인도양에서 마주친 가장 강력한 경쟁자는 수마트라 서부의 도시국가인 아체였다. 오늘날 아체는 외딴곳에 위치하여 2004년 쓰나미로 큰 피해를 입은 저개발 지역 정도로 알려져 있다. 하지만 1500년대 중반에는 인도양과 태평양에 널리 퍼져 있는 오스트로네시아 선조들의 해양 전통을 물려받은 수혜자로서 상거래의 강국으로 군림했다. 또한 13세기에 이슬람을 받아들인 점도 유리하게 작용했다. 말라카의 아시아 상인들은 이교도인 포르투갈인과 협상하기를 꺼렸다. 아체의 부상은 포르투갈이 인도양 통제에 그토록 어려움을 겪은 이유를 설명해 준다. 아시아의 선박은 부패하고 탐욕스러운 술탄이 통치하는 항구를 피했기 때문에 말라카와 고아를 외면했다. 대신 상인들과 정직하게 거래하는 수출입항을 선호했는데, 16세기 중반 이러한 조건에 부합하는 장소가 아체였다.[67]

　아체는 인도양뿐 아니라 그 너머에도 영향력을 미쳤다. 교역 범위의 동쪽 끝에 위치한 향료 제도에서 포르투갈과 경쟁을 벌였고, 노를 저어 움직이는 신속한 배로 치명적인 공격을 반복하여 말라카를 공포에 몰아넣었다. 서쪽에서는 오스만제국과 긴밀한 관계를 유지하여 포르투갈을 두려움에 떨게 했다.

　중세에는 첩자들이 부두와 창고 주변을 어슬렁거리곤 했다. 냉전 시대에 정보원들이 미사일과 핵 시설을 정찰하던 모양새와 같았다. 1546년 베네치아에 머물던 포르투갈의 첩자 두 사람은 유럽에서 한 달 동안 쓰기에 충분한 향료 65만 파운드가 베네치아로 향하기에 앞서 카이로에 도착했다는 정보를 보고했다. 향료의 상당 부분은 아체에서 가져온 것이었다. 아체에서는 해마다 서쪽으로 후추 700만 파운드를 수출했는데, 이는 유럽의 전체 소비량과 맞먹었다. 설사 일부가 오스만제국으로 향했다 하더라도 인도양 향료 교역을 포르투갈이 아닌 아체, 나아가 베네치아가 통제했을 가능성을 엿볼 수 있다.[68]

포르투갈의 첩자들은 "아체인은 향료 거래와 항해에 빈번하게 등장한다"라고 하면서, 아체인 때문에 향료 시장이 공급과잉과 가격 하락에 시달리고 있다고 전했다. 또한 아체인이 콘스탄티노플의 오스만 술탄에게 사절을 보내 진주, 다이아몬드, 루비를 진상하고 그 대가로 전문 총기 제작자를 요청했다고 알렸다. 포르투갈의 한 관찰자에 따르면, 아체의 술탄 리아트 샤 알 카르(Ri'ayat Shah al-Kahhar)는 "말라카를 파멸시킬 방법을 생각하지 않고는 잠자리에서 몸을 뒤척이는 법이 없었다"라고 전했다.[69]

포르투갈은 아체-오스만-베네치아 무역 축을 와해시키지 않는다면 공들여 쌓은 향료 제국이 무너질 수 있음을 간파했다. 이에 홍해를 접수하고 아체를 침략할 원대한 계획을 짰다. 특히 아체를 공격하기 위해서는 증오하는 스페인의 마닐라 선단에 협조를 구해야 했다. 하지만 포르투갈의 계획은 수포로 돌아갔다. 포르투갈에는 향료 무역의 통제를 유지할 만한 인력과 선박, 자금이 없었다. 한 포르투갈인은 자바 선박이 말라카 해협에서 아체까지 정향, 육두구, 메이스를 자유롭게 실어 나르는 장면을 목격했지만 "그 지역에 자바인을 막을 배가 없었기 때문에 저지하지 못했다"라고 토로했다.[70] 설상가상으로 수마트라 남부, 즉 수마트라와 자바 사이의 순다 해협을 통과하는 북쪽 경로는 포르투갈의 통제 범위를 완전히 벗어나 있었다.

16세기 포르투갈의 향료 교역 통제가 느슨해진 가운데 일시적으로나마 극동에서 운이 트이는 듯했다. 때때로 인간의 교역 욕구는 전쟁과 인종차별주의에 의해 뒷전으로 밀리곤 한다. 수백 년 동안 중국과 일본의 교역은 일본의 해적질과 해안 침략 때문에 원활하지 않았다. 명 황제가 왜국(倭國)과의 상거래를 전면 금지시키면서 일본 광산에서 채굴한 은을 수출할 시장이 사라졌다. 수출 시장이 증발하면서 일본의 은 광산업자들은 가격 하락과 수입 감소에 시달렸다. 또한 일본에서도 실크가 생산되었으나 중국 실크의 인기가 높았기 때문에 금수 조치 이후 중국산 실크 값이 치솟았다.[71] 하지만 중국과 일본이 직접 거래하지 않더라도 각각 포르투갈과 거래하는 방법이 있었다.

그 거래는 얼마나 큰 이익을 남겼는지 모른다. 1511년 알부케르크가 말라카를 정복한 직후 포르투갈은 중국과 활발한 교역을 시작했다. 10년 후에는 광저우를 정벌할 계획을 세웠지만 명나라 함대에 가로막혔다. 하지만 1557년 마카오에 교두보를 마련했고 이후 500년 가까이 포르투갈은 마카오를 지배했다. 비슷한 시기에 마카오에 인도국을 설립했고, 포르투갈 상인들은 일본 남부의 규슈에서도 교역을 시작했다. 일본에서 생산된 막대한 양의 은이 바스코 다 가마의 아들 두아르테(Duarte)가 지휘하는 배를 통해 마카오 항으로 들어왔다. 중국의 포르투갈 교역 공동체에서는 열렬하게 환호했다. 그중 한 사람은 다음과 같이 기록했다.

10~12일 전 일본에서 큰 배가 들어왔는데, 물건을 어찌나 가득 싣고 왔는지 중국에 머물고 있는 포르투갈인과 배가 모두 일본으로 향할 기세다. 중국 해안에서 겨울을 난 뒤 내년 5월에 계절풍을 타고 일본으로 갈 수 있을 것이다.[72]

포르투갈은 향료 교역 못지않은 대박을 터뜨렸고, 1571년 인도국은 상설의 항구 시설을 나가사키에 설치한 다음 예수회에 운영을 맡겼다. 처음에 왕은 포르투갈 관료와 장교의 수고를 치하하기 위해 인도에서 일본과 마카오로 향하는 탐험을 인가해줬다. 이내 포르투갈은 일본-중국 간 은과 실크 무역의 잠재력을 인식하고 최대한 이익을 취하려 했으며, 해로 왕복을 일부 선박에게만 허용했다(처음에는 1년에 한 번 인가가 났으나, 17세기 초에 이르러서는 한 해에 여러 번으로 횟수가 점차 늘었다). 인가를 받은 선박은 특권을 누리는 대가로 수만 크루자도(두카트와 대체로 유사하며, 오늘날 가치로 환산하면 약 80달러)를 지불했다. 그러면 마카오에서는 실크 재료나 완제품을, 나가사키에서는 은을 뱃전까지 가득 실을 수 있었다. 현지 상인들은 포르투갈의 '큰 배'가 돌아오기를 기다렸고, 양쪽 항구는 이 포르투갈 덕분에 번성했다. 왕복 여행을 한 번 할 때마다 약 20만 두카트의 이익이 남았다. 이는 포르투갈이 스페인에게 향료 제도에 대한 소유권을 영구적으로 양도받으면서 지불한 금액의 절반 이상이었다.

처음에 이용한 선박은 당대에 흔히 사용되던 500톤급의 무장상선이었다. 16세기에서 17세기로 넘어가면서 배 규모는 당대 최대의 원양 선박인 2000톤급으로 거대해졌다. 물건을 싣고 실제 교역을 수행하던 포르투갈 상인들은 정부에서 인가를 얻은 선장에게 돈을 지불했을 것이다. 교역 초창기에 일본을 방문했던 네덜란드인은 나가사키에 '큰 배'가 도착한 이후 벌어진 일을 기록했다.

마카오에서 오는 배에는 보통 200명 이상의 상인이 타고 있었고 한꺼번에 뭍에 내렸다. 상인들마다 하인, 노예와 함께 머물 거처를 빌렸다. 이들은 흥청망청 돈을 쓰고 씀씀이가 컸으며, 때로는 나가사키에 7~8개월 머물면서 은 25~30만 온스를 썼다. 주민들은 그 돈으로 큰 이익을 봤다. 그래서인지 현지인들은 상인들을 무척 친절하게 대했다.[73]

아시아 다른 지역과 마찬가지로 포르투갈인의 지나친 종교심은 결국 일을 그르쳤다. 도쿠가와막부가 권력을 잡은 초기에 '큰 배'를 통한 교역이 정착되기 시작했는데, 나가사키에서 규슈로 퍼져 나간 예수회의 포교 활동으로 개종자가 늘면서 막부의 불만도 커졌다. 기독교도가 주도한 시마바라의 난(1637~1638년) 이후 도쿠가와막부는 선교사들을 추방했다. 포르투갈의 대표단이 마카오에서 건너와 다시 고려해줄 것을 요구했다가 대표단의 한 사람이 참수되었다.[74]

'큰 배' 교역을 제외하고 포르투갈은 인도 제도의 해상 무역을 제대로 통제할 수 없었다. 그러자 때로는 급습하는 방법을 썼다. 포르투갈은 카르타스(cartaz, 통행증)를 발급하여 폭력적 갈취를 일삼았는데, 아시아의 선박은 강압적으로 물건을 구매해야 했다. 그렇지 않으면 억류되거나 더 험한 꼴을 당하기 십상이었다.

하지만 포르투갈은 카르타스를 제도적으로 실시할 능력마저 부족했다. 통행증 자체는 명목상의 가격에 팔렸고, 아시아 선박이 관세를 징수하는 포르투갈 관할의 항구에 들르도록 강제하는 수단으로 기능했다. 예를 들어 1540년 구자라트의 선박이 억류되었는데, 카르타스에 명시된 페르시아만의 최종 목적지가 인도양에서의 위치와 부합되지 않았기 때문이다. 관세가 화물 가치의 6퍼센트 정도로 낮았다는 점은 포르투갈이 인도양 해상 운송을 제대로 통제하지 못했음을 방증한다.[75] 아시아 상인들은 호르무즈-구자라트-말라바르-말라카에서 마지못해 카르타스를 구매했지만, 아덴에서 아체 사이를 직접 오갈 때는 굳이 카르타스를 사지 않아도 된다는 사실을 깨달았다. 이 경로는 단일 계절풍 지역에 걸쳐 있었고, 포르투갈이 세력을 뻗치기에는 지나치게 남쪽에 위치해 있었다.[76]

왕과 왕이 가까이하는 유력 상인들은 향료, 실크, 은 교역으로 막대한 이익을 거뒀다. 그러나 포르투갈 자체는 왕궁의 사치와, 막대한 비용이 드는 군대의 모험주의 같은 이베리아의 뿌리 깊은 전통 때문에 파산 상태였다. 오늘날조차 유럽의 작은 왕국이 브라질에서 마카오에 이르는 대양에 해군을 배치하는 계획은 무모하게 들릴 정도다. 포르투갈이 장악하지 못한 캘리컷 등 말라바르의 상업 중심지에서 무슬림 상인들의 축출을 요구했다는 사실은 비현실적으로 들리기까지 한다.

포르투갈이 대대적으로 카르타스를 징수하고 전함을 운용하며 항구를 요새화하는 대신 한정된 자원을 교역에 집중했다면 향료, 실크, 고급 면직물, 자기, 진주를 희망봉 너머로 싣고 와서 유럽의 가장 부강한 나라로 발돋움했을 것이다. 왕실, 상인, 선장은 향료 교역으로 큰 이익을 얻었지만 포르투갈이라는 나라 자체는 세계 제국을 운용하느라 막대한 군사비를 지출하고 파산했다. 포르투갈은 만성적으로 부채에 시달리는 '제노바의 인도 제도'로 알려졌으며 이탈리아 상인, 푸거(Fugger) 가문이 운영하는 독일 은행, 왕국의 주요 채권자들에게 빚을 졌다.[77]

16세기에도 포르투갈은 근근이 살아가는 농민들이 주를 이루고, 여유 자본이 거의 없으며, 탐험에 선박, 선원, 은, 교역품을 지원할 신용 시장이 형성되지 않은 빈곤한 나라였다. 현금이 부족한 포르투갈은 선원과 선박 비용을 최저 수준으로 지불했으며, 선단이 인도 제도에 도착해도 향료를 구매할 은과 교역품이 충분치 않았다. 예를 들어 다른 유럽인이 아시아에서 포르투갈에 도전장을 내밀기 수십 년 전인 1523년에 테르나테에 설치한 왕실 교역소는 대규모 정향의 구매를 원했으나 자금이 부족해 최저가로도 살 수 없었다.[78] 교역소에서 화물을 구매한 것은 다름 아닌 포르투갈의 민간 상인이었다. 80년 후 네덜란드인이 플랑드르 직물과 은화가 든 궤를 들고 나타나자 현지의 후추 및 향료 상인들이 몰려들 정도였다. 암스테르담, 마드리드, 리스본에서는 네덜란드인이 가져온 은화가 대부분 스페인이 멕시코시티와 리마에서 주조한 것임을 알아차렸다.

또한 프란치스쿠 세항의 사례에서 보듯, 인도국의 군인이 부와 권력을 얻을 길이 열려 있기는 했으나 성공을 거두기까지는 멀고 험난한 과정이었으며 그 결과가 일관적이지도 않았다. 인도국은 마젤란 같은 인물을 절망에 빠뜨렸고 고위직에도 3년밖에 머물 수 없었다. 야심만만하고 용감하며 운이 좋아 고위직에 오른 사람들이나 재물로 관직을 산 사람들은 36개월이라는 제한된 임기 동안 최선을 다해서 현지 상인, 군대, 왕을 압박하여 주머니를 채웠다.

1512년 세항의 배가 가라앉은 후 테르나테에 도착했을 때 술탄은 세항을 신처럼 받들었다. 먼 곳에서 온 '의지가 굳은 사람'이 테르나테가 티도레 등 다른 술탄국과 벌이는 갈등을 해결할 것이라는 예언이 있었기 때문이다. 10년 후 티도레는 같은 이유에서 마젤란의 부하들을 환영했다. 하지만 스페인 사람들이 떠난 후 포르투갈인은 스페인에 협조한 대가로 티도레의 왕궁을 불태웠다.

이후 수십 년 동안 북부 몰루카에서는 갈수록 잔악한 포르투갈 총독이 도착하면서 문제를 일으켰다. 그중 하나인 조르즈 데 메네스(Jorge de Menese)는 보급선이 제때 도착하지 않자 군사들에게 테르나테를 약탈하라고 명령했다. 방어하던 테르나테인이 포르투갈인 몇몇을 죽이자, 메네스는 추가적인 폭력을 막으려고 현지 관료를 인질로 잡았다. 상대가 이렇다 할 도발을 하지 않았음에도 메네스는 인질의 손을 자르고 팔을 등 뒤로 묶은 후 개의 공격을 받도록 만들었다. 인질은 가까스로 바닷가로 도망쳤고 개들을 한 마리씩 입으로 물어 바다에 던져 넣고는 자신도 파도에 쓰러졌다.

섬나라의 이슬람 술탄들은 포르투갈인의 선교 열정을 좋게 받아들이지 않았다. 그들은 예수회가 평민들을 점차 개종시키자 경계했다. 평민들은 별다른 경계심 없이 교회 의식을 따라 했고, 테르나테 무슬림 지도자들의 탐욕으로부터 교회의 보호를 받아들였다.[79] 1530년대 중반 포르투갈은 불가능해 보이던 일을 가능케 만들었다. 테르나테와 티도레가 다른 왕국과 연합한 것이다. 그리고 유럽인에게 항거하기 시작했다. 이 계획을 세운 주인공은 테르나테의 술탄 하이룬(Hairun)이었다. 그는 원래 1546년에 포르투갈이 앉힌 꼭두각시 술탄이었으나, 이후 사 반세기 동안 포르투갈의 변덕에 따라 자신의 권력이 좌우되는 것을 깨 달았다. 심지어 그는 고아섬에서 인도국의 비자발적 손님으로 몇 년을 머물기도 했다.[80] 술탄은 처음에는 기독교를 호의적으로 받아들이려 했으나 포르투갈인의 잔악한 모습에 점차 등을 돌렸다. 포르투갈을 향 한 혐오감은 내면의 이슬람 정체성을 강화했고 몰루카의 다른 무슬림 의 지지를 이끌어냈다.

그러다 1570년 포르투갈이 하이룬을 암살하자 무슬림의 반감이 무 르익었다. 왕위를 물려받은 하이룬의 아들 바불라(Babullah)는 아버지 의 복수를 하겠다고 굳게 결심했다. 얼마 지나지 않아 바불라는 몰루 카 등지에서 무슬림 통치자를 규합하는 구심점 역할을 했다. 저항에 점점 이슬람 색채가 더해졌다. 놀란 예수회 측은 아체와 터키의 이맘 들이 무슬림을 충동질하여 군도에서 지하드를 수행함으로써 하늘의 상금을 받으라고 권한다는 사실을 보고했다. 몰루카인의 잔악함도 유 럽인 못지않았다. 이들은 현지 기독교도 여성들의 태아를 낙태시킨 후 태아와 산모의 시신을 토막 냈다. 몰루카 제도 곳곳에서 포르투갈 에 맞서는 저항이 이어졌다. 결국 바불라의 세력은 1575년 인도국의 요새를 함락했고 왕궁으로 탈바꿈시켰다. 1583년 숨을 거둘 당시 바 불라는 향료 제도의 상당 지역을 다스렸으며 이 과정에서 막대한 부 를 쌓았다.

일련의 사건에서 오늘날과의 연관성을 찾기란 어렵지 않다. 멀리서 온 기독교 세력의 전략적 자원 탈취 시도에 맞서 오랜 숙적이 손잡고

지하드 운동을 일으킨 사례를 보라. 하지만 16세기 후반 몰루카 제도의 상황은 오늘날보다 더 복잡했다. 놀랍게도 몰루카인은 포르투갈에 맞서리라 기대되는 다른 유럽인을 환대했다. 세계 일주를 하던 프랜시스 드레이크(Francis Drake)는 1579년 바불라와 깊은 대화를 나누기까지 했다. 이 자리에서 드레이크는 영국에 대해 자세히 설명했으며, 사치품이나 100명의 아내와 첩에 푹 빠진 술탄이 그리 독실한 무슬림은 아님을 확인하고 떠났다. 20년 후 네덜란드의 탐험대가 도착했을 때도 바불라와 그의 후손들은 새로운 손님들을 가증스러운 포르투갈을 견제할 평형추로 여기며 반겼다.[81] 하지만 네덜란드인은 포르투갈인보다 더 잔악함을 증명하고 말았다.

포르투갈은 아시아인뿐만 아니라 자국 시민들도 착취했다. 일반 사병의 삶은 무척 곤궁했기 때문에 인도에 도착한 직후 수천 명이 수도원으로 도망쳤다. 포르투갈군 신병들에게 마땅한 숙소가 없는 경우도 흔했으며, 계절풍이 부는 기간에는 병사들이 길가에서 헐벗고 구걸하는 일도 있었다.[82] 고아의 왕립병원에서는 열대 질병과 영양실조로 수만 명이 사망했는데, 이들은 차라리 운이 좋은 축에 속했는지도 모른다.

결국 포르투갈의 향료 제국은 유럽 북부에서 진행된 사건으로 운명을 다했다. 17세기 초 3대 열강이었던 포르투갈, 스페인, 네덜란드는 부와 권력을 놓고 한판 승부를 벌였다. 지구의 풍향 체계를 제대로 이해하기 시작한 이들은 사방이 통상로로 둘러싸인 지구에서 상업적·군사적으로 각축전을 벌이기 시작했다.

8장

에워싸인 세계

기축통화가 된 스페인 달러

1635년 6월, 멕시코시티의 스페인 이발사들
은 현지 중국인 이발사들의 영업에 불만을 품고 총독에게 항의했다.
총독은 문제를 시의회에 회부했고, 의회는 총독에게 스페인 본국의 관
행처럼 아시아인이 운영하는 이발소를 12곳으로 제한하며 위치도 근
교에 국한시킬 것을 권했다. 총독이 정확히 어떤 조치를 내렸는지는
알려져 있지 않다.[1]

　이후 미처 한 세대가 지나기 전인 1654년, 포르투갈어를 구사하는
23명의 네덜란드계 유대인이 뉴암스테르담에 도착했다. 북아메리카에
발을 들인 최초의 유대인이었을 것이다. 도시의 네덜란드 총독인 피터
스투이페산트(Peter Stuyvesant)는 그들을 내쫓으려 했으나 (네덜란드 정부
가 아닌 서인도회사의) 상사가 체류를 허락했다. 다만 이러한 결정에는
조건이 붙었다. 유대인은 자체적으로 사업을 벌일 수 없으며, "빈곤한
유대인이 회사나 공동체에 부담이 되어서는 안 되고 자국의 지원을 받
아야 한다"라는 조건이었다.[2] 유대인이 브라질에서 프랑스 선박을 타
고 왔다는 대목은 별다른 관심을 끌지 않았다.

　300년 가까이 흐른 1931년 어느 오후, 열한살 살짜리 오스트레일리
아 소년이 퍼스에서 북쪽으로 약 100킬로미터 떨어진 해변 근처의 모

래언덕을 산책하다가 스페인 동전 40개를 발견했다. 동전이 주조된 시기는 중국인 이발사와 네덜란드-포르투갈 유대인 이민자들의 시대로 거슬러 올라갔다. 이 은화의 주맥(主脈)은 1963년 해안에서 몇 킬로미터 떨어진 곳에서 청새치를 잡던 어부들이 발견했다. 1655년 네덜란드에서 은화 수천 개를 싣고 이동하던 동인도회사의 난파선 금룡(Vergulde Draek)에서 떠내려온 동전이었다.

대체 17세기 중반에 중국인 이발사들은 어떻게 멕시코시티까지 갔을까? 유사한 시기에 포르투갈어를 구사하던 네덜란드 출신의 유대인은 브라질에서 무슨 일을 했을까? 뉴암스테르담에서는 왜 민간 기업인 서인도회사가 정부의 정책적 결정을 내렸는가? 어떻게 스페인의 은화를 가득 실은 네덜란드 선박은 제임스 쿡(James Cook) 선장이 오스트레일리아를 '발견'하기 한 세기 전에 오스트레일리아 서쪽 끝자락의 해저에 멈춰 섰는가?

이상의 네 가지 질문에 답하는 과정은 탐험 시대로 시작된 세계경제의 확대에 대한 많은 이야기와 관련되어 있다. 이를 통해 우리는 오늘날의 세계화와 이에 대한 불만의 뿌리를 발견할 수 있다. 먼저 다음 다섯 가지를 이해해야 한다.

첫째, 1493년 콜럼버스의 2차 항해 이후 수십 년 안에 옥수수, 밀, 커피, 차, 설탕 등의 작물이 대륙을 넘나들면서 세계 농업과 노동시장에 혁명이 일어났다. 작물의 교환이 인간의 생활 조건을 늘 개선한 것은 아니었다.

둘째, 17세기 초 스페인과 네덜란드 선원들은 지구 풍향 체계의 마지막 비밀을 풀어냈다. 덕분에 드넓은 대양을 비교적 손쉽게 건널 수 있었다. 1650년에는 온갖 물건과 전 세계의 사람들이 세계 대다수 지역을 공략할 수 있었다.

셋째, 페루와 멕시코에서 거대한 은 광산이 발견되면서 세계적 통화 체계가 탄생했다(이와 더불어 은화가 지나치게 주조되어 살인적인 인플레가 발생했다). 가장 보편적으로 사용된 스페인의 8레알 동전은 오늘날 미국의 100달러 지폐나 비자카드처럼 통용되었다.

넷째, 17세기에는 주식회사가 탄생하면서 완전히 새로운 무역 질서가 형성되었다. 주식회사는 이전의 개인 판매원, 가족 기업, 왕족의 독점 등과 비교해 이점이 컸다. 이내 대규모 기업이 세계 교역을 장악했으며, 이후 세계 무대에서 대기업의 위상은 흔들리지 않았다.

다섯째, 변화는 누군가를 불만에 빠뜨렸다. 16~17세기의 새로운 세계경제로 값싸고 질 좋은 물건이 수입되자 섬유 제조업자, 농민, 서비스 근로자는 타격을 입었다. 오늘날로 따지면 자기 권리를 주장하는 프랑스 농민들과 미국의 자동차 산업 근로자들이었다.

멕시코에 진출한 중국인 이발사의 미스터리를 풀려면 실크의 역사부터 자세히 살펴봐야 한다. 기원전 3000년경 중국의 고고학 기록에 붉게 염색한 리본과 실이 등장하는데, 이는 인류 최초의 직물이었다. 중국에서는 기원전 2650년경 왕비 서릉씨(西陵氏)가 비단을 발견했다는 전설이 내려온다. 뽕나무에서 우연히 찻잔으로 떨어진 누에고치를 왕비가 구했다고 전해진다.

육두구와 정향나무는 일부 서식지와 기후에서만 자라지만, 누에와 뽕나무는 여러 지방에서 기를 수 있었다. 이에 중국인은 비단 생산의 독점적 지위를 잃을 처지에 몰렸다. 놀랍게도 한나라와 로마의 교역이 활발하던 기원전 200년부터 기원후 200년 누에가 한국과 일본에 전해지기 전까지 중국의 독점은 유지되었다. 이후 누에는 육로와 해로를 통해 서쪽의 중앙아시아, 중동, 유럽으로 전해졌다.

6세기에 비잔틴의 유스티니아누스 황제는 수도사 두 사람에게 중국의 귀한 누에를 구해 오라는 임무를 내렸다(뽕나무는 이미 유라시아에서 여러 종이 자라고 있어 굳이 훔쳐 올 필요가 없었다). 두 사람은 엄청난 위험을 무릅쓰고 누에를 구했으며, 그러한 수고 덕분에 스페인과 이탈리아에서 양잠 산업이 커졌다.[3] 하지만 모든 유럽에서 양잠이 성공한 것은 아니었다. 잉글랜드에서는 서늘하고 습한 기후 때문에 양잠 산업이 꽃피지 못했다. 아메리카 식민지에서도 누에는 번성하지 못했다. 그저 스페인 사람들이 멕시코에서 행운을 누렸지만, 코르테스의 시대 이후 유라시아의 누에는 거칠고 조악한 비단을 만들 뿐이었다.

16세기 후반 스페인은 향료 제도에서 포르투갈을 몰아내려는 시도를 포기하고 북쪽의 필리핀으로 물러났다. 스페인은 1579년 마닐라를 발견했는데, 중국 남부와 손쉽게 왕래할 수 있는 위치였기에 유럽과 아메리카에서 양잠에 공들인 노력이 무색해졌다. 이내 태평양의 드넓은 지역에서 신세계의 은과 동양의 실크가 거래되며 막대한 이익을 창출했다. 이 반원 모양의 경로는 해양 기술의 한계를 뛰어넘은 결과였다(지도〔세계의 풍향 체계〕참고).

스페인 선박이 어떻게 3만 2000킬로미터를 왕복했는지 파악하기 위해서는 먼저 지구의 탁월풍을 이해해야 한다. 수백 년 동안 선원들은 인도양 계절풍을 이용했지만, 아시아에서 멀어지면 이 계절 현상은 연

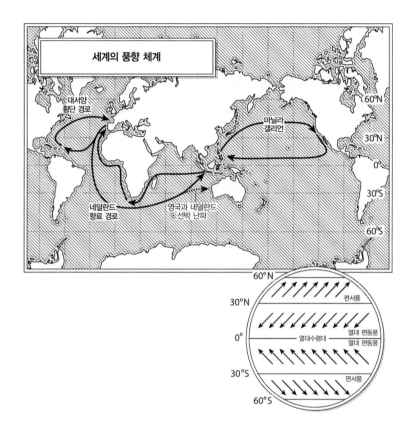

중 불어오는 두 풍향 체계의 영향으로 위력을 발휘하지 못했다. 첫 번째는 콜럼버스와 마젤란이 활용했던 바람으로, 열대 위도에서 동쪽에서 서쪽으로 불었다(정확하게 설명하자면 적도 이북에서는 북동쪽에서, 이남에서는 남동쪽에서 불었다). 두 번째 바람은 북반구와 남반구의 40~50도에 해당하는 온대 지방에서 반대 방향, 즉 서쪽에서 동쪽으로 불었다(북반구에서는 베네치아, 남반구에서는 뉴질랜드 남단에 해당된다).[4]

1522년 마젤란의 탐험선 트리니다드호가 동쪽으로 도망치는 불운한 선택을 하여 태평양을 건널 때 이 고위도의 풍향 체계를 처음으로 이용했다. 1565년에는 스페인의 두 탐험선, 즉 알론조 데 아렐라노(Alonso de Arellano)가 이끌던 탐험선과 두 달 후 수도사 안드레스 데 우르다네타(Andés de Urdaneta)가 이끌던 탐험선이 마닐라에서 아카풀코까지 북태평양 2만 킬로미터를 가로지르면서 사상 처음으로 서쪽에서 동쪽으로 부는 바람을 이용했다. 이동에 불과 4개월밖에 걸리지 않았다.[5]

연례 '마닐라 갤리언' 대회가 열렸다면 두 척 다 유력한 우승 후보였을 것이다. 1년에 한 번씩 보물을 실은 소형 선단이 멕시코에서 마닐라까지 이동했다. 선단은 보통 두 척의 상선으로 구성되었고, 배에는 은이 가득 실려 있었다. 중무장한 갤리언선의 호위를 받으면서 적도 경로를 따라 서쪽으로 이동했는데, 앞서 마젤란이 개척한 길이었다. 배로 실어 나른 은은 중국산 고급 실크를 비롯한 동양의 사치품과 맞바꾸었다. 실크는 명나라의 남쪽 해안에서 필리핀까지 정크선이 실어 나른 다음 마닐라 갤리언에 옮겨 아카풀코까지 이동했다.

이런 방식으로 스페인의 부를 동양의 섬세한 사치품으로 교환했다. 1677년 아일랜드의 수사인 토머스 게이지(Thomas Gage)는 멕시코시티에 대해 "남녀 가릴 것 없이 화려한 옷을 입었는데 특히 다른 직물보다 실크를 활용했다"라고 기록했다. 그는 식민 도시의 전설적인 앨러미다 도로에 사륜마차 수천 대가 오가는 모습을 보고 깜짝 놀랐다. 도로는 "청년, 숙녀, 시민들로 가득 찼는데 남을 보기도 하고 자신을 내보이기도 했으며, 구애를 하거나 구애를 받았다"라고 전했다. 귀금속이 전시된 구역에서는 "불과 한 시간도 안 되는 동안 수백만 값어치의 금, 은, 진주 등 보석을 눈에 담을 수 있었다"라고 경탄했다.[6]

페루의 식민지인 포토시(오늘날 볼리비아의 영토)에서 '은 광산'이 발견될 즈음 멕시코 과나후아토에서도 지상 은맥이 발견되었다(발견 시기는 각각 1547년과 1548년이다). 멕시코시티와 더불어 리마에서도 은 공급의 과잉이 일어났다. 리마의 '상인 거리'에서는 대형 상점 여러 곳에서 사치품을 구매할 수 있었고, 일부 제품의 가격은 은 100만 페소 이상에 달했다. 1602년 페루의 총독이 펠리페 3세에게 보낸 서신에 이러한 내용이 담겨 있다.

이곳 사람들은 무척 호화로운 생활을 합니다. 모두가 실크를 입는데 최상품이고 값이 비쌉니다. 여성들은 화려한 드레스와 옷을 넘치게 지니고 있으며, 세계 어떤 나라에서도 이런 광경을 볼 수 없을 것입니다.[7]

이처럼 막대한 부의 재분배는 이미 들썩이던 세계경제에 충격을 일으켰다. 모든 일이 그렇듯 승자가 있으면 패자가 있는 법이다. 이 게임에서는 누가 패배자였을까? 멕시코시티의 스페인 이발사들은 자신이 희생자라고 주장했다. 17세기 버전으로 값싼 이주 노동자와 불공정한 경쟁을 벌여야 했다는 것이다. 이발사들은 총독에게 중국 출신 이발사들을 시장에서 배제하는 일이 국익을 위함이라고 주장했다. 열등한 인종과 무능으로부터 대중의 건강을 보호해야 한다고 목소리를 높였다. 유럽인은 "무척 부지런하고" 많은 사람들이 목숨을 잃는 "질병에 주의를 기울이나, 중국인은 이런 일에 도움이 되지 않는다"라는 논리를 펼쳤다.[8]

물론 타격을 입은 집단은 스페인 이발사 몇 사람에 국한되지 않았다.

특히 스페인과 멕시코의 실크 산업이 타격을 입었는데, 이들은 마닐라 갤리언으로 아카풀코에 유입된 중국산 옷감과 가격으로나 품질로나 경쟁할 수 없었다.

1581년에는 마닐라와 페루 사이의 직접 항해가 시작되었다. 하지만 실크 제조업자들의 항의가 빗발치자 이듬해 스페인 왕은 항해를 금지시켰다. 그럼에도 리마와 멕시코시티의 상인 및 관료들은 왕의 칙령을 번번이 무시했다. 마닐라와 페루의 교역을 중단시키려는 노력이 물거품으로 돌아가자 1593년, 1595년, 1604년에도 같은 내용의 칙령이 반복적으로 공포되었다.

1611년 멕시코시티의 총독은 수도 동남부에 위치한 푸에블라 인근 제조업자들의 압력에 못 이겨 마닐라 갤리언을 통한 무역을 전면 금지해야 한다고 주장했으나 효과가 없었다. 스페인과 멕시코의 실크 생산업자들은 페루와 멕시코 간 해상 교역을 위협으로 인식했다. 동양에서 멕시코로 싣고 온 중국산 실크가 페루로 이동하거나, 마닐라에서 페루로 밀수된 실크가 멕시코로 이동할 가능성을 경계한 것이다. 놀랍게도 왕은 신세계 최대의 식민지 두 곳이 서로 교역을 중단하도록 명령했다. "페루와 뉴스페인[멕시코] 총독에게 양국 간 상거래와 교역을 철저히 금하고 억제할 것을 명령한다."⁹ 마닐라-페루의 교역 금지 시도처럼 효력 없는 칙령은 반복적으로 공포되었다. 1604년 처음 공포된 이후 다섯 번 이상 이어졌다.

이내 필리핀-멕시코의 실크와 은 교역을 중심으로 교역 디아스포라가 형성되었다. 필리핀과 멕시코의 실크 상인들은 무역 식민지를 세우기 위해 태평양을 건너갔다. 필리핀에 정착한 이들은 마닐라 사람

(Manileños)으로 불렸는데, 동쪽의 멕시코로 항해하여 아카풀코와 수도의 매장에서 막대한 중개 이익을 거뒀다. 그러자 멕시코 상인들도 중개인을 서쪽의 마닐라로 보내 보복에 나섰다.

이번에도 기득권 세력은 반발했다. 마닐라 사람들은 자신이 실크 교역의 기반을 다졌고 정당한 수혜자라고 인식했다. 그러다 마닐라에 멕시코인이 건너와 독점이 깨지자 필리핀 총독에게 불만을 제기했다. 마닐라 사람들도 스페인 이발사들이나 이후 여러 세기 동안 보호주의자들이 앞세우는 국익을 강조했다. "이 나라를 망쳐놓은 한 가지를 들자면, 멕시코의 부자들이 이곳으로 보낸 거액의 자금이다."[10] 또다시 왕은 멕시코에서 자금과 중개인을 보내지 못하도록 금하는 칙령을 발표했으나, 이후 수십 년 동안 같은 칙령의 공포가 되풀이된 것으로 보아 효과가 없었음을 알 수 있다.

필리핀에 머물던 스페인 사람들은 중국에서 수출된 실크를 확보했을 뿐만 아니라 부족하던 식량과 노동력을 새로운 아시아 식민지에서 공급받았다. 마닐라 외곽의 파리안(Parián)은 원래 식민지 당국이 중국인 이민자의 숙소 정도로 조성하였으나 불과 수십 년 만에 중국인 2만 명 이상이 거주하는 지역이 되었다. 1628년 스페인 총독은 중국인에 대해 "일반인이든 종교인이든 스페인 사람이 그들을 통하지 않고 음식, 옷, 신발을 얻을 수 없다"라고 전했다.[11] 부유한 '마닐라 사람' 상인, 멕시코 중개인, 식민지 관료 모두 중국인 하인을 부렸다. 그중 많은 중국인이 파리안에서 마닐라 갤리언을 타고 아카풀코로 향했다. 이런 배경으로 멕시코시티의 보호주의자들이 중국인 이발사들을 경계하는 사태가 벌어진 것이다. 값싼 아시아산 전자 제품이 판매되고 세계무역기구

(WTO) 회의에서 폭동이 일어나기 4세기 전이었다.

북아메리카 최초의 유대인은 더 먼 거리를 이동했다. 유대인의 이야기는 1496년 포르투갈의 마누엘 1세가 유대인에게 개종하든지 떠나든지 하나만 선택하라는 최후통첩을 내리면서 시작되었다. 그러자 많은 유대인이 암스테르담으로 향했다. 개종해서 남은 사람들은 새로운 기독교도(cristãos novos)로 불렸으며 다수가 동양의 인도국에서 일했다. 마누엘은 중세 버전의 '묻지도, 말하지도 말라' 원칙(1993~2011년 미국에서 군대 내 동성애를 금지하기 위해 시행한 군 복무 관련 제도—역주)을 유대인에게 적용했다.

원칙에 따르면 개종하지 않고 포르투갈에 남은 유대인은 1534년까지 조사를 받지 않고 보호받아야 했다. 하지만 이는 마누엘 왕이 놓은 덫이었고, 1504~1505년 많은 유대인이 학살당했다. 100년 후 포르투갈과 네덜란드가 장거리 교역의 패권을 놓고 전쟁을 벌일 때 네덜란드의 포르투갈계 유대인이 갈등의 중심에 서 있었다. 아시아에서는 분쟁이 향료를 중심으로 전개되었으며, 신세계에서는 또 다른 화물이 논쟁거리로 떠올랐다. 바로 설탕이었다.

지금이야 설탕이 대용량 화물로 값싸게 판매되기 때문에 큰 의미를 갖지 않는다. 현대 미국인의 설탕 소비량은 연평균 66파운드이며, 유럽인은 87파운드이다. 하지만 중세 시대에는 설탕이 정향, 육두구, 메이스, 계피처럼 귀하고 비쌌기 때문에 '고급' 향료로 대접받았다. 경제사학자들은 15세기 유럽인의 1인당 설탕 소비량이 연간 1티스푼에 불과했다고 추정한다.[12]

설탕은 식료품 분야의 헤로인이라고 해도 과언이 아니다. 아이들은 물보다 설탕물을 좋아하며, 이누이트족처럼 신체적으로 설탕 섭취가 해로운 인간 사회나 문화에서조차 설탕 소비를 거부하지 않는다.[13] 설탕은 인간이 순수한 형태로 소비하는 유일한 화학물질이기도 하다. 역사가 기록된 동안 세계 모든 지역에서 설탕의 1인당 소비량은 계속 증가했다.[14]

특히 영국인은 단것을 좋아하는데, 그 기원을 수백 년 전 기록에서도 찾을 수 있다. 독일의 여행가 폴 헨츠너(Paul Hentzner)는 1595년경 엘리자베스 여왕에 대해 다음과 같이 설명했다.

여왕의 얼굴은 길고 희지만 주름이 졌고 눈은 작으나 검고 경쾌하다. 코는 약간 매부리코에 입술은 가늘다. 치아는 검은색인데, 영국인이 설탕을 지나치게 소비하여 생긴 문제로 보인다.[15]

중독성 있는 설탕을 쉽게 재배할 수 있다면, 원산지인 동남아시아에서 빨리 퍼져 나가지 않은 이유는 무엇인가? 사탕수수를 재배하려면 12~18개월 정도 서리가 내리지 않아야 하며, 강수량이 풍부하거나 관개시설이 유지되고, 연평균 기온이 섭씨 21도 이상이어야 한다. 사탕수수를 추수하여 줄기에서 알갱이 형태의 순수 백설탕을 추출하는 것은 막대한 연료와 노동력이 드는 덥고 고된 작업이다.

설탕 생산은 농업인 동시에 산업적 과정이기도 하며, 그 과정은 3단계로 나뉜다. 우선 줄기를 분쇄하여 즙액을 짠다. 수천 년 동안 거칠고 효율성이 떨어지는 절구와 절굿공이로 분쇄 작업을 했기 때문에 노동력이 풍부한 지역에서도 즙액은 귀했다. 다음 단계에서는 달콤한 즙액을 가열하여 당액으로 농축시킨다. 당액은 가열과 냉각을 반복하는 정제를 통해 투명한 결정질부터 황색 잔여물에 이르는 당밀로 분리된다. 더 이상 결정화가 일어나지 않을 때까지 작업을 반복했다. 마지막 설탕 정제 작업에는 연료가 많이 소모될 뿐만 아니라 기술력이 필요하다. 식민지 시대에 설탕 정제는 유럽의 고도로 산업화된 중심지에서만 수행할 수 있는 수준 높은 기술이었다.[16]

사탕수수 재배는 기원전 8000년경 뉴기니 원주민이 처음 시작한 것으로 추정된다. 이내 중국, 인도차이나, 인도에서도 재배되었으며 온화한 기후에서 번성했다. 고체 설탕은 500년 인도의 경전에 처음으로 언급되었다.[17] 나중에는 무슬림 정복자와 상인들이 사탕수수와 정제 기술을 중동과 유럽에 수출했다. "설탕은 코란을 따라 이동했다"라는 오래된 속담도 있다.[18]

하지만 보편적으로 일어난 현상은 아니었다. 무슬림은 중동과 지중해의 강수량이 풍부하거나 관개시설이 양호한 나일강, 팔레스타인 해안, 시칠리아 북부, 스페인, 크레타, 모로코의 산악 지대 계곡 등 한정된 지역에서 사탕수수를 재배했다. 더 북쪽에서는 기온이 낮아서, 남쪽에서는 물이 부족해서 재배가 어려웠다.

1000년 이후 유럽인이 이 지역의 상당 부분을 점령했으며, 사탕수수 재배와 더불어 설탕을 탐하는 습관까지 물려받았다. 포르투갈은 새로 발견한 열대 대서양의 식민지에서 사탕수수를 재배했다. 처음에는 대서양의 마데이라섬, 아조레스 제도, 나중에는 적도아프리카 해안에 위치한 상투메섬에서도 재배되었다. 이처럼 비옥한 섬에서는 노예노동을 손쉽게 이용할 수 있었고, 농장주가 중동이나 지중해보다 더 나은 조건을 누릴 수 있었다. 사탕수수 농장주들은 특히 상투메에 매력을 느꼈다. 1470년 포르투갈인이 도착했을 때 섬에는 사람이 살지 않았으나 중앙아프리카 노예무역의 중심지에서 가까웠다.

대서양 섬에서 사탕수수를 재배해도 설탕은 여전히 사치품이었다. 대량생산을 할 수 있을 정도로 드넓은 지역에서 재배되지 못한 탓이었는데, 재배를 방해하는 문제는 크게 두 가지였다. 사탕수수 줄기를 효율적으로 분쇄하는 기구와 연료의 부족 문제다. 도구의 문제는 1500년경 물과 동물의 힘으로 작동하는 3기통 분쇄기가 발명되면서 비로소 해결되었다. 분쇄기는 서로 인접한 세 개의 수직 롤러로 구성되었고 세 사람이 충분히 작동시킬 수 있었다. 한 사람은 물레바퀴나 동력을 제공하는 역축을 관리하고, 나머지 두 사람은 줄기를 롤러로 밀어 넣었다. 두 번째 문제인 연료의 부족은 중동과 유럽에서 삼림 벌채 문제로 번졌다. 하지만 신세계에서 끝없이 펼쳐진 숲이 발견되면서 두 번째 장벽마저 사라졌다.

콜럼버스가 대서양을 횡단할 즈음 사탕수수는 탐험의 출발지인 스페인령 카나리아 제도에서 재배가 막 시작된 단계였다. 이내 열대 신세계 지방에서도 재배가 시작되었고, 이후 300년 동안 사탕수수 산업은 폭발적으로 성장하여 세계경제를 견인했다. 북부 브라질에서 수리남까지, 그 위의 카리브해에서 쿠바에 이르는 신세계의 '사탕수수 벨트'에 유럽의 많은 정착민들이 몰려들었다. 이들은 대서양 횡단 거리가 비교적 짧다는 점과 원주민의 조직적인 반대가 없다는 점, 고국에서 상상할 수 없는 수준의 이익에 이끌렸다.

처음에 카리브해의 스페인 사람들은 신규 진출자로서 이익을 누렸지만 곧 브라질의 근면한 포르투갈인에게 밀렸다. 신세계의 생산으로 충격을 받은 첫 번째 장소는 포르투갈의 마데이라섬이었다. 마데이라는 신세계가 발견되기 전 사탕수수의 원산지였으나, 브라질-리스본 경로에서 주요 집산지이기도 했다. 마데이라의 제조업자들은 브라질에서 생산된 설탕이 시장에 대거 덤핑되어 수요가 높아지고 보호되면서 타격을 입었다. 1591년 마데이라의 수도인 푼샬 정부는 신세계 설탕의 수입을 금지하고, 이를 위반할 경우 감금하거나 수년 치 급여를 벌금으로 부과했다.

1591년 보호주의가 흔해졌다. 스페인 사람들이 설탕 경쟁에서 뒤처진 한 가지 이유는 신세계의 농장주들이 정치적 압력을 가하면서 쿠바, 자메이카, 푸에르토리코의 관련 산업이 타격을 입었기 때문이다.[19]

포르투갈은 16세기를 거치며 네덜란드와 잉글랜드가 경제적 강자로 부상하면서 불리해졌다. 유럽 북부의 신흥 강국인 네덜란드와 잉글랜드는 포르투갈이 홀로 느슨하게 통제하면서 막대한 이익을 취하는 아시아 향료와 브라질 설탕에 눈독을 들였다. 포르투갈의 교역 제국은 멀리 떨어져 있을뿐더러 방어도 취약했다.

네덜란드가 먼저 포르투갈의 해외 제국을 공격하고 나섰다. 결과는 엇갈렸다. 남아메리카에서는 포르투갈의 교역과 영토를 빼앗으려는 시도가 실패로 돌아갔다. 1630년 네덜란드의 서인도회사는 신세계의 주요 기지로 브라질 해안에서 삼각주를 이루는 섬을 선택했는데, 평평했고 지리적 배경이 고국을 연상시키는 구석이 있었다. 서인도회사는 7년 전 설탕 무역을 담당할 목적으로 설립된 조직이었다. 네덜란드인은 브라질의 동쪽 끝에 모리스타드 시(오늘날 헤시피)를 건설했는데, 처음에는 상황이 우호적이었다. 이후 10년 동안 네덜란드는 모리스타드에서 아마존 어귀까지 1600킬로미터에 이르는 브라질 북부 해안 대다수를 차지하여 세계 설탕 무역의 노른자위를 손에 넣었다. 17~18세기 설탕 산업과 노예는 불가분의 관계였기 때문에 서인도회사는 노예무역에서도 강자로 군림했다. 1636~1645년에 브라질에서만 2만 3000명의 노예가 팔렸다.

서인도회사의 브라질 탐험을 암스테르담 출신으로 포르투갈어를 구사하는 유대인이 지휘한 것은 자연스러운 일이었다. 그는 필수적인 언어 능력을 갖췄을 뿐만 아니라 도시의 설탕 무역, 경제 활동, 금융시장에도 해박했다. 서인도회사의 초기 성공으로 네덜란드 유대인의 지위가 크게 향상되었다. 네덜란드의 동인도회사와 달리 서인도회사의 경우 유대인의 지분이 많았다. 1640년대 중반 브라질에서 서인도회사의 영업이 정점에 있을 당시 4000명의 정착민 가운데 3분의 1 이상이 유대인이었다.

하지만 역사는 서인도회사와 브라질의 유대인에게 그늘을 드리웠다. 1580년 포르투갈에서 왕실의 대가 끊기자 스페인의 펠리페 2세가 포르투갈 왕위를 물려받았다(펠리페 2세는 포르투갈 혈통이었으며 포르투갈 여성들이 양육해 주로 포르투갈어를 구사했기에 왕위를 물려받는 일이 자연스러웠다. 그는 카이사르의 말을 흉내 내어 "물려받았노라, 샀노라, 정복했노라"라고 말했다). 그 결과 스페인과 포르투갈은 느슨한 연합체를 형성했으나, 브라질과 인도국은 스페인의 통제를 받지 않았다. 1640년 포르투갈에서 반란이 일어난 후 양국은 다시 분할되었다.

포르투갈이 1640년 스페인에서 독립하면서 서인도회사에 치명적인 두 가지 결과가 발생했다. 첫째, 새로 즉위한 포르투갈의 주앙 4세는 1641년 서인도회사와는 별개로 네덜란드 정부와 휴전을 협상했다. 이에 서인도회사는 확장을 멈추고 포르투갈 선박에 대한 공격도 중단했다. 둘째, 스페인에 대한 저항은 브라질 내부의 가톨릭교 포르투갈인 정착민들을 자극했다. 곧 이들은 청교도와 유대계 네덜란드 권력자에게 맞섰다. 저항은 특히 모리스타드에서 거셌다. 도시의 포르투갈인은 유대인 대금업자에게 큰 빚을 진 상황이었다.[20] 1654년 포르투갈 정착민들은 모리스타드를 차지했고 브라질의 네덜란드 침략자들은 북쪽의 수리남, 카리브 제도, 암스테르담으로 흩어졌다.

17세기에는 스페인과 포르투갈에서 종교재판이 진행됐다. 유대인에게는 다행스럽게도 모리스타드를 장악한 포르투갈의 사령관 프란치스쿠 바레토 데 메네제스(Francisco Barreto de Menezes)는 교회법을 존중했는데, 교회법에 따르면 기독교에서 개종한 유대인만 종교재판의 대상이었다. 개종하지 않은 유대인이 종종 박해를 당하던 스페인이나 포르투갈에서는 이 세부 조항이 준수되지 않는 경우도 있었다.

유대인 정착민 가운데 23명은 네덜란드 선박에 올랐다. 배는 역풍을 만나 스페인령 자메이카에 도달했는데, 여기서 두 번째로 종교재판의 칼날을 맞을 위기에 처했다. 하지만 이번에도 행운이 따랐다. 포르투갈이나 네덜란드를 자극하고 싶지 않았던 스페인 총독은 유대인을 보내준 것이다. 이 난민들은 프랑스 선박 생트카트린호에 올랐고, 선장에게 가진 것을 갈취당한 후 1654년 맨해튼에 발을 디뎠다.[21]

이 대목에서도 현대의 독자들은 17세기 최초의 유대인이 뉴욕에 도착한 사건이 충격적일 정도로 오늘날의 사건과 유사하다고 생각할 것이다. 지구 반대편에서 상품 생산에 차질이 빚어지면서 갑작스럽게 터전에서 유리되고 불가피하게 이전의 생산 중심지에 보호를 요청하며, 전문 기술자들이 원래 살던 땅에서 멀리 이주하는 것이다.

뉴암스테르담의 스투이페산트 총독이 민간 기업인 서인도회사를 위해 일한 것은 자연스러운 결과였다. 결국 인도네시아, 아프리카 남부, 신세계의 네덜란드 전초기지(및 인도의 영국 기지)는 대부분 교역 기업이 독차지하고 있었기 때문이다. 그러니 정부 관료가 아닌 기업인이 전초기지를 운영하는 것도 타당한 이치였다.

17세기 초 선원들은 세계의 풍향 체계를 완벽하게 익혔기 때문에 암스테르담의 유대인 집단이 브라질을 거쳐 뉴욕으로 이동하거나, 중국의 실크가 마닐라를 거쳐 멕시코나 페루에 선보이는 일이 이상하지 않았다. 하지만 아직 밝혀지지 않은 마지막 풍향 체계가 남아 있었다.

선원들이 마닐라 갤리언을 필리핀에서 멕시코까지 나르는 고위도 편서풍의 남반구 버전을 언제 어떻게 마주쳤는지 알려져 있지 않다. 인도양 남부에서 바람은 북태평양보다 맹렬하게 불었다. 인도양에는 바람의 흐름을 방해하는 땅덩어리가 적기 때문에 남반구에서 '노호하는 40도대'(남위 40~50도 해역에서 험한 풍랑이 이는 현상—역주)가 일어난다. 다 가마와 포르투갈의 선원들은 희망봉을 돌기 위해 대서양 남단을 '크게 돌았는데' 노호하는 40도대에 대해 미리 알았다면 이 바람을 타고 향료 제도에 닿았을 것이다.

1611년 네덜란드 동인도회사의 헨리크 브라우어(Henrik Brouwer) 총독은 희망봉을 돌 때 여름 계절풍을 타고 인도를 향해 북동쪽으로 이동하지 않고 대담하게 동남쪽으로 틀었고, 노호하는 40도대를 이용하여 자바에 닿은 최초의 선원이 되었다. 그는 네덜란드를 떠난 지 5개월 24일 만에 바타비아(오늘날 자카르타)에 도착했다. 반면 일반적인 계절풍 경로를 이용하면 1년이 걸렸다. 새로운 경로는 비용이 저렴하고 신속했을 뿐만 아니라 서늘한 중위도에서 신선한 보급품을 확보함으로써 선원들의 건강을 유지할 수 있었다. 게다가 브라우어는 말라카에서 포르투갈인의 눈을 피할 수 있었다.

희망봉을 돌아 동쪽으로 1만 1000킬로미터를 이동한 다음 왼쪽으로 꺾는 브라우어의 경로는 이후 300년 동안 유럽 선원들에게 표준으로 각광을 받았다.[22] 관건은 언제 북쪽으로 향하여 자바와 수마트라 사이의 순다 해협을 지나느냐였다. 정확하게 경도를 측정하는 존 해리슨(John Harrison)의 해양 크로노미터는 150년 후에야 발명되었고, 많은 네덜란드와 잉글랜드 선박이 방향을 트는 일에 실패하여 길을 잃었다(콜리지(Coleridge)의 시에 등장하는 고대 선원이 앨버트로스를 쏜 형벌을 받듯, 방향 전환에 실패한 선박은 오스트레일리아 남부를 항해하여 곧장 태평양으로 나아갔다). 오직 운 좋은 자들만 돌아와서 오스트레일리아 북부와 서부 해안을 우연히 발견한 무용담을 들려줄 수 있었다.

방향을 제때 틀지 못하면 종종 재앙 같은 결과가 벌어졌고, 오스트레일리아의 산호 해안선은 수많은 유럽 선박의 무덤이 되었다. 그중 가장 유명한 난파선은 바타비아호인데, 배는 1629년 웨스턴오스트레일리아의 암초에서 발견되었다. 300명의 승객과 선원 가운데 4분의 1이 익사했으며, 생존자들은 가까스로 산호초 지대에 닿았으나 신선한 물을 구할 수 없었다. 배의 선장과 (브라우어의 인척인) 상인은 작은 배를 타고 자바로 향했다. 3개월 후 마침내 구조대가 도착했을 때는 차마 설명할 수 없는 참상이 벌어진 뒤였다. 생존자 가운데 일부 반란자가 잔혹하고 계획적으로 다른 생존자들 대다수를 살해한 것이다. 네덜란드 동인도회사는 일화가 알려지지 않도록 애썼다. 먼 거리에서 일어난 일이고 당시에 효율적인 의사소통과 이동 수단이 없었다는 점에서 동인도회사의 계획은 성공을 거두는 듯했다. 하지만 수십 년 후 참상이 알려졌고, 전 세계인은 유럽인이 법과 문명이 닿지 않는 거친 환경에서 서로를 살육한 이야기에 공포를 느꼈다.[23]

인류가 힘겹게 세계의 풍향을 이용하는 법을 터득하면서 새로운 통화 체계가 대두되었다. 여러 면에서 오늘날 글로벌 신용과 결제 메커니즘의 전신이라 할 만하며, 구세계와 신세계에서 모두 열망하던 수입 사치품의 구입에 사용되었다. 노호하는 40도대에서 동쪽으로 이동한 선박에는 아시아에서 수요가 높던 유럽산 고급 직물과 귀금속이 실려 있었다. 귀금속은 대부분 멕시코와 페루에서 주조된 8레알의 '스페인 달러'였으며 8등분한 형태도 있었다. 은화는 16세기 유럽의 통화 시장에 대량 유입되었고, '달러'가 유래한 보헤미아 '탈러(thaler)'와 크기나 무게가 거의 비슷했다(8레알은 1 '달러'의 가치를 지녔는데, 동전을 일상에서 쓰기에 불편했기 때문에 8등분하는 경우가 많았고 각 조각은 1레알의 가치였다. 여기에서 유래하여 스페인 은화는 '여덟 조각(piece of eight)'으로도 불렸으며, 25센트는 '두 조각(two bits)'이라는 별칭을 얻었다).

스페인은 막대한 양의 은화를 주조했다. 총주조량은 알려져 있지 않으나, 1766~1776년 2억 개 이상이 발행되었다. 각 은화의 무게는 1온스에 못 미쳤으며 멕시코에서만 생산되었다.[24] 16~19세기에는 멕시코에서 주조한 은화가 시장의 신뢰를 얻으며 사실상 기축통화 역할을 했다. 은화는 강력한 무역 회사가 보유하든 하층계급의 지역 상인이 보유하든 지니고만 있으면 반다해에서 육두구를, 구자라트에서 캘리코를, 마닐라와 멕시코에서 실크를, 예멘에서 커피를, 스리랑카에서 계피를 살 수 있었다.

동전은 유통 환경에 따라 나타났다 사라지기를 반복하는 경향이 있었다. 예를 들어 17세기 후반 인도에서는 은의 인기가 높아지자 은화를 도가니에 넣어 녹인 다음 루피나 장신구로 만들곤 했다.[25] 미국에서는 스페인 달러가 1857년까지 법정통화로 간주되었다.

네덜란드 동인도회사의 입장에서 오스트레일리아의 암초에 좌초되어 은궤를 잃은 것은 인명 손실 못지않게 애통한 결과였다. 바타비아호를 구조하러 간 인력 중에는 네덜란드와 구자라트의 전문 잠수부가 포함되어 있었고, 이들은 스페인 은화가 든 상자 열둘 가운데 열 개를 건져냈다. 금룡호 역시 1656년 항해에서 방향 전환에 실패하여 오늘날의 퍼스 북부에서 좌초했다. 배에는 은화 여덟 상자와 승객 및 선원이 타고 있었다. 생존자 가운데 자바로 돌아온 사람은 일곱 명뿐이었다. 나머지는 두 번 다시 소식을 들을 수 없었다. 은화도 그 행방을 알 수 없다가 300년 후 오스트레일리아의 한 소년이 해변에서 옛 은화를 우연히 발견하고서야 세상에 드러났다.

1960년대 오스트레일리아의 고고학자들은 네덜란드 선박에 잠자고 있던 은화 4만 6000개 가운데 절반가량을 건져냈다. 이 과정에서 난파선에 폭약을 설치하여 유물이 일부분 파괴되고 말았다. 이에 비난의 목소리가 높아지자 오스트레일리아의 고고학 유적지를 보호하는 법안이 통과되었다.[26] 신세계에서 통용된 은화의 60퍼센트는 페루의 포토시에서 채굴된 은으로 리마에서 주조되었지만, 흥미롭게도 발견된 은화 대다수에는 멕시코시티 조폐국의 인장인 'M'이 새겨져 있었다. 그 이유는 간단했다. 동인도회사가 페루의 은화를 기피했기 때문이다. 리마의 조폐국은 부패로 악명 높았기 때문에 은화 가치가 낮은 경우가 많았다. 1650년에는 그 책임을 물어 관련자들이 처벌받았고 일부는 사형을 당하기까지 했다. 동인도회사는 금룡호가 난파된 후인 1661년까지 페루 은화를 사용하지 않았다.[27]

이 거대한 보물선이 동인도회사의 자산이라는 사실은 1600년대 중반의 장거리 국제 교역이 다국적기업 자본주의의 영역으로 변해가고 있음을 보여준다. 17세기에 네덜란드 기업은 부패하고 붕괴 직전에 있던 포르투갈 교역 제국의 영역을 차지해 나갔다. 하지만 동인도회사에 더 심각한 위협을 가하는 도전자가 있었으니, 또 다른 기업인 영국 동인도회사였다. 8장에서 소개된 항해술의 발전으로 전 세계에 포진한 유럽의 교역소와 농장을 중심으로 갈등이 전개되었다. 특히 대부분 갈등은 육군과 해군이 아닌 기업 사이에서 발생했다.

9장

기업의 등장
동인도회사

1577년 12월 13일, 프랜시스 드레이크가 이끄는 다섯 척의 소함대가 잉글랜드 플리머스를 빠져나갔다. 드레이크가 엘리자베스 여왕에게 받은 비밀 임무는 크게 세 가지였다. 마젤란의 일주를 재연하고, 향료 제도와 무역 관계를 체결하며, 이베리아 선박을 약탈하라는 것이었다.

세 가지 임무를 수행하기에 드레이크만 한 적임자가 없었다. 그는 서른일곱의 나이에 이미 항해술과 용맹함으로 명성을 얻었다. 9년 전 드레이크는 카리브해로 진출하여 사촌 존 호킨스(John Hawkins)와 노예를 매매했다. 그러다 멕시코의 산 후안 데 울루아 항에서 배를 수리하던 중 배신을 당해 스페인에 사로잡힐 뻔했고, 이후 평생 동안 이베리아인을 증오하게 되었다. 5년 후에는 파나마에서 스페인의 은 수송대를 약탈하며 복수에 성공했다. 그는 잉글랜드로 돌아와 무려 2만 파운드의 전리품을 여왕에게 바쳤다.

드레이크의 일주는 그 자신과 엘리자베스 여왕이 기대한 수준 이상으로 성공적이었다. 드레이크의 선단은 몰루카 제도를 방문했을 뿐만 아니라 혼곶부터 밴쿠버섬까지 신세계의 서쪽 해안을 탐험한 뒤 1580년 9월 26일 플리머스 항으로 돌아왔다. 전설적인 항해 도중 드레이크는 탐험과 더불어 교역과 약탈도 잊지 않았다. 그의 배에는 아프리카와 페루 사이에서 마주친 갤리언선과 범선에서 갈취한 스페인의 보물, 포르투갈의 교역품이 실려 있었다. 아울러 향료 제도 테르나테의 반역적인 술탄 바불라에게 나름 정직하게 얻은 정향과 육두구도 가득했다.

유럽에서 평화로운 무역이란 스페인과 네덜란드처럼 부강한 나라에서나 가능했다. 이들은 해적으로부터 바다를 안전하게 보호하는 기득권 세력이었다. 반면 영국은 16세기의 빈곤하고 후진적인 여러 나라들처럼 해외 선단이 방해 없이 바다를 지나가도록 지켜보는 사치를 부릴 여유가 없었다. 약탈에서 얻을 수 있는 이익이 상당했기 때문이다. 위풍당당 자유무역을 주장하는 대영제국은 200년 이상 흘러야 만나볼 수 있다. 튜더 왕조의 잉글랜드는 부패한 군주가 다스렸고, 왕은 아첨하는 자들에게 독점 사업을 분배했으며, 약탈자에게 나포 면허장을 발부하는 국가였다.

이날 플리머스에 도착한 가장 가치 있는 것은 향료도 은도 아닌 일종의 지적 자원이었다. 드레이크는 항해 초기에 아프리카 서해안의 카보베르데 제도 인근에서 포르투갈의 산타마리아호를 사로잡았다. 선원들은 100톤급 소형 범선에 브라질로 향하는 양모, 리넨, 벨벳, 실크, 와인 등 노략질할 만한 교역품이 가득한 것을 보고 희열을 느꼈다. 또한 배에는 캔버스 천, 못, 연장 등 장거리 항해에 필요한 물건도 가득했다.

하지만 드레이크는 정작 포르투갈 범선에 탄 한 선원에게 지대한 관심을 보였다. 유럽에서 가장 노련한 선원으로 손꼽히던 누뇨 다 실바(Nuño da Silva)였다. 포르투갈 선원과 영국의 해적 출신 선장은 산타마리아호의 해도를 조사하고 번역하면서 수많은 시간을 함께 보냈다. 얼마 지나지 않아 실바가 영어를 유창하게 구사할 정도였다. 이후 몇 달 동안 실바는 선장의 식탁에서 함께 식사를 했으며, 선장은 즉시 풀어달라는 요구를 제외한 나머지 모든 요청을 들어줬다(1년 후 드레이크는 실바를 풀어줬다). 드레이크와 실바는 해도를 통해 당대의 기밀에 속하던 해양과 무역 관련 정보를 영국 차지로 만들었다. 여기에는 남반구의 '특정 위선 아래'의 낯선 하늘에서 위치를 가늠할 수 있는 천문항법도 포함되어 있었다.[1]

이날 플리머스 항에서는 긴요한 항해 정보가 남부 유럽에서 북부 유럽으로 넘어갔다는 사실 말고도 역사적 상징성을 지니는 일이 또 있었다. 드레이크가 도착하자 왕실 관계자는 그를 대중의 시선이 머물지 않는 은밀한 곳으로 데려갔다. 5개월 후 엘리자베스 여왕은 골든하인드호 갑판에서 그에게 기사 작위를 수여했다. 이제 국가적인 해적질이 유행하던 시대는 저물었다. 물론 1587년 드레이크가 카디스에서 펠리페 2세의 함대를 대담하게 공격하여 유명한 '스페인 국왕의 수염 태우기'로 두각을 보였지만 말이다. 한동안 그는 골칫거리였다. 그러나 이제 영국의 미래는 약탈이 아닌 교역에 있었다. 곧 회계장부가 칼보다 강력한 힘을 미쳤다. 해적, 영웅이나 고독한 상인들, 박력 넘치는 해군사령관의 시대는 저물고 전근대 다국적기업에 소속된 정체불명의 경영자들이 각광받았다.

최초의 다국적기업은 17세기 장거리 교역을 장악한 네덜란드 동인도회사였다. 그 바통을 이어받아 18세기 교역을 주름잡은 주인공은 영국 동인도회사였다. 무척 상이한 제도적 기반과 철학에서 탄생한 양대 기업은 200년 동안 세계무역 패권을 놓고 경쟁을 벌였으며, 이들 기업의 성쇠는 곧 그 나라의 성쇠를 반영했다.

드레이크의 탐험이 성공을 거두기 전 북부 유럽의 선박은 동쪽으로 지브롤터를 거쳐 지중해까지 항해했을 뿐이다. 네덜란드나 영국 사람이 동쪽에 닿으려면 포르투갈이나 스페인 또는 아시아의 선박을 타거나 육로를 이용해야 했다.

16세기 초 튜더 왕조는 무역 조합에 독점권을 부여하기 시작했다. 처음으로 독점권을 받은 조합은 모험상인조합(Merchant Adventurers)으로, 모직물을 실은 선박을 사이프러스, 트리폴리, 시칠리아로 보낼 수 있는 특허장을 1505년에 받았다. 성공을 거둔 이들은 실크, 향료, 면직물, 양탄자를 싣고 영국으로 돌아왔다. 이후에도 다른 조합에 특허장이 부여되었다. 대표적 사례로는 모스크바 회사(1555년), 스칸디나비아와 발트해에서 영업하던 이스트랜드 회사(1579년), 터키 회사와 교역하던 레반트 회사(1581년) 등이 있다.

1580년 골든하인드호가 동양의 물건을 가득 싣고 플리머스로 돌아왔을 때 탐험 후원자들은 1파운드당 50파운드의 수익을 거뒀다. 게다가 이는 왕에게 바치던 5만 파운드 상당의 스페인 레알과 금괴를 제외한 수익이었다.

드레이크의 성공에 힘입어 모험가들은 다양한 경로를 통해 앞다퉈 인도 제도로 향했다. 1583년 런던에서 제임스 스토리(James Story), 존 뉴베리(John Newberry), 랄프 피치(Ralph Fitch), 윌리엄 리즈(William Leeds)라는 상인들이 육로를 통해 인도로 향했으며 이들은 엘리자베스 여왕이 무굴제국의 악바르 황제에게 보내는 친서를 전달했다. 피치는 무굴

제국 궁정에서 목격한 루비, 다이아몬드, 실크, 금, 은을 기록하여 런던에 활력을 불어넣었다. 1586년에는 토머스 캐번디시(Thomas Cavendish)가 (마젤란과 드레이크에 이어) 세 번째로 세계를 일주했다. 그는 1588년 스페인 선박에서 갈취한 노획물을 싣고 돌아왔다. 선원들은 중국산 실크 옷차림이었으며, 돛은 금박을 입힌 천으로 장식했고, 주범(主帆)은 전체를 다마스크로 만들었다. 캐번디시는 1591년 또 다른 일주에 나섰으나 이후 다시는 소식을 전하지 않았다.

1591년 제임스 랭커스터(James Lancaster)가 지휘하는 탐험대도 희망봉을 거쳐 인도로 향했다. 랭커스터의 임무는 무역이 아니라 약탈이었다. 그는 3년 동안 항해하면서 희망봉과 몰루카 제도 사이를 방랑했으며, 포르투갈의 인도 무역선에서 화물을 약탈했다. 그러다 선원의 90퍼센트가 괴혈병과 폭풍우로 목숨을 잃었다. 그는 브라질 동부 해안의 페르남부쿠주에 닿으려다 실패한 뒤 런던으로 돌아와 영국 동인도회사라는 신설 법인의 설립을 주도했다.[2]

네덜란드 동인도회사의 기원은 전혀 달랐다. 이 회사를 이해하려면 우선 정치적·사회적 배경을 알아야 한다. 16세기 중반 이전까지 오늘날의 네덜란드와 벨기에는 저지대 17개 주였으며 부르고뉴의 일부이기도 했다. 훗날 신성로마제국 황제가 되는 스페인의 합스부르크 왕조 카를로스 1세가 1506년 이 지역을 물려받았다. 카를로스의 아들 펠리페 2세가 1568년 종교개혁을 탄압하기 위해 침략하자 북부 5개 주가 항거에 나섰다. 5개 주는 1579년 위트레흐트 동맹을 결성하여 공식적으로 독립을 선언했으며, 이때 형성된 연합주가 오늘날의 네덜란드가 되었다.

당시 안트베르펜(오늘날 벨기에 영토)은 북부 유럽의 교역 중심지였다. 이 부유한 도시에는 잉글랜드, 독일, 새로 탄생한 연합주의 가톨릭, 신교도 상인들이 모여 향료뿐 아니라 다양한 물건을 거래했다. 그중 가장 중요한 품목은 네덜란드 청어를 절이는 데 쓰는 이베리아 소금이었다. 소금을 얻은 네덜란드는 고급 섬유제품과 곡물, 발트해의 목재를 남부 유럽으로 보냈다.

1585년 펠리페의 조카인 파르마 공작(이탈리아)이 안트베르펜을 점령했고, 당대와 어울리지 않는 품위를 발휘하여 도시의 신교도들이 평화롭게 떠나도록 허용했다. 같은 시기에 펠리페는 연합주와의 통상 금지령을 내리고 스페인과 포르투갈 항구에서 연합주의 선박을 나포하기 시작했다. 이상의 세 가지 조치는 크나큰 실수로 드러났다. 펠리페 덕분에 세계에서 상업적으로 가장 유능한 상인들로 구성된 네트워크가 즉시 구축되었다. 또한 안트베르펜에서 추방된 신교도들은 이베리아 항구를 우회하기 위해 최선을 다했다.[3]

가장 많은 난민이 정착한 장소는 암스테르담이었다. 암스테르담은 홀란트(Holland)주의 주도였지만, 그 이전에는 별달리 중요한 항구가 아니었다(엄밀히 말해 '홀란트'는 당시 국가가 아닌 연합주에서 가장 큰 주에 불과했다). 1585~1622년 암스테르담의 인구는 신교도 난민의 유입으로 3만 명에서 10만 5000명으로 크게 증가했으며 유럽 최대 도시로 성장했다. 반면 안트베르펜은 저항자들이 봉쇄에 나서면서 별 볼 일 없는 도시로 전락했다.[4]

1500년대 후반 얀 하위헌 판 린스호턴(Jan Huyghen van Linschoten)이라

는 네덜란드인은 홀란트가 인도양으로 진출할 수 있는 마지막 동력을 제공했다. 그는 인도의 도시 고아에서 몇 년 동안 포르투갈 대주교의 비서로 일했고, 1588년 대주교가 사망한 후에는 살길을 찾아 더 동쪽으로 이동했다. 그는 막대한 부가 아닌 소박한 장사를 꿈꿨을 뿐이다. "내게 200~300두카트만 있다면 쉽사리 600~700두카트로 불릴 수 있다."[5]

그는 1592년 결국 고향인 홀란트로 돌아와 『여행(Itinerario)』이라는 제목으로 알려진 책을 썼다. 책에서 그는 동남아시아의 식물학과 상업적 지리를 설명했으며, 항해에 대한 조언도 제공했다. 특히 동인도의 교역에 관한 정보가 가장 유용했다.

순다에는 후추가 풍부하며 인도나 말라바르보다 품질이 좋다. 생산량이 막대하여 연간 50만 파운드를 실을 수 있다. (…) 또한 유향, 장뇌, 다이아몬드도 풍부했으며 큰 비난을 받지 않고도 거래를 할 수 있었다. 자바에서 많은 사람들이 물건을 팔러 말라카로 이동했기 때문에 포르투갈인이 그쪽으로 이동할 필요가 없었다.[6]

다시 말해 수마트라 남부로 항해하다가 (자바와 수마트라 사이의) 인도네시아 상인들이 말라카 서쪽으로 오기를 기다리는 포르투갈을 피해 순다 해협을 통과한 것이다. 책은 1596년에 인쇄되었지만, 1592년 판 린스호턴이 돌아온 이후 그의 관찰과 조언은 상식으로 자리 잡았고 네덜란드에서 널리 활용되었다. 나중에는 그의 책이 여러 언어로 번역되어 프랑스, 잉글랜드, 독일 독자들의 흥미를 일으켰다.

1594년 (아직 발간되지 않은) 판 린스호턴의 관찰 내용과 해도에 자극을 받은 암스테르담의 상인 네 사람은 '파랜드(Far Lands) 회사'를 설립했다. 1년 후에는 선박 네 척에 선원 249명을 싣고 인도로 향했다. 당시의 일반적인 경우처럼 1597년 고국으로 돌아온 사람은 고작 89명이었다. 게다가 배에 실린 것은 약간의 후추뿐이었고 고급 향료는 찾아볼 수 없었다. 운이 없고 계획이 부실했음에도 불구하고 상인들이 양호한 이익을 거두자 사람들은 이를 간과하지 않았다. 이후 12개월 동안 파랜드와 다섯 곳의 신생 경쟁사가 동양으로 22척 이상의 배를 보냈다. 이번에도 14척만 돌아왔으며 살아 돌아온 선원은 절반에도 못 미쳤다. 그럼에도 파랜드 선박에 실려 있던 후추 60만 파운드 덕분에 투자자들은 어마어마한 이익을 얻었다.[7]

1601년 탐험선의 첫 번째 주자가 암스테르담에 돌아왔을 때는 교회에 기쁨의 종이 울렸다. 한 관찰자는 "홀란트 역사상 이처럼 물건을 가득 싣고 온 선박을 볼 수 없었다"라고 설명했다.[8] 네덜란드는 근대의 모든 자유무역 주창자들이 자랑스러워할 상업의 열기에 사로잡혔다. 탐험에 성공한 야코프 판 네크(Jacob van Neck) 선장은 자신의 탐험 방식이 "누군가의 재산을 빼앗는 것이 아니라 모든 외국에서 좋은 평판을 얻는 것"이었다고 밝혔다.[9] 하지만 이러한 태도는 곧 변했다.

당시 잉글랜드에서는 일련의 사건이 바쁘게 진행되었다. 그 시기 대부분의 나라와 마찬가지로 잉글랜드에서도 적합한 행동 방침에 의심을 품는 사람은 아무도 없었다. 왕실은 이익을 위해 독점권을 원하는 세력에 넘겨 한몫 챙겼다. 엘리자베스 여왕은 이런 술수의 달인이었다. 예를 들어 1583년에 여왕은 월터 롤리(Walter Raleigh) 경에게 잉글랜드 전역에서 달콤한 포도주를 취급할 수 있는 독점권을 부여했다.

왕실은 1599년 네덜란드 상인들이 향료 시장을 독점하자마자 가격을 세 배 인상하는 것을 보고는 향료 무역에 맹렬하게 달려들었다. 잉글랜드 상인들도 가만히 보고만 있을 수 없었다.[10] 이미 런던의 많은 상인들이 레반트 회사의 주주였는데, 추밀원(영국 국왕의 정치 자문기관인 귀족 집단—역주)에 '잉글랜드 상인이 동인도 제도에서 교역할 수 있는 몇 가지 이유'라는 제목의 탄원서를 제출했다. 추밀원이 승인하자 발기인들은 1년 반에 걸쳐 회의를 열고 총 6만 8000파운드의 자본금 모집을 요청했다. 이들은 과거에 여왕이 충동적으로 독점권을 부여한 내력을 익히 알고 있었기에 신중하게 행동하면서 여왕에게 이미 결정된 사실을 보고했다. 이들은 공식적으로 특허장을 요청하기에 앞서 이미 배를 다섯 척 구입하여 점검을 마쳤고 보급품을 채워 넣었으며 교역품과 현지 통치자들을 위한 선물도 실었다.

탄원서가 여왕에게 도달했을 때에는 서명이 200개 이상에 달했다. 1600년 12월 31일, 엘리자베스 여왕은 탄원서에 인장을 찍고 신설 법인에게 15년의 특허를 인정하는 서명을 했다. 6주 뒤 소함대는 제임스 랭커스터의 지휘 아래 템스강을 빠져나갔다.[11]

1601년에는 네덜란드에서도 많은 사건이 일어났다. 파랜드의 2차 탐험 성공에 대응하여 네덜란드의 6개 기업도 총 14차례에 걸쳐 탐험대를 파견했으며, 희망봉을 돌아가는 탐험에는 65척을 동원했다. 이 시점에 이르자 향료 시장을 둘러싼 경쟁이 과도한 수준임을 부인할 수 없었다. 공급망의 양쪽에서 경쟁사가 서로를 밀어냈고, 인도네시아에서 입찰 가격을 끌어올렸으며, 암스테르담에서는 공급과잉 현상이 일어났다. 교역에 따른 이익을 지켜내려면 네덜란드 정부가 규제에 나서야 했다.

이미 살펴봤듯 잉글랜드의 경우 인도 제도로 떠난 상인 모험가들은 태생적으로 왕실이 부여하는 독점권을 추구했다. 하지만 네덜란드는 중세 유럽에서 일반적이던 절대왕정 국가가 아니었으며, 정부는 국가 전체의 이익을 고려해 조치를 취했다. 특히 이 사안은 정치적으로 쓸모가 있는 문제였다.

당시 '네덜란드 정부'는 정확히 무엇을 의미했는가? 북부가 스페인에 항거하면서 1579년 위트레흐트 동맹이 조직된 이후 200년 동안 국가의 정치조직이란 전국회의(States General, 16~18세기 네덜란드공화국의 국가 최고 기관—역주)가 유일했다. 전국회의라는 대의기관은 헤이그에서 만나 세습 총독(네덜란드 연합주의 원수—역주)인 오라녜 공과 더불어 군사 및 외교 정책을 논의했다. 그 이외의 사안은 각 주에서 자체적으로 결정하고 내부의 상인과 기업인을 규제했다. 또한 오라녜 가문과 빈번히 뜻이 엇갈리던 전국회의에서 자기 주에 소속된 기업의 이익을 주장했다. 이런 환경에서 국영 무역상사를 설립하기란 쉽지 않았다.

유능한 지도자인 요한 판 올던바르네벨트(Johan van Oldenbarnevelt)와 영향력 있는 총독인 모리스 공은 1602년 전국회의에서, 인도 제도와의 모든 상거래를 담당할 하나의 연합 독점 조직을 설립하기 위해 각 주를 설득했다.

이렇게 하여 네덜란드 동인도회사라는 새로운 조직이 탄생했는데,

설립 배경 자체가 네덜란드와 닮았다. 동인도회사를 구성하는 6개 기업은 근거 지역에 본사(chamber)를 설치했으며, 6개 기업을 감독하는 임무는 17인 위원회(Heeren XVII)가 맡았다. 17인은 각 주의 인구에 비례하여 구성했는데, 규모가 작은 4개 주에서는 각각 한 명씩, 두 번째로 큰 제일란트주에서는 네 명, 가장 큰 홀란트주에서는 여덟 명을 선출했다. 이에 더해 홀란트주가 절대 권력을 휘두를 수 없도록 17번째 위원은 제일란트와 나머지 4개 주에서 번갈아 임명했다.

기업의 설립 조항에는 17인 위원회가 전국회의에 충성 서약을 하고 '방어' 목적에서만 전쟁을 치르는 조건으로 군인을 고용할 수 있도록 규정했다(영국 동인도회사 역시 군사작전을 수행할 수 있는 권한을 가졌으며, 곧 살펴보겠지만 영국과 네덜란드 기업은 서로를 향해 군사행동이라는 특권을 남발했다). 동인도 제도와 연락을 주고받는 데 꼬박 1년이 걸렸음을 고려하면, 네덜란드 동인도회사는 어느 곳에 있든 사실상 주권국가로 행동했으며 17인 위원회나 공격적 성향의 지방 총독 또는 사령관이 원할 경우 재량을 발휘해 아시아 경쟁자들을 물리적으로 파괴했다.

20년 뒤 동일한 군사적 권한을 얻은 서인도회사 역시 주저 않고 무력을 사용했다. 1602~1663년 동인도회사와 서인도회사는 칠레, 브라질, 동아프리카와 서아프리카, 페르시아만, 인도, 스리랑카, 인도네시아, 중국, 필리핀에서 포르투갈과 스페인의 정착지를 제거했다. 네덜란드 서인도회사와 동인도회사는 민간 기업이었으나 사실상 제1차 세계대전을 수행하여 아시아에서 향료, 브라질에서 설탕, 아프리카에서 노예와 금을 탈취했다.[12]

노력의 결과는 엇갈렸다. 네덜란드는 인도와 인도네시아에서 대체로 성공을 거뒀고, 17세기 말 고아와 티모르에서 포르투갈인의 자취는 소수민족 거주지로 전락했다. 하지만 마닐라, 마카오, 특히 아프리카에서는 이렇다 할 성과를 거두지 못했다. 앙골라와 모잠비크에서 포르투갈 근거지를 장악하는 데 실패한 네덜란드 동인도회사는 인도양 경로를 보호하기 위해 아프리카 남쪽 끝 멀리 떨어진 곳에 케이프 식민지를 새로 건설해야만 했다.

네덜란드 동인도회사와 서인도회사의 전쟁 기구 못지않게 인상적인 부분은 네덜란드의 금융이었다. 1602년 투자자들은 네덜란드 동인도회사의 초기 자금 모집에 650만 길더를 투자했다. 오늘날 가치로 환산하면 약 1억 달러로, 인력을 고용하고 선박을 구매하며 향료와 교환할 은과 교역품을 구매하는 데 사용되었다. 특히 이 자본은 영구 자본이었다. 성과가 좋아 이익이 발생하면 이익금의 상당 부분을 기업 확장에 투자할 수 있었던 것이다. 투자자들은 해마다 적당한 수준의 배당을 받더라도 초기에 투자한 650만 길더를 곧 회수할 수 있으리라 기대할 근거가 없었다. 오늘날의 투자자에게는 별다른 특징이 없는 투자로 보이겠지만, 17세기 초 네덜란드에서 영구 자본이 등장했다는 사실은 네덜란드 금융 제도에 대한 신뢰가 매우 컸음을 의미한다.[13]

17세기 초에 모든 길은 네덜란드로 통했다. 네덜란드는 국토가 포르투갈보다 작고 인구도 약간 더 많을 뿐이었으나(1600년에 150만 명 수준) 진정한 의미에서 최초의 세계무역 체계를 세운 나라였다. 오늘날까지도 글로벌 시장에서의 성패는 그 규모가 아니라 선진적인 정치, 법, 금융 제도에 달려 있다. 1600년 네덜란드는 이런 면에서 단연 세계 최고 수준이었으며, 포르투갈이 세운 교역 제국에 도전장을 내밀 만한 가장 유력한 위치에 있었다. 물론 네덜란드는 스페인에게서 독립하기 위해 투쟁을 벌이는 중이었고, 네덜란드 독립전쟁은 뮌스터에서 체결된 조약으로 1648년에야 막을 내렸다.

전쟁을 벌이는 중에도 네덜란드는 스페인, 영국, 다른 유럽 나라보다 훨씬 나은 상황이었다. 영국은 나포 면허장을 지닌 드레이크의 활약, 무적함대에 거둔 승리, 영국 동인도회사가 근소하게 앞서 있다는 이점이 있었다. 하지만 튜더와 스튜어트 왕조가 종교 갈등으로 내홍을 겪고 있었고, 금융시장은 원시적 단계로 불안정했으며, 결국 치명적인 내전을 겪었다. 프랑스와 스페인은 왕실의 독점과 만성적 부패로 더 뒤처진 상태였다. 반면 네덜란드 연합주는 유럽에서 절대왕정의 저주로부터 자유로운 몇 안 되는 나라였고, 법과 금융 제도가 엄격했으며, 야심만만하고 재능 있는 인재들에게 종교를 불문하고 관대했다.

두 가지 간단한 통계에서 믿을 수 없는 사실이 드러난다. 경제사학자들이 추정하는 1600년 잉글랜드의 1인당 국내총생산은 오늘날 가치로 약 1440달러, 네덜란드는 2175달러다(스페인과 포르투갈은 각각 1370달러와 1175달러다).[14] 이는 식민지 패권을 차지하기 위한 경쟁이 시작된 이래 네덜란드와 영국 사이에 기술과 상업적 격차가 벌어졌으며, 제도와 금융의 차이가 큰 영향을 미쳤음을 시사한다. 영국에서는 평판 좋은 채무자(대부분의 경우 왕족은 포함되지 않는다)의 이자율이 10퍼센트인 데 비해 네덜란드에서는 4퍼센트에 그쳤으며, 네덜란드 정부의 이자율은 최저 수준이었다. 반면 영국에서는 왕실이 채무를 거부하기 일쑤여서 채권자들은 왕실에 더 높은 금리를 요구하는 실정이었다.[15]

대체 네덜란드의 금리는 어떻게 그렇게 낮았을까? 흥미롭게도 지리적으로 저지대에 위치했다는 점과 문화 자본 덕분에 1600년에 네덜란드는 유럽에서 금융이 가장 발전한 나라로 발돋움했다. 양질의 농토 대다수가 해수면보다 낮은 지대에 위치했기 때문에 네덜란드인은 수백 년에 걸쳐 제방을 쌓고 (나중에는 동력 펌프 역할을 한) 풍차를 이용해 개간했다. 간척 사업은 지역에서 운영하고 자금을 조달했다. 새로 확보한 비옥한 토양에서는 농산물이 풍부하게 생산되었고, 덕분에 소작농들이 왕실이나 봉건영주의 도움 없이 자율을 누리면서 번성할 수 있는 기틀을 마련했다.

또한 간척 사업은 국가의 신용 시장에 활기를 더했다. 제방과 풍차 건설에는 비용이 많이 들었으므로 지방의 교회와 시의회는 필요한 자본을 채권의 형태로 조달했다. 이에 따라 네덜란드는 자본주의의 나라로 변모했다. 상인, 귀족, 심지어 부유한 소작농까지 간척 사업의 자금 마련을 위해 발행된 채권에 여유 자본을 투자했다. 이러한 자본주의 전통은 무역으로 이어졌다. 1600년 이후 네덜란드 시민들은 발트해나 향료 제도로 향하는 무역선에 자연스럽게 투자했다.[16] 그 결과 상인과 중개인은 약간의 지분만 보유할 수 있었다. 전체 지분의 2분의 1이나 4분의 1이 아닌 32분의 1이나 64분의 1을 보유하는 식이었다. 오늘날까지 네덜란드는 세계에서 가장 공격적인 투자자로 손꼽힌다.

소유권 배분은 '네덜란드 금융'의 핵심적 특징이었으며, 기업인과 투자자에게 위험을 분산시키는 탁월한 방법이었다. 1610년 궁정 문서에 따르면 한 프티부르주아 상인은 배 22척의 지분을 보유했다. 16분의 1 지분을 보유한 배가 13척, 32분의 1 지분을 보유한 배가 7척, 17분의 1

지분이 1척, 28분의 1 지분이 1척이었다.[17] 지분을 부분적으로 보유함 으로써 상인들은 신중하게 위험을 질 수 있었다. 또한 특정 선박에서 손실이 나거나 상업적 결과가 부실한 데 따른 충격이 완화되어 투자자 의 안전 한계를 높이는 효과도 있었다. 이에 따라 투자자들은 적극적 으로 자본 투자에 나섰고, 결과적으로 금리는 더 하락했다.

네덜란드 금융에서 (최소한 올바로 활용될 경우) 위험을 완화한 또 다 른 혁신은 '청어를 잡기 전에 구입하는' 전략이었다.[18] 기본적으로 이 러한 시장에서는 향후 특정 시점에 정해진 상품 물량을 매입하는 가격 을 미리 정했다. 예를 들어 1년 후 잡힐 청어 1000파운드의 가격을 지 금 정했으며, 이러한 금융 상품은 실제 물건처럼 사고팔 수 있었다. 이 금융 상품은 원래 네덜란드에서 고안된 개념이 아니며 남부 유럽과 무 슬림 세계에서도 이미 잘 알려져 있었다. 하지만 네덜란드인은 이전과 전혀 다른 수준으로 상품을 발전시키고 제도화했다. 네덜란드 농민과 상인은 선물(futures)을 매도하여 6~12개월 후 제품의 가격을 미리 보 장받을 수 있었다. 반면 선물에 투자한 사람들은 도중에 상품 가격이 급등하는 위험을 피할 수 있었다. 이 밖에 해상보험이라는 위험 분산 장치를 통해 보험에 가입한 운송업체는 바다에서 화물을 잃어버리는 경우에 대비할 수 있었다. 지분의 부분적 보유, 선물 계약, 해상보험은 모두 상업을 발전시켰다.

17세기 잉글랜드의 상인이자 경제학자, 영국 동인도회사의 총독이 었던 조시아 차일드(Josiah Child)는 "모든 나라는 현재 지불하는 이자 수 준과 통상적으로 지불해온 이자 수준에 비례하여 부강하거나 빈곤하 다"라고 지적했다.[19] 1000년 동안 상인들은 탐험 자금을 마련하기 위해 돈을 빌렸고, 정부도 군사 활동을 지원하기 위해 자금을 빌렸다. 모든 상황이 동일하다면 네덜란드 기업은 4퍼센트 이자율에 돈을 빌릴 수 있었기 때문에 이자율이 10퍼센트인 잉글랜드 기업에 비해 두 배 반에 해당하는 자금을 더 빌릴 수 있었다.

같은 논리가 군대를 운용하는 국가 역량에도 적용됐다. 금리가 4퍼센트라는 말은 곧 부강함을 의미했다. 반면 10퍼센트는 빈곤과 무기력함을 뜻했다. 네덜란드의 유리한 차입 능력에 더해 영국의 불안정한 정치 때문에, 네덜란드는 몇 세대 후 영국이 금융과 정치제도를 개혁하기 전까지 도저히 따라잡을 수 없는 수준으로 앞서 나갔다.

영국 금융시장의 안타까운 상황은 동인도회사의 초기 자본이 6만 8000파운드로, 네덜란드 동인도회사의 10분의 1에 불과했다는 점에서도 드러난다.[20] 게다가 영국 기업의 자본은 영구 자본이 아니었다. 회사 선박이 템스강으로 돌아와 상품을 판매하는 순간 투자자들에게 자금을 모두 돌려줘야 했다. 투자자들은 적어도 한 번 이상 돈 대신 향료로 대금을 정산했고 파운드화가 아닌 후추 보따리를 받았다.[21]

마이크로소프트와 보잉이 소프트웨어나 항공기 개발을 완료할 때마다 초기 투자 자본을 전부 투자자들에게 돌려주고 신규 프로젝트가 시작될 때마다 처음부터 절차를 밟아야 한다면 외국 기업과 경쟁을 벌일 수 있을까? 이따금씩 주주들에게 배당 대신 소프트웨어 디스크나 비행기 날개 보로 지불하는 경우가 생길 수도 있다. 이는 네덜란드와 경쟁한 나라가 어떤 문제를 안고 있었는지를 잘 보여준다.

거의 한 세기 동안 영국 동인도회사는 네덜란드 동인도회사의 얄미운 동생과도 같은 존재였다. 1622년 네덜란드 동인도회사는 아시아 해역에 선박 83척을 거느렸는데 영국의 경우 28척에 불과했다. 양국 간 금리와 비슷한 비율이었는데, 한 네덜란드인은 다음과 같이 지적했다.

> 항로에 불과 30, 40, 혹은 50척의 선박과 요트를 띄우고는 전 세계에서 가장 좋은 교역 기회를 누릴 수 있으리라 생각한다면 대단한 착각이다.[22]

네덜란드는 금융과 선박 면에서만 영국의 우위에 있었던 것이 아니다. 네덜란드 동인도회사의 구조가 분리된 연합주를 반영한다 해도 영국 동인도회사는 그보다 더 분산되어 있었다. 영국의 회사는 길드보다 느슨한 형태로 각 회원이 자기 이익을 위해 거래하도록 허용했으며 그저 선박만 회원이 공동으로 보유할 뿐이었다. 각 항해와 상인이 개별적으로 자금을 유치했기 때문에 동인도회사의 교역소에서 서로 협조하지 않는 큰 문제가 있었다. 아시아에서 영국 상인들 사이에 분쟁이 발생하면 지구 반대편에 위치하여 오가는 데 2년이나 걸리는 런던에서 해결해야 했다. 자바의 반탐(오늘날 자카르타 인근)에는 영국의 무역사무소가 세 곳이나 있었다. 영국 동인도회사의 상인들은 각자의 물건을 거래했을 뿐만 아니라 회사 내부의 다른 상인들과 경쟁을 벌이는 일에도 거리낌이 없었다.[23] 반면 네덜란드 동인도회사는 인도네시아에 회사의 모든 관계자에 대한 전권을 보유한 총독을 파견했다.

연합주의 총독이 산파 역할을 한 덕분에 네덜란드 동인도회사는 군사적으로나 정치적으로나 정부의 지원을 기대할 수 있었다. 하지만 영국 동인도회사는 느슨한 민간 상인 연합체의 형태였기 때문에 해외에서 외국 교역 세력의 공격을 받을 때 피난처를 기대하거나 보호를 바랄 수 없었다.

분산된 형태로 움직이는 영국 동인도회사는 네덜란드 경쟁자에 비해 부패에 취약했다. 그렇다고 네덜란드 상인과 선원이 정직했다는 의미는 아니지만, 영국 동인도회사의 고용인들은 선박을 함부로 다뤘으며 아시아를 오가는 길에 개인의 교역품을 대량으로 싣기도 했다. 영국 동인도회사의 한 관리는 임원에게 다음과 같이 보고했다.

영국의 사적인 거래에 대해 말씀드리자면, 영국 회사가 네덜란드의 방식으로 운영되었다면 이미 오래전에 네덜란드 회사를 앞질렀을 것입니다.[24]

네덜란드는 영국과 유럽의 다른 경쟁국에 비해 해상 기술 면에서도 강점을 가지고 있었다. 1595년 이후 북부 유럽의 수역에서 해적 활동이 잦아들면서 둥글고 느리지만 매우 효율적인 플류트선(fluitschip)이 개발되었다. 플류트선은 유사한 크기의 다른 배와 비교해 절반 수준의 선원만 있으면 항해가 가능했다. 하지만 초기에는 플류트선의 성공이 오히려 화를 불러왔다. 배의 효율성 때문에 선박에 타지 못한 많은 선원들이 해적으로 돌아간 것이다.[25]

1605년 네덜란드 동인도회사는 이익을 극대화하려면 네덜란드뿐만 아니라 전 세계에서 향료 시장을 독점할 필요가 있다고 판단했다. 이를 위해서는 교역품을 저장하고, 선박을 수리 및 대기시키며, 현지 통치자들이나 포르투갈인의 방해 없이 활동에 협조할 수 있는 영구 기지를 아시아에 세워야 했다. 이듬해 네덜란드 동인도회사는 말라카의 포르투갈 기지를 공격했으나 성공하지 못했다. 그러자 동쪽의 향료 제도와 자바로 시선을 돌렸다.

　마닐라에 진출한 스페인 세력은 1606년 몰루카 제도의 테르나테섬을 공격했다. 당시 술탄이 네덜란드 동인도회사에 도움을 요청하자 네덜란드는 군대를 파견했다. 이후 수십 년에 걸쳐 네덜란드는 몰루카 제도에서 스페인을 서서히 몰아냈다.[26] 인도 제도와 유럽 간 소통에는 오랜 시간이 걸렸다. 네덜란드와 스페인은 1649년 테르나테에서 갈등을 빚으며 마지막 독립전쟁을 치렀지만, 이미 1년 전인 1648년에 뮌스터 조약이 체결되어 네덜란드가 스페인에서 독립한 상태였다.[27]

　이후 네덜란드 동인도회사는 반다 제도를 장악하고 반다를 중심으로 아시아의 교역을 잠식해 나갔다. 반다는 몰루카 제도의 일부인데, 세계에서 유일하게 육두구와 메이스가 자라나는 독특한 토양 때문에 한때 세계 역사를 좌우한 지역이었다.

　16세기에 이르자 포르투갈과 스페인은 정향을 생산하는 북부 몰루카를 봉토의 지위로 낮췄고, 테르나테와 티도레를 비롯한 섬 사이의 경쟁 관계를 십분 이용했다. 한편 남부 몰루카 제도, 특히 반다는 번성했다. 이베리아인의 방해에서 상대적으로 자유로운 가운데 현지인들은 1000년 이상 그랬듯 숲에 떨어진 육두구와 메이스를 채취했다. 이들은 반다의 육두구 및 메이스와 더불어 북부 인접 지역의 정향을 서쪽으로 3200킬로미터 거리의 말라카로 운반하여 점차 부유해졌다.

　이내 네덜란드 동인도회사는 향료 무역을 독점하려면 반다를 차지해야 한다는 사실을 깨달았다. 네덜란드인은 잔악하고 효과적으로 섬을 장악했는데, 이러한 방식은 이후 아시아에서의 네덜란드 정책을 대표하는 특징으로 자리 잡았다. 반다 제도에서 크고 중요한 섬은 칼데라

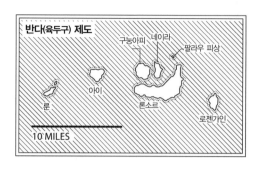

화산 활동으로 형성된 론소르, 네이라, 구눙아피였다. 서쪽으로 몇 킬로미터 거리에는 크기가 작지만 비옥한 아이섬, 서쪽으로 몇 킬로미터 더 가면 가장 외진 곳에 가장 작은 룬섬이 있었다.

북부 몰루카 제도에서 그랬듯 반다인 역시 1599년 네덜란드인이 처음 도착했을 때 환영했다. 고압적이고 개종을 강요하는 포르투갈인을 견제할 세력이라고 여겼기 때문이다. 네덜란드 동인도회사는 섬사람들을 손쉽게 속여서 육두구를 저가에 독점 공급받기로 약속했다. 반다인이 문서에 서명하면서 그 의미를 이해하고 있었는지는 알 수 없으나 어떻든 논란이 있다. 반다에서는 식량 공급을 이웃 섬사람들과의 물물교환에 전적으로 의지했는데, 처음에 네덜란드는 이러한 관습을 몰랐던 것으로 보인다. 반다인은 기아를 면하기 위해 네덜란드 동인도회사와 '합의'한 사항을 곧 '위반'하고 말았다. 설상가상으로 1609년 네이라섬 주민들은 영국 동인도회사의 윌리엄 킬링(William Keeling) 선장에게 교역소 설립을 허용했다.

네덜란드인은 반다인이 유럽인과의 계약 세부 사항을 무시한 점과, 영국인이 몰루카 제도에 군사비를 지출하지 않고 섬에 기식하며 태평한 모습을 보이는 점에 격분했다. 게다가 영국과의 경쟁으로 매입 가격이 상승하자 분노는 극에 달했다. 같은 해 네덜란드 동인도회사는 새로운 합의안을 '협상'하기 위해 론소르에 대표단을 파견했다. 이번에 섬사람들은 네덜란드인이 뭍에 내리자마자 달려들어 47명의 군인과 관리를 도륙했다. 네덜란드의 구조대는 한 발 늦게 도착했다.

구조대에는 얀 피터르스존 쿤(Jan Pieterszoon Coen)이라는 젊은 '하급 상인'도 끼어 있었다. 나중에 그의 이름은 네덜란드의 효율성과 잔악함을 뜻하는 표현이 되었다. 인도 제도로 가는 배에 오르기 전 10대 시절의 쿤은 로마에 위치한 네덜란드 무역회사의 지사에서 견습생으로 일하면서 복식부기를 익혔다. 당시 네덜란드에서는 복식부기가 아직 널리 사용되지 않았다.

쿤은 1607년 동인도 제도로 이동하여 3년을 머물렀다(이 기간 중 론소르의 구조대로 파견되었으나 임무에 성공하지 못했다). 그 후에는 2년 동안 네덜란드에 체류했으며, 1612년에 다시 '상급 상인'으로 파견되었다. 이번에는 새로운 복식부기 기술을 기초로 네덜란드 동인도회사에 대한 탁월한 분석 능력을 발휘했다. 그가 제출한 보고서는 17인 위원회의 관심을 끌었다. 보고서에서 쿤은 17세기로서는 최첨단의 경영 기법을 발휘하여 회사의 복잡한 경영 때문에 이익이 저조하다고 지적했다. 그는 오늘날 숫자 싸움을 벌이는 MBA의 진정한 선조였던 셈이다.

쿤은 회사에 두 가지 행동 방침을 제시했다. 첫째로 3대 '고급 향료'인 육두구와 정향 및 메이스를 독점하고, 둘째로 현지 노동자를 무자비하게 착취하거나 네덜란드 정착민과 노예의 노동을 활용하는 등 갖은 수단을 동원하여 독점을 달성해야 한다는 제안이었다.

론소르 학살과 당시 쿤의 역할이 보고서에 담긴 제안과 후일 그가 보인 잔악함에 영향을 미쳤는지는 알 수 없다. 하지만 한 가지는 분명하다. 이제 새로운 교역은 무력을 앞세우기 시작했다는 점이다.

경험상 아시아 무역은 무기를 사용한 보호와 호의로 추진되고 유지되어야 합니다. 무기 사용에 따르는 비용은 교역으로 발생하는 이익으로 지불해야 합니다. 전쟁 없이 무역을 수행할 수 없으며, 무역 없이 전쟁을 수행할 수 없기 때문입니다.[28]

네덜란드의 무력 사용을 처음으로 감지한 세력은 영국이었다. 킬링 선장은 얼마 전 아이섬에서 네덜란드 동인도회사의 파견대를 현지 원주민의 공격에서 보호했지만, 네덜란드는 그가 뒤에서 반다인을 사주하지 않았는지 의심했다. 그 의심은 잘못된 판단이었을 가능성이 있다. 네덜란드에 수적으로나 무기 면에서 밀렸던 킬링은 선박에 향료를 가득 싣고는 섬을 떠났다.

이 시점에서 네이라섬은 이미 네덜란드의 손아귀에 있었다. 봉쇄 조치로 기근에 시달리던 론소르가 다음 차례였다. 1610년 영국 동인도회사의 데이비드 미들턴(David Middleton) 선장이 네이라섬에 도착했지만, 네덜란드 동인도회사의 훼방으로 육두구를 전혀 실을 수 없었다. 그는 몇 킬로미터 거리의 아이섬으로 이동했고, 현지인들이 기꺼이 고급 향료를 배에 실어주었다. 이후 몇 년 동안 영국 동인도회사의 선장들은 이런 방식으로 목적을 달성할 수 있었다.

1615년에 이르자 네덜란드 동인도회사는 영국과 아이섬 주민들에게 인내심을 잃었다. 아이섬을 침략한 네덜란드인은 섬사람들을 내쫓았는데, 이번에는 영국의 개입을 의심할 만한 충분한 근거가 있었다. 섬에서 영국의 무기와 배가 발견되었으며, 네덜란드 동인도회사에 발포까지 한 것으로 추정되었다. 이듬해 네덜란드는 다시 공격에 나섰고 처참한 짓을 저질렀다. 원주민 수백 명을 살육하고 수천 명은 뿔뿔이 흩었으며 나머지는 노예로 삼았다. 아이섬 교역소를 상실한 영국 동인도회사는 서쪽으로 몇 킬로미터 떨어진 룬섬으로 활동 기지를 옮겼다. 이 시점에서 쿤은 자바의 반탐을 관리하는 네덜란드 동인도회사의 현지 지휘관으로 임명된 상태였으며, 영국 측이 반다인을 또다시 지원할 경우 전쟁 행위로 간주하겠다고 경고했다.

네덜란드와 영국 동인도회사 사이의 적개심이 커지면서 런던과 암스테르담의 본부에서도 우려가 높아졌다. 나아가 양국 정부에서도 근심거리가 되었다. 1613~1619년 양국 정부는 무역 협상을 진행했는데, WTO나 GATT(관세 및 무역에 관한 일반 협정) 회담 못지않게 열띤 논쟁이 벌어졌다. 영국으로서는 분하게도 네덜란드는 위고 그로티우스(Hugo Grotius)를 수석 협상가로 내보냈다. 그로티우스는 당대의 대표적인 법학자이자 『자유해론(Mare Liberum)』의 저자로서, 신이 모든 국가가 자유롭게 바다를 탐험하고 교역할 수 있는 권리를 부여했다는 개념을 제시했다.

영국은 그로티우스의 저서를 인용하며 상대를 당황시킬 만한 공격을 이어갔지만, 뛰어난 수사학자인 그로티우스는 눈 하나 깜짝하지 않고 반대 논리를 펼쳤다. 그는 영국이 향료 제도와 교역 관계를 설립하는 데 전혀 기여한 바가 없으므로 사업을 수행했다고 볼 수 없다고 주장했다. 1620년 3월 반탐에서는 영국 동인도회사와 네덜란드 동인도회사의 선박이 교전을 벌이기 직전까지 갔는데, 영국에서 도착한 불(Bull)호가 17인 위원회의 메시지를 쿤에게 전했다. 이미 9개월 전 양사가 협력하기로 합의하는 조약을 체결했다는 내용이었다.

합의안에 쿤은 분노했다. 그는 동인도 제도에 있는 영국의 모든 교역소와 상선을 제거할 작정이었기 때문이다. 합의안에 따르면 영국은 몰루카 제도에서 발생하는 이익의 3분의 1을 가져가며, 이 과정에서 발생한 비용의 3분의 1을 부담하기로 되어 있었다.

이러한 조항은 쿤이 바라던 바와 달리 평화로운 방식으로나마 영국을 몰아낼 근거가 되었다. 영국은 재정 면에서 네덜란드와 경쟁할 수 없었기 때문에, 쿤에게 상대를 제압하기란 식은 죽 먹기였다. 게다가 그는 대포 못지않게 복식부기에도 밝았다. 쿤은 영국 동인도회사에 향료 구매, 선박 관리, 군사비를 평계로 영국이 응하기 어려운 수준의 비용을 거듭 청구했다. 영국이 자금을 모자라게 전달하거나 쿤이 제도를 공격할 때 군함을 제공하지 않으면, 네덜란드가 향료의 선적을 거부했다.

그해 말 네덜란드 동인도회사는 영국의 지원이 없는 상황에서 식민지 시대의 가장 참혹한 잔학 행위를 저질렀다. 론소르를 공격하여 1만 3000명가량의 주민 대다수를 학살한 것이다. 소수의 생존자들은 자바로 보내 강제 노역을 시키거나, 한때 원주민 소유였던 정향나무를 재배하는 노예로 삼았다. 이후 수십 년 동안 네덜란드인은 관리에 차질이 생긴 육두구 숲을 살리기 위해 현지인의 도움이 필요해지자 자바로 쫓아냈던 이들을 다시 데려왔다.

일부 섬사람들은 서쪽으로 도망쳤다. 특히 (향료 제도에서 자바와 말라카까지 이어지는 해로에 위치한) 마카사르의 부기 항 등에 정착하여 중요한 교역 공동체를 형성했다.[29] 한편 영국인은 룬섬과 인근의 작은 섬을 차지하는 수준에 머물렀다. 네덜란드는 1619년 조약 위반을 우려해 룬섬에서 영국인을 강제로 쫓아내지는 않았지만 섬의 육두구 숲을 파괴했다.[30]

네덜란드 동인도회사는 인도네시아 군도의 동쪽 끝에 위치한 향료 제도에서 독점적 지위를 굳히는 한편 자바의 서쪽 끝에서는 더 중요한 기반을 마련했다. 1619년 5월 30일, 명석하나 편집증이 있는 쿤은 총독에 임명된 지 얼마 지나지 않아 17인 위원회의 명령에 반하여 자카르타 반탐의 술탄에게서 작은 어촌을 빼앗고 바타비아라고 이름 붙였다.

불과 20년 동안 네덜란드는 포르투갈이 이전 세기에 이루지 못한 성과를 냈다. 정향, 육두구, 메이스를 거의 독점하기에 이른 것이다. 하지만 네덜란드도 포르투갈처럼 후추 교역은 통제하지 못했다. 생산지가 인도와 인도네시아 사이에 광범위하게 분포한 탓이었다.

향료 제도 정복은 포르투갈에게서 아시아 교역의 통제권을 빼앗는다는 네덜란드 동인도회사의 원대한 계획의 일부였다. 1622년 네덜란드는 부지불식간에 페르시아와 영국의 도움을 받았다. 페르시아와 영국 연합군이 페르시아만 입구의 좁은 관문인 호르무즈섬을 장악한 것이다. 페르시아 황제 아바스 1세는 왕실이 독점하던 실크 수출품을 들여오는 데 이용하기 위해 페르시아만을 통제하는 항구를 다시 손에 넣기를 원했다. 그 이전까지 실크는 대상이 페르시아의 숙적인 오스만 왕조의 영토를 거쳐 실어 와야 했다.

호르무즈는 한때 세계에서 가장 분주하면서도 세계화된 교역소였으

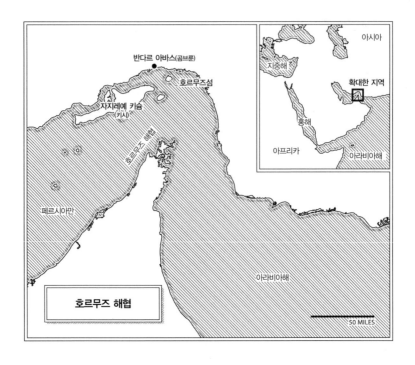

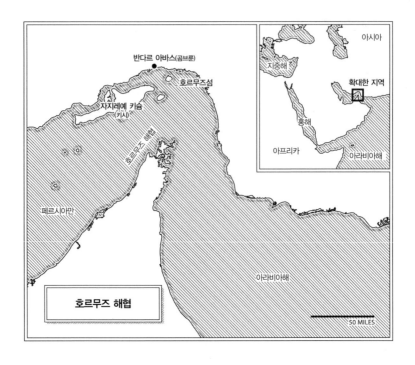

반다르 아바스(곰브룬)

호르무즈섬

자지레예 키슘
(키시)

호르무즈 해협

페르시아만

아라비아해

호르무즈 해협

50 MILES

아시아

지중해

확대한 지역

홍해

아프리카

아라비아해

나 외면을 받은 이후 다시는 옛 영광을 회복하지 못했다. 호르무즈의
몰락은 아시아의 교역 양상까지 변화시켰다. 첫째, 영국은 페르시아 본
토의 곰브룬에 기지를 확보했다. 나중에 반다르 아바스('아바스 항구')
로 지명이 바뀐 곳으로, 오늘날까지 해협을 지배하고 있다. 둘째, 이제
페르시아만은 구자라트인과 수마트라 서부의 아체인뿐만 아니라 포르
투갈인에게도 폐쇄되었다. 이로써 1000년 동안 인도양에서 레반트와
베네치아로 향료를 실어 나르던, 시리아 사막을 건너는 고대 대상 무
역이 중단되었다.

엉뚱하게도 영국-페르시아 연합군이 호르무즈를 장악하면서 네덜

란드 동인도회사가 혜택을 입었다.[31] 호르무즈에서 페르시아와 영국은 명목상 승리를 거뒀으나 페르시아만을 새로 통제해서 얻은 것이 거의 없었다. 페르시아는 상선을 보유하지 않았고, 영국에게는 페르시아만 항구의 대상에게 제공할 만한 몰루카 향료가 없었다. 네덜란드는 향료 무역에서 영국을 거의 몰아내다시피 한 상태였고, 영국 동인도회사는 17세기 말에 이르러서야 다른 상품에서 존재감을 회복하며 네덜란드 동인도회사에 다시 도전장을 내밀었다.

네덜란드는 1638~1658년 길고 피비린내 나는 전쟁을 거쳐 포르투갈의 손에서 스리랑카를 빼앗았다. 이에 따라 이익이 막대한 계피도 독점할 수 있었다. 끝으로 네덜란드는 1669년 아시아 상인들에게 중요한 향료 시장인 마카사르의 부기 항을 네덜란드 동인도회사 차지로 만들었다. 1682년에는 인도네시아에서 영국의 주요 기지 역할을 하던 반탐을 점령함으로써 향료 제도를 독점하기까지 마지막으로 남아 있던 틈을 완전히 메웠다.

호르무즈가 함락되고 인도양에서 포르투갈 세력이 사실상 제거되면서 아시아 경쟁자들에게 열린 유일한 길은 홍해를 거쳐 가는 경로뿐이었다. 1630년 이후 투르크는 바브엘만데브 입구의 통제권을 현지 예멘의 이맘에게 빼앗겼다. 이맘은 아덴 인근의 모카 항을 통해 유럽인을 포함한 모든 방문자에게 교역을 개방했다. 홍해가 이론상으로 개방되긴 했으나 네덜란드의 경쟁자들에게는 이 길을 통해 실어 올 만한 향료가 없었다. 16세기에 아체인은 포르투갈의 카르타스 제도를 성공적으로 우회했으나, 이제는 인도양 서부에서 자취를 찾아볼 수 없었다. 아체인이 몰락한 원인은 정확하게 알 수 없으나, 수마트라에서 네덜란드 동인도회사가 부상하면서 향료를 구매하지 못했기 때문으로 추정된다.

네덜란드의 해양 기술이 고도로 발전하면서 희망봉을 돌아가는 경로는 '신드바드의 길'과 홍해 길을 이용하는 것보다 저렴한 수준에 이르렀다. 네덜란드 동인도회사는 향료 제도도 완벽하게 장악했으며 해상 운송도 효율적이었다. 금융시장이 원활히 돌아갔고 기업의 회계도 양호하게 관리되었다. 17세기 초에는 지브롤터를 통해 서쪽에서 도착하는 후추와 고급 향료가 지중해에 과잉 공급되었다. 이로 인해 이익은 줄었으나 가격이 저렴해져 육상 향료 이동 경로가 경제성을 잃었다. 이에 따라 지중해 동쪽 해안을 활용하는 베네치아의 오랜 교역도 막을 내렸다.[32] 베네치아는 주요 수익원이 사라진 후 한 세기 반 만에 나폴레옹 군대의 손쉬운 먹잇감으로 전락하고 말았다.

4장에서 언급한 포르투갈의 약재상이자 모험가요 저술가였던 토메 피레스는 "말라카를 지배하는 자가 베네치아의 명운을 쥐고 있다"라는 유명한 말을 남겼는데, 결국 그의 말은 신빙성을 잃고 말았다. 베네치아의 명줄을 쥐려면 말라카뿐 아니라 순다, 희망봉, 향료 제도까지 차지해야 했다. 포르투갈인은 이러한 과업을 이룰 수 없었으며, 17세기 중반 네덜란드가 향료 시장을 독점하면서 베네치아의 목을 조를 수 있었다.

네덜란드 동인도회사에서 이익이 가장 큰 사업은 아시아 내부에서 일어났기에 길고도 위험한 희망봉 경로를 이용할 필요가 없었다. 1638년 도쿠가와막부가 포르투갈 세력을 내쫓았을 때 네덜란드 동인도회사는

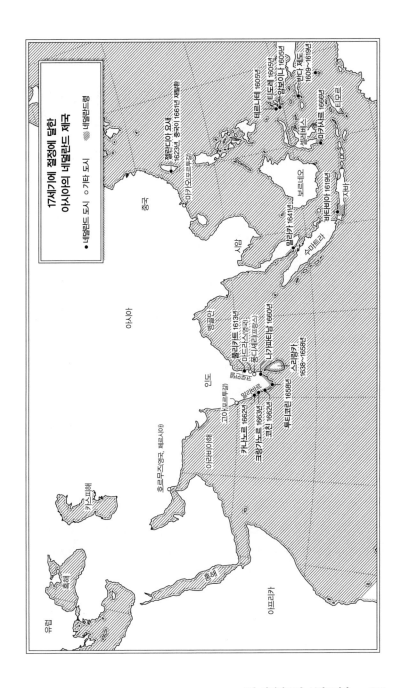

17세기에 절정에 달한
아시아의 네덜란드 제국

● 네덜란드 도시 ○ 기타 도시
▨ 네덜란드령

중국

일본

타이완 1624년

티도레 1605년

포르모사 1605년

테르나테 1607년

티모르 1613년

마카사르 1609~1619년

바타비아 1619년
(현 자카르타)

필리핀

보르네오

술라웨시

뉴기니

몰루카

반다

암보이나

암보이나

세람

젤란디아 요새
(타이완, 포르모사)
1623년 중국이 1661년 재탈환

암코이

말라카 1641년

수마트라

실론

인도

벵골

폴리카트 1613년
(현 코로만델)
마슐리파트남

동디세리코랑(?)
(현 시리카쿨람)

나가파트남 1660년

고아(포르투갈)

카니누르 1662년

크랑가노르 1663년

코친 1662년

툴티코린 1658년

스리랑카
1638~1658년

말라바르

아라비아

호르무즈(영국, 페르시아)

유럽

홍해

카스피해

흑해

아프리카

일본 나가사키 항의 작은 섬 데지마(出島)를 차지하고 있었다. 데지마는 도쿠가와가 서양의 가장 위험한 영향으로 간주하는 두 가지, 즉 기독교와 화기를 고립시키기 위해 매립한 인공 섬이었다. 데지마에서 네덜란드는 도쿠가와막부가 1668년 은 수출을 금지하기 전까지 자국 선박에 은을 실었으며 금지령 이후에는 대신 금과 구리를 실었다.

네덜란드는 고립주의를 고집하는 일본과 잘 맞는 상대였다. (금욕적인 포르투갈인이 자제력을 발휘하는 것과 달리) 네덜란드와 일본은 모두 독주를 진탕 마시기를 즐겼다. 이 칼뱅주의자들은 이교도의 영혼 구원보다 금전적 이익에 더 관심이 컸다(스웨덴의 칼 10세는 종교의 자유에 대해 설교를 늘어놓는 네덜란드의 외교관을 향해 주머니에서 네덜란드 동전을 꺼내 보이고는, 교활한 웃음을 지으며 "당신의 종교가 여기 있다"라고 대꾸한 것으로 유명하다[33]).

도쿠가와막부가 일본을 외세와 차단시킨 200년 이상의 기간 동안 데지마는 서양과 통하는 유일한 창이었다. 처음에는 데지마의 네덜란드인에게 기본적인 '식량과 매춘부'만 제공되었지만, 이내 일본인은 호기심을 억누를 수 없었다. 서양 문화와 기술 지식의 매력, 곧 '네덜란드 학문(난학)'은 1854년 페리 제독의 흑선이 출몰하기 전까지 일본의 개화를 도왔다.[34]

네덜란드는 일본에서 인내심을 가지고 관계를 유지한 반면, 수마트라와 자바에서는 중국 상인들에게 향료 판매를 거절하면서 중국을 자극했다. 중국은 후추를 비롯한 향료를 유럽보다 많이 소비했고, 이제 네덜란드 동인도회사가 교역의 노른자위를 차지했다는 점을 떠올려보라. 중국은 일본과 스페인령 마닐라에 직접 실크를 보내, 마닐라에서 갤리언선이 멕시코로 실크를 실어 나를 수 있도록 만들었다. 그러자 쿤은 광저우–마닐라 경로에서 정크선을 나포해 보복했으며, 1622년 마카오 점령을 시도하여 중국인과의 사이가 더 멀어졌다. 일련의 시도가 실패로 돌아가자 쿤은 남중국해 해안에서 정크선 80척을 침몰시키며 네덜란드의 권위를 인정하라고 강요했다. 양국의 무역은 교착 상태에 빠졌으며, 중국은 네덜란드 동인도회사가 타이완에 영구적인 교역소(젤란디아성)를 설치할 수 있도록 허용했다. 타이완의 창고는 이내 향료, 실크, 자기, 마약으로 가득 찼다.[35]

아시아의 상업 중심지는 여전히 자바 서부에 머물러 있었기에 브라우어가 발견한 '노호하는 40도대'를 통해 손쉽게 닿을 수 있었다. 메시아가 1650년에 지구에 재림했다면 바타비아(현재 자카르타 북부)의 선박부터 변화시켰을 것이다. 네덜란드를 오가는 거의 모든 선박은 바타비아라는 거대한 항구를 거쳐 갔으며, 항구는 복잡한 아시아의 교역망에서 중추부 역할을 했다. 인도네시아에서는 고급 향료, 일본에서는 금·구리·은, 중국에서는 차·자기·실크가 창고로 모였다가 인도의 동쪽과 서쪽 해안으로 전달되어 면화와 교환됐다. 그러면 인도의 섬유를 바타비아로 보내 더 많은 향료, 실크, 기타 물품으로 교환했다. 이처럼 아시아 내부에서 일어난 교역은 세계가 이제까지 보지 못했던 끊임없이 돌아가는 현금 자동 지급기와 같았다.[36] 오로지 고운 실크, 최상급 향료, 금, 자기, 귀금속처럼 최고급품만 희망봉을 돌아 암스테르담으로 전달되었다.

바타비아에 있던 17세기 영국의 한 죄수는 네덜란드 동인도회사가 인도 제도에서 선박을 최대 200척, 인력은 3만 명까지 거느렸다고 전했다. 당시 고용된 사람들의 사망률이 높았던 점을 고려하면(떠나는 여정에서만 약 4분의 1이 사망) 네덜란드 동인도회사는 연합주뿐만 아니라 각지에서 끊임없이 지원병을 확보할 필요가 있었을 것이다. 17세기 중반에는 인력 수요가 막대했고, 대다수의 병사와 선원을 독일을 비롯한 외국 출신으로 채웠다.

중대한 인력 선발의 임무는 주로 여성으로 구성된 특수 조직인 '영혼의 판매자들(zielverkoopers)'이 맡았다. 이들의 표적은 젊은 외국인이었으며, 일거리를 찾아 네덜란드 도시를 배회하던 독일 출신들을 특히 주목했다. 여성들은 입사 계약에 서명하고 회사에서 급여를 미리 지불받는 대가로, 숙식 시설과 더불어 미혼의 젊은 남성들이 아시아로 항해를 떠나기 전 몇 주나 몇 달 동안 찾을 만한 유흥거리를 홍보했다.

하지만 고용인들이 처한 현실은 약속에 한참 못 미쳤다. 당대의 한 보고에 의하면, 300명의 남성들이 한방에서 묵었다.

이들은 밤낮을 시설에 머물면서 생리작용을 해결했다. 잘 곳도 마땅치 않아 다른 사람들이 자는 곳에서 뒤엉켜 잠을 청했다. 사망률이 심각할 정도로 높아서 주인들은 정확한 사망자 수를 사실대로 보고하지 못했으며, 때로는 관 하나에 시신 두 구를 넣기도 했다.[37]

네덜란드는 이 파우스트 같은 거래에도 어김없이 금융 장치를 활용했다. 이 경우에는 영혼의 판매자들에게 향후 회사가 신규 고용인에게 지불할 임금의 일부에 대한 시장성 있는 증권(transportbrief)을 발행했다. 투자자들은 네덜란드 동인도회사에 고용된 인력의 사망률이 높다는 사실을 감안하여 증권을 할인된 가격에 구매했으며, 이익이 발생하도록 이 증권을 모아 다양한 인적 자본으로 구성된 풀로 만들었다. 증권에 투자한 큰손들은 영혼의 구매자(zielkooper)라고 불렸다. 18세기에 네덜란드 동인도회사의 느슨한 절차 때문에 병사와 선원의 사망률이 치솟자 많은 투자자들이 파산했다.

홀란트의 항구에서 동양으로 향하는 배에 오른 사람들 가운데 50만 명 이상이 다시 돌아오지 못했다. 얀 드 브리스(Jan de Vries)라는 경제사 학자의 말을 빌리면 "동인도회사가 도시의 거지와 실업자를 쓸어 갔다고 해도 과언이 아니다."[38] 신참자들의 소양이 형편없었다는 점은 결국 네덜란드 동인도회사의 발목을 잡았다. 반면 영국 동인도회사는 항해 능력이 있고 화물을 다룰 줄 알며, 상대적으로 규모가 작고 인력이 부족한 동인도회사 선박의 일원으로 제 역할을 할 인력이 필요하다는 사실을 간파했다. 이에 따라 자격을 갖춘 신청자만 선발했고 왕실 해군의 강제징집을 면제시켜줬다.[39]

네덜란드의 부두를 떠난 수십만 명은 바다에서 안타깝고 무시무시한 결말을 맞거나 아시아 항구에서 역병으로 쓰러졌다. 동양에서 화물을 싣고 돌아오는 길에도 고난이 기다렸다. 네덜란드 동인도회사는 앞바다에 배를 띄워 동태를 살폈고, 본국으로 향하는 동인도회사 선박을 처음으로 발견하는 배의 선장에게는 보상이 주어졌다.

회사의 고위급은 범선에 올라 탐험에서 돌아오는 선박에 접근했다. 첫 번째 목적지는 탐험대 사령관에게 간략한 보고를 받을 수 있는 기함이었다. 배에 어떤 물건을 싣고 왔는가? 인력과 선박을 얼마나 잃었는가? 항구에 다가오는 동안 수상한 배가 접근하지는 않았는가? 질문이 끝나면 대표자들 무리가 각 선박으로 흩어졌다. 그러면 선장들은 다이아몬드와 보석이 든 가죽 주머니를 열어 보였고, 선박에 실린 목재도 대표자들이 타고 온 범선으로 옮겼다. 이어 대표단은 선원들의 개인적인 거래 장부와 가방을 조사했다. 또한 관리와 선원들에게 항해에 대한 질문을 던졌다. 관리와 항해사는 선원들에 대해 할 말이 있는가? 선원들은 선장에게 불만이 있는가? 대표단은 얕은 바다를 다닐 수 있는 거룻배에 화물, 죄수, 선원의 장비, 옷가지, 사적인 교역품을 실었고 선박의 총기와 화약을 조사했다.

거룻배 사공들은 선박의 격벽을 허물고 대기 중인 선박에 향료 화물을 내려보냈다. 고된 일을 하던 사공들은 진(gin)에 설탕 친 프레첼을 곁들여 잠시 위안을 누렸다. 끝으로 대표단은 배 밑바닥으로 내려가 무거운 바닥짐을 하역하는 작업을 감시했다. 자바산 쌀, 일본산 구리, 중국의 저급 자기가 주를 이뤘다(고급품은 위쪽 갑판에 실었다). 짐이 가득 찬 거룻배는 내항으로 이동한 다음 네덜란드의 복잡한 내륙수로로 흩어져 회사의 지역별 창고로 물건을 날랐다. 선상 임무가 완료되면 대표단은 타고 온 범선에 올라 회사 본사에 다시 집합했으며, 가죽 가방에 든 보석을 17인 위원회가 확인하도록 제출했다.

이제 어려운 작업이 남았다. 막대한 양의 물건을 분배하면서도 물량 공급으로 가격이 떨어지는 일은 없어야 했다. 네덜란드 동인도회사는 다양한 계약을 활용했으나, 일반적으로 특정 상품의 물량 전체를 미리 정한 가격에 판매하는 계약을 애용했다. 여기에는 회사가 향후 정해진 기간 동안 재고를 풀지 않겠다는 약속이 따라붙었는데, 네덜란드에서는 이를 '정지(stilstand)'라고 불렀다. 이는 구매자를 보호하기 위한 장치였다. 예를 들어 1624년 향료 상인 세 명으로 구성된 연합은 후추 200만 파운드를 도매가 400만 길더에 구매하기로 계약했고 정지 기간은 24개월이었다. 무역상사와 다른 나라의 상인들이 대규모로 상업을 규제하기 100년도 전에 일어난 계약이었다.[40]

네덜란드 동인도회사는 1690년 이후 50년 동안 향료 시장을 물샐틈없이 통제하여 육두구와 정향 가격을 거의 일정한 수준으로 유지시켰다. 여기에는 엄청난 노력이 필요했는데, 특히 수확량의 변동이 극심하다는 점이 문제였다. 1714년에는 몰루카 제도 북부에서 정향이 150만 파운드 재배됐는데, 이듬해인 1715년에는 생산량이 20만 파운드에 불과했다. 또한 1719년에는 수확량이 무척 많았던 반면 유럽의 수요가 저조해서 정향 450만 파운드, 육두구 150만 파운드를 처분해야 했다. 어느 한 해에 네덜란드는 공격적으로 향료를 심었고 이듬해에는 수십만 그루를 베어냈다.[41]

탐험선이 도착하면 거룻배와 창고는 아시아의 풍요로 넘쳐났고, 유럽의 풍요 역시 도처에서 발견할 수 있었다. 독일의 밧줄, 러시아의 캔버스, 노르웨이의 목재, 이베리아의 소금, 프랑스의 비누, 잉글랜드의 가죽, 에담의 치즈, 뉴캐슬의 석탄, 네덜란드의 청어, 신세계의 은으로 주조한 은화가 풍부했다.

상업에서 발생한 부만큼 다른 나라의 질시를 유발하고 전쟁을 일으키는 요소도 없다. 이러한 감정은 17~18세기 영국-네덜란드의 관계를 파고들었고 양국은 네 차례에 걸쳐 전면전을 벌였다. 우리 시대처럼 무익한 상업적·외교적 무언극을 주고받은 것이 아니라 말 그대로 무역 전쟁을 벌였다.

1648년 뮌스터 조약의 체결로 네덜란드와 스페인의 80년전쟁이 막을 내렸고, 네덜란드는 독립을 얻었다. 이를 계기로 네덜란드의 무역 역량은 만개했다. 이전에 네덜란드는 스페인의 압수와 봉쇄에 처할 위험이 있었다.

네덜란드의 새로운 상업적 권력은 영국에 큰 파장을 일으켰다. 스페인이 미치는 위협이 사라졌음에도 영국은 네덜란드 상인들의 적수가 되지 못했다. 어느 순간 네덜란드인이 플류트선에 목재, 소금, 와인, 올리브유를 싣고 발트해, 스페인, 지중해 등 도처에 출몰했다. 이전까지 영국 국기가 휘날리는 배에 실리던 물품이었다.[42]

이에 영국 경제는 침체를 겪었으며 인도양에서 네덜란드의 횡포, 1649년 찰스 1세의 단두대 처형 이후 올리버 크롬웰의 반가톨릭 연합 형성 제의 거부는 1651년 항해조례의 통과로 이어졌다. 항해조례로 영국에서 제3자의 교역 행위가 금지되었다. 런던 부두에서 외국 선박이 자국 물건을 하역하는 것은 법적으로 문제가 없으나 다른 나라의 물건을 내리면 불법이었다. 이 법은 네덜란드 선박에 실린 대다수의 화물에 적용되었기에 결국 네덜란드에 선전포고를 한 것이나 다름없었다.

항해조례 통과 이후 7개월 동안 크롬웰의 해군과 사나포선은 네덜란드 플류트선 수백 척을 억류했고, 1차 영국-네덜란드 전쟁이 발발했다. 이어 1652~1672년에 세 차례의 충돌이 추가로 벌어졌다. 모든 전쟁은 치열했으며 대체로 네덜란드가 우세했다.

1654년까지 이어진 1차전 기간 중 유럽 북부에서는 네덜란드의 선박 1200척 이상이 억류되거나 침몰하여 파괴되었다. 하지만 결국 네덜란드는 지브롤터와 더불어 스웨덴과 덴마크 사이의 해협에 위치한 요충지를 장악하여 승리를 거뒀다. 영국 상인들은 스웨덴, 이탈리아, 독일 항구에 갇혔으며 스칸디나비아 목재의 공급에 위협을 느낀 해군은 의회에 화평을 청하라고 압박했다.

하지만 평화는 오래가지 않았다. 네덜란드는 외레순이라는 4킬로미터 폭의 해협에서 가장 취약했다. 오늘날 덴마크의 도시 헬싱외르(햄릿에 등장하는 엘시노어)와 스웨덴의 헬싱보리 사이에 위치한 해협이다. 스칸디나비아와 독일의 중요한 곡물, 목재, 금속 등 네덜란드에서 소비되는 품목이 이 항로를 거쳐 이동했다. 16~17세기에 해협 양쪽에 위치한 요새에서 선박을 향해 포를 쏠 수 있었던 데인인은 해협을 지나는 모든 선박에 세금을 징수했다. 네덜란드 해군과 상인의 영향력이 커지면서 해협의 관세 구조를 안정시키고 합리적 수준으로 정하는 일이 중요해졌으며, 상대적으로 힘이 약한 덴마크는 네덜란드의 의존국이 되었다.

1658년 스웨덴의 칼 10세는 코펜하겐과 해협을 공격했다. 스웨덴과 덴마크가 각각 영국, 네덜란드와 동맹을 맺었고 영국-네덜란드의 대리전쟁이 벌어졌다. 네덜란드는 이미 1652~1654년 전쟁으로 큰 피해를 입고 회복하지 못한 상황이었으나, 마지막 남은 해군력과 육상 자원을 그러모아 덴마크 수역을 순회하던 스웨덴 및 영국과 맞붙었다. 일련의 극적인 교전을 통해 네덜란드의 오브담(Obdam)과 드 로이테르(de Ruyter)는 스웨덴의 코펜하겐 포위를 풀고 영국인을 덴마크 군도에서 쫓아냈다. 또한 집중 공격으로 스웨덴의 기를 죽였고, 헬싱외르성에서 칼 10세가 놀란 눈으로 지켜보는 가운데 거대 군함이 호위하는 상선을 통과시켜 외레순 해협을 돌파했다.

네덜란드의 상업 패권에 분개한 나라는 영국뿐만이 아니었다. 1667년 프랑스는 네덜란드의 발트해 무역에 도전장을 내밀었다. 루이 14세 시절의 재무상 콜베르(Colbert)는 북부 회사(Compagnie du Nord)를 설립하여 이전에 네덜란드가 장악했던 프랑스의 소금과 와인을 스웨덴과 독일에 실어 날랐다. 동시에 네덜란드 섬유, 담배, 고래기름에 가혹한 세금을 부과했다.

네덜란드는 무시무시한 금융 공격에 나섰고 결국 승리를 거뒀다. 네덜란드가 자금력을 동원하여 프랑스 상인들에게 와인과 소금 값을 미리 지불하자 북부 회사는 도저히 상대할 수가 없었다. 콜베르는 네덜란드보다 재정적 기지를 더 발휘할 필요가 있었다. 네덜란드는 한술 더 떠서 스칸디나비아의 목재를 프랑스 시장에 헐값에 공급하여 북부 회사가 수입하던 목재 가격을 떨어뜨리면서 옥죄었다.

이에 프랑스는 다른 수단으로 교역 경쟁에 대응했고, 1672년 네덜란드를 침공했다. 그러자 빌럼 3세는 제방을 열어 암스테르담으로 진군하는 군사들을 익사시켜 승리를 거뒀다. 상거래와 전쟁터에서 모두 패배한 루이 14세와 콜베르는 1675년 북부 회사를 접었다. 게다가 1688년 빌럼 3세는 반프랑스 동맹을 형성할 목적으로 영국을 침략하여 윌리엄 3세에 올랐다.

1648년 이후는 네덜란드의 황금기였으며, 렘브란트(Rembrandt)와 페르메이르(Vermeer)의 작품에 이러한 시대적 양상이 잘 드러나 있다. 당시 네덜란드는 세계의 교역을 호령했고, 네덜란드 제조업자들에 필적할 만한 대상이 없었다. 17세기 말 투르크족은 부드러운 레이던 양모에 빠졌는데, 베네치아의 직공으로서는 도저히 흉내 낼 수 없는 솜씨였다. 1670년 베네치아 의회는 섬유산업을 일으킬 유일한 길은 네덜란드의 장비를 들여오는 것뿐이라고 결론 내렸다. 영국의 수입업자들은 네덜란드에 원당을 보내 정제했으며, 담배 원재료를 보내 처리했고, 다이아몬드 원석을 보내 가공했다. 유럽의 주부들은 중국의 청자를 모방한 저가의 델프트 도기를 썼다. 네덜란드에서 들여온 비누와 등유는 유럽의 위생 수준을 높이고 밤거리를 안전하게 만들었다. 종이는 이탈리아와 프랑스 제지업자들의 전유물이었으나, 네덜란드 북부의 도시 잔에서 생산되는 부드럽고 흰 종이가 점차 각광을 받았다.[43]

런던의 상인 및 정치인의 결단과 더불어 서양 소비자들의 취향 변화로 네덜란드의 황금기는 곧 막을 내렸다. 모순적이게도 빌럼 3세가 영국의 왕좌를 차지하면서 영국은 네덜란드를 끌어내리고 세계경제와 군사 패권국으로 발돋움할 길을 마련했다. 향료의 시대는 저물고 있었고 동인도 제도에서 배척당한 영국인은 북쪽의 인도와 중국, 서쪽의 카리브해와 아프리카로 눈을 돌렸다. 이 지역에는 향후 인기를 누리는 면직물, 차, 설탕, 아편, 노예가 풍부했다.

10장

플랜테이션과 삼각무역

1773년 12월 16일 인디언 복장에 얼굴을 검게 칠하고 차 상자를 보스턴 앞바다에 던져 넣는 이미지. 미국 건국 초기의 애국자들을 생각할 때 제일 먼저 떠오르는 낯익은 장면이다. 시위대는 겉으로는 "대표 없이 과세 없다"라고 외쳤지만, 이 자극적인 구호는 실제 현실보다는 혁명가들의 필요를 반영한 문구였다.

　하버드의 저명한 역사학자이자 존 F. 케네디(John F. Kennedy) 대통령의 고문이었던 아서 M. 슐레진저 2세의 아버지 아서 M. 슐레진저 시니어(Arthur M. Schlesinger Sr.)는 1917년 논문에서, 보스턴 차 사건을 다루며 '동인도회사에 맞선 저항'이라고 표현했다.[1] 오늘날 동일한 사건을 다루는 역사학자라면 '반세계화 운동을 이끈 최초의 미국인'이라고 표현할 것이다.

　18세기 말 전 세계의 영국인은 차에 중독되었으며, 신세계의 식민지 주민들 역시 예외가 아니었다. 미국독립혁명 직전 매사추세츠주의 토머스 허친슨(Thomas Hutchinson) 총독 겸 상인은 미국이 연간 650만 파운드(1인당 2.5파운드)의 차를 소비한다고 추정했다. 사실 차에 부가되는 유일한 세금이란 약 10퍼센트의 수입세가 전부였는데, 보스턴 차 사건이 일어나기 6년 전에 제정된 타운센드법에 따른 것이었다. 식민지 주민들은 적당한 수준의 세금이 부과되었음에도 네덜란드와 프랑스를 통해 말린 잎을 밀수하여 법을 우회했다. 결국 정부에 신고되는 소비량은 전체의 5퍼센트에 불과했다. 그렇다면 보스턴 사람들이 법이 제정되고 6년 후인 1773년에야 분노를 표출한 이유는 무엇인가? 이유는 간단하다. 동인도회사가 차를 시장에 덤핑할까 두려워 바닷물에 던져 넣은 것이다.

프랑스와 영국이 1756~1763년 벌인 처참한 7년전쟁 이후 경제가 침체되면서 영국은 재정난을 겪었는데, 식민지에서 발생하는 자금으로 돌파구를 마련하려 했다. 1765년 인지조례로 영국령 북아메리카에서 법적 문서, 신문, 소논문, 심지어 게임용 카드에도 세금이 부과되자 거센 저항이 일어났고 결국 법안은 이듬해 폐지되었다. 이어 기존 법안에서 세 부담을 낮춘 타운센드법이 실시되었으나 "대표 없이 과세 없다"는 주장을 촉발시킬 뿐이었다.

전쟁은 동인도회사에 큰 타격을 입혀 1770년대 초에는 정부 지원이 절실한 상황이었다. 타운센드법이 제정되면서 회사는 식민지 주민에게 직접 물품을 판매할 수 없었다. 대신 회사는 중개인에게 상품을 경매한 다음 화물을 아메리카의 도매업자에게 운반하고 도매업자가 최종적으로 현지 소매상에게 판매해야만 했다. 1773년 5월 의회는 동인도회사의 요청에 따라 차조례를 통과시켰다. 식민지에 새로운 세금이 부과되지는 않았으나, 동인도회사가 처음으로 아시아에서 아메리카로 직접 차를 수입할 수 있는 길이 열렸다. 차조례는 차 가격을 절반으로 낮췄기 때문에 식민지 소비자들에게는 유익한 법이었다.[2]

하지만 법의 제정으로 타격을 입은 중개인, 현지 밀수업자, 차 상인은 불만을 품었다. 차조례의 통과 소식이 1773년 9월 보스턴에 전해지자 동인도회사와 '불공정한 해외 경쟁'을 벌이게 된 두 집단이 분개하여 행동에 나섰다. 바로 상인과 밀수업자였는데, 차조례 덕분에 국민이 막대한 혜택을 입는다는 불편한 진실을 무시한 채 국익을 보호해야 한다는 보호주의자의 낯익은 논리를 펼쳤다. 이들은 '한결같은 애국자'라는 필명을 사용하여 차조례가 "현재 우리나라 상인들이 누리는 정당한 이익을 가로채며 동인도회사에 양보하기 위해" 정직하고 근면한 아메리카 상인들의 생계를 위협한다고 주장했다.[3] 다른 이들은 독자들의 무관심과 당파성에 의지하여 '대표 없는 과세'라는 해묵은 의제를 들춰냈고, 영국이 아메리카의 모든 상업을 장악할 것이라는 설득력 없는 위협을 제기했다. 하지만 일부 시의회는 문제를 분명하게 직시했고, 일부 집단이 법안에 반대하는 이유는 "동인도회사가 이 나라에서 판매할 방식이 차를 거래하는 많은 이들의 사적인 이익을 해치기 때문"이라고 분석했다.[4]

1773년 11월 동인도 무역선인 다트머스호, 비버호, 일리노어호가 동인도회사 최초의 차 화물을 싣고 보스턴 항으로 입항했다. 새뮤얼 애덤스(Samuel Adams)가 이끈 것으로 추정되는 모의자들은 만반의 준비를 하고 일사불란하게 움직였다. 이들은 사건이 종료된 뒤 갑판을 정돈하여 차가 사적인 용도로 쓰이거나 추후 판매되지 않도록 단속했다.

미국독립혁명 즈음에는 낯익은 세계화의 요소가 등장했다. 다국적 기업은 제품을 전 세계에 판매하고 소비자의 기호를 형성했다. 이에 따라 말린 잎을 우려낸 뜨거운 음료가 '최소한의 생활을 영위하는 데 필수적이고 일반적인 품목'으로 간주되는 상황이 되었다. 식민지의 특수 이익집단은 다수의 복지를 무시한 채 보호주의자들의 위선적 논리를 내세웠고, 대기업에 대해서는 외세 문화의 중개인이라는 오명을 씌웠다.

1700년 이전에 세계의 무역은 이국적 장소에서 가져오는 전설상의 상품을 독점 공급하기 위해 중무장을 하는 교역을 중심으로 전개되었다. 시장독점이라는 이상은 17세기 네덜란드가 몰루카 제도와 스리랑카에서 생산되는 고급 향료 시장을 독차지했을 때 단 한 번 현실로 이뤄졌다.

1700년 이후에는 양상이 완전히 바뀌었다. 커피, 설탕, 차, 면직물같이 이전에 서양에는 덜 알려졌으나 대륙 곳곳에 손쉽게 옮겨 심을 수 있는 새로운 상품이 세계무역을 장악했다. 향료와 실크 또는 향을 안트베르펜, 런던, 리스본, 암스테르담, 베네치아 부두에 몇 톤 정도 하역해놓고 막대한 이익을 거두는 일은 이제 불가능했다. 게다가 기업은 새로운 대중 시장에 어울리는 제품 수요도 촉진해야 했다.

〔그림 10-1〕은 네덜란드 동인도회사가 암스테르담으로 수입한 품목의 비중을 나타낸 것으로, 새로 두각을 나타내는 품목을 분명히 확인할 수 있다(사실 그래프는 유럽에서 각 품목의 중요성을 과소평가하고 있다. 영국 동인도회사가 섬유와 음료 수입에서 중요한 몫을 차지한 반면 향료 무역에서는 점유율이 미미했기 때문이다). 손쉽게 재배하고 생산할 수 있는 품목에서는 누구도 독점을 유지하기를 기대할 수 없었다. 새로 부상한 대규모 거래에서 가장 능숙한 나라는 영국이었고, 영국은 평화로운 자유무역이 자국의 이익에 부합한다는 사실을 서서히 깨달았다.

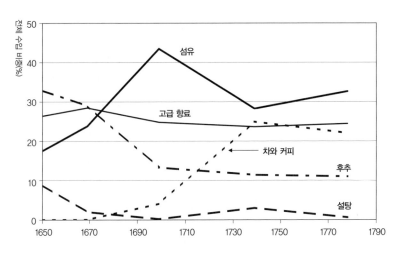

[그림 10-1] 네덜란드 동인도회사가 암스테르담으로 수입한 품목

다국적기업과 대중 시장용 상품의 부상은 차 이외의 또 다른 인기 음료인 커피에서 출발한다. 커피가 단순한 음료 이상의 대접을 받은 역사는 500년 이상 되었다. 육두구, 정향, 계피, 후추는 한때 권력자들을 홀렸으나 결국 유행은 지나갔다. 반면 코페아 아라비카(Coffea arabica)의 열매를 볶아서 얻은 검은 액체는 지금도 갈수록 많은 세계인의 관심을 얻고 있다. 이슬람 세계에 전파된 이후 5세기 동안 이 뜨겁고 풍미 있는 음료는 사회적 교제와 금융거래를 촉진했고 때로는 혁명도 일으켰다.

전설에 따르면, 700년경 에티오피아의 한 목동은 특정 고지대의 초원에 이르면 낙타와 염소가 밤새도록 쉬지도 않고 초원을 활보한다는 점을 눈여겨봤다. 그가 살펴보니 짐승들은 키 작은 관목에서 붉은 열매를 따 먹었다. 목동도 열매를 먹어보니 기운이 나는 것을 알 수 있었다.[5] 지어낸 이야기일 가능성이 있지만, 대다수의 관계자들은 커피가 에티오피아에서 1000년 이후 재배되었으며 홍해를 거쳐 '행복한 아라비아(오늘날 예멘)'로 전달됐을 것으로 추정한다. 특히 예멘에서 이슬람의 신비주의 분파에 속하는 수피교도는 커피를 정기적으로 마셨다.

수피교도는 전업 사제들이 아니었고 대부분의 신자들처럼 직업이 있었다. 세계의 여러 종교 가운데 독특하게도 이들은 의식을 수행하여 문제를 해결했다. 늦은 밤 의식을 통해 사심을 버리고 최면 상태처럼 현실을 관조하는 단계에 이르렀다. 15세기경 수피교도는 각성 상태를 유지하기 위해 기존에 사용하던 예멘의 흥분제인 카트(qat) 잎 대신 커피를 마시기 시작했다.

수피교도가 수도원에 은둔하지 않고 일상생활을 영위했기에 커피는 종교에서 세속적 영역으로 빠르게 확산되었다. 수피교도가 아니면서 커피의 치료 효과를 알아본 사람들 가운데 아덴의 이슬람 법률학자가 있었다.

병에 걸린 그는 나을까 하는 희망에 커피를 조금 마셨다. 커피 덕분에 학자는 건강을 회복했을 뿐만 아니라 커피의 다른 효능도 발견할 수 있었다. 무엇보다 커피는 머리를 가볍게 하고 기운을 북돋았으며 잠을 쫓되 병을 부르지 않았다.[6]

15세기 후반 커피는 사회적 윤활제인 동시에 단조로우면서도 고된 작업에 낙을 주는 두 가지 근대적 기능을 수행하기 시작했다.[7] 커피가 인간의 진실한 소통과 사업 관계를 촉진한다는 점에 깊은 인상을 받은 초기 유럽의 관찰자는 다음과 같이 기술했다.

커피는 인간이 사회적 유대를 맺고 소통하도록 이끈다. 특히 흐려지지 않은 정신으로 참된 주장을 할 수 있도록 돕는다. 흔히 와인을 마실 때와 달리 쉽사리 잊지도 않는다.[8]

커피의 수요가 증가하면서 이내 예멘의 모카 항 북부에 위치한 고지대, 곧 바브엘만데브의 내측에서 조직적 재배가 시작되었다. 커피나무는 홍해 교역로를 통해 북쪽으로 빠르게 확산되었다. 1550년경 커피는 인도양의 거대 무역선에서 홍해 북부를 왕복하는 흘수선을 갈아타는 지점인 제다에 도착했다. 여기서 커피는 큰 인기를 얻었고, 시애틀에서처럼 중요성을 인정받았다. 제다의 한 유럽인은 다음과 같이 기록했다.

커피의 활용이 매우 일반화되었고, 사람들이 모여 화기애애한 시간을 보내는 커피하우스에서 널리 판매되었다. 커피하우스에서 사람들은 체스를 즐겼으며 돈 내기 게임도 했다. 실컷 즐기고 악기를 연주하며 춤췄다. 이를 엄격한 이슬람교도는 못 견뎌 했고 결국에는 문제가 일어났다.[9]

커피하우스가 붐비는 동안 모스크가 한산해지면서 문제가 생겼다. 당시 메카의 전령은 맘루크 총독인 하이르 베그 알 미마르(Khair Beg al-Mimar)였는데, 사람들이 어디서 어떻게 즐기는지 살피면서 남의 흥을 깨는 인물의 전형이었다. 1511년 그는 페르시아의 의사 두 사람과 협력하여 의학적·도덕적 근거를 들면서 커피를 금지시켰다. 메카인은 그 결정을 비웃었고, 카이로에서는 가정에서의 음용은 허용한다는 현명한 결정을 공식 발표했다. 몇 년 지나 하이르 베그와 두 의사는 처참한 죽음을 맞았다. 물론 이들의 죽음은 에스프레소가 아닌 오스만의 정복과 관련이 있을 것이다.[10]

무슬림 세계에서 커피가 북쪽과 동쪽으로 확산되면서 예의 도덕성 문제가 다시 대두되었다. 맛이 강하고 달지 않은 커피에 때로는 정향, 아니스, 카다멈을 첨가한 음료가 하렘으로 향했다. 여성들은 로스팅한 원두의 안정적인 공급을 결혼의 의무 사항으로 여겼고 이를 위반하면 이혼 사유로 간주했다.[11]

1555년 샴스(Shams)라는 시리아의 상인은 원두를 가지고 콘스탄티노플로 향했고, 불과 몇 주 만에 카페가 우후죽순으로 생겨났다. "밤낮으로 사람들이 모였고 하층민들은 커피를 사겠다는 한 가지 목적으로 거리에서 구걸도 했다."[12] 얼마 지나지 않아 보스포루스에서 낯익은 드라마가 연출되었다. 사악하고 교육받지 않은 회교국 고관이자 술탄 무라트 4세를 등에 업고 권력을 부리는 무함마드 콜필리(Mahomet Kolpili)가 혁명이 일어날까 경계하며 커피하우스를 폐쇄시킨 것이다. 반면 비슷한 시기에 페르시아에서는 아바스 1세의 아내가 정치적으로 더 노련한 조치를 취했다. 커피하우스를 폐쇄하는 대신 첩자를 침투시켜 정치적인 대화를 일반적인 주제로 흘러가게 유도한 것이다.[13]

17세기 초 무슬림 세계를 방문한 서양인들이 커피로 벌어진 현상을 놓칠 리 없었다. 한 유럽인은 카이로에 2000~3000곳의 커피하우스가 번성했다고 추정했다. 콘스탄티노플에서 여행자 피에트로 델라 바예(Pietro della Valle)는 어느 부잣집에서 목격한 장면을 기록했다.

커피를 데우기 위해 큰불을 계속 피웠고 불가에 음료를 채운 작은 자기 그릇을 놨다. 음료가 뜨거워지면 이 일을 전담하는 사람들이 작은 그릇을 무리에게 나눠줬으며, 시간을 때울 수 있도록 멜론 씨앗을 전달했다. 씨앗과 함께 카포우에(kafoue)라는 음료를 즐기면서 일고여덟 시간을 노닥거렸다.[14]

콘스탄티노플에서 인기를 얻은 상품은, 이미 오스만제국과 관계를 개선한 베네치아를 거쳐 유럽의 다른 지역에도 진출했다.[15] 이탈리아의 가톨릭 신학자들은 무슬림 신학자들과 마찬가지로 커피의 도덕성에 의혹을 품었다. 하지만 클레멘스 8세가 1600년경 커피를 시음한 후 기독교의 음료로 축복함으로써 카페인 논쟁을 불식시켰다. 프랑스의 의사인 피에르 드 라 로크(Pierre de La Roque)는 1644년 커피를 마르세유로 가져갔고, 아들 장(Jean)은 후일 『행복한 아라비아로의 여행』이라는 책을 썼다. 상인의 시각에서 여행을 설명하고 커피의 초기 역사를 다룬 인기 서적이었다.

1669년 투르크족은 술레이만 아가(Suleiman Aga)라는 사절을 베르사유에 보냈다. 무례하게도 그는 간단한 모직 코트를 걸치고 나타나서는 보석을 두른 루이 14세에게 절하기를 거부한 데다 태양왕에게 존댓말을 쓰지 않았다가 파리로 추방되었다. 그는 임무에 실패했어도 커피로 성공을 거뒀다. 파리에서 그는 번화한 구역에 큰 집을 빌렸다. 귀족 여성들은 이국적이고 향긋한 분위기에 이끌려 안으로 들어왔다. 누비아인 노예들은 우아한 금박 자기를 내와 커피를 대접했다. 카페인에 취한 여인들은 수다를 떨었고, 술레이만에게 루이 14세가 오스트리아를 고민에 빠뜨릴 목적으로 투르크를 파리로 불러들인 것이라는 비밀을 털어났다. 또한 오스만이 빈을 포위할 동안 프랑스가 지원하지 않을 것이라는 말도 덧붙였다. 이로써 베르사유와 투르크의 관계는 더 악화되었다.

커피 유행은 곧 파리 전역으로 확산되었다. 투르크 복장으로 머리에 터번을 쓰고 카프탄을 두른 아르메니아인은 주전자와 컵을 들여와 거리 곳곳에서 음료를 판매했다. 하지만 얼마 안 가 방랑하는 상인들은 가판대 상인들에게 설 자리를 잃었고, 가판대는 카페로 발전했다. 잘 알려진 카페 중 하나는 1686년 문을 연 프로코프였다. 최초의 아르메니아 가판대 소유자였던 이탈리아 웨이터의 이름을 딴 가게였다. 100년 후 로베스피에르(Robespierre)와 마라(Marat)는 프로코프에서 혁명을 모의했으며, 오늘날에도 이 가게는 손님을 맞고 있다. 베네치아의 유명하고 값비싼 카페 플로리안도 유사한 시기에 문을 열었다.

커피는 콘스탄티노플에서 빈으로 상인이 아닌 군인을 통해 전파되었다. 1683년 오스만은 빈을 두 달 동안 둘러싸고 포위했다가 폴란드인이 주축인 오스트리아 군대가 지원을 오자 포위를 풀었다. 오스트리아 군에는 프란츠 게오르그 콜시츠키(Franz George Kolschitzky)도 포함되어 있었다. 그는 투르크어 통역사로 일한 적이 있었기 때문에 도시 내부의 방어자들과 바깥에서 기다리는 폴란드 동맹 사이를 오가는 위험한 전달 임무에 적임자였다. 그는 투르크 복장을 하고 언어 능력을 발휘하여 적군을 속였고, 덕분에 여러 번 죽음을 모면했다.

폴란드인이 마침내 도시를 구원했을 때 투르크족은 유럽을 정복하겠다는 희망을 버렸고 승리 부대에 배분된 황소, 낙타, 텐트, 금도 남겨두고 떠났다. 빈의 방어자들은 투르크가 두고 간 커피 뭉치도 물려받았으나 마시는 사람이 없었다. 이를 들은 콜시츠키는 "아무도 뭉치를 원하지 않는다면 내가 가져가겠소"라고 말했다.[16] 그는 투르크 무리에서 거주하는 동안 원두의 쓰임을 익힌 터였다. 파리에서 커피가 유행한 역사를 떠올린 그는 집집마다 다니며 음료를 팔았다. 나중에는 작은 가게를 임대하여 빈 최초의 카페를 열었다.

1700년 유럽에 제공된 커피는 대부분 베네치아, 파리, 빈이 아닌 템스강에 먼저 도착했다. 영국인은 당대 최고의 고급 상품에서 가장 중요한 몫을 차지하기 시작한 것이다. 이는 곧 유럽의 상업 패권이 런던으로 옮겨 갔음을 시사하는 대목이다. 영국의 신흥 상인 계층은 커피가 체력과 정신을 돋우는 약리학적 효과가 있다는 소식에 반색했다. 커피는 전파되는 곳마다 '상업적 음료'로 각광을 받았다.[17]

영국이 상업 분야에서 급부상한 것은 1688년 명예혁명 이후였다. 명예혁명으로 네덜란드의 신교도 총독인 빌럼 3세와 영국인 아내 메리는 마지막 가톨릭 왕족인 제임스 2세를 축출했다. 영국 왕위를 차지해 윌리엄 3세가 된 빌럼 3세는 영국과 네덜란드를 루이 14세에 맞서는 신교 동맹으로 연합시키고자 했다. 이를 위해 그는 오랫동안 왕이 누려온 신성한 권리를 기꺼이 포기하고 의회를 정부의 최고 기관으로 격상시켰다. 그 대가로 의회는 윌리엄 3세가 프랑스와의 전쟁 비용을 충당할 수 있도록 탄탄한 과세 기반인 물품세를 징수하도록 양보했다(물품세는 커피 등 사치품에 부과되었다).

1689년 혁명의 후속조치(Revolutionary settlement)는 막대한 효과를 냈다. 첫째, 권력이 절대군주에서 대의의 입법기관으로 옮겨 가면서 법치가 활성화되었다. 이는 국가가 경제적으로 번성하는 데 필수적인 토양이다.[18] 둘째, 왕실의 물품세 징수로 정부는 손쉽게 부채를 상환할 수 있었고 덕분에 신용 위험이 줄어 금리가 급격히 하락했다. 게다가 지도자들은 입법부가 주로 부유한 채권자와 기업인으로 구성된 만큼 채무 불이행이 일어날 가능성이 낮다는 사실을 인식했다. 1690년에서 1727년 사이 영국의 기준 금리는 10퍼센트에서 4퍼센트로 하락했다.[19] 셋째, 1688~1689년 혁명 이후 네덜란드 금융업자들은 상업 중심지가 이동했음을 인식하고 대거 런던으로 몰려갔다. 당시 이주자에는 에이브러햄 리카도(Abraham Ricardo)도 포함되어 있었는데, 그는 경제학자 데이비드 리카도(David Ricardo)의 아버지이며 앞으로 자세히 다룰 것이다.

혁명의 후속조치는 영국 경제를 급격히 성장시켰다. 또한 영국인은 유럽에서 가장 열광적인 커피 애호가가 되었다. 상인, 금융업자, 주식 중개인이 런던의 커피하우스에 너나없이 몰려들었다. 도시의 부두에 위치한 커피하우스에서는 해외시장의 소식을 가장 먼저 접할 수 있었다. 또한 영국에 신설된 무역상사의 실력자들이 커피하우스에 모여 사업을 논의했으며, 과거와 달리 이들의 재담이 와인과 맥주 때문에 흐려지는 일도 없었다. 오히려 커피 덕분에 논의가 더 예리해졌다.

예멘에서만 커피 원두가 생산됐다면 그 희귀성 때문에 비싼 값을 유지했을 것이다. 18세기 초반 점점 더 많은 유럽 상인들이 예멘에 몰려들었다. 처음에 모카 항에 몰려들던 상인들은 항구 북부의 커피 재배 지역으로 먼지가 날리는 베이트알파키까지 찾아갔다. 네덜란드 동인도회사와 영국 동인도회사의 대리인 외에도 프랑스, 플랑드르, 독일 무역상사의 대표자들과 많은 수의 무슬림 상인들이 몰려들었다.

유럽인은 커피 무역에서 풋내기였다. 18세기 중반 대다수의 원두는 전통적 시장인 이집트, 터키, 메소포타미아나 동쪽의 페르시아, 인도로 향했다. 1720년대 예멘은 연간 1600만 파운드(4만 바하르 혹은 낙타 짐)를 무슬림 세계로 보냈다. 반면 유럽으로는 600만 파운드를 보냈고, 그중 대다수가 영국으로 향했다.

영국 동인도회사의 대리인은 보통 네덜란드 동인도회사의 대리인보다 수완이 좋았으며, 네덜란드는 곰팡이 핀 원두마저 비싼 값에 사기 일쑤였다. 네덜란드 동인도회사의 실패는 부패와 태만에서 비롯되었다. 네덜란드 상인들은 많은 경쟁자들과 달리 모카 항의 안락함을 떠나 베이트알파키로 모험을 떠나기를 원치 않았다.[20]

1700년 이후 유럽에서 커피가 대유행하면서 더 많은 선박이 모카 항에 도착했고, 이보다 규모가 작긴 하지만 베이트알파키에 인접한 호데이다와 로하야도 이용되었다. 유럽의 중개인들은 항구에 무역선이 들어오면 설사 자국에서 오는 배일지라도 경계했다. 경쟁 때문에 원두 가격이 오르기 때문이었다. 어느 시점에는 예멘에서 난 원두가 파운드당 0.8길더에 판매되었다(오늘날 가치로 환산하면 12달러). 이런 가격으로는 오로지 부유층만 유럽 커피하우스를 드나들 수 있었다.[21]

1725년에는 공급망의 양 끝에서 유럽 기업 간 경쟁이 거세지면서 업계의 이익도 쪼그라들었다. 하지만 예멘 커피 무역에서 가장 주목할 만한 사실은 이렇다 할 사건이 일어나지 않았다는 점이다. 영국, 네덜란드, 프랑스, 플랑드르, 독일 기업은 맹렬히 경쟁했으나 전면전을 벌이지 않았다. 그들이 보기에 예멘은 유럽인끼리 열띠게 가격경쟁을 벌이는 모습을 탐욕스럽게 즐기고 있었다. 영국 의회는 모카 항에서 영국 동인도회사 소속 이외의 사람들을 체포하라는 명령을 서둘러 내렸으나 예멘 현지에서는 술탄의 분노를 자극할 수 있다며 거부했다. "다

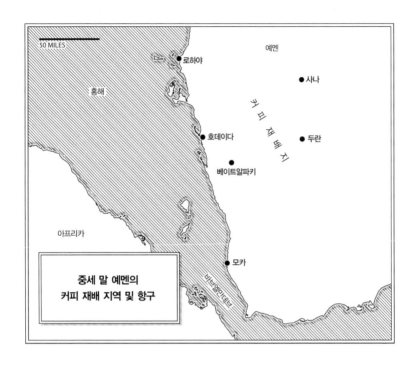

地図 내 텍스트:
50 MILES
예멘
● 로하야
홍해
● 사나
커피재배지
● 호데이다
● 두란
● 베이트알파키
아프리카
● 모카
바브엘만데브

중세 말 예멘의
커피 재배 지역 및 항구

른 유럽인과 마찬가지로 존중을 표시하면서 항구에 도착한 사람들을
보호하는 데 방해가 되기 때문이다."[22]

　네덜란드가 영국과 프랑스의 경쟁자들에게 바가지를 씌울 수 없었다
면 최소한 커피나무를 수리남, 스리랑카, 말라바르 해안에 심어 재배
측면에서 앞서갈 수 있었다. 예멘에서 말라바르 해안으로 옮겨 심은
커피나무는 초기의 시행착오를 거쳐 바타비아 인근의 자바 고원에서
성공적으로 재배되었다. 1732년 인도네시아는 연간 120만 파운드의
커피를 생산했고, 수리남과 브라질에서 재배된 원두가 인도 제도에서
생산된 원두와 더불어 암스테르담의 부두에 도착했다. 공급량 증가로

예멘의 독점은 깨졌고 마침내 가격이 하락했다. 새로운 산지의 농장주들은 예멘보다 값싼 비용으로 커피를 생산할 수 있어 네덜란드에 양호한 이익을 안겨줬다.[23]

인도네시아와 신세계의 새로운 산지 덕분에 가격이 하락하면서 유럽의 커피 문화도 바뀌었다. 갑자기 모두가 기이한 음료를 마실 수 있게 되었다. 1726년 네덜란드의 한 성직자는 재봉사가 모닝커피를 들이켜기 전에는 바늘귀에 실을 꿰지도 않는다며 불만을 제기했다. 프랑스의 한 귀족은 1782년에 냉소적으로 지적했다.

커피를 대접하지 않는 부르주아 가정이 없으며 가게 주인, 요리사, 객실 청소부 모두가 커피를 즐기는 지경이다. 상인의 가판이나 가게 근처에는 나무 의자가 있다. 놀랍게도 어느 순간 레 알(Les Halles, 파리의 옛 중앙 노천시장—역주)에서 한 여성이, 혹은 짐꾼이 와서 커피를 요청한다. 이 우아한 사람들은 선 채로, 등에 짐을 진 채로 커피를 마신다. 커피로 오감이 개선된 후에야 비로소 벤치에 짐을 놓고 앉는 것이다.[24]

자바 원두의 품질은 모카 항에서 거래되는 원조에 미치지 못했지만, 대체로 유럽인은 그 차이를 분별하지 못했다(이식된 커피는 예멘산 커피보다 카페인 함량이 50퍼센트 이상 높았다). 하지만 예민한 무슬림 소비자들은 원조를 알아봤고 값싼 인도네시아 커피에는 손도 대지 않았다. 17세기 네덜란드 동인도회사의 17인 위원회가 무슬림이 자바 커피를 멀리한다는 보고서에 보인 반응은 자기만족적 면모를 잘 보여준다. 보고서는 자바와 모카 항의 원두 표본을 모두 수집했으나 둘 사이의 차

이를 구분할 수 없었다고 밝혔다. "천박한 투르크인과 페르시아인이 우리나 우리와 비슷한 사람들보다 미각이 민감하다"는 사실을 믿을 수 없었던 것이다.[25]

영국이 커피(에 이어 차) 무역의 패권을 차지했다는 사실은 유럽 경쟁자들에게 좋은 전조일 리 없었다. 예멘과 중국에서 들여오는 이러한 품목은 오래전부터 네덜란드와 프랑스가 영국에 우위를 보였었기 때문이다. 영국의 경쟁자들에게 최악의 시나리오는 새로운 상품이 여러 장소에서 재배되고 보편적인 수요가 발생하는 경우였다.

면직물이 여기에 꼭 들어맞았다. 현대인의 생활에서 널리 활용되다 보니 우리는 목화의 독특한 생물학적·지리적 특성을 간과하곤 한다. 우선 고지대 목화(Gossypium hirsutum)는 오늘날 전 세계 생산의 90퍼센트 이상을 차지하는 품종인데, 대다수의 동식물에서 같은 염색체가 두 벌인 것과 달리 고지대 목화는 네 벌이다(과학 용어로 표현하자면, 염색체가 일반적인 2배체성이 아닌 4배체성인 것이다). 고지대 목화를 포함한 여러 종이 아시아 기원의 염색체 쌍과 더불어 아메리카 기원의 염색체 쌍을 지니고 있다.

최근 DNA '분자시계'를 활용한 과학 연구에 따르면, 놀랍게도 이 목화는 1000만 년 전 구세계와 신세계 품종의 교배로 탄생했다. 지난 수백만 년 동안 다양한 종이 페루, 인도, 아프리카 동부와 북부, 이집트, 뉴기니, 아라비아, 카보베르데 제도, 오스트레일리아, 갈라파고스, 하와이 등에서 자랐다.

목화는 어떻게 이토록 널리 퍼졌으며 인간의 도움 없이도 교배가 일어났을까? 답은 목화 씨앗의 두 가지 독특한 특성에서 찾을 수 있다. 첫째, 목화 씨앗은 염수에 침수된 상태에서 몇 년 동안 견딜 수 있다. 둘째, 부력이 있고 표류 물질에 달라붙는 성질이 있다.

고대의 목화에서 생산되는 섬유는 2센티미터 정도에 불과했으나, 오늘날 재배된 목화에서는 몇 배 길이의 섬유가 생산된다. 상업적으로 중요한 대부분의 동식물은 한 번 가축화되거나 길들여지지만, 구세계와 신세계의 고대 농경민들은 목화를 적어도 네 번 길들였다. 즉 아메리카(*G. hirsutum*과 *G. barbadense*)에서 두 번, 아시아(*G. arboreum*)와 아프리카(*G. herbaceum*)에서 한 번씩 길들였다.[26]

특히 인도의 토양은 성질이 매우 다양하여 여러 종의 목화가 자라났다. 이에 따라 인도에서는 다양한 천이 생산되었다. 벵골 동쪽의 다카에서는 모슬린이, 구자라트에서는 새틴과 날염한 친츠가 생산되었다. 오늘날의 자동차, 영화, 소프트웨어 산업이 디트로이트, 할리우드, 실리콘밸리에 축적된 전문 기술을 중심으로 발전했듯 16세기에는 카심바자와 아마다바드 같은 인도 도시에 방적공, 방직공, 마무리공이 몰려들었고 이들이 생산하는 제품은 세계적 명성을 얻었다. 인도의 4대 섬유 중심지는 벵골, 펀자브, 코로만델 (남동) 해안, 구자라트이며 가장 중요한 지역은 구자라트였다. 이들은 홍해와 페르시아만 경로를 통해 중동의 무슬림 제국에 일반 천과 섬세한 고급 직물을 공급했다.

근대에 들어서도 섬유는 세계에서 가장 중요한 제품이었다. 많은 경우 은, 금, 실크를 섞어 직조했으며 부유층과 빈곤층 모두에게 부를 축적하는 중요한 수단이었다. 대다수의 가정에서는 벽과 창문에 천을 걸었고, 특히 이 보물 같은 천을 부모에게 물려받기도 했다. 수백 년 동안 유행은 크게 변하지 않았으며, 최상류층을 제외하면 몇 가지 품목만 소유할 뿐이었다.[27] 시간이 지나도 유행은 유지되었고, 계층 간 확연한 구분이 이어졌다. 사회구조는 계층 이동이 어렵게 경직되었고 사치 규제법의 제정으로 누가 무엇을 입을 수 있는지가 정해졌다. 17세기 중반 영국 동인도회사는 이처럼 오랜 전통을 깨뜨려 영국의 산업, 무역, 패션, 사회 지위를 수십 년에 걸쳐 뒤흔들었다. 회사가 상업적 혁명에 활용한 도구는 면직물이었다.

이 직물이 주요 교역 상품으로 발전한 과정은 설탕과 무척 닮았다. 영국 동인도회사가 1600년 탄생할 당시 면직물은 실크에 맞먹는 고급 제품이었다. 그나마 사치품으로라도 구입할 수 있는지 여부는 값싼 인도 노동력이 좌우했다. 목화는 설탕과 마찬가지로 재배가 쉬웠으나 생산과정에 막대한 노동력이 들었다. 산업 시대 초기에 목화 섬유와 씨앗이 조잡하게 뒤섞여 있는 목화다래 100파운드를 생산하려면 이틀 치(2인일, 2person-day) 작업이 필요했다. 다래에서 씨앗을 제거하고(조면) 섬유를 가지런히 정리하며(소면) 포장하는 데 70일 치 작업이 필요했는데, 여기에서 고작 8파운드의 원면(cotton wool)을 얻을 수 있었다.[28] 여성 방적공(spinster, 원래 실 짜는 사람을 의미했으나 나중에 노처녀라는 의미로 변질되었다—역주)이 다시 35일을 일해야 원면을 실로 만들 수 있었다. 다시 말해 1파운드의 면사를 얻으려면 약 13일의 노동이 필요했다. 반면 같은 무게의 실을 얻는 데 양모는 1~2일, 리넨은 2~5일, 실크는 6일의 노동이 들었다.[29]

인도에서는 다수의 값싼 노동력을 구할 수 있을 뿐만 아니라 면직물과 관련하여 수백 년 동안 전문 기술이 축적되었다. 짧고 약한 목화 섬유를 내구성 있는 실로 만드는 작업은 쉽지 않았다. 1750년 이전에 영국의 방적공은 날실로 사용할 정도로 튼튼한 면사를 생산하지 못했다. 따라서 영국 국내에서 생산된 천은 리넨이나 울을 날실로, 면을 씨실로 하여 제조되었다. 솜씨가 뛰어난 인도의 방적공이라야 순면직물에 적합한 실을 생산할 수 있었다. 따라서 18세기에 방적기가 개발되기 전에는 서양의 거의 모든 면에 인도에서 방적한 실을 사용했다.

1600년대 초 영국 동인도회사는 당시 가장 중요했던 향료 교역에서 존재감이 미미했다. 동인도회사가 주로 수행한 교역은 페르시아 실크를 낙타에 실어 시리아 사막을 거쳐 투르크의 항구로 운반해 오는 형태였다. 머지않아 영국 동인도회사는 인도의 직물 시장을 두드리기 시작했다. 섬유 교역이 산업혁명을 촉발하는 역할을 하고, 인도의 섬유 제조업을 파괴하며, 오늘날 세계화된 경제가 논쟁거리이듯 영국에서 자유무역에 대한 논란을 일으키며 대영제국을 탄생시키는 역할을 하리라고는 초창기에는 상상할 수 없었다.

16세기가 저물 무렵 동인도회사가 엘리자베스 1세 여왕에게 특허장을 받은 후 몇십 년 사이에 영국은 직물 짜임새, 색깔, 패턴 측면에서 유럽이 이전에 접하지 못한 만화경을 만들어냈다. 영국의 전통적인 칙칙하고 단조로운 양모 산업은 밝고 경쾌한 색상으로 날염된 인도 직물로 만든 덮개, 휘장, 천과 경쟁하려는 꿈조차 꿀 수 없었다. 또한 세계에서 가장 효율적으로 면직물을 교역하는 상거래 조직을 위협하지도 못했다.

영국 동인도회사는 시장 수요가 판매와 수입을 끌어올리는 상황에 만족하지 않았다. 17세기 중반에 이르자 적극적으로 소비자의 기호를 조성했으며, 이 과정에서 패션 산업과 오늘날 우리에게 익숙한 소비

사회를 고안해냈다.

동인도회사는 만약 '패션 리더'가 인도산 친츠를 입고 캘리코(대표적 인도산 면직물) 휘장을 두른다면 다른 이들도 곧 따라 할 것이라는 점을 깨달았다. 부패하고 계급에 집착하는 왕정 사회에서 누가 패션을 이끌지 식별하고 그들을 꼬드기기란 어렵지 않았다. 바로 왕족이었다. 왕족이 특정 유행을 받아들이면 다음에는 귀족이 따라 하고, 이어 하층 귀족이 흉내를 내며 상업 지도층에서 모방한다. 이후에는 여유 자금이 없는 소작농 사이에서도 유행하는 것이다.

17세기 후반 인도산 친츠는 영국 중산층에서 각광을 받았다. 귀족들이 걸치는 값비싼 실크, 새틴, 태피터와 비슷했기 때문이다. 하지만 왕족들은 아대륙에서 건너온 모방품이 아닌 '원조'를 원했다. 영국 동인도회사의 총독인 조시아 차일드 경은 변화를 시도했다. 동인도회사는 1660년에 3000파운드 상당의 은 식기를 찰스 2세에게 '선물'로 진상했으나 소소한 변화를 일으켜서는 효과가 없다고 판단했다. 1684년에는 왕실에 32만 4250파운드를 '자발적으로 진상'하고, 추가로 왕과 요크 공작에게 회사 주식을 부여했다. 1689년 입헌군주제가 탄생했지만 회사는 계속 친절을 베풀었다. 1698년 한 신하는 여왕의 방에서 목격한 "흰 새틴에 인도 자수를 놓은 옷은 모두 동인도회사에서 여왕에게 바친 선물"이라고 밝혔다.[30] 다른 귀족들의 존재도 잊지 않았다. 캘리코나 주식과 함께 위원회 회원 자리와 동인도회사 선박에 무료로 화물을 실을 수 있는 권한을 부여했다.[31]

18세기 초 면직물은 패션 세계에서 실크와 양모를 앞질렀다. 대니얼 디포(Daniel Defoe)는 이를 다음과 같이 설명했다.

가공한 실크와 고운 천은 날염한 캘리코의 숭고한 약탈에 굴종한다. 줄무늬 모슬린은 레이스 산업을 망가뜨리고 때로는 엄청난 가격에 팔린다.[32]

영국 동인도회사는 해마다 유행에 변화를 주는 전략이 효과적이라는 점도 발견했다. 디포는 이러한 세태를 한탄했다. "잉글랜드에서 옷이 닳아서가 아니라 단순히 유행이 지났다는 이유에서 내다 버린다니 믿을 수 없는 일이다. 유행을 따라가는 데 드는 돈은 다른 나라에서 쓰는 의복 비용 전체에 맞먹을 것이다."[33] 회사는 또한 '평복', 즉 오늘날의 여가복이라는 개념을 널리 퍼뜨렸다. 가정의 개인 공간에서 입는 가벼운 가운과 갈아입을 옷을 뜻했다.[34]

조시아 차일드 총독은 동인도회사에서 일하는 동안 최신 유행과 일상 패션이라는 개념을 도입하는 한편 인도 기지를 관리하는 일도 잊지 않았다. 회사는 1600년에 설립된 후 10년도 안 돼 수라트(봄베이 북부)에 첫 번째 영업 기지를 세웠다. 캄베이 항이 토사로 막히면서 무굴 항이 캄베이의 역할을 이어받았다. 차일드가 1677년 총독에 임명될 당시 동인도회사는 이미 마드라스(인도의 남동부 해안 지역)와 봄베이에 교역소를 설립한 상태였다. 봄베이라는 지명은 포르투갈이 그 지역을 '좋은 만(Bom Baia)'이라고 부른 데서 유래했다. 1661년 영국의 찰스 2세는 포르투갈 아내인 캐서린 브라간사(Catherine of Braganza)에게 봄베이를 지참금으로 받았지만, 곧 인근의 수라트 때문에 중요성을 잃었다.[35] 1690년 차일드의 지휘 아래 세 번째 교역소가 캘커타에 설립되었다. 교역소의 주요 목적은 섬유를 구매하는 데 있었으며, 교역소는 향후 대영제국을 건설하는 초석이 되었다.

네덜란드의 요새화된 교역소를 노골적으로 숭배하던 차일드는 곧 교역소 세 곳에서 영국 동인도회사의 군사적 역할을 확대했다. 이러한 정책은 1681~1707년 무굴제국 및 힌두 마라타족과 충돌이 일어났을 때 효과를 봤다. 또한 차일드는 복잡한 '교역 규칙'을 정착시켰다. 잉글랜드에서 은과 교역품을 실은 선박이 캘리코의 생산지에 도착할 때까지 2년이나 걸렸기 때문에 이런 규칙이 필요했다.

17세기 후반 동인도회사는 고국으로 연간 150만 필의 면직물과 의류 품목을 운반했는데, 수입 총가치의 83퍼센트를 차지했다.[36] 이제 향료 시장은 종언을 고했다. 면직물이 진정한 왕이었다.

말할 필요도 없이 영국 동인도회사의 경쟁자들은 반발했다. 예를 들어 1681년 레반트 회사는 인도에서 고급 면직물을 수입하지 못하도록 금지하는 방안을 추구했다.[37] 레반트는 보호주의자들이 고매한 척하면서 내놓는 익숙한 주장을 되풀이했다. 영국 동인도회사에서 물건을 구입하면 영국의 금지금이 유출된다는 논리였다.

금은 캘리코, 후추, 가공 실크, 생사를 구입하는 데 쓰인다. 인도에서 생산된 캘리코와 가공 실크는 이 나라 빈곤층에게 분명한 피해를 입힌다. 생사의 경우 투르크와의 교역을 틀림없이 파괴할 것이다.[38]

이것이 끝이 아니었다. 영국 동인도회사에는 영국의 선진 기술을 인도에 수출했다는 비난도 쏟아졌다.

회사는 인도에 연사공(撚絲工), 방직공, 염색업자를 보내고 실크 제조업을 일으켰다. 이미 완성되어 날염을 마친 옷을 영국에 들여오면, 그렇지 않을 경우 일자리를 잡을 수 있는 노동자들을 빈곤화하고 수많은 가정을 파괴한다.[39]

영국 동인도회사 총독으로 승진한 지 얼마 안 된 조시아 차일드는 종종 그래왔듯 갈등을 이겨냈다.

중요한 진실은 이것이다. 인도에서 들여온 양질의 저렴한 생사는 투르크 상인이 현재 거두는 이익을 낮출 수 있으나 나라로서는 이익일 것이다. 그 다음에는 어떤 조치를 취해야 하는가? 어떤 상인이 다른 상인 대신 이익을 본다는 이유로 교역을 방해해야 하는가? 그런 식으로는 나라에서 끝없이 혼란이 일어날 뿐이다.[40]

문법을 현대에 맞게 수정하고 일부 명사를 손보면, 최근 국제무역 협정을 주제로 지지자와 반대자가 텔레비전 프로그램에서 벌이는 토론에 써도 손색이 없는 발언이다.

17세기가 막을 내릴 무렵 영국에서는 아시아로부터 면직물 수입을 막기 위해 세 집단이 한데 힘을 합쳐 기이한 보호주의 동맹을 형성했다. 첫 번째 집단은 도덕주의자들로, 새롭고 화려한 옷가지로 야기된 사회불안에 분노했다. 두 번째 집단은 실크와 양모 방직공들로, 값싸고 더 나은 외국 제품으로 일자리를 잃었다. 세 번째 집단은 중상주의자들로, 그저 패션을 위해 은을 유출하는 데 분노를 표현했다. 이 세력들은 영국 동인도회사에 맞서 회사에 치명적인 결과를 입혔고 영국의 경제, 사회구조, 제국에 혁명을 일으켰다. 또한 11장에서 살펴보겠지만, 인도 경제의 근간인 섬유산업을 파괴했다.

인도 교역에 맞선 세 집단 가운데 중상주의자들의 영향력이 가장 컸다. 이들과 영국 동인도회사를 지지하는 자유무역론자들 사이에 벌어진 논쟁에는 영국의 대표적인 경제 전문가들이 참여했고, 당대로 치면 정치 블로그 격인 몇 펜스 가격의 소논문을 통해 의견이 오갔다. 중상주의자들의 이론 자체는 단순했다. 국가의 부는 국가가 보유한 금과 은의 양으로 측정된다는 주장이었다.

다시 말해 국제 교역은 제로섬게임으로, 한 나라의 이익은 다른 나라의 비용으로 발생하기에 나라가 부강해질 수 있는 유일한 방법이란 수입보다 수출을 늘려 해외에서 금과 은을 모으는 것이라는 이야기다. 현대적 어법으로 말하자면, 부국이 되면 무역수지 흑자를 달성해야 한다는 말이다. 이는 암울한 줄다리기였다. 중상주의자들의 논리대로라면, 한 나라에서 확보한 모든 소브린 금화(1816년 영국의 금본위제도가 제정되면서 주조된 금화—역주)나 스페인 레알은 경쟁국에서 가져와야 한다. 초기 영국 동인도회사의 상인인 토머스 먼(Thomas Mun)은 "해마다 우리가 소비하는 가치보다 더 많은 가치를 외국인들에게 판다는 규칙을 지켜야 한다"라고 주장했다.[41]

중상주의자들의 주장에서 모든 수입품과 수출품이 동일하게 취급된 것은 아니었다. 이상적으로 따지면, 나라는 일자리를 최대한 창출하도록 원재료만 수입하고 완성품을 수출해야 한다. 또한 정직한 사람들은 외국산 사치품의 소비를 피해야 한다. 이는 금과 은을 대규모로 증발시키고 국내 고용을 악화시키는데, 바로 영국 동인도회사의 활동이 여기에 해당됐다. 중상주의자들은 높은 관세를 매겨 수입을 최소화하고 때로는 노골적인 수입 금지를 실시하는 반면, 수출 화물의 승선세를 없애고 심지어 수출에 보조금을 지급하여 수출을 장려하라고 요구했다.

오늘날 보기에는 분명한 오류가 있는 주장이다. 국가가 부강해지려면 산업과 농업의 생산성을 개선해야 한다. 해외 사치품의 소비는 큰 우려 대상이 아니며, 미국인은 포트 녹스나 뉴욕 연준이 금지금을 얼마나 보유하고 있는지 신경 쓰지 않는다(중상주의자들의 유령은 수입관세와 수입제한의 형태로 여전히 현대 세계를 배회하고 있으며, 농산물 보조금이 그 중에서도 가장 해롭다).

300년 전 영국에서 인도와의 교역을 놓고 논쟁이 벌어지는 동안 중상주의의 맹점을 간파한 사람들은 거의 없었다.[42] 다만 로저 코크(Roger Coke)는 1인당 지표를 기준으로 세계에서 가장 부강한 네덜란드가 '온갖 물건을 수입'하는 반면 아일랜드는 수입보다 수출이 훨씬 더 많은데도 빈곤하다는 사실을 지적했다.[43] 또한 찰스 대버넌트(Charles Davenant)는 나라에 수입품이 '저렴하게 공급되도록' 유지할 때의 이점이 국내 고용에서 일어나는 손실보다 훨씬 더 크다고 설득력 있게 설명했다. 이어 무역은 제로섬게임이 아니라는 통찰력 있는 주장도 제기했다. "무역은 서로에 대한 상호 신뢰를 기반으로 하며 한 번의 신뢰가 또 다른 신뢰로 이어지는 반면, 한 번의 신뢰 상실은 많은 상실을 야기한다." 그는 보호주의자들의 조치는 "불필요하고 부자연스러우며 공공의 선에 도움이 되는 어떤 효과도 내지 않는다"라고 주장했다. 게다가 효율성이 떨어지는 국내 산업이 인위적으로 높은 가격에 물건을 팔면,

그렇지 않아도 많은 비용이 발생한 상황에 돈을 더 지출하게 된다.[44]

그중에서도 탁월한 초기 자유무역론자는 헨리 마틴(Henry Martyn)이었다. 그는 애덤 스미스(Adam Smith)의 『국부론』보다 75년 앞서 『동인도 무역에 대한 고찰(Considerations upon the East India Trade)』을 펴냈다. 마틴은 중상주의자들이 금과 부를 동일시하여 미다스 왕의 실수를 반복했다고 지적했다. 귀금속이 유용하기는 해도 그 가치는 사람들이 원하거나 필요한 바와 교환할 수 있기 때문에 생긴다. 나라의 진정한 부는 얼마나 소비되느냐로 정의된다고 그는 지적했다.

금괴는 부차적이고 의존적인 반면 옷감과 제품이야말로 실질적이고 중요한 부다. 이러한 물건은 세계에서 찬탄하는 부가 아닌가? 이런 물건이 가장 풍부한 나라가 부유한 나라 아닌가? 네덜란드는 모든 제품이 모이는 보고다. 영국에서는 옷감이, 프랑스에서는 와인이, 이탈리아에서는 실크가 중한 취급을 받는다. 이러한 물건이 부가 아니라면 물건을 사는 데 금괴를 지불하지 않을 것이다.[45]

마틴은 무역으로 발생하는 풍요를 찬양했다.

우리는 왜 바다에 둘러싸여 있는가? 분명 우리가 이 나라에서 원하는 물건은 다른 나라로 항해하여 공급을 받는데, 이는 노동력이 가장 덜 들면서도 비용이 저렴한 방법이다. 무역을 통해 우리는 아라비아의 향료를 맛보지만 향료를 생산하기 위해 작열하는 태양에 노출될 필요가 없다. 또한 우리 손으로 잣지 않은 빛나는 실크를 걸칠 수도 있다. 포도를 심지 않고도 와인을 즐길 수 있다. 광산의 보물을 채굴한 적이 없으나 우리의 소유다. 우리는 그저 땅을 깊이 파서 세계 각 나라의 생산물을 거두면 되는 것이다.[46]

마틴은 저렴한 인도 제품의 수입을 허용하면 영국의 방직공이 실직할 수 있음을 인정하면서도, 방직공의 노동은 '인력 유지를 위해 불필요한 작업'을 계속 유지시켜 낭비를 일으키며 방직공이 다른 일자리에 고용될 경우 더 많은 이익을 낼 수 있다고 주장했다.

만약 신의 섭리로 이스라엘 백성에게 만나를 내려주듯 영국에 옥수수를 내려줬다면 많은 국민이 쟁기질하고 씨를 뿌리고 거두는 일에 고용될 수 없을 것이다. 마찬가지로 영국 국민이 엄청난 노동을 들여야 만들 수 있는 옷감을 동인도 제도가 거저 보내는 것이라면 고용이 몹시 형편없는 수준이 아니고서야 선물을 거절할 이유가 없다.[47]

마틴의 탁월한 경제적 통찰력은 시대를 지나치게 앞서갔기에 애덤 스미스 같은 유명 인사가 되지 못했다. 영국 동인도회사의 수입품에 대해 논한 입법기관의 기록에는 마틴, 코크, 대버넌트의 이름이 거의 언급되지 않는다. 오로지 중상주의자이자 영국 상무부 소속의 존 폴렉스펜(John Pollexfen)이 19세기 스미스가 그랬듯이 의회 토론에 영향을 미쳤다.[48]

본격적인 정치적 갈등은 1678년에 시작되었다. 그해 의회는 산 자들에게는 유행을 강요하기 어렵다는 점을 감안하여 사망자들을 모직물로 장사 지내도록 규정했다. 이후 10년 동안 영국 동인도회사와 그 동맹은 수입품 금지를 목표로 하는 일련의 법안을 근소한 차이로 물리쳤다. 그중 한 법안에서는 모든 학생, 교수진, 판사, 변호사가 모직물을 입도록 정했다. 또 모든 시민은 6개월 동안 모직물을 착용해야 했으며, 연간 수입이 5파운드에 못 미치는 여급은 펠트 소재의 모자를 써야 했다.

1688년 명예혁명 당시 캘리코 논란은 더욱 거세졌다. 네덜란드 출신의 윌리엄 왕이 권좌에 오르면서 영국 동인도회사는 이전에 왕실에 미치던 영향력을 상당 부분 잃었다. 윌리엄 왕이 프랑스와 전쟁을 치르는 비용을 마련하기 위해 토지세가 조정되어 영국 지주들의 부담이 커졌다. 반면 지주들은 상인 계층이 중상주의 이론에서 우려하는 심각한 실수를 저지르며, 아시아의 시시한 물건을 사려고 나라의 금은을 유출하는 악당이라고 여겼다. 영국 동인도회사로 대표되는 새로운 상인 계층은 도덕주의자, 방직공, 중상주의자보다 군사력에서 열세에 있었으며 보호주의 세력과 승산 없는 싸움을 이어갔다.

1696년 캔터베리, 노리치, 노퍽, 케임브리지의 방직공과 방적공은 캘리코와의 경쟁으로 빈곤해지자 의회에 구제를 요청했다. 하원은 면직물을 왕국으로 들여오는 수입을 불법으로 규정하고, 위반할 경우 100파운드의 벌금(노동자의 평균임금 5~10년 치)을 부과하는 가혹한 법안을 통과시켰다. 법안 찬성자들은 인도 무역으로 손해를 입은 증인들을 줄지어 소집했다. 양모와 실크 제조업자들 외에 칠기 노동자와 가구 및 부채 제작자들이 포함되었는데, 저렴한 인도 제품이 수입되면서 일자리를 잃은 사람들이었다. 법안 반대자들은 영국 동인도회사와 실내장식 상인, 리넨 상인, 염색업자, 캘리코 날염업자 등이었다.

법안은 하원을 순조롭게 통과했지만 상원의 밀실에서 가로막혔다. 차일드가 제공하는 뇌물 세례 때문이었을 것이다. 기만적 행위에 충격을 받은 방직공들은 의회로 돌진했고, 의회는 1696년 다시 법안을 발의했다. 1697년 1월 방직공 5000명은 법안이 또다시 폐기됐다는 거짓 소문을 듣고 의회를 에워쌌으며 하원 로비에 침입하는 데 성공했다. 의원들은 회의실에 갇혔고, 방직공들은 영국 동인도회사 본부까지 도달했으나 내부에 침입하지는 못했다. 의회와 영국 동인도회사의 보안이 강화됐고, 주눅 든 하원의원들은 법안을 다시 한 번 통과시켜 방직공들을 회유했다. 이번에도 차일드는 상원에서 "거대한 권력을 쥔 여인들의 무릎에 엄청난 금을 쏟아부어" 법안을 저지했다.[49] 그러자 수천 명의 방직공이 차일드의 저택으로 분노의 행진을 이어갔고, 군인들은 무리를 향해 발포하여 한 명이 사망하고 여러 명이 다쳤다.

이제 부유한 후원자들도 영국 동인도회사에게 등을 돌렸다. 몇 년 동안 소규모 민간 상인들은 아시아 항구에서 동인도회사의 독점을 위반하며 교역을 했다. 1698년 의회는 이른바 '침입자들'에게 공식 지위를 부여했고 새로운 동인도회사에 특허장을 승인했다. 원래 동인도회사는 독점적 지위를 다시 차지하기 위해 신설된 법인의 주식 대다수를 사들여서 옛 지분과 병합해야 했다.

이처럼 중대한 시기인 1699년에 차일드가 돌연 사망했다. 그의 지략과 재력이 사라지자 보호주의 세력이 결국 승리를 거뒀다. 1700년 4월 지주들이 주축인 토리당은 날염된 캘리코와 실크의 수입을 금지하는 법을 통과시켰다. 날염되지 않은 직물은 수입할 수 있었으나 15퍼센트의 수입세를 내야 했다.[50]

캘리코법(Calico acts)은 세 가지 이유에서 역효과를 냈다. 첫째, 캘리코가 금단의 열매가 되자 이를 원하는 소비자의 열망은 더 커졌다. 둘째, 금지에는 필연적으로 밀수가 뒤따르게 마련이라 법안이 통과된 이후 밀수가 점점 심해졌다. 한 소논문 저자는 "영국은 섬나라라 해안가에 물건을 놓고 갈 만한 장소가 수없이 많다"라고 지적했다.[51] 밀수된 캘리코의 대부분은 프랑스와 네덜란드 상인이 구입했지만, 적지 않은 물량이 영국 동인도회사 직원의 행낭을 통해 영국 내부로 유입되었다. 셋째, 법안은 국내 면직물 제조업자들이 선진 날염 기술을 사용할 수 있게끔 일반 천을 대량으로 공급하도록 만들어 제조업자들에게 보탬이 됐다. 특히 마지막 역효과가 방직공들에게 가장 나쁜 영향을 미쳤다. 양모 제조업자들은 오히려 법안 때문에 상황이 악화됐음을 깨달았다.

법안이 통과되기 전에는 인도에서 날염한 캘리코를 부유층만 사용하고 빈곤층은 양모를 계속 입거나 사용했다. 이제 캘리코가 영국에서 날염되면서 가격이 크게 내려가 온갖 종류의 사람들이 걸치고 집을 장식하는 데 사용한다.[52]

물론 과장된 측면도 없지 않다. 원면을 고급 천으로 만드는 과정에 막대한 노동력이 들기 때문에 캘리코 완성품은 여전히 양모나 실크로 만든 의복보다 비쌌다. 1719년 스페인과의 전쟁으로 경기가 침체되어 실크 방직공과 양모 방직공을 절망으로 밀어 넣었다. 그해 6월 10일, 런던의 실크 방직 구역인 스피탈필즈에서 수백 명의 노동자들이 캘리코 판매 상점, 면직물 날염 가게, 운 나쁘게 면 옷을 입고 있는 사람들까지 공격했다. '캘리코 추격자'가 가증스러운 면직물을 착용자의 등에서 벗겨내 부식성 질산 용액에 담근 후 장대에 매달아 들고 거리를 누빈 경우도 있었다. 방직공들은 몇 개월 동안 런던을 공포로 몰아넣었다. 소란은 겨울이 되어서야 잦아들었다. 겨울에는 유행에 민감한 여성들조차 따뜻한 모직물을 걸쳤기 때문이다.[53]

반란자들의 유령은 의회와 새로 들어선 하노버 왕조를 두려움에 빠뜨렸다. 이들은 방직공 무리를 회유할 방법을 논의했다. 방직공들은 다른 문제로도 의회를 포위하고 고함을 치면서 조치를 요구한 바 있었다. 입법 전쟁은 2년 동안 이어졌다. 남해포말사건(South Sea Bubble)으로 경제가 대혼란에 빠지자 1721년 마침내 의회는 인도에서 들여오는 일반 옷감의 수입도 금지시켰다. 면 옷을 입는 것만으로도 범죄였다. 위반자는 5파운드의 과태료를 물어야 했으며, 이 금액은 신고자에게 포상금으로 지급되었다. 이제 실이나 원면만 수입할 수 있었다. 흥미롭게도 의회는 옷감 수입 금지에서 한 가지 예외를 인정했는데, 여성은 유행을 타지 않는 푸른색으로 날염한 경우 수입 면 옷을 착용할 수 있었다.[54]

이 같은 보호주의 조치는 양모 산업과 실크 방직공들에게 불가피하게 역효과를 일으켰다. 18세기 초 캘리코는 고전적인 '고부가가치 상품'이었다. 큰 부자들은 값싼 원면과 소비자들이 원하는 비싸고 부드러우며 가벼운 옷감 사이의 격차를 좁혀줄 존재를 기다렸다. 캘리코 수요가 아직 높았지만 비싼 가격을 치러도 인도산 옷감을 구할 수 없게 되자, 혁신자들은 방적과 방직 과정의 개선을 시도했다.

바라던 혁신은 실제로 일어났다. 1721년 법안이 통과되고 10년 후, 존 케이(John Kay)는 플라잉 셔틀(flying shuttle, 직조 기계의 씨실을 넣는 장치—역주)을 개선하여 방직공의 생산성을 높였다. 이에 실 수요가 증가했는데, 방적 과정은 기계화하기가 더 어려웠다. 1738년 루이스 폴(Lewis Paul)과 존 와이엇(John Wyatt)은 최초의 기계식 방적기를 개발해 특허를 출원했다. 그러나 1760년 중반에 제임스 하그리브스(James Hargreaves), 리처드 아크라이트(Richard Arkwright), 새뮤얼 크럼프턴(Samuel Crompton)의 기계가 발명되고 나서야 상업적 활용이 가능했다(이들은 각각 제니 방적기, 수력 방적기, 뮬 방적기를 발명했다. 뮬 방적기는 앞서 발명된 제니 방적기와 수력 방적기를 혼합한 형태).[55]

경제사학자 에릭 홉스봄(Eric Hobsbawm)은 "산업혁명을 논하는 자는 모두 면직물에 대해 말하는 것이다"라고 지적했다. 거대한 변화의 중심에 있던 새로운 기계의 발명으로 수많은 방적기와 방직기가 쓸모없어졌다. 새로운 공장이 탄생하기 전인 18~19세기에 '기계 파괴' 시도가 일어났다[56]('러다이트(Luddite)'라는 단어는 1810년대 기계 파괴 폭동을 일으킨 것으로 알려진 가상의 지도자 네드 러드(Ned Ludd)의 이름에서 유래했다).

1721년 법 제정 직후 영국 동인도회사에서 인기 수입품은 인도산 실이었으나, 기발한 기계가 발명된 이후에는 원면이 산업혁명의 소재이자 교역품으로 떠올랐다. 1720년대 초 영국 동인도회사가 인도에서 수입한 원면은 150만 파운드였는데, 1790년대 말에는 3000만 파운드로 급증했다.[57]

이후 75년 동안 영국의 면직물 산업은 오늘날 무척 낯익은 다양한 소비자 마케팅 수단을 개발하여 저렴한 신제품의 수요를 끌어올렸다. 패션 잡지, 주기를 단축한 유행, 소매상점의 쇼룸, 새로 닦은 민자 도로와 유료 고속도로를 통해 물건을 공급받는 지역 창고 등이 이 시기에 등장했다.[58]

아시아의 면화 수확량으로는 더 이상 공장 가동에 필요한 수요를 충족시킬 수 없었다. 영국의 공장에서 완성된 옷은 1765년 50만 파운드, 1775년 200만 파운드, 1784년 1600만 파운드로 급증했다. 영국 정착민들은 노예 공급이 원활한 남아메리카와 서인도 제도에서 목화를 심기 시작했다. 하지만 랭커셔의 원면 수요를 맞추기에는 여전히 부족했다. 원면은 제국이 아닌 새로 독립한 미국에서 주로 공급되었다.

1790년 최초의 인구조사 당시 신생 공화국에는 약 70만 명의 노예가 있었다(전체 인구의 약 6분의 1). 하지만 농업이 침체되면서 남부에서는 노예의 수입보다 수출이 더 많은 상황이었다. 그러다 1794년 엘리 휘트니(Eli Whitney)가 조면기를 발명하면서 상황이 급변했다. 원통과 못을 활용하여 섬유에서 씨앗을 효과적으로 분리하는 조면기 덕분에 남부의 광활한 경작지가 영국의 목화 농장으로 변신했다. 이 지역은 브리스틀과 리버풀까지 몇 주 거리에 불과하다는 이점도 있었다(인도에서 아프리카를 돌아 유럽에 닿는 데는 6개월이 걸렸다).

1820년 미국의 목화 수출 물량은 주로 영국으로 향했고, 연간 2억 파운드로 물량이 증가했다. 남북전쟁이 일어나기 직전에는 20억 파운드를 수출했다.[59] 영국은 남부연합이 적극적으로 노예제도를 방어하고 남부에 정착한 스코틀랜드-아일랜드 서민들을 무시하는 데 분개했기 때문에 원칙적으로 연방 편을 들어야 했다. 하지만 '목화왕'(남북전쟁 이전 남부 지역에 유행하던 정치적 슬로건으로, 남부의 실질적 왕은 목화라는 의미―역주)의 사악한 영향 때문에 영국은 남북전쟁 기간 동안 중립을 유지했다.

영국 동인도회사는 17세기에 향료 제도를 네덜란드에 빼앗기면서 인도의 섬유로 눈을 돌렸듯, 18세기에는 완성된 면직물과 실크라는 고수익 무역을 빼앗기자 무게중심을 다시 옮겼다. 이번에는 중국과의 차무역이 새로운 관심 분야였다.

인도는 인종, 종교, 정치 문제로 분열된 나라였기 때문에 유럽인의 개입에 상당히 취약했다. 반면 중국은 인종적으로 통일성이 높고 중앙집권화된 나라였다. 중국인은 서양의 상인들과 적당한 거리를 유지했으며 손목시계, 회중시계, '오르골'(유럽의 음악을 재생하는 물건으로 제국 시대에 일반 가정에서 관심이 높았다) 등 진기한 물건이나 구리 등 중국에 없는 전략적 상품을 제외하고는 서양 문물에 큰 관심이 없었다. 무역 불균형은 19세기 중반 전쟁으로 이어졌고, 양자 간 갈등은 오늘날에도 중국과 서양의 무역 및 정치 문제로 남아 있다.

영국 동인도회사의 중국행 선박은 차 운송에 주력했으며, 속도를 높이도록 고안된 형태였다. 배에는 진귀하면서도 깨지기 쉬운 화물을 보호하기 위해 특별히 제작된 상자가 가득했다. 네덜란드가 말라카를 우회하며 포르투갈인을 피해 갔듯, 영국도 네덜란드를 피하기 위해 해협을 우회했다. 유럽에서 중국으로 향하는 날렵한 선박은 방향을 북부로 틀기 전에 오스트레일리아 남쪽의 서늘하고 노호하는 40도대에 위치한 '늙은 선원'의 경로를 따라갔다. 유럽으로 돌아갈 때는 네덜란드의 감시를 피하기 위해 남동 방향으로 이동하여 망망한 태평양을 건너 뉴기니의 동쪽 끝과 오스트레일리아 북부의 얕은 토러스 해협을 통과했다.

중국이 서양인을 배척했기 때문에 유럽에서는 마르코 폴로 시대 이후에도 중국의 차 재배에 대해 더 자세한 내용을 파악하지 못했다. 생산과정은 단순히 차를 재배하여 잎을 말리는 작업 이상으로 복잡했다. 차는 이미 가공을 마친 뒤 광저우의 부두에 도착했고 그 상태에서 운반되고 저장됐다. 중국인은 생산단계마다 맛을 봤고, 다른 마을과 지방에서 생산한 잎과 혼합했으며, 향이 나는 베르가모트나 톱밥 같은 불순물을 섞기도 했다.

교역 측면에서 커피의 출발은 차보다 한 세기 앞섰다. 네덜란드 동인도회사가 말린 찻잎이 든 화물을 암스테르담에 처음 들여온 것은 1610년경이었다. 영국의 경우 1645년에 수입했으며, 1657년에는 런던 금융 구역에 위치한 개러웨이(Garroway)의 커피하우스에서 차를 팔기 시작했다.[60] 포르투갈의 캐서린 브라간사는 찰스 2세와 혼인했을 때 지참금으로 봄베이뿐 아니라 당시 리스본에 이미 정착된 찻잎 우려내는 문화도 전했다. 영국에서 상업적 성공에 이르려면, 면직물의 경우처럼 왕실을 직접 거쳐야 했다. 그러면 머지않아 귀족이, 하층 귀족이, 야심 가득한 평민이 따라 했다. 1685년 영국 동인도회사는 광저우의 구매자에게 다음을 요청했다.

차는 여기에서 상품이 되었고, 우리는 왕궁의 지위 높은 사람들에게 선물할 기회를 마련할 수 있습니다. 연간 대여섯 통의 최상급 차를 보내주시기를 청합니다.[61]

1700년 중국 소작농들은 차 1파운드에 1페니를 받았는데, 유럽의 상점에서는 3파운드(60실링―역주)에 팔렸다. 그러나 1800년에는 판매 가격이 95퍼센트 하락한 3실링에 불과했으므로 대다수 시민들이 차를 즐길 수 있었다. 1700년에 가장 부유한 사람들만 차를 마셨다면, 1700년대 중반에는 (존슨 박사를 포함한) 부르주아 대다수가 일상적으로 차를 즐겼다. 1800년에 이르면 심지어 구빈원에서도 차를 마실 정도였다.

　가격이 하락했어도 판매 물량이 증가했으므로 동인도회사는 손실을 입지 않았다. 18세기 소비량은 연간 50톤에서 1만 5000톤 규모로 급증했다. 차는 대부분 파리와 보스턴으로 재수출되었으나 영국인도 1인당 연간 1~2파운드를 소비했다. 영국 동인도회사는 파운드당 1실링의 이익을 남긴 것으로 추정된다. 대단한 이익률은 아니었지만 연간 수천 톤이 소비되었기 때문에 영국 사회의 모든 계층에서 증오와 질시를 얻기에 충분했다. 왕조차 동인도회사에 적개심을 품어 영국에 도착하는 가격의 최대 100퍼센트를 세금으로 부과했다. 영국인이 차에 중독될수록 왕은 차 수입으로 생기는 세금에 중독되었다.

　관세가 높으면 밀수를 피할 수 없었다. 잉글랜드의 남부 해안과 웨스트컨트리는 밀수 차의 천국이 되었으며, 프랑스 상인들은 채널 제도를 선호했다. 대개 현지 중개인들은 대기하고 있는 해외 선박으로 노를 저어 가서 불법 화물을 구매했고 밀수품을 동굴, 성, 살림집, 교회 지하실에 숨겼다. 외국을 여행하는 여성들은 속치마에 주머니를 만들었다. 영국에서 소비되는 차의 4분의 3은 밀수품이었으며, 밀수 비율이 영국보다 높은 곳은 아메리카 식민지뿐이었다. 18세기 중반 차 밀수업자와 세관원의 갈등은 전쟁에 가까웠다. 한 밀수업자의 묘비에는 다음과 같은 구절이 새겨졌다.

약간의 차, 내가 훔치지 않은 잎 한 장
무고한 피 흘림을 신께 탄원하겠네
저울 한쪽에는 차를, 다른 쪽에는 사람의 피를 놓고
무해한 형제를 살해하는 일에 대해 생각해보게.[62]

아이러니하게도 밀수업자들이 찻값을 크게 떨어뜨린 덕분에 소비가 증가했다. 마침내 1784년 정부도 사태를 직시하고 관세를 120퍼센트에서 12.5퍼센트로 낮췄다.

하지만 18세기 차 수입의 폭발적 증가를 영국 동인도회사의 천재적 마케팅이나 밀수업자의 기여로만 돌릴 수는 없다. 원산지인 중국에서는 찻값이 상대적으로 저렴했기 때문에 손잡이가 없는 잔에 미지근한 물을 부어서 마셨다. 일본에서는 차가 비쌌기 때문에 훨씬 중요한 의식을 거쳤다. 유럽에서는 서양인의 입맛에 맞게 설탕을 녹여 넣기 위해 뜨거운 물을 사용했다. 이러한 관습에는 새로운 발명품이 필요했다. 바로 손잡이였다.

손잡이 없는 중국 잔은 겹쳐 쌓기가 쉬웠고, 바닥짐으로 쓸 수도 있었으며, 싼값에 판매되었다. 나중에 잔에 손잡이가 추가되었고, 18세기 중반에는 손잡이 장인들이 유럽의 주요 대도시마다 활동했다. 조시아 웨지우드(Josiah Wedgwood) 같은 유럽의 장인들이 고급 자기를 생산할 수 있는 비밀을 밝혀내기 시작했다. 웨지우드는 마케팅에도 천재적 능력을 발휘하여 자신의 솜씨를 알렸다.

음료와 컵의 변화와 더불어 차 소비가 증가했고, 영국인의 일상 흐름에도 변화가 일어났다. 영국인은 사회 활동에 관련된 행사로 하루를 마무리했으며, 우아한 분위기의 가정집에서부터 초라한 작업장에 이르기까지 대화가 흘러넘쳤다. 유행을 선도하는 귀족층은 한때 귀족의 전유물이던 문화를 하층민도 공유한다는 사실에 놀라면서도 분개했다.[63] 1757년 한 관찰자는 이렇게 비웃었다.

노동자와 정비공이 귀족을 흉내 낼 것이다. 하인들의 하인들, 밑바닥의 거지들도 중국이라는 먼 나라에서 생산된 음료를 마시지 않고는 만족하지 않을 것이다.[64]

차와 설탕의 역사는 서로 얽혀 있으며 소비량이 나란히 증가했다. 설탕 생산자들은 차 소비가 자신들의 이익에 부합한다는 사실을 깨닫고 차 마시기를 장려했다. 영국 동인도회사 역시 설탕에 같은 입장을 취했다. 18세기에는 영국에서 수천 킬로미터 떨어진 곳, 지구 반대편에서 생산되는 차와 설탕이 귀족부터 하층민에 이르기까지 공통적으로 애용하는 필수품으로 자리 잡았다.

설탕의 역사를 이해하려면 먼저 카리브해의 역사를 알아야 한다. 1492년 이후 스페인은 카리브해를 자국의 영토라고 주장했으나 네덜란드, 영국, 프랑스는 수백 년 동안 이 지역을 스페인의 손아귀에서 빼앗기 위해 노력했다. 1559년 프랑스와 스페인은 카리브해가 '한계를 넘는' 지역에 속한다는 데 합의했다. 즉 세계의 다른 나라에서 카리브해에 대해 어떤 조약이나 합의를 이루든 그 적용을 인정하지 않는다는 것이었다. 누구나 차지할 수 있었다는 점에서 카리브해는 1600년대와 1700년대의 황량한 서부나 마찬가지였던 셈이다. 이러한 거부할 수 없는 매력에 전 유럽의 모험가들이 몰려들었다.

하지만 중세 후기에 카리브해는 열대 낙원이라기보다 탐욕과 잔혹행위가 난무하는 홉스의 무질서 사회에 가까웠다. 서쪽으로 항해하는 유럽인은 고국의 조약 의무를 무시했을 뿐만 아니라 일반적인 행동 규범의 경계도 넘어섰다. 이러한 일탈은 음주와 과소비 말고도 원주민이나 노예 또는 서로를 향한 폭력 등 과잉 행동이 빈발한 데서 잘 드러났다. 프랑스인은 더 이상 죽일 만한 네덜란드인, 스페인인, 영국인을 찾지 못하자 비로소 같은 나라 출신끼리 친절을 베풀었다. 당대의 시각으로는 카리브해에서 영국이 처음으로 취한 조치란, 드레이크와 그의 사촌 호킨스 등의 해적 무리가 포르투갈과 스페인 선박을 약탈하거나 노예를 유럽 농장주들에게 팔아넘긴 수준에 불과했다.

전통적으로 지리학자들은 카리브해 제도를 대앤틸리스(쿠바, 히스파니올라, 푸에르토리코, 자메이카)와, 수많은 작은 섬이 남쪽에서 베네수엘라를 향해 굽어 있는 소앤틸리스로 나눈다. 스페인은 신속하게 대앤틸리스에 정착했는데, 후미진 이곳은 훨씬 부유한 멕시코와 남아메리카의 그림자 역할을 했다. 이어 프랑스, 네덜란드, 영국이 남아 있는 소앤틸리스를 차지했다. 스페인은 이러한 작은 땅덩어리에 직접적인 이해관계가 없었지만 가볍게 무시할 수 없었다. 멕시코와 남아메리카에서 은을 싣고 이동하는 보물선이 고국으로 돌아가려면 이 전략적이고 좁은 수로를 통과해야 했기 때문이다.

영국은 1623년 세인트크리스토퍼(오늘날 세인트키츠)라는 작은 섬을 차지하면서 카리브해에 진출했다. 곧 프랑스에 빼앗겼지만 외교적 수단을 발휘하여 되찾았다(한 세기 후 알렉산더 해밀턴(Alexander Hamilton)이 인근 네비스에서 태어났다). 1627년 영국은 땅덩어리가 더 넓고(430제곱킬로미터) 사람이 살지 않는 동쪽의 외딴섬 바베이도스에 자급용 작물을 심기 시작했다.

1625년 왕은 바베이도스를 서로 경쟁 관계에 있던 '특허장 소유자' 윌리엄 쿠어틴(William Courteen)과 칼라일 백작에게 하사했다. 백작이 1630년경 최종 승리를 거뒀고, 땅을 764명의 정착민에게 30~1000에이커로 차등하여 배분했다. 최초의 이주 농민들은 자급용 작물 외에 환금작물도 심었는데, 그중 가장 중요한 작물이 담배와 목화였다.

새로운 지주들은 유급 노동자나 고용계약을 맺은 직원들을 영국에서 데려오면서, 계약 기간이 끝나면 10에이커 정도의 토지를 지급하기로 약속했다. 초기에는 약속이 대부분 지켜졌다. 하지만 1630년대가 되자 더 이상 나눠줄 토지가 없었다. 새 이민자들은 토지를 찾아 다른 섬으로 떠나거나, 바베이도스에 남거나, 빈손으로 영국에 돌아가야 하는 유쾌하지 않은 선택의 상황에 직면했다.

처음에는 바베이도스 사회도 영국 사회와 크게 다르지 않았다. 다른 점이 있다면 노예가 일부 존재한다는 정도였다. 1640년경 주민들은 유럽의 설탕 수요가 급증한다는 사실에 주목했고, 일치단결하여 수리남에서 들여온 사탕수수를 심기로 결정했다.

마침 운도 따랐다. 네덜란드 침입자들이 네덜란드 서인도회사의 독점과 무관한 설탕 무역에 개입할 요량으로 카리브해에 나타나, 프랑스

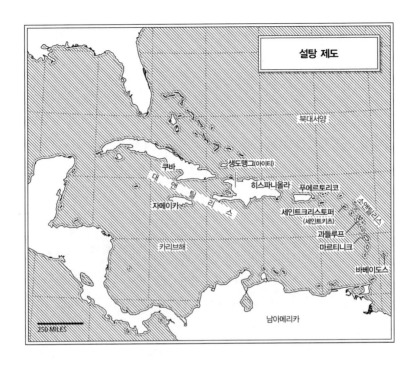

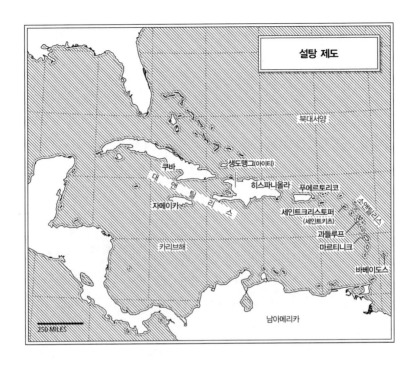

설탕 제도

북대서양

쿠바

생도맹그(아이티)

자메이카

대앤틸리스

히스파니올라

푸에르토리코

세인트크리스토퍼
(세인트키츠)

소앤틸리스

과들루프
마르티니크

카리브해

바베이도스

250 MILES

남아메리카

와 영국 정착민들에게 설탕 재배와 노예에 관한 전문 지식을 전수했
다. 1645~1654년 포르투갈 정착민들이 브라질에서 서인도회사를 몰
아내면서 지원이 이어졌다. 포르투갈 가톨릭교도가 새로 정복한 식민
지에 머물 생각이 없던 네덜란드-포르투갈계 유대인 농장주들이 카리
브해로 옮겨 와 기술을 전파한 것이다.

바베이도스에 진출하고 수십 년 만에 처음으로 영국의 농민들과 고
용인들은 대부분의 땅을 개간하고 사탕수수를 심었다. 1660년에는 버
지니아나 매사추세츠보다 더 많은 제곱마일당 400명이 정착했는데,
영국 인구밀도의 네 배에 달하는 수준이었다. 이 지역은 세계 최대의
사탕수수 생산지가 되었고, 영국에서 소비하는 양의 3분의 2를 공급했

다.[65] 이 작은 섬은 어떻게 브라질이나 대앤틸리스와 어깨를 견줄 수 있었을까? 답은 사탕수수 재배에 적합한 토양과 바람 그늘 쪽에서 이용 가능한 풍력에서 찾을 수 있으며, 상대적으로 허리케인의 피해를 덜 받는다는 이점도 있었다. 신용이 자본주의 의식을 가진 영국 농민들에게 발생했다는 점도 중요했다. 농민들은 자기 토지를 보유하거나 임차료를 지주에게 지불했으며, 직접 노동자들을 고용하고 남은 이익을 챙겼다. 반면 브라질에서는 온정주의 소작 모델을 활용하여 소농들이 사탕수수를 지주의 공장에 전달하는 대가로 공장에서 생산된 정제 설탕의 일부를 받는 식이었다.[66] 설탕 가격이 뛰자 바베이도스 토지에 프리미엄이 붙어 농민들이 자급용 작물을 심을 토지가 부족해졌고 식량을 수입해야 했다. 이러한 패턴은 나중에 카리브해 설탕 제도 전반에서 반복되었다.

모든 면에서 바베이도스는 영국인을 사로잡았다. 비옥한 토양에서는 사탕수수가 풍부하게 생산되었고, 서늘하고 완만하게 경사진 고지대는 정착민들에게 영국의 지형을 떠올리게 만들었다. 초기에 정착한 리처드 라이곤(Richard Ligon)은 처음 바베이도스에 도착했을 때 기뻐하며 다음과 같이 기록했다.

가까이 다가갈수록 아름다운 풍경이 펼쳐졌다. 키가 크고 거대하며 우뚝 선 나무가 가지를 넓게 뻗고 싱싱하게 자라난 모습이 아름다움과 장대함을 더했다. 고맙게도 시원한 그늘까지 만들어주었다. 농장이 연이어 펼쳐진 모양새가 여러 층으로 쌓아 올린 장대한 건물과도 같았고 우리에게 큰 기쁨을 안겨주었다.[67]

북동 무역풍은 사탕수수 분쇄기를 가동할 수 있도록 안정적으로 풍력을 제공했으며, 1660년에는 그림 같은 풍차가 수백 곳에 점점이 들어섰다. 하지만 정착민들을 매료시킨 요인은 심미적 특성과 다소 거리가 있었다. 섬은 세계에서 가장 부유한 장소가 되었고, 농장주들은 화려한 전설이 되었다.

신세계의 사탕수수 농장이 각광을 받기 전에는 먼 지중해와 대서양 동부의 제도에서 '무스코바도'(정제하지 않은 흑설탕—역주)를 큰 통에 담아 영국의 정제 공장으로 실어 날랐다. 공장에서 마지막 공정을 거치면 소비자들이 열광하는 고운 백설탕이 생산됐다. 그런데 바베이도스의 생산량이 증가하면서 농장주들은 정교한 결정화 기술을 익혔고 유럽의 정제 공장을 우회했다. 영국의 정제업자들은 이번에도 국익을 앞세워 보호주의 논리를 펼쳤다.

한 척 분량의 백설탕 대신 세 척 분량의 황설탕을 실어 올 수 있다. 이는 우리 선원들을 계속 보호할 수 있는 방법인가? 영국에서 정제는 농장이 생겨나기 이전부터 존재했으므로 저들에게 정제를 빼앗겨서는 안 된다.[68]

하지만 정제업자들은 근심할 필요가 없었다. 바베이도스의 설탕 생산업자들은 이내 백색 금(설탕)에서 눈을 돌려 사탕수수에서 생산되는 럼주에 주목했다. 럼은 곧 이 섬을 가리키는 동의어로 자리 잡았다. 달콤한 럼주는 바베이도스 노예들이 정제 과정에서 나온 부산물인 당밀을 발효시켜 탄생했다. 이내 아프리카에서 영국 브랜디보다 럼을 찾는 수요가 더 커졌다. 오래 지나지 않아 카리브해 상인들은 럼을 실은 선박을 기니만으로 보내 노예와 교환했다. 바베이도스의 농장주들은 공장에 럼을 생산하도록 지시했다. 18세기 들어 바베이도스는 자메이카, 생도맹그(오늘날 아이티), 리워드 제도보다 설탕 생산량이 적었음에도 카리브에서 가장 부유한 장소로 남을 수 있었다.[69]

일부 초창기 정착민들은 계속 섬에 남아서 새로운 재배자들을 맞아들였으나, 많은 이들은 재산을 처분하고 영국으로 돌아갔다. 1640년대에는 열 배의 이익이 남았다. 초기 정착민들이 떠난 후 찾아온 이들은 1620~1630년대에 열대우림을 베고 농토를 일구던 용맹한 자작농들과 달랐다. 바베이도스 사탕수수 농장의 적정 규모는 약 200에이커(약 80만 제곱미터)였으며, 이 정도가 되어야 공장이 경제성을 갖췄다. 1650년 이후에는 토지 가격이 점점 올라서 신용공여가 필요했다. 섬에 새로 도착한 많은 이들은 토지 귀족의 가난하지만 신용도가 양호한 젊은 자제들이었고, 이제 막 영국 내전에서 벗어난 이들이었다. 토머스 모디포드(Thomas Modyford)가 대표적 인물이었다.

그는 항해에 성공하여 그곳에서 일자리를 얻고 설탕으로 10만 파운드를 벌기 전까지는 영국 쪽을 바라보지도 않겠다고 굳게 결심했다.[70]

영국은 바베이도스에서 생산되는 풍부한 설탕으로 입맛이 돌았고 카리브 제도의 다른 지역에도 눈을 돌렸다. 이제 카리브해에서 가장 좋은 몫을 차지하고 있던 스페인과의 갈등이 불가피했다. 영국은 마침내 바베이도스보다 26배 큰 자메이카에 발을 디뎠다. 1655년에는 자메이카의 주요 섬을 공격했고 해적과 영국 상비병들이 도시를 여러 번 불태웠다. 그해 영국 군인들은 (펜실베이니아 건설자의 아버지인 윌리엄 펜William Penn 제독의 지시로) 섬을 침략했고, 1658년에 마지막 스페인인을 몰아냈다. 그 순간부터 영국은 자메이카를 설탕 저장고로 만들기 위해 애썼으며, 한때는 아프리카 노예 매매의 3분의 1이 이 지역에서 이루어졌다.[71]

바베이도스의 전성기는 오래가지 않았다. 1680년 이후 설탕 가격과 영국의 관세가 하락하고 바베이도스의 토양과 삼림 파괴로 농장의 생산량이 줄어들자 많은 농장주들이 신세계의 초원으로 터전을 옮겼다. 이미 세계 최고의 부자가 된 모디포드도 자메이카로 옮겨 총독에 올랐다. 다른 이들은 부동산 소유주로서 영국으로 돌아가 18세기 문학에 끊임없이 등장하는 벼락부자의 원형이 되었다. 또 다른 집단은 더 넓고 유망한 곳, 오늘날 사우스캐롤라이나라고 부르는 지역으로 옮겨 갔다. 새로운 땅에서 정착민들은 이전에 누리던 농장 사회를 다시 건설했다. 이 바베이도스 유산은 북아메리카 대륙의 노예 집약적 사회 대부분에 남았으며, 정치적으로는 수백 년 후 섬터 요새와 스트롬 서먼드(Strom Thurmond, 인종 격리 정책을 주장한 미국 정치인—역주)를 통해 나타났다.[72]

신세계에서 '한계를 넘는' 지역에 관련된 포르투갈인, 영국인, 네덜란드인은 인류 역사상 노예 노동력을 가장 많이 소비한 3대 세력이었다. 사실 노예제도는 플랜테이션 경제의 실행 계획에 원래 없었을뿐더러 예상치도 못한 결과였다.

사탕수수 재배에는 막대한 노동력이 들어가기 때문에 유럽 본국에서 공급되는 인력으로는 부족했다. 역사학자 리처드 S. 던(Richard S. Dunn)

은 영국령 카리브해에서 일어난 사건을 설명했다. "약탈은 치명적일 정도로 간단했다. 영국의 빈곤한 노동력을 착취한 후 식민지 노예를 착취했고 흑인 아프리카인을 노예로 만들기 위해 납치자와 재소자를 유혹했다."[73]

영국령 카리브해의 초창기 사탕수수 밭에서 일하던 노동자들은 백인의 자유인이었다. 하지만 17세기 후반에는 농장 일꾼의 3분의 1이 죄수였다.[74] 브리스틀이나 리버풀 거리에서 청년들이 납치되어(근대의 'shanghaied(강제로 시킨)'라는 단어와 유사하게 'barbadosed(바베이도스화)'라는 표현이 등장할 정도였다) 사탕수수 밭에서 노동하도록 끌려갔다는 말이 심심찮게 들려왔다. 하지만 영국 노동자들은 건방지고 비협조적인 경우가 많았다. 최상의 환경에서도 농장에 몇 년 머물다 고용계약과 복역 기간이 끝나거나, 인내심이 바닥나거나, 생활이 파멸에 이르면 떠나버렸다. 근본적인 해결책이 필요했다.

1640년경 바베이도스의 농장주 무리는 브라질의 네덜란드 농장을 방문했다가 흑인 노예 노동력의 이점을 목격하고 깊은 인상을 받았다. 아프리카인은 수천 년 동안 기량을 인정받은 농사꾼들이었다. 쟁기와 괭이를 다루는 솜씨도 훌륭했지만 영국인과 달리 열기에 익숙했으며, 설탕 제도의 사망률에 크게 기여한 황열병과 말라리아에도 강했다. 무엇보다 영국의 자유노동자보다 초기 투자 비용과 유지비가 훨씬 적게 들었다. 1660년 이후 농장의 노동자 수가 수십 명 수준을 유지하다가 아프리카인이 유입된 이후 수백 명으로 늘어난 경우가 대부분이었다.[75]

처음에는 서아프리카 해안에 익숙한 포르투갈인이 카리브해 영국인의 노예 수요를 채워줬다. 하지만 이내 영국인이 노예무역에 직접 뛰어들었다. 1660년 왕정복고 4개월 만에 찰스 2세는 아프리카 무역을 수행할 독점기업을 설립하고 '아프리카행 왕립 모험가들'이라는 화려한 이름을 붙였다. 주주로 왕족 대부분과 샌드위치 경, 애슐리 경이 참여했는데 이념적으로 모순되게도 이 귀족들은 철학자 존 로크(John Locke)의 주된 후원자이자 보호자였다. 회사는 아프리카의 주요 수출품인 금에 관심이 컸지만 바베이도스로 수천 명의 노예를 운반하기도 했다.

만성적 경영난에 시달리던 회사는 1672년 해체되었으며, 훨씬 강력한 독점 집단인 '왕립 아프리카 회사(RAC)'가 바통을 이어받았다. 이번에는 노예무역의 막대한 이익에 대해 애슐리 경의 언질을 받았는지 로크도 소액주주로 참여했다. 왕실과 관련되어 있던 RAC는 1688년 명예혁명 이후 제 기능을 하지 못했고 10년 후에는 독점권을 상실했다(독점은 기한이 중요한데 RAC는 그런 면에서 허술했다. 찰스 2세는 무려 1000년 동안 아프리카와 교역할 수 있는 독점권을 회사에 부여했다). 노예 독점권을 상실한 후 RAC는 노예 판매 대금에서 10분의 1에 해당하는 로열티를 징수했다. RAC는 17세기에 그 존재가 희미해지기 전까지 노예 7만 5000명을 대서양 반대편으로 실어 날랐다. 그중 6분의 1은 여행 도중 사망했다(백인 선원들의 사망률이 더 높았을지도 모른다. 이들은 노예보다 열대 질병에 취약했을 뿐만 아니라 대체 비용이 덜 들었다).[76]

이어 수백만 명이 무역선에 올랐다. 노예에 대한 종교적·문화적 제약이 없던 시기조차 노예를 잡아서 포박하고 운반하는 일은 어렵고 돈이 많이 들었다. 처음에 흑인 노예 대부분은 노예 상인이 아닌 적대 관계에 있던 부족의 병사들에게 붙들렸다. 유럽인은 질병에 취약했기 때문에 아프리카 노예 해안에는 일시적으로 방문한 선원과, 영구적으로 머물면서 현지 통치자들을 선물과 뇌물로 다루는 데 능했던 일부 중개인 등 최소한의 수만 머물렀다.

노예 항구의 원주민은 같은 인종의 형제들이 비인간적 대접을 받는 것을 원치 않았다. 때문에 노예로 잡힌 자들을 해안으로 데려가기 전에 여러 번 이동시켜야 했다. 아프리카의 간수들에게 다른 부족이라는 점을 확인시키기 위해서였다. 19세기까지 포르투갈인, 영국인, 네덜란드인, 프랑스인은 '인간 화물'을 어떻게 확보하는지 제대로 알지 못했고 노예들의 거주지가 정확히 어디였는지 모르는 경우도 흔했다. 유럽인이 직접 노예를 잡으려 해도 오랫동안 그 땅에 머물 수가 없었다. RAC의 기록에 따르면 아프리카에 머물렀던 유럽인의 60퍼센트가 첫해에 사망했으며, 7년째 되던 해에는 80퍼센트가 사망했고, 10년째에는 오로지 10퍼센트만 생존해서 돌아왔다.[77] 노예제도 분야의 저명한 역사학자인 데이비드 브리온 데이비스(David Brion Davis)는 다음과 같이 주장했다.

유럽인이 직접 아프리카인을 노예로 잡아 왔다는 신화가 오랫동안 퍼져 있었다. 열대 질병에 극도로 취약한 선원들 소수가 고국의 지원도 없이 1100~1200만 아프리카인을 납치할 수 있었을 리 만무하다.[78]

유럽인은 노예 대금을 어떻게 지불했을까? 주로 옷감으로 값을 치렀다. RAC의 기록에 따르면 1600년대 후반에 아프리카로 향하는 교역품의 4분의 3이 옷감이었으며, 대부분 영국에서 제조되었으나 인도산

캘리코도 일부분을 차지했다. 옷감 이외에는 원철, 화기, 개오지 조개 껍질 등이 포함되었다.[79]

교역품을 노예와 바꾼 후에도 잔혹 행위는 이어졌다. 배에서는 노예 한 사람당 4제곱피트(약 0.4제곱미터)가 할애되었는데, 이는 승객이 가득 찬 지하철이나 상업 여객기에서 한 사람이 차지하는 공간과 유사하다. 하지만 노예 무역선에는 위생 시설이나 환기 시설, 무더운 환경에서 쉴 공간이 없었으며 이 상태에서 몇 분이나 몇 시간이 아닌 몇 주를 이동했다. 노예 무역선을 휩쓸던 전염병이 돌지 않는 우호적인 환경에서조차 노예들은 자신이 배출한 오물이 흥건한 장소에서 다른 노예와 포개진 상태로 이동했다. 불쾌한 소화기 질환, 사슬과 고정된 자세 때문에 벌어지고 곪은 상처 등 대서양을 횡단하는 노예 무역선의 환경이란 인간의 상상을 초월했다. 알렉산더호라는 노예 무역선의 선원은 의회 증언에서 다음과 같이 밝혔다.

노예를 배에 실을 때 공간을 최대한 활용해서 집어넣었다. 한 사람에게 주어진 공간은 길이나 너비가 관 하나 크기에도 못 미쳤다. 자세를 틀거나 바꾸는 일은 불가능했다. 상황이 좋지 않을 때의 장면은 상상도 못 할 만큼 끔찍하고 역겨웠다. 알렉산더호의 갑판은 피와 점액으로 뒤덮여 마치 도축장 같았다. 악취와 더러운 공기 때문에 숨을 쉴 수도 없었다.[80]

노예무역만큼 우리의 감정을 짓누르는 주제도 없다. 최근까지만 해도 노예무역의 규모, 나라, 사망률 추정치에는 객관적 사실보다 자료를 조사하는 주체의 이념적 필요가 반영된 경우가 많았다. 1950년 이후에야 노예무역이라는 주제가 진지한 역사적 조사 대상이 되었고, 필립 커틴(Philip Curtin)과 데이비드 엘티스(David Eltis) 같은 학자들은 의미 있고 정확한 자료를 확보하기 위해 애썼다.

이들이 제시한 데이터는 놀라웠다.[81] 1519년부터 노예무역이 막을 내린 1860년대 말까지 950만 명의 아프리카 노예가 신세계로 이동했다. [그림 10-2]는 해마다 대서양을 건넌 인구를 나타낸다. 중간 항로의 사망률은 15퍼센트 정도로 추정되는데, 이는 곧 1100만 노예가 아프리카를 떠났음을 의미한다.

중간 항로에서 살아남은 950만 명 대부분은 사탕수수를 베고 분쇄하고 가열하는 작업을 했다.[82] 노예의 80퍼센트가 브라질과 카리브 제도로 이동했으며, 나머지의 대다수는 스페인령 북아메리카와 남아메리카로 향했다. 1580년에 비자발적 이주를 당한 인구가 얼마나 많았는지

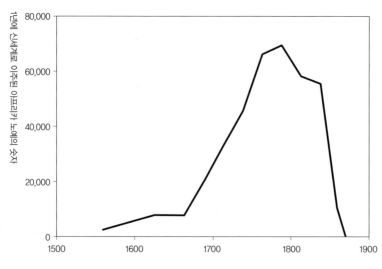

[그림 10-2] 대서양 항로의 연간 노예무역 규모

신세계로 향하는 항해자의 절반 이상이 노예였다. 1700년에는 그 비중이 4분의 3으로, 1820년에는 90퍼센트로 뛰었다. 아메리카 대륙의 정착은 흑인 노예가 아니었다면 불가능했던 것이다. 1820년 이전에는 대서양을 건넌 인구의 77퍼센트가 흑인 노예였다.[83] 19세기 중반 이후에 노예제도가 불법화되고 나서야 백인이 이주자의 대부분을 차지했다.

놀랍게도 영국령 북아메리카 식민지에 도착한 노예는 40만 명(4.5퍼센트)에 불과했다. [표 10-1]에는 신세계에 도착한 노예의 목적지별 비중과 1950년 현재 그 후손들의 비중이 요약되어 있는데 이상한 점이 보일 것이다. 우선 미국과 캐나다에 도착한 노예가 전체의 20분의 1도 안 되지만 노예의 후손들 가운데 거의 3분의 1이 양국에 거주하고 있다. 카리브 제도에서는 반대 현상이 일어났다. 전체 노예의 5분의 2가 이 지역으로 향했지만 현재 노예의 후손 가운데 5분의 1만 카리브 제도에 거주하고 있다. 카리브 제도에서 노예 인구를 유지하는 일이 그만큼 어려웠다는 의미다.

그렇다면 노예 인구는 어떻게 캐나다와 미국에서 증가할 수 있었을

	신세계로 수입된 노예의 비중 (1500~1880년)	신세계에 거주하는 아프리카인 후손의 비중(1950년 현재)
미국 및 캐나다	4.5%	31.1%
멕시코 및 중앙아메리카	2.4%	0.7%
카리브 제도	43.0%	20.0%
브라질	38.2%	36.6%
기타 남아메리카	11.8%	11.6%

[표 10-1] 1500~1880년 신세계의 노예 수입 비중과 1950년 현재 후손 인구 비중

까? 답은 영국령 북아메리카의 대부분 지역에서는 치명적 작물인 사탕수수를 재배하지 않았다는 데 있다. 사탕수수를 베고 분쇄하며 가열하는 작업은 몹시 고됐으므로 수백만 명의 아프리카인이 조기에 사망했다. 그들 중 대다수는 남성이었는데, 농장에서는 힘센 남성의 노동력이 중요했기 때문이다. 바베이도스, 자메이카, 윈드워드, 리워드 등의 설탕 제도와 생도맹그에서 벌어진 일은 전무후무했으며 앞으로도 그래야 한다. 이 사회에서는 거주자의 대부분이 아프리카 흑인이었으며 주로 한 가지 상품만을 생산했다. 따라서 설탕 제도는 식량과 대다수의 필수 품목을 수입에 의존했다. 또한 노예들이 과로, 영양실조, 질병에 심각하게 유린당했기 때문에 노동력을 유지하기 위해 지속적으로 새 노예를 공급받았다.

이들은 중동의 가정이나 하렘에서 부리는 노예와 달랐다. 중동에서 노예들은 식구의 일부로 대접받는 경우가 많았으며 자기 사업을 할 수도 있었다. 개종과 복무를 통해 해방을 얻고, 심지어 권력을 누리는 자리에 오를 수 있었던 맘루크와도 달랐다. 설탕 제도의 노예들은 가혹한 열기 가운데 들판과 공장에서 시간·분 단위로 사나운 주인의 감시를 받으며 생명을 위협받는 작업에 매달렸다.[84]

'분쇄 계절'은 더 치명적이었다. 사탕수수를 잘라낸 후 24시간 안에 분쇄해서 가열하지 않으면 즙액이 시어졌기 때문에 들판, 3기통 분쇄기, 지옥 같은 보일러실을 시시각각 이동하며 등골이 빠지는 작업을 진행해야 했다. 그래서 신체 건장한 남성 노예가 비싼 값에 팔렸다. 다시 말해 섬에는 여성 노예가 상대적으로 부족했다. 자연스럽게 출산율이 하락했는데, 이는 여성 노예가 적어서이기도 했지만 성비 불균형으로 인한 사회적 불안도 문제였다. 게다가 농장 소유주들에게 노예의 자식들은 쓸모가 없었다. 경제적으로 이익을 내기까지 10년 이상 키워야 하기 때문이었다. 3~4년 동안 부릴 수 있는 건장한 남성 노예들을 데려오는 편이 훨씬 나았다. 노예 아이들은 기피 대상이었기 때문에 유아들은 성인 대비 20분의 1 내지 10분의 1 가격에 팔렸다.[85]

농장에서의 사망은 설탕 업계에서 늘 일어나는 일이었기에 사탕수수 의존도가 높은 식민지에서는 노예 인구를 유지하는 일이 가장 어려웠다. 사탕수수 재배가 많지 않던 영국령 북아메리카에서는 흑인 인구의 증가세가 백인 인구와 맞먹었다. 북아메리카의 노예는 사망률이 낮았는데, 한 가지 예외가 북아메리카에서 사탕수수를 재배하던 소수 지역인 남쪽의 루이지애나였다. 마찬가지로 브라질 노예의 높은 사망률에서 예외인 지역은 미나스제라이스였다. 이 지역은 커피와 유제품 같은 '손쉬운' 노동에 의존하던 곳이었다.[86]

치명적인 '설탕 인구통계'에서 오늘날 미국 및 캐나다와 반구의 나머지 지역 흑인 인구 간 문화적 차이를 쉽게 확인할 수 있다. 영국령 북아메리카에서는 인구 증가율이 높아 아프리카 노예를 추가로 공급할 필요가 없었다. 1800년 이후 미국 남부의 노예들 사이에서 상대적으로 출산율이 높고 사망률이 낮아 농장 소유주들은 아프리카에서 노예를 수입하지 않았다. 1808년 남부인이 장악한 미국 의회에서 노예제 폐지가 손쉽게 통과된 이유도 여기에 있다. 아메리카의 노예무역 폐지는 카리브해와 브라질의 경쟁자들에게 치명타를 가했다. 1808년 북아메리카 노예의 대다수는 신대륙에서 출생한 인구였으며, 남북전쟁 당시에는 아프리카의 문화를 희미하게 기억하는 정도였다.[87] 반면 카리브 제도와 브라질은 아프리카에서 지속적으로 노예를 들여왔다. 신세계 농장 사회의 마지막 보루였던 쿠바에서는 20세기까지도 요루바어가 널리 통용됐으며, 지금도 카리브해 문화에 아프리카의 영향이 깊이 남아 있다.

17~19세기 신세계에서 유럽으로(커피, 면직물, 설탕, 럼, 담배), 유럽에서 아프리카로(섬유를 비롯한 제조품), 아프리카에서 신세계로(노예) 대서양을 횡단하여 일어난 '삼각무역'이라는 상거래에 대해 대부분 학생들이 배운다. 하지만 전체 그림을 지나치게 간소화하는 과정에서 단거리 교역은 무시되었다. 예를 들어 영국 선박은 자메이카에서 필라델피아로 인디고 염료를 싣고 간 다음 옥수수를 선적하여 런던까지 나르고, 런던에서는 양모를 실어 르아브르로 이동하고, 거기서 프랑스 실크를 실어 아프리카 노예 해안으로 떠났을 것이다.

한편 동양에서는 일이 순조롭게 흘러가지 않았다. 영국인은 캘리코에 열광했고 차에 취했지만, 자급자족하고 자기만족 상태인 중국인의 물건과 교환할 만한 교역품을 찾기가 만만치 않았다. 대서양에서처럼 원활히 진행되는 체계가 필요했다. 대서양 삼각무역의 한 축이던 노예무역이 이후 수백 년 동안 인종 관계를 악화시켰듯, 19세기 인도 및 중국과의 불평등한 교역은 오늘날까지도 동양과 서양의 관계에 지대한 영향을 미치고 있다.

11장

자유무역의 승리와 비극

앞으로 수백 년 혹은 1000년 동안 중국이 서양과의 갈등 속에서 위험에 처하지 않을까 근심하는 데는 이유가 있다.
—중국 황제 강희제, 1717년 광둥에서 영국의 존재를 경고하며[1]

1802년 3월 30일, 윌리엄 자딘(William Jardine)이라는 18세의 스코틀랜드 청년이 중국으로 향하는 브런즈윅호의 외과 의사 조수 자격으로 승선했다. 자딘은 영국 동인도회사에 소속되어 장래가 유망한 청년의 전형이었다. 그는 스코틀랜드 고지대의 농민이었던 변변찮은 출신의 아버지가 일찍 사망한 이후 형의 도움으로 에든버러의 의과대학에 진학했다.

당시 동인도회사 선박에 오르는 것은 흔히 누릴 수 있는 호사가 아니었다. 회사에서 주는 급여 자체는 자딘의 경우 두 달에 5파운드 수준(오늘날 가치로 약 800달러)으로 대단치 않았지만, 선원에게 할당되는 '특권이 부여된 톤수'에서 이익을 볼 수 있었다. 동인도회사는 외과의 조수에게 2톤, 외과의에게 3톤, 선장의 경우 떠나는 길에 56톤과 돌아오는 길에 38톤의 화물을 책정했다. 동인도회사 무역선의 선원은 자신이 받는 수당을 톤당 20~40파운드에 민간 상인에게 빌려줄 수 있었지만, 자딘처럼 진취적인 선원들은 자기 계정으로 훌륭한 성과를 낼 수 있었다. 나중에 근대 세계에서 손꼽히는 무역 제국을 설립하는 이 청년 의사는 19세기 초 세계무역에 불던 변화의 바람을 잘 보여주는 사례다.

자딘의 의술 역량에 대해서는 기록이 남아 있지 않지만 그가 임무를 유능하게 수행했다는 것은 분명하다. 바로 다음번 여행에서 외과의로 승진했기 때문이다. 하지만 그는 다른 분야에서 더 탁월한 재능을 발휘했다. 동인도회사 소속으로 동양에 여섯 번 항해를 다녀오는 동안 그는 영국과 인도에서 가져간 은과 상품을 차와 실크를 비롯한 중국 물건으로 교환하여 막대한 부를 축적했다.

19세기 기준으로 영국 동인도회사에서 15년 동안 근무했다는 사실 자체는 별달리 내세울 구석이 없었으나 여섯 번의 항해 중 네 번이 전시에 해당했다는 점은 인정할 만했다. 1805년 두 번째 항해 때 불운한 브런즈윅호가 스리랑카에서 프랑스에 나포되는 사건이 벌어졌다. 자딘은 나폴레옹이 정복한 네덜란드 공화국의 통제 아래 있던 희망봉의 감금 시설에 머물다가 미국 선박을 타고 고향으로 돌아가게 되었다. 회사 정책상 임무에 성공했을 때만 급여를 받을 수 있었기 때문에 약속된 임금은 받지 못했다.

하지만 이 항해에서 가장 운명적인 일은, 대담하고 야심만만한 파르시 상인 잠셋지 지지보이(Jamsetjee Jeejeebhoy)와 인연을 맺은 것이었다. 그는 당대 기준으로 봐도 이국적인 분위기를 풍기는 사내였다. 파르시는 인도의 한 종파로 봄베이 지역을 기반으로 했지만, 페르시아 조로아스터교의 분파로서 관련 의식을 수행했다. 파르시의 뿌리가 페르시아와 인도에 있음을 감안하면 이들이 고대 인도양의 상업 중심지에서 일어나는 무역에 깊이 개입했다는 사실은 당연한 일일지도 모른다. 파르시는 중국과 친밀한 관계를 유지하면서 수백 년 동안 원면과 면제품, 몰약, 상아, 샥스핀 등의 다양한 제품을 중국에 제공하여 '인도의 유대인'이라는 명성을 얻었다[2] (이 표현은 솔로몬의 시대 이후 1000년 동안 실제 유대인이 인도아대륙에 거주했다는 점을 간과한 것이다).

1783년 가난한 사제 가문에서 태어난 지지보이는 병을 판매하는 숙부 밑에서 견습생으로 일했다. 하지만 이내 가문에서 정해준 직업에 싫증이 났고 1년 만에 중국행 배에 올랐다. 이후 수십 년 동안 지지보이는 중국에 머물렀다. 자딘처럼 그 역시 화물과 재산을 브런즈윅호를 나포한 자들에게 빼앗겼지만, 두 사람은 40년 이상 막대한 부를 축적했고 기사 작위까지 얻었다. 특히 지지보이는 인도 최초로 기사 작위를 받은 인물로 기록되었다. 다만 인도와 중국을 오가며 '국가 간 무역'을 수행하는 해상 거래에서 도덕적 기준이란 모호한 측면이 있었다.[3]

자딘이 광둥의 영국 상인들 가운데 부상한 새로운 유형의 대표적 사례라면, 임칙서(林則徐)는 광둥의 야심 찬 스코틀랜드인에 대항하는 중국 사회와 문화의 화신이라고 할 수 있다. 임칙서는 학자와 정치인을 배출한 유서 깊은 가문 출신으로, 학문적 소양을 인정받아 관직에 오른 뒤 전형적인 고관의 길을 걸었다. 엄격하게 학문적 역량을 따지는 과거에 급제한 이후 그는 정부 관료로서 승진을 거듭했다. 그는 해안에 위치한 푸젠성의 후광 총독을 보좌하는 직책을 거쳐, 한림원 서길사(庶吉士), 향시 감독관, 수군절제사 등 지방 행정직, 순무, 총독에 이어 1838년에는 명망 있는 흠차대신에 올랐다. 이 과정에서 그는 황제(도광제)에게 아편 정책을 조언했으며, 동양과 서양의 관계를 오늘날까지 악화시키게 된 중대한 갈등에서 영국에 맞섰다.[4]

자딘, 지지보이, 임칙서가 활동하던 시대의 교역은 오랫동안 유지되어온 규정과 관습을 따랐다. 1650년 중국의 마지막 왕조가 되는 청나라는 베이징을 정복하고 명나라를 몰아냈다. 건국 10년 후 제위에 오른 강희제(1662~1722년 재위)는 60년간 통치했으며 아시아의 루이 14세라고 표현할 수 있을 것이다. 처음에 강희제는 명나라의 고립주의를 배격하고 외국 상인들에게 개방적 태도를 취했으나, 이내 과거 황제들의 정책을 따라 외교와 교역에 '광둥무역 체제'라는 제한적 규정을 적용했다. 이름에서 알 수 있듯 외국 상인들은 광둥에서만 활동이 허용되었다.[5] 광둥은 권력의 중심지인 베이징에서 멀리 떨어져 있으면서도 수심이 깊은 항구를 갖추고 있었다.

청년 자딘이 광둥을 처음 방문했을 당시 광둥무역 체제를 적용받는 유럽의 대표적 대상은 다름 아니라 자딘이 소속된 영국 동인도회사('어너러블(Honourable) 회사'로 개명)였다. 회사는 100년 이상 동양과의 교역을 독점했으나 퇴사한 직원들이 '침입자'로 시장에 진입하면서 독점적 지위가 위태로워졌다.

18세기가 가까워지면서 더 영향력이 강하고 새로운 경쟁자들이 어너러블 회사를 괴롭혔다. '정치경제학'이라는 새로운 과학을 연구한 애덤 스미스와 그의 제자들이 대표적이었다. 이들은 특히 독점론자와 자유무역론자 사이의 해묵은 갈등에 직접적 이해관계가 없었다는 점에서 신뢰를 얻었다. 토머스 먼과 조시아 차일드의 경우, 아무리 설득력 있는 주장을 하더라도 결국 기업에 소속된 이사들로서 동양과의 무역 독점으로 이익을 누렸다. 국내 직물 제조업자들의 보호주의로 당장 타격을 입는 장본인들이었던 것이다.[6] 이제 논쟁의 결과에 금전적 이해관계가 없는 명망 있는 학자들이 나서서 자유무역에 대한 찬성론을 펼쳤다.

스미스는 영국 동인도회사에 대한 설득력 있는 분석을 제시하여 동양 무역의 독점에 치명타를 가했다. 동인도회사는 세계 최대의 무역회사였을 뿐만 아니라 왕실의 독점기업이었으므로 스미스가 회사의 영업에 대해 발언한 것은 큰 의미를 지녔다.

스미스가 인도와 중국에서의 동인도회사 정책을 분석한 내용을 이해하기에 앞서 인도의 역사적 배경부터 짚을 필요가 있다. 1757년 영국 동인도회사의 야심가 로버트 클라이브(Robert Clive) 대령은 플라시 전투에서 벵골의 무굴제국 통치자와 프랑스 동맹을 물리쳤다(플라시는 오늘날 캘커타에서 북쪽으로 약 160킬로미터 거리에 위치해 있다). 그 결과 영국 동인도회사는 인도아대륙에서 처음으로 오늘날의 방글라데시와 인접한 인도 동부를 아우르는 뉴멕시코 크기의 영토를 차지했다. 특히 클라이브는 과거 무굴 통치자의 세금 징수권인 디와니(diwani)를 확보했다. 당시에는 돈이 아니라 토지에서 생산되는 목화 등 소출의 일부를 세금으로 거뒀다.[7] 인력난에 시달리던 동인도회사는 인도의 영토 일부를 직접 통치하게 되면서 무굴의 제도적 장치를 그대로 유지시키는 현명한 전략을 썼다. 영국 동인도회사의 한 칙령을 보면, 해당 지역에서 통치가 어느 정도로 느슨했는지를 알 수 있다. "어떤 경우든 왕자들의 판단은 정확하므로, 그가 아내와 첩을 비롯해 얼마나 많은 여성을 취하든 제한할 필요가 없다. 이보다 돈을 더 유익하게 사용할 수 없다."[8]

스미스는 플라시 전투 이후 채 20년이 지나지 않았으나 벵골이 쇠락하고 있음을 지적하고, 미개한 시민들이 "기근에 시달리거나 주식을 해결하려고 구걸 또는 극악무도한 범죄에 내몰릴" 처지라고 밝혔다.[9]

그는 벵골이 처참한 상황에 이르게 된 원인으로 어너러블 회사를 정면으로 지목했다. 스미스는 정부의 일은 국민을 돌보고 여러 기업이 사업과 투자 자본을 놓고 서로 경쟁을 벌일 수 있는 환경을 조성하는 것이라고 지적했는데, 독점론자들이 회피하려는 바로 그 상황이다. 스미스는 독점기업에 정부 운영을 맡기는 것은 재앙을 불러오는 처방이나 다름없다고 강조했다. 어너러블 회사가 벵골에서 쌀 거래를 제한하여 인구의 6분의 1이 사망에 이른 사건에서 이를 알 수 있었다.[10]

스미스는 오늘날 대단한 존경을 받는 인물이지만 당대에는 일개 학자였을 뿐이며 정책에 직접적 영향을 미치는 위치도 아니었다. 19세기 영국에서 자유무역이 거둔 승리는 경제학자들이 아닌 그들의 추종자들, 산업혁명을 이끈 냉철한 지도자들, 맨체스터의 공장주들 덕분이었다. 이들은 해외시장 개방으로 저렴한 상품을 확보할 때 이익을 낼 수 있는 이해 당사자들이었다.

영국 동인도회사를 둘러싼 최초의 갈등은 1793년 특허장법(Charter Act)으로 의회가 민간 상인들에게 연간 3000톤(15척 분량) 규모의 무역을 나눠 갖도록 마지못해 허용하면서 시작되었다. 나폴레옹은 대륙 봉쇄령을 내려 동맹국과 영국의 무역을 금지시켰다. 이에 맞서 영국은 1807년과 1809년 역봉쇄령을 내려 유럽으로 향하는 모든 교역을 영국에 먼저 알려야 한다고 정했다. 이로 인해 1812년 미영전쟁이 발발하자 미국의 목화가 영국으로 반입되는 데 어려움이 생겼다. 영국 동인도회사의 인도 교역 독점 때문에 목화를 비싸게 들여올 수밖에 없었던 랭커셔의 공장주들은 분노했다. 의회는 서둘러 1812년 6월에 명령을 폐지했지만, 이미 미국과의 전쟁을 되돌리기에는 늦은 시점이었다.

1813년 7월에는 영국 동인도회사의 인도 독점권을 폐지하는 표결을 거쳤다. 당시에는 광둥무역이 민간 상인들이나 랭커셔에 큰 의미를 갖지 않았기 때문에 동인도회사는 중국 무역에서 독점적 지위를 유지할 수 있었고 광둥무역 체제도 20년 동안 이어졌다.[11]

광둥무역 체제는 유럽 상인들이 일부 공식적으로 허가된 중국 상인 조합 '공행(公行)'과만 거래하도록 제한하고 소수의 식민지를 외국인에게 허용했는데 면적이 수백 제곱야드 수준에 불과했다. 게다가 상인들은 영구적으로 거주할 수 없었다. 여름 계절풍을 타고 입항했다가 몇 달간 체류한 뒤 겨울 계절풍으로 돌아가야 했다.

주장강 하구는 동양과 서양의 관계를 악화시킨 장대한 드라마가 펼쳐진 지역이다. 광둥에 처음 접근하는 선원은 입구 너비가 약 30킬로미터인 만을 지키고 있는 여러 섬에 맞닥뜨렸다. 서쪽 끝에는 포르투갈의 교역소인 소규모의 마카오반도가 위치했고, 동쪽 끝에는 란터우와 항구로서 입지가 탁월한 홍콩이 자리했다. 만은 북쪽으로 60킬로미터가량 이어졌으며 중간에 산악 지형의 린틴섬이 있어 밀수가 일어나기에 안성맞춤이었다.

황제는 만의 북쪽 끝이자 주장강 입구에 위치한 후먼에 대포를 여러 기 배치시켰다. 적의 함대와 해적이 상류의 광저우까지 닿지 못하도록 막기 위해서였다. 그런데 포에는 한 가지 문제가 있었다. 지면에 완전히 고정되어 있다 보니 실질적으로 조준할 수 없었다. 한 역사학자는 "대포라기보다는 폭죽에 가까웠다"라고 지적했고, 이러한 결함은 아편전쟁 기간에 뼈아픈 사실로 드러났다.[12] 주장강은 북쪽으로 65킬로미터 이어지다가 서쪽의 광저우를 향해 흘렀다. 이 경로에 수많은 저

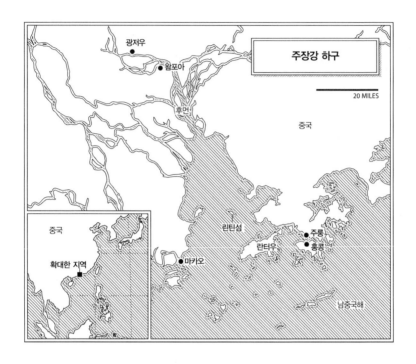

지대 섬이 존재하는데 그중 가장 중요한 섬이 광저우 동쪽에 위치한 왐포아였다. 광둥무역 체제에 따라 외국 선박은 왐포아에 정박하여 화물을 소형 정크선에 옮겨 실어야 했다.

중국에서 동양과 서양은 단순히 지리적 경계로 나뉜 지역이 아니었다. 엄밀히 말해 중국에는 교역이라는 개념이 없었다. 황제는 조공을 받을 뿐이었고 그 대가로 외국의 탄원자에게 하사품을 내리는 식이었다. 하지만 조공을 받고 하사품을 전달하는 교환 행위는 현실적으로 다른 아시아 상업 중심지에서 일어나는 일반적인 교역과 크게 다르지 않았다. 중국은 영국이 시암 같은 일반적 속국이라고 크게 착각했고, 그 오판으로 막대한 대가를 치르게 되었다.

무역과 외교에서 벌어지는 실수는 비극적인 동시에 희극적이기도 하다. 1793년 조지 3세는 조지 매카트니(George Macartney) 백작을 베이징에 대사로 보냈다. 중국은 백작의 강배에 '붉은 야만인들이 바치는 조공'이라는 표시를 붙였다. 일반적으로 회자되는 전설과 달리 매카트니는 고두(叩頭, 절하고 무릎을 꿇고 이마를 땅에 아홉 번 대는 의식)의 예를 올리는 데 동의했다. 하지만 조건이 있었다. 황제의 신하들도 동일한 예를 영국 왕의 초상화에 올려야 한다는 요구였는데, 이는 매카트니가 심사숙고하여 내민 조건이었다. 놀란 중국인들은 예를 갖춰 고사했고 이날 양쪽 모두 고두를 생략했다.[13]

일부 유럽인이 중국어를 유창하게 구사한 것과 달리 중국인은 어떤 유럽어에도 능통하지 않았다. 예를 들어 임칙서는 당대 가장 유능하다는 역관을 고용했는데, 나중에 역관들이 남긴 문서를 조사해본 결과 피진어를 구사한 정도에 불과했다. 근본적으로 중국과 영국 사이에는 문화와 계급 면에서 깊은 골이 존재했다. 18세기에 영국 상인들은 사회적으로 높은 지위에 있었던 반면, 중국에서는 오랫동안 상인들을 하찮게 여기는 문화가 있었다.[14]

처음에는 광둥무역 체제가 영국 동인도회사와 잘 어울렸다. 중국 측에서는 공행이 독점적으로 무역을 수행했고, 영국 동인도회사의 경우 앞서 포르투갈과 네덜란드 상인들을 축출한 덕에 유럽으로 향하는 모든 교역을 통제했다. 공행과 영국 동인도회사의 독점은 조각 그림처럼 잘 맞아떨어졌다.

하지만 수면 아래에서는 일이 원활하지 않았다. 우선 영국 동인도회사는 런던의 풍부한 자금력을 바탕으로 교역 활동에 자금을 조달할 수 있었다. 그러나 중국은 금융시장이 초기 단계라 자본이 부족했으며, 이자율이 매우 높은 최저 생활수준의 사회였다. 공행은 영국 동인도회사와의 거래로 기반이 크게 약화되었다.

고금리는 양날의 검이었다. 한편으로 동인도회사와 영국의 민간 상인들은 본국에서 저금리에 차입한 자금을 중국에서 천문학적 금리로 대출하여 막대한 이익을 누릴 수 있었다. 하지만 교역 상대가 끊임없이 구제해야 하는 만성적 부실 상태라면 영국 동인도회사에도 득 될 것이 없었다. 오늘날에도 해외에서의 상거래는 불확실성이 크며 상인들이 손실을 입는 경우도 많다. 무역에서 적절한 신용이란 항공기의 고도와도 같다. 적정한 신용이 없다면 모든 상인은 화물을 잃거나 소프트 시장(공급과잉 시장—역주)에 직면할 것이다. 자본준비금이 충분치 않고 저금리에 돈을 빌릴 능력도 없다면 파산은 불가피하다. 비유를 이어가자면 공행 체제는 안전한 고도를 확보할 수 없는 비행기인 데다 엔진 하나로 나는 상태와 같았다. 중국에는 제 기능을 하는 보험시장이 없었다. 1822년 광저우에 큰불이 났을 때 현지 상인들은 모든 것을 잃었다.[15]

18세기 중반에는 더 심각한 문제가 제기됐다. 영국에서는 차에 대한 갈망이 커졌지만 중국은 영국에 특별히 원하는 바가 없었다. 19세기 중국의 무역 사무관이었던 로버트 하트(Robert Hart)는 이를 다음과 같이 표현했다.

중국인은 세계에서 가장 좋은 식량인 쌀을 확보하고 있으며 최상의 음료인 차를, 최고의 옷감인 면, 실크, 모피를 가졌다. 이처럼 생필품을 다 가진

데다 수많은 부속물을 누리고 있으니 다른 데서 물건을 사면서 1원 한 장 쓸 필요가 없다.[16]

중국에서 서양에 유일하게 원하는 물건이 있다면 구리와 진귀한 기계 정도였는데, 여기에서 발생하는 매출로는 차 대금 일부분을 지불할 수 있을 뿐이었다. 영국이 원하는 만큼 차를 얻으려면 은으로 대금을 정산해야 했다. 18세기 영국 동인도회사의 기록에 따르면, 영국의 대중국 수출액에서 약 90퍼센트가 은괴 형태로 지불되었다.[17] 1751년의 경우 중국에 영국 선박 네 척이 도착했는데, 교역품 1만 842파운드어치에 은 11만 9000파운드가 실려 있었다.[18]

중국인은 영국 물건의 가치를 인정하지 않았으나 인도의 면화만은 예외였다. 영국 동인도회사는 플라시에서 옛 무굴의 디와니를 행사하여 면화를 풍부하게 확보했다. 중국에서도 1000년 동안 목화를 재배했지만 1800년 이전에 생산된 목화는 질이 나빠서 인도에서 원면과 캘리코를 수입했다. 대서양에서와 같은 삼각무역이 이 지역에서도 성행하기 시작했다. 영국의 제조품이 인도로, 인도의 면화가 중국으로, 중국의 차가 영국으로 수출되는 방식이었다. 영국은 새로운 랭커셔 공장에서 생산된 면직물을 중국과 인도로 수출하기 시작했다.

1820년대 중국의 경제가 불황에 빠지고 중국 내부에서도 목화 재배가 증가하면서 인도산 면화의 수요가 둔화됐다. 이제 영국은 차를 사기 위해 다시 값비싼 은을 지불해야 했다. 그러자 영국은 또 다른 디와니 작물인 아편으로 눈을 돌렸다. 클라이브가 1757년 확보한 파트나와 바라나시 인근에 아편 재배 산지가 있었다.

수천 년 동안 인류는 개양귀비(*Papaver somniferum*) 유액을 건조시켜 아편을 만들었다. 많은 근대 작물처럼 양귀비도 야생에서 쉽게 자라지 않는 재배 품종이었다. 즉 양귀비에서 얻은 마약은 농업 사회에서 식량 못지않게 귀했다.

인류가 소비 목적으로 아편을 처음 추출한 지역은 유럽 남부로 추정되는데, 그리스인과 로마인의 아편 사용량은 과도한 수준이었다. 아랍 상인들이 양귀비가 잘 자라나는 토양과 기후를 갖춘 페르시아와 인도에 옮겨 심었고 중국에도 전파했다. 중국에서는 8세기부터 양귀비를 재배했다는 기록이 남아 있다.[19]

역사를 통틀어 진통제, 이완제, 작업 보조제, 사회적 윤활유로 아편을 소비하는 행위에 특별히 비난이 제기된 적은 없었다. 1600년대 초 인도네시아에 진출한 네덜란드인은 신세계에서 담배를 비롯한 몇 가지 작물을 수입하기 시작했다. 중국에서는 대만의 네덜란드인 기지를 통해 피우는 아편이 전파된 것으로 보인다. 이후 대만에서부터 중국 본토로 아편 파이프가 빠르게 퍼져 나갔다.[20] 1512년 피레스는 말라카에서 아편 거래를 목격했는데, 이는 영국과 네덜란드가 무역에 개입하기 수백 년 전 일이다. 영국이 시장을 장악하기 훨씬 전에 이미 인도양의 상업 중심지에서 마약이 대량으로 거래되었음을 시사하는 대목이다.[21]

19세기 유럽인은 많은 아편을 섭취한 반면 중국인은 아편을 피웠다. 아편을 피울 경우 경구로 섭취할 때보다 중독성이 더 강하기 때문에 중국에서는 서양보다 아편을 더 위험한 물질로 간주했다. 반면 영국의 경우 원예 조직이 영국 내부에서 고효능의 양귀비를 시상하기까지 했다

(영국에서 사용된 아편 대다수는 터키에서 건너왔다). 영국에서는 상류층이든 하류층이든 죄의식 없이 아편을 소비했으며, 새뮤얼 테일러 콜리지(Samuel Taylor Coleridge, 『쿠빌라이 칸』), 토머스 드 퀸시(Thomas de Quincey, 『어느 아편 중독자의 고백』), 아서 코난 도일(Arthur Conan Doyle)의 『셜록 홈스』가 대표적 사례였다. 마약은 1868년 영국에서 의약법이 제정되기 전까지 자유롭게 구매가 가능했으며, 서양의 다른 나라에서는 1900년경까지 제한하지 않았다.

영국 동인도회사가 벵골을 차지할 즈음 포르투갈은 한동안 아편을 고아에서 광둥으로 운반했다. 중국 당국은 1729년에 아편 소비를 불법으로 정했으나 그 이유는 분명치 않다.[22] 18세기 말 영국 동인도회사는 황제의 분노를 사지 않기 위해 조심했기 때문에 중국에 아편을 직접 소개했다고 보기 어렵다. 역사학자 마이클 그린버그(Michael Greenberg)는 어너러블 회사가 "인도에서는 아편을 재배하고 중국에서는 아편과 의절하는 기술을 완성시켰다"라고 표현했다.[23]

회사는 공급망의 끝에 위치한 인도에서 가격과 품질을 독점하여 생산과 보존을 엄격하게 관리했다. 중국의 아편 흡연자들은 동인도회사의 상표인 파트나와 바라나시(주요 아편 중개의 본거지인 인도 북부 도시의 지명)를 곧 훌륭한 품질을 상징하는 표시로 인식했고, 이러한 상표가 붙은 아편 상자는 더 비싸게 팔렸다.

영국 동인도회사는 자딘 등 민간 상인들에게 고품질의 브랜드 제품을 판매했고, 자딘은 이를 산악 지대인 주장강 하구의 린틴섬으로 운반했다. 섬에서는 방어가 용이하도록 선체를 해안가 가까운 곳에 떠 있게 했다(반면 광저우의 강 하류 부두인 왐포아에서는 합법적인 화물을 하역했다). 현지 밀수업자들은 밀수품을 상류로 운반한 다음 광저우 세관 검사관의 눈을 피해서 옮겼다. 밀수업자들은 영국의 민간 상인에게 중국 은을 건넸고, 영국 상인들은 이를 캘커타와 런던의 동인도회사 계정에서 인출할 수 있는 은 청구서로 교환했다. 영국 동인도회사는 민간 상인들에게 확보한 은으로 차 구입 대금을 치렀다.[24]

아편으로 중국의 전체 인구와 경제가 피폐해졌다는 통념은 오해다. 첫째, 마약은 가격이 꽤 비쌌기 때문에 대체로 고위 관리나 상인이 소비했다. 둘째, 주류와 마찬가지로 마약도 사용자의 일부에서만 치명적 중독 현상이 나타났다. 악명 높은 아편굴도 지저분한 명성과는 거리가 있었고, 이는 서머싯 몸(Somerset Maugham)의 묘사에 잘 드러나 있다.

> 말을 번드르르하게 하는 유라시안의 손에 이끌려 아편굴을 방문했는데, 그를 따라가다 만난 계단에서 바람이 일렁이자 기대감이 커졌다. 깔끔하고 넓은 방으로 안내되었다. 조명이 밝았고 칸막이로 나뉘어 있었다. 마루는 깨끗한 매트가 깔려 있어 푹신한 방석 역할을 했다. 칸막이 한 곳에는 나이가 지긋하고 은발에 손이 고운 한 신사가 앉아 있었는데, 긴 파이프를 옆에 놓고 조용히 신문을 읽고 있었다. 또 다른 방에서는 남자 넷이 장기판 주위로 쪼그려 앉아 있고, 조금 떨어진 곳에서 한 남자가 아기를 어르고 있었다. 유쾌하고 편안하며 집처럼 안락한 곳이었다. 마치 지친 노동자들이 밤에 들러서 평온한 시간을 보내는 베를린의 낯익은 맥줏집에 와 있는 느낌이었다.[25]

중국의 아편 소비에 대한 학계의 연구도 몸의 관찰을 뒷받침한다. 아편은 사회적 마약으로서 사용자의 일부에게서만 유해한 영향이 나타났다. 한 근대 학자는 중국의 남성 절반과 여성의 4분의 1이 정기적으로 아편을 사용했지만, 1879년 기준으로 중독 위험이 있는 수준으로 아편을 흡입한 중국인은 100명 가운데 한 명 정도였다고 지적했다.[26]

황제와 고관들은 아편에 의한 심신 약화에 도덕적 분노를 표출했다. 하지만 그보다 더 우려한 대목은 마약이 무역수지에 미치는 악영향이었다. 중국은 17세기 유럽의 여느 군주들처럼 유럽형 중상주의 이론을 지지했다. 1800년 이전의 차 교역은 중상주의자들의 관점에서 볼 때 중국에 매우 유리했다. 영국 동인도회사의 기록에 따르면, 1806년을 기점으로 은의 유출입 흐름이 뒤바뀌었다. 1806년 이후 중국의 아편 수입량이 차 수출량을 넘어섰고, 중국 은이 처음 해외로 유출되기 시작했다. 1818년 이후에는 은이 중국 수출품에서 5분의 1을 차지할 정도였다.

1820년대에 이르자 권력이 막강한 관료 집단에서 아편 합법화 주장이 제기되기 시작했다. 아편 가격을 떨어뜨리고 은 유출을 막기 위해서였다. 그중 하나인 허내제(許乃濟)는 도광제에게 상소를 올려, 아편으로 심신이 쇠약해진 자들이 실제로 있기는 하지만 국가에 미치는 재정적 피해가 훨씬 더 심각하다고 고했다. 그는 아편을 합법화하되 은이 아닌 (차 등의) 물건과 교환하여 구입하는 조항을 강제해야 한다고 주장했다. 광저우의 외국 상인들 사이에서 허내제의 상소 내용이 널리 퍼지면서 합법화가 임박했다는 기대감이 커졌다. 하지만 조정은 갑론을박 끝에 허내제의 이금론(弛禁論)을 수용하지 않았다.[27]

19세기 초 영국은 인도아대륙에서 일부만 통치할 뿐이었다. 게다가 잠셋지 지지보이 같은 파르시 상인들이 벵골에서 영국 동인도회사의 아편 독점을 우회하기 위해 현지 아편(malwa:말와)을 말라바르와 구자라트의 항구에서 실어 보내는 방식을 쓰기 시작했다(말와는 영국 동인도회사가 캘커타의 동쪽 항구에서 선적하는 파트나 및 바라나시 구역의 아편이 아닌, 서쪽에서 선적된 동인도회사 브랜드 이외의 아편을 통칭하는 용어였다). 결국 동인도회사는 말와의 수송을 편리한 봄베이 부두에 중앙 집중시키는 편이 이익이라고 판단했다. 이에 1832년 이후에는 현지 상인들에게 약간의 통과세를 받기 시작했다.

19세기 초가 되자 어너러블 회사의 독점에 균열이 감지되기 시작했다. 어너러블이 중국으로 보내는 아편에 민간 상인들의 말와를 추가해 준 데 이어, 민간의 일부 '지방무역 상인'이 왐포아에서 합법적으로 교역에 참여할 수 있도록 승인하기 시작한 것이다. 그나마 남아 있는 독점권으로 상인들을 지배하기 위한 대책이었다. 존 제이콥 애스터(John Jacob Astor)가 이끄는 미국의 모피 상인들은 독점 체제를 개방하여 중국에서 무척 귀하게 여기던 태평양 북서부 바다표범이나 해달 가죽의 교역을 인정하라고 압박했다.[28] 영국 동인도회사는 거칠고 예측 불가한 데다 독립전쟁에서 어머니 나라에 통렬한 패배를 안겨준 미국인을 자극할까 두려워 별다른 제재를 가하지 않았다.

옛 식민지, 즉 미국인이 권리를 주장하기에 앞서 영국의 다른 민간 상인들도 영국 동인도회사의 독점을 우회하기 위한 계략을 짰다. 주로 외국의 외교적 방어막을 이용하는 전략이 활용되었다. 1780년 대니얼 빌(Daniel Beale)이라는 영국인은 선박에 오스트리아의 깃발을 꽂은 후 프로이센의 영사 임명자를 태웠다면서 입항을 요청했다. 그는 임명을 이용하여 영국 동인도회사의 통제를 받지 않고 인도와 중국 간 수익성 좋은 교역을 수행했다. 또 다른 영국인으로 중국에 오르골을 판매하던 존 헨리 콕스(John Henry Cox)라는 뛰어난 수출업자는 동인도회사의 훼방을 피하기 위해 스웨덴 해군의 임무를 수행하고 있다고 둘러댔다. 동인도회사가 선박의 입항을 계속 거부하자 스웨덴 깃발을 프로이센 깃발로 바꿔 달았다. 폴란드, 제노바, 시칠리아, 덴마크는 영국 상인들에게 외교적 특전을 베풀었다는 점에 자부심을 느꼈을지도 모른다.[29]

부를 축적한 자딘은 1817년 런던으로 돌아온 후 자신처럼 영국 동인도회사 선박의 의사로 근무했던 토머스 위딩(Thomas Weeding)과 동업을 시작했다. 위딩은 동인도회사에서 지방무역에 참여할 수 있는 사무역 인가를 받은 터였다. 두 사람은 봄베이 출신의 파르시인 프램지 코와스지(Framjee Cowasjee)를 영입했다. 1819년 자딘은 봄베이에 도착하여 말와 649상자를 모았고, 그의 동업자들은 광저우에서 81만 3000스페인 달러에 판매했다.[30] (이후 11장에서 달러는 레알 혹은 스페인 달러를 의미한다. 달러를 상징하는 '$' 표시는 아마 동전에 새겨 있던 문장(紋章)에서 유래한 것으로 보인다.) 이를 시작으로 자딘은 수익성 좋은 밀수를 수없이 했다. 봄베이에서는 지지보이와 다시 만났고, 이후 오랜 기간 원만한 상업적 관계를 이어가면서 이익을 축적했다. 자딘은 이 밖에도 제임스 매디슨(James Matheson)을 만나 거대한 회사를 설립했는데, 지금까지도 두 사람의 이름을 딴 자딘 매디슨 앤 컴퍼니(Jardine Matheson and Company)가 남아 있다.

매디슨은 영국 동인도회사의 사무역 인가를 얻는 데 필요한 재력을 갖춘 스코틀랜드 가문 출신이었고, 개인적으로 왕래하면서 지방무역에 참여했다. 그래서 자딘처럼 오랫동안 회사에서 견습 생활을 하지 않았다. 나중에 매디슨은 광저우의 '덴마크 영사'가 되었고 덕분에 영국 동인도회사의 인가에 수반되는 제약을 피해 갈 수 있었다.

또한 매디슨은 다른 전략도 고안했는데, 이 전략은 나중에 세계적으로도 중요하게 활용되었다. 사무역 상인(private traders)이 물건을 인도에서 직접 중국으로 운반할 경우 영국 동인도회사의 중국 독점권을 침해하게 된다. 하지만 상품을 캘커타에서 말라카로, 혹은 해협에서 광저우로 보낼 때는 전혀 법적으로 문제가 없었다. 1822년 이 약삭빠른 스코틀랜드인은 새로 정비된 싱가포르 항구에서 화물을 이 배에서 저 배로 옮겨 실어 처음으로 법망의 허점을 이용했다. 싱가포르는 3년 전 스탬퍼드 래플스(Stamford Raffles)가 말라리아가 들끓는 습지 섬에 조성한 항구였다.[31]

매디슨은 부를 축적한 이후 학문과 저널리즘을 추구했다. 당대 지적으로 뛰어난 많은 청년들처럼 매디슨도 애덤 스미스가 『국부론』에서 주창한 자유무역 이념을 받아들였다. 1827년에는 중국 최초의 영어 신문인 『광저우 레지스터(Canton Register)』를 창간했다. 일반 크기의 신문에 현지의 해운 뉴스, 아편 가격표, 영국 동인도회사의 폭정을 비판하는 사설을 실었다. 같은 해에 동업자였던 스페인인 사비에르 이리사리(Xavier Yrissari)가 사망하자, 매디슨은 중국 고객들에게 이후 전반적인 사업 경영을 윌리엄 자딘이 맡을 것이라고 알렸다. 1830년 새로운 기업인 자딘 매디슨 앤 컴퍼니는 연간 약 5000상자의 아편을 중국으로 밀수했다. 여느 젊고 활력 넘치는 조직과 마찬가지로 매디슨의 회사도 모든 측면에서 효율성을 추구했다.

광둥무역 체제를 와해시킨 일등 공신은 자딘 매디슨의 탁월한 일꾼이자 언어학자 겸 의료 선교사였던 카를 프리드리히 아우구스트 귀츨라프(Karl Friedrich August Gutzlaff)였다. 그는 중국 당국에 몸소 저항하는 의미로 소형 밀수 선박을 타고 멀리 만주까지 오가면서 말와를 현지 상인들에게 판매했다.[32] 귀츨라프는 친영 성향의 포메라니아 루터교도였으며 중국 주요 지방의 방언을 구사했다. 그는 세 명의 영국 여성과 결혼했으며, 이교도인 중국인을 상거래로 구원할 수 있다고 믿었다.[33] 역사적 명성에 어울리지 않게 그는 아편을 기독교 구원의 수단으로 여겼다.

역사학자 칼 트로키(Carl Trocki)의 설명을 통해 해안에 정박한 아편 범선의 하루를 생생하게 그려볼 수 있다. 안전한 만에 정박한 후 선원의 눈앞에는 다음과 같은 광경이 펼쳐졌다.

> 배는 중국인으로 북적댔으며 선장, 화폐를 검사하고 교환해주는 화폐 감정인, 다른 유럽인이 밤늦은 시간까지 앉아서 "지위고하를 막론하고 찾아오는 모든 이에게" 아편을 판매했다. 기다리는 동안 일부는 아편을 피웠으며 선실 의자에 앉아 잠이 들기도 했고, 또 다른 이들은 주판알 튕기는 소리를 배경으로 바닥에 누워 잠깐 눈을 붙였다. 중국인과 유럽인은 손짓으로 대화를 나눴다. 나흘 동안 [선원이] 판매한 아편은 무려 20만 스페인 달러에 달했다.[34]

영국 동인도회사는 사무역 상인들에게 지속적으로 시장점유율을 빼앗겼어도 중요한 경제적·역사적 영향을 미치는 경로를 먼저 개척했다. 약 2000년 동안 선원들은 인도와 중국을 오갈 때 계절풍을 이용했기 때문에 연간 왕복 항해는 한 번으로 제한됐다. 한계를 뛰어넘는 데 도움이 된 요인은 새로운 증기선 기술이 아니라 선체와 돛의 디자인 개선이었다. 1812년 전쟁 중 미국인은 빠른 속도로 영국 선박을 유린하고 봉쇄를 피해 가기 위해 혁신적인 볼티모어 쾌속 범선을 고안했다. 가장 유명한 뇌샤텔의 왕자(Prince de Neufchatel) 호는 전쟁 끝 무렵 해군 호위함으로 인해 궁지에 몰리기 전까지 영국 상선을 여러 척 나포하는 성과를 올렸다. 영국은 쾌속 범선을 건선거(조선이나 선박의 수리를 위하여 만든 구조물—역주)로 끌고 가서 속도의 비밀을 분석했다. 날렵하고 좁은 선체는 선박이 강풍에도 바로 서서 항해를 할 수 있도록 도왔다. 거대하고 단단한 돛은 오늘날의 경주용 요트에서도 쉽게 찾아볼 수 있는 특징이다. 뇌샤텔의 왕자 호가 저지른 치명적인 실수는, 임무 마지막 단계에는 바람이 거센 상황이 대부분이라 돛을 내려야 하는데 무거운 돛을 지나치게 많이 실었다는 데 있었다.[35]

영국 해군의 윌리엄 클리프턴(William Clifton) 선장은 마침내 쾌속 범선의 사양을 손에 넣었다. 해군을 떠난 후 그는 영국 동인도회사 소속의 선박을 지휘했는데, 볼티모어 쾌속 범선의 매끈한 선체와 팽팽한 돛이 계절풍을 정복하는 비밀임을 발견했다. 1829년 영국 동인도회사는 윌리엄 벤팅크(William Bentinck) 총독의 지원으로 255톤급 레드로버(Red Rover)호를 제작했다. 볼티모어 쾌속 범선과 유사한 선체에 해군에서 선호하는 바크선의 돛대를 결합한 형태였다.[36] 1830년 1월 4일, 날렵한 모양의 신형 선박은 후글리강의 계류장을 미끄러져 내려가 바람을 탔고 16일 후 싱가포르로 향했다. 그로부터 일주일도 지나지 않아 북쪽의 계절풍을 이용하여 22일 만에 마카오에 도착했다. 그해 클리프턴은 인도와 중국 사이를 오가는 왕복 항해를 무려 세 차례 완료했다. 그는 영국 동인도회사로부터 1만 파운드의 상금까지 얻었다.[37] 레드로 버호의 선원 전원은 1853년 폭풍우가 이는 벵골만에서 장렬한 최후를 맞았다. 하지만 중국 쾌속 범선으로서는 예외적으로 오랜 기간 활동했으며 특히 거친 계절풍과 맞선 항해가 대부분이었다는 점이 인상적이었다.[38]

쾌속 범선의 건조 가격은 만만치 않았다. 한 예로 랜릭(Lanrick)호는 제작에 무려 6만 5000스페인 달러가 들었다. 하지만 이 배에는 아편 1250상자(항해당 2만 5000스페인 달러의 이익이 발생)를 실을 수 있었기 때문에 세 번만 항해를 하고 나면 선박 건조 비용을 건질 수 있었다.

중국과의 무역에 쾌속 범선을 도입한 것은 영국 동인도회사였지만, 신형 선박의 잠재력을 가장 크게 활용한 집단은 결국 사무역 상인들이었다. 자딘 매디슨 등 지방무역에 참여하는 이들은 중개자로 활동하는 편이 더 이익이라는 사실을 발견했고, 봄베이의 말와 판매자를 린틴섬의 구매자와 연결시켜 이익을 챙겼다. 수수료는 상자당 20스페인 달러였으며, 직접 아편을 매매할 때보다 이익이 안정적이었다.[39]

자딘이 주도하는 지방무역 상인과 맨체스터 공장 이해관계자들의 연합 세력은 1830년 영국 동인도회사의 특허장이 만료된다는 사실에 주목했다. 이들은 의회에 '새로운 상법'을 지지하는 신청서를 제출했으며, 의회는 요청에 응했다. 결국 영국 동인도회사가 동양과의 무역에서 누리던 독점적 지위는 1834년 4월 영구적으로 소멸되었다. 이와 거의 동시에 이미 아편 무역을 장악하고 있던 사무역 상인들은 오랫동안 동인도회사에 큰 이익을 안겨준 차 무역도 차지했다. 차는 동인도회사가 마지막까지 보호한 주요 품목에 속했다.

150년 사이에 실로 거대한 변화가 일어났다. 1700년 어너러블 회사는 자유무역의 선봉에 서 있었고, 영국의 보호주의를 주창하는 직물업계는 잠식당하고 있는 기존의 독점을 유지하고자 발버둥 쳤다. 그런데 19세기 초가 되자 상황이 반전되었다. 경직된 영국 동인도회사는 특권적 지위를 유지하고자 애쓴 반면, 면직물 제조업자들은 제약 없는 상업을 주장했다. "중국인이 각자 셔츠 길이를 30센티미터만 늘려도 랭커셔 공장이 밤낮으로 돌아갈 것이다."[40] 1700년 이전에는 차일드와 마틴의 세계주의 주장이 대중의 관심을 끌지 못했다. 하지만 1830년에는 애덤 스미스의 자유무역론을 구현한 윌리엄 자딘과 제임스 매디슨이 승리를 거뒀다. 인도양의 상업 중심지에서는 유럽인이 도착하기 수백 년 전부터 합리적으로 개방된 시장에 대해 이해하고 있었다. 이제 서양이 압도적이고 새로운 형태의 군대와 해양 기술을 앞세워 진출했고, 중국과 인도의 의사에 관계없이 무장한 독점주의자들의 방식을 버리고 자유무역을 끌어안았다.

기록이 자세하게 남아 있는 1828년 자료는 영국 동인도회사의 독점권이 만료되기 이전 중국 무역의 개황을 잘 보여준다. 당시 광저우로 2000만 스페인 달러 규모의 수입품이 반입되었으며, 그중 4분의 3은 지방무역 상인들이 운반했고, 그 운반품의 4분의 3은 아편이었다. 다시 말해 아편이 영국 무역의 절반을 차지했는데 알짜 거래는 민간인의 손에 있었던 셈이다. 중국에서 영국 동인도회사가 수출하는 품목 가운데 99퍼센트는 차였다. 1834년 이전에는 민간 상인이 주로 은으로 대

금을 치렀으나 이후에는 은 지급이 허용되지 않았다.[41]

1834년 이후 동인도회사가 독점권을 상실하면서 사무역 상인들이 영업 범위를 확장했다. 중국 황제나 영국 동인도회사가 엄격하게 강제했던 광둥무역 체제는 가볍게 무시되었다. 날렵하고 빠른 쾌속 범선은 아편이나 차 같은 고가의 화물을 나르기에 적합했다. 1830년대 말 쾌속 범선을 이용하면 자딘 매디슨 등의 회사가 과거에 수행하던 지방무역이든, 귀츨라프가 길을 마련한 새로운 유형의 해안 무역이든 모두 수행할 수 있었다. 중국의 아편 수입은 1800년 연간 4000상자에서 1825년에는 1만 상자로 서서히 증가했다. 영국 동인도회사로부터 사무역 상인들이 중국 무역을 이어받은 이후 아편 수입량은 1830년대 말 4만 상자로 크게 증가했다.[42]

영국 동인도회사가 1834년 독점권을 내줄 당시 영국 무역을 규제하던 선발 위원회는 중국의 영국 무역 관리자로 대체되었다. 관리자는 왕이 임명했지만 목소리 높은 민간 상인들과 이 상인들이 중국 정부에 품고 있던 증오심에 휘둘렸다. 첫 번째 감독자로는 이런 일에 서툰 윌리엄 존 네이피어(William John Napier)가 임명되었는데, 중국과 서양의 문화 간극이 얼마나 큰지 상징적으로 보여준 인물이었다. 그는 1834년 7월 25일 새벽 2시에 사전 공지도 없이 광저우의 영국 동인도회사 무역관에 도착했다. 새벽녘 영국 국기를 게양했는데, 중국인에게는 대단한 모욕이었다. 이런 무례는 시작에 불과했다. 네이피어는 자신을 소개하는 서신을 중국어로 번역하여 현지의 중국 총독에게 전달했다. 그는 광저우에 도착한 지 48시간도 지나기 전에 야만인에 관해 황제가 공포한 칙령을 여러 가지 위반했다. 우선 그는 승인도 받지 않고 광저우까지 항해했으며, 임의로 주거지를 정했고, (공행 상인들을 거치지 않고) 총독에게 직접 서신을 전달했다. 게다가 서신은 (영어가 아닌) 중국어로 작성되었다. 중국인은 네이피어를 거부하고 영국과의 모든 상거래를 단절했으며 영국 선박에 불을 질렀다. 네이피어를 부추겼던 자딘과 다른 민간 상인들은 자신들이 중국을 지나치게 자극했다는 사실을 깨닫고는 신임 사절을 곧 돌려보내겠다고 협상하여 중국인을 진정시키려 했다.[43]

4년 후에는 황제가 선을 넘었다. 그는 똑똑하지만 융통성 없는 임칙서를 흠차대신에 임명함으로써 양국이 치명적 대립으로 치달을 기반을 마련했다. 임칙서를 등용하기 이전에도 중국 당국은 현지 아편 밀수업자들을 대거 잡아들여 교역이 정체 상태에 있었다. 1839년 3월 임칙서는 외국 상인들의 모든 불법 운송에 법적 책임을 물어 압박을 가하기 시작했다. 얼마 후에는 겁에 질린 유럽인이 지켜보는 앞에서 중국 아편 중개인들을 공개 참수하도록 명령했다. 또한 아편 2만 상자 이상을 내놓기로 동의하기 전까지 무역관에 억류된 영국인, 미국인, 파르시, 프랑스인 등 모든 거주 외국인을 풀어주지 않겠다고 엄포를 놨다. 임칙서는 막대한 양의 아편을 소각한 후에야 외국인을 풀어줬다.

새로 무역 총감독관에 임명된 찰스 엘리엇(Charles Elliot)은 영국 해군에서 퇴역한 장교로, 서아프리카에서는 반노예 순찰을 수행했다(한때는 '노예의 보호자' 역할을 맡았다). 엘리엇은 아편 소비에 개탄하던 엄격한 칼뱅주의자였지만, 개인의 종교적 신념과 공적 임무를 구분하여 절박한 상황에 몰린 아편 상인들에게 몰수된 아편을 보상하여 진정시켰다. 엘리엇의 조치는 즉시 영국 정부에서 분란을 일으켰다.

중국의 조치는 도화선이 되기에 충분했다. 몇 달이 지나 1839년 8월, 술 취한 영국 선원이 중국인을 살해하자 임칙서는 영국 해군에 대한 식량과 물 공급을 중단시키고 재판을 위해 선원을 인도하라고 요청했다. 엘리엇은 중국의 요청을 거절하고, 피고를 영국 상인들을 관할하는 배심원들에게 넘겼다. 하지만 배심원단은 벌금과 영국에서의 6개월 징역을 선고하는 데 그쳤다(선원은 영국에 도착했으나, 제임스 매디슨을 포함한 배심원의 구성이 부적절하다는 이유로 석방되었다[44]). 9월 4일 정오에 귀츨라프는 엘리엇의 명령에 따라 주룽 인근에 정박한 중국 정크선 두 척에 서신을 전달해, 30분 안에 식량과 물을 다시 공급하지 않으면 정크선을 침몰시키겠다고 통보했다. 요청한 식량과 물은 오지 않았고 HMS 볼리지(HMS Volage) 호는 공격을 시작했다. 이에 대응하여 임칙서는 영국과의 모든 교역을 영구적으로 금지시키고 영국 선박을 발견할 경우 포격하라고 명령했다.

한편 임칙서의 광저우 무역관 억류에 포함됐던 자딘과 다른 상인들은 영국으로 돌아갔다. 고국에 도착한 이들은 휘그당의 멜버른 총리가 이끄는 내각에 중국으로부터 사과를 받을 것과 다른 항구를 서양에 개방시키는 '공정한' 조약을 협상할 것을 요청했다. 임칙서의 서툰 공격으로 자존심과 명성에 상처를 입은 엘리엇의 파견대도 중국 정부에 강경 대응할 것을 요구했다.

나아가 자딘과 그의 일행은 해군의 지원을 요청했다. 이제 남은 것은 전쟁에 필요한 자금을 마련하는 일이었다. 전쟁장관 토머스 배빙턴 매콜리(Thomas Babington Macaulay)가 중국에서 배상금을 받아내자는 아이디어를 마련했다. 멜버른 총리가 파견한 10여 척의 군함과 수천 명의 해군이 1840년 6월 중국에 도착했다.

1차 아편전쟁이 발발했고 전쟁은 1842년까지 이어졌다. 양국은 악명 높은 난징조약을 통해, 중국이 영국에게 금전적으로 보상하고 공행의 독점을 폐지하며 중국의 수출입 관세를 인하하고 광저우 외에 네개 항구(상하이, 아모이, 푸저우, 닝보섬)를 개항하는 방안에 합의했다. 개항하는 항구에서 영국은 (중국 법의 적용을 받지 않는) 치외법권을 인정받고 영국 영사의 지배를 받았다. 아편에 대한 언급이 따로 없었기에 양측은 암묵적으로 수입 관행이 계속되는 것으로 이해했다. 오늘날까지도 난징조약의 수치는 중국인의 민족의식을 자극하는 주제다. 미국인은 관련 사건에 대해 거의 들어본 적이 없다는 사실은 21세기 미-중 관계에서 그리 좋은 전조가 아니다.

이와 더불어 영국은 영구적 식민지를 얻고자 했다. 매디슨은 오랫동안 대만을 차지하기를 원했지만, 런던에 있던 자딘은 대만이 통제하기 어려울 정도로 크다는 점을 들어 닝보 항을 지목했다. 하지만 두 사람의 뜻은 모두 이뤄지지 않았다. 전직 해군 장교였던 엘리엇은 홍콩의 탁월한 항구에 눈독을 들였으며, 자신의 바람을 관철시켰다. 매디슨은 조약이 서명되기도 전에 서둘러 본사를 홍콩으로 이전했고, 이후 홍콩과 매디슨의 회사는 동반 번영을 누렸다.

물론 영국 측에서 아편 무역의 도덕성에 의구심을 품은 사람은 엘리엇뿐이 아니었다. 영국 선교사들과 야당인 토리당의 당수 로버트 필(Robert Peel)은 아편 무역을 앞장서서 반대했다. 가장 웅변적으로 금지를 주장한 사람은 30세의 평의원 윌리엄 글래드스턴(William Gladstone)이었다. 그는 여동생이 아편중독으로 심신이 미약해진 것을 실제로 목격하기도 했다. 필은 1840년 의회에서 중국에 대한 공격을 비난했고, 청년 글래드스턴은 하원에서 열정적으로 연설을 하면서 유명세를 얻었다. 수십 년 후 그는 네 차례 총리를 지냈다.

18세기 중반 영국에서 아편은 산통을 겪는 영아에게 처방하는 약이었고, 노인들도 노인성 질환을 완화하기 위해 복용했다. 초창기의 금지 운동에서 역사학자 W. 트래비스 헤인즈(W. Travis Hanes)는 중국 상인과 윌리엄 자딘 등 런던의 동맹들로 구성된 연합을 '거대한 아편'이라고 표현했다.[45]

아편을 운반하는 속도는 1차 아편전쟁 이후 점점 빨라졌다. 1845년 새로 식민지가 된 홍콩의 감사관은 한때 중국으로 아편을 싣고 오거나 차를 싣고 떠나는 쾌속 범선 80척 가운데 4분의 1이 자딘 매디슨 소속이라고 추산했다. 자딘 매디슨은 영국에서 반아편 정서가 커지는 점에 주목했다.

보이지 않는 곳에서 자딘 매디슨은 불법 교역에 만족하면서도 혹시나 아편이 합법화될까 전전긍긍했다. 합법화가 되면 운송을 놓고 '소액 자본가'와 치열한 경쟁이 불가피하다.[46] 그러한 두려움에는 충분히 근거가 있었다. 2차 아편전쟁의 종결을 위해 1858년 체결된 톈진 조약에서는 중국에 아편 합법화를 요구했다(이와 더불어 조약 항을 열 곳 더 늘리고 배상금을 추가로 지불하며 주룽을 양도할 것을 요청했다). 무역이 합법화되면 누구든 봄베이에서 말와를 구매하여 페닌슐러 앤 오리엔탈 스팀해운(Peninsular and Oriental Steamship Company)의 새로운 선박에 싣고 홍콩에서 아편을 판매할 수 있었다. 몇 년 지나지 않아 자딘 매디슨은 데이비드 사순(David Sassoon) 같은 아편 상인의 활동으로 시장점유율이 밀리고 있음을 발견했다. 사순은 이라크계 유대인으로 봄베이에 이주하여 활동하던 상인이었으며, 인도 현지의 생산업자들과 돈독한 관계인 데다 가문의 훌륭한 인맥도 활용할 수 있었다. 합법화로 사순은 영국의 '과거' 지방무역 상인들에게 무역 통제권을 빼앗아 올 수 있었다. 사순 말고도 지지보이의 파르시 후계자를 비롯해 인도의 여러 상인들까지 아편 무역에 뛰어들었다.

자딘 매디슨이 아편 무역에서 초점을 옮기면서 사업 다각화라는 뜻하지 않은 긍정적 결과도 발생했다. 아편 수입은 1880년에 연간 10만 상자로 절정에 달했다.[47]

사회규범은 대단히 빠른 속도로 변하곤 한다. 예를 들어 1600년에는 개화한 유럽인조차 흑인 노예제에 대해 문제의식을 갖지 못했다. 1800년에 유럽인이나 다수의 중국인은 영국이 아편을 중국으로 수출하는 무역을 비난하지 않았다. 오늘날 아편 못지않게 중독성이 강한 담배 때문에 더 많은 사람들이 목숨을 잃지만, 전 세계에서 윌리엄 자딘과 제임스 매디슨의 후예들이 적극적으로 담배 마케팅을 펼치고 있는 실정이다.

아편 같은 유해 제품의 수입이 중국에게 유익하지 않다고 비난이 일었지만, 사실 기계가 생산한 면직물처럼 무해한 제품도 오늘날 인도를 빈곤에 빠뜨리고 있다는 비난을 받고 있다. 칼 마르크스(Karl Marx)가 영국 동인도회사 윌리엄 벤팅크 총독의 말을 인용한 것도 이런 시각에서였다. "무역 역사상 이처럼 불행한 사례를 찾기 어려울 정도다. 면화 방직공들의 뼈로 인도 평원이 하얗게 변하고 있다."[48] 인도의 건국자들도 오늘날 많은 인도인들과 마찬가지로 이러한 견해에 공감했다.

일반적으로 논리는 이렇게 전개된다. 영국은 인도의 제조품 수출은 금지하면서 영국 제품이 인도로 '자유롭게 반입'되도록 허용했다. 그 결과 인도의 자랑스러운 섬유산업이 파괴되었다. 근대 인도 건국의 아버지이자 초대 총리였던 자와할랄 네루(Jawaharlal Nehru)는 이를 다음과 같이 표현했다.

장인 계층의 제거는 대량 실업 사태로 이어졌다. 산업과 제조에 종사했던 수천만 명은 이제 무슨 일을 해야 하는가? 어디에 가서 일해야 하는가? 과거에 몸담았던 일자리에서는 더 이상 이들을 받아주지 않는다. 그렇다고 새로운 구직자가 진입할 길이 열려 있는 것도 아니다. 물론 목숨을 끊는 방법도 있다. 도저히 견딜 수 없는 상황을 그렇게 모면할 길은 언제나 열려 있다. 실제로 수천만 명이 목숨을 잃었다.[49]

마르크스와 네루는 중요한 사실을 지적했다. 1750년 인도는 세계 섬유 생산량의 4분의 1 가까이를 공급했으나, 1900년에 인도의 생산 비중은 2퍼센트 미만으로 줄었다.[50]

하지만 인도 경제 전체에 미친 손실은 상대적으로 크지 않았다. 인도의 산출물은 대부분 농산물이었기 때문이다. 타격을 받은 일자리는 200~600만 개(전체 노동력의 3퍼센트) 정도로, 마르크스와 네루의 종말론적 산문에 언급된 수천만 명은 과장되었다[51](비교 삼아 언급하자면, 대공황기 미국의 실업률은 30퍼센트를 상회했다). 일부 경제사학자들은 영국산 실의 품질이 뛰어나고 더 저렴하여 영국의 직조 산업 규모가 더 커졌다고 주장한다. 대다수의 토론에서 언급되지 않으나 반박하기 어려운 흥미로운 사실이 있다. 이제 인도에서 빈곤층이든 부유층이든 수천만 명이 저렴하면서도 품질 좋은 영국산 옷을 입게 됐다는 사실이다.[52]

　인도가 다른 나라보다 빈곤해졌다기보다는 산업화가 급속히 진행된 서양이 상대적으로 막대한 부를 축적했다고 봐야 한다. 유럽과 인도의 근대 경제사학자들은 18~19세기 인도의 문제를 영국의 무역 정책과는 무관한 다양한 요인에서 찾는다. 토양의 양분 고갈, 빈번한 장마로 인한 흉작, 미비한 내륙 교통 시설, 제 기능을 하는 자본시장의 부재와 더불어 1707년 무굴제국의 마지막 황제인 아우랑제브(Aurangzeb)의 서거 등이 그런 예다.[53]

　영국이 자국 제품을 인도에 아무런 제약도 없이 판매하면서 반대로 인도산 제품이 영국에 유입되는 것은 막았다는 네루의 비난은 유효할까? 아마 일정 부분만 그럴 것이다. 19세기 중반 영국의 대인도 수출품은 (영국 선박을 이용했는지 여부에 따라) 3.5퍼센트나 7퍼센트의 세금이 부과되었다. 반면 영국에 도착하는 인도 등 외국 제품에 대해서는 15~20퍼센트의 세금이 붙었다. 인도산 설탕과 원면 등 농산물에는 훨씬 낮은 세율이 적용되었다.[54] 물론 차별적 정책이기는 하지만 전면적 금지는 아니었다. 또한 영국이 디와니를 남용하여 인도의 국부를 유출했다는 주장도 설득력이 떨어진다. 사치품을 애용하던 무굴제국 시대와 비교해 영국은 디와니를 인도의 거대한 철도 시스템 같은 공익사업에 더 큰 비중으로 지출했다. 어떤 경우든 디와니에서 거둔 수입은 국민소득의 1퍼센트 이상을 넘지 않았다.[55,56]

지금까지 영국이 중국에서 아편을, 인도에서 면직물을 거래한 변화무쌍한 교역을 살펴봤다. 이제 마지막으로 역사적 중요성이 가장 큰 사건을 소개하고자 한다. 바로 영국과 유럽 대륙의 곡물 교역으로, 19세기 자유무역에서 빼놓을 수 없는 에피소드다.

15세기 이후 정부는 일련의 '곡물법'을 통해 중요한 곡물 교역을 세심하게 챙겼다. 일반적으로 영어에서 곡물(com)이라고 하면 보리, 호밀, 밀 등 모든 곡물을 가리킨다(콜럼버스 이전 시대의 유럽에는 아직 옥수수(maize)가 전파되지 않았다). 세부적으로 법을 기록하기 시작한 1660년부터 1846년 폐지되기까지 곡물법은 무려 127차례 개정되었다. 곡물과 기타 식량의 거래에 관련되어 일어날 수 있는 모든 측면을 다루기 위해서였는데 소매와 도매 거래, 보관, 수입, 수출, 특히 정부의 관세 문제가 법안에 포함되었다. 자유무역을 둘러싸고 19세기에 치열하게 전개된 갈등은 국제화되는 교역에 대한 정부의 개입을 둘러싼 논쟁으로 요약된다.[57]

18세기 중반까지 영국의 부와 권력은 무역이나 제조가 아닌 농업 분야의 힘에서 비롯되었다. 1800년에 영국의 농업은 매우 효율적인 수준에 이르러, 국가 노동력의 5분의 2만 농업에 종사하면 충분했다.[58] 격변의 17세기에 영국 농민들은 곡물을 거의 수출하지 않았다. 1689년 혁명의 후속 작업으로 평화와 제도적 안정이 찾아오자, 영국은 유럽 북부의 곡물 저장소 역할을 했다.

그런데 곡물 잉여는 네 가지 사건이 벌어지면서 오래 유지되지 못했다. 첫째, 거대한 분쟁이 연달아 유럽을 휩쓸었고 지역 간 곡물 교역을 저해했다. 1756년의 7년전쟁 이후 1815년 프랑스의 나폴레옹이 전쟁에 패배하기까지 영국은 세계적인 갈등에 개입되어 있거나 개입을 열정적으로 준비했다. 둘째, 18세기 영국의 인구는 두 배 가까이 늘어 900만 명에 이르렀다. 셋째, 1760년 이후 산업화가 빠르게 진행되면서 노동자와 금융자본이 농민에게서 공장으로 이전되었다. 넷째, 1756년 이후 20년 동안 흉작이 잇따랐다. 1780년 이후 대부분의 기간 동안 영국은 곡물의 순수입국이었고 주로 덴마크, 폴란드, 독일 해안에서 들여왔다. 1808년은 영국의 곡물 수출이 수입보다 더 많은 마지막 해였다.[59]

자급자족하고 풍요로운 기간에는 곡물법에 관심을 기울이는 사람이 많지 않았으며, 이는 농민들도 마찬가지였다. 곡물법은 높은 세율을 적용하여 수입을 저지하거나 상인들에게 수출을 장려하는 보상을 지원하여 토지 귀족들을 이롭게 할 때도 있었다. 하지만 반대되는 정책으로 도시 거주자들에게 이로울 때도 있었다. 대부분의 경우에는 곡물법이 어떻게 개정되든 별다른 영향이 없었다. 중세 경제는 대체로 자급자족 상태였고, 사회적으로 법 집행 당국의 영향력이 미미했기 때문에 모호한 법령을 강제적으로 적용하는 경우가 드물었다.

곡물법은 1756년에 7년전쟁이 발발하면서 주목받기 시작했다. 식량 부족 사태가 북부의 산업 중심지를 강타했고, 폭도는 곡물 저장소와 빵집까지 약탈했다. 수백 년 동안 곡물법을 무시하거나 법에 의한 판매 제약에 대해 알지 못하던 곡물 상인들은 어느 한순간 법원의 결정에 따라 교수형에 처해지는 신세가 되었다(대다수는 사면되거나 오스트레일리아로 '이송'되었다).

돌연 곡물 무역 정책이 대중의 관심거리로 떠올랐다. 이후 수십 년 동안 의회는 소비자들에게 공급을 늘리고 토지 귀족의 이해관계를 유지하기 위한 곡물법을 연이어 통과시켰다. 하지만 그 어떤 효과도 거두지 못하는 경우가 많았다. 1793년 이후 혁명의 기운에 사로잡혀 있던 프랑스와의 전쟁과 연이은 흉작으로 곡물 부족 사태가 벌어졌다. 밀 가격은 1790년 이전 한 세기 동안 쿼터(500파운드 또는 쿼터 톤)당 평균 40실링에 거래되었으나, 〔그림 11-1〕에서 보듯 100실링 이상으로 치솟았다. 1795년 10월 29일, 왕이 의회에서 개회사를 하러 이동하는 중에 폭도가 왕의 수행단을 둘러쌌다. 왕이 탄 마차를 향해 총성이 울렸고 폭도는 "평화를 달라! 평화를 달라!"라고 외쳤다.

정부는 온갖 노력을 기울였다. 곡물 수출을 금하고 양조장에서 곡물을 쓸 수 없도록 규제했다. 모든 수입관세를 철폐하는 한편 공식 경로를 통해 발트해의 밀을 수입했다. 해군은 프랑스로 향하는 중립국 선박에서 곡물을 얻었다. 하지만 이러한 조치는 광범위한 기근을 해소시키기에 턱없이 부족했을 뿐만 아니라, 빈곤하고 가난한 서민들로부터

[그림 11-1] 1700∼1850년 영국의 밀 가격

더 이상 폭리를 취할 수 없게 된 부유한 지주들을 분노케 했다.

정부는 수입에 보조금을 지급하고, 소비자들에게 밀을 보리나 호밀과 혼합하여 만든 빵을 먹으라고 장려했다. 하지만 18세기 말에는 빈곤층조차 흰 빵 맛에 익숙해져 있었기 때문에 제빵업자들은 팔리지 않을 것이 뻔한 혼합 곡물 빵을 만들기를 거부했다.[60]

1800년 이후 수확량이 늘어 가격이 일시적으로 하락했다. 그러나 전시에 곡물 부족으로 이익을 누린 지주들은 1804년 11월에 수입 밀에 '차등' 관세라는 전통적인 방법을 적용하여 곡물법을 개정하라고 의회를 압박했다.

외국산 밀은 이미 국산 밀보다 운송비가 많이 든 상황에서 수입관세까지 부과되면 가격이 상승할 수밖에 없었다. 영국 농민들은 쿼터당 최소한 63실링을 보장받았는데, 이는 역사적인 수준보다 50퍼센트 이상 높다. 1804년 곡물법은 영국 곡물 재배업자들의 태도와 정치적 영향력을 드러낸 사례이며, 보호주의가 양날의 검이라는 사실을 잘 보여준다. 국내 생산업자(영국의 토지 귀족)를 보호했지만 그 비용은 소비자가 부담한 것이다. 기본적으로 영국의 지주들은 전시의 높은 곡물 가격을 영구적으로 유지하기를 원했다.

곡물 가격(쿼터 톤당 실링)	수입세(쿼터 톤당 실링)
63 미만	24.25
63~66	2.5
66 초과	0.5

[표 11-1] 1804년 곡물법으로 밀에 부과된 수입세

법은 효과가 거의 없다시피 했다. 수확량이 부진한 데다 프랑스와 전쟁이 벌어지면서 시장가격이 다시 100실링 이상으로 뛰었기 때문이다. 1809년 영국이 곡물 부족에 허덕일 때 프랑스는 작황이 좋았다. 나폴레옹으로서는 곡물을 적에게 판매하여 막대한 이익을 거둘 수 있는 거부하기 힘든 기회였다.[61]

1813년 10월 영국과 동맹국은 프랑스를 점령했으며, 1814년 4월 나폴레옹을 엘바섬으로 귀양 보냈다. 그사이에 밀값은 120실링에서 70실링 선으로 하락했는데, 세 자릿수대 가격에 익숙해 있던 영국의 지주들은 전시에도 이익을 계속 얻을 수 있도록 보장하는 내용의 법제화를 요구했다. 이번에도 빈곤층은 거리를 행진하고 의회를 포위했다.

수백 년 역사의 곡물법은 비슷한 기간 동안 명맥을 이어온 리카도 가문의 연대기와 어우러졌다. 16세기 초 포르투갈이 유대인을 추방하고 학살한 지 얼마 지나지 않아 리카도 가문의 많은 사람들이 로마 북쪽의 리보르노라는 자유항을 피난처로 삼았다. 이탈리아 도시국가에서는 드물게도 리보르노는 유대인에게 배지 착용이나 게토 거주를 요구하지 않고, 사제들이 장광설을 늘어놓으며 괴롭히지도 않았다.

리보르노의 유대인은 주로 고대 지중해의 붉은 산호 교역에 종사했으나, 산호 공급이 줄자 새뮤얼 이스라엘(Samuel Israel)이라는 끈기 있고 전도유망한 인물은 1680년경 네덜란드 공화국으로 이주하기로 결정했다. 네덜란드에서 일가는 번창했다. 새뮤얼의 손자인 조지프 이스라엘 리카도(Joseph Israel Ricardo)는 주식 중개인으로 성공을 거두고 암스테르담 증권거래소의 설립을 도왔으며, 7년전쟁 중 네덜란드의 군사 활동에 자금을 지원하는 일에 긴밀히 개입했다.

조지프 리카도는 군자금을 지원하는 임무 때문에 종종 런던을 방문했다. 그의 아들 에이브러햄 이스라엘 리카도는 영국의 수도가 암스테르담을 제치고 세계의 금융 중심지로 올라섰음을 확인할 수 있었다. 1760년경 에이브러햄 리카도는 템스강이 흐르는 도시에 가문이 번창할 기반을 마련했다. 그의 아들 데이비드 리카도는 자유무역의 대표적인 옹호자이자 이론학자로 두각을 나타냈으며, 곡물법의 초창기 반대자로서 지대한 영향을 미쳤다.[62]

데이비드 리카도는 자유무역을 열렬히 옹호한 애덤 스미스의 『국부론』이 발간되기 4년 전인 1772년에 태어났다. 그는 27세 때 아내가 요양하던 배스의 도서관에서 처음으로 스미스의 책을 접한 것으로 보인다. 이후 몇 년 동안 런던 증권거래소에서 일하면서 아버지를 뛰어넘는 성공을 이루었으며, 1815년에는 국채에 투자하여 막대한 이익을 거뒀다. 워털루 전투의 승리로 국채 가치가 뛴 덕분이었다(워털루의 승리 소식을 처음으로 접한 네이선 메이어 로스차일드(Nathan Mayer Rothschild)도 마찬가지였다). 데이비드는 자신이 창출한 부로 하원 의석을 얻었고 지적인 관심사도 채웠다. 그 과정에서 스미스의 저서를 손에 넣었고 150군데에 기록을 남겼다. 책에 남긴 메모는 1817년 발표된 리카도의 저명한 『정치경제학 및 과세의 원리(Principles of Political Economy and Taxation)』의 토대가 되었다.

리카도는 저서를 통해 『국부론』의 탁월한 후계자임을 직접 증명해냈다. 역사학자 데이비드 웨더럴(David Weatherall)은 "애덤 스미스가 자본주의 체제가 무엇인지 설명했다면, 데이비드 리카도는 자본주의 체제가 어떻게 돌아가는지를 설명했다"라고 풀이했다.[63] 특히 외국무역을 다룬 유명한 챕터는 중상주의를 근본적으로 뒤엎는 명쾌한 문장으로 시작된다. "새로운 시장의 발견으로 우리에게 주어진 수량과 교환할 수 있는 외국 제품의 수량이 두 배로 증가하더라도 우리가 더 큰 가치를 얻는 것은 아니다." 이어 리카도는 비교우위론을 설명하면서 특정한 상황을 가정했다. 일정 수량의 와인을 생산하는 데 영국인 120명이 필요하고 옷감 생산에는 100명이 필요하다. 반면 포르투갈에서는 동일한 와인과 옷감에 각각 80명과 90명의 노동력이 든다고 가정해보자. 포르투갈이 와인과 양모 생산에서 모두 영국인보다 효율적이지만, 포르투갈은 80명의 노동력만 필요한 와인 생산에 집중하는 편이 낫다. 옷감을 만드는 대신 소비하지 않고 남는 와인을 영국에서 만든 옷감과 교환하는 선택이 나은 것이다.[64] 하지만 리카도의 결론은 당대 독자들에게는 모호하게 다가왔고, 오늘날에도 비교우위론은 잘못 이해되기 일쑤다.[65]

그러니 더 와닿는 예를 드는 편이 나을 것이다. 유명한 변호사가 있는데 인기가 좋아서 한 시간당 수임료가 1000달러라고 가정해보자. 게다가 일반적인 목공보다 솜씨가 좋고 생산성이 뛰어나다고 가정해보겠다. 예를 들어 부엌을 개조할 때 목공이 작업할 경우 200시간이 들지만 재능이 뛰어난 변호사가 작업하면 100시간에 끝난다. 목공은 시간당 평균 25달러를 받으므로, 변호사의 목공 기술은 시장에서 시간당 50달러로 책정될 것이다.

만약 변호사의 가족에게 새 부엌이 필요하다면 일반 목공보다 두 배 생산적인 변호사가 직접 작업을 진행할까? 그런 일은 변호사의 시간당

수임료가 1000달러인 경우에는 일어나지 않는다. 그가 부엌에서 보내는 100시간을 사무실에서 보내면 10만 달러를 벌 수 있다. 그러므로 효율성이 떨어지는 목공이라도 고용해서 200시간 작업을 시키고 5000달러를 지불하는 편이 훨씬 낫다. 다시 말해 변호사는 100시간 동안 부엌에서 직접 일하기보다는 변호 업무에 다섯 시간을 투입하여 목공의 부엌 개조 비용을 정산하는 것이 합리적이다. 경제학 용어로 표현하자면, 변호사는 법률 업무에 비교 우위가 있고 목공에는 비교 열위가 있다(리카도의 분석에는 즐거움이나 선호 같은 요인은 고려되지 않았다. 변호사는 목공 일을 즐기기 때문에 직접 부엌을 개조하기로 결정할 수도 있다. 감정적으로는 충분히 가능한 일이지만 경제적으로 합리적인 선택은 아니다).

리카도와 그의 저서는 1815년 가혹한 곡물법으로부터 영국을 구하기에는 너무 늦게 빛을 발했다. 리카도는 곡물법에 찬성하는 토머스 맬서스(Thomas Malthus)의 소논문에 대응하여 반곡물법을 지지하는 「저곡가가 자본의 이윤에 미치는 영향에 따른 시론(Essay on the Influence of a Low Price of Corn on the Profits of Stock)」을 발표했다. 논문에서 리카도는 (앞서 저서에서 예로 들었던 가상의 영국이 아닌) '진짜' 영국이 거두는 주된 이익은 공장에서 나온다고 지적했다. 곡물법은 외국 곡물의 구입을 가로막고 영국이 귀중한 노동력을 생산성이 떨어지는 농업에 낭비하도록 만들며, 이는 토지 귀족을 제외한 누구에게도 이롭지 못하다는 것이다. 하지만 이 시론이 많은 사람을 설득하지는 못했다. 막대한 영향력을 미친 그의『정치경제학 및 과세의 원리』는 1817년에야 출간됐으며, 그 자신은 1819년에 의회에 입성했다.

독일, 폴란드, 덴마크의 창고가 값싼 곡물로 가득 차 있다는 상상은 영국의 서민들을 자극했다. 결국 폭도는 합리적 담론의 힘보다 더 큰 영향력을 입증했지만, 의도한 방향으로 영향력이 발휘되지는 않았다. 1815년 3월, 반곡물법 시위대는 런던 거리를 점거하고 탄압으로 악명 높았던 캐슬레이(Castlereagh) 외무장관과 법안을 발의한 프레더릭 로빈슨(Frederick Robinson)을 비롯한 곡물법 지지자들의 집을 습격했다. 프랑스와의 전쟁 이후 기근에 시달리던 노동자들은 자유무역을 찬성하며 폭동을 일으켰다. 오늘날 근로자들이 상대적으로 개선된 환경에서 근무하면서 자유무역에 반대하며 폭동을 일으키는 것과 대조적이다. 노동자들의 불법행위는 역효과를 일으켰고, 곡물법 폐지를 주장해온 정치인과 신문은 소동을 피우는 폭도와의 관계를 단절했다.

1815년 지주들은 바라던 승리를 얻었다. 악명 높은 법안이 통과되려면 양원에서 과반수 의원이 투표에 참여할 뿐만 아니라 의회 밖을 총검으로 무장해야만 했다. 지주들은 곡물 가격이 쿼터당 80실링 밑으로 떨어질 경우 곡물 수입을 필사적으로 금지시킬 필요가 있었다.[66] 얼마 안 가 곡물값은 일시적으로 80실링 아래로 떨어졌으며, 리카도는 추가로 시론을 발표했다. 또한 하원에서는 지주들의 보호주의 요구에 반대하는 연설을 하면서 힘겨운 싸움을 이어갔다.[67] 그는 전 세계적으로 자유무역이 실현되는 꿈을 이루지 못한 채 1823년 51세의 나이에 숨을 거뒀다.

일반적으로 보호주의자들의 법안은 가장 약하고 권력 없는 집단을 강타한다. 1815년 곡물법도 예외가 아니었다. 평화로울 때 밀 가격이 80실링 이상으로 오르는 경우는 드물었고, 영국 사회는 농업 자급에서 멀어지는 추세였기 때문에 곡물법은 외국산 곡물을 차단하는 동시에 빈곤층이 인위적으로 부풀려진 가격에 주요 식량을 구매할 수밖에 없도록 내몰았다. 법안을 강제하는 과정에서 법안이 통과될 때와 같은 폭력 사태가 벌어지지는 않았지만, 값비싼 곡물은 전후 영국에서 정치개혁 다음으로 국민이 불만을 가진 문제로 손꼽혔다. 곡물값을 부양하려는 노력은 1819년 공포에 질린 경찰들이 맨체스터의 평화로운 시위대를 무분별하게 공격한 '피털루의 학살'에서 드러났듯 해로운 방향으로 변질되기 십상이었다.[68,69]

19세기 후반에는 굶주린 노동자들을 값싼 곡물로 부양하면서 이득을 본 제조업자들이 번성하기 시작했으며, 이들은 토지 귀족에게 본격적으로 도전했다. 1828년 랭커셔에서는 융통성 없는 80실링 선을 1804년의 경우처럼 점차 차등화하는 법안이 가까스로 가결되었다.[70] 1840년에 이르자 지적인 조류는 분명 자유무역을 지지하는 방향으로 흘렀으나, 새로운 법안은 1815년 법안과 비교해 폭력성은 덜했어도 여전히 굶주린 빈곤층을 괴롭혔다. 그러다 믿기 힘든 예지력의 소유자 리처드 코브던(Richard Cobden)이 나타나 곡물법에 치명적 일격을 가했다. 그가 최종적으로 법률 폐지에 성공한 것은 일반적인 민주화 절차와 더불어 오늘날 세계화를 둘러싼 논쟁에 대해 많은 점을 시사한다.

코브던은 1804년 가난한 자작농 가문에서 태어났으며, 1832년 대개혁법(Reform Act)을 계기로 이름을 알렸다. 그는 열 살에 아버지를 여의었는데, 옷감 상인이었던 삼촌은 그를 찰스 디킨스(Charles Dickens)로 인해 악명을 떨치게 된 소년 시설에 보냈다(그는 나중에 디킨스의 소설 『니콜라스 니클비(Nicholas Nickelby)』의 배경인 도더보이스 홀에 대해 읽다가 충격에 빠졌다[71]). 열다섯 살에는 캘리코 상인이었던 삼촌의 가게에서 견습생으로 일했으며, 스무 살에는 전국을 다니면서 날염한 면직물을 판매했다. 서른 살이 되자 형 프레더릭과 손잡고 맨체스터에 날염 공장을 설립하여 자수성가의 길을 걷기 시작했다.

그는 분명 재능 있는 인물이었지만 대단한 부를 축적하지는 못했다. 면직물 무역 외에 지적인 탐구, 여행, 정치에도 관심이 있었다. 서른셋에는 유럽 대륙, 중동, 미국에 다녀왔으며 "지식이 힘이라면, 그리고 교육으로 지식을 얻는다면 미국인은 분명 세계에서 가장 강한 사람들이 될 것이다"라고 예견했다.[72] 여행을 통해 그는 영국이 번성하려면 제품을 다른 나라보다 싸게 판매하는 수밖에 없음을 깨달았다. 군사 활동에는 세금이 들기 때문에 영국의 수출품 가격을 끌어올린다. 보호 덕분에 값이 비싼 국내산 곡물을 노동자들에게 공급하여 과도한 비용이 발생하는 경우도 마찬가지로 나라에 해를 끼쳤다.[73] 이에 따라 코브던은 평화주의, 국제 협력, 특히 자유무역의 중요성을 깨달았다. 1840년 영국 수출의 3분의 1은 미국으로 향했으며, 주로 면직물과 옷감을 수출하고 미국 남부의 원면을 수입했다. 젊은 공장 주인은 무역 활동에 값비싼 해군의 보호가 필요 없다는 생각에 이르렀다.

이러한 결론에 이른 것은 코브던뿐만이 아니었다. 1830년대 기이하게 연관되어 있던 두 집단은 곡물법 폐지가 불가피하다는 결론을 내렸다. 하나는 맨체스터의 면직물에 이해관계를 가진 집단이었고, 또 하나는 참정권을 토지 귀족 이외의 계층으로 확대할 것을 요구하는 무법과 격론자인 차티스트들이었다. 1838년 9월, 양 집단의 대표자들이 맨체스터에서 만나 반곡물법동맹을 형성했다. 영국을 대표하는 자유무역론자 코브던이 그해 말 동맹의 지도자가 되었다.[74]

1838년 동맹은 적당한 시기와 적당한 장소에서 존재감을 드러냈다. 1830년대 이전에는 통신과 교통에 대단히 큰 비용이 발생했다. 부유층만 서신을 쓰거나 장거리 여행을 할 수 있었기 때문에 나머지 사람들은 권리를 박탈당했다. 이는 곧 영국에서 확고한 기득권을 누리는 지주들이 빈곤한 소비자들보다 곡물 가격 보호에 유리한 위치에 있었음을 뜻했다.

증기력을 비롯한 기술이 빠르게 발전하면서 계층 간 불균형이 크게 해소되었다. 반곡물법동맹은 카리스마 넘치는 지도자들을 여러 장소로 파견할 수 있었다. 매력적이고 설득력을 갖춘 코브던과 열정적이고 감성적인 존 브라이트(John Bright)는 전국을 돌면서 후원을 조직하고 결집했다.

동맹은 대량 우편 발송, 섬세하게 조직된 이동 캠페인, 종교적 언외(言外)의 의미 활용, 용의주도한 설문 조사, 목표에 따른 법률적 문제 제기 등 오늘날 주요 정당과 특수 이익집단에서 정교하게 활용되는 여러 도구를 개발했다.

코브던은 동맹 지도부를 맡은 이후 자신처럼 변변찮은 배경을 가진 이상가 롤런드 힐(Rowland Hill)과 손잡았다. 힐은 '1페니 우편제'의 실행을 강력하게 주장했다. 1838년 영국은 운송비를 급격히 낮춘 고속 열차의 혜택을 톡톡히 보고 있었다. 하지만 절감된 운송비를 우편 비용을 낮추는 데 반영시키지 않았다. 당시에는 막대한 우편요금을 수신자가 부담했다. 예를 들어 에든버러에서 런던으로 편지를 보낼 때 드는 비용은 농민이나 공장 근로자의 하루 임금에 맞먹는 1실링에 달했다.

수신자가 큰 비용을 치르면서 온갖 편법과 남용이 발생했다. 여행자들이 친구, 친척, 낯선 이에게 편지를 전달하는 경우도 많았으며 먼 도시로 향하는 편지 여러 통을 한 장에 작성한 다음 나중에 잘라서 각 수신인에게 전달하는 일도 벌어졌다. 인쇄소에서 상점으로 보내는 책 사이에는 다량의 편지가 끼어 있었다. 직원들은 우편물 받을 주소지로 직장을 이용했고, 공직에서 누릴 수 있는 중요한 혜택 가운데 하나가 우편요금을 물지 않고 서신을 보낸다는 것이었다.[75]

힐은 우체국이 편지 한 통을 런던에서 에든버러까지 보낼 때 드는 비용은 36분의 1페니에 불과하다고 추정했다. 힐에게 설득당한 코브던은 특유의 매력과 설득하는 기술을 활용하여 하원 특별위원회에 문제를 제기했다. 그는 위원회에서 우편요금을 인하하면 맨체스터에서 일하는 아일랜드인 5만 명이 고향의 사랑하는 사람들에게 정기적으로 편지를 보낼 수 있다고 강조했다. 의원들이 우체국에서 많은 편지를 소화할 수 있는지 묻자, 코브던은 최근 코끼리도 런던에서 맨체스터까지 시속 30킬로미터 속도로 운반되었다고 대꾸했다.

결국 의회는 1페니 우편제를 통과시켰고, 1840년 1월 10일 발효되었다. 처음에는 제도 운영에서 혼란이 일었다. 코브던은 "특허 의약품에 우표를 붙이듯, 풀로 봉투에 붙일 수 있는 종이를 사용한 다음 우체국에서 도장을 찍는" 방법을 제안했다. 이렇게 하여 근대에 접착식 우표를 사용하여 우편요금을 처리하는 방식이 정착되었다.[76]

코브던은 자신이 하는 일의 의미를 정확히 알고 있었다. 1페니 우편제가 마침내 상원을 통과하자 그는 기쁨에 겨워 "이제 곡물법이다!"라고 외쳤다.[77] 저렴한 우편은 곡물법 폐지론자들이 활용할 수 있는 가장 강력한 무기로, 선전에 곡사포를 사용하는 격이었다. 이와 더불어 반곡물법동맹은 산업혁명으로 부를 축적한 공장 소유주에게 재정적 지원도 얻을 수 있었다. 자금 지원과 값싼 우편요금 덕분에 동맹은 영국의 가련한 유권자들을 결집할 수 있었다. 1832년 개혁법 이후 유권자의 비중은 성인 남성의 7퍼센트 수준에 불과했다.[78] 동맹은 조직적이고 단조로울 정도로 일정하게 공략했다. 일간지『반곡물법 회람(The Anti-Corn Law Circular)』과 명문장의『동맹(The League)』, 끊임없이 발송되는 시론이 이들의 무기였다. 1840년대 초 곡물법 폐지 노력이 절정에 이르렀을 당시 코브던은 전국 80만 유권자의 3분의 1 이상이 정기적으로『동맹』을 받아 보는 것으로 추산했다.[79]

폐지론자들은 새로 개발된 철도 및 1페니 우편제와 더불어 무척 오래된 제도도 활용했다. 신이 지구에 보낸 사도들을 활용한 것이다. 자유무역론자들은 기독교인과 폐지론 동지들의 종교적 열정에 의지했다. 동맹의 한 회의에서 맨체스터의 목사 700명은 곡물법이 "신의 법에 반한다"라고 선언했다. 아마 전능자가 처음이자 마지막으로 관세인하에 극적으로 개입한 사례일 것이다.[80]

동맹은 변호사 부대를 각 지역과 자치구에 파견하여 유권자 설문을 실시하고 정치적 성향을 확인했다. 등록이나 자격 요건에 의구심을 가진 모든 지주는 자신의 선거권이 도전에 직면했음을 인식했다. 반대파가 자신과 같은 편법을 저지르지 못하도록 자유무역론자일 법한 자들의 서류를 정리했다. 많은 경우 이러한 전략으로 한 선거구에서 토리당 유권자의 6분의 1이 자격을 박탈당했다. 결국 동맹은 막강한 자금력을 활용하여 가난한 소작인들의 이름으로 부동산을 구입했고, 선거권 자격을 얻는 데 필요한 연간 40실링의 지대를 받도록 만들었다.[81]

코브던은 영국 정부에서 업무가 바쁘지 않을 때면 동료 존 브라이트와 전국을 돌며 유세를 했다. 코브던은 자신의 매력을 앞세워 호소했고, 브라이트는 지주들의 배신행위에 도덕적 분노를 터뜨리면서 청중의 마음을 사로잡았다. 새로 깔린 철도 덕분에 이들은 여러 도시를 시간 단위로 방문했고, 처음 가보는 지역도 공략했다. 말과 마차로 다니던 시절에는 상상도 할 수 없는 전략이었다.

1841년 휘그당의 멜버른 총리가 사임하면서 총선거가 개최되었다. 코브던은 4년 전 하원 선거에서 근소한 차이로 패배했지만 이제는 저명한 인사가 되었기에 손쉽게 승리를 거뒀고, 동맹에서 출마한 존 브라이트 등도 당선되었다.

선거로 토리당이 다시 권력을 잡으면서, 로버트 필은 1835년 내줬던 다우닝가 10번지(영국 총리 관저)로 복귀했다. 하지만 필은 정치적 비전을 제시하고 끈질기게 경험주의를 고집하는 한편 반동자와 귀족 지주인 토리당의 일반 당원들과 교류하지 않고 유유자적했다. 이후 몇 년 동안 코브던은 곡물법을 놓고 총리와 갑론을박했으며, 두 사람의 설전은 때로 험악한 분위기로 흘렀다. 하지만 코브던이 사실을 제시하고 유쾌하고 논리적인 태도를 유지하자, 총리도 곡물법 폐지를 반대하는 입장을 서서히 누그러뜨렸다.

코브던이 주장한 핵심은 다음과 같다. 값싼 외국의 곡물을 허용하면 노동자들에게 두 가지 측면에서 도움이 된다. 첫째, 노동자들이 손쉽게 식량을 구할 수 있으며, 둘째, 노동자들에게 일감을 주는 영국 제조업자들이 식량 비용을 지불한다. 즉 필수품 수입이 수출을 이끌어낸다고 그는 주장했다.[82] 코브던이 하원에서 연설할 때 필 총리는 시드니

허버트(Sidney Herbert) 부총리에게 "나는 답변할 수 없으니, 대신 하시오"라고 말했다.[83]

양측은 당대의 암울한 노동환경을 각자 자기편에 유리하게 활용하려 했다. 특히 토리당은 공장의 암울한 작업환경에 정당한 분노를 표출했는데, 많은 경우 그 공장은 동맹 회원들의 소유였다. 코브던은 1841년 의원에 당선된 이후 비정한 공장 소유자라며 공격을 받았고, 회계 부정으로 조사를 받기도 했다. 당시 기준으로 코브던의 공장은 비교적 원만하게 경영되었고 직원들을 인도적으로 대우했기 때문에 기소를 손쉽게 피할 수 있었다. 1844년 토리당 소속의 하원의원으로 대규모 농토를 소유한 가문 출신의 애슐리 쿠퍼(Ashley Cooper)는 공장의 근무시간과 아동노동을 엄격히 제한하는 법안을 발의했다. 필의 개입으로 법안은 완화된 형태로 통과되었다. 쿠퍼는 1845년에 캘리코 날염업자들의 뒤를 쫓았는데, 이는 코브던을 정면으로 조준한 것이었다. 쿠퍼는 공장의 아동 노동자들이 장시간 일하면서도 일주일에 불과 3실링밖에 못 받는다고 지적했다. 이에 코브던은 공장의 아동들은 그나마 실내에서 일하지만 농장에서 일하는 아동들은 궂은 날씨에도 장시간 일하면서 공장에서 일할 때 받는 급여의 절반밖에 못 받는다고 쏘아붙였다.[84]

곡물법 폐지 싸움에서 승리는 간헐적으로 찾아왔다. 1842년에 흉년이 들자, 필은 1828년 도입한 곡물에 대한 차등적 수입세를 절반으로 인하하자고 내각을 설득할 수 있었다. 1843년 의회는 캐나다산 밀에 대한 관세를 쿼터당 1실링으로 낮췄다.[85] 하지만 총리의 조치에 누구도 만족하지 않았다. 코브던과 브라이트, 그리고 동맹에 속한 의원들은 성의 없는 조치라며 무시했다. 물론 토리당의 여러 의원들은 필의 배신을 달가워하지 않았다. 하지만 2년 후 풍년이 들자 지주들에 대한 압박이 느슨해졌고, 동맹은 의회에서 별다른 진전을 보지 못했다.

그러던 1845년 농사의 신의 분노가 영국에 임했고 영국의 정치 역사상 가장 극적인 사건이 벌어졌다. 7~8월에 '온화한 겨울'이 찾아오면서 밀 농사가 대흉작을 맞았고, 이와 동시에 감자잎마름병이 영국 남부를 덮쳐 아일랜드까지 들불처럼 번졌다. 이에 서민들은 극심한 기근에 내몰렸다. 악몽 같은 시간이 흘렀고, 필 총리가 이끄는 정부는 겁에 질려 사태를 지켜봤다. 정부는 기근을 완화하기 위해 미국의 곡물(옥수수)을 구입했으며, 특별과학위원회는 감자잎마름병이 우려보다 더 심각하다는 보고서를 제출했다. 11월 22일 야당인 휘그당의 존 러셀(John Russell) 의원도 곡물법 폐지를 지지하고 나섰다.

이 시점에서 토리당의 강경파조차 거대한 기근 사태를 피하기 위해서는 잉글랜드와 아일랜드의 항구를 외국산 곡물에 개방해야 한다는 의견에 동의했다. 하지만 필은 한번 항구가 열리면 혁명을 감수하지 않고는 다시 폐쇄하기 어렵다는 사실을 알고 있었다. 2주 후 그는 내각을 소집해 곡물법을 폐지하겠다는 의사를 밝혔다.[86] 장관 두 사람은 지지를 거부했고, 총리는 여왕에게 사퇴하겠다고 전했다. 하지만 러셀은 휘그당이 하원에서 소수파에 속해 총리에 오를 수 없었고 결국 필은 12월 20일 총리직에 복귀했다.

1846년 1월 필은 코브던과 동맹이 오랫동안 주장해온 바를 공식적으로 인정할 수밖에 없었으며, 곡물법에 대한 자신의 기존 태도를 번복했다. 토리당에서 필과 뜻을 같이하던 의원들은 허를 찔렸다.[87] 이 같은 필의 자기희생은 그에게 19세기 영국에서 가장 유능한 지도자라는 명성을 안겨주었다. 6월 25일 상원에서 곡물법 폐지안이 통과되자, 며칠 후 토리당의 벤저민 디즈레일리(Benjamin Disraeli)를 비롯한 지주들은 필의 최종 사퇴를 압박했다.[88, 89] 필은 자신이 속한 토지 귀족을 구원하는 동시에 등지고 말았다.

1846년의 곡물법 폐지가 세계무역 정책에서 역사적 분수령이기는 하지만, 사실 여러 목표는 이미 달성된 상황이었다. 1842년 제정된 법으로 곡물법을 폐지할 당시보다 관세가 더 낮은 수준으로 하락했다. 근대 학자들은 1846년 법이 폐지되던 시점에는 이미 수십 년에 걸쳐 실질 곡물세가 하락하던 상황이었다고 지적한다. 곡물법이 폐지되기 오래전부터 이미 법이 경제적으로 중요성을 잃었다는 의미다.[90]

코브던은 의원직을 계속 유지했고, 자유무역의 복음을 전파하기 위해 해외로도 눈을 돌렸다. 말년에는 프랑스 나폴레옹 황제의 조카인 열정적인 제자를 지도했는데, 이 제자는 후일 나폴레옹 3세에 올랐다.

1859년 영국과 프랑스의 관계는 전쟁 직전으로 치달았는데, 주요 원인은 영국이 역사적 원수인 프랑스를 깊이 불신한 데 있었다. 코브던은 양국 간 관세 인하 조약을 지지하기 위해 파리에서 비공식적 임무를 수행했다. 나폴레옹 3세, 황제의 장관들과도 여러 차례 만났다. 황제는 프랑스의 수입관세를 폐지하기를 원한다면서도 "어려움이 매우 크다. 프랑스에서는 혁명을 할 뿐 개혁은 하지 않는다"라고 밝혔다.[91] 나폴레옹 3세는 코브던의 이상적 조언을 호의적으로 받아들였으나, 프랑스 산업계의 수장들과 정부의 업계 지지자들은 자유무역을 원치 않았다. 이즈음 코브던은 보호주의자들이 주장하는 논리에 맞서는 달인이 되었다. 그가 남긴 일기의 한 구절은 나폴레옹 3세에게나 현대인에게나 시사점을 던져준다.

　황제는 프랑스 장관들이 자유무역 정책을 만류하면서 역설한 주장을 내게 되풀이했다. 특히 M. 망주(M. Mange) 재무장관은 금지 정책을 완화하여 세금을 부과한다면 외국 상품이 대거 유입되어 프랑스에서 소비될 때마다 국내에서 제조된 제품을 대체할 것이라고 주장한다. 이에 나는 프랑스의 전 국민이 의복을 충분히 갖추고 있고 수입으로 인해 국내 제품의 추가 소비가 일어나지 않으리라는 망주 장관의 주장에 오류가 있음을 지적했다. 프랑스의 수백만 인구는 스타킹을 신어본 적이 한 번도 없는 데다 스타킹은 금지되어 있었다. 장관은 수천만의 인구가 빵을 거의 맛보지 못하고 감자나 밤 등으로 근근이 살아가는 현실에 유감을 표했다.[92]

　나폴레옹 3세가 자유무역을 수용하는 태도를 보인 것은 놀랍지 않다. 그가 1846년 영국에서 망명 생활을 할 당시 영국에서는 스미스, 리카도, 코브던 덕분에 지적인 활동이 왕성하게 일어나고 있었다. 프랑스의 면직물 제조업은 저렴하고 품질 좋은 영국 옷감으로 피폐해졌으며, 황제에게 보호주의 조치를 간청했다. 하지만 황제는 자유무역을 주장하는 사람들의 의견도 들었다. 와인, 실크, 고급 가구를 생산하는 사람들은 제품을 해외에 수출하기를 열망했다. 철을 대량으로 수입해야 하는 기계 제작자 등 해외 자재에 의존도가 큰 프랑스 제조업자들도 관세 인하를 요구했다.[93]

　1850년대 자유무역의 교리 문답서가 영국 해협 너머에서 확산되었다. 반관세 조직이 벨기에와 프랑스에서 생겨났고, 진보 경제학자들에게 영감을 줬다. 가장 유명한 인물은 하원의원이자 정치경제학 교수였던 미셸 슈발리에(Michel Chevalier)였는데, 그는 다음과 같이 주장했다.

영국이 자유무역을 수용한 것은 이번 세기의 가장 대단한 사건이다. 이처럼 강력하고 계몽된 국가는 위대한 원칙을 실천할 뿐만 아니라 거기에서 이익을 얻는다. 그러니 영국 모방자들은 영국이 간 길을 따라가는 일에서 어떻게 실패할 수 있겠는가?[94]

1860년 코브던과 슈발리에는 영국 해협 양쪽에서 거센 반대를 무릅쓰고 영불 통상조약을 체결했다. 그 공로로 코브던은 자유당의 윌리엄 글래드스턴 의원에게 찬사를 받았다.

14년 전 전국에 통신 서비스를 제공하도록 만든 인물이 그 짧은 기간에 토지나 작위, 그가 아끼는 국민과 구분되는 다른 표시도 없이 또 다른 위대하고 기억할 만한 서비스를 조국에 제공하는 영광을 누리다니, 무척 드문 일이다.[95]

코브던-슈발리에 조약으로 양국의 수입관세는 크게 낮아졌다. 이후 몇 년에 걸쳐 이탈리아, 스위스, 노르웨이, 스페인, 오스트리아, 한자동맹 소속의 도시가 행렬에 동참했다. 이 기간에는 사상 처음으로 최혜국조항(Most-Favored-Nation clause)이 널리 체결되었다. 최혜국조항의 역사는 12세기로 거슬러 올라가는데, 현대의 자동차 딜러가 "어떤 가격이든 맞춰주겠다"라고 주장하는 것과 유사한 조약이 과거에도 체결되었다. 관세율을 다른 나라에 최저 수준으로 약속하는 나라는 향후 또 다른 나라의 물건에 더 낮은 관세를 적용할 경우 최혜국조항을 체결한 모든 국가에 동일하게 적용해야 했다. 최혜국조항이 1860년대에 체결되면서 관세 '인하' 움직임이 유럽 대륙으로 확산됐다. 최대 50퍼센트에 달하던 세금은 일부 제품에서 완전히 사라졌다.[96]

1776년 『국부론』 발간 이후 1846년 곡물법이 폐지되기까지 스미스, 리카도, 코브던은 새로운 글로벌 경제의 이론적·정치적 기반을 닦았다. 글로벌 경제는 코브던-슈발리에 조약의 체결 이후 수십 년 동안 전성기를 누렸다. 보호주의자들은 값싼 수입 농산물 때문에 농민들이 재앙을 맞을 것이라고 예상했다. 처음에는 그런 일이 일어나지 않았다. 유럽의 인구가 증가하면서 식품 가격이 높은 수준을 유지했기 때문이다. 하지만 곡물법이 폐지되고 한 세대 후 아메리카 대륙, 오스트레일리아, 뉴질랜드, 러시아에서 저렴한 곡물이 쏟아져 들어와 영국과 유럽 대륙의 농민들을 덮쳤다. 1913년 영국은 밀 소비량의 80퍼센트를 수입했지만, 20세기 초 사리 판단이 분명한 영국인 가운데 나라의 산업 기반을 놔두고 과거의 농업을 선택하는 사람은 없었다.[97]

신세계 곡물의 침입이 유럽 대륙에서는 각기 다른 형태로 전개되었다. 1880년대에 처음으로 자유무역에 대한 거센 반발이 일어난 이후 20세기 중반까지 그러한 흐름이 유지되었다. 새로운 글로벌 경제에 대한 19세기의 반응은 21세기에도 시사하는 바가 있다. 자유무역이 전반적으로는 인류에게 이익을 안겨줬어도, 새로운 질서를 가만히 앉아서 받아들일 수만은 없는 패배자들도 양산했다.

12장

기술 혁신과 대륙 횡단 무역

이주를 통해서 비용 가운데 아주 작은 일부를 절약할 수 있다는 이유만으로 사람들이 아메리카나 중국으로 기꺼이 공장을 옮긴다면 세계의 모든 곳에서 이윤은 동일할 것이고, 물건들은 모두 같은 노동과 자본을 갖고 가장 높은 품질로 가장 많은 양을 생산할 수 있는 장소에서 생산될 것이다. 이와 같은 상태를 향해 나아가는 경향은 현재에도 관찰할 수 있다.

—1848년, 존 스튜어트 밀 (John Stuart Mill)[1]

오늘날 세계의 제조업이 추는 춤은 상상력을 눈부신 현실로 탄생시킨다. 노트북컴퓨터, 휴대폰, 자동차는 여러 대륙에서 디자인되고 제작 및 조립되는 과정을 거치면서 최종재를 소비자가 구입하기 전에 두 곳 이상의 대양을 건너기도 한다.

그런데 이것이 새로운 현상이라고 생각하는 사람들이 있다면, 애리조나 북부의 제롬이라는 옛 동광 지역을 방문해볼 필요가 있다. 아기자기하고 그림 같은 풍광의 관광지 한복판에 한때 사용되던 용광로가 남아 있어, 방문객들을 유서 깊은 과거로 데려간다. 이 땅딸막하고 볼품없는 용광로를 살살 달래면 19세기 후반에 전개된 글로벌 교역에 대한 놀라운 이야기를 풀어놓는다.

이야기는 중세 말 영국 서쪽 끝에서 시작된다. 콘월과 웨일스 사람들은 채굴과 야금의 선도자로서 오랫동안 유럽에 구리, 주석, 철광을 대거 공급했다. 특히 이 지역 광산에서는 세계 최고 품질의 무황 석탄이 생산되었는데, 이는 제련 과정에서 매우 중요한 원재료다. 1820년 고효율의 반사로(불꽃과 철광 및 석탄이나 숯이 분리되는 기구)를 도입하면서 이 지역의 생산량은 잉글랜드와 아일랜드 광산량을 넘어서기 시작했다. 제련소는 채굴할 수 있는 모든 곳에서 광석을 수입했다. 처음에는 스페인, 쿠바, 오스트레일리아에서, 나중에는 혼곶을 돌아 칠레와 애리조나에서도 들여왔다. 광석을 하역한 선박은 잉글랜드 서부의 석탄을 싣고 돌아갔다.

웨일스의 한가한 스완지 항은 위험한 모래톱에 둘러싸인 얕은 정박소가 위치해 있으며, 장거리 대규모 교역의 중심지 기능을 했다. 속도보다는 용적을 고려하여 건조된 배는 석탄과 광석이라는 독특한 화물을 싣고 길 양편으로 원시적 시설이 늘어선 항구로 들어섰다. 아이러니하게도 웨일스인은 많은 석탄을 생산하고 수출했지만, 정작 그 석탄을 싣고 가는 바크선은 20세기 초까지 돛으로 움직였다.

소설가이자 선원이었던 조지프 콘래드(Joseph Conrad)는 생의 마지막을 향해 가는 옛 선장을 만나고 온 후 교역의 시대를 다음과 같이 표현했다.

> 그는 스완지와 칠레 해안을 오가며 그 유명한 동광 교역을 하던 시대를 대표하는 사람이다. 마치 거대한 혼곶 바다에 반항하듯 석탄을 가득 보내고 동광을 가득 받았다. 이러한 작업은 견고한 배와 웨스트컨트리의 건장한 선원들을 위한 일이었다. 구리로 바닥을 대고 튼튼한 늑재와 외판, 설비를 제대로 갖췄으며 강인한 선원, 젊은 선장의 지휘 아래 바다로 나아갔던 바크선은 이제 존재하지 않은 지 오래된 임무를 수행했다.[2]

입항 화물과 출항 화물 모두 독특한 이유로 해를 끼칠 수 있었다. 신세계의 풍부한 동광은 밀도가 높았고, 때로는 금속을 50퍼센트 이상 함유했다.[3] 특별히 제작된 궤에 빽빽하게 담지 않으면 동광이 이동하면서 선박의 균형을 깨뜨려 위험한 상황에 처할 수 있었다. 게다가 철과 구리는 잘 어울리는 조합이 아니었다. 광석이 선체 바닥으로 이동할 경우 못을 부식시켜 배가 가라앉을 위험마저 있었다.

스완지에서 출항한 배 역시 석탄으로 불이 날 위험이 있었다. 분탄은 자연스럽게 발화하는 특성이 있어 19세기 후반 평년에 150척의 무역용 바크선 가운데 여섯 척이 바다 한가운데서 화염에 휩싸였다. 화물칸 깊숙한 곳에서 여러 날 동안 조용히 연기를 피운 석탄불은 나중에 발견하더라도 끌 수 없는 경우가 많았다. 이런 석탄불에 한 가지 이점이 있다면, 천천히 연소되기 때문에 화물을 옮기거나 최악의 경우 선원이 질서정연하게 배에서 피신할 수 있는 여유를 준다는 것이다.

처음에는 외국에서 들여온 광석의 순도가 높아 이익률이 양호했다. 마치 웨일스 제련업계가 기도의 응답을 받은 것만 같았다. 공장주들의 운이 특히 좋으면 광석에 상당량의 은이 포함된 경우도 있었다. 1850년 세계 동광의 상당 부분은 웨일스 남부에서 제련되었다.

하지만 장기적으로 콘월과 웨일스는 동 제련으로 수익성을 계속 유지할 수 없었다. 광물이 바닥나 갱이 폐쇄되자 인력이 공급과잉 상태에 이르렀고, 광부들은 기술을 가지고 대양을 건넜다. 신세계의 탄광촌 가운데 '콘월 광부(Cousin Jacks)' 파견대가 없는 곳이 없었다. 19세기 후반에는 웨일스의 제련소 노동자들도 해외로 이주하기 시작했다. 이주자들의 도움으로 미국의 제련 기술은 이내 구세계의 공장을 추월했다.

몬태나, 유타, 애리조나의 구리 매장 지역에 철도가 깔리면서 새로운 형태의 교역이 일어났다. 제롬의 역사는 그 전형적 사례로, 1882년 제련 작업이 진행된 이후 채굴과 제련 중심지가 되었다.[4] 웨일스의 고급 숯이 혼곶을 돌아 샌프란시스코까지 운반되었다. 그러면 철도를 통해 철길이 끝나는 애리조나 애시포크까지 운송되고, 마지막으로 노새가 끄는 마차로 산악 지대를 100킬로미터 이동하여 제롬에 닿았다. 거기서 숯은 현지에서 생산된 광석을 순동으로 제련하는 데 쓰였다. 생산된 순동은 반대 경로를 통해 유럽으로 운반되었다. 왕복 총 5만 킬로미터에 이르는 제조 경로는 오늘날 컴퓨터 제조업자들의 눈에도 인상적이다.[5]

19세기에 세계무역은 20세기와는 비교할 수도 없는 변화를 겪었다. 1900년에는 사치품과 대량 상품을 나르는 대륙 횡단 무역이 일상생활의 일부분으로 자리 잡았다. 두 사람의 시간 여행자를 상상해보자. 첫 번째 사람은 1800년에서 1900년으로 시간 이동을 하고, 두 번째 사람은 1900년에서 2000년으로 이동한다. 1900년에서 시간을 뛰어넘은 사람은 이미 신속한 글로벌 통신, 시속 100킬로미터 이상의 여객 열차, 지구 반대편에서 열차와 선박으로 냉동되어 운반되는 신선 식료품에 익숙하다. 반면 1800년에서 시간 이동을 한 사람은 말보다 빠른 속도로 정보와 사람이나 화물을 옮기는 장면을 본 적이 없다. 이 여행자에게 대륙 반대편에서 재배된 튤립을 사고, 대양 건너편에서 생산된 제철 아닌 딸기를 먹거나 지구의 어느 곳에서든 그날 일어난 뉴스를 읽는 장면은 무척 환상적으로 보일 것이다.

19세기 무역 혁명은 단편적으로 설명할 수 없다. 여기에는 거의 동시에 일어난 여러 요소가 서로 얽혀 있기 때문이다. 1800년대에는 증기선, 철도, 전신과 더불어 자연적이거나 인공적인 냉장 시설이 발전했다. 이러한 기술 모두 값싸고 품질 좋은 강철이 새로 제작된 덕분에 그 효과가 배가되었다. 기술의 발전으로 신세계, 오스트레일리아, 우크라이나에서는 농산물 생산이 크게 늘어났지만 유럽 대륙 보호주의자들의 거친 반격에 부딪혔으며, 그러한 흐름이 오늘날까지 이어지고 있다.

1776년 미국이 건국될 당시에는 소규모 농업 연합이 애팔래치아산맥을 넘지 못하고 북아메리카의 동부 해안을 따라 늘어선 형태에 불과했다. 북부와 남부는 노예제도뿐만 아니라 무역 정책 면에서도 입장이 크게 엇갈렸다. 관세를 둘러싼 갈등은 독립전쟁의 원인이 된 노예제 폐지 문제를 둘러싼 갈등에 못지않았다. 남부에서 노예를 소유한 인구는 소수였으며, 북부에서 노예제 폐지를 주장하는 사람들도 소수파에 불과했다. 반면 무역의 경우 대다수의 미국인이 관련 품목을 소비하거나 생산했다. 1830년 초 관세를 둘러싼 분쟁이 대전쟁 직전까지 치달았으나 우발적인 사태를 가까스로 모면할 수 있었던 것은 순전히 앤드루 잭슨(Andrew Jackson), 헨리 클레이(Henry Clay), 노년의 제임스 매디슨(James Madison)의 정치적 기술 덕분이었다.

영국이 산업 분야에서 강한 영향력을 발휘하자 뉴잉글랜드와 동부 연안에 모여 있던 소규모의 성장기 제조업계는 공포에 빠졌다. 알렉산더 해밀턴(Alexander Hamilton)은 미국의 초기 산업은 관세가 아닌 보조금을 지급해서라도 해외의 공룡 기업으로부터 보호할 필요가 있다고 생각했다. 해밀턴 못지않게 영향력이 컸던 인물로 독일 태생의 경제학자 게오르그 프리드리히 리스트(Georg Friedrich List)를 들 수 있다. 리스트는 몇 년 동안 미국에 머물면서 철도 산업에서 부를 축적했다. 1832년 미국 영사 자격으로 독일로 돌아간 그는 무역 경제학에 전념했다. 그는 애덤 스미스와 데이비드 리카도의 이론에 맹점이 있다고 생각했다. 두 사람은 국가가 이웃 나라의 보호주의에 직면한 상태에서도 자유무역 정책으로 이익을 볼 것이라고 주장했다. 하지만 리스트는 보복에 의한 악영향이 더 크다고 생각했다. 그는 해밀턴이 주장한 미국 시스템(American System)에 깊은 감명을 받았다. 수입관세 등으로 국가 기간산업을 일으킨다는 계획이었다. 또한 리스트는 초창기 산업을 보호해야 한다는 해밀턴의 주장에 동의하여, 국가가 기업을 영국처럼 기반이 튼튼한 경쟁자들로부터 보호해야 한다고 생각했다.[6] 미국에서 리스트의 대표적인 제자로는 큰 영향력을 미친 헨리 케어리(Henry Carey)를 들 수 있다. 필라델피아의 보험업계 거물이자 경제학자였던 케어리는 국가가 부강해지려면 높은 관세를 부과하여 길을 닦아야 한다고 주장했다.

어려운 시기에는 농민과 노동자 모두 보호주의를 요구한다. 나폴레옹 전쟁 이후 곡물 가격이 하락했을 때가 그런 경우였다. 미국 농민들은 국내시장에서 곡물이 유통되기를 원했고, 뉴잉글랜드의 공장주들은 랭커셔 공장과의 살인적 경쟁에서 피난처를 요구했다.

20세기에 소득세가 도입되기 전 수입관세는 미국 정부 수입원의 90퍼센트를 차지했다.[7] 이는 경기 불황기에 미국 정부가 세수 충당을 위해 관세를 인상해야 했다는 의미인데, 사실 경기 하강기에 가장 하지 말아야 조치가 관세 인상이다. 영국 제조업에 대한 경계, 빈번한 경기 침체, 정부의 세수 확충이라는 세 가지 요인으로 북부에서 보호무역론자들이 득세했고 그 흐름이 20세기까지 이어졌다.

반면 남부는 자유무역을 원했다. 전쟁 전 남부의 항구를 방문해본 사람들이라면 그 이유를 충분히 이해할 것이다. 1798년의 어느 날 찰스턴 항에만 117척의 선박이 머물렀는데 리버풀, 글래스고, 런던, 보르도, 카디스, 브레멘, 마데이라 등에서 온 물건을 싣고 있거나 목화, 담배, 쌀, 인디고 등 관세 보호가 필요한 제품을 싣고 떠났다.[8]

1820년 이전에는 남부와 북부 사이에 별다른 갈등이 없었다. 딕시(미 동남부의 여러 주—역주)에서는 해밀턴의 미국 시스템을 대체로 지지했다. 하지만 미주리 협정(자유 주와 노예 주 사이의 세력 균형 유지를 위해 남북이 타협한 협정—역주)으로 남부는 북부가 과반을 차지하여 노예제를 방해할 가능성이 있음을 인지했다. 이에 남부는 북부와 의견이 엇갈리는 또 다른 사항을 파고들었는데, 그중 대표적 사례가 관세 문제였다. 노예와 관세 문제로 '호감의 시대(Era of Good Feelings)'는 막을 내렸다.

남부에서는 목화, 인디고, 쌀 수출이 계속 증가했다. 하지만 북부와 서부의 영향력이 확대되면서 유럽 제품이 점차 뉴욕시로 유입되었다. 성장하던 대도시 뉴욕은 미국의 금융 수도로 자리 잡았고, 1825년 이후에는 이리 운하를 통해 수출품을 서쪽으로 분배하는 지점 역할을 했다. 남부인은 뉴욕시의 부상에서 음모를 감지했고, 의회는 한 걸음 더 나아가 1820년대에 급격히 관세를 인상하는 법안을 줄줄이 통과시켰다. 특히 남부에서는 품질이 떨어지는 영국 양모로 만들어 노예들이 입는 '검둥이 옷'에 관세가 부과되는 것을 끔찍하게 여겼다. 동부 연안 주 출신의 하원의원들은 1824년 법안을 60 대 15로 찬성한 반면, 남부 주에서는 64 대 3으로 반대했다.[9] 의회에서 투표하기 전에 직접 투표를 실시했다면 훨씬 더 극단적으로 갈리는 결과가 나왔을 것이다.

1820년대와 1830년대에 벌어진 관세 논쟁의 주인공 두 사람은 앤드루 잭슨과 사우스캐롤라이나의 존 칼훈(John Calhoun)이었다. 칼훈은 잭슨 대통령과 그 전임 존 퀸시 애덤스 대통령 정부에서 부통령을 지냈다. 잭슨파는 칼훈에게 애덤스파가 협박하는 제약적 관세법을 통과시키지 않을 것이라고 안심시켰다. 하지만 약속은 지켜지지 않았다. 잭슨파는 애덤스파와 손잡고 '혐오관세(Tariff of Abominations)'로 더 잘 알려진, 가혹한 1828년 법안을 통과시켰다. 법안 통과로 북부와 남부의 관계는 더욱 소원해졌다.[10]

사우스캐롤라이나의 분노는 극에 달했다. 이 지역은 바베이도스에서 사탕수수를 재배하던 국외 거주자들이 도착하기 2세기 전에 정착이 시작된 곳이었다. 1790~1830년대 인구조사에 따르면, 이 지역의 인구 대비 노예 비중은 42퍼센트에서 54퍼센트로 증가했다. 소수의 백인 지배 계층이 막대한 흑인 인구를 다스리는 미국판 스파르타 구조가 형성되었다. 내부적으로는 통제하기 어려운 흑인들 때문에, 외부적으로는 북부의 노예제 폐지론자들 때문에 불안에 떨던 사우스캐롤라이나는 새로운 관세에 저항했으며 헌법에 어긋난다고 판단되는 연방 법규를 무효화하겠다고 주장했다. 사우스캐롤라이나의 음울한 조지 맥더피(George McDuffie) 의원은 1824년과 1828년 법안을 비난하면서 '40묶음 이론'을 제기했다. 수입 직물에 관세 40퍼센트를 매기면 삶의 질이 40퍼센트 떨어진다는 허위 섞인 주장이었다. "제조업자는 곳간을 습격하여 당신이 생산한 100묶음 중에 40묶음을 약탈할 것이다."[11]

1828년 증오의 관세가 통과된 후 사우스캐롤라이나 의회는 남부 출신의 탁월한 헌법학자인 칼훈 부통령에게 주에서 법안을 무효화할 수 있는 방법을 문의했다. 부통령은 비밀스럽게 조언을 제공했다. 4년 동안 남부는 관세 완화를 강하게 밀어붙였다.

사우스캐롤라이나 태생으로 테네시에서 성장기를 보낸 앤드루 잭슨은 1829년 대통령에 올랐다. 그는 남부 노예 소유자들과 자유무역론자들의 반감을 누그러뜨리기로 결심했다. 하지만 한편으로는 국가 부채의 해소를 원했기에 관세 수입을 유지할 필요가 있었다. 두 가지 상충되는 목표에서 균형을 찾기 위해 그는 1832년의 온건한 관세법 통과로 '치우치지 않고 공정한 길'을 유지하여 단결을 유도했다.[12] 잭슨은 80대의 제임스 매디슨의 도움을 얻었는데, 매디슨은 남부인에게 북부를 가혹하게 몰아붙이지 말라고 경고했다. 매디슨은 보호주의 노선의 신생 휘그당 대표이자 해밀턴의 미국 시스템을 확고히 지지하는 헨리 클레이를 설득하는 일에 집중했다.

1832년 법안은 일부 제조품에 대해 관세를 소폭 인하했을 뿐이다. 잭슨은 타협을 통해 남부를 진정시킬 수 있으리라 생각했으나 역부족이었다. 법안으로 수입 직물에 계속 관세가 부과되었고, 특히 '검둥이 옷'의 경우 관세가 50퍼센트에 달했다.[13] 1832년 11월 24일에 사우스캐롤라이나에서 열린 당대회에서는 칼훈이 은밀하게 일러준 전략을 활용하여 무효 조례를 통과시켰다. 이를 통해 1828년과 1832년 관세를 주 내부에서는 불법이라고 규정했다. 연말에 칼훈은 부통령직을 사임하고 고향으로 돌아갔으며 상원의원에 선출되었다. 잭슨은 신속하게 반응했다. 처음에는 (사우스캐롤라이나가 '비정상적 상태'라고 규정하는) 말로, 그 다음에는 해군 소함대를 파견하는 행동으로 나섰다. 또한 버지니아 주지사가 사우스캐롤라이나를 진정시키기 위해 보낸 연방군의 이동을 방해하는 어리석은 짓을 저지르면 체포하겠다고 으름장을 놓았다.[14]

이 시점에서 잭슨은 남부를 향한 정당한 분노를 품었으며 폭력적 대치도 불사할 것으로 보였다. 하지만 '위대한 타협가'이자 보호주의자인 헨리 클레이가 대통령을 구원하기 위해 나섰다. 클레이는 두 가지 사실을 깨달았다. 첫째, 수입관세의 추가 인하는 사우스캐롤라이나가 이전의 관세법을 무효화하지 못하도록 가로막아 마지막 결전을 촉발한다. 둘째, 잭슨은 점점 극단적으로 치닫는 사우스캐롤라이나를 굴복시킬 수 있는 권위를 원한다.[15]

클레이는 두 가지 목표를 달성했고, 덕분에 남북전쟁을 한 세대 정도 지연시켰다. 1833년 3월 1일, 관세를 몇 년에 걸쳐 서서히 인하하는 '타협 관세'가 의회에서 통과되었다. 그러자 폭력적인 사우스캐롤라이나는 양분되었다. 노예를 소유한 집단은 겁을 집어먹었고, 남부 다른 사람들의 의사에 반하여 법안 무효화를 고집했다. 같은 날 의회에서는 대통령에게 관세를 징수하고 연방을 유지하는 데 적합하다고 간주되는 모든 조치를 취할 수 있는 권한을 부여하는 '강제 법안'도 통과되었다. 칼훈은 허를 찔렸지만 계속 정부에 동조하는 수밖에 없다고 판단했고, 3월 3일에는 당대회에서 무효 법령을 통과시키지 못하도록 사우스캐롤라이나 컬럼비아의 쌀쌀한 비를 뚫고 차를 몰았다.

8일 후 당대회는 타협 관세의 도입으로 다른 남부 주의 지지 세력이 이탈했음을 칼훈에게서 확인하고 나서 한발 물러났다. 강제 법안을 무효화하기는 했지만 형식상 한 행동일 뿐이었다. 타협 관세의 수용은 강제 법안을 발동시킬 필요가 없음을 의미했기 때문이다.

잭슨과 클레이의 노련한 정치적 술책 덕분에 사우스캐롤라이나는 연방 정부와 관세법 무효화를 놓고 반목하는 주가 사우스캐롤라이나뿐임을 깨달았다. 사실 칼훈은 다수의 사우스캐롤라이나 사람들과는 달리 여전히 연방을 지지했다. 그는 무효화가 분리 독립을 진정시키는 방법이라고 여겼고 자신의 고향이 국가 체계 안에 머물기를 바랐다. 그의 바람은 한 세대 동안은 이루어졌다.[16]

　20년 후인 1856년, 제임스 뷰캐넌(James Buchanan)에 맞선 공화당 최초의 대선 후보이자 노예제 폐지론자였던 존 C. 프리몬트(John C. Frémont)가 형편없는 결과를 내자, 신생 공화당은 반노예 플랫폼만 내세워서는 선거에서 승리할 수 없다는 사실을 깨달았다. 연방에서 보호무역론자들이 가장 득세했던 펜실베이니아주는 선거에서 중대한 역할을 해왔는데, 1860년 선거에서도 마찬가지였다. 보호무역론자 헨리 케어리에게 홀린 에이브러햄 링컨은 이번에는 높은 관세를 요구했고, 펜실베이니아에서 승리를 거두고 백악관에 입성했다. 케어리는 링컨 대통령의 수석 경제 고문으로 발탁되었다.[17]

　1861년 사우스캐롤라이나가 다시 갈등을 일으키자 남부 전체에서 분리 독립을 요구하는 목소리가 높아졌다. 남부는 한 세대 전처럼 포용적 태도에 머물지 않을 생각이었다. 남부연합에 관련된 신화에 따르면, 버지니아의 연방주의자인 존 볼드윈(John Baldwin) 대령이 링컨에게 버지니아에서 분리 독립 당대회를 연기하는 대신 섬터 요새에서 철수하는 방안을 제안했다고 한다. 그러자 링컨은 "내 관세는 어떻게 되는가?"라고 되물었다.[18]

　1861년 경제력과 군사력의 균형은 북부에 유리한 쪽으로 전개되었다. 잭슨, 클레이, 매디슨이 현명하게 처신하지 않았다면 1830년대 관세 논쟁과 그 이후의 무효화 위기는 연방의 영원한 패배로 막을 내렸을 것이다.

남부의 불만은 무역 정책 이외의 분야에서도 확산됐다. 1833년 의회의 중도파는 무효화 세력이 주의 권리와 노예제 존속을 위해 관세법을 구실로 삼아 연방을 분열시킨다고 비난했다.[19] 칼훈도 이를 인정했다. 그는 북부의 지인에게 "관세는 불만의 진정한 원인이라기보다 구실이다"라고 말했다.[20]

그럼에도 불구하고 자유무역론자와 보호주의자 사이의 갈등이 남북 전쟁 발발에 중요한 원인으로 작용했다는 점에는 의심의 여지가 없다. 링컨이 당선된 이후『나체즈 프리 트레이더(Natchez Free Trader)』라는 절묘한 이름의 매체는 다음과 같은 사설을 실었다(나체즈는 미시시피의 도시다).

[취임일인] 3월 4일이 오기 전에 남부연합이 결성되고 자유무역의 원칙이 설립되는 시대적 징표가 나타날 것이다. 이후 북부는 먼지에 엎어져서 자신들이 내줬으나 다시는 얻을 수 없는 그 보석이 얼마나 귀한 것이었는지를 뼈저리게 느끼게 될 것이다. 남부에 세관은 필요 없으며 우리는 번영의 필수 조건인 자유무역을 활발하게 수행할 것이다.[21]

1861년 남부 6개 주의 분리 독립과 전쟁이 벌어지면서 북부는 군자금이 필요했으며, 나중에는 연금과 재건에도 자금이 절실했다. 이 모든 비용을 감당하려면 수십억 달러의 수입세를 거두는 수밖에 없었다.

이제는 남부인의 성가신 반대도 없었기에 미국은 세계에서 가장 높은 수준의 관세장벽을 거리낌 없이 세웠다. 이때 만들어진 가공할 만한 관세장벽은 남북전쟁 이후 50년 이상 미국의 산업을 영국과의 경쟁에서 보호하는 방패 역할을 했다.

19세기 초 미국과 유럽에서는 보호주의를 둘러싼 논쟁이 소용돌이 치는 한편 운송비가 급격히 하락하면서 큰 변화가 일어났다. 세계에서 가장 중요한 대형 화물인 곡물의 경우 1830년 이후 운송비가 저렴해지면서 전 세계 단위로 시장이 새로 형성되었다.

경제사학자 폴 베어록(Paul Bairoch)의 추정에 따르면, 1830년 유럽에서 밀은 톤당 약 95달러에 판매되었는데 1톤 화물을 1000마일(약 1600킬로미터) 운반하는 운송비가 대양을 건널 때는 4.62달러, 운하나 강을 건널 때는 28달러, 도로를 이용할 경우 174달러였다(2007년 달러 가치기준). 미국은 토양이 비옥하여 유럽의 절반 수준인 톤당 47.50달러에 곡물을 재배할 수 있었다. 다시 말해 미국의 곡물은 유럽에서 재배한 곡물보다 톤당 47.50달러 저렴했다. 신세계에서 수확한 밀 1톤을 5800킬로미터의 대양을 건너 운반하는 데 17달러가 들었다. 이제 미국산 밀은 유럽산 대비 30달러 싸다. 하지만 환적, 부패, 보험 비용을 고려하고 나면 미국 항구와 수십 킬로미터 이내의 거리에서 곡물을 재배해야 그나마 손익분기점에 도달할 수 있었다.[22]

이러한 계산은 19세기 중반에는 운송비가 비싸서 미국에서 생산된 곡물 등 대형 화물이 유럽에서 경쟁할 수 없었음을 알려준다. 다시 말해 대형 화물의 육상 운송비가 무척 비쌌기 때문에 화물에 부과되는

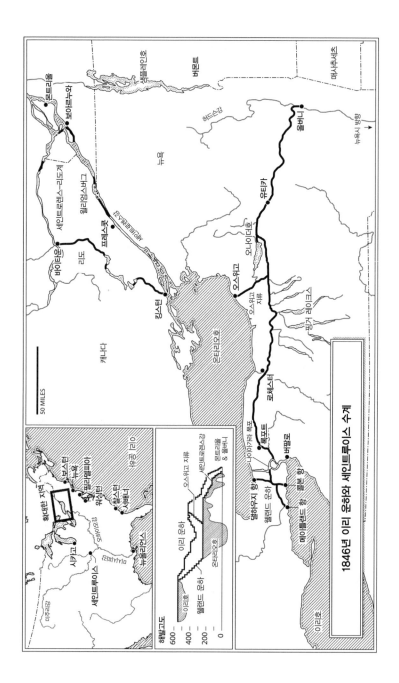

1846년 이리 운하와 세인트루이스 수계

관세 수준이 어느 정도인지는 그리 중요하지 않았다.

미시시피도, 오대호 수계도 저렴하고 효율적인 운송에 도움이 되지 않았다. 문제의 해결책은 이리 운하였다. 약 590킬로미터 길이의 이 수로는 나이아가라 폭포 남부에서 올버니의 허드슨강까지 사람이 살지 않는 황무지를 가로질렀고 수백 미터 높이의 고지대도 지나쳤다.

1825년 운하가 완공되면서 연간 18만 5000톤의 화물이 동부로 운반되었다. 새로운 물길에서 발생한 교통량은 빠른 속도로 증가해 곧 운하 폭을 넓히고 이중 갑문을 만들었다. 운송량은 1845년 100만 톤에서 1852년 200만 톤으로 증가하다, 1880년 460만 톤으로 정점에 달했다. 이리 운하의 성공은 운하 붐을 일으켜 1840년 미국에서만 약 5400킬로미터 길이의 인공 수로가 조성되었다.

역사학자들은 철도와 경쟁을 벌이는 상황에서 어떻게 이리 운하의 교통량이 55년 동안 계속 증가했는지 궁금하게 여겼다.[23] 운하의 운송량이 50년 넘게 급증한 이유는 다름 아닌 기관차 때문이었다. 철도 이전에 운하 수송에는 해양 운송과 동일한 문제가 있었다. 육상 운송비가 천문학적 수준이었기 때문에 항구에서 30~50킬로미터 이상 떨어진 곳에서 재배된 곡물은 마치 달의 뒷면에 있는 것이나 다름없었다. 19세기 중반의 증기와 철로 기술은 초기 단계에 머물러, 곡물을 항구로 운반하고 효율적으로 대양을 건너는 수준에 미치지 못했다. 내륙 공급망이 현실성을 갖추려면 기관차의 야금 기술이 발전해야 했다.

철의 역학적 속성은 큰 장애물이었다. 단철로 제작한 철도는 무거운 기차의 중량을 견디기에는 강도가 약했으며 얼마 안 가 마모되었다. 철로 만든 증기보일러 역시 높은 압력을 견뎌내지 못했다.

단단하면서도 탄성이 강한 철강으로 철도와 보일러를 만들어야 했는데, 1850년대 중반에 헨리 베서머(Henry Bessemer)가 제강법을 발명하기 전까지는 철강 가격이 지나치게 비싸서 철도와 보일러 재료로 쓸 수 없었다. 이어 카를 빌헬름 지멘스(Charles William Siemens)와 피에르 마틴(Pierre Martin)이 베서머의 기술을 더욱 발전시키면서 철강 가격은 이전의 10분의 1 수준인 톤당 몇 달러 수준으로 하락했다.[24]

보일러와 피스톤 재료로 철 대신 단단하고 탄성이 강한 철강을 사용하면서 정교한 엔진을 제작할 수 있었고, 압력을 높일 수 있었으며, 연료 효율성이 상승했다. 하지만 새로운 발명은 새로운 문제를 야기하게 마련이다. 새로운 추진 장치가 가하는 압력을 목재로 만든 배가 견디지 못했다. 하지만 강판으로 선체를 더 단단하고 가볍게 만들 수 있었고, 철강으로 만든 프로펠러와 축은 철보다 회전속도를 더 높일 수 있었다. 증기선이 대양에서도 승리를 거둘 수 있는 토대가 마련된 것이다.

그럼에도 증기선은 심해에서는 쉽사리 승리를 차지하지 못했다. 새로운 철강 엔진과 선체 설계에 힘입어 원양 증기선의 활동이 가능해졌지만, 비슷한 시기에 돛과 목재 선체의 디자인도 대대적으로 개선되었다. 특히 11장에서 다룬 쾌속 범선에서 두드러진 변화가 일어났다. 증기선은 연료의 재보급이 필요했기 때문에 운항 거리가 길어지면 가격 경쟁력이 떨어졌다. 19세기 말 커티삭(Cutty Sark)으로 잘 구현된 '첨단 쾌속 범선'은 속도가 15노트 이상이었으며 장거리 운송을 장악했다.[25] 노호하는 40도대에서 정교한 쾌속 범선은 최대 20노트 속도를 유지할 수 있었는데, 이는 당대 어떤 증기선도 따라잡을 수 없는 속도였다.[26]

경제사학자들은 증기선의 거리별 적재량(석탄을 싣는 대신 화물을 실을 수 있는 톤수)을 계산했는데, [그림 12-1]은 이를 그래프로 표현한 것이다. 적재량이 약 75퍼센트 미만인 구간, 즉 4분의 1 이상을 석탄 적재에 할애하는 경우 증기선은 범선과 경쟁할 수 없었다. 19세기에 보다 효율적인 엔진이 개발되어 연료 소비가 줄어들면서 이러한 '증기선이 범선보다 유리한 거리'는 점차 증가했다. 1850년 증기선은 이동거리가 3000마일(4800킬로미터)을 넘어갈 경우 범선에 밀렸으나, 1890년에는 이 거리가 1만 마일(1만 6000킬로미터)로 뛰었다. 19세기에 벌어진 증기선과 범선의 극적인 경쟁도 막을 내렸다. 20세기 초 증기선의 추진력이 개선되면서 대양을 건너는 초장거리 운송을 제외한 거의 모든 경로에서 증기선 이용이 더 경제적이었다.[27]

하지만 증기기관으로 이동하는 금속 선박에는 다른 문제가 있었다. 증기선은 같은 크기의 목재선보다 건조 비용이 50퍼센트 비쌌고 선원도 50퍼센트 더 필요했다. 증기선을 운영하는 회사는 선체가 따개비와

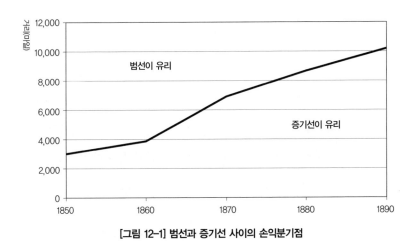

[그림 12-1] 범선과 증기선 사이의 손익분기점

해초 때문에 쉽게 더러워졌기 때문에 바다 청소에 막대한 비용을 지출했다(구리는 유해 동물의 영향이 덜했다. 목선의 경우 얇은 구리판을 못으로 고정하기 쉬웠으나, 철이나 철강으로 만든 선박에서는 구리판이 빠르게 부식되었다). 항만 근로자나 선적 사무원은 도착 예정인 선박이 범선인지 증기선인지 모르더라도 배가 도착할 시간을 넘기면 그 정체를 금방 알 수 있었다. 다시 조지프 콘래드의 말을 들어보자.

나는 범선이 완벽함을 자랑하던 시기를 경험했는데, 범선은 무척 실용적이었다. 당대 뛰어난 조종술로 유명한 선원들이 목재에 동판을 입힌 배를 몰면 어떤 철선도 그 속도를 따라잡지 못했다. 철선을 완벽하게 만들기 위한 온갖 조치가 취해졌지만 인간의 지혜로는 누런 금속판을 댔을 때처럼 깨끗한 바닥을 유지할 수 없었다. 철선은 바다에 몇 주만 떠 있으면 마치 쉽게 피로를 느끼는 양 뒤처지기 시작했다.[28]

이 밖에도 범선의 생명을 연장시킨 두 가지 요인이 있었다. 하나는 미국의 저렴한 목재였다. 19세기 중반 미국은 영국을 제치고 세계적인 조선 강국으로 떠올랐다(물론 미국에서 건조한 대다수의 쾌속 범선은 영국 국기를 달고 바다를 누볐다). 두 번째 요인은 기상 관찰의 발전이었다. 18세기 제임스 쿡 선장이 항해한 이후 영국과 미국의 선원 및 지리학자는 세계의 풍향과 해류를 지도에 체계적으로 표현했다. 이제 범선은 계절별로 알려진 모호한 경험 법칙을 활용해 더듬거리면서 항해하지 않았다. 연중 시기별로 가장 유리한 경로를 활용했다. 이 같은 발전에 힘입어 19세기 영국에서 희망봉을 거쳐 오스트레일리아까지 1만 7000킬로미터를 이동하는 데 걸리는 시간이 125일에서 92일로 단축되었다.

그러나 증기선의 효율성이 개선되면서 범선의 용맹하지만 승산 없는 싸움도 전세가 기울었다. 1855년 영국은 서지중해와의 교역 3분의 1, 북유럽과의 교역 대다수에서 증기선을 활용했다. 1865년에는 알렉산드리아를 오가는 화물도 증기선으로 실어 날랐다. 증기선 핼리호는 1865년 리우데자네이루에서 뉴욕까지 커피를 운송하여, 오로지 목선만 원두 향을 보존할 수 있다는 신화가 깨졌다. 이제 철선은 북아메리카와 남아메리카 동해안의 교역을 완전히 장악했다.[29]

1869년 11월 17일 수에즈 운하가 완공되면서 런던과 봄베이의 거리는 1만 8500킬로미터에서 1만 킬로미터로 줄었다. 이에 범선이 장거리 운송에서 내세우던 이점도 사라지고 말았다. 1870년에 증기선이 범선보다 유리한 한계([그림 12-1])가 1만 1000킬로미터 수준이었기 때문에 수에즈 운하는 유럽과 아시아를 오가는 범선의 경제성을 급격하게 떨어뜨렸다. 설상가상으로 범선은 홍해에서 역풍을 거슬러 상류로 이동할 수 없었으며 상류와 하류 방향 모두에서 운하를 통해 견인해야 했다. 수에즈 운하가 완공된 후 5년 동안 운하를 오간 선박에서 범선이 차지하는 비중은 20분의 1에도 못 미쳤다.

[그림 12-2]는 수에즈 운하의 완공으로 목선의 건조가 급격히 줄어들었음을 보여준다. 그나마 남아 있던 옛 목선도 20년 동안 손상이 진행되면서 서서히 철선으로 교체되었다. 1890년에는 전 세계에서 증기선의 용적 톤수가 범선을 영구적으로 추월했다.[30]

이론상 범선은 중국과의 초장거리 운송에서는 경쟁력을 갖추었다. 하지만 중국의 수출품에서 고가의 차가 주를 이루다 보니, 수출업자들은 수에즈 운하가 완공된 이후 기꺼이 증기선의 값비싼 운임을 지불했다. 1870년대 말에 마지막 쾌속 범선이 광저우를 떠났다.

시드니에서 런던까지 이동할 때는 운하를 거쳐 가는 경로가 희망봉을 지나는 경로 대비 160킬로미터 짧은 정도에 불과하다. 이에 오스트레일리아와의 교역에서는 여전히 범선이 주로 활용되었다. 그렇더라도 승객과 고가품 등 가치가 높은 운송에는 증기선이 활용되었고, 광석과 질산염 등 저가 화물만 범선으로 운송되었다.[31] 1914년에는 파나마 운하가 완공되어 혼곶을 돌아가는 장거리 경로도 크게 단축되었다. 범선 시대의 종말을 알리는 사건이었다.

증기기관과 철강은 세계의 대양뿐만 아니라 하천, 운하, 육지에서도 교역의 혁명을 일으켰다. 이러한 변화는 특히 선박으로 닿을 수 없는 신세계의 광활한 내륙 지역에서 중요한 의미를 지녔으며, 앞서 언급했

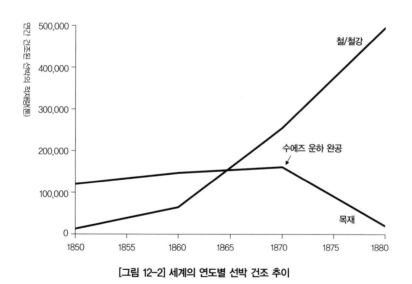

[그림 12-2] 세계의 연도별 선박 건조 추이

던 이리 운하와도 맞닿아 있다.

이리 운하가 1825년 완공되면서 내륙의 수상 운송비를 크게 떨어뜨렸다. 하지만 여전히 넘을 수 없는 장벽이 육지에 남아 있었다. 철도 운송의 효율성이 개선되지 않는 이상 오대호는 이리호, 휴런호, 미시간호에서 수십 킬로미터 거리에 위치한 초승달 모양의 지대에서만 접근성이 있을 뿐이었다.

단단하고 저렴한 철강 궤도와 고압 강판 보일러가 개발되면서 비로소 미국판 풍요의 뿔이 세계경제에 기여하기 시작했다. 1830년 1톤 화물을 마차로 1600킬로미터 나르는 데 173.82달러(오늘날 가치)가 들었는데, 1910년에는 철도를 이용하면서 운송비가 8분의 1 수준인 22.43달러로 줄었다. 게다가 1830년과 비교해 운송 속도는 몇 배나 빨라졌다.[32]

영국은 해안에서 110킬로미터 거리를 넘어선 지역에서는 경작이 일어나지 않았다. 수백 년 동안 이러한 지리적 요소에 육상 운송비가 막대하다는 점이 더해지면서 영국은 유럽 대륙의 다른 국가와 비교해 헤아릴 수 없는 이점을 누렸다. 하지만 운하와 철도로 운송비가 하락하면서 영국이 누리던 이점도 사라졌다. 베서머가 도가니에서 처음으로 철강을 생산한 이후 세계의 농민들에게 세상은 빠른 속도로 평평해졌다.

1855년 세인트메리 호수의 수문이 슈피리어호를 오대호 수계 및 이리 운하와 연결시키면서 그레이트플레인스(Great Plains, 북아메리카 대륙 중앙에 남북으로 길게 뻗어 있는 고원 모양의 대평원—역주)에서 생산된 농산물과 더불어 미네소타의 거대한 철광상도 접근성이 높아졌다. 여기서 나온 철강은 더 많은 철도와 보일러, 선박의 강판을 제작하는 데 사용되었다.

물리학 법칙상 수상 운송은 육상 운송보다 효율성이 높기 때문에 운하를 이용한 수송은 철도 수송보다 비용이 저렴했다. 하지만 시간이 지날수록 화물을 보내는 사람들은 철도의 속도와 안정성에 더 높은 가치를 부여했다. 곡물을 바로 화차에 실어 동부 해안까지 보내면 빠른 시간 안에 도착해 여름철 부패의 가능성이 줄어들었다. 또한 호수계를 이용할 경우 철도에서 호수의 증기선으로, 증기선에서 운하 바지선으로 두 차례 환적이 필요했지만 기차를 활용하면 이처럼 값비싸고 위험한 환적을 거칠 필요도 없었다. 화물을 보내는 사람들은 호수계를 이용할 때 값비싼 보험료를 지불했는데, 철도를 이용하면 화차에 실린 물건에 대한 책임 소재가 분명했다. 게다가 겨울철에도 기차는 기상 환경이 아주 나쁠 때만 아니면 계속 운영되었으나, 선박은 호수가 얼어붙으면 움직일 수 없었다.

19세기를 거치며 철도의 이점은 증가했다. 1873년 이전에는 시카고를 거쳐 동부로 밀을 운반할 때 호수가 얼어붙는 경우에만 철도를 이용했다. 하지만 1873년 이후에는 대부분 기차를 활용했다. 밀과 비교해 가치가 다소 떨어지는 옥수수는 1884년에 철도 운송으로 전환되었다. 시카고가 중요한 철도 중심지로 부상한 것은 우연이 아니었다. 미시간호 남단에서 철도는 호수를 이용할 때와 비교해 결정적인 이점이 있었다. 시카고에서 동부 해안까지 철도를 이용하는 경로는 직선에 가까워 미시간호와 휴런호를 거쳐 반원 모양으로 이동하는 경로보다 짧았다. 1825년 운하가 완성된 이후 50년 동안 운하의 운송량은 계속 증가하여 1885년 정점에 이르렀다. 하지만 운하를 통해 나르는 화물의 가치는 그보다 훨씬 전인 1853년부터 하락했다. 운송비가 비싼 화물을

철도가 흡수하면서 호수와 운하는 철광석 등 값싸고 부피가 큰 화물을 운송하는 수단으로 전락했다.[33]

이리 운하가 완성되기 전 뉴욕과 펜실베이니아는 미국에서 밀 생산으로 1, 2위를 다퉜다. 1870년경 이후 일리노이와 아이오와가 그 자리를 차지했다. 세인트메리 운하로 슈피리어호가 개방된 후에는 북부 그레이트플레인스의 접근성이 향상되었으며, 이에 따라 미국의 농업 지형도 급격히 변화했다. 1895년 노스다코타와 사우스다코타 및 미네소타는 곡창지대의 역할을 이어받았다.[34]

북아메리카의 밀과 옥수수 재배자들은 유럽으로 향하는 증기선으로 연결되는 화차에 곧바로 곡물을 실을 수 있다는 점에서 상당한 혜택을 봤다. 북아메리카뿐만 아니라 아르헨티나, 오스트레일리아, 뉴질랜드, 우크라이나 내륙 지방에서도 저렴한 운송이 시작되면서 혜택을 입었다.

1833년 9월 5일, 미국의 쾌속 범선 투스카니호가 인도의 후글리강 어귀에 모습을 드러냈다. 투스카니호는 수로 안내자를 태우고 상류의 캘커타까지 접근했다. 이 소식은 하천 상류에 신속하게 퍼졌고 캘커타(찌는 듯한 더위라는 단어와 동의어)는 흥분에 사로잡혔다. 투스카니호에는 새롭고도 진귀한 화물이 실려 있었다. 뉴잉글랜드에서 실어 온 수정처럼 맑은 얼음 100톤이었다.

얼음은 이미 30년 전부터 무척 먼 거리에 운반되었다. 얼음 교역은 보스턴의 기인 프레더릭 튜더(Frederic Tudor)의 발상에서 시작되었다. 어느 여름에 아바나를 방문한 청년 튜더는 시원한 음료를 팔면 큰돈을 벌 수 있겠다고 생각했다. 그의 예상은 적중했다. 그는 카리브해에서 시작해 유럽과 미국으로 사업을 확대했다. 특히 뉴올리언스에서는 튜더가 선보인 민트 줄렙이라는 음료가 유명해졌다.

매사추세츠에서 인도까지 냉동 상태의 화물을 범선에 실어 나르는 일은 생각보다 어렵지 않았다. 얼음의 부피가 클수록 녹는 속도가 더디다. 단열재 역할을 하는 톱밥을 깔고 약간의 통풍 시설을 만들어주면 150톤의 얼음을 넉 달 동안 운반해도 3분의 2가 녹지 않고 유지되었다.

열대지방으로 얼음을 나를 때 어려운 부분은 따로 있었다. 투명하고 차가운 얼음을 충분한 양과 품질, 모양으로 확보하는 일이 어려웠다. 이 문제는 부업 삼아 튜더에게 얼음을 팔던 호텔 경영자 너대니얼 와이어스(Nathaniel Wyeth)가 해결했다. 와이어스가 1829년 특허를 출원한 이 발명품은 19세기 뉴잉글랜드 지역의 주요 산업을 탄생시키는 역할을 했다. 그는 직사각형 틀에 절삭 기구를 얹어 말이 끌 수 있도록 만들었는데, 이 도구를 사용하면 50센티미터 크기의 덩어리를 손쉽게 채취하여 차곡차곡 실을 수 있었다.

처음 카리브해 지역에 얼음을 나르던 튜더는 계절 과일을 냉장 시설에 넣어 운반했다. 남쪽의 아바나로 사과를, 북쪽으로 오렌지를 실어 날랐다. 더 북쪽에서는 이리 운하 최초의 바지선이 차갑게 보관된 오대호 생선을 뉴욕으로 운반했다. 이상한 일이지만 튜더는 선구자로서의 이점을 살리지 못했다. 1864년 숨을 거둘 때까지 그는 거의 얼음만 취급했으며, 얼음보다 훨씬 큰 사업인 신선 식품의 운송은 다른 이들의 차지가 되었다.[35]

20세기 들어 미국에서 얼음은 대부분 뉴잉글랜드와 중서부의 북부 지역에 위치한 연못과 하천에서 채취되어 선박, 바지선, 특별히 고안된 화차에 실렸다. 얼음은 수요가 증가하는 제품을 대서양 연안, 카리브해 지역, 유럽으로 신선하게 운반할 수 있도록 온도를 유지해줬다.

튜더는 월든 호수에서도 약간의 얼음을 채취했다. 헨리 데이비드 소로(Henry David Thoreau)는 인도양 교역, 해수 온도, 열전달 원리에 대한 불완전한 이해를 동원하여 캘커타 항에 등장한 튜더의 얼음 덩어리에 대해 고찰했다.

맑은 월든 호수의 물이 갠지스강의 신성한 물과 섞이는 것이다. 그 물은 순풍을 타고 아틀란티스의 전설적인 섬과 헤스페리데스 군도를 지나 떠돌다가 한노가 탐험한 곳 주변을 항해하고, 테르나테섬과 티도레섬과 페르시아만 어귀를 지나 떠다니다가 인도양의 열대 폭풍 속에서 녹아, 알렉산드로스 대왕도 이름만 들어본 적이 있는 항구들에 상륙한다.[36] (『월든』(위즈덤하우스, 2017)에서 인용—역주)

냉장 설비를 갖춘 운송 수단은 1830년대에 등장했다. 대륙횡단철도가 개통된 직후인 1869년 유타의 프로몬토리에서 촬영된 사진에는 유니언 퍼시픽의 독특한 과일차가 길게 이어지는 모습이 담겨 있다. 동부 사람들은 열차에 실려 온 제철이 아닌 포도, 배, 복숭아를 보고 깜짝 놀랐다. 이 밖에도 꽃꽂이용 꽃부터 소 옆구리 살까지 다양한 화물이 냉장 상태로 운송되었으며, 이런 사치품에 대한 소비자들의 수요도 커졌다. 19세기 중반에는 더 많은 양의 얼음이 인도, 유럽, 그리고 혼곳을 거쳐 웨스트코스트까지 운반되었으며 때로는 중국과 오스트레일리아까지 이동했다.[37]

비슷한 시기에 뉴잉글랜드의 정육업자인 구스타브스 스위프트 (Gustavus Swift)는 시카고의 철도 중심지로 사업장을 옮기기로 결정했다. 철도 회사가 냉장 열차를 제공할 의사도, 여력도 없음을 알아차린 스위프트는 다양한 열차 디자인으로 실험을 시작했다. 그는 앤드루 체이스(Andrew Chase)가 고안한 디자인을 선택했는데, 얼음 탱크를 양 끝에 손쉽게 장착할 수 있는 형태였다. 나중에 또 다른 정육업자인 필립 아머(Philip Armour)는 분쇄한 얼음과 소금으로 만든 냉각 혼합물을 더해 스위프트의 아이디어를 발전시켰다.[38] 1880년 철도 회사와 민간 해운사는 냉장 설비를 갖춘 운송 수단을 1300대 이상 보유했으며, 이는 1900년에 무려 8만 7000대로 증가했다. 1930년에는 18만 1000대로 정점에 달했다.[39]

1875년 미국의 소고기 유통업자인 티모시 이스트먼(Timothy Eastman)은 뉴욕에서 잉글랜드까지 최초의 냉장육을 운송했다. 그는 육류 부피의 4분의 1에 해당하는 얼음을 싣고 화물 주변을 환기용 선풍기로 서늘하게 만들었다. 빅토리아 여왕은 소고기 맛이 "매우 좋다"고 평가했다. 수백 년 동안 지속되던 새로운 소비재에 대한 충성스러운 열망이 계속 이어졌고, 이제는 미국산 냉장육이 영국의 식탁에 오르는 단계에 이르렀다.

하지만 인간의 거주지 가운데 안정적으로 얼음을 확보할 수 있는 축복을 누리는 곳이란 많지 않다. 튜더가 사업을 벌인 보스턴 지역에서조차 겨울이 온화한 해에는 얼음 '흉작'이 들어 남부의 부유층을 당황하게 만들었다. 이에 얼음을 자르는 일꾼들은 메인주로 이동했다. 19세기 대중은 말이 끄는 와이어스 절단기로 채취한 얼음의 위생에 대해서도 우려하기 시작했다. 연못과 하천이 점점 오염됐기 때문이다. 미국과 유럽에서는 인공적인 냉각 방법을 연구하기 시작했다.

20세기 중반까지 가정에서 사용하는 냉장 시설이란 얼음이 든 상자를 의미했다. 20세기 초 미국 대다수의 가정은 삼나무나 오크로 된 단열 상자에 약간의 고기나 유제품을 넣고 며칠에 한 번씩 얼음을 새로 채워주는 '냉장고'를 구비했다.

기계식 냉장 분야에는 그레이엄 벨이나 토머스 에디슨 같은 발명가들이 탄생하지 않았다. 이미 선사시대에도 젖은 피부에 바람이 닿으면 시원하다는 사실을 통해 인공 냉각의 원리가 알려져 있었다(물리적 표현으로 설명하자면 증발 과정에서 열이 소비되어 냉각 작용이 일어난다). 고대 이집트에서 부유층은 노예들에게 흙 단지 외부를 축축하게 만들도록 시켰고, 야간에 불어오는 바람에 노출된 단지에는 냉기가 돌았다. 인도에는 최초의 인공 얼음을 만든 기록이 남아 있는데, 구덩이에 물을 채워 이집트인과 동일한 원리를 활용했다.

1755년 윌리엄 컬런(William Cullen)이라는 스코틀랜드 물리학자는 물을 채운 그릇을 진공상태로 만드는 실험으로 단순하지만 큰 영향력을 미칠 돌파구를 마련했다. 컬런의 장치는 실온에서 물이 끓도록 만들었고(적어도 스코틀랜드에서는 그렇게 전해진다), 이 과정에서 빠른 속도로 증발이 일어나 급속 냉각이 가능했다. 수영을 하다 나와서 거센 바람을 맞을 때도 동일한 현상이 일어난다. 곧 컬런은 실온에서 얼음을 만들어냈다. 컬런의 장치를 기초로 다양한 응용이 일어났다. 이 가운데 가장 놀라운 응용은 물을 급격하게 빨아들이는 농축 황산을 이용하여 증발 작용을 촉진한 실험이었다.

물리학자들은 컬런의 실험에 에테르를 적용했는데, 에테르는 끓는점이 물보다 훨씬 낮기 때문에 효과적인 냉각제 역할을 했다. 마침내 열역학의 발전으로 암모니아와 이산화탄소 등 특정 가스가 낮은 온도나 높은 압력에서 고체 또는 액체 상태로 존재할 수 있다는 사실이 드러났고 보다 효율적인 냉각이 가능해졌다.

[그림 12-3]은 초창기 기계식 냉각 장치의 작동 원리를 단순하게 나타낸 것이다. 압축기는 그림 왼쪽의 장치에서 암모니아를 흡수하여 저압을 발생시키고, 이를 오른쪽 방향으로 압축시킨다. 암모니아가 저압 지대에서 증발하면서 (결빙 온도가 낮은) 브라인을 냉각시킨다. 이 장치는 얼음 공장의 제빙기, 선박의 냉동칸 등 냉각이 필요한 곳을 순환한다. 고압 부위에서는 암모니아가 응축되면서 '폐열'이 발산된다.

많은 발명가들이 증기로 작동하는 초기의 비대하고 비효율적인 냉각

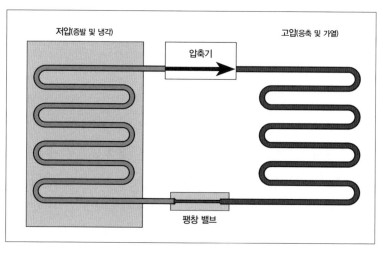

[그림 12-3] 초기 기계식 냉각 장치의 도해

장치에 수많은 특허를 출원했다. 특허는 천연 얼음 공급 지역에서 멀리 떨어진 카리브해, 메이슨-딕슨선 이남 지역, 웨스트코스트의 도시, 특히 아르헨티나와 오스트레일리아의 정육 공장 등에서 얼음을 생산할 때 활용되었다. 튜더가 1833년 처음으로 캘커타에 얼음을 운반한 이후 얼음 운반 사업은 50년 가까이 이익을 냈으나, 1878년 캘커타에 인공 얼음 공장이 설립되면서 갑작스럽게 종말을 맞았다.[40]

인공 얼음과 천연 얼음은 서로 보완하는 역할을 했다. 뉴올리언스나 캘리포니아 공장에서 생산된 얼음은 북쪽과 동쪽으로 향하는 냉장차의 냉각 탱크를 채웠다. 중서부 하천과 뉴잉글랜드 연못에서 채취한 얼음 덩어리는 남쪽과 서쪽으로 향하는 화물에 쓰였다.

티모시 이스트먼의 파트너인 헨리 벨(Henry Bell)은 새로운 인공 냉각 장치가 해양 운송 이외의 분야에서도 경제성을 가질 것으로 예측했다. 1877년 그는 저명한 물리학자인 윌리엄 톰슨(William Thompson) 경을 찾아가 인공적으로 냉장·냉동한 소고기를 운송할 수 있는지 물었다(톰슨 경은 훗날 켈빈 남작(Lord Kelvin)이 되었는데, 이후 미국 회사 켈비네이터(Kelvinator)가 그의 이름을 사명에 활용했다). 상업적 계획에 시간과 마음을 쓸 생각이 없었던 톰슨은 벨에게 자신의 동료인 J. J. 콜먼(J. J. Coleman)을 소개해줬다. 두 사람은 벨-콜먼 기계식 냉장 회사를 설립했다.[41] 이들은 기계적 방식의 냉장선을 구축했는데, 이 중 서카시아호는 최초로 미국산 소고기를 냉장 상태로 운반했다.[42]

1881년 오스트레일리아에서는 200만 명의 인구가 양 6500만 마리, 소 800만 마리를 사육했다. 인공 냉장 기술이 발명되면서 오스트레일리아의 양고기가 영국 정육점에 진출할 수 있는 길이 열렸다. 1910년 미국은 매년 40만 톤의 소고기를 영국으로 수출했으며, 아르헨티나는 이보다 많은 양의 소고기와 양고기를 수출했다(미국산 소고기는 냉장 운송되었으나, 아르헨티나와 오스트레일리아산 육류는 더 먼 거리를 이동해야 했기 때문에 영하 9도로 냉동시켰다). 제1차 세계대전이 발발하기 직전 영국인이 소비하던 육류의 40퍼센트 가까이가 수입육이었다.[43] 『사이언티픽 아메리칸(Scientific American)』의 런던 특파원은 다음과 같이 전했다.

나는 템스 강변에 있는 거대한 창고에 가서 바지선에서 생 양고기를 꺼내는 모습을 바라보곤 했다. 배에서 꺼낸 양고기는 마치 장작더미처럼 쌓여 처리되었으며, 캐논 스트리트 브릿지(Cannon Street Bridge)의 거대한 아치 아래 저장고에 8만 단위가 저장되었다. 그곳에서는 뉴질랜드와 남아메리카에서 인공적으로 냉동시켜 운반 내내 냉동 상태로 유지된 양고기를 볼 수 있다. 육류는 다리의 거대한 아치 밑에 위치한 창고에 보관되었다가 냉동 상태로 소매상들에게 유통되었다. 모든 육류는 아머(Armour), 해먼드(Hammond), 이스트먼(Eastman)을 비롯한 해운업체가 운반했다.[44]

냉장육 산업은 홍보 분야의 선구자이자 지그문트 프로이트의 조카인 에드워드 L. 버네이스(Edward L. Bernays)의 광고로 마케팅 붐을 맞았다. 1920년대 바쁜 미국인과 영국인은 준비가 간편한 주스, 토스트, 커피나 차로 아침을 때웠다. 버네이스는 뉴욕의 비치넛 포장회사(Beechnut Packing Company)를 위해 처음으로 '의사 네 명 중 세 명' 광고를 실시했다. 따뜻한 아침(과 더불어 동맥 건강)을 광고했고, 덕분에 대서양 양쪽의

영어권에서는 베이컨과 달걀이 전통적인 아침 식사로 자리 잡았다.[45]

   역사적으로 교역량의 증가는 늘 승자와 패자를 양산했다. 운송비의 하락 덕분에 미국, 캐나다, 아르헨티나, 뉴질랜드, 오스트레일리아, 우크라이나의 농부와 목장 주인은 유럽 대륙에 곡물과 육류를 풍부하게 공급할 수 있었다. 반면 저렴한 국산 목재와 범선에 대한 전문 지식에 의존하던 미국의 조선사는 영국의 증기선과 철강 기술에 자리를 내줬다. 1850~1910년에 대서양에서 운반된 화물의 5분의 2는 유니언잭(영국 국기)을 게양한 선박으로 이동되었으나, 성조기를 단 선박으로 운반된 비중은 10분의 1에 불과했다.[46]

   인도 역시 패자에 속했다. 면직물과 황마 재배자들은 번영을 누렸으나, 범선 위주의 해운업은 증기선과 수에즈 운하의 조합으로 황폐화되었다. 제1차 세계대전 발발로 인도 선박은 연안 무역조차 할 수 없었으며 조선업은 거의 자취를 감췄다.[47]

   『사이언티픽 아메리칸』 특파원처럼 낙관적인 관찰자들은 글로벌 교역이 빚어낸 기적에 놀라워했지만 반발도 있었다. 신세계에서 쏟아져 들어오는 농산물에 대한 유럽인의 격렬한 반발은 반세기 이상 자유무역을 지연시켰으며, 파괴적인 양차 세계대전이 발발하는 데 적잖이 기여했다. 오늘날 세계화를 둘러싼 투쟁에도 배경을 제공했다.

13장

대공황과 보호무역주의

금지적 보호 관세는 결국 우리 자신에게 되돌아오는 총이라는 사실을
깨달았다.

—코델 헐(Cordell Hull)[1]

미국인으로 살아가는 일이 그야말로 최악인
시기였다. 전 세계적으로 정치 지도자들과 논설위원들은 미국의 외교
정책이 일방적이고 오만하며 위험하다는 비판을 제기했다. 분노에 찬
유럽인은 미국 제품 불매운동을 벌였다. 이탈리아의 한 기업인은 "이
런 상황에서도 우리 동네에 미국산 자동차를 모는 사람이 하나 있는
데, 그가 차를 몰고 나갈 때마다 행인들이 교양 있는 시민에 어울리지
않는 몸짓을 하거나 욕설을 퍼붓는다"라고 전했다.[2] 프랑스인은 언제
나 그랬듯 미국의 영향력 확대에 전전긍긍했다. 프랑스의 한 논설위원
은 대서양 건너의 괴물을 대적하는 임무는 결국 모든 유럽인이 져야
할 짐이라고 여겼다. "우리는 미국 패권에 대항해 맞서 싸울 수 있는
유일한 세력이다."[3]

　무엇이 그토록 격렬한 반미주의를 일으켰는가? 이라크 침공이었나?
베트남에서의 전쟁이었나? 맥도날드, 마이크로소프트, 디즈니가 전 세
계를 장악해서인가? 사실 방금 묘사한 시기는 1930~1933년이며, 스
무트-홀리 관세(Smoot-Hawley Tariff)가 문제의 발단이었다.

　이 관세법은 의회에서 통과된 가장 악명 높은 법안으로 손꼽히지만,
그만큼 제대로 이해하고 있는 사람이 드물기도 하다. 스무트-홀리 관

세법으로 미국의 관세가 상당히 높은 수준에 달했지만, 사실 이전부터 관세는 고공 행진을 하고 있었다. 특히 스무트-홀리 관세법은 일반인들의 통념과 달리 대공황을 일으키거나 그 정도를 심각하게 만들지 않았으며, 그 이전의 미국 무역 정책과 크게 동떨어진 법안도 아니었다. 그보다는 새로운 글로벌 농산물 교역에 맞서 전 세계적으로 일어난 보호주의의 물결을 대표하는 사례로 봐야 한다.

이야기는 20세기 무역론에 대한 개괄적 설명에서 시작해야 한다. 근대 이전 무역 분야의 위대한 사상가로는 헨리 마틴, 애덤 스미스, 데이비드 리카도를 들 수 있으며 이들은 자유무역의 전체적 이점을 설명했다. 이들도 소수의 무고한 사람들이 자유무역으로 해를 입는다는 사실을 알고는 있었지만 중요하게 고려하지 않았다. 이후 21세기에 무역론을 연구한 베르틸 올린(Bertil Ohlin), 엘리 헤크셰르(Eli Heckscher), 폴 새뮤얼슨(Paul Samuelson), 볼프강 스톨퍼(Wolfgang Stolper)는 승자가 누구인지, 패자는 누구인지, 어떻게 대응했는지를 이해하는 틀을 제공했다.

1860년 북부 유럽에서는 곡물법 폐지, 코브던-슈발리에 조약 체결, 이어진 '관세 인하'로 훈훈한 분위기가 조성되었으며 자유무역으로 향하는 확고한 길이 마련된 듯했다. 하지만 유쾌하고 수익성 좋은 항해는 오래 지속되지 않았다.

운송비 인하는 곧 가격의 수렴을 의미했다. 1850년대 말부터 1912년 사이 시카고에서 리버풀까지 1부셀의 곡물을 운반하는 비용은 35센트에서 10센트까지 하락했다. 더 빠르고 안정적인 해상 운송의 시대가 열리면서 관리 부담과 보험료가 줄었으며, 소비자는 더 많은 비용을 아낄 수 있었다.

이에 따라 제1차 세계대전이 발발하기 전 60년 동안 구세계와 신세
계의 밀 가격이 [그림 13-1]에서 보듯 비슷하게 움직이는 양상이 나타
났다.[4] 19세기 말에는 소고기, 구리, 철, 기계, 섬유 등 원자재와 제조
상품의 가격이 유사한 수준으로 수렴했다. 육류는 1870년 리버풀에서
시카고보다 93퍼센트 높은 값에 팔렸는데, 1913년에는 그 격차가 16
퍼센트로 줄었다.

해상 운송의 효율성이 크게 증가하면서 농산물 가격이 수렴했지만,
고난의 시기에 농민들에게 위안을 주던 가격 상승의 효과가 사라지는
문제가 있었다. 대양 너머는 말할 것도 없고 강 건너 지역에서 곡물을
들여오는 데도 비용이 많이 들던 시대에는 곡물 부족을 가격 상승으로
보전할 수 있었다. 하지만 운송비가 저렴한 글로벌 농산물 시장에서는

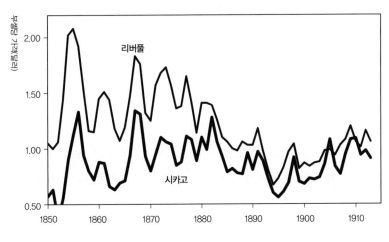

[그림 13-1] 리버풀과 시카고의 밀 가격(1850~1913년)

이러한 위안거리도 사라졌다.[5] 익숙한 완충지대가 사라지면서 글로벌 경제로 인한 가슴 아픈 사례도 발생했다.

상황은 제조품에서도 역전되었다. 원래는 구세계에 노동력과 자본이 풍부하여 제품 가격이 저렴했다. 1870년 미국에서 선철 가격은 잉글랜드보다 85퍼센트 비쌌다는데, 1913년에 이러한 격차가 19퍼센트로 줄었다. 이 기간 중 제련 동의 가격 차이는 32퍼센트에서 0퍼센트로 줄었다. 섬유의 가격 구조는 역전되기까지 했다. 섬유는 1870년 맨체스터보다 보스턴에서 13.7퍼센트 비싸게 팔렸으나, 1913년에는 맨체스터에서 2.6퍼센트 더 비쌌다.[6]

전통적인 곡물의 가격은 전 세계적으로 동조하기 시작했을 뿐만 아니라 동양의 주식인 쌀 가격과도 동조했다. 특히 쌀과 밀 시장이 결합되어 있는 시장은 인도였다. 인도인은 쌀과 밀을 모두 소비했기 때문에 봄베이에서 밀 가격이 오르면 쌀 가격도 올랐던 것이다. 이와 더불어 1860년대와 1870년대에 장거리 해저 및 육상 전신이 발전하면서 캘커타의 곡물 가격 변동은 런던, 시드니, 홍콩 시장에도 즉각 반영되었다.[7]

20세기 초 스웨덴의 경제학자 엘리 헤크셰르와 베르틸 올린은 이러한 흐름을 분석하기 위해 심사숙고했고, 겉으로 나타난 현상 뒤에 심오한 의미가 있다는 결론을 내렸다. 애덤 스미스, 데이비드 리카도, 존 스튜어트 밀의 '고전 경제학'에서는 모든 제품에 노동력, 토지, 자본이라는 세 가지 생산요소를 고려하는데 각 요소는 임금, 지대, 이자를 발생시킨다.[8] 헤크셰르와 올린의 이론에서 가장 중요한 통찰력은 운송비 하락이 전 세계 상품 가격의 수렴으로 이어졌을 뿐만 아니라 세 가지 생

산요소인 임금, 지대, 이자율에서도 수렴이 나타났음을 간파한 것이다.[9]

최근 수행된 연구는 두 사람의 가설이 유효함을 확인시켜준다. 19세기 초 노동력과 자본이 더 풍부한 곳은 구세계였다. 따라서 구세계에서는 임금과 금리가 낮았으며 신세계에서는 높았다. 반면 신세계에는 토지가 훨씬 더 풍부했기 때문에 지대가 저렴했다. 경제사학자 케빈 오루크(Kevin O'Rourke)와 제프리 윌리엄슨(Jeffrey Williamson)은 1870년 신세계에서 (실제 구매력으로 정의되는) 평균 실질임금이 구세계보다 136퍼센트 높았다는 점에 주목했다. 1913년에는 차이가 87퍼센트로 줄었다. 놀랍게도 이 기간 중 미국의 실질 지대는 248.9퍼센트 상승한 반면 영국에서는 43.3퍼센트 하락했다.[10]

지대의 수렴 현상어 일어난 이유는 자명하다. 저렴한 운송비 덕분에 유럽으로 곡물과 육류가 대량 유입되면서 구세계에서 지대가 하락했고 신세계에서는 상승했다. 구세계에서 농지 가격이 하락했으나 신세계에서는 상승했다.

자본시장의 수렴 현상은 보다 이해하기 쉽다. 전신 덕분에 지역 간 이자율에 대한 불확실성이 제거되었고, 심지어 자본과 신용의 즉각적인 '전송'도 가능해졌다.

다만 임금 수렴에 관해서는 논란의 여지가 있다. 가장 명쾌한 설명은 신세계의 임금이 높아 활발한 이주를 유도했다는 것이다. 유럽인은 자유나 금으로 포장한 천국 같은 곳을 동경하여 신세계로 이주한 것이 아니었다. 그저 더 높은 임금을 원했을 뿐이다. 19세기 말 아일랜드 목수는 뉴욕에서 더 나은 삶을 누릴 수 있었으며, 이탈리아의 소농은 아르헨티나의 끝없이 펼쳐진 팜파스에서 부자가 될 수 있었다. 고향의 척박한 토양에서는 꿈도 꾸지 못할 일이었다. 하지만 유럽인이 대서양을 건너 대거 이주하면서 임금 격차도 점차 줄었다. 그러자 이민을 법으로 제약하기도 전에 이미 이민이 줄어들었다. 1900년 아르헨티나에서 실질임금은 이탈리아보다 약 세 배 높았다. 1950년에는 비슷한 수준이 되었고, 1985년에는 이탈리아의 평균임금이 아르헨티나 이민자보다 네 배 높았다.[11]

19세기 운송 분야의 혁명이 미친 영향을 따져보면, 구세계 노동자와 신세계 지주(주로 농민)는 승리자이며 구세계 지주와 신세계 노동자는 패배자였다. 미국 노동자들의 임금은 1870~1913년에 개선됐지만, 영국 노동자들 대비 막대한 이익을 누리던 과거에 비해 격차가 크게 줄었다. 같은 상황이 영국의 지주들에게는 일어나지 않았고, 지주들은 지대 하락으로 큰 손실을 입었다.

스무트-홀리 관세법이 일부 영향을 미쳐 세계가 전쟁 한복판에 있던 1941년, 오스트리아 출신으로 하버드에서 강의를 하던 볼프강 스톨퍼가 동료인 폴 새뮤얼슨에게 무역 이론에 대한 질문을 던졌다. 그는 고전 경제학에서 모든 나라가 무역으로 이익을 누린다고 가르치는 이유를 궁금하게 여겼다. 헤크셰르와 올린의 연구 결과에 따르면, 무역이 증가하면 일부 나라에서는 임금이 하락하고 노동자가 피해를 입는 것으로 나타났다. 새뮤얼슨은 스톨퍼의 지적에 일리가 있음을 알아차렸다. 두 연구자의 분석은 스톨퍼-새뮤얼슨 정리로 알려졌으며, 글로벌 무역의 정치에 통찰력을 제공했다. 정리는 글로벌 무역으로 누가 유리해지고 누가 불리해지는지, 특히 정치적 악영향이 국가의 운명에 어떤 영향을 미치는지를 살폈다.

수학은 경제학자들의 언어라고 할 수 있는데, 두 사람은 모델을 만들기 위해 오로지 두 가지 제품과 두 가지 생산요소가 존재하는 상황을 가정했다. 다른 나라보다 상대적으로 희소한 생산요소와 풍부한 생산요소가 있다고 가정한 것이다. 이 모델에 따르면 보호 정책이 상대적으로 희소한 요소를 보유한 국가에는 이익이지만, 풍부한 요소를 보유한 국가에는 손해다.[12] 자유무역은 상황을 역전시킨다(여기서 고려된 생산요소는 고전 경제학의 생산요소인 토지, 노동력, 자본이다).

만약 A국에서는 노동력이 부족하고 B국에서는 풍부하다면, B국에서는 임금이 낮을 것이며 B국에서 생산된 노동 집약적 제품의 가격은 쌀 것이다. 자유무역이 일어나면 상인과 소비자는 B국에서 생산된 저렴한 제품을 더 선호한다. 이에 따라 B국 노동자들은 이익을 보고, A국 노동자들은 손해를 본다. 나머지 요소의 경우도 마찬가지다. 자유무역은 토지가 풍부한 나라의 농민들에게 유리하며, 토지가 부족한 나라의 농민들은 불리하다. 또한 자유무역은 자본이 풍부한 부국의 자본가들에게 유리하며, 빈곤한 나라의 자본가들에게는 불리하게 작용한다.[13]

스톨퍼와 새뮤얼슨의 설명에 따르면, '자유무역'과 '보호'에는 단순히 관세 수준과 금지뿐 아니라 운송비도 영향을 미친다. 운송비가 줄어들면 관세 인하와 동일한 효과가 나타난다. 다시 말해 1부셀당 운송비가 50센트 하락하는 경우와, 1부셀당 관세가 50센트 하락하는 경우에 곡물 무역이 증가되는 효과는 동일하게 나타나는 것이다.

현실에서 이는 어떤 의미를 지니는가? 1870년 이전에 영국은 다른 나라와 비교해 자본과 노동력이 풍부하고 토지는 부족했다. 반면 미국은 자본과 노동력은 부족한 반면 토지가 풍부했다. 관세가 전 세계적으로 급격히 인상되었고, 특히 남북전쟁 이후 미국에서는 관세가 폭등했다. 하지만 운송비가 관세 인상분을 상쇄하고도 남을 만큼 가파르게 하락하면서 무역은 더 증가했다. 〔표 13-1〕은 주요국과 시기별로 '스톨퍼-새뮤얼슨 분류'를 나타낸 것이다.

스톨퍼-새뮤얼슨 정리에 따르면, 무역이 활발해지면서 주요 이득을 본 집단은 각국에서 풍부한 요소를 가진 사람들이었다. 영국에서는 자본가와 노동자, 미국에서는 지주(즉 농민)가 여기에 해당한다. 실제로 이들은 무역으로 이익을 봤으며 자유무역을 지지한 것은 당연한 일이다. 마찬가지로 각국에서 희소한 요소를 가지고 있던 사람들, 즉 영국의 지주와 미국의 노동자 및 자본가는 보호무역을 원했다.

유럽 대륙은 어떤가? 일반적으로 유럽 대륙에서는 자본과 토지가 부족하나 노동력이 풍부했다. 스톨퍼-새뮤얼슨은 1870년 이후 운송비 절감으로 유럽 자본가와 농민이 보호주의를 요구하리라 예상했다. 예측은 정확하게 들어맞았다. 유럽 농민들은 격렬히 저항했고, 곡물법

	풍부한 요소(자유무역이 유리)	희소한 요소(보호무역이 유리)
미국(1900년 이전)	토지	노동력, 자본
미국(1900년 이후)	토지, 자본	노동력
영국(1750년 이후 현재)	노동력, 자본	토지
독일(1870년 이전)	노동력, 토지	자본
독일(1870~1960년)	노동력	자본, 토지
독일(1960년 이후)	노동력, 자본	토지

[표 13-1] 스톨퍼-새뮤얼슨 분류

폐지와 코브던-슈발리에 조약 체결로 시작된 자유무역의 시대는 막을 내렸다.

사실 프랑스는 조약에 불만이 컸다. 민주주의 세력과 농민들은 조약을 독재자 나폴레옹 3세가 일으킨 '왕의 쿠데타'로 간주했다. 1870~1871년의 치욕스러운 보불전쟁(프로이센-프랑스 전쟁)으로 나폴레옹 3세의 제2제국이 종언을 고했고, 프랑스의 자유무역 지지도 함께 자취를 감췄다.

새로운 제3공화정의 탄생과 거의 같은 시기에 신세계에서 밀이 쏟아져 들어왔다. 태곳적부터 지형과 거리라는 장벽은 프랑스, 특히 내륙 지역의 농민들을 보호하는 역할을 했다. 철도와 증기선은 이러한 장벽을 무너뜨렸고, 1881년 프랑스의 밀 순수입은 100만 톤 선을 넘었다. 값싼 수입 곡물 때문에 많은 프랑스 농민들이 일자리를 빼앗겼다. 이들은 과거의 마차와 바큇자국 팬 도로 등의 장벽을 강력히 요구했다. 프랑스의 선출 정부는 막대한 수의 농민을 무시할 수 없었다. 19세기 말에는 프랑스 노동력의 절반 가까이가 농지에서 일했다. 자본에 쪼들리던 금융업자도 보호무역주의를 지지했다. 이들은 보불전쟁 때문에 생긴 빚에 허덕이고 있었으며, 관세 수입을 늘려야 구원을 얻을 것으로 기대했다. 이처럼 프랑스 자본가와 농민은 한마음으로 보호주의를 원했다. 반면 영국에서는 농민이 노동력에서 차지하는 비중이 6분의 1에 불과했고, 금융업자는 산업과 무역으로 자본이 풍부했기에 보호를 반대했다.[14]

이번에도 영국과 프랑스의 결론이 엇갈리리라는 스톨퍼-새뮤얼슨의 예상이 적중했다. 영국은 노동력과 자본이 풍부해 자유무역이 유리했기에 보호무역주의를 요구하는 지주라는 불안 요인에 맞섰다. 프랑스에서는 보호무역을 원하는 희소한 요소인 자본가와 지주가 한뜻을 이뤄 자유무역을 원하는 풍부한 요인, 곧 노동자에게 맞섰다.

19세기 중후반에는 모든 주요국에서 프리드리히 리스트의 제자들과 '민족주의 경제학'이 자리를 잡았다. 미국에서는 헨리 케어리, 영국에서는 조지프 체임벌린(Joseph Chamberlain), 프랑스에서는 소르본 법학대학의 폴 루이 코베스(Paul-Louis Cauwès) 학장이 대표 주자였다. 프랑스의 경우 거의 한 세기 전 혁명정부가 농민과 기타 노동자들이 경제적 이해관계를 근거로 서로 연합하여 협회를 설립하지 못하도록 금지했는데, 1884년에 이 법안을 폐지했다. 법안 폐지 직후 농업 협회가 조직되어 관세장벽을 요구했다. 이에 따라 여러 법안이 발의되어 수입 곡물, 가축, 육류에 대한 관세가 점차 올라갔다. 1889년 총선에서는 농업이 주요 기반인 노르망디와 브르타뉴 등에서 선출된 보호무역주의자들이 대거 의회에 진출했다.

의회에서 극적인 작전과 논쟁이 이어졌으며, 진보 경제학자이자 재무장관인 레옹 세이(Léon Say)와 보호무역주의자이자 코베스의 제자로 향후 프랑스의 총리에 오르는 펠릭스 쥘 멜린(Félix Jules Méline)의 설전으로 극에 달했다. 세이는 관세의 추가 인상을 맹비난하면서 단순히 보호무역과 자유무역의 갈등이 아닌 "개인과 국가 간의 거대한 싸움"이라고 지적했다.[15] 세이의 웅변은 의회를 움직이는 데 실패했고 1892년 초 '멜린 관세'가 통과되었다. 이에 따라 관세가 기존의 두 배 수준으로 뛰었으며 제2차 세계대전까지 계속 인상되었다.

하지만 관세 인상으로도 프랑스 농업의 쇠퇴를 막을 수 없었으며, 식료품 가격이 뛰어 시민들의 부담만 가중될 뿐이었다. 프랑스의 많은 관측자들은 국민이 새로운 글로벌 경제를 두려워한다고 비난했으며, 또 다른 이들은 체념적 태도를 보였다. 경제학자 앙리 트루치(Henri Truchy)는 1904년 논평에서, 오늘날 프랑스인이 자신들의 국민성을 기술하듯 다음과 같이 표현했다.

우리는 세계시장에 노출되는 위험을 무릅쓰느니 문제를 겪지 않고 국내 시장에 만족하는 것이 낫다고 판단하여 견고한 관세장벽을 쌓았다. 한계가 있으나 확실히 보장된 시장 안에서 프랑스인은 평온하고 문제없이 지내며 원대한 야심에 수반되는 고통은 남들에게 맡긴다. 경제 패권을 다투는 상황에서 우리는 한낱 관중에 지나지 않는다.[16]

반면 영국에서는 신세계의 곡물과 육류로 손해를 입은 토지 귀족을 동정하는 사람들이 거의 없었다. 경제사학자 찰스 킨들버거(Charles Kindleberger)의 주장을 보자.

농산물 가격 하락을 막거나 농업 공동체를 지원하기 위한 조치는 취해지지 않았다. 지대는 하락했고, 청년들은 농지를 떠나 도시로 향했으며, 경작하는 토지는 빠르게 줄었다. 전 세계 밀 가격의 하락에 대한 반응은 영국에서 가장 강력한 경제 집단이었던 농업의 역할을 청산하는 것이었다.[17]

1890년 이후 영국의 철강, 설탕 정제, 귀금속을 비롯한 일부 산업은 앞서 지주가 당했던 고통을 그대로 느꼈으며 '공정 무역'을 외치는 미국 경쟁자들의 거센 외침에 직면했다. 그러자 영국도 보호무역론자 열병에 걸렸다. 저명한 정치인이자 상무부 장관을 지낸 조지프 체임벌린이 앞장섰는데, 그는 후일 영국 총리에 오르는 네빌 체임벌린(Neville Chamberlain)의 아버지이기도 했다. 체임벌린은 유럽 대륙의 일반적인 보호무역주의와는 다른 종류의 압박을 가했다. 제국과 영연방 전체에 높은 관세장벽을 쌓고 그 내부에서는 자유무역을 수행한다는, 이른바 '영연방 특혜관세'를 제안한 것이다. 하지만 영국은 아직 자유무역을 폐기할 준비가 되어 있지 않았다. 체임벌린의 제안은 1906년 총선에서 중요한 이슈로 떠올랐고, 체임벌린과 그의 지지자들은 참패했다.[18]

유럽 대륙의 대부분 국가가 수입에 담을 쌓고 영국도 자유무역 정책에 초조하게 대처하는 동안 오직 한 나라만 돼지와 소 사육을 기반으로 차별화되는 길을 걸었다. 최상급 육류는 어린 가축에게서 생산되는데, 일찍 도축하려면 집중적으로 사료를 먹여 빠른 시간 안에 무게를 늘려야 한다. 1870년 이후 수요 증가, 냉장 운송비 인하, 사료용 곡물 가격 하락 등이 맞물려 세계 최고의 소고기, 돼지고기, 치즈, 우유, 버터 생산자가 탄생할 기반이 마련되었다. 수백 년 동안 북부 유럽은 축산업 강국의 지위를 유지했는데, 흥미롭게도 덴마크만 시장을 개방하고 그에 따른 장점을 누렸다.

평범한 환경에서 사소한 문제를 해결하는 과정을 통해 위대한 산업이 탄생한다. 1882년 유틀란트반도(덴마크의 거대한 주요 반도) 서쪽의 예딩이라는 마을의 낙농업자들은 값비싼 탈지 기계를 구입하여 공동으로 크림과 버터를 판매하기 위해 협동조합을 설립했다. 조합은 세 사람의 이사를 선출했고, 이들은 오랜 협의를 거쳐 덴마크가 20세기 초 번영을 누릴 수 있는 초석을 마련했다.

조합은 단순한 모델을 채택했다. 아침마다 조합 트럭이 농가에서 우유를 수거해 공장으로 운반하면 숙련된 기술자가 처리한다. 탈지유는 농민들에게 돌려주고, 버터는 시장에서 판매하며, 조합의 이익은 각 조합원이 공급한 우유의 품질과 용량에 따라 나눠 가진다. 조합원들은 농가에서 당장 소비하는 우유를 제외한 나머지를 모두 조합에 공급하되 엄격한 위생 기준을 따르기로 동의했다. 조합은 큰 성공을 거뒀고, 채 10년이 지나지 않아 덴마크 농민들은 500곳 이상의 조합을 조직했다.

우유 사례는 베이컨이라는 거대 산업의 서곡에 불과했다. 1887년 유틀란트 동쪽의 양돈업자들은 철도 시설에 불만을 품고 있던 차에 예딩의 모델을 채택하여 첨단 도축 공장을 세웠다. 이번에는 정부도 거들었다. 돼지고기의 품질은 우유보다 격차가 컸기 때문에 덴마크 농업부는 농민들에게 최상의 종축(種畜)을 공급할 수 있도록 시험소를 설립했다. 1871년 덴마크에서 사육되는 돼지는 44만 2000마리였는데, 1914년 그 수가 250만 마리로 증가했다. 이 기간 중 돼지 수출량은 1100만 파운드에서 3억 파운드로 급증했다. 1930년대 초 덴마크 성인의 절반 이상이 조합원이었으며, 이 작은 나라에서 수출하는 돼지가 전 세계 해당 품목 교역량의 절반에 달하는 7억 3100만 파운드를 기록했다.

정부는 농민들의 사기를 북돋았으며 국립 낙농 및 양돈 조직에 수출품의 품질을 상징하는 상표를 표시하자고 제안했다. 이에 따라 루어 (Lur) 브랜드가 탄생했으며, 오늘날 전 세계 슈퍼마켓의 상자에 붙어 있는 루어팍(Lurpak) 라벨로 발전했다.[19]

유제품 제조 공장과 양돈 조합은 공장, 기계, 차량, 노동자를 확보하는 데 거액의 차입 자본이 필요했다. 덴마크의 경험은 오늘날 거의 잊혔지만 여전히 강렬한 교훈을 준다. 전 세계적 경쟁에 노출된 상황에서 정부의 적절한 대응이란 보호가 아니라 지원과 자금 공급이다.

독일은 신세계에서 수입된 값싼 농산물과 영국산 제조품의 망령이 배회하면서 별다른 긍정적 결과가 없었다. 수백 년 동안 독일 경제학과 정치는 잉글랜드의 토지 귀족과 유사한 융커(Junkers)가 장악했다.[20] 이 자유로운 농민들은 폴란드 및 러시아와 국경을 맞대고 있는 독일의 '황량한 동부'로 진출한 데 이어 수백 년에 걸쳐 점점 더 많은 경작지를 차지했다. 융커의 행보를 막을 상대는 없었다. 심지어 1807년 프로이센에서 농노제도가 폐지되었음에도 이들은 인맥을 활용하여 소농들에게 더 많은 토지를 빼앗았다(소련이 1945년 부동산을 몰수할 때까지도 융커를 견제할 상대가 없었다).

1880년 이전에 융커가 가장 집중적으로 활용한 요소는 토지였다. 동시대 독일의 인접국과 비교해도 풍부한 상황이었다. 독일은 밀과 호밀을 수출했는데, 영국에서는 이 두 가지 주요 곡물의 공급을 독일에 의존했다. 자연스럽게 당시 융커는 자유무역을 지지했다. 경제사학자 알렉산더 거센크론(Alexander Gerschenkron)은 융커에 대해 다음과 같이 설명했다.

융커는 일반적인 철학의 체계에 애덤 스미스의 이론을 적절하게 적용할 자리를 마련했으면서도 같은 나라 사람인 프리드리히 리스트의 보호주의론은 무시하고 증오할 뿐이었다.[21]

1880년 이후 독일의 토지 소유자들은 농업 분야의 새로운 강자인 미국, 캐나다, 아르헨티나, 오스트레일리아, 뉴질랜드, 러시아와 비교해 별 볼 일 없는 존재로 전락했다. 어느 순간 융커는 자유무역을 원하는 풍부한 요소의 소유자에서 보호를 주장하는 희소한 요소의 소유자로 바뀌었다. 프랑스에서 그랬듯 일련의 보호주의 법안이 통과되었고, 특히 1902년 '빌로(Bülow) 관세'가 제정되면서 곡물을 비롯한 수입품에 대한 관세가 크게 뛰었다.

이러한 보호무역론자들의 행보는 곡물을 재배하는 귀족에게만 유리할 뿐 그 이외의 분야에는 재앙이나 다름없었다. 융커는 수입 가축과 육류에 높은 보호관세를 매겨 북부 독일 소농의 소와 돼지에 방어막을 쳐주면서 소농이 관세를 지지하도록 유도했다. 이웃 덴마크 못지않게 훌륭한 축산업 기술을 보유했으면서도 여전히 가난했던 농민들은 어느 순간 값싼 사료용 곡물로 부를 창출할 수 있는 기회를 빼앗겼음을 깨달았다. 보호무역주의의 '조용한 살인자'(이 경우 원자재의 가격 상승에 따른 국내 산업의 타격)가 강타한 것이다.

더 나쁜 일이 아직 남아 있었다. [표 13-1]을 다시 살펴보면 모든 시기의 모든 나라에서 각 요소 소유자들은 2 대 1의 비율로 서로 싸우거나 그럴 준비를 하고 있다.[22] 영국과 1900년 이전 미국에서는 노동력과 자본이 같은 입장에 있다. 영국의 경우 노동자와 자본가에게는 자유무역이 유리하며, 1900년 이전 미국에서는 보호무역이 유리하다. 독일에서 자본과 토지를 가진 집단은 마르크스주의에 기울던 도시의 노동자들에게 반대했다(이 경우 자본가와 지주는 '철강과 호밀' 연합으로 이름 붙일 수 있을 텐데, 철강은 희소한 자본 요소를 막대하게 투입해야 하는 산업이다).

독일의 도시 노동자들은 자유무역을 원했다. 풍부한 요소인 노동력을 가진 집단이었을 뿐만 아니라 마르크스 세계관에도 적합했기 때문이다. 자유무역은 산업 발전과 완전한 자본주의로 이어지고 이후 필연적으로 균열이 일어난 다음 공산주의로 향하는 길이 마련된다는 점에서 혁명이라는 레시피에 반드시 필요한 재료였다.[23] 지나치게 논리적이었던 마르크스는 관세에 반대했다.

우리 시대의 보호주의 체제는 보수적인 반면 자유무역 체제는 파괴적이다. 과거의 민족을 해체하고 프롤레타리아와 부르주아의 적대감을 극단적 수준으로 끌어올린다. 한마디로 자유무역 체제는 사회혁명을 재촉하는 것이다. 이 같은 혁명 차원에서 보자면 나는 자유무역에 찬성한다.[24]

스톨퍼-새뮤얼슨은 자유 시장을 찬성하는 쪽과 반대하는 쪽을 구분하여 정치적 동맹 관계를 설명할 수 있도록 틀을 마련했다. 20세기 독일의 외국인 공포증, 보호주의를 주장하는 지주, 사회주의와 자유무역을 외치는 노동자에 맞선 자본가의 조합은 사회를 파시즘으로 몰고 가는 처방이나 다름없었다. 반대로 19세기 영국에서는 자본가와 노동자가 토지를 소유한 과두 집권층에 대항하여 자유무역을 외쳤고 민주주의가 두드러지게 발전했다(미국의 자본가와 노동자 역시 동일한 시도를 했으나 보호주의라는 목적을 추구했다는 점에서 달랐다). 물론 스톨퍼-새뮤얼슨의 해석과 UCLA의 정치학자 로널드 로고우스키(Ronald Rogowski)가 발전시킨 간단한 모델은 인종, 문화, 역사 등을 고려하지 않는다.

로고우스키 역시 모델이 전체 그림에서 일부를 설명할 뿐이라고 거듭 강조했다. 그럼에도 이들이 제시한 통찰력은 전 세계의 정치적 절차에 지대한 영향을 미쳤다.[25]

1880~1914년에는 관세장벽이 빠르게 높아졌기 때문에 그만큼 세계의 무역도 제한되었어야 한다. 하지만 그런 일은 일어나지 않았다. 이 기간 동안 세계 무역량은 오히려 세 배가량 증가했는데, 여기에는 두 가지 요인이 영향을 미쳤다. 첫째, 증기선의 영향력은 세관보다 강했다. 해상 운송비가 줄어들면서 수입관세 인상분을 만회하고도 남았다. 둘째, 세계가 점점 부유해졌다. 실질 GDP 총액은 34년 동안 네 배가량 증가했다. 모든 상황이 동일하다면 부유해진 사회에서는 교환할 물건이 더 많기에 교역이 활발하게 일어난다. 이는 일반적으로 교역량의 증가 속도가 부의 증가 속도보다 빠름을 의미한다. 1720~1998년 세계의 실질 GDP는 연간 1.5퍼센트 증가한 반면 실질 교역액은 연간 2.7퍼센트 증가했다.[26]

남북전쟁 이후 미국의 관세 정책은 공화당 정권에서 보호주의를 채택하고, 민주당 정권에서 이를 완화하는 단조로운 흐름을 이어갔다. 1888년 대통령 선거에서 공화당의 벤저민 해리슨(Benjamin Harrison)은 민주당의 그로버 클리블랜드(Grover Cleveland)에게 근소한 차이로 승리했다(일반 투표에서는 클리블랜드가 승리했다). 윌리엄 매킨리(William McKinley) 상원의원을 비롯한 공화당 의원들은 이를 악명 높은 관세법을 통과시킬 수 있는 '권한'으로 여겼다. 법은 매킨리 의원의 이름을 땄으며, 그는 8년 후 대통령이 되었다. 1912년 민주당 우드로 윌슨(Woodrow Wilson)이 대통령에 당선되면서 매킨리 관세는 언더우드 관세로 대체되었고, 이에 따라 수입관세가 1920년에는 역사적 저점인 16퍼센트까지 인하되었다.

언더우드 관세는 미국의 자유무역론자들에게 짧은 승리를 안겨주었다. 법이 통과되고 얼마 지나지 않아 공화당이 대선과 의원 선거에서 승리했기 때문이다. 2년 후인 1922년 하딩(Harding) 대통령은 보호주의자들이 발의한 포드니-매컴버(Fordney-McCumber) 관세에 서명했다. 이내 수입관세는 40퍼센트 이상으로 치솟았다.

공화당이 주도한 관세는 터무니없이 높았을 뿐만 아니라 '자주적'이었다. 의회는 정해진 관세율을 대통령이 인상하여 무역 상대국을 응징할 수 있도록 권한을 부여하면서도 관세율을 인하하는 권한은 허용하지 않았다. 언더우드법 같은 민주당의 관세법에서는 일반적으로 관세 인하 권한을 부여하고 교역 상대국과의 대화 가능성을 열어놨다. 다만 이러한 장치는 공화당 의원들을 자극할 것을 우려해 거의 활용되지 않았다.[27]

1830~1910년 바다, 운하나 강, 육상 운송비는 각각 65, 80, 87퍼센트 하락했다. 제1차 세계대전이 발발하기 전까지 교통의 효율성이 극대화된 것이다. 게다가 20세기 들어 내연기관, 항공기, 선적 컨테이너 등 교통 분야에서 대대적인 발전이 이루어졌다. 하지만 양차 대전 기간 동안 광석, 구아노, 목재 같은 대형 화물은 주로 혼곶을 돌아갔으며 돛을 활용했다. 교통 효율성의 증가 속도가 둔화되어 더 이상 거대한 관세 인상분을 상쇄할 수 없게 되자 세계경제는 심각한 침체를 겪었다. 안타깝게도 세계적인 불황과 관세의 급격한 인상은 허버트 후버가 조성한 대재앙과 결합되었다.

후버는 성공한 광업 엔지니어에서 공직자로 변신한 경우로, 전쟁으로 짓밟힌 유럽을 구호하는 과정에서 명성을 얻었다. 러시아에 대한 식량 공급 계획을 놓고 일부가 볼셰비키에게 전달될 가능성을 제기하자, 후버는 "2000만 명이 굶고 있는데 정치 이념이야 어떻든 먹어야 할 것 아닌가!"라고 응수했다고 전해진다.[28]

후버는 언제나 보호무역론자였으며, 하딩과 쿨리지 대통령 시절 상무부 장관을 지낼 때도 마찬가지였다. 광업 교과서에는 정통했겠지만 리카도에 대해 읽거나 이해하지 못했으며, 국가는 국내에서 생산할 수 없는 재화만을 수입해야 한다고 생각했다. 1928년 그는 전통적으로 민주당이 우세하던 농민들에게 호소했는데, 이들은 곡물 가격 하락으로 타격을 입은 상황이었다.

우리는 외국의 값싼 임금과 생활비 때문에 외국산 제품과 경쟁할 수 없는 산업이 존재한다는 사실을 알고 있습니다. 다음 공화당 의회가 이를 조사하고 필요한 경우 일정을 수정하여 해당 산업에 종사하는 미국 노동자들이 다시 국내시장을 활용하고 생활수준을 유지하며 잘 알고 있는 분야에서 계속 고용될 수 있도록 할 것입니다.[29]

그가 서명한 법안을 '후버 관세'라고 불러야 더 정확하겠지만, 오명은 법안을 지지한 공화당의 리드 스무트(Reed Smoot) 유타주 상원의원과 윌리스 홀리(Willis Hawley) 오리건주 하원의원에게 돌아갔다. 과세품의 평균 관세를 60퍼센트로 인상한 스무트-홀리 관세법은 마른하늘에 날벼락 같은 정책이 아니었다. 그렇지 않아도 높았던 포드니-매컴버 관세를 더 높은 수준으로 끌어올린 것뿐이었다.

유럽인과 경제학자들은 스무트-홀리 관세법이 미처 통과되기 전부터 공포에 질렸다. 법안이 상원에 도달하자 외국의 외교부 장관들이 미 국무부에 항의를 제기했으며 불매운동까지 일어났다. 미국의 모든 경제학자는 지위를 막론하고 후버 대통령에게 거부권을 행사하라는 진정서를 제출했다.[30]

하지만 헛된 노력이었다. 1930년 6월 17일, 대통령은 스무트-홀리 법안에 서명했고 보복과 무역 전쟁이 시작되었다. 법안은 수만 개 품목에 적용되었는데, 마치 모든 교역 상대국을 불쾌하게 만들 목적으로 고안된 듯했다. 수많은 '비관세장벽'도 배치했다. 예를 들어 코르크는 스페인의 대미 수출에서 절반을 차지하는 품목이었는데, 새로운 관세법은 코르크에 수입 금지 수준의 관세를 부과했을 뿐만 아니라 원산지 표기까지 요구했다. 요구에 따르려면 코르크 값보다 더 큰 비용이 발생했다.

관세법은 수입 시계에도 높은 관세를 부과했다. 특히 미국의 '1달러 시계'와 경쟁하는 저가 시계가 대상이었다. 스위스 노동자 열 명 중 한 명은 시계 산업에 종사하거나 관련을 맺고 있었다. 따라서 시계 관세는 평소 우호적이고 평화적인 관계를 유지하던 양국 사이에 분노를 일으켰다. 시계와 코르크는 작은 나라가 처한 무기력함을 잘 보여주는 사례다. 스위스 전체 수출에서 대미 수출 비중은 10퍼센트에 달한 반면, 미국 수출에서 스위스가 차지하는 비중은 0.1퍼센트에 불과했다. 스위스와 스페인의 무력감은 분노로 번졌다.

유럽 대륙의 강국인 이탈리아, 프랑스, 독일의 경우 그나마 미국에 일격을 가할 만한 위치에 있었고 미국 산업의 자존심을 건드렸다. 자동차와 라디오에 평균 50퍼센트 이상의 관세를 부과한 것이다. 다만 베니토 무솔리니(Benito Mussolini)가 관세 문제를 실행하도록 몰아가는 데 적잖은 노력이 들었다. 자동차 마니아인 무솔리니는 이탈리아 대기업 피아트가 만든 형편없는 자동차를 혐오했기 때문에 피아트 대표인 조반니 아그넬리(Giovanni Agnelli)의 보호무역 요구에 몇 년 동안 모르쇠로 일관했다. 하지만 스무트-홀리 관세법의 통과로 무솔리니의 인내심도 바닥났다. 그는 100퍼센트에 육박하는 관세로 맞대응하여 미국 차량의 수입을 거의 봉쇄하기에 이르렀다[31](그래도 세상에는 절대 변하지 않는 것이 있었으니, 아그넬리는 계속 피아트를 운영하면서 그저 그런 자동차를 생산했고 21세기가 가까워서도 정부에 보호를 요구했다). 자유무역을 외치던 영국도 1932년 대다수의 수입품에 10퍼센트의 관세를 부과하는 법안을 통과시켰고, 제국 주변에 보호 장벽을 세우기 위해 오타와에서 영연방 회의를 소집했다.

1930년 스무트-홀리 법안이 통과되고 3년 만에 전 세계에서 보호무역주의 움직임이 일어났다. 프랑스의 레이스, 스페인의 과일, 캐나다의 목재, 아르헨티나의 소고기, 스위스의 시계, 미국의 자동차는 세계의 부두에서 점차 자취를 감췄다. 1933년 세계는 경제학자들이 경제 자급자족이라고 부르는 상태를 향해 갔다. 각국이 품질을 따지지 않고 모든 제품을 국내에서 생산하여 소비하는 자급자족을 이루려 했다.

미국은 국제 상거래를 붕괴 직전으로 몰아갔는데, 그 반대 움직임 역시 미국에서 시작되었다. 테네시 동부의 담배 재배 농가에서 태어난 코델 헐(Cordell Hull)은 리카도 경제학을 독학했으며, 특히 무역의 도덕적 가치에 감명을 받았다. 이 분야에 대한 헐의 이해는 그의 회고록에 잘 드러나 있다.

테네시의 농장에서 생활하던 유년기에 두 사람의 이웃이 있었는데, 편의 상 젠킨스와 존스라고 부르겠다. 둘은 사이가 좋지 않았고 여러 해 동안 악감정을 유지했다. 나도 그 이유는 알 수 없었으나, 두 사람은 길에서 만나거나 마을과 교회에서 마주칠 때 차갑게 노려보면서 말을 섞지 않았다.

그러다 젠킨스가 쟁기질할 때 꼭 필요한 노새가 우물에 빠지는 바람에 다리를 절게 되었다. 같은 시기에 존스는 돼지에게 줄 사료가 부족해졌다. 마침 존스에게는 쟁기질에 동원하지 않는 노새가 있었고, 젠킨스에게는 사료 여유분이 있었다. 이때 두 사람 모두와 사이가 원만한 제3자가 두 사람을 연결시켰다. 존스는 젠킨스에게 노새를 빌려주었고, 그 대가로 젠킨스는 돼지 사료를 전달했다.

머지않아 두 앙숙은 사이가 좋아졌다. 상식에 근거한 거래와 이웃이 베푸는 평범한 친절 덕분에 두 사람은 서로의 경제적 필요를 인식했고 평화로운 관계를 유지했다.[32]

헐은 민주당 의원으로서 25년 가까이 포드니-매컴버 관세와 스무트-홀리 관세에 맞서는 어려운 싸움을 이어갔다. 1930년 그는 상원의원이 되었으나 2년 후 루스벨트 대통령이 그를 국무부 장관으로 발탁하면서 의회를 떠났다. 국무부에 도착한 그는 외국 정부에서 미국의 관세에 반대하며 보낸 공식 항의 서한을 34건 이상 발견했다.

한 세기 전 코브던이 그랬듯 헐도 자신의 메시지를 처음에는 조국에

전하고, 나중에는 해외에까지 전파했다. 무역이 정체 상태에 빠지고 세계가 불황으로 고통 당하는 상황에서 그는 모두를 향한 설득 작업에 나섰다. "높은 관세율은 원래 번영을 목적으로 추진되었지만 번영을 확실하고 필연적으로 보장할 수 있는 조치가 될 수 없다."[33] 그는 외국이 미국에 물건을 판매하여 돈을 벌지 못하는 상황에서 미국 제품을 구매해주기를 기대할 수는 없다고 주장했다.

설득하기 가장 어려운 상대는 신임 대통령이었다. 대통령은 공화당의 반발 때문에 공약으로 내걸었던 자유무역을 철회하게 될까봐 걱정했다. 헐은 포드니-매컴버 관세와 스무트-홀리 관세 때문에 전임 대통령이 국제 무역 관계에서 무기력한 상황에 처했다는 점을 들어 신임 대통령을 설득했다. 영민한 헐은 루스벨트에게, 대통령이 관세율을 절반 인상하거나 인하할 수 있고 면세 목록에 있는 품목은 계속 면세를 적용받도록 보장하는 등 외국에 제한적 양보를 제공하는 방향으로 스무트-홀리 관세법을 '개정'하는 방법을 제안했다. 이에 따라 1934년 호혜통상협정법이 마련되었고, 보호와 경제 자급자족을 향한 반세기의 흐름에도 제동이 걸렸다. 법안이 통과되기까지 3년이 걸렸으며, 이후에도 의회는 법안을 지속적으로 수정했다.

헐은 소박하게 쿠바와 협상을 벌이는 일부터 시작했고, 이어 캐나다를 오타와 협정에서 끌어냈다. 다음에는 반구의 나머지 국가 대다수와 협상에 나섰고, 이후에는 유럽 주요국과 오스트레일리아 및 뉴질랜드와 협상했다. 마지막에는 영국과 상징적인 협상을 진행했다. (주도권을 잃어가는) 유럽에서는 한 세대 사이에 두 번째로 빛이 사라지는 순간이었다. 헐은 미국 역사상 최장기간(12년) 국무부 장관을 지냈으며 건강

악화로 1944년 사임했다.

물론 1930~1933년 무역난 속에서도 승자는 있었다. 피아트, 캘리포니아의 와인 생산업자, 매사추세츠주 월섬의 시계 제조업자, 독일의 라디오 제조업자 등이 그런 예다. 하지만 이들을 제외하고는 전반적으로 손해를 입었다. 손해가 어느 정도였을까? 경제적으로 보자면 놀라울 정도로 미미한 수준이었다. 우선 경제성장은 무역을 발생시키는 강한 동력이기 때문에 그 반대 방향으로 보호주의가 세계를 빈곤하게 한다는 (또는 자유무역이 세계를 부유하게 만든다는) 주장은 입증하기 어렵다. 1929~1932년 전 세계 실질 GDP는 17퍼센트 하락했으며, 미국에서는 26퍼센트 떨어졌다. 하지만 대다수의 경제사학자들은 세계와 미국의 GDP 급락에서 관세 전쟁이 기여한 정도는 미미하다고 판단한다.

어림잡아 따져봐도 경제사학자들의 주장에 일리가 있다. 스무트-홀리 관세법이 통과될 당시 무역량은 세계경제 생산량의 9퍼센트에 불과했다. 만약 모든 국제무역이 사라지고 이전에 수출된 제품의 국내 사용이 없다고 가정하면, 세계 GDP는 동일하게 9퍼센트 하락한다. 1930~1933년 세계 무역량은 3분의 1 내지 2분의 1 줄었다. 감소량을 어떻게 잡느냐에 따라 세계 GDP에서 차지하는 비중이 3~5퍼센트로 달라지지만, 손실은 값비싼 국내 제품으로 보상되었다.[34] 따라서 손실은 세계 GDP의 1~2퍼센트 수준을 넘지 않으며, 대공황 당시 17퍼센트 하락과 큰 격차가 있다.

더 인상적인 대목은, 무역의존도가 가장 높은 나라가 가장 큰 피해를 입지 않았다는 점이다. 네덜란드의 경우 무역이 GDP의 17퍼센트를 차지하지만 해당 기간 경제는 8퍼센트 후퇴하는 데 그쳤다. 반면 미국은 GDP에서 무역의 비중이 4퍼센트에 못 미쳤음에도 대공황 기간 중 경제가 26퍼센트 후퇴했다.[35] 이 대목에서 분명한 결론은 통념과 달리 스무트-홀리 관세법이 대공황을 일으켰거나 그 정도를 심하게 만들지 않았다는 것이다.[36]

1930년대 무역 전쟁이 설사 세계경제에 큰 해악을 끼치지 않았더라도 국제무역은 중단되다시피 했다. 앞서 언급했듯 스무트-홀리 관세가 적용된 기간에 무역이 크게 줄었다. 1914~1944년 세계 무역량은 무려 30년 동안 침체되는 전례 없는 모습을 보인 반면, 세계 GDP는 두 차례의 세계 전쟁에도 불구하고 두 배로 증가했다.

최근 경제사학자들은 1930년대 관세 전쟁이 무역 감소에 기여한 정도가 절반에 미치지 않는다고 추산하며, 나머지는 대공황 자체의 영향이라고 판단한다. 대공황은 무역품에 대한 수요를 감소시켰다. 흥미롭게도 '종량관세'와 디플레이션의 조합은 관세율 인상으로 의도한 피해뿐 아니라 의도하지 않은 피해도 낳았다. 종량관세는 무게나 단위별로 과세하는 방식이다. 만약 단위 무게당 물품 가격이 하락하고 단위 무게당 관세액은 하락하지 않는다면 의도치 않게 실질 종가세가 상승하게 된다. 즉 육류 1파운드당 20센트의 종량관세가 적용된다면 육류 가격이 40센트일 때 관세율은 50퍼센트다. 만약 육류 가격이 20센트로 하락하면 실질 종가세는 100퍼센트가 된다.[37]

관세 전쟁 때문에 실제로 오랫동안 피해를 본 것은 세계경제나 세계 무역이 아니었다. 경제에 미치는 영향은 미미했고, 무역은 비교적 신속하게 회복되었다. 진정한 피해는 국내산 제품 이외의 소비 확대, 외국인과 교역하고 어울려 생활하는 문화, 외국인의 동기와 우려에 대한 이해 등 보이지 않는 분야에서 나타났다. 헐의 비유에 등장하는 존스와 젠킨스는 상대방이 없는 것보다 있을 때 서로에게 이롭다는 사실을 깨달았다. 하지만 제2차 세계대전을 앞둔 세계는 이를 미처 깨닫지 못했다. 교역으로 인한 정치적·도덕적 유익은 거의 한 세기 전 존 스튜어트 밀이 웅변적으로 설명한 바 있었다.

상업의 경제적 이득보다 중요한 것은 상업을 통해서 유발되는 지성적·도덕적 효과이다. 현재와 같이 인간성의 향상이 낮은 상태에서는 사람들로 하여금 자기와 비슷하지 않은 인간들, 그리고 자기들에게 익숙한 방식과 다른 사고 및 행동의 방식과 접촉하도록 하는 일의 가치를 아무리 높게 평가해도 지나치지 않는다. (중략) 각 민족이 상대방의 부와 번영을 선의로 바라보는 법을 처음 배우는 것이 바로 상업을 통해서이다. 과거에는 세계 전체를 자신의 조국으로 생각할 만큼 문화적으로 충분히 개명되지 않은 한, 애국자라면 으레 자신의 조국 말고는 다른 모든 나라들이 약하고 가난하며 정치가 잘못되기를 소원했다. 이제 그는 다른 나라의 부와 진보를 보면 곧 자기 나라에 부와 진보를 가져다줄 직접적 원천으로 여긴다.[38] (『정치경제학 원리』(박동천 옮김, 나남, 2010년)에서 인용─역주)

20세기 전반 전 세계 애국자들은 세계를 자기 터전으로 생각하지 않았으며, 이는 큰 고통을 야기했다. 미국은 보호가 보복을 불러온다는 사실을 뼈아프게 깨달았다. 한 나라에 수입이 없으면 수출도 불가능하다.

또한 미국은 제2차 세계대전에 참전하기 전에도 무역 전쟁이 실제

전쟁을 촉발할 수 있음을 깨달았으며, 역사학자들과 정치인들은 고립주의와 보호주의가 대재앙에 기여했음을 감지했다. 역사학자 존 벨 콘들리프(John Bell Condliffe)는 1940년 선견지명을 드러내는 말을 남겼다. "만약 국제 체제가 회복된다면 팍스 아메리카나를 기초로 한 미국 주도의 체제여야 한다."[39] 앨버트 허시먼(Albert Hirschman)은 1945년 개최된 행사에서 다음과 같이 말했다.

무역 전쟁은 의심의 여지도 없이 국가 간 날선 적대감을 키운다. 또한 국가의 지도자들이 대중의 분노를 일으킬 수 있는 훌륭한 기회를 제공하기도 한다. 국제 경제 관계는 이 지도자들이 자기 목적을 이룰 수 있는 유용한 도구를 마련해준다. 공습으로 빠르고 확실하게 적국을 제압해 승리를 얻어내겠다는 약속이 오늘날 전쟁에 가장 중요하게 기여한 것과 같은 이치다.[40]

미국은 제2차 세계대전의 공포에서 벗어나면서 지난 세기에 쌓아 올린 관세장벽을 무너뜨리는 길고 어려운 작업을 시작했다. 오늘날 고도로 세계화되고 경제가 여러 국가의 영향 아래 놓이게 된 근원을 찾는 사람들은 1945년 발간된 「무역 및 고용의 확대를 위한 제언(Proposals for the Expansion of Trade and Employment)」이라는 미 국무부의 보고서와 마주칠 것이다. 이 놀라운 보고서는 전시 미국의 관료 체제에서 작성된 것이나 스미스, 리카도, 코브던, 헐의 정신이 담겨 있다.[41]

초안 작성자들은 세계가 특수한 단계에 놓인 상황에서 하나의 행위자로 역할을 하고 있음을 인식했다. 주변 환경은 그야말로 아수라장이었으며, 전 세계의 운명은 그 환경을 어떻게 수습하느냐에 달려 있었다. 보고서의 첫 문장 "제한적이고 일시적인 힘으로 우리가 살고 싶은 세계를 만드는 것이야말로 국제연합의 승리로 주어진 큰 상이다"에 그러한 인식이 잘 드러나 있다.[42]

이어 「무역 및 고용의 확대를 위한 제언」은 과거에 발생한 실수를 나열하고 그 실수를 피할 수 있는 방법, 1880년 이후 국제무역을 저해한 보호무역주의의 완화를 협상할 구체적인 방법까지 제시했다. 사실 「제언」은 새로운 무역의 팍스 아메리카나를 위한 청사진 그 이상도 그 이하도 아니다. 경제사학자 클레어 윌콕스(Clair Wilcox)는 1948년 미국이 경제적 자급자족 지지자에서 새로운 국제무역 질서의 선도자로 변신하는 과정을 깔끔하게 요약했다.

제1차 세계대전 이후 우리는 세계의 다른 나라에 새로운 대출을 제공했다. 이제 우리는 다시 대출을 실행하고 있다. 과거에 우리는 전쟁 수행 자금으로 동맹에게 제공했던 대출을 이자를 쳐서 받으려 했다. 동시에 관세를 신속하고 대대적으로 인상하여 부채 상환이 불가능은 아니더라도 어렵게 만들었다. 지금 우리는 무기대여(lend-lease) 계정의 전시 잔액을 상각했으며 무역장벽을 낮추는 일에 앞장섰다. 마침내 세계 최대의 채권국으로서 우리의 위상에 필요한 바를 깨달은 것이다. 우리는 역사를 통해 배울 수 있음을 증명해 보였다.[43]

첫 번째 조치는 영국을 새 질서에 승차시키는 일이었다. 1945년 영국과 미국은 과거와 비교해 전세가 완전히 역전된 상황이었다. 과도한 부채에 시달리던 영국은 그렇지 않아도 부족한 현금을 유출하지 않기 위해 수입을 제한하고자 했다. 반면 미국 국무부는 세계무역을 최대한 신속히 개방하려 했다. 치열한 협상 이후 승리자들은 타협에 이르렀다. 다자 무역 협상을 진행하되 모든 참가국에게 '관련 생산자들이 갑작스럽고 광범위하게 피해를 입을' 가능성이 있다고 판단하는 경우 '면책 조항'을 부여했다.

새로 개방된 세계무역은 최소한 처음에는 미국의 창조물이었으며, 전쟁이 끝날 당시 단일한 상태의 국제경제 여건에서 일어났다. 미국은 승자에 속했기에 미국의 농민, 근로자, 자본가는 외국과의 경쟁을 크게 두려워하지 않았다. 전쟁 직후 몇 년 동안 모든 미국인은 관세 인하에도 별달리 저항하지 않았다.[44]

1947년 초 제네바에 모인 22개 주요국의 무역 담당자들은 앞서 소개한 「제언」을 청사진 삼아 1000회 이상의 양자 협상을 통해 5만 개 이상의 품목을 다뤘다. 협상을 거쳐 '관세 및 무역에 관한 일반 협정(GATT)'으로 알려진 문서가 작성되었고, 1947년 11월 18일 23개국이 서명했다(절차를 진행하는 중에 파키스탄이 탄생했다).

사흘 후 56개국이 아바나에 모였고, 이후 진행될 GATT 라운드를 감시할 국제무역기구(ITO) 설립을 위한 협상에 돌입했다. 흥미롭게도 GATT 체제는 순항했으나 ITO는 1946년 의회 선거에서 공화당이 승리하고 미국 의회가 무관심으로 일관하면서 설립이 무산되었다.[45] 1951년 영국 토키에서 3차 라운드가 마무리된 시점에는 전쟁 이전에 마련된 공산품에 대한 장벽이 대부분 폐지되었다. 미국의 수입관세 인하는 〔그림 13-2〕에서 확인할 수 있다.

「제언」을 작성한 익명의 저자들은 자신도 알지 못하는 사이에 자유

연도	라운드/이벤트	조치
1947	제네바	세계무역의 5분의 1에 해당하는 4만 5000건의 양자 간 관세 인하
1949	프랑스 안시	5000건의 양자 간 관세 인하
1951	영국 토키	8700건의 양자 간 관세 인하, 이전 협상으로 영향 받지 않던 대다수 품목 해소
1955~1956	제네바	25억 달러의 양자 간 관세 인하
1960~1962	딜런 라운드	50억 달러의 양자 간 관세 인하, EEC 협상 개시
1964~1967	케네디 라운드	400억 달러의 양자 간 관세 인하, 협상 규정 마련
1973~1979	도쿄 라운드	3000억 달러의 양자 간 관세 인하, 분쟁 해결, 덤핑, 라이선스 관련 절차 마련
1986~1993	우루과이 라운드	추가적 관세 인하, 농산물 관세 합리화로 난관에 봉착
1995	WTO 설립	WTO가 GATT 대체
2001~현재	도하 라운드	남북 문제와 농산물 보조금 문제로 대화 교착 상태

[표 13-2] GATT 라운드

무역의 중요한 문제, 곧 근대 경제학자와 사회학자가 '집단행동의 논리'라고 지칭한 문제를 해소했다.[46] 자유무역은 인구 대다수에 적당한 이익을 주지만 특정 산업과 직업의 소수 종사자들에게는 막대한 피해를 입힌다. 예를 들어 미국이 외국에서 재배한 쌀 수입을 금지하는 경우를 생각해보자. 이때 대다수의 미국인은 식료품 영수증 가격에 연간 몇 달러가 추가되었다는 사실을 눈치채지 못하기 때문에 미국 농민들은 큰 이익을 누린다. 농민들은 농산물 문제에 큰 이해관계가 걸려 있으므로 시장을 외국산 쌀에 개방하려는 시도에 대해 수많은 소비자들

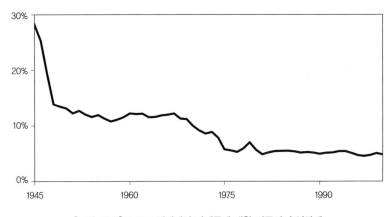

[그림 13-2] GATT 체제에서 과세품에 대한 미국의 수입관세

보다 거세게 저항할 것이다. 소비자들은 수입 쌀 가격이 저렴해지더라도 연간 기대할 수 있는 이익이 크지 않다. 본질적으로 GATT는 세계에서 권리를 박탈당한 수십억 구매자들을 대표하는 글로벌 '소비자 연합'이며, 금전등록기가 울릴 때마다 몇 페니 또는 몇 프랑 또는 몇 엔을 절약해준다.

근대 세계화의 역사는 크게 4개 기간으로 나눌 수 있다. 1기는 1830∼1885년으로 운송 및 통신 비용이 빠르게 하락하고, 상대적으로 낮은 관세(미국 제외)로 무역량이 크게 증가하며, 임금·지대·임차료·금리가 세계적으로 수렴하던 시대다. 2기는 1885∼1930년으로 아메리카 대륙, 오스트레일리아, 뉴질랜드, 우크라이나의 농산물이 치열하게 경쟁하며 유럽의 보호무역론자들의 반발을 일으킨 시기다. 운송비가 지속적으로 하락한 덕분에 반발은 간단히 무시되었다.[47] 3기는 스무트-

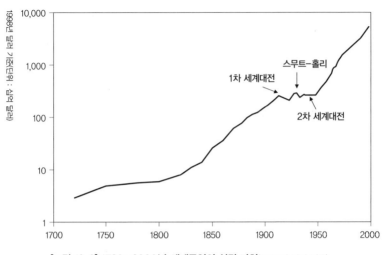

10,000

1,000

100

10

1

스무트-홀리

1차 세계대전

2차 세계대전

1700   1750   1800   1850   1900   1950   2000

[그림 13-3] 1720~2000년 세계무역의 실질 가치(1998년 달러 기준)

홀리 관세법이 통과된 1930년에 시작되었고, 운송 기술이 점진적으로
발전했으나 대대적인 관세 인상에 그 효과가 묻혔다.[48] 4기는 1945년
시작되었으며, 「제언」대로 미국이 앞장서서 자유무역을 주창한 시기
로서 세계무역의 수문이 열렸다. 세계무역의 실질 가치는 폭발적으로
증가해 이후 50년 동안 연간 6.4퍼센트 수준을 기록했다. 1945~1998
년 세계 무역량이 세계 GDP에서 차지하는 비중은 5.5퍼센트에서 17.2
퍼센트로 증가했다.

전후 무역량의 증가와 동시에 항만 노동자 조합이 증가하면서 선창
에서 화차(또는 디젤 트럭)로 화물을 옮겨 싣는 비용은 대양을 건너는
여정 수준으로 상승했다. 화물 선박회사 SS 워리어(SS Warrior)는 선박이
대서양을 건너 화물을 운송하는 비용에 대한 정부의 연구 결과에서 화
물을 최종 목적지까지 실어 나를 때 비용의 3분의 1 이상이 부두에서

발생한다는 사실을 발견했다. 하와이를 오가는 화물의 경우 부두 비용이 50퍼센트에 육박했다.

미국 건국의 아버지들은 헌법을 작성할 때는 별다른 실수를 하지 않았으나, 유명한 헌법 1조의 통상 규정에 '추가된' 다섯 단어의 경우 이후 무역에 지대한 영향을 미쳤다. 통상 규정은 연방 정부에 "외국 **및 주 간**, 인디언 부족과의 통상을 규제하는(to regulate commerce with foreign nations, **and among the several states**, and with the Indian tribes)" 권한을 부여했다. 주 사이에 일어나는 통상을 규제할 권한을 근거로 1887년 주간통상위원회(Interstate Commerce Commission)가 설립되었다. 주간통상위원회는 미국 내 장거리 교역의 거의 모든 분야를 규제했고, 관련된 산업을 좀먹게 했으며, 1995년 폐지될 때까지 미국의 운송 혁신을 가로막았다.

한 세기 이상 상인들은 기차, 트럭, 선박 간 짐을 싣고 내릴 때 작업이 원활하도록 '수송기관을 통합한' 운송 수단이 개발되기를 원했다. 1837년 피츠버그의 화주인 제임스 오코너(James O'Connor)는 기차 바퀴에 맞거나 운하 바지선에 실을 수 있는 유개차를 고안했다. 1926년 시카고 노스 쇼어(Chicago North Shore)와 밀워키 레일웨이(Milwaukee Railway)는 '피기백(piggyback)' 트레일러를 무개화차에 싣는 작업을 시작했다. 주간통상위원회는 복합 수송 장치를 감독하는 것이 위원회의 업무에 해당한다면서 관련 장치의 개발을 즉시 중단하라고 명령했다.

1950년대 중반에는 두 가지 사건이 기술혁신을 이끌었다. 첫 번째는 선견지명을 갖춘 트럭 업체의 중역 말콤 맥린(Malcolm McLean)의 아이디어로 근대 운송 컨테이너가 제작된 것이다. 컨테이너는 군의 잉여 유조선을 내부에 싣도록 고안된 장비로, 유조선 선체가 정사각형에 가깝다는 점에서 선택되었다. 두 번째는 1956년 연방 법원이 복합 수송 컨테이너에 대한 제재가 주간통상위원회의 권한에 벗어난다는 판결을 내린 사건이었다.

맥린의 새로운 시스템이 널리 채택되면서 항구에서 발생하는 비용은 이후 수십 년 동안 크게 줄었다. 국제 화물은 1960년 이전 저렴한 수준이었다면 1960년 이후에는 사실상 비용이 없는 수준까지 하락했다. 경제학자들의 용어를 빌리자면 '마찰이 없는' 상태였다.[49] 관세와 운송비 부담이 사라지자 전 세계에서 화물이 보다 자유롭게 운반되었다. 셔츠나 자동차를 좀 더 싸게 만들 수 있는 나라로 생산이 이전되었다.

운송비가 거의 제로에 가까워지자 유럽은 부유해졌다. 유럽 대륙의 새로운 부는 이제 풍부한 요소를 소유한 유럽 자본가들의 이익에 달려 있었다. 스톨퍼-새뮤얼슨이 예측한 대로 유럽은 자유무역과 민주주의를 모두 수용했다. 유럽공동체(EC)가 이른바 공동농업정책에 따라 농민들에게 보조금을 지급했으나 농업의 쇠락을 막기에는 역부족이었다. 1950년 농민들은 유럽 노동력의 35퍼센트를 차지했으나 1980년에는 15퍼센트에 불과했다.

제2차 세계대전 이후에는 미국 주요 정당의 무역 정책이 더 큰 폭으로 변화했다. 나라가 점점 더 부강해지고 자본이 풍부해지면서 전통적으로 자본가의 정당인 공화당은 보호주의에서 자유무역으로 돌아섰다 (이러한 전환은 아이젠하워 정부에서 일어났다). 반면 민주당은 전통적으로 노동자와 농민의 이해관계를 대변했는데, 전자는 희소한 요소이고 후자는 풍부한 요소에 해당했다. 20세기를 거쳐 노동력의 규모는 커졌으나 농업 인구는 줄었다. 오늘날 농민이 노동력에서 차지하는 비중은

1퍼센트에 불과하다. 이처럼 유권자의 구성이 변화하자 민주당은 보호주의로 기울었으며, 이에 반발한 농민들은 집단으로 당적을 공화당으로 옮겼다.

로널드 로고우스키는 스톨퍼-새뮤얼슨의 정리에 흥미로운 변화를 더했다. 원래 정리를 통해 누가 자유무역을 지지하고 누가 반대하는지 알 수 있었듯, 이번에는 국가의 무역 정책에 따라 어떤 집단의 권한이 커지거나 줄어들 것으로 예측할 수 있는지를 살폈다. 1930년대 보호무역주의의 증가는 희소한 요소를 소유한 집단의 권한을 강화했다. 미국에서는 민주당이 대변한 노동력, 독일에서는 나치가 열렬하게 대변한 토지와 자본이 이에 해당했다. 오늘날 자유무역이 대두되면서 이익을 보는 집단의 권한을 강화했는데 미국에서는 공화당이 대변하는 토지와 자본이다. 로고우스키는 1987년 다음과 같이 설명했다.

예측할 수 있겠지만 민주당은 점차 영국의 노동당처럼 보호무역주의를 지지할 것이며 산업의 쇠락에 기대는 지역 정당 수준으로 축소될 것이다. 수출 중심의 서부와 남부에서 지지를 얻는 공화당이 성장하면서 공화당은 일당 독재에 가까운 상황을 누릴 것이다.[50]

이후 20년 동안 로고우스키의 예측은 거의 들어맞았다. 최근에는 공화당의 확고한 텃밭이던 서부와 남부에서 보호무역주의가 관심을 얻고 있다. 부시 정부가 외교 정책에서 큰 실수를 저지른 가운데 공화당이 서부와 남부에서 우세를 유지할 수 있을지 지켜볼 일이다.

GATT 체제로 보호무역주의와 자유무역주의의 갈등에서 힘의 균형에 변화가 일어났다. 하지만 GATT가 모든 범주에서 성공을 거둔 것은 아니었다. 농업과 섬유산업은 세계에서 가장 역사가 오래되었으면서도 규모가 큰 경제 분야다. 수 세기 동안 두 부문은 정치와 선전에 관한 전문성을 쌓았으며, 새로운 세계시장에서의 곤란한 상황을 소비자에게 거대한 비용을 전가하면서 피해 갔다. 대다수 국가에서 농민들은 '나라의 영혼'을 자처하지만, 사실 선진국의 경우 농민이 노동력에서 차지하는 비중은 미미하다.

처음부터 세계의 농민과 섬유 제조업자들은 GATT 체제에 적용을 받지 않아 높은 관세를 유지할 수 있었다. 특히 쿼터, 제한, 국내 생산과 수출에 대한 보조금 등 비관세장벽이 유지되었다.

섬유와 농산물에 대한 보호를 유지하는 것은 해당 산업에서 비교 우위를 갖추고 있는 개발도상국에 비용을 발생시켰다. 어떤 이유로 어떻게 이런 사태에 이르렀는지에 대해서는 의견이 분분하다. 일각에서는 GATT 체제도 결국 백인의 식탁에서 떨어진 부스러기를 최빈국에게 나눠주는 배급제에 불과하며 빈국이 가장 경쟁력을 갖춘 분야에서 타격을 입고 있다고 지적한다. 또 다른 설명에 따르면, 개발도상국은 경제 자급자족에 열중한 나머지 GATT 체제에는 기본적으로 무관심하며 선진국을 만날 의지나 능력이 없다.

실제 증거를 보면 후자의 설명이 설득력 있다. 일반적으로 개발도상국은 농산물에 50퍼센트 이상(인도의 경우 100퍼센트 이상)의 수입관세를 부과하는데 유럽의 30퍼센트, 미국의 15퍼센트보다 크게 높은 수준이다. 두 번째로, 얼마 전까지만 해도 인도를 비롯한 많은 개발도상국은 '수입 대체' 정책을 공개적으로 지지했다. 국내의 다양한 산업을 높은 관세로 지원하는 정책이다(인도의 경제 자급자족은 간디의 물레인 차크라(chakra)가 상징한다. 원래 인도 국기에 사용되었으나 독립 직전에 아소카 차크라(ashoka chakra)로 대체되었다). 마지막으로 14장에서 살펴보겠지만 국제무역에 문을 연 개도국은 경제적으로 번성했다.[51]

오늘날 보호무역주의가 어떤 모습을 하고 있는지 확인하고 싶다면 판훌(Fanjul) 일가를 만나면 된다. 판훌 가문은 쿠바의 부유한 사탕수수 농장주들의 후손으로, 피델 카스트로가 1958년 선거에서 승리한 이후 쿠바를 떠났다. 이들은 플로리다에서 가장 부유한 가문이며, 삼형제가 소유한 플로리다 사탕수수 밭은 16만 에이커에 달한다. 이 밖에 도미니카공화국에도 24만 에이커의 땅이 있다. 노동부는 판훌이 설립한 지주회사 플로선(Flo-Sun)이 노동자들을 착취하고 임금을 제대로 지불하지 않았다며 여러 번 지목해 비판했다. 내무부는 판훌의 농장에서 에버글레이즈로 유독성 물질이 유출된 사건으로 거액의 합의금을 받아냈다.[52]

하지만 연방 기관 가운데 농무부만은 판훌 일가에 호의적이다. 최근에는 이들이 생산한 설탕에 연평균 6500만 달러의 보조금을 지급했는데, 세계의 설탕 가격 대비 두 배 이상을 쳐준 것으로 나타났다. 농업 보조의 일환으로 보조금이 지급되면서 납세자들에게 연간 80억 달러의 비용이 발생한다.[53] 사실 판훌에게 6500만 달러의 보조금은 여러 혜택 중 하나일 뿐이다. 정말 중요한 배려는 쿼터다. 쿼터는 외국 작물이 미국에 발붙이지 못하게 배척하여 식료품 가격을 상승시키는데, 미국 소비자들은 1998년에만 설탕에 20억 달러를 더 지불했다.[54] 판훌의 농장이 위치한 도미니카공화국이 세계의 설탕 생산국 가운데 가장 높은 수준의 수입 쿼터를 유지하고 있는 것도 우연이 아니다. 아직 끝이 아니다. 미 육군 공병단은 연간 5200만 달러를 사탕수수 밭의 습기를 제거하는 작업에 지출하는데, 이 과정에서 환경 파괴도 일어난다.[55]

판훌 일가는 어떻게 이런 정부의 지원을 수십 년 동안 누릴 수 있었을까? 직접 혹은 '소프트' 머니의 형태로 정치권의 다양한 캠페인에 막대한 후원금을 제공했기 때문이다. 빌 클린턴 대통령이 탄핵됐을 당시 조사를 진행한 특별검사가 언급한 가장 흥미로운 대목은 대통령과 모니카 르윈스키의 관계 부분이었다. 대통령은 전화 통화를 하면서 여러 일을 처리하는 멀티태스킹 능력을 뽐냈는데, 한번은 클린턴이 사적인 통화라면서 이 헌신적인 보좌관을 방에서 내보낸 일이 있었다. 전화를 건 사람은 영국의 총리도, 교황도 아닌 알폰소 판훌(Alfonso Fanjul)이었다.[56]

GATT 체제가 도입된 이후 사실상 모든 나라는 농산물 무역의 장벽을 낮추기 위한 최선의 노력을 기울이지 않았다. 부유한 국가는 보조금 등 비관세장벽을 계속 유지했으며, 빈곤한 국가는 직접 관세를 적용했다.[57] 9·11 테러 이후 미국과 유럽은 ITO에 이어 새로 설립된 세계무역기구(WTO)의 주최로 도하 라운드를 개최했다. 도하 라운드에서는 국제 테러 공격의 씨앗을 제공하는 개발도상국의 빈곤을 완화하기 위해 2013년까지 모든 보조금을 철폐하기로 뜻을 모았다.

하지만 협상은 2006년 7월 상대방에 대한 비난이 난무하면서 결렬되고 말았다. 협상의 주요 당사자인 미국, 유럽, 개발도상국 가운데 누구도 농민들의 신성불가침 권리를 침해하는 조치를 원하지 않았다. 한 관측자는 도하 라운드의 실패에 대해 "농업 로비 집단의 거대한 승리"라고 표현했다. 인도 대표단은 "우리는 생존과 생활에 대해 협상할 수 없다. 그러한 협상을 요구받아서도 안 된다"라고 밝혔다. 유럽 측 협상가로 나선 피터 만델슨(Peter Mandelson)은 협상을 앞두고, 설사 협상이 실패하더라도 유럽 대륙에서는 '거의' 잃는 것이 없다고 솔직하게 밝혔다.[58] 여기에서 한 가지 결론을 도출할 수 있다. 세계가 부유해질수록 각국의 보호를 받는 식량과 의복이 세계경제에서 차지하는 비중은 점차 더 줄어든다는 것이다(가령 2006년 미국인의 소득에서 식료품 지출이 차지한 비중은 10퍼센트 미만으로, 1929년의 24퍼센트에서 크게 하락했다[59]).

세계무역은 12장 앞머리에서 인용한 존 스튜어트 밀이 언급했던 상태, 즉 "모두 같은 노동과 자본을 갖고 가장 높은 품질로 가장 많은 양을 생산할 수 있는" 수준에 아직 이르지 못했다. 하지만 빠른 속도로 다가가고 있다. 이 과정에서 앞서 설명했던 갈등과 위기가 증폭되고 가속화될 것이다.

14장

세계화를 둘러싼 논쟁

우리의 주장은 보호무역론자들에게 어떤 정치적 실탄도 제공하지 않는다. 자유무역이 생산의 어느 한 요소에 미친·해악의 정도는 다른 요소에서 발생한 이득에 미치지 못했다. 따라서 모든 요소의 형편이 더 나아지기 위해 무역으로 고통을 당할 부문에 보조금이나 다른 재분배 도구를 제공하여 매수할 가능성이 항상 존재한다.

—볼프강 스톨퍼, 폴 새뮤얼슨[1]

1999년 1월, 시애틀의 정치 지도자들은 연말에 열리는 WTO 3차 장관급 회의의 개최지로 시애틀이 샌디에이고를 물리치고 선정됐다는 소식에 자부심을 느꼈을 것이다. 수천 명의 방문객이 호텔과 레스토랑으로 밀려들고, 미국 대통령과 국무부 장관을 포함한 세계 지도자들에게 시애틀이라는 도시를 선보이는 계기가 될 것이었다.

시애틀의 저명한 놈 스탬퍼(Norm Stamper) 경찰청장은 컨퍼런스로 반세계화 항의자들 수천 명이 몰려들 것을 알았다. 18개월 전 제네바에서 개최된 가장 최근의 장관급 회의가 아수라장으로 변한 전례가 있었기 때문이다. 하지만 시애틀은 유럽이 아닌 미국이다. 미국에서는 한 세대 동안 폭력적인 정치 항의가 없었으며, 그가 지휘하는 1200명의 노련한 경찰관은 어떤 문제에도 맞설 준비가 되어 있었다. 게다가 시위에서 가장 규모가 큰 AFL-CIO(미국 노동 총연맹 산업별 조합회의)도 협조를 약속했다.

하지만 스탬퍼와 AFL-CIO의 판단은 어긋났다. 시위자들 가운데 소수파가 상당수였고 유리병, 방독면, 쇠파이프, 망치, 그리고 인파보다 높은 곳에 올라 시위를 저지할 목적으로 설치한 장치 등으로 대혼란이 빚어졌다. 결국 회의 셋째 날 시애틀 경찰은 통제력을 잃었다. 폭도는 유리창을 깨뜨리고 상점을 약탈했으며, 시위자 수천 명이 몇 시간 동안 경찰서를 에워쌌다. 아연실색한 경찰들이 최루가스와 고무탄을 동원하고서야 포위가 풀렸다.[2]

시위 때문에 회의는 조기에 중단되었고, 이제 세계의 관심은 글로벌 자유무역의 향방에 쏠렸다. 시애틀에서 벌어진 소동은 세계무역 역사의 새로운 조류를 의미하는가?

그렇지 않다. 어떤 경제, 이념, 전략의 기준으로 봐도 시애틀의 시위자들은 이전 세기의 반세계화주의자들과 다르지 않았다. 마데이라의 농장주들은 신세계에서 설탕을 수입한 데 격분했고, 멕시코시티의 스페인 이발사들과 실크 제조업자들은 아시아의 값싼 노동자와 직물에 분개했다. 영국의 무스코바도 정제업자들은 바베이도스와 경쟁해야 하는 현실에 분노했다. 조시아 차일드의 집, 영국 동인도회사의 본사, 의회를 공격했던 양모 방직공들이나 보스턴 차 사건의 참가자들도 마찬가지였다. 설사 4000년 전 딜문의 농민들이 수메르의 곡물 덤핑에 분노하여 세관을 약탈했다는 사실을 고고학자들이 밝혀내더라도 그리 놀랄 일은 아니다.

마지막 14장에서는 두 가지 간단한 질문을 던지고자 한다. 세계무역의 역사는 우리에게 어떤 교훈을 주는가? 오늘날 세계화를 둘러싼 논쟁에 그 교훈을 어떻게 적용할 수 있을까?

물건을 나르고 교환하는 본능은 인간 고유의 속성이다. 그 본능을 억압하려는 모든 노력은 결국 실패할 수밖에 없다. 인류는 세계의 바다와 사막을 선박과 낙타로 탐험한 이후 교환할 만한 물건을 싣고 이동했다. 서력기원의 동이 틀 무렵, 문명화된 유럽과 아시아의 양극단에서는 서로가 만든 사치품에 대해 알고 있었고 그 물건을 손에 넣기를 갈망했다. 19세기 말에는 우리가 근대 글로벌 교역의 특징으로 여기는 즉각적인 의사소통, 대형 화물과 신선 식품의 장거리 운송, 대륙 간 제조 사이클 등 대다수의 기능이 이미 자리를 잡았다. 오늘날 세계화를 둘러싸고 벌어지는 논쟁은 이전 시대에 이미 벌어졌던 논쟁을 경우에 따라 유사한 단어까지 써가며 되풀이하는 데 불과하다. 교역이 일어나는 곳에서는 어디서나 분노와 보호무역주의 요구가 존재했고 밀수, 당국을 향한 무시, 전쟁도 뒤따랐다.

선박은 과거에 그랬듯 가까운 미래에도 세계에서 가장 효율적인 장거리 운송 수단으로 각광을 받을 것이다. 따라서 원활한 해상 교역을 위해서는 요충지가 정치적으로 안정되어야 한다. 고대 이래 유럽의 상인과 해군은 전략적 해협과 해로의 가치를 인식했고, 차지하는 경로에 따라 기근으로 고통 받는 나라가 갈리기도 했다. 헬레스폰트와 보스포루스는 2500년 이상 해상 요충지 역할을 했으며, 이는 오늘날도 마찬가지다. 바스코 다 가마의 경로로 인도양을 탐험하는 유럽인의 최우선 목표는 말라카, 호르무즈, 바브엘만데브 해협의 통과였으며 늘 목적을 달성하지는 못했다.

지금도 상황은 거의 달라지지 않았으며, 과거와 비교해 수에즈와 파나마라는 두 곳의 인공 요충지가 더 생겼다는 차이가 있을 뿐이다. 오늘날 세계 교역의 80퍼센트가 선박을 통해 일어나며 대다수 선박은 요충지 일곱 곳 가운데 한 군데, 때로는 두세 군데를 지나기도 한다.

석유는 중량, 화폐가치, 전략적 중요성 등 모든 기준으로 따졌을 때 오늘날 운송되는 화물 가운데 가장 중요하며 전 세계 상업용 화물에서 무게 기준으로 절반 가까이를 차지한다. 세계에서 생산되고 운송되는 원유는 하루 8000만 배럴이며, 이 가운데 4분의 1인 2000만 배럴이 미국의 몫이다. 미국에서 소비되는 원유 중 5분의 3(하루 1200만 배럴)은 수입으로 충당된다. 석유는 세계를 원활하게 만들고 움직이는 원동력인 동시에 근대의 가장 보편적인 제조 물질인 플라스틱의 주요 원료이기도 하다. 원유 공급 경로에 심각한 차질이 빚어지면 세계의 경제활동은 말 그대로 마비될 것이며 수억 명이 기근에 시달릴 수 있다.

미국의 원유 수입량은 호르무즈 해협의 페르시아만 입구를 통과하는 양과 대략 일치한다. 그보다 양은 적지만 전략적으로 중요한 규모의 원유가 터키 해협(다르다넬스와 보스포루스), 바브엘만데브, 수에즈 운

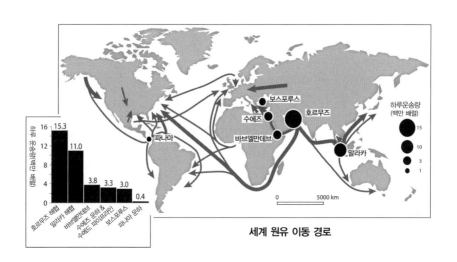

세계 원유 이동 경로

하, (수에즈 운하와 나란히 배치된) 수메드 파이프라인, 파나마 운하를 지난다. 마지막으로 중동의 해협을 빠져나가 동아시아로 향하는 원유는 대부분 말라카 해협을 지나가야 한다. 이러한 항로 중 어느 하나라도 급작스럽게 폐쇄될 경우 세계경제는 대혼란에 빠지고 만다.

앞으로 수십 년 안에 그런 사건이 일어날 가능성이나 개연성은 거의 100퍼센트라고 봐야 한다. 의문이 든다면 최근 역사를 되짚어보라. 수에즈 지역에서는 20세기에만 전쟁이 두 차례 일어났다. 1956년 이집트, 이스라엘, 영국, 프랑스가 갈등을 벌였고 1967년 6일 전쟁이 일어난 후에는 15년 동안 운하가 폐쇄되었다.

호르무즈는 문제가 더 큰 지역이다. 1980년 카터 대통령은 연두교서에서 '카터 독트린(Carter Doctrine)'으로 알려질 내용을 발표했다.

> 페르시아만을 장악하려는 외부 세력의 모든 시도는 미합중국의 중대한 이익을 공격하는 것으로 간주하며, 그러한 공격은 군사행동을 포함한 모든 수단으로 저지될 것이다.[3]

1981~1988년 이란-이라크 전쟁에서 양국은 '탱커 전쟁'을 일으켰다. 전투부대와 중립 선박(특히 쿠웨이트 선박) 모두 공격에서 자유롭지 못했다. 이라크는 하르그섬에 위치한 이란의 주요 수출 시설을 불능 상태로 만들기 위해 여러 번 공격했다. 런던의 로이드 사(社)는 걸프만을 향하는 선박의 보험료를 대폭 인상했고, 소련과 미국은 전투부대가 공격을 실행하기에 앞서 한 번 더 생각하도록 (석유나 가스를 실은) 탱커선에 '선적을 변경'할 수 있는 권한을 주었다.

1980년대 말 서양 해군 10척 이상과 지역 선박 8척이 걸프만을 지켰으나 효과가 없었다. 1987년 5월 17일, 이라크의 미사일은 미 전함 스타크호를 '실수로' 타격했고 37명이 사망했다. 미국은 이라크 편이었기 때문에 레이건 대통령이 애꿎은 이란에게 전쟁을 개시했다며 비난을 가한 것은 기이한 일일뿐더러 사실과도 다르다.

이란이 선적을 변경한 탱커선 시아일시티호를 공격하자, 미군은 이란의 석유 굴착용 플랫폼 두 곳을 파괴하여 앙갚음했다.[4] 1988년 8월 휴전 이후 상황은 잠잠해졌으나, 2000년 알카에다가 바브엘만데브의 아덴에서 미 해군의 구축함 콜호를 타격하여 17명이 사망하면서 다시 위험이 고조되었다. 세계무역 체제는 수에즈 운하, 호르무즈 해협, 바브엘만데브라는 요충지 세 곳에서 가장 취약하다. 이 지역은 서양에 적대적인 국가와 비국가 단체들이 손쉽게 공격할 수 있는 범위에 있다.

상대적으로 '안전한' 항로에도 문제는 있다. 터키 해협은 수십 년 동안 평온했지만 크림 전쟁과 제1차 세계대전 당시에 격전이 벌어졌던 곳이다. 1936년 몽트뢰 조약으로 해협의 일반적인 통제권은 터키에게 주어졌으나 모든 나라가 해협을 자유롭게 통행할 수 있는 권리를 얻었다. 몽트뢰 조약은 터키에 해협을 통과하는 교통량을 '측정'할 수 있도록 허용하면서도 해협을 지나는 선박에 오르거나 조사하는 일은 금지했다.

여기에는 큰 차이가 있으며, 보스포루스의 극적이고 아름다운 풍경을 구경해본 사람이라면 조약이 의미하는 바를 분명히 이해할 수 있을 것이다. 해협의 가장 좁은 지점에서는 폭이 900미터에 불과하며 양쪽으로 30킬로미터에 걸쳐 고급 주택이 늘어서 있다. 이 지역에는 밤낮

으로 탱커, 화물선, 장거리 연락선, 고급 여객선이 북쪽과 남쪽 항로를
바쁘게 이동할 뿐만 아니라 수많은 소형 선박도 오간다. 해협을 오가
는 선박은 이미 오래전 수용력을 훨씬 뛰어넘었고, 치명적인 충돌과
유출 사고는 일상으로 자리 잡았다. 게다가 150미터 이상의 선박이 보
스포루스에 진입하는 일이 심심찮게 일어나는데, 거대 선박이 지나는
동안에는 반대편 항로를 폐쇄할 수밖에 없다. 선회 반경이 워낙 넓어
서 다른 선박의 통행이 상당히 지연되기 때문이다.

카스피해 지역에서 새로 발견된 원유는 터키 해협을 거쳐 운송해야
하는데, 예기치 않은 유출 사고가 일어날 경우 터키는 몽트뢰 조약에
지정된 권한을 넘어서서 대형 탱커의 야간 수송을 금지시킬 수도 있
다. 2001년 터키는 탱커에 막대한 수수료를 부과하겠다는 계획을 발
표했는데, 수수료 부과는 몽트뢰 조약뿐 아니라 국제법을 위반하는
일이다.

운이 좋다면 문제가 외교적으로 해결될 것이다. 하지만 가장 심각한
문제는 알카에다나 쿠르드 반란군 등의 테러 가능성이다. 과학자들은
보스포루스에서 거대 LNG 탱커가 폭발할 경우 리히터 8.0 규모의 지
진보다 더 치명적인 참상이 벌어질 것으로 추정했다.[5]

극동의 일본, 한국, 중국으로 향하는 원유는 말라카 해협을 지나는
데, 이 지역은 해적과 자말 이슬라미야(Jamal Islamiya) 같은 테러 집단이
활동하고 해안선을 국경으로 하는 말레이시아, 인도네시아, 싱가포르
3개국이 준설 비용을 놓고 분쟁을 벌이고 있다. 현재 미국의 제7함대
가 해협을 순찰하고 있으나, 중동과 유럽으로 향하는 원유와 상품 통
제에 중국의 관심이 높아지고 있어 향후 미중 갈등이 벌어질 가능성

도 어렵지 않게 예측할 수 있다.

불안정한 흐름은 서반구의 요충지에서도 감지된다. 1989년 파나마의 독재자 마누엘 노리에가(Manuel Noriega)가 기예르모 엔다라(Guillermo Endara)의 대통령 당선을 취소하자 미국이 침공하는 사건이 일어났다. 표면적으로는 엔다라를 복권시킨다는 목적을 내세웠지만, 같은 사건이 온두라스나 파라과이에서 일어났다면 미군이 직접 개입하거나 그 나라 지도자가 마이애미 감옥으로 향하는 일은 일어나지 않았을 것이다.

요충지는 사이좋은 이웃을 등 돌리게 만들기도 한다. 한때 잘 알려져 있지 않던 북서항로는 로알 아문센(Roald Amundsen)이 1906년 정복하기 전까지 오랫동안 유럽 탐험가들에게 좌절을 안겨준 경로인데, 최근에는 미국과 캐나다의 갈등을 유발하는 장소가 되었다. 미국은 항로를 국제수로로 만들기를 원하나, 캐나다는 (배핀섬과 그린란드 사이의) 데이비스 해협에 위치한 동쪽 입구의 영유권을 주장하고 있다. 1969년 험블 오일(Humble Oil)의 탱커인 맨해튼호가 처음 상업적 목적으로 통과하면서 캐나다의 신경을 건드렸고, 1985년 미국 해안경비대의 커터 (소형 쾌속정)가 통과하자 캐나다는 공식적으로 항의를 제기했다.[6]

북서항로는 지구온난화의 영향으로 10~20년 안에 연중 항해가 가능한 지역이 될 수도 있다. 앞으로 상업적 해로로 이용할 가능성에 대해 캐나다와 미국 정부가 향후 활발한 토론을 벌일 전망이다. 북서항로가 개방된 후 지구의 기온이 추가로 상승하면, 동아시아에서 유럽과 북아메리카 동부 해안으로 이동할 때 베링 해협을 거쳐 북극 지역을 이용하는 경로가 활용될 수도 있다. 이 경우 현재 수에즈를 거쳐 가는 경로보다 거리가 3분의 1 단축될 수 있다. 유럽에서 북아메리카 서해안으로 가는 새로운 경로 역시 가능하다. 이와 같은 극지 횡단 경로가 현실로 다가오면 베링 해협의 통제를 놓고 미국과 러시아 간 긴장이 고조될 가능성이 농후하다.[7]

자유무역을 열렬히 지지하는 사람들은 자유무역에 따른 경제적 효과를 과장해왔다. 19세기 역사는 무역이 성장의 엔진이라는 주장에 의문 부호를 던진다. 만약 자유무역이 국부를 창출하는 길이었다면 역사상 최고 수준의 관세를 부과한 미국은 절대 번영할 수 없었을 것이다. 유럽은 관세 인하의 '황금기'인 1860~1880년의 성장률이 보호무역주의가 득세하던 1880~1900년보다 더 높았어야 한다. 하지만 실제로는 보호무역주의 기간의 성장률이 더 높았다. 또한 1880년 이후 보호주의자들의 영향력이 강했던 북부 유럽의 경제는 자유무역을 지지하던 영국보다 더 빠르게 성장했다.

미국의 보호무역주의자들도 이 점을 놓치지 않았으며, 1996년 대통령 선거 후보였던 패트릭 뷰캐넌(Patrick Buchanan)은 다음과 같이 주장했다.

워싱턴, 해밀턴, 클레이, 링컨과 이후 공화당의 대통령이 쌓아 올린 관세 장벽의 뒤에서 미국은 농업이 주를 이루던 해안 공화국을 세계가 이전에 경험하지 못한 가장 위대한 산업국가로 만들었다. 불과 한 세기 만에 이룬 성취는 오늘날 폄하하는 보호무역주의 정책이 성공을 거둔 결과다.[8]

이러한 주장을 하는 이는 뷰캐넌뿐만이 아니다. 다수의 경제사학자들이 뷰캐넌과 의견을 같이하는데, 그중에는 폴 베어록(Paul Bairoch) 같은 저명한 학자도 있다.[9] 근대의 계량 분석 기술은 자유무역을 19세기 성장의 엔진으로 볼 증거가 취약함을 확인시켜준다. 엄격한 계량적 연구는 오히려 1800년대 보호무역주의가 실제로는 경제 발전을 이끌었음을 시사한다. 19세기 초 미국 보호무역주의에 대해 마크 빌스(Mark Bils)가 수행한 '민감도' 분석은 해밀턴, 애덤스파, 케어리의 주장이 옳았음을 보여준다. 높은 관세가 아니었다면 "뉴잉글랜드의 산업 부문은 절반이 파산했을 것이다."[10] 저명한 경제사학자인 케빈 오루크도 19세기 유럽의 부유한 8개국과 미국 및 캐나다에 대해 조사했는데, 놀랍게도 관세 수준과 경제 성장률 사이에 양의 상관관계가 있는 것으로 나타났다. 관세율이 높을수록 나라가 더 나은 성과를 낸 것이다. 그는 경제학자의 절제된 표현을 사용해 다음과 같이 결론 내렸다.

19세기에 관세와 성장률이 양의 상관관계에 있었다는 베어록의 가정은 성장률에 영향을 미칠 수 있는 다른 요소를 통제한 상황에서 최근에 수집할 수 있는 데이터에 적용했을 때 상당히 유효한 것으로 나타났다.[11]

1932년 영국이 자유무역에서 이탈했을 당시에 대한 연구도 관세 인상이 경제를 성장시켰다는 결론으로 이어진다.[12]

미국의 19세기 관세 인상이 이로웠다는 데 동의하지 않는 무역 역사학자들도 있다. 버클리의 브래드포드 들롱(Bradford Delong)은 보호무역주의는 뉴잉글랜드 기업인들이 영국의 최첨단 증기선과 산업 기술을 받아들이는 시기를 지연시켰다고 지적했다. 관세 인하가 기존 뉴잉글랜드 공장을 황폐화했을 것이라는 빌스의 주장에 일리가 있더라도, 국가적 차원에서 보면 번영을 누리고 자본 집약적인 '첨단' 산업 부문을 육성하는 사뭇 다른 결말로 이어질 수 있었다고 들롱은 주장했다.[13]

하지만 1945년 이후에는 이야기가 달라졌다. 경제사학자 에드워드 데니슨(Edward Denison)의 구체적인 분석에 따르면, 1950~1960년 GATT 관세 인하는 북부 유럽의 성장률을 1퍼센트 정도 추가하는 데 그쳤으며 미국에는 효과가 없었던 것으로 나타났다.[14]

1960년 이후가 되자 자유무역이 특히 개발도상국에 이롭다는 주장을 뒷받침하는 강력한 증거가 제시되었다. 1995년 경제학자 제프리 삭스(Jeffrey Sachs)와 앤드루 워너(Andrew Warner)는 20세기 후반 개방된 국제시장에 대해 조사했다. 이들은 개도국을 항상 개방된 무역 정책을 유지한 국가, 보호무역주의에서 돌아선 국가, 항상 보호무역주의 성향이 강했던 국가라는 세 집단으로 분류했다. [표 14-1]에는 첫 번째와 세 번째 집단에 속하는 국가가 나열되어 있다.[15]

목록 자체에서 답을 확인할 수 있다. '항상 개방적인' 집단의 2006년 평균 GDP는 1만 7521달러인 반면 '항상 폐쇄적인' 집단은 2362달러를 기록했다. 삭스와 동료들은 각국의 무역 정책이 세계의 번영하는 국가로 구성된 '수렴 클럽'에 가입할 가능성에 어떤 영향을 미치는지 살폈다.[16] 이번에는 선진국과 개발도상국 모두에서 1970년 1인당 GDP와 이후 20년간 성장률의 관계를 조사했다. 연구팀은 자유무역을 지지하는 국가가 높은 성장률을 보였음을 확인했다. 특히 1970년에 1인당 GDP가 낮았던 나라에서 그 경향이 강하게 나타났고, 연간 5퍼센트 이상의 성장률을 기록한 경우가 많았다. 처음에 부유했던 국가는 성장률

항상 개방적인 나라	2006년 1인당 GDP	항상 폐쇄적인 나라	2006년 1인당 GDP
바베이도스	$17,610	알제리	$7,189
키프로스	$21,177	앙골라	$2,813
홍콩	$33,479	방글라데시	$2,011
모리셔스	$12,895	부르키나파소	$1,285
싱가포르	$28,368	부룬디	$700
타이	$8,368	중앙아프리카공화국	$1,128
예멘	$751	차드	$1,519
		중국	$2,001
		콩고	$1,369
		코트디부아르	$1,600
		도미니카공화국	$7,627
		이집트	$4,317
		에티오피아	$823
		가봉	$7,055
		아이티	$1,791
		이란	$7,980
		이라크	$2,900
		마다가스카르	$900
		말라위	$596
		모리타니	$2,535
		모잠비크	$1,379
		미얀마	$1,693
		니제르	$872
		나이지리아	$1,188
		파키스탄	$2,653
		파푸아뉴기니	$2,418
		르완다	$1,380
		세네갈	$1,759
		시에라리온	$903
		소말리아	$600
		시리아	$3,847
		탄자니아	$723
		토고	$1,675
		자이르	$774
		짐바브웨	$2,607

[표 14-1] 세계무역에 개방적인 나라와 폐쇄적인 나라의 1인당 GDP

이 그보다 낮은 연 2~3퍼센트 수준을 기록했다. 다시 말해 자유무역
주의를 채택한 빈곤한 국가가 부유한 국가를 따라잡는 경향을 보인 것
이다.

다음으로 삭스와 워너는 같은 기간에 대체로 보호무역주의 정책을
채택한 나라에 대해 동일한 연구를 수행했다. 1인당 실질 GDP 성장은
미미하여 연 0.5퍼센트에 불과한 것으로 나타났다.

특히 빈곤한 국가가 보호무역주의를 채택하면, 경제가 정체되거나
선진국과의 격차가 오히려 더 벌어지는 양상이 나타났다(최근 삭스 교
수는 선진국의 부를 개발도상국에 재분배해야 한다는 주장을 제기하며 논란
을 불러일으켰다).

19세기와 20세기 데이터의 차이를 어떻게 극복할 수 있을까? 삭스
와 워너는 다른 연구자들이 일본과 미국을 연구한 내용을 살피는 데서
출발했다. 일본의 현과 미국의 주는 19~20세기에 소득이 수렴하는 모
습을 보였는데, 이는 개발도상국의 경제가 20세기 말 무역을 통해 수
렴하는 모양새와 같았다.

여기에 수수께끼를 풀 수 있는 단서가 있다. 19세기에는 나라 안에
서의 거래가 다른 나라와의 무역보다 더 중요했다. 국가 내부의 시장
이 개방되어 있는 한 장벽으로 인한 피해는 상대적으로 적다. 20세기
이전에는 대다수 나라에서 해외무역이 경제 전체에서 차지하는 비중
이 미미했다. 예를 들어 1870년 미국에서 수출은 GDP의 2.5퍼센트를
차지했고, 프랑스는 4.9퍼센트, 자유무역을 주장하던 영국도 12.2퍼센
트에 불과했다. 무역이 증가하면서 세계경제의 무역의존도도 높아졌
다. 세계 GDP에서 수출의 비중은 1870년 4.6퍼센트에서 1998년 17.2

퍼센트로 증가했다.

지리적 요인도 기여했다. 규모가 크고 경제적으로 다양성이 높은 나라일수록 자립도 수준이 높고 무역의 중요성이 떨어졌다. 미국은 독립 이후 세계의 주요국 가운데 자급자족에 가장 가까웠다. 오늘날도 수입이 GDP에서 차지하는 비중이 14퍼센트에 불과하다. 네덜란드는 미국과 대척점에 위치하여, 수입이 경제에서 차지하는 비중이 61퍼센트에 이른다.[17] 이는 에드워드 데니슨이 1950~1962년 데이터를 연구한 내용에도 부합한다. 데니슨에 따르면 세계적인 관세 인하로 가장 큰 이득을 본 나라는 네덜란드, 벨기에, 노르웨이였다. 독일과 프랑스처럼 규모가 크고 다양성이 높은 경제는 이득이 적었으며 미국에는 전혀 이익이 없었다.[18]

19세기에 미국처럼 규모가 크고 자립적인 국가는 보호무역주의로도 그럭저럭 견딜 수 있었다. 하지만 전 세계 경제가 긴밀하게 엮여 있는 21세기에는 경제 자급자족 상태가 훨씬 더 위험한 문제가 되고 있다. 또한 개발도상국 경제에 영향을 미치는 피해는 대부분 (보호무역주의의 채택으로) 자초한 측면이 있다. 코델 헐의 말을 달리 표현하자면, 보호무역주의는 가장 운 나쁜 상대를 정면으로 겨누는 총이다.

자유무역으로 주어지는 보이지 않는 보상은 제대로 된 평가를 받지 못하고 있다. 약 150년 전 프랑스의 경제학자 프레데릭 바스티아(Frédéric Bastiat)는 "재화가 국경을 넘을 수 있도록 허용하지 않는다면 군대가 넘어올 것이다"라고 말했다고 전해진다.[19] 노벨 위원회는 코델 헐이 1930년대와 1940년대 세계무역의 재개방에 기여한 공로를 인정하여 1945년 평화상을 수여했다.

인류는 점차 덜 폭력적으로 변해가고 있는데, 주된 원인은 이웃이 죽기보다는 살 때 더 도움이 된다는 사실을 깨달았기 때문이다. 이러한 장밋빛 분석이 의심스럽다면 세계보건기구(WHO)의 데이터를 살펴보라. 통계에 따르면 2004년 폭력에 의한 사망은 세계인의 전체 사망에서 1.3퍼센트에 불과해 사상 최저치를 기록했다. 21세기 초에는 매년 전쟁으로 목숨을 잃은 사람들의 수가 1950년대와 비교해 30분의 1 수준으로 줄어들었다. 역사적으로 이는 장기적인 추세로 보인다. 고고학 자료에 따르면 석기시대에는 인구의 20퍼센트 이상이 폭력적 사건으로 죽음을 맞았다. 수렵 채집인 사회에 대한 최근 연구도 이를 뒷받침한다.[20] 무역과 평화의 관계를 지지하는 가장 강력한 증거는 유럽연합이라는 존재일 것이다. 유럽 대륙은 1945년 이전만 해도 전쟁이 끊이지 않았으나, 오늘날 유럽연합 내부에서 군사 충돌이 일어날 가능성은 매우 낮다. 미시경제의 시각으로 보면 자신이 사용하는 셔츠, 노트북, 자동차를 구매하거나 생산하는 상대에게 폭탄을 보낼 가능성은 별로 없다.

오늘날 전 세계 안보를 흔드는 최대 위협은 전통적 군대가 아니라 세계의 실패한 국가에 기반을 둔 테러 집단이다. 이들의 근거지는 자유무역과 농산물 보조금 축소로 가장 큰 혜택을 볼 수 있는 지역에 속한다. 바스티아의 말을 달리 표현하자면, 면직물과 설탕과 쌀이 국경을 넘게 되면 테러 집단이 국경을 침범하지 못하는 것이다.

자유무역은 인류에게 전반적으로 이익을 안겨줬으나 패배자들을 양산했다. 앞으로 경제 번영, 관세 인하, 운송비 하락에 따른 세계무역의 확대는 더 많은 승자들을 탄생시키는 동시에 패배자들의 증가로도 이어질 것이다. 패배자들을 공정하고 온정적으로 대하지 않는다면 재앙이 벌어질 수 있다. 스톨퍼-새뮤얼슨 정리가 이번에도 적합한 틀을 제공한다. 이번에는 두세 가지 생산요소가 아닌 노동이라는 한 가지 요소만 고려하여 숙련 노동자와 비숙련 노동자 집단에 대해 살펴보자. 선진국은 전 세계의 나머지 지역에 비해 상대적으로 숙련 노동자가 풍부하고 비숙련 노동자가 적다.

선진국에서는 누가 자유무역으로 손해를 볼까? 상대적으로 희소한 요소에 속하는 비숙련 노동자이며, 이익은 숙련 노동자에게 돌아간다. 또한 세계화는 부유한 국가에서 빈부 격차를 확대한다. 인플레를 감안한 소득은 숙련 노동자의 경우 빠르게 증가하는 반면, 비숙련 노동자는 천천히 증가하거나 하락한다.

스톨퍼-새뮤얼슨의 정리는 현실에서도 유효하다. 지난 세대에 미국은 소득 불균형이 급격히 확대됐다. 〔그림 14-1〕은 미국 가계에 대한 미 통계국의 자료를 상위 20퍼센트와 하위 80퍼센트 집단으로 나눈 결과를 보여준다. 지난 35년 동안 전체 국민소득에서 각 집단이 차지하는 비중을 그래프로 나타냈다.

그래프는 미국에서 상위 20퍼센트의 인구는 더욱 부유해졌고 1970년에서 2005년 사이에 전체 소득에서 차지하는 비중이 6분의 1 증가(41퍼센트에서 48퍼센트로 상승)했음을 보여준다. 반면 나머지 계층은 상대적으로 빈곤해졌다.

상위 20퍼센트에서 경계에 가까운 사람들은 2005년 10만 3100달러의 소득을 올렸는데, 많은 사람들은 적당한 수준이라고 여길 것이다.

부유층에 대해 자세히 알려면 상위 집단을 더 세밀히 분류할 필요가 있다. 상위 5퍼센트는 2005년 18만 4500달러 이상을 벌었으며, 이들이 전체에서 차지하는 몫도 35년 동안 3분의 1 이상 증가했다. 상위 1퍼센트는 2005년에 34만 달러의 소득을 올렸으며 몫이 두 배 커졌다.

고도로 숙련된 전문가와 경영자의 수입은 최근 수십 년 동안 크게 증가한 반면, 인플레를 감안한 중간 계층 남성 노동자(소득 기준 상위 50퍼센트)의 연봉은 한 세대 전과 비교해 증가하지 않았다.[21] 일반적으로 미국인은 세계화에 대해 떠올릴 때, 고액 연봉을 받는 일자리가 해외로 유출되는 대신 임금이 낮은 일자리로 대체된다고 생각한다.

실업률은 과거 20년 동안 하락했으나 같은 기간 직업 안정성은 오히려 크게 떨어졌다. 노동자들은 20년 전과 비교해 실직할 가능성이 3분

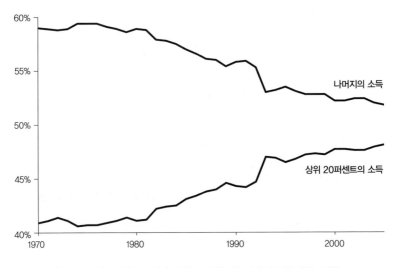

[그림 14-1] 국민총소득에서 상위 20퍼센트와 나머지가 차지하는 비중

의 1 높으며, 운 좋게 다시 일자리를 얻더라도 임금이 14퍼센트 줄어
든다(노동자의 3분의 1은 다시 고용되는 행운조차 누리지 못한다). 1998년
『월스트리트 저널』은 미국인을 상대로 설문 조사를 실시하면서 "외국
과 무역을 하면 값싼 수입품이 임금을 낮추고 일자리를 빼앗기 때문에
미국 경제에 해롭다"라는 진술에 동의하는지 물었다. 스톨퍼-새뮤얼슨
정리로 예측할 수 있듯, 이 문제는 풍부한 요소와 희소한 요소 간 답이
엇갈린다. 연간 10만 달러 이상을 버는 계층에서는 3분의 1만 진술에
동의한 반면, 블루칼라 노동자와 노조원은 3분의 2가 동의했다.[22]

　스톨퍼-새뮤얼슨의 정리가 예측에 실패한 집단도 있다. 정리에 따르
면 개발도상국에서는 자유무역이 비숙련 노동자에게 도움이 되기 때
문에 불균등이 완화될 것으로 기대할 수 있다. 하지만 실제로는 정반
대 현상이 일어난다. 대다수의 숙련된 산업 노동자는 콜센터와 다국적
기업의 공장에서 더 나은 임금을 받는다. 이에 따라 일자리를 잡은 운
좋은 사람들과 그렇지 못한 사람들 사이의 격차가 벌어진다.[23] 선진국
에서는 아시아 나이키 공장의 근로 여건이 낙후되어 있다고 생각하지
만, 베트남 '개발 지구'에서 미국과 관련된 공장은 근로자들이 가장 선
호하는 일자리다. 스파르타 같은 환경이나 제약이 더 심한 중국인 소
유의 공장은 여건이 훨씬 열악하다. 특히 농장 일과 매춘 등 공장 바깥
에서 최저 생활을 유지하는 정도의 일자리 사정이 가장 나쁘다.[24]

　개발도상국은 미국으로 셔츠, 스니커즈, 전자 제품과 더불어 풍부한
노동력도 수출한다. 미국인과 경쟁하는 비숙련 노동자는 국내 임금 수
준을 낮추고 소득 격차를 확대하며 반이민 정서를 부추긴다. 이에 노
조원은 앞장서서 이민 정책 강화를 요구한다.

이 역시 새로울 것이 없는 현상이다. 19세기에 불평등이 확대되면서 이주자에 대한 경계심도 커졌다. 한 세기 전 미국, 캐나다, 오스트레일리아, 브라질, 아르헨티나는 모두 이민을 제한하는 정책을 펼치기 시작했다. 일반적으로 경제적 고통과 인종차별주의 때문에 이민을 제한한다고 생각하지만 실제로 영향을 미친 요소는 따로 있었다. 임금표 말단을 차지하는 유럽의 이민자들이 저임금 유권자들과 임금 경쟁을 벌이며 압박했고 이에 맞춰 이민 제한 움직임이 일어났다.[25]

소득 불균형에 대해 왜 이토록 법석일까? 성공과 야망을 추구하는 건전한 경제의 신호에 불과하지 않을까? 그렇지 않다. 경제학자들과 인구통계학자들은 다양한 소득 불균형 지표를 사용하는데, 그중 대표적인 지표는 지니계수다. 이 수치는 0과 1 사이를 오가는데, 모든 사람이 동일한 임금을 받으면 계수가 0.0이고, 반대로 한 개인이 소득을 독차지할 경우 계수는 1.0이다.

세계에서 부유한 나라 20개국의 지니계수는 0.25(스웨덴), 0.41(미국) 수준이다. 예상할 수 있듯, 지니계수가 높은 나라들은 나미비아(0.74), 보츠와나(0.63), 볼리비아(0.60), 파라과이(0.58)이다.[26] 보다 체계적인 연구에 따르면 불균형이 확대될 경우 사회와 정치 불안정성이 높아져 투자가 줄고 경제 발전이 둔화된다.[27]

근대 선진국은 재분배를 위한 세제와 사회복지 프로그램을 통해 지니계수를 낮추려는 노력을 습관적으로 기울여왔다. 비용이 많이 드는 계획이라 경제 발전을 저해할 수도 있지만, 불균형이 줄어들면 사회적으로 평화를 누릴 수 있기 때문에 사회 지출의 비효율성이 상쇄된다. 이 분야의 대표적 권위자인 제프리 개릿(Geoffrey Garrett)은 다음과 같이 지적했다.

복지국가는 시장에서 발생된 불균형의 위험과 부를 완화하여 갈등을 줄이기 때문에 기업에 해롭기보다는 이롭다. 정부 지출은 두 가지 경로로 투자를 자극할 수 있다. 첫째는 인적·물적 자본의 발전에 따른 생산성 향상이며, 둘째는 시장 개방성을 지속적으로 지지하여 안정성을 높이는 것이다.[28]

다시 말해 비용이 많이 들고 경제에 해를 미치는 사회복지 체제인 스킬라(그리스신화에서, 상체는 처녀이나 하체는 여섯 마리의 사나운 개의 모습을 한 바다 괴물—역주)와, 안전망이 지나치게 헐거워 불평등 수준이 악화되는 카리브디스(그리스신화에서, 허기를 바닷물로 채웠다가 토해내 배를 난파시키는 바다 괴물—역주) 사이에서 적당한 지점을 찾는 것이 중요하다(『오딧세이』에서 스킬라의 암초와 카리브디스의 소용돌이 사이를 지나가야 하는 오디세우스의 처지에 비유한 말—역주). 미국과 북부 유럽의 부는 유사한 수준이나 미국은 GDP의 30퍼센트가 연방, 주, 지방 정부를 통해 순환되는 반면 북부 유럽에서는 GDP의 절반 가까이가 사회복지 프로그램 등을 통해 정부에서 소비된다. 두 사례의 중간쯤에 '스위트스폿'이 있음을 시사한다.

문제는 불균형과 불안정성의 증가가 자유무역 때문에 발생하지 않았다는 점이다. 경제학자들은 얼마나 많은 피해가 아웃소싱과 공장 해외 이전으로 발생하고, 얼마나 많은 부분이 고도로 훈련되고 교육받은 노동자에게 지급되는 임금 상승분 때문인지에 대해 열띤 논쟁을 벌인다.

농장 일꾼 두 사람을 예로 들어보자. 한 사람이 밀을 수확하는 효율성은 99.5퍼센트이고 다른 사람은 95퍼센트다. 첫 번째 노동자가 더 많은 임금을 받겠지만 그 격차는 크지 않을 것이다. 이번에는 100가지 제조 공정이 필요한 복잡한 마이크로칩을 생산하는 공장을 생각해보자. 여기에서 각 단계를 99.5퍼센트의 정확도로 완료하는 노동자는 불량률이 39퍼센트인 반면, 각 단계별 정확도가 95퍼센트인 노동자의 불량률은 99.4퍼센트로 치솟는다. 따라서 선진 제조와 서비스 경제에서는 고도로 숙련된 노동자가 비숙련 노동자보다 많은 임금 프리미엄을 받는다(이러한 패러다임을 우주 왕복선 챌린저호 발사 실패의 원인이 된 작은 디자인 결함을 들어 '오링 이론(O-Ring Theory)'이라고 부른다[29]).

폴 크루그먼(Paul Krugman)은 미국에서 점차 커지는 임금 불균형은 대부분 숙련도 프리미엄의 증가에 기인한다고 주장한다(최근에는 세제의 변화도 영향을 미쳤다). 반면 경제학자 에이드리언 우드(Adrian Wood)의 데이터는 불균형의 주요 원인이 국제무역의 증가에 있음을 가리킨다. 아마 두 학자의 주장 사이에서 합의점을 찾을 수 있을 것이다. 예를 들면 미국의 임금 격차 확대에서 5분의 1 내지 4분의 1은 무역 때문이며, 나머지는 부유층을 겨냥한 세금 인하와 국내 교육 및 훈련에 대한 보상 증가 때문으로 풀이하는 것이다.[30]

1989년 미국과 캐나다가 체결한 자유무역협정(FTA)은 연구자들에게 세계화에 의한 상쇄 효과를 관찰할 수 있는 이상적인 렌즈를 제공했다. 법안은 북쪽으로 이동하는 재화는 관세를 8퍼센트에서 1퍼센트로 낮추고 남쪽으로 이동하는 경우 4퍼센트에서 1퍼센트로 인하했다. 양국은 법, 금융, 정치제도가 안정되어 있으며 미국이 캐나다 경제에 지대한 영향을 미치기 때문에 가장 극적인 효과는 국경선 북쪽에서 일어났다.

경제학자 대니얼 트레플러(Daniel Trefler)는 법안 통과로 캐나다에서 일부 산업의 장기 생산성이 15퍼센트까지 뛰는 등 전체적으로는 막대한 순이익이 발생했다고 분석했다. 하지만 캐나다의 일자리가 5퍼센트 줄어들었고, 일부 산업에서는 이 수치가 12퍼센트까지 상승했다. 그렇더라도 일자리 감소 추세가 10년 이상 이어지지는 않았으며, 전반적으로 캐나다의 실업률은 법안 통과 이후 하락세를 보였다. 이러한 상쇄 효과에 대해 트레플러는 무역 정책의 중요한 문제는 "산업화된 경제에서 자유무역으로 인한 장기적 이익과 노동자 등이 감수해야 할 단기적 조정 비용을 어떻게 인정하여 수행할지" 이해하는 것이라고 지적했다.[31]

20년 가까이 경제학자들과 정치인들은 자유무역으로 낙오된 사람들을 어떻게 보상할 것인지, 혹은 보상을 제공해야 하는지를 놓고 고민했다. 1825년 존 스튜어트 밀은 곡물법으로 지주들이 추가적인 이익을 보기는 했어도, 결과적으로 곡물법은 국가 차원에서 훨씬 더 큰 비용을 발생시켰다고 지적했다. 그는 지주를 매수하는 편이 비용을 줄일 것으로 생각했다.

지주는 곡물법 폐지 시 발생할 수 있는 손실을 계산해보고 이를 근거로 보상을 얻어야 한다. 실제로 그들이 누려보지 못한 이익을 포기하는 대가로 어느 정도 주장할 권리가 있는지 궁금하게 여기는 사람이 있을 것이다. 그 이익은 국민에게 부담을 지우는 최악의 세금(즉 곡물법)에 부과되어 지주가 받게 되는 보수이기 때문이다. 하지만 보수를 얻는 데 지장이 생기더라도 곡물법을 폐지하는 편이 더 나을 것이다. 폐지가 우리의 유일한 대안이라면 누구도 변화에 불만을 제기하지 않을 것이며 거대한 악을 막을 수 있다면 누구도 패배하지 않는 것이다.[32]

다시 말해 패배자를 제외한 모든 사람이 패배자에게 직접 보상해주는 편이 비용도 훨씬 덜 들고 낫다는 것이다. 이 글이 작성되고 200년 후, 그리고 코델 헐의 글과 「제안」이 작성되고 50년 후 세계는 자유무역의 길을 걷기 시작했다. 자유무역에 의한 불균형과 혼란으로 다시 탈선 움직임이 감지되고 있다. 자유무역은 그 모든 이점을 고려하여 패배자들에게 보상을 제공하고 구원을 얻을 수 있을까?

미국의 많은 자유무역 지지자들은 비교적 자유무역에 가까운 현 체계를 유지하기 위해서는 국가의 사회 안전망을 확대해야 함을 인식했다. 그렇지만 입에 발린 말만 되풀이할 뿐이다. 오늘날 대표적인 무역 자유화 지지자이자 저명한 경제학자들을 다수 배출한 학자 자그디시 바그와티(Jagdish Bhagwati)는 저서 『세계화를 옹호하며(In Defense of Globalization)』에서, 제목을 뒷받침하는 내용에 무려 300페이지를 할애했다. 반면 '조정 지원' 문제는 두 페이지도 다루지 않았다. 아래의 인용은 바그와티의 저서에서 발췌한 내용인데, 다수의 자유무역론자들은 해직자 문제를 논의할 때 바그와티와 같은 어조로 주장한다.

펜실베이니아의 제철소가 문을 닫으면서 캘리포니아의 제철소에서 더 저렴하게 제품을 생산하기 때문이라고 설명하면 노동자들은 어쩔 수 없는 일이라며 받아들이는 경향이 있다. 이때 실업보험은 예기치 못한 운명에 적절히 대처할 수 있는 방법으로 간주된다. 그런데 같은 노동자들에게 한국이나 브라질의 철강업체 때문에 공장을 폐쇄한다고 전하면 당장 반덤핑 조치를 요구한다. 혹은 추가적인 실업 보상 형태의 특별 구제 조치를 요청하면서 재훈련 혜택을 제공하고 필수 요건은 없애달라고 요구한다.[33]

바그와티 교수는 보상의 필요성은 마지못해 인정하는 정도에 그쳤다. 그는 외국 제품 때문에 일자리를 잃은 사람들을 위해 특별히 고안된 안전망을 가리켜 "이 외국인 혐오에 준하는 현상은 어쩔 수 없는 현실이다. 무역 자유화가 진행되고 유지되려면 복수의 특별 프로그램과 정책의 실시를 고려해야 한다"라고 말했다.[34]

이런 감정은 노동자들에게 불필요하게 반감을 살 뿐만 아니라 불공평한 측면도 있다. 미국의 산업은 사실 노동자보다 보호를 받는 일에 능숙하며 쿼터, 보조금, 반덤핑 법안 같은 비관세장벽을 활용한다.[35] 무역 경제학자들은 적이 되기를 자처하는 태도를 버려야 함을 서서히 깨닫고 있다. 하버드 케네디 스쿨의 대니 로드릭(Dani Rodrik)은 재화와 서비스의 이동이 증가하는 데 따른 사회적 혼란을 세심하게 조사하여 보상의 필요성을 따져보고 보상이 어떻게 기능하는지 고려했다. 그는 GDP에서 무역이 차지하는 비중이 높은 선진국이 가장 바람직한 사회복지 체계를 갖추고 있다고 지적했다.[36] 자유무역과 관대한 사회 안전망은 서로 상승 작용을 일으킨다. 안정적이고 부유한 무역 국가가 기존의 상태를 유지하려 한다면 마찰이 사라져가는 글로벌 경제에서 손쉽게 '대체될' 수 있는 일자리를 늑대에게 던져줘서는 안 된다. 로드릭은 이를 다음과 같이 설명한다.

사회 지출의 중요한 기능은 사회적 평화를 구매하는 것이다. 낭비를 제거할 필요성과 복지국가에서 광범위한 개혁이 필요함을 부인하지 않는다. 다만 세계가 더 긴밀하게 통합될수록 사회보험의 필요성은 증가할 뿐이다.[37]

스톨퍼와 새뮤얼슨이 승자와 패자에 대해 설명하고 50년 이상 흐른 시점에, 이 시대에 가장 위대한 경제학자로 손꼽히는 폴 새뮤얼슨은 국가 전체가 자유무역으로 손실을 입을 가능성을 시사하여 학계에 파장을 일으켰다. 그는 경제학자들만 해독 가능한 계량 언어를 빽빽하게 사용하여 외국 노동자와의 경쟁이 일자리 상실이 아닌 배치의 전환을 일으키는 과정을 설명했다(실제로 미국의 실업률은 현재 5퍼센트를 밑돌고 있다). 미국인은 아직 일자리를 지키고 있지만 임금이 줄었고 수당도 사라진 상태다. 새뮤얼슨은 보상과 수당의 상실은 영구적이며, 전반적으로 고려했을 때 미국은 자유무역에 의해 상대적으로 손해를 입었다고 지적했다.

사우스다코타에 거주하는 IQ 높은 중등학교 졸업자의 예를 들어보자. 그는 미국 최저임금의 1.5배 수준의 급여를 받으면서 내 신용카드에 관련된 전화를 처리했는데 1990년 이후 실직 상태다. 뭄바이의 아웃소싱 지역에서 신용카드 문의를 처리하고 있기 때문이다. 뭄바이 노동자가 받는 급여는 사우스다코타 노동자에 미치지 못하지만, 인도를 기준으로 보면 그들은 삼촌과 이모가 받던 급여보다 훨씬 더 많은 보수를 받는다.[38]

그런데 이 얼마나 짜릿한 역사적 모순이란 말인가. 아마도 18~19세기 자유무역으로 인도만큼 큰 타격을 입은 나라도 없을 것이다. 복수는 언제나 달콤한 법이다.

제2차 세계대전이 끝날 무렵 미국은 세계 GDP의 절반가량을 차지했으나, 이후 이 비중은 지속적으로 하락하여 지금은 세계 GDP의 4분의 1에도 못 미친다. 만약 1945년에 미국이 10년 전 코델 헐이 처음 열었던 문을 거칠게 닫아버렸다면 세계의 부에서 큰 몫을 차지하는 상황이 유지됐을 것이다. 다만 이 경우에 발생할 수 있는 한 가지 문제가 있다면, 세계경제라는 파이가 지금보다 훨씬 작고 변질된 상태였으리라는 점이다. 1900년에는 브리타니아(영국 브리튼섬에 대한 고대 로마 시대의 호칭—역주)가 파도를 다스렸지만, 오늘날 영국은 미국의 패권에 밀려 조연에 머무르고 있다. 하지만 제정신을 가진 사람 중에 현재의 영국이 아닌 1900년의 영국에 살기를 원하는 사람이 있을까?

새뮤얼슨의 설명은 이어진다.

국가가 선택적인 보호무역주의를 도입하거나 도입하지 말아야 한다는 말이 아니다. 자유무역의 세계에서 점점 진화하는 비교 우위라는 룰렛 휠로 진정한 해악을 분배하더라도 민주주의가 자기 방어 차원에서 시도하는 조치가 쓸데없이 제 발을 쏘는 경우가 많다.[39]

정부가 관세장벽을 세우면 그 결과로 산업이 침체를 겪는다고 새뮤얼슨은 주장한다. 산업을 보호하기보다는 노동자를 보호하는 편이 훨씬 나은 것이다. 그렇더라도 새뮤얼슨은 대다수 국민의 형편이 나빠지는 상황에서 '고통 당하는 요소를 매수하는' 능력을 과도하게 낙관적으로 평가하지 않는다(로드릭도 마찬가지다. 그는 기업이 자본과 공장을 손쉽게 국경 너머로 이전할 수 있는 세상에서 사회복지 체제의 비용을 세금으로 감당하기란 어려운 일이라고 지적했다[40]).

세계무역은 유형 재화를 풍부하게 할 뿐만 아니라 지적·문화적 자본과 이웃에 대한 이해도 키웠으며, 상대방을 말살시키는 대신 물건을 파는 욕망을 심어줬다. 이 과정에서 소수의 시민은 불가피하게 손해를 본다. 사람, 재화, 금융자산이 세계 곳곳으로 자유롭게 이동하기 때문에 자유무역에 따른 축복과 더불어 일자리 재배치 문제도 필연적으로 증가할 것이다.

자유무역이 안겨주는 딜레마는 민주주의에 대해 처칠이 남긴 유명한 구절을 떠올리게 한다. "민주주의는 이따금 시도된 모든 다른 형태의 정부를 제외하고 최악의 정부 형태다."[41] 때때로 보호무역주의는 자유무역을 향한 움직임을 뒤엎으려 시도할 것이다. 하지만 20세기 선진국과 개도국의 역사를 살펴보면 자유무역의 진정한 대안이 없음을 알 수 있다.

인류가 수메르에서 시애틀까지 무역 탐험을 수행하면서 전혀 좋아진 바가 없다고 주장할 사람은 거의 없을 것이다. 흐름을 되돌리려는 시도는 20세기 인류가 겪었던 가장 암울한 사건을 재연할 위험이 있다. 지금까지 항해한 해협의 기억을 잊지 않는다면 우리 앞에 도사리고 있을 모래톱이라는 위험을 피해 갈 수 있을 것이다.

| 감사의 말 |

길이와 범위를 막론하고 논픽션 작품을 가족, 친구, 동료, 출판사 직원, 조언과 지도를 해주는 낯선 이들에게 뻔뻔하게 의지하지 않고 쓸 수 있는 저자는 없다. 많은 사람들의 도움이 없었다면 이 책은 나오지 못했을 것이다.

레너드 안다야(Lenard Andaya), 리암 브로키(Liam Brockey), 피터 다우니(Peter Downey), 리 드라고(Lee Drago), 크리스토퍼 에렛(Christopher Ehret), 데이비드 엘티스(David Eltis), 마크 개리슨(Mark Garrison), 더못 게이틀리(Dermot Gately), 캐서린 지글러(Katheryn Gigler), 피터 고트샬크(Peter Gottschalk), 마이클 구아스코(Michael Guasco), 조너선 이스라엘(Jonathan Israel), 글렌 메이(Glenn May), 조엘 모키(Joel Mokyr), J. P. 맥닐(J. P. McNeill), 고 클라크 레이놀즈(Clark Reynolds), 조지오 리엘로(Giorgio Riello), 패트리샤 리소(Patricia Risso), 대니 로드릭(Dani Rodrik), 론 루페(Ron Roope), 브래들리 로저스(Bradley Rogers), 산자이 수브라마냠(Sanjay Subrahmanyam), 스티브 빈슨(Steve Vinson), 데이비드 워시(David Warsh), 로저 웰러(Roger Weller), 조너선 웬델(Jonathan Wendel), 윌렘 월터스(Willem Wolters)는 꼭 필요했던 참고할 만한 정보를 제공해주었다.

특히 이 분야에 도움을 준 분들께 감사의 말씀을 전한다. 월터 블룸(Walter Bloom)과 제레미 그린(Jeremy Green)은 오스트레일리아의 은화 발견에, 로저 버트(Roger Burt)는 영국과 미국 광업 역사에, 프레드 드로

굴라(Fred Drogula)와 장 폴 로드리그(Jean Paul Rodrigue)는 해상 요충지에, 마이클 라판(Michael Laffan)은 테르나테의 반란에, 조너선 리스(Jonathan Rees)는 초기 냉장선의 미스터리에, 로널드 로고우스키(Ronald Rogowski)는 스톨퍼-새뮤얼슨 정리에, 리처드 실라(Richard Sylla)는 책의 초기 기획 단계에, 대니얼 트레플러(Daniel Trefler)는 최근 캐나다의 무역사에, 칼 트로키(Carl Trocki)는 19세기 중국의 아편중독에, 셸리 왁스만(Shelly Wachsmann)은 초기 해양 역사에, 제프리 윌리엄슨(Jeffrey Williamson)은 최근 경제사의 계량적 측면에 도움을 제공했다.

끈질기게 귀찮게 한 사람들도 있다. 감사와 함께 사과의 말씀을 드린다. 도널드 케이건(Donald Kagan)은 그리스 역사에 대한 저자의 얕은 이해를 보강해주었고, 마크 윌리스(Mark Weelis)는 페스트균에 대한 미생물학 이해를 도와주었으며, 시드니 민츠(Sidney Mintz)는 카리브해 설탕무역에 대한 귀한 안내를 제공했다. 마지막으로 더그 어윈(Doug Irwin)은 보호무역과 자유무역 간 끊임없는 지적 대결의 역사를 나의 시각으로 헤쳐 나갈 수 있도록 도와주었다.

경제학과 금융 저널리즘의 두 거장인 피터 번스타인(Peter Bernstein)과 제이슨 츠바이크(Jason Zweig)는 귀한 조언을 들려주었으며 바니 셔먼(Barney Sherman), 밥 업하우스(Bob Uphaus), 에드 타워(Ed Tower)와 듀크대학교의 국제무역과 경제개발 과정의 니트 뉴 북스(Neat New Books) 소속의 학생들, 특히 에릭 슈워츠(Eric Schwartz), 마크 마벨리(Mark Marvelli)에게도 감사드린다.

웨슬리 네프(Wesley Neff)는 이 프로젝트가 시작해서 끝을 맺을 때까지 문학 분야에서 쌓은 오랜 지혜를 빌려주었다. 그로브/애틀랜틱 출판사의 토비 먼디(Toby Mundi), 모건 엔트레킨(Morgan Entrekin), 루바 오스타셰브스키(Luba Ostashevsky), 마이클 혼버그(Michael Hornburg)는 전문적 편집을 안내해주었다. 매튜 에릭슨(Mattew Ericson)은 책에 실린 지도를 작업했으며 루이스 오브라이언(Lewis O'Brein)은 승인과 이미지 지원을 제공했다. 몰리 블라록-코랄(Molly Blalock-Koral)은 잘 알려져 있지 않은 참고 자료를 지원해줬다.

그로브/애틀랜틱의 편집자 브랜도 스카이호스(Brando Skyhorse)와 조피 페라리-애들러(Jofie Ferrari-Adler)의 도움도 빼놓을 수 없다. 브랜도는 내게 부족한 다양한 서술 기법을 지도해줬으며, 차마 다 다루지 못할 정도로 광범위해 보이는 주제를 도전할 수 있도록 용기를 주었다. 조피는 나 혼자 힘으로는 해낼 수 없는 수준으로 매끄럽게 책을 다듬었으며 제작 과정을 통해 방향을 솜씨 좋게 이끌어줬다.

마지막으로 아내 제인 지글러(Jane Gigler)는 초인적인 인내와 귀중한 시간을 할애해 문학의 연금술이라고밖에 표현할 수 없는 기여를 했다. 지난 몇 년 동안 아내는 무질서하고 체계가 없는 산문을 편집자에게 떳떳하게 보낼 수 있는 수준으로 매만져줬다. 내게는 너무나 과분한 축복이다.

| 주 |

머리말

1 T. E. Page et al., eds., *The Scriptores Historiae Augustae* (Cambridge, MA: Harvard University Press, 1940), II: 115, 157.

2 G. G. Ramsay, trans., *Juvenal and Perseus* (Cambridge, MA: Harvard University Press, 1945), 105.

3 William Adlington, trans., *The Golden Ass of Apuleius* (New York: AMS, 1967), 233.

4 E. H. Warmington, *The Commerce between the Roman Empire and India* (New Delhi: Munshiram Manoharlal, 1995): 147-165, 174-175, 180-183. For cotton in the Roman Empire, see 210-212. For the extreme difficulty of cotton production in the preindustrial world, see this book, 253-254.

5 오늘날과의 비교는 어렵지만 고대에 숙련된 근로자의 하루 평균 임금은 약 1그리스 드라크마였다. 그리스 드라크마는 작은 은화로, 무게는 1온스(약 28.34그램)의 8분의 1 정도다. 따라서 금과 은의 교환비가 1 대 12였으니 금 또는 실크 1온스는 곧 96일 치 임금과 맞먹었다고 볼 수 있다.

6 S. D. Goitein, *A Mediterranean Society* (Berkeley: University of California Press, 1967), I: 347-348.

7 위의 책, 298.

8 위의 책, 299-300.

9 위의 책, 340-342.

10 위의 책, 219. 경제학자들은 20세기에 이르러서야 시장가격의 불확실성을 제대로 인식하기 시작했다. 절묘하게도 카오스 이론의 창시자인 브누아 망델브로(Benoit Mandelbrot)는 면직물 가격의 유형과 나일강 범람 패턴을 연결 지으면서 우연히 이에 대한 영감을 얻었다.

11 디나르는 전근대 시대의 표준 금화 대다수와 마찬가지로 무게가 8분의 1온스 정도였다. 오늘날 가치로는 80달러 수준이다. 따라서 연봉 100디나르를 오늘 날 화폐 가치로 환산하면 8000달러 정도로 추산된다.

12 Adam Smith, *An Inquiry into the Nature and Causes of the Wealth of Nations* (Chicago: University of Chicago Press, 1976), I: 17.

13 Paul Mellars, "The Impossible Coincidence. A Single-Species Model for the Origins of Modern Human Behavior in Europe," *Evolutionary Anthropology*, 14:1 (February, 2005): 12–27.

14 Thomas L. Friedman, *The World Is Flat* (New York: Farrar, Straus and Giroux, 2005).

15 Warmington, 35–39; see also William H. McNeill, *Plagues and Peoples* (New York: Anchor, 1998), 128.

16 Warmington, 279–284. See also Ian Carapace, review of *Roman Coins from India* (Paula J. Turner) in *The Classical Review*, 41 (January 1991): 264–265.

17 Alfred W. Crosby, *The Columbian Exchange* (Westport, CT: Greenwood, 1973), 75–81.

18 위의 책에서 인용, 88.

19 위의 책에서 인용, 21.

20 Patricia Risso, personal communication.

21 John Maynard Keynes, *The General Theory of Employment Interest and Money* (New York: Harcourt, 1936), 383.

1장

1 Daniel Boorstin, *Hidden History* (New York: Harper and Row, 1987), 14.

2 Robert L. O'Connell, *Soul of the Sword* (New York: Free Press, 2002), 9–23.

3 위의 책.

4 Mellars, 12–27.

5   Herodotus, *The Histories* (Baltimore: Penguin, 1968), 307.

6   P. F. de Moraes Fairas, "Silent Trade: Myth and Historical Evidence," *History in Africa*, 1 (1974): 9-24.

7   Colin Renfrew, "Trade and Culture Process in European History," *Current Anthropology* 10 (April-June 1969): 151-169. A more readable and available version of this work may be found in J. E. Dixon, J. R. Cann, and Colin Renfrew, "Obsidian and the Origins of Trade," *Scientific American*, 218 (March 1968): 38-46.

8   Detlev Elmers, "The Beginnings of Boatbuilding in Central Europe," in *The Earliest Ships* (Annapolis, MD: Naval Institute Press, 1996), 10, 11, 20.

9   Phyllis Deane, *The First Industrial Revolution* (Cambridge: Cambridge University Press, 1981), 82.

10 Herodotus, 92-93.

11 Gil J. Stein, *Rethinking World Systems* (Tuscon: University of Arizona Press, 1999), 83-84.

12 Christopher Edens, "Dynamics of Trade in the Ancient Mesopotamian 'World System,'" *American Anthropologist*, 94 (March 1992): 118-127.

13 Jacquetta Hawkes, *The First Great Civilizations: Life in Mesopotamia, the Indus Valley, and Egypt* (New York: Knopf, 1973), 110-111, 138-139.

14 위의 책; see also A. L. Oppenheim, "The Seafaring Merchants of Ur," *Journal of the American Oriental Society*, 74:1 (January-March 1954): 10-11.

15 Robert Raymond, *Out of the Fiery Furnace* (University Park: Pennsylvania State University Press, 1968), 1-18; and R. F. Tylcote, *A History of Metallurgy* (London: Metals Society, 1976), 9, 11.

16 Donald Harden, *The Phoenicians* (New York: Praeger, 1962), 171.

17 Christoph Bachhuber, "Aspects of Late Helladic Sea Trade," master's thesis, Texas A&M University, December 2003, 100.

18 James D. Muhly, "Sources of Tin and the Beginnings of Bronze Metallurgy," *American Journal of Archaeology*, 89 (April 1985): 276.

See also Peter Throckmorton, "Sailors in the Time of Troy," in *The Sea Remembers* (New York: Weidenfeld and Nicholson, 1987), 32.

19 Oppenheim, 8.

20 H. E. W. Crawford, "Mesopotamia's Invisible Exports in the Third Millennium BC," *World Archaeology*, 5 (October 1973): 232-241.

21 Edens, 130.

22 위의 책, 118-119.

23 Albano Beja-Pereira et al., "African Origins of the Domestic Donkey," *Science*, 304 (June 18, 2004): 1781-1782.

24 Stein, 88.

25 위의 책, 117-169.

26 George F. Hourani and John Carswell, *Arab Seafaring* (Princeton, NJ: Princeton University Press, 1995), 7.

27 Shelley Wachsmann, "Paddled and Oared Boats before the Iron Age," in Robert Gardiner, ed., *The Age of the Galley* (Edison, NJ: Chartwell, 2000), 21-22.

28 1 Kings 9:26-28, King James Version.

29 '오빌(Ophir)'을 인도로 동일시할 수 있는지에 대해서는 논란의 여지가 있다. 역사학자들은 예멘, 수단, 에티오피아로 볼 가능성도 제시한다. See Maria Eugenia Aubert, *The Phoenicians and the West*, 2nd ed.(Cambridge: Cambridge University Press, 2001), 44-45.

30 Harden, 157-179.

31 Herodotus, 255.

32 『역사』가 기록되고 200년 이상 흐른 기원전 205년에 이르러서야 에라스토테네스가 지구의 둘레를 정확히 계산해냈다. 그는 알렉산드리아와 시에네(오늘날의 아스완)에서 관측되는 태양의 각도 차를 활용했는데, 이때 적도를 알렉산드리아보다 훨씬 남쪽에 설정했다.

33 Hourani and Carswell, 8-19.

34 위의 책, 19.

35 Carol A. Redmount, "The Wadi Tumilat and the 'Canal of the

Pharaohs.'" *Journal of Near Eastern Studies*, 54:2 (April 1995): 127-135; and Joseph Rabino, "The Statistical Story of the Suez Canal," *Journal of the Royal Statistical Society*, 50:3 (September 1887): 496-498.

36 Jack Turner, *Spice* (New York: Vintage, 2004), 69-70.

37 Warmington, 183, 303-304.

38 Quoted in Sonia E. Howe, *In Quest of Spices* (London: Herbert Jenkins, 1946), 26.

39 Pliny, *Natural History* (Bury St. Edmunds: St. Edmundsbury, 1968), v 4, 21.

40 위의 책, 61 (12: 83).

41 Warmington, 261-318.

42 위의 책, 273.

43 Dennis Flynn and Arturo Giráldez, "Path dependence, time lags, and the birth of globalization: A critique of O'Rourke and Williamson," *European Review of Economic History*, 8 (April 2004): 81-86.

44 Rustichello, as told to Marco Polo, *The Travels of Marco Polo* (New York: Signet Classics, 2004), xxiv.

45 Flynn and Giráldez, 85.

2장

1 Thucydides, *History of the Peloponnesian War*, VII: 68.

2 Tomé Pires, *The Suma Oriental of Tomé Pires and The Book of Francisco Rodrigues*, Armando Cortesão, ed., (Glasgow, Robert Maclehose, 1944), II: 87.

3 Thucydides, VII: 87.

4 해로와 해상 요충지 장악에 집착하는 태도가 유럽의 해안선이 복잡하고 산지가 많은 지리적 요인에서 비롯되었다는 생각은 Chaudhuri의 주장에 잘 표현되어 있다. "설명이 필요한 현상은 (아시아의) 평화로운 체계가 아니라 (유럽의) 무장한 교역 체계다. 아직 역사학자들은 종합적이고 설득력 있는 설명을

제시하지 않았다. 하지만 그리스-로마 시대, 어쩌면 그보다 이전 시대부터 중세에 걸쳐 경제 자원과 정치적 안정을 통제할 수 있도록 중요한 해로를 장악하는 일이 중요했다. 페르시아만과 인도네시아 제도의 내해를 제외하고 지리·정치·경제 요인이 그렇게 조합된 경우가 없으며, 역사적으로 이런 경험은 인도양에서 발견할 수 있다." See K. N. Chaudhuri, *Trade and Civilization in the Indian Ocean* (New Delhi: Munshiram Manoharlal, 1985), 14.

5 William H. McNeill, *Plagues and Peoples*, 112.

6 Thucydides, I: 2.

7 Ellen Churchill Semple, "Geographic Factors in the Ancient Mediterranean Grain Trade," *Annals of the Association of American Geographers*, 11 (1921): 47–48, 54.

8 아마시스(Amasis)는 파라오의 그리스식 이름이었다. 이집트에서는 크네미브레 아모세 시 네이트(Khnemibre Ahmose-si-Neit)로 알려졌다.

9 Herodotus, 172.

10 위의 책, 49.

11 Donald Kagan, *The Peloponnesian War* (New York: Viking, 2003), 8–9, 65, 85–86.

12 Thucydides, VI: 20.

13 Quoted in Semple, 64, from Xenophon, *Hellenes*, II: 2:3.

3장

1 Leila Hadley, *A Journey with Elsa Cloud* (New York: Penguin, 1998), 468.

2 Bertram Thomas, *Arabia Felix* (New York: Scribner, 1932), 172–174.

3 Richard W. Bulliet, *The Camel and the Wheel* (New York: Columbia University Press, 1990), 28–35.

4 Jared Diamond, *Guns, Germs, and Steel* (New York: Norton, 1999), 168–175.

5 낙타는 습한 기후에 민감하다는 점과 낙타 수면병의 매개체인 체체파리 때문

에 광범위한 지역에서 당나귀를 대체할 수 없었다.

6   Bulliet, 37-78, 87-89, 281.

7   위의 책, 141-171.

8   Food and Agriculture Organization of the United Nations, accessed at http://www.fao.org/AG/AGAInfo/commissions/docs/greece04/App40. pdf; Australian camel population from Simon Worrall, "Full Speed Ahead," *Smithsonian*, 36:10 (January 2006): 93.

9   Janet Abu-Lughod, *Before European Hegemony* (Oxford: Oxford University Press, 1989), 176.

10 Nigel Groom, *Frankincense and Myrrh* (Beirut: Librairie du Liban, 1981), 5, 148-154, 177-213.

11 「잠언」7장 16-20절, King James Version.

12 「민수기」16장 18절. "그들이 제각기 향로를 가져다가 불을 담고 향을 그 위에 얹고 모세와 아론과 더불어 회막 문에 서니라."

13 Pliny, 45 (12:64).

14 위의 책, 43 (12:58).

15 T. E. Page et al., eds., *Theophrastus, Enquiry into Plants* (Cambridge, MA: Harvard University Press, 1949), 237-239.

16 Groom, 136.

17 위의 책, 6-7.

18 Pliny, 12:111-113.

19 위의 책, (12:65).

20 위의 책, 43 (12:59).

21 Groom, 149-162.

22 Maxime Rodinson, *Mohammed* (New York: Pantheon, 1971), 11-14.

23 위의 책, 39-40.

24 Groom은 경로가 메카 동쪽으로 100마일(160킬로미터) 가량 이어졌다고 주장했으나, Hodgson은 메카가 북-남 주요 대상로에 있었다고 봤다. See Groom, 192; and Marshall G. S. Hodgson, *The Venture of Islam* (Chicago: University of Chicago Press, 1974), I:152

25 J. J. Saunders, *The History of Medieval Islam* (New York: Barnes and Noble, 1965), 22.

26 Bulliett, 105-106.

27 Rodinson, 32.

28 Saunders, 13-14.

29 Karen Armstrong, *Muhammad* (New York: Harper San Francisco, 1993), 65-86.

30 Rodinson, 36. 이슬람에 대한 이 저자의 통찰력은 마르크스주의나 무신론에서 비롯된 것이 아니다.

31 Sura 4:29.

32 Narrated by Ibn Abbas, 3:34:311, and by Hakim bin Hizam, 3:34:296, from http://www.usc.edu/dept/MSA/fundamentals/hadithsunnah/bukhari/034.sbt.html #003.034.264.

33 위의 책, narrated by Jabir bin Abdullah, 3:34:310.

34 Saunders, 47.

35 위의 책, 91.

36 Hourani, 57-61.

37 Bengt E. Hovén, "Ninth-century dirham hoards from Sweden," *Journal of Baltic Studies*, 13:3 (Autumn 1982): 202-219.

38 Edwin O. Reischauer, "Notes on T'ang Dynasty Sea Routes," *Harvard Journal of Asiatic Studies*, 5 (June 1940): 142-144.

39 Saunders, 115-122.

40 Hourani, 52.

41 Subhi Y. Labib, "Capitalism in Medieval Islam," *The Journal of Economic History*, 29:1 (March 1969): 93-94.

4장

1 Rustichello, *The Travels of Marco Polo* (New York: Signet Classics, 2004), vii-xxiv.

2 수치는 S. D. Goitein과 Frederic Lane 같은 근대 역사학자들이 카이로와 베네치아에서 발견된 회계장부와 서신을 법의학적으로 정밀하게 조사하여 계산한 것이다.

3 Chau Ju-Kua, *Chu-Fan-Chi*, ed. and trans. Friedrich Hirth and W. W. Rockhill (New York: Paragon, 1966), 14.

4 위의 책에서 인용, 27.

5 Friedrich Hirth, "The Mystery of Fu-lin," *Journal of the American Oriental Society*, 33 (1913): 193-208.

6 Chau Ju-Kua, 15.

7 위의 책, 205.

8 Quoted in Hourani, 64.

9 S. Maqbul Ahmad, ed., *Arabic Classical Accounts of India and China* (Shimla: Indian Institute of Advanced Study, 1989), 36.

10 위의 책, 46.

11 위의 책, 51-52.

12 Arabic Classical Accounts of India and China, 38-40, 46-47, 52-52, 56.

13 Burzug Ibn Shahriyar, trans. L. Marcel Devic, *The Book of the Marvels of India* (New York: Dial, 1929). 23.

14 위의 책, 74.

15 위의 책, 93.

16 위의 책, 92-95.

17 위의 책, 45.

18 위의 책, 44-52.

19 Hourani, 77.

20 Edward H. Schafer, *The Golden Peaches of Samarkand* (Los Angeles: University of California Press, 1963), 16.

21 Chau Ju-Kua, 7.

22 위의 책, 146-147.

23 위의 책, 22-23.

24 Quoted in Howe, 37-39.

25 위의 책, 39.

26 Richard F. Burton, trans., *The Book of the Thousand Nights and a Night* (London: Burton Club, 1900), 6:25.

27 M. N. Pearson, "Introduction I: The Subject," in Ashin Das Gupta, ed., *India and the Indian Ocean 1500–1800* (Calcutta: Oxford University Press, 1987), 15.

28 *The Book of the Thousand Nights and a Night*, 5.

29 위의 책, 32–33.

30 위의 책, 34

31 Igor de Rachewiltz, *Papal Envoys to the Great Khans* (London: Faber and Faber, 1971), 202.

32 Chaudhuri, *Trade and Civilization in the Indian Ocean*, 29.

33 Samuel Lee, trans., *The Travels of Ibn Battuta* (Mineola, NY: Dover, 2004), 108.

34 Ross E. Dunn, *The Adventures of Ibn Battuta* (Berkeley: University of California Press, 1989), 196.

35 Lee, 108–109.

36 Labib, 90.

37 Dunn, 191.

38 Rustichello, 204.

39 Dunn, 223.

40 Lee, 204–205.

41 C. Defremery and B. R. Sanguinetti, *Voyages d'Ibn Battuta* (Paris: 1979), 4:282–283, quoted in Dunn, 258.

42 Lee, 209.

43 Rustichello, 204.

44 Lee, 216; and Dunn, 260.

45 Patricia Risso, *Merchants of Faith* (Boulder, CO: Westview, 1995) 19–20.

46 Pearson, 18.

47 Louise Levathes, *When China Ruled the Seas* (Oxford: Oxford

University Press, 1994), 42-43.

48 M. H. Moreland, "The Ships of the Arabian Sea around AD 1500," *The Journal of the Royal Asiatic Society of Great Britain and Ireland* (January 1939): 67.

49 위의 책, 68.

50 위의 책, 182-192.

51 William J. Bernstein, *The Birth of Plenty* (New York: McGraw-Hill, 2004).

52 Ma Huan, *Ying-Yai Sheng-Lan* (Cambridge: Cambridge University Press for the Hakluyt Society, 1970), 6.

53 Joseph Needham, *Science and Civilization in China* (Cambridge: Cambridge University Press, 1971), IV:3:480-482. 선단 최대 규모였던 선박의 정확한 크기에 대해서는 논쟁이 있다. 일부 학자들은 최대 크기가 300피트(약 90미터)밖에 되지 않을 것으로 추정한다. See Ma Huan, 31.

54 Levathes, 73-74.

55 Ma Huan, 108-109.

56 위의 책, 139.

57 Levathes, 119, 140-141.

58 위의 책, 186.

59 Gavin Menzies, *1421: The Year China Discovered America* (New York: Morrow, 2003). For a penetrating critique of Menzies's thesis, see Robert Finlay, "How Not to (Re)Write World History: Gavin Menzies and the Chinese Discovery of America," *Journal of World History*, 15:2 (June 2004): 229-242. 다음은 일부를 발췌한 것이다. "… 뒤죽박죽의 순환논법, 기이한 추측, 왜곡된 출처, 성급한 조사에 근거한 것이다. 기술된 항해는 실제로 일어나지 않았다."

60 Ma Huan, 6-7, 10-11.

61 *The Suma Oriental of Tomé Pires and The Book of Francisco Rodrigues*, I:42.

62 위의 책, I:41-42.

63 위의 책, II:234.

64 위의 책, II:268.

65 Abu-Lughod, 309.

66 Robert Sabatino Lopez, "European Merchants in the Medieval Indes: The Evidence of Commercial Documents," *Journal of Economic History*, 3 (November 1943): 165.

67 *The Suma Oriental of Tomé Pires and The Book of Francisco Rodriguez*, II:270.

68 위의 책, II:253.

69 위의 책, II:273-274.

70 Risso, 54.

71 C. R. Boxer, *The Portuguese Seaborne Empire* (New York: Knopf, 1969), 45.

5장

1 E. Ashtor, "Profits from Trade with the Levant in the Fifteenth Century," *Bulletin of the School of Oriental and African Studies*, 38 (1975): 250-275. For quote, see Stefan Zweig, *Conqueror of the Sea* (New York: Literary Guild of America, 1938), 5.

2 Frederic C. Lane, "Venetian Shipping during the Commercial Revolution," *The American Historical Review*, 38:2 (January 1933): 228.

3 Abu-Lughod, 52-68.

4 Andrew Dalby, *Dangerous Tastes* (Berkeley: University of California Press, 2000), 16, 78.

5 Pliny, 12:30.

6 Joanna Hall Brierly, *Spices* (Kuala Lumpur: Oxford University Press, 1994), 4-8.

7 John Villiers, "Trade and Society in the Banda Islands in the Sixteenth Century," *Modern Asian Studies*, 15, no. 4 (1981): 738.

8 Warmington, 227-228.

9 Quoted in Dalby, 40.

10 Chau Ju-Kua, 209. See also Geoffrey Hudson, "The Medieval Trade of China," in D. S. Richards, ed., *Islam and the Trade of Asia* (Philadelphia: University of Pennsylvania Press, 1970), 163.

11 Turner, 85, 92.

12 Ibn Khurdadhbih, *Al-Masalik Wa'l-Mamalik* ("Roads and Kingdoms") in *Arabic Classical Accounts of India and China* (Shimla: Indian Institute of Advanced Study, 1989), 7. Henry Yule, ed., *The Book of Marco Polo* (London: John Murray, 1921), ii:272.

13 Geffroi de Villehardouin and Jean, Sire de Joinville, trans. Frank T. Marzials, *Memoirs of the Crusades* (New York: Dutton, 1958), 42.

14 위의 책, 122-143.

15 Howe, 33.

16 David Ayalon, *The Mamluk Military Society* (London: Variorum Reprints, 1979), IX:46.

17 Daniel Pipes, *Slave Soldiers and Islam* (New Haven: Yale University Press, 1981), 78.

18 Lynn White, Jr., *Medieval Technology and Social Change* (Oxford: Clarendon, 1962), 10-25. For criticism of this thesis, see P. H. Sawyer and R. H. Hilton, "Technical Determinism: The Stirrup and the Plough," *Past and Present*, 24 (April 1963): 90-100.

19 Andrew Ehrenkreutz, "Strategic Implications of the Slave Trade between Genoa and Mamluk Egypt in the Second Half of the Thirteenth Century," in A. L. Udovitch, ed., *The Islamic Middle East, 700-1900* (Princeton, NJ: Darwin, 1981), 337.

20 David Ayalon, "The Circassians in the Mamluk Kingdom," *Journal of the American Oriental Society*, 69 (July-September 1949): 146.

21 David Ayalon, "Studies on the Structure of the Mamluk Army-I," *Bulletin of the School of Oriental and African Studies*, University of London, 15 (1953): 206-207.

22 Ayalon, "The Circassians in the Mamluk Kingdom," 146.

23 Pipes, 83.

24 위의 책, 83-84.

25 Ayalon, *The Mamluk Military Society*, Xb:6.

26 위의 책, Xb:15.

27 위의 책, Xa:197, 221.

28 Ehrenkreutz, 336.

29 Saunders, 165.

30 위의 책, 47, 49.

31 Ayalon, *The Mamluk Military Society*, VIII:49.

32 Michael W. Dols, *The Black Death in the Middle East* (Princeton: Princeton University Press, 1977), 21, 56-57.

33 Ehrenkreutz, 343.

34 Howe, 98-99.

35 S. D. Goitein, "New Light on the Beginnings of the Karim Merchants," *Journal of Economic and Social History of the Orient* 1 (August 1957): 182-183.

36 Labib, 84.

37 위의 책, 83.

38 Walter J. Fischel, "The Spice Trade in Mamluk Egypt," *Journal of Economic and Social History of the Orient* 1 (August 1957): 161-173.

6장

1 20세기 초반에 한족 이주자들이 점점 가치가 높아지는 가죽을 얻기 위해 만주로 몰려들어 생물체를 사냥하면서 발생했다. 이주자들은 질병에 감염되었으며 전염병으로 6만 명이 목숨을 잃었다. See Wu Lien-Teh et al., *Plague* (Shanghai Station: National Quarantine Service, 1936), 31-35.

2 위의 책, 74-75.

3 Mark Wheelis, personal communication.

4 Wu, 289-291. See also Rosemary Horrox, *The Black Death* (Manchester, England: Manchester University Press, 1994), 5.

5 A. B. Christie et al., "Plague in camels and goats: their role in human epidemics," *Journal of Infectious Disease*, 141:6 (June 1980): 724-726.

6 Hippocrates, *Of the Epidemics*, I:1, http://classics.mit.edu/Hippocrates/epidemics.1.i.html, accessed December 23, 2005.

7 Thucydides, 2:47-54. 최근 희생자로 추정되는 사체에서 확보한 치수를 조사한 결과 살모넬라 엔테리카(*Salmonella enterica*)가 검출되었다. 이는 장티푸스균이 원인균일 가능성을 시사한다. See M. J. Papagrigorakis et al., "DNA examination of ancient dental pulp incriminates typoid fever as a probable cause of the Plague of Athens," *International Journal of Infectious Diseases* 10, no. 3 (May 2006): 206-214.

8 J. F. Gilliam, "The Plague under Marcus Aurelius," *The American Journal of Philology* 82, no. 3 (July 1961): 225-251. Also see McNeill, 131.

9 전염 속도가 더 빠르고 치명적인 세 번째 질병인 '패혈증'이 발병했다. 이는 주로 혈류를 통해 감염된다. 근대에는 드물지만 흑사병이 돌던 시대에는 흔했을 가능성이 있다. Wheelis, unpublished material. Also see W, 3, 317, 325.

10 위의 책, 178-179.

11 Procopius, *The History of the Persian Wars*, II:16, from *The History of the Warres of the Emperour Justinian* (London: printed for Humphrey Moseley, 1653).

12 위의 책.

13 위의 책.

14 위의 책, 23:31.

15 Dols, 21-27.

16 Josiah C. Russell, "That Earlier Plague," *Demography* 5, no. 1 (1968): 174-184.

17 McNeill, 147-148.

18 위의 책, 138-139, 142.

19 위의 책, 173-176.

20 Mark Wheelis, unpublished material, personal communication. 일련의 사건은 추측에 근거한 것이다. 의학사학자들은 1331년 중국의 발병에 대해 기록이 충분히 남아 있지 않고, 1338년 이시크쿨호의 발병에 관련해서는 주로 인류학적 증거가 남아 있을 뿐이라고 지적한다. 8년 후 카파에 질병이 전파된 과정에 대해서도 또 다른 가능성이 제기된다. 오랫동안 병원균을 지니고 있던 카스피해 설치류가 페르시아에서 북쪽으로 퍼져 나갔을 가능성, 인간의 개입 없이 쥐와 타르바간을 통해 중국에서 서쪽 방향으로 병원균이 서서히 퍼져 나갔을 가능성 등이다.

21 Horrox, 17.

22 위의 책.

23 Mark Wheelis, "Biological warfare at the 1346 Siege of Kaffa." Emerg. Infect. Dis. [serial online] September 2002 [accessed December 15, 2005]: 8. Available from URL: http://www.cdc.gov/ncidod/EID/vol8no9/01-0536.htm

24 Horrox, 36.

25 위의 책, 39. 가브리엘레 데 무시는 1차, 2차 관찰 내용을 근거로 짜깁기하는 솜씨가 무척이나 뛰어난 사람이었던 듯하다. 고향인 이탈리아 피아첸차를 떠난 적이 없었던 사람이기 때문이다. 일각에서는 유럽으로 질병이 전파되는 과정에서 카파의 중요성에 의문을 제기한다. 병원균은 벼룩, 쥐, 설치류, 말, 낙타, 인간을 오가며 중앙아시아를 건너 서쪽으로 확산되었다. 몽골인은 흑해의 여러 항구를 장악했으며, 이 과정에서 전염병이 퍼져 나갔을 가능성도 있다.

26 Allan Evans, review of *Genova marinara nel duecento: Benedetto Zaccaria, ammiraglio e mercante. Speculum* 11, no. 3 (July 1936): 417.

27 Mark Wheelis, unpublished material.

28 McNeill, 179, 182.

29 Horrox, 20.

30 위의 책, 9-13.

31 위의 책, 209-210.

32 위의 책, 13-18.

33 Frederic C. Lane, *Venice: A Maritime Republic* (Baltimore: Johns

Hopkins University Press, 1973), 19. B. Z. Kedar, *Merchants in Crisis* (New Haven: Yale University Press, 1976), 5.

34 Dols, 58-59.

35 Horrox, 18.

36 위의 책, 25. For municipal population figures see Daron Acemoglu et al., "Reversal of Fortune: Geography and Institutions and the Making of the Modern World Income Distribution," *Quarterly Journal of Economics*, 117 (November 2002): 1231-1294.

37 Dols, 60.

38 위의 책, 65.

39 위의 책, 57.

40 David Neustadt (Ayalon), "The Plague and its Effects upon the Mamluk Army," *Journal of the Royal Asiatic Society* (1946): 67-73, quotes from 72.

41 Quoted in Dols, 188.

42 역사적, 세계적인 경제 및 인구 통계에 관해 가장 접근이 쉬우면서 권위 있는 자료는 경제사학자 Angus Maddison의 웹사이트에 있는 엑셀 형식의 파일이다. http://www.ggdc.net/ Maddison/Historical_Statistics/horizontal-file.xls.

43 Abu-Lughod, 236-239; Dols 197, 265.

44 McNeill, 130.

45 위의 책, 7-8.

46 Ibn Khaldun, trans. Franz Rosenthal, *The Muqaddimah: An Introduction to History* (New York: Pantheon, 1958), 64.

7장

1 Anon., "Roteiro,": ed. E. G. Ravenstein, *A Journal of the First Voyage of Vasco da Gama* (London: Hakluyt Society, 1898), 75. 이 일지(이하 '항해 일지(Roteiro)')는 다 가마의 배에 탔던 무명의 선원이 간직한 것이다. 다 가마

의 형제인 파울루가 지휘하던 상라파엘(São Rafael)호의 서기 João de Sá가 기록했거나 같은 배에 탔던 Álvaro Velho가 기록했을 수도 있다. 일지는 다 가마의 1차 항해와 관련해 가장 중요한 1차 기록이다.

2 Robert B. Serjeant, *The Portuguese off the South Arabian Coast: Hadrami Chronicles* (Oxford: Clarendon, 1963), 43.

3 향료 제도를 실제로 발견했다는 데 대해서는 의심의 여지가 거의 없다. 교황의 비서가 남긴 기록에서 니콜로 데 콘티가 묘사한 몰루카의 앵무새와 피부색이 어두운 원주민의 모습은 실제에 가깝다. See N. M. Penzer, ed., and John Frampton, trans., *The Most Noble and Famous Travels of Marco Polo Together with the Travels of Niccolò de' Conti* (London: Adam and Charles Black, 1937), 133. See also Howe, 70-74.

4 Ehrenkreutz, 338-339.

5 Charles E. Nowell, "The Historical Prester John," *Speculum*, 28:3 (July 1953): 434-445.

6 Robert Silverberg, *In the Realm of Prester John* (Garden City, NY: Doubleday, 1972), 3-7, quote, 45.

7 위의 책, 43.

8 위의 책, 2.

9 Pearson, 83.

10 Dana B. Durand, review of *Precursori di Colombo? Il tentativo di viaggio transoceanio dei genovesi fratelli Vivaldi nel 1291* by Alberto Magnaghi, *Geographical Review*, 26:3 (July 1936): 525-526.

11 Felipe Fernández-Armesto, *Columbus* (Oxford: Oxford University Press, 1991), 9.

12 J. H. Plumb, Introduction, in C. R. Boxer, *The Portuguese Seaborne Empire*, xxvi.

13 Silverberg, 194-195.

14 Boxer, *The Portuguese Seaborne Empire*, 28-29.

15 Howe, 105.

16 Samuel Eliot Morison, *Admiral of the Ocean Sea* (Boston: Little, Brown,

1970), 24-26, 41.

17 허구의 이야기에 따르면, 콜럼버스는 최초로 대서양을 횡단하는 항해에서 돌아온 후 그를 질시하면서 성과를 폄하하는 귀족 무리와 저녁을 함께했다. 이들은 누구라도 무역풍을 타고 서쪽으로 항해하면 신세계에 닿을 수 있다고 깎아내렸다. 콜럼버스는 귀족들을 향해 "당신들 중 누가 이 달걀을 세울 수 있소?"라고 물었다. 자리에 있던 귀족들이 차례로 시도했으나 모두 실패했다. 그러자 콜럼버스가 달걀을 깨뜨려 식탁에 세우면서 말했다. "당신들이 불가능하다던 일만큼 쉬운 일이 어디 있소? 세상에서 가장 간단한 일이오. 누구라도 할 수 있소. 그 방법을 한 번 보기만 한다면 말이오!" http://www.mainlesson.com /display.php?author =olcott&book=holidays&story=egg.

18 위의 책, 33-34, 64.

19 대다수가 알고 있는 바와 달리 콜럼버스는 누구와도 소원하게 지내지 않았다. 심지어 주앙 2세가 그의 제안을 거절한 후에도 추가로 논의를 하기 위해 왕을 여러 번 찾아갔다. 콜럼버스가 지중해를 항해하던 시절 그를 고용했던 제노바의 유력한 무역 가문인 첸투리오네는 콜럼버스의 3차 신세계 항해를 후원했다. (See Fernández-Armesto, 9.)

20 For a comprehensive discussion of the historiography of Columbus's motivations, see Cecil Jane, *Select Documents Illustrating the Four Voyages of Christopher Columbus* (London: Hakluyt Society, 1930), xiii-cl.

21 C. Varela, ed., *Cristóbal Colón: Textos y documentos completos* (Madrid: 1984), 256, quoted in Fernández-Armesto, 134.

22 Quoted in Fernández-Armesto, 97.

23 위의 책, 54-108.

24 노르웨이인보다 먼저 신세계를 다녀온 사람들이 있음을 시사하는 증거가 많다. 베네수엘라에서 로마의 동전이 발견되고, 라틴아메리카 시대 이전의 공예에서 아시아 특유의 직물 패턴이 발견되기도 했다. See Stephen Jett, *Crossing Ancient Oceans* (New York: Springer, 2006).

25 Zweig, 26.

26 Acemoglu et al., 1231-1294.

27 A. R. Disney, *Twilight of the Pepper Empire* (Cambridge, MA: Harvard University Press, 1978), 21.

28 Boxer, *The Portuguese Seaborne Empire*, 20–22.

29 Morison, 368–374.

30 M. N. Pearson, "India and the Indian Ocean in the Sixteenth Century," in *India and the Indian Ocean*, 78.

31 *Roteiro*, xix.

32 위의 책, 20–21.

33 위의 책, 25.

34 위의 책, 26.

35 위의 책, 35.

36 위의 책, 45.

37 Sanjay Subrahmanyam, *The Career and Legend of Vasco da Gama* (Cambridge: Cambridge University Press, 1997), 121–128.

38 위의 책, 121.

39 *Roteiro*, 48.

40 위의 책, 60.

41 위의 책, 62.

42 위의 책, 68.

43 위의 책, 173.

44 Earl J. Hamilton, "American Treasure and the Rise of Capitalism," *Economica* 27 (November 1929): 348.

45 Boxer, *The Portuguese Seaborne Empire*, 206.

46 William Brooks Greenlee, trans., *The Voyage of Pedro álvares Cabral to Brazil and India* (London: Hakluyt Society, 1938), xxiii–xxviii, 83–85.

47 Quoted in Subrahmanyam, 205.

48 위의 책, 214.

49 위의 책, 215.

50 Boxer, *The Portuguese Seaborne Empire*, xxiii.

51 위의 책, 227.

52 Genevieve Bouchon and Denys Lombard, "The Indian Ocean in the Fifteenth Century," in *India and the Indian Ocean*, ed. A. D. Gupta and M. N. Pearson (Calcutta: Oxford University Press, 1987), 55-56.

53 Quoted in Silverberg, 216.

54 Pearson, "India and the Indian Ocean in the Sixteenth Century," 67-68.

55 위의 책, 87.

56 세항이 원래 탔던 선박은 지나치게 노후하여 운항할 수 없었다. 그의 지휘 아래 비참한 운명을 맞은 선박은 도중에 구매한 현지의 정크선이었다. See Leonard Y. Andaya, *The World of Maluku* (Honolulu: University of Hawaii Press, 1993), 115.

57 Quoted in Zweig, 52.

58 Zweig, 33-69.

59 선박 한 척은 반란이 일어난 후에 돌아왔다. 또 다른 한 척은 거친 바다에서 실종되었으며, (다 가마의 항해와 마찬가지로) 한 척은 선원들을 한 곳에 모으기 위해 버렸다. 트리니다드는 포르투갈인에게 나포되었다. 일주를 마친 빅토리아호의 선원 31명 가운데 13명은 카보베르데 제도에서 포르투갈인에게 사로잡혔다가 나중에 스페인으로 돌아갔다. See Tim Joyner, *Magellan* (Camden, ME: International Marine, 1992), especially the crew roster and accounting, 252-265.

60 위의 책, 192-240.

61 Pearson, "India and the Indian Ocean in the Sixteenth Century," 90.

62 Quoted in Frederic C. Lane, "The Mediterranean Spice Trade: Further Evidence of Its Revival in the Sixteenth Century," *American Historical Review*, 45:3 (April 1940): 589.

63 위의 책, 587.

64 Frederic C. Lane, "Venetian Shipping during the Commercial Revolution," 228-234.

65 Om Prakash, "European Commercial Enterprise in Precolonial Europe," in *The New Cambridge History of India* (Cambridge: Cambridge University Press, 1998), II:5, 45.

66 위의 책, 581, 587-588. For a contrary view, see C. H. H. Wake, "The Changing Pattern of Europe's Pepper and Spice Imports, ca. 1400-1700," *Journal of European Economic History* 8 (Fall 1979): 361-403. 하지만 Wake도 16세기에 홍해와 베네치아를 통해 향료가 대량으로 유입되었음을 인정했다.

67 M. N. Pearson, *The New Cambridge History of India* (Cambridge: Cambridge University Press, 1987), I:1, 44.

68 Boxer, *The Portuguese Seaborne Empire*, 59.

69 Charles R. Boxer, "A Note on Portuguese Reactions to the Revival of the Red Sea Spice Trade and the Rise of Atjeh, 1540-1600," *Journal of Southeast Asian History* 10 (1969): 420.

70 위의 책, 425.

71 Charles R. Boxer, *The Great Ship from Amacon* (Lisbon: Centro de Estudios Históricos Ultramarinos, 1959), 1-2.

72 위의 책, 22.

73 위의 책, 15-16.

74 위의 책, 16-18.

75 M. N. Pearson, *The New Cambridge History of India*, I:1, 37-39.

76 M. A. P. Meilink-Roelofsz, *Asian Trade and European Influence in the Indonesian Archipelago Between 1500 and About 1630* (The Hague: Martinus Nijhoff, 1962), 144.

77 위의 책, 43.

78 Prakash, 54.

79 John Villiers, "Las Yslas de Esperar en Dios: The Jesuit Mission in Moro 1546-1571," *Modern Asian Studies* 22, no. 3 (1988, special issue): 597.

80 Paramita R. Abdurachman, "'Niachile Pokaraga': A Sad Story of a Moluccan Queen," *Modern Asian Studies* 22, no. 3 (1988, special issue): 589.

81 Andaya, 116-141.

82 Disney, 20-21

8장

1   Homer H. Dubs and Robert S. Smith, "Chinese in Mexico City in 1635," *Far Eastern Quarterly* 1, no. 4 (August 1942): 387.

2   Horace Stern, "The First Jewish Settlers in America: Their Struggle for Religious Freedom," *Jewish Quarterly Review* 45, no. 4 (April 1955): 289, 292-293, quote, 293. 이 23인이 북아메리카 최초의 유대인인지에 대해서는 논쟁의 여지가 있다. See, for example, Jonathan D. Sarna, "American Jewish History," *Modern Judaism* 10, no. 3 (October 1990): 244-245.

3   Philippa Scott, *The Book of Silk* (London: Thames and Hudson, 1993), 22, 24, 33.

4   열대 지역에서 대기의 흐름은 적도를 향한다. 기단이 적도 방향으로 움직이면서 그 아래 지역과 비교해 동쪽으로 서서히 회전하는데, 이는 적도 지방에서 지구의 둘레가 최대치이기 때문이다(회전 속도의 상승). 이에 따라 상대적으로 서쪽을 향해 움직이며 이를 코리올리 효과(Coriolis effect)라고 부른다. 북반구와 남반구 모두에서 고위도로 갈수록 반대 현상이 벌어진다. 기단은 극지방을 향해 움직이는 과정에서 그 아래 지역과 비교해 동쪽으로 더 빠르게 움직인다. 위도가 높아질수록 지구의 둘레가 줄어들어 회전 속도가 줄기 때문이다. 극지방에서 회전 속도는 0이다. 같은 이유에서 폭풍 전선은 북반구에서는 시계 방향으로, 남반구에서는 시계 반대 방향으로 회전한다(하지만 배수 시설에서 관찰할 수 있는 소용돌이 현상과는 무관하다. 개수대나 욕조같이 매우 협소한 공간에서는 코리올리 효과가 큰 영향을 미치지 못한다).

5   J. H. Parry, review of "Friar Andrés de Uraneta, O.S.A.," *Hispanic American Historical Review* 47, no. 2 (May 1967): 262. 아렐라노는 우르다네타의 탐험대가 마닐라를 떠나자마자 이탈했으나 멕시코에 먼저 도착했는데, 항해일지를 부실하게 작성했고 이로 인해 벌을 받았다. 우르다네타가 이 항로의 선구자로 기억된 것이다. For the conventional view crediting Urdaneta, see Thor Heyerdahl, "Feasible Ocean Routes to and from the Americas in Pre-Columbian Times," *American Antiquity* 28, no. 4 (April 1963): 486.

주 - 613

6 William Lytle Schurz, "Mexico, Peru, and the Manila Galleon," *American Historical Review* 1, no. 4 (November 1918): 390.

7 위의 책, 394-395.

8 Dubs and Smith, 387.

9 위의 책, 398.

10 위의 책, 391.

11 위의 책, 387.

12 Sugar consumption from http://www.fao.org/documents/show_cdr.asp?url_file=/docrep/009/J7927e/j7927e07.htm. EU population of 457 million from http://www.cia.gov/cia/publications/factbook/rankorder/2119rank.html; U.S. population of 299 million from http://www.census.gov/population/www/popclockus.html. Medieval European consumption from Henry Hobhouse, *Seeds of Change* (New York: Harper and Row, 1986), 44.

13 Norge W. Jerome, in James M. Weiffenbach, ed., *Taste and Development: The Genesis of Sweet Preference* (Washington D.C.: National Institutes of Health, 1974), 243.

14 Sidney W. Mintz, *Sweetness and Power* (New York: Penguin, 1986), xxi, 6.

15 Paul Hentzner, from http://www.britannia.com/history/docs/hentzner.html.

16 J. H. Galloway, "The Mediterranean Sugar Industry," *Geographical Review* 67, no. 2 (April, 1977): 182-188.

17 Mintz, 23.

18 Galloway, 180.

19 Alberto Vieria, "Sugar Islands" and "Introduction," in Stuart B. Schwartz, ed. *Tropical Babylons* (Chapel Hill: University of North Carolina Press, 2004), 10, 62-73.

20 Jonathan I. Israel, *Dutch Primacy in World Trade*, 1585-1740 (Oxford: Clarendon, 1989), 161-168.

21 Stern, 289. For a detailed historical analysis, see Arnold Wiznitzer, "The

Exodus from Brazil and Arrival in New Amsterdam of the Jewish Pilgrim Fathers, 1654," *Publication of the American Jewish Historical Society* 44, no. 1 (September 1954): 80–95. 후자의 진술을 통해 브라질에서 온 23명의 세파르디 유대인(스페인·북아프리카계 유대인)이 처음으로 뉴암스테르담에 도착한 유대인이 아님을 확인할 수 있다. 이들이 아시케나지(중부·동부 유럽 유대인의 후손) 두 사람을 만나 도움을 얻었기 때문이다.

22 J. E. Heeres, *Het Aandeel der Nederlanders in de Ontdekking van Australië 1606–1765* (Leiden: Boekhandel en Drukkerij Voorheen E. J. Brill, 1899), xii–xiv. Also see Estensen, 126–127.

23 위의 책, 156–164. For a more detailed description of the *Batavia* disaster, see Mike Dash, *Batavia's Graveyard* (New York: Crown Publishers, 2002).

24 John J. McCusker, *Money and Exchange in Europe and America, 1600–1775* (Chapel Hill: University of North Carolina Press, 1978), 7–8.

25 Kristof Glamann, *Dutch-Asiatic Trade 1620–1740* ('s-Gravenhage, Netherlands: Martinus Nijhoff, 1981), 64–65.

26 Jeremy N. Green, "The Wreck of the Dutch East Indiaman the Vergulde Draek, 1656," *International Journal of Nautical Archaeology and Underwater Exploration* 2, no. 2 (1973): 272–274, 278–279. For a more accessible discussion, see Miriam Estensen, *Discovery, the Quest of the Great South Land* (New York: St. Martin's, 1998), 193–194.

27 Donald Simpson, "The Treasure in the *Vergulde Draek*: A Sample of V. O. C. Bullion Exports in the 17th Century," *Great Circle* 2, no. 1 (April 1980): 13.

9장

1 Derek Wilson, *The World Encompassed: Francis Drake and His Great Voyage* (New York: Harper and Row, 1977), 60–63.

2 Marguerite Eyer Wilbur, *The East India Company* (Stanford, CA:

Stanford University Press, 1945), 5-9.

3 장거리 교역에 이베리아 항구를 폐쇄하면서 나타난 직접적 효과는 홀란트를 비롯한 유럽 나라가 어류를 보관하는 데 필수적인 스페인 소금을 공급받지 못한 것이다. 1599년 초 약 120척의 네덜란드 선박과 영국, 프랑스, 이탈리아의 선박 수십 척은 오늘날의 베네수엘라 지역인 푼타 데 아라야의 솔트 플랫에 들렀다. See Philip Curtin, *The Rise and Fall of the Plantation Complex*, 2nd ed. (Cambridge: Cambridge University Press, 1998), 90.

4 Charles Boxer, *The Dutch Seaborne Empire* (New York: Penguin, 1988), 21.

5 Arthur Coke Burnell, ed., *The Voyage of John Huyghen van Linschoten to the East Indies* (New York: Burt Franklin, 1885), I:xxvi.

6 위의 책, 112.

7 John Bastin, "The Changing Balance of the Southeast Asian Pepper Trade," in M. N. Pearson, *Spices in the Indian Ocean World* (Aldershot: Variorum, 1996), 285.

8 위의 책, 25.

9 위의 책.

10 Michael Greenberg, *British Trade and the Opening of China* (Cambridge: Cambridge University Press, 1969), 2.

11 Wilbur, 18-24.

12 Charles R. Boxer, *The Portuguese Seaborne Empire*, 110.

13 3세기 후 미국의 경제학자 Irving Fisher는 진흙과 짚으로 가옥을 짓는 곳은 금리가 높은 반면 벽돌로 집을 짓는 곳에서는 금리가 낮다고 주장했다. See Irving Fisher, *The Theory of Interest* (Philadelphia: Porcupine, 1977), 375-382.

14 Data adjusted to year 2006 dollars from the year 1990 data from Angus Maddison, *The World Economy: A Millennial Perspective* (Paris: OECD, 2001), 264. Data recomputed for the U.S. CPI as of 2006.

15 Sidney Homer and Richard Sylla, *A History of Interest Rates* (New Brunswick, NJ: Rutgers University Press, 1996), 137-138.

16 Jan De Vries and Ad Van Der Woude, *The First Modern Economy* (Cambridge: Cambridge University Press, 1997), 26-28.

17 Israel, 21-22.

18 위의 책, 75.

19 Quoted in T. S. Ashton, *The Industrial Revolution, 1760-1830* (Oxford: Oxford University Press, 1967), 9.

20 1600년의 환율로 영국의 1파운드 스털링은 10길더 정도였다.

21 Wilbur, 21. See also Jonathan B. Baskin and Paul J. Miranti, *A History of Corporate Finance* (Cambridge: Cambridge University Press, 1997), 75.

22 Meilink-Roelofsz, 195-196.

23 Vincent C. Loth, "Armed Incidents and Unpaid Bills: Anglo-Dutch Rivalry in the Banda Islands in the Seventeenth Century," *Modern Asian Studies* 29, no. 4 (October 1995): 707.

24 Meilink-Roelofsz, 193.

25 Boxer, *The Dutch Seaborne Empire*, 75.

26 Andaya, 152-155.

27 Israel, 185.

28 Boxer, *The Dutch Seaborne Empire*, 107.

29 위의 책, 164.

30 Loth, 705-740. 결국 네덜란드는 1666년 2차 영국-네덜란드 전쟁 중에 룬을 차지했으며 이듬해 체결된 브레다 조약을 통해 이를 공식화했다. 강화조약에서 네덜란드가 룬에 대한 공식적인 통치권을 얻고 영국군의 맨해튼 소유를 인정한 것은 '교환'으로 유명해졌다.

31 Niels Steensgaard, *The Asian Trade Revolution of the Seventeenth Century* (Chicago, University of Chicago Press, 1974), 345-397.

32 Meilink-Roelofsz, 222-225.

33 Boxer, *The Dutch Seaborne Empire*, 128.

34 위의 책, 265-267. Quote in C. R. Boxer, *Jan Compagnie in Japan, 1600-1850* (The Hague: Nijhoff, 1950), 90.

35 Israel, 172-175.

36 위의 책, 177.

37 위의 책, 91-92.

38 De Vries and Van Der Woude, 642-646; quote, 643.

39 Hobhouse, 105.

40 Glamann, 27-34.

41 위의 책, 108-111.

42 Israel, 199-202.

43 위의 책, 208-224, 262-269, 287.

10장

1 Arthur Meier Schlesinger, "The Uprising Against the East India Company," *Political Science Quarterly* 32, no. 1 (March 1917): 60-79.

2 위의 책, 67-68.

3 위의 책에서 인용, 69.

4 위의 책에서 인용, 70.

5 Jean de La Roque, *A voyage to Arabia foelix through the Eastern Ocean and the Streights of the Red-Sea, being the first made by the French in the years 1708, 1709, and 1710* (London: Printed for James Hodges, 1742), 296-297.

6 위의 책, 309.

7 Ralph S. Hattox, *Coffee and Coffeehouses* (Seattle: University of Washington Press, 1988): 22-26.

8 La Roque, 335.

9 위의 책, 313.

10 위의 책, 321; Hattox, 36-37.

11 La Roque, 336; also Bennett Alan Weinberg and Bonnie K. Bealer, *The World of Caffeine* (New York: Routledge, 2001), 14.

12 Quoted in Weinberg and Bealer, 13.

13 위의 책, 15.

14 Quoted in Fernand Braudel, *Capitalism and Material Life 1400-1800* (New York: Harper and Row, 1967), 184.

15 처음으로 커피를 언급한 유럽인은 독일의 저명한 의사 레온하르트 라우볼프 (Leonhard Rauwolf)다. 그는 1570년대에 교환할 만한 약재를 구하러 레반트 로 여행을 가는 길에 커피를 접했다. See William H. Ukers, *All About Coffee* (New York: Tea and Coffee Trade Journal Company, 1935), 21.

16 위의 책, 46.

17 David Liss, *The Coffee Trader* (New York: Random House, 2003), 15.

18 Douglass C. North and Barry R. Weingast, "Constitutions and Commitment: The Evolution of Institutional Governing Public Choice in Seventeenth-Century England," *Journal of Economic History* 49 (December 1989): 803-32.

19 Homer and Sylla, 124, 155. 인용된 수치는 왕이 부채를 일으킬 때 적용한 금 리이며 세금이 담보로 제공되었다. 중세 정부가 자금을 빌릴 때 '횡재' 역할을 했 던 복권이 담보로 제공될 때 금리는 3퍼센트까지 하락했다.

20 Glamann, 204-206, calculated at four hundred pounds per *bahar*.

21 For coffee prices at Mocha, see Glamann, 205. 파운드당 0.8길더는 모카 에서 735파운드의 도착 가격이 현지 바하르(동인도 제도에서 통용되던 화폐 단위—역주)당 245스페인 레알이며 전환 비율이 레알당 2.4길더라는 데서 산 출한 것이다. For more on weights and currencies in the coffee markets, see Glamann, 304.

22 위의 책, 200-201.

23 위의 책, 207-211.

24 Re. Dutch Clergyman, Boxer, *Jan Compagnie*, 61, and quote, Braudel, 186.

25 Boxer, *Jan Compagnie*, 61-62.

26 Jonathan F. Wendel and Richard C. Cronin, "Polyploidity and the Evolutionary History of Cotton," *Advances in Agronomy* 78 (2003): 139-186.

27 Neil McKendrick, John Brewer, and J. H. Plumb, *The Birth of a Consumer Society* (London: Europa, 1982), 36-37.

28 인일(person-day)은 노동의 측정 단위로, 근로자 한 사람이 하루에 처리하는 작업량으로 정의된다.

29 Hobhouse, 144. 13인일은 총 인일 수를 8파운드로 나눈 수치다.

30 Audrey W. Douglas, "Cotton Textiles in England: The East India Company's Attempt to Exploit Developments in Fashion 1660-1721," *Journal of British Studies* 8, no. 2 (May 1969): 29.

31 위의 책, 30.

32 *Defoe's Review* (New York: Columbia University Press, 1938); see no. 43 (January 6, 1712), 8.

33 위의 책, no. 11 (January 26, 1706), 3.

34 Douglas, 33.

35 Ramkrishna Mukherjee, *The Rise and Fall of the East India Company* (Berlin: VEB Deutsher Verlag der Wissenschaften, 1958), 226.

36 위의 책, 282.

37 Alfred C. Wood, *A History of the Levant Company* (London: Frank Cass, 1964), 1-11, 102-105.

38 위의 책, 103-104.

39 위의 책, 104.

40 위의 책, 104-105.

41 Thomas Mun, *England's Treasure by Foreign Trade*, in Lenoard D. Abbot, ed., *Masterworks of Economics* (New York: McGraw-Hill, 1973), 6. 먼은 중상주의자이면서 동인도회사를 지지하는 흥미로운 입장을 보였다. 그는 캘리코를 인도에서 소비하지 않고 유럽으로 재수출하면 동인도회사가 더 많은 정금을 얻을 수 있다고 주장했다. See William J. Barber, *British Economic Thought and India 1600-1858* (Oxford: Clarendon, 1975), 10-27.

42 중상주의자의 주장에서 이론상의 오류를 발견하기란 어렵지 않다. 만약 한 나라가 무역수지에서 큰 흑자를 기록하고 있다면 정금이 증가하여 전반적으로 물가가 상승한다(17세기 홀란트). 물가 상승으로 수출 가격이 상승하므로 무역수지가 줄어들거나 사라진다. 무역수지 적자국에서는 반대 현상이 벌어져서 정금이 감소한다. 이에 물가가 하락하여 수출에 우호적인 환경이 조성된다.

43 Quoted in Douglas Irwin, *Against the Tide* (Princeton: Princeton University Press, 1996), 48.

44 Charles Davenant, *Essay on the East-India-Trade* (London: Printed for author, 1696), 22, 26, 32.

45 Henry Martyn, C*onsiderations on the East India Trade* (London: Printed for J. Roberts, 1701), 10, photographic reproduction in J. R. McCullouch, *Early English Tracts on Commerce* (Cambridge: Cambridge University Press, 1970). 이 글의 저자에 대해서는 의문스러운 부분이 있다. 표지에 저자가 없으나 대다수의 학자들은 Martyn이 저자일 것으로 추정한다. — see P. J. Thomas, *Mercantilism and the East India Trade* (London: Frank Cass, 1963), 171–173.

46 위의 책, 37.

47 위의 책, 32–33. 더 놀랍게도 Martyn은 애덤 스미스보다 75년 앞서 노동 분업의 마법과도 같은 효과에 대해 분명하게 설명했다. 그는 의복 제조업자나 시계 제조업자가 제작의 전 과정을 혼자 수행할 수 있지만 각 단계를 해당 작업에 가장 뛰어난 사람이 맡는 것이 더 낫다고 지적했다. "방적공, 마무리공, 날염업자나 직물공은 자신이 지속적으로 온전히 종사할 사업 분야에서 다양한 사업으로 패배를 거둘 그 누구보다 능숙하고 효율적인 기술을 갖춰야 한다." 43.

48 George L. Cherry, "The Development of the English Free-Trade Movement in Parliament, 1689–1702," *Journal of Modern History* 25, no. 2 (June 1953): 103–119.

49 위의 책, 110.

50 K. N. Chaudhuri, *The Trading World of Asia and the English East India Company* (Cambridge: Cambridge University Press, 1978), 294–295.

51 Quoted in Thomas, 136.

52 Beverly Lemire, *Fashion's Favourite* (Oxford: Oxford University Press, 1991), 32.

53 위의 책, 145–146.

54 위의 책, 34–42, 160.

55 T. K. Derry and Trevor I. Williams, *A Short History of Technology* (New

York: Dover, 1993) 105-107, 558-561.

56 E. J. Hobsbawm, "The Machine Breakers," *Past and Present* 1 (February 1952): 57-70.

57 Lemire, 54.

58 McKendrick et al., 34-99.

59 Hobhouse, 148-154.

60 C. R. Harler, *The Culture and Marketing of Tea*, 2nd ed. (London: Oxford University Press, 1958), 109, 225.

61 Chaudhuri, *The Trading World of Asia and the East India Company*, 386.

62 James Walvin, *Fruits of Empire* (New York: New York University Press, 1997), 16-19.

63 N. McKendrick, "Josiah Wedgwood: An Eighteenth-Century Entrepreneur in Salesmanship and Marketing Techniques," *Economic History Review* 12, no. 3 (1960): 412-426.

64 Jonas Hanway, quoted in Walvin, 22.

65 Philip Curtin, *The Rise and Fall of the Plantation Complex*, 83.

66 Richard S. Dunn, *Sugar and Slaves* (Chapel Hill: University of North Carolina Press, 1972), 7-21, 61, 64-65.

67 Richard Ligon, *A True & Exact History of the Island of Barbadoes* (London: Peter Parker, 1673), 20-21.

68 Quoted in David Eltis, *The Rise of African Slavery in the Americas* (Cambridge: Cambridge University Press, 2000), 201.

69 위의 책, 127, 201-202.

70 Ligon, 96.

71 Hugh Thomas, *The Slave Trade* (New York: Simon and Schuster, 1999), 201-207.

72 Dunn, 112-116.

73 위의 책, 73.

74 Calculated from Eltis, 50, table 2-2.

75 Philip Curtin, *The Atlantic Slave Trade* (Madison: University of Wisconsin Press, 1969), 69, 81.

76 Paul Bairoch, *Economics and World History* (Chicago: University of Chicago Press, 1993), 146.

77 Curtin, *The Rise and Fall of the Plantation Complex*, 39-40.

78 David Brion Davis, *Inhuman Bondage* (Oxford: Oxford University Press, 2006), 90-91.

79 Eltis, *The Rise of African Slavery in the Americas*, from 176, table 7-3.

80 Quoted in Davis, *Inhuman Bondage*, 92.

81 Curtin 교수는 기념비적인 저서 『The Atlantic Slave Trade』에서 최초의 과학적 인구조사를 제시했다. 그의 결론이 대체로 옳다는 점은 Eltis 교수가 확인하고 정교하게 발전시켰다. See *The Rise of African Slavery in the Americas*; "The Volume and Structure of the Transatlantic Slave Trade: A Reassessment," *William And Mary Quarterly*, 58, no. 1 (January 2001): 17-46, and David Eltis and David Richardson, "Prices of African Slaves Newly Arrived in the Americas, 1673-1865: New Evidence on Long-Run Trends and Regional Differentials," in David Eltis, ed., *Slavery in the Development of the Americas* (Cambridge: Cambridge University Press, 2004), 181-211.

82 Curtin, *The Atlantic Slave Trade*, from 268, table 77. For a more recent, and perhaps more accurate, quantitative assessment of the transatlantic slave flow, see Eltis, "The Volume and Structure of the Transatlantic Slave Trade: A Reassessment," 17-46.

83 Davis, *Inhuman Bondage*, 80.

84 위의 책, 11-12, 40-41.

85 Michael Tadman, "The Demographic Cost of Sugar: Debates on Slave Societies and Natural Increase in the Americas," *American Historical Review*, 105, no. 5 (December 2000): 1556.

86 위의 책, 1554-1555, 1561.

87 위의 책, 1536.

11장

1 Quoted in Greenberg, 45.

2 위의 책, 78-79.

3 Jehangir R. P. Mody, *Jamsetjee Jeejeebhoy* (Bombay: R.M.D.C. Press, 1959), 2-14, 21-28.

4 Hsin-pao Chan, *Commissioner Lin and the Opium War* (New York, Norton, 1964), 121-122.

5 광둥무역 체제는 간략하게 다음과 같은 9가지 원칙으로 요약된다. (1) 주장강에는 어떤 외국 선박도 허용되지 않는다. (2) 회사는 무기를 보유할 수 없다. (3) 외국 상인은 교역 기간(9~3월)에만 체류할 수 있다. (4) 외국인이 고용하는 모든 중국인 선원은 허가를 받은 자여야 한다. (5) 외국인이 고용하는 숫자에 엄격한 제한을 둔다. (6) 외국인의 광저우시 방문은 극히 제한적인 경우에만 허용된다. (7) 외국인에 의하거나 외국인이 신용을 제공한 밀수는 허용되지 않는다. (8) 외국 선박은 왐포아보다 상류로 이동할 수 없다. 모든 제품은 광저우까지 20킬로미터를 현지의 소형 선박으로만 운반한다. (9) 모든 거래는 정부의 인가를 얻은 공행을 통해서만 수행한다. See Maurice Collis, *Foreign Mud* (New York: New Directions, 2002), 15.

6 『국부론』이 발표되기 4년 전인 1772년 스미스는 영국 동인도회사 위원회 소속으로 벵골의 불법행위를 조사하도록 파견되는 방안이 고려되었으나 의회의 반대로 무산되었다. See William J. Barber, *British Economic Thought and India 1600-1858* (Oxford: Clarendon, 1975), 88-89.

7 플라시 전투는 7년전쟁에서 일부분일 뿐이다. 이 전쟁으로 영국은 벵골뿐 아니라 캐나다와 소앤틸리스의 상당 부분을 차지했다.

8 Quoted in J. R. Ward, "The Industrial Revolution and British Imperialism, 1750-1850," *Economic History Review* 47, no. 1 (February 1994): 47.

9 Adam Smith, *An Inquiry into the Nature and Causes of the Wealth of Nations* (Chicago: University of Chicago Press, 1976), I: 82.

10 위의 책, II:33; Barber, 97.

11 Anthony Webster, "The Political Economy of Trade Liberalization: The

East India Company Charter Act of 1813," *The Economic History Review* 43, no. 3 (August 1990): 404-419.

12 Jack Beeching, *The Chinese Opium Wars* (New York: Harcourt Brace Jovanovich, 1975), 51.

13 W. Travis Hanes III, *The Opium Wars* (Naperville IL: Sourcebooks, 2002), 13-19.

14 Hsin-pao, 9-10.

15 Greenberg, 86.

16 위의 책, 5.

17 Hsin-pao, 4.

18 Greenberg, 6, 8.

19 Carl Trocki, *Opium, Empire, and the Global Political Economy* (London: Routledge, 1999), 6, 14-21.

20 Hsin-pao, 16-17.

21 Trocki, 34.

22 Paul Johnson, *The Birth of the Modern* (New York: HarperCollins, 1991), 761-774; Hsin-pao, 95-96.

23 Greenberg, 110.

24 Robert Blake, *Jardine Matheson* (London: Weidenfeld & Nicholson, 1999), 44-45. 동인도회사는 아편을 직접 판매하지 않았으나 한 번 예외가 있었다. 1782년 스페인 전쟁 때문에 차 대금으로 지불할 제품이나 은을 마련할 수 없자 워런 헤이스팅스(Warren Hastings) 벵골 총독은 두 척 분량의 아편을 운반하도록 허가했다. See Greenberg, 108.

25 W. Somerset Maugham, *On a Chinese Screen* (New York: George H. Doran, 1922), 60-61.

26 R. K. Newman, "Opium Smoking in Late Imperial China: A Reconsideration," *Modern Asian Studies* 24, no. 4 (October 1995): 784.

27 Hsin-pao, 85-91.

28 애스터는 모피뿐만 아니라 차, 백단유 교역을 통해서도 부를 축적했다. 19세기 초 태평양을 가로지르던 애스터의 선박은 샌드위치 제도(지금의 하와이 제도)

에서 장작을 실었다. 광저우에 도착한 선장은 톤당 500달러를 지불하겠다는 제안을 받고 깜짝 놀랐다. 애스터는 백단향이 고갈되어 맨해튼에서 부동산 거래로 옮겨 갈 때까지 큰 이익을 거둔 비밀을 20년 이상 숨겼다. See Anonymous, "China and the Foreign Devils," *Bulletin of the Business Historical Society*" 3, no. 6 (November 1929): 15.

29 Greenberg., 22-28.

30 중국의 무역 수치는 주요 거래 수단인 스페인 달러로 단위가 표시되었다. 1스페인 달러는 미국의 1달러 은화와 가치가 동일했으며 환율은 1파운드화가 5달러와 같았다.

31 위의 책, 96-97.

32 Greenberg, 36-41, 136-139.

33 Blake, 46.

34 Trocki, 103.

35 Basil Lubbock, *The Opium Clippers* (Glasgow: Brown, Son, and Ferguson, 1933), 72-77.

36 바크(bark)는 돛대가 세 개이며 선미의 종범(세로쪽으로 평행한 돛), 배 중앙부의 가로돛식의 범장, 뱃머리의 돛을 각각 달고 있다. 뇌샤텔의 왕자 호 같은 경우 브리건타인(쌍돛대 범선)으로, 돛대가 선미의 종범과 뱃머리의 가로돛용으로 둘뿐이었다. 세로돛과 가로돛을 바꾸는 경우도 있었으며 이러한 유형으로는 바컨틴(barkentine), 브리그(brig), 스쿠너(schooner) 등이 있었다. 이 모든 형태의 돛대를 매끈하고 좁은 선체에 단단하게 세운 배가 '쾌속 범선'이다.

37 레드로버호는 최초의 기록을 세우기 이전에 여러 해 동안 시행착오를 거쳤다. 1826년 클리프턴은 캘커타의 유명한 조선공인 프랑수아 브리뇽(François Vrignon)의 딸과 결혼했다. 그래서 증기 예인선과 쾌속 범선을 결합하여 중국에 닿으려는 처참한 시도를 하게 되었다. 비슷한 시기에 쾌속 범선을 본떠 설계한 소형 요트인 팔콘호는 겨울에 싱가포르에서 중국까지 이동을 시도했으나 실패했다. 계절풍을 거슬러 최초로 항해를 성공적으로 마친 선박은 1827년 볼티모어 스타일의 스쿠너인 돌레호일 것이다. 하지만 돌레는 레드로버보다 훨씬 규모가 작고 속도가 느렸으며 한 차례 항해하는 데 그쳤다. See Lubbock, 62-78; Blake, 54.

38 짧은 활동 기간 때문에 오늘날 남아 있는 '첨단 쾌속 범선(extreme clipper)'의 사례는 저 유명한 커티삭호뿐이다. 커티삭은 2007년 화재로 소실되기 전까지 그리니치에 전시되었다.

39 Trocki, 106.

40 Anonymous eighteenth-century journalist, quoted in "Behind the Mask," *Economist*, March 18, 2004.

41 Greenberg, 13.

42 위의 책, 112-113, 142.

43 Hsin-pao, 51-61.

44 위의 책, 62.

45 위의 책, 189-203; see also Hanes, 66-83. 회사 내부에서도 의문이 제기되었다. 1849년 도널드 매디슨(Donald Matheson)은 이러한 교역에 항의하여 공동 설립한 회사에서 사임했다. See Trocki, 163; and Peter Ward Fay, "The Opening of China," in Maggie Keswick, ed., *The Thistle and the Jade* (London: Octopus, 1982), 66-67.

46 Edward Le Fevour, *Western Enterprise in Late Ching China* (Cambridge, MA: Harvard University Press, 1968), 13.

47 Trocki, 110-115.

48 Quoted in Karl Marx, *Capital* (New York: International, 1967), 1:432. 이 구절은 1834년에 총독이 작성한 서신을 인용한 것으로 보이지만, 마르크스가 지어냈을 가능성이 있다. 그즈음 작성된 벤팅크의 서신을 조사해보면 인용되는 경우가 거의 없다. 여기에 인용된 극적이면서도 설득력 있는 두 문장은 마르크스의 감성적인 문장 스타일과 일치하는 반면, 일관적으로 무미건조하고 별다른 특색 없는 벤팅크의 문장과는 조화를 이루지 않는다. See C. H. Philips, ed., *The Correspondence of Lord William Cavendish Bentinck, Governor-General of India, 1828-1835*, 2 (Oxford: Oxford University Press, 1977); and Morris D. Morris, "Trends and Tendencies in Indian Economic History," in *Indian Economy in the Nineteenth Century: A Symposium* (Delhi: Hindustan, 1969): 165.

49 Jawaharlal Nehru, *The Discovery of India* (Calcutta: Signet, 1956): 316.

50 Colin Simmons, "De-industrialization,' Industrialization, and the Indian Economy, c. 1850-1947," *Modern Asian Studies* 19, no. 3 (April 1985): 600.

51 B. R. Tomlinson, "The Economy of Modern India," *The New Cambridge History of India,* vol. 3, 3. (Cambridge: Cambridge University Press, 1993): 102.

52 Morris D. Morris, "Towards a Reinterpretation of Nineteenth-Century Indian Economic History," *Journal of Economic History* 23, no. 4 (December 1963): 613.

53 See, for example, Morris; Tomlinson; and Tirthankar Roy, "Economic History and Modern India: Redefining the Link," *Journal of Economic Perspectives* 16, no. 3 (Summer 2002): 109-130.

54 Paul Bairoch, "European Trade Policy, 1815-1914," in Peter Mathias and Sidney Pollard, eds., *The Cambridge Economic History of Europe* (Cambridge: Cambridge University Press, 1989), VIII:109.

55 Jeffrey Williamson, working paper, "De-Industrialization and Underdevelopment: A Comparative Assessment around the Periphery 1750-1939" (December 2004): 15, accessed at http://www.economics.harvard.edu/faculty/jwilliam/papers/DeIndEHW1204.pdf, December 22, 2006.

56 최근의 경제 연구는 유럽이 지배한 기간과 이후 경제 발전 사이의 강한 상관관계가 있음을 보여준다. 식민 지배의 기간이 길수록 GDP가 상승한 것이다. See, for example, James Freyer and Bruce Sacerdote, "Colonialism and Modern Income-Islands as Natural Experiments," Working Paper (October 2006), accessed at http://www.dartmouth.edu/~jfeyrer/islands.pdf, December 22, 2006.

57 Computed from Donald Grove Barnes, *A History of the English Corn Laws* (New York: Augustus M. Kelley, 1961): 295-296.

58 Interpolated from Maddison, *The World Economy,* 95.

59 위의 책, 299-300; and S. Fairlie, "The Corn Laws Reconsidered,"

Economic History Review 18, no. 3 (1965): 563.

60 Barnes, 72-73. 21세기 미국인이 저연비 자동차를 거부하는 것과 크게 다르지 않다.

61 위의 책, 5-89.

62 David Weatherall, *David Ricardo, A Biography* (The Hague: Martinus Nijhoff, 1976), 1-3.

63 위의 책, 38-39; see also 69-71 for Waterloo loan.

64 David Ricardo, *Principles of Political Economy and Taxation* (London: Dutton, 1911), 77-93; quotation, 77.

65 사실 존 스튜어트 밀은 이 원리를 한 세대 후 발간된 유사한 제목의 저서『정치경제학 원리(Principles of Political Economy)』에서 보다 분명하게 설명했다. 애덤 스미스, 로버트 토렌스(Robert Torrens), 헨리 마틴 같은 17~18세기의 저자들은 이 원리를 일반적인 용어로 설명했다. 그러나 일반적으로 경제사학자들은 자유무역의 윈-윈 효과를 수학적으로 설명한 기념비적인 공적을 리카도에게 돌린다. See Irwin, 89-93.

66 Barnes, 133-135, 177-179. 노동 계층에 대한 외무장관의 반감은 1819년 피털루의 학살 사건 이후 셸리가 영원한 기록으로 남겼다. "나는 도중에 살인자를 보았네. 그는 캐슬레이라는 가면을 쓰고 있었지." ("The Masque of Anarchy." Note to American readers: this rhymes.)

67 Weatherall, 101-106, 135-137.

68 한 세기 이상 경제사학자들은 곡물법이 실제로 곡물 가격을 높게 유지시켰는지, 그리고 곡물법의 폐지가 곡물가 하락에 영향을 미쳤는지에 대해 열띤 논의를 벌였다. 학자들은 두 질문에 '그렇다'며 의견 일치를 보이는 듯하다. For a comprehensive treatment of the subject, see Fairlie, 562-575.

69 Joyce Marlow, *The Peterloo Massacre* (London: Panther, 1969), 53-54.

70 1828년 법안은 가격이 52실링 이하일 경우 34와 2/3실링의 세금을 부과했는데, 가격이 72실링이면 1실링으로 하락했다. See Barnes, 200-201.

71 Wendy Hinde, *Richard Cobden* (New Haven, CT: Yale University Press, 1987), 1-2.

72 Richard Cobden, *England, Ireland, and America* (Philadelphia: Institute

for the Study of Human Issues, 1980), 94.

73 위의 책, 29. 이는 보호무역 지지자들이 언제나 간과하는 부분이다. 높은 관세를 매기고 무역 장벽을 세우면 수입된 재료의 가격이 상승한다. 그러면 국내에서 생산되는 제품 가격이 더 비싸져서 해외에서 가격 경쟁력을 상실한다.

74 Norman McCord, *The Anti-Corn Law League* (London: George Allen and Unwin, 1958), 34-36.

75 Johnson, 167.

76 Hinde, 50-52; quote, 51.

77 위의 책, 52.

78 Barnes, 254.

79. Henry Donaldson Jordan, "The Political Methods of the Anti-Corn Law League," *Political Science Quarterly* 42, no. 1 (March 1927): 66.

80 G. Kitson Clark, "The Repeal of the Corn Laws and the Politics of the Forties," *The Economic History Review* 4, no. 1 (1951): 5.

81 Jordan, 69-73. 부동산에서 거두는 이익률이 연 6퍼센트라면 1표당 비용(cost per vote)이 약 33파운드(40실링, 즉 2파운드를 0.06으로 나눈 값)로 계산된다. 동맹의 예산으로는 박빙의 승부가 벌어져 열 표만으로도 하원 의석을 손쉽게 얻을 수 있던 '독점 선거구'(선출 실권이 한 사람이나 가문에 있던 선거구 —역주)에서 영향력을 미칠 수 있는 범위였다.

82. Fay, 105.

83 Quoted in Hinde, 147.

84 근대의 독자들이라면 영국의 토지 귀족들이 영국 공장의 근로 환경에 대해 비현실적 우려를 하는 모습과 미국의 노동 운동이 개발도상국의 근로자 처우에 목소리를 높이는 태도 사이에서 뚜렷한 유사점을 발견할 수 있을 것이다. 곡물법을 둘러싸고 대치하던 양측의 대다수는 식품비가 저렴해지면 동맹의 공장주들이 임금을 적게 지불할 수 있어 더 큰 이익을 얻으리라 생각했으나, 이는 오판이었다. (언제나처럼 코브던은 옳았다. 그는 값싼 식료품비는 공장주의 이익 상승이 아니라 근로자들의 삶의 질 향상을 의미한다는 것을 깨달았다.) 당시 인기를 끌었던 짧은 노래 구절을 보자.

호통치고 위선적인 무리, 누구인가
우리가 보기에 값싼 빵 덩어리를 챙기고
우리에게 더 많은 이익을 얻는 무리, 누구인가
동맹일세.

"지긋지긋한 곡물법을 폐지하자" 외치고
지푸라기로 일꾼들을 먹이며
부정한 돈에 손대는 무리, 누구인가
동맹일세.

일꾼들을 속이려 하고
가능하다면 헌장을 우습게 만들고
허풍 가득한 계획을 짜는 무리
동맹일세.

Quoted in Hinde, 70

85 Lord Ernle, *English Farming* (Chicago: Quadrangle, 1961), 274.

86 Fay, 98; see also Fairlie, 571.

87 Barnes, 274-276. See also Michael Lusztig, "Solving Peel's Puzzle: Repeal of the Corn Laws and Institutional Preservation," *Comparative Politics* 27, no. 4 (July 1995): 400-401.

88 Hinde, 103-104, 135-168. 디즈레일리는 노련한 소설가의 독설로 필을 공격했다. "[필은] 남들의 생각과 지능을 이용한다. 그의 인생은 하나의 거대한 도용 절(節)이나 다름없다. 그는 타인의 지력을 훔치는 자다." Quoted in Barnes, 278.

89 현실적으로 '폐지'는 세금이 급격히 인하되는 것을 의미했다. 1849년 2월 1일에는 세금이 추가로 인하되어 쿼터당 1실링까지 하락했다. 1869년 이후에는 완전히 폐지되었다. See Ernle, 274.

90 Jeffrey G. Williamson, "The Impact of the Corn Laws Just Prior to Repeal," *Explorations in Economic History* 27 (1990): 127-129.

91 J. A. Hobson, *Richard Cobden, the International Man* (London: Ernest Benn, 1968), 248.

92 John Morley, *The Life of Richard Cobden* (London: T. Fisher Unwin, 1903), 721.

93 Charles Kindleberger, "The Rise of Free Trade in Western Europe, 1820–1875," *Journal of Economic History* 31, no. 1 (March 1975): 37–38.

94 Quoted in Bairoch, 29–30.

95 Morley, 751. 당시 글래드스턴은 자유당(휘그당의 후신) 소속으로, 재무장관 을 지냈다.

96 Bairoch, "European trade policy, 1815–1914," 39–45.

97 Fay, 106; Barnes, 291. 1846년 이전 영국에 곡물을 공급하던 주요 나라인 폴 란드와 독일도 자급이 어려워지기 시작했다. See Fairlie, 568.

12장

1 John Stuart Mill, *Principles of Political Economy* (New York: Appleton, 1888), 378.

2 Joseph Conrad, *The Mirror of the Sea* (New York: Doubleday, Page, 1924), 11–12.

3 구리는 비중이 매우 높아 동일한 부피의 물과 비교해 9배에 달한다. 동광은 구 리를 함유하는 혼합물과 광물 오염 물질이 뒤섞인 것으로, 대부분의 경우 구리 보다 가볍다. 따라서 구리 함유량이 높을수록 무게가 무겁다.

4 Herbert V. Young, *They Came to Jerome* (Jerome, AZ: Jerome Historical Society, 1972), 17.

5 Ronald Roope, personal communication; Ronald Prain, *Copper* (London: Mining Journal Books, 1975), 17–18, 21–22.

6 W. O. Henderson, *Friedrich List* (London: Frank Cass, 1983), 68–75, 143–182.

7 수입관세와 관련해서 한 가지 예외가 있다면 공유지 매각으로 큰 수익이 발생 했던 1830년대의 짧은 기간이다. See Mark Thornton and Robert B.

Ekelund Jr., *Tariffs, Blockades, and Inflation* (Wilmington, DE: Scholarly Resources, 2004), 13.

8 John G. Van Deusen, "Economic Bases of Disunion in South Carolina" (Ph.D. thesis, Columbia University, 1928), 182-183.

9 뉴잉글랜드의 하원의원들 역시 관세를 선호했으나 비교적 근소한 차이로 법안이 통과되었다. See Thornton and Ekelund, 19-20.

10 F. W. Taussig, *The Tariff History of the United States* (New York: Capricorn, 1964), 68-110. See also Donald J. Ratcliffe, "The Nullification Crisis, Southern Discontent, and the American Political Process," *American Nineteenth Century History* 1, no. 2 (Summer 2000): 3-5.

11 William W. Freehling, *The Road to Disunion* (Oxford: Oxford University Press), I:256. 맥더피의 주장에서 사우스캐롤라이나 사람들이 소득의 일부만 수입품에 지출한다는 부분은 사실과 다르다. 그렇더라도 남부가 자기 지역의 수출에는 보호가 필요 없음에도 북부 산업을 보호하기 위해 비용을 지불한 것은 사실이다.

12 Richard B. Latner, "The Nullification Crisis and Republican Subversion," *Journal of Southern History* 43, no. 1 (February 1977): 21.

13 Richard E. Ellis, *The Union at Risk* (Oxford: Oxford University Press, 1987), 46

14 위의 책, 23, 33. 사우스캐롤라이나에서 연방법을 무효화한 것은 이때가 처음이 아니었다. 1822년에는 입항하는 외국인 흑인 선원들을 감금하도록 요구하는 법안을 통과시켰는데, 이는 연방법뿐만 아니라 영국과 체결한 조약의 의무 사항을 정면으로 위반하는 조항이었다. 대치 상황을 원치 않던 연방 정부는 잠잠한 태도로 주법을 용인하여, 사실상 사우스캐롤라이나에 연방법을 무효화하는 권한을 부여한 셈이었다. See Freehling, 254.

15 Ellis, 158-177.

16 Ratcliffe, 8, 22-23.

17 Reinhard H. Luthin, "Abraham Lincoln and the Tariff," *The American Historical Review* 49, no. 4 (July 1944): 612, 622.

18 Lyon G. Tyler, "The South and Self-Determination," *William and Mary*

College Quarterly Historical Magazine 27, no. 4 (April 1919): 224.

19 John. L. Conger, "South Carolina and the Early Tariffs," *The Mississippi Valley Historical Review* 5, no. 4 (March 1919): 431-433.

20 Freehling, 272.

21 *Natchez Free Trader*, November 27, 1860, quoted in P. L. Rainwater, "Economic Benefits of Secession: Opinions in Mississippi in the 1850s," *The Journal of Southern History* 1, no. 4 (November 1935): 470-471.

22 Recomputed from Paul Bairoch, "European Trade Policy, 1815-1914," 56, at a 2007/1988 inflation conversion factor of 1.75.

23 F. Daniel Larkin, "Erie Canal Freight," *New York State Archives Time Machine*, http://www.archives.nysed.gov/projects/eriecanal/ErieEssay/ecf.html, accessed February 12, 2007.

24 See David Landes, *The Unbound Prometheus* (Cambridge: Cambridge University Press, 1969), 251-259; and W. T. Jeans, *The Creators of the Age of Steel* (New York: Scribner, 1884), 29.

25 Charles K. Harley, "The Shift from Sailing Ships to Steamships, 1850-1890: A Study in Technological Change and Its Diffusion," in Donald N. McCloskey, ed., *Essays on a Mature Economy* (Princeton: Princeton University Press, 1971), 215-225.

26 Gerald S. Graham, "The Ascendancy of the Sailing Ship 1850-1885," *Economic History Review* 9, no. 1 (1956): 79.

27 나중에 발표한 논문에서 Harley는 1860년대 후반 증기선과 범선의 손익 경계를 3000~3500마일로 제시했다. 이 모델에서 예측한 7000마일보다 훨씬 짧은 거리다. 그렇더라도 기본적인 전제는 타당하다. 엔진과 선체 디자인의 혁신적 발전으로 19세기에 증기선-범선 경계는 점차 증가했다. See C. Knick Harley, "Ocean Freight Rates and Productivity, 1740-1913: The Primacy of Mechanical Invention Reaffirmed," *Journal of Economic History* 48, no. 4 (December 1988): 863-864.

28 Conrad, 47-48. 그가 완벽하게 객관적인 관찰자는 아니었을 수도 있다. 목선에서 훈련을 받고 잠시나마 선장을 지냈던 콘래드는 증기선의 부상으로 일자

리를 잃자 작가로 전향했다. 따라서 증기의 시대는 효율적인 무역뿐 아니라 식민주의에 대한 '공포'를 더 잘 이해할 수 있도록 만들었다.

29 Juan E. Oribe Stemmer, "Freight Rates in the Trade between Europe and South America, 1840-1914," *Journal of Latin American Studies* 21, no. 1 (February 1989): 44.

30 Extrapolated from table IV, Lewis R. Fischer and Helge W. Nordvik, "Maritime Transport and the Integration of the North Atlantic Economy, 1850-1914," in Wolfram Fischer et al., eds., *The Emergence of a World Economy 1500-1914* (Wiesbaden, Commissioned by Franz Steiner Verlag, 1986), II:531.

31 Harley, 221-225.

32 Computed from Bairoch, 56.

33 Ronald W. Filante, "A Note on the Economic Viability of the Erie Canal, 1825-1860," *Business History Review* 48, no. 1 (Spring 1974): 100.

34 George G. Tunell, "The Diversion of the Flour and Grain Traffic from the Great Lakes to the Railroads," *Journal of Political Economy* 5, no. 3 (June 1897): 340-361.

35 Gavin Weightman, *The Frozen Water Trade* (New York: Hyperion, 2003), 7, 71, 105-109, 127-143. For a detailed description of Wyeth's invention and ancillary ice-harvesting tools, see Oscar Edward Anderson Jr., *Refrigeration in America* (Princeton: Princeton University Press for the University of Cincinnati, 1953), 13-35.

36 Henry D. Thoreau, *Walden* (Boston: Houghton Mifflin, 1938), 329.

37 Weightman, 163, 207.

38 Anderson, 21-22, 50-52.

39 John H. White, *The Great Yellow Fleet* (San Marino, CA: Golden West, 1986), 11-13.

40 Weightman, 223-224.

41 James Troubridge Critchell and Joseph Raymond, *A History of the Frozen Meat Trade*, 2nd ed. (London: Constable, 1912), 25.

42 인공 냉장선을 고안한 공로는 프랑스의 샤를 텔리에(Charles Tellier)에게 돌려야 할 것이다. 그는 1876~1877년에 암모니아 압축 장치를 갖춘 증기선 프리고리피크(Frigorifique)호에 냉장 쇠고기를 싣고 부에노스아이레스에서 루앙까지 이동했다. See E. G. Jones, "The Argentine Refrigerated Meat Industry," *Economica* 26 (June 1929): 160.

43 Critchell and Raymond, 3, 9, 26–29. For a detailed discussion of the relative advantages of chilled and frozen beef, see Richard Perren, "The North American Beef and Cattle Trade with Great Britain, 1870–1914," *Economic History Review* 24, no. 3 (August 1971): 430–434.

44 "Coal Ammonia for Refrigeration," *Scientific American* LXIV (1891): 241.

45 Larry Tye, *The Father of Spin* (New York: Crown, 1998), 51–52.

46 Fischer and Nordvik, II:526.

47 Max Fletcher, "The Suez Canal and World Shipping, 1869–1914," *Journal of Economic History* 18, no. 4 (December 1958): 556–573.

13장

1 Cordell Hull, *International Trade and Domestic Prosperity* (Washington, DC: United States Government Printing Office, 1934), 5.

2 Joseph M. Jones Jr., *Tariff Retaliation* (Philadelphia: University of Pennsylvania Press, 1934), 74.

3 위의 책, 1931.

4 C. Knick Harley, "Transportation, the World Wheat Trade, and the Kuznets Cycle, 1850–1913," *Explorations in Economic History* 17, no. 3 (July 1980): 223, 246–247.

5 C. P. Kindleberger, "Group Behavior and International Trade," *Journal of Political Economy* 59, no. 1 (February 1951): 31.

6 Kevin O'Rourke and Jeffrey G. Williamson, "Late Nineteenth Century Anglo-American Price Convergence: Were Heckscher and Ohlin Right?" *Journal of Economic History* 54, no. 4 (December 1994): 900.

7 A. J. H. Latham and Larry Neal, "The International Market in Rice and Wheat, 1868-1914," *Economic History Review* 36, no. 2 (May 1983): 260-280.

8 여기에서 '지대'라는 용어는 토지의 가격을 뜻하는 느슨한 의미로 사용되었으며 모기지, 현금, 임대료의 형태로 지불된다.

9 Bertil Ohlin, *Interregional and International Trade* (Cambridge: Harvard University Press, 1957), 35-50; Eli Heckscher, "The Effect of Foreign Trade on the Distribution of Income," in *Readings in the Theory of International Trade* (Homewood IL: Irwin, 1950), 272-300. For the most succinct statements of their theorem, see Ohlin, 35; and Heckscher, 287.

10 O'Rourke and Williamson, "Late Nineteenth Century Anglo-American Price Convergence: Were Nechscher and Ohlin Right?", 894-895, 908.

11 Jeffrey G. Williamson, "The Evolution of Global Labor Markets since 1830: Background Evidence and Hypotheses," *Explorations in Economic History* 32 (1995), 141-196; Kevin H. O'Rourke and Jeffrey G. Williamson, *Globalization and History* (Cambridge: MIT Press, 1999), 286.

12 Wolfgang F. Stolper and Paul Samuelson, "Protection and Real Wages," *Review of Economic Studies* 9, no. 1 (November 1941): 58-73. 스톨퍼-새뮤얼슨 정리를 좁은 의미로 설명하면 다음과 같다. 제품의 상대적 가격이 상승하면 해당 제품을 생산하는 데 가장 집약적으로 사용되는 요소의 수익 역시 상승하며 덜 집약적으로 사용되는 요소의 수익은 하락한다.

13 이는 자본이 경계 너머로 쉽사리 이동하지 않는 '분절된 시장'에서는 사실이나, 오늘날에는 들어맞지 않는다.

14 Eugene Owen Golob, *The Méline Tariff* (New York: AMS, 1968), 22-23, 78-79; Angus Maddison, *The World Economy*, 95.

15 Golob, 83-85, 189-190.

16 위의 책, 245.

17 Kindleberger, "Group Behavior and International Trade," 32-33.

18 Douglas A. Irwin, "The Political Economy of Free Trade: Voting in the British General Election of 1906," *Journal of Law and Economics* 37, no. 1 (April 1994): 75–108.

19 Einar Jensen, *Danish Agriculture* (Copenhagen: J. H. Schultz Forlag, 1937), 251, 315–334, Harald Faber, *Co-operation in Danish Agriculture* (New York: Longmans, Green, 1937), 31–70, 105–106; Henry C. Taylor and Anne Dewees Taylor, *World Trade in Agricultural Products* (New York: Macmillan, 1943), 179; Alexander Gerschenkron, *Bread and Democracy in Germany* (Ithaca NY: Cornell University Press, 1989), 39.

20 The term itself likely derives from *junk Herr*, "young lord."

21 Gerschenkron, 42.

22 이론상으로는 한 나라가 세 가지 요소 모두를 상대적으로 풍부하거나 부족하게 보유할 수 있다. 하지만 현실에서 이러한 일이 일어나는지는 논란의 여지가 있다.

23 Gerschenkron, 3–80.

24 Karl Marx, *The Poverty of Philosophy* (New York: International Publishers, 1963), 224. 마르크스의 예측은 빗나갔다. 20세기 후반의 역사는 공산주의가 '자본주의에서 자본주의로 가는 가장 긴 길'이라는 헝가리의 금언을 입증했다. William D. Nordhaus, "Soviet Economic Reform: The Longest Road," *Brookings Papers on Economic Activity* 1990, no. 1 (1990): 287.

25 앞부분에서 나는 로고우스키가 『Commerce and Coalitions』(Princeton: Princeton University Press, 1989)에서 제시한 스톨퍼-새뮤얼슨 정리의 '넓은' 해석을 소개했다. 한편으로 로고우스키의 해석은 원래의 두 원자재, 두 요소 모델을 지나치게 확대한 측면이 있다. see Douglas A. Irwin, Review: [Untitled], *Journal of Economic History* 50, no. 2 (June 1990): 509–510. 스톨퍼와 새뮤얼슨 자신도 논문에서 이 문제를 인정했다. 두 사람은 오스트레일리아나 식민지 시대의 미국처럼 자유무역으로 대다수 근로자들의 형편이 나빠지는 극단적인 경우가 있음을 지적하면서도, 이는 근대 세계에서는 드물게 일어날 뿐이라고 주장했다. "열대지방을 차단시킨다 해도 오늘날 미국 근로자

들의 형편이 나아지리라 볼 수 없다. 커피, 고무, 바나나를 재배하기에 적합한 토지가 노동력보다 더 귀하기 때문이다."(Stolper and Samuelson, 73). 또 한편으로 스톨퍼-새뮤얼슨 정리에 대한 로고우스키의 자유분방한 해석은 이론 상의 오류에도 불구하고 역사적 기록과는 상당히 잘 들어맞았다. See O' Rourke and Williamson, *Globalization and History*, 109-110. For a further refinement of Rogowski's thesis, see Paul Midford, "International Trade and Domestic Politics: Improving on Rogowski's Model of Political Alignments," *International Organization* 47, no. 4 (Autumn 1993): 535-564. 게다가 평균적으로 근로자들은 자유무역으로 손해를 입지 않았으나 분명 일부 집단은 손해를 봤다. 또한 근로자나 농민들 대다수는 실제로는 자유무역 이 자신들에게 해악을 끼치지 않음에도 그렇게 여길 수 있다. 융커에게 속은 북부 독일의 소작농들이 보호주의를 지지한 사례가 이에 해당된다.

26 Real values, computed from W. W. Rostow, *The World Economy* (Austin: University of Texas, 1978), 669; and Maddison, 361, 362.

27 Carolyn Rhodes, Reciprocity, *U.S. Trade Policy, and the GATT Regime* (Ithaca, NY: Cornell University Press, 1993), 23-45.

28 http://www.whitehouse.gov/history/presidents/hh31.html accessed March 7, 2007.

29 Colleen M. Callahan et al., "Who Voted for Smoot-Hawley?", *Journal of Economic History* 54, no. 3 (September 1994): 683-684.

30 Charles P. Kindleberger, "Commercial Policy between the Wars," in Peter Mathias and Sidney Pollard, eds., *The Cambridge Economic History of Europe* (Cambridge: Cambridge University Press, 1989), VIII:170-171.

31 Jones, *Tariff Retaliation*, 40, 76-82, 105-109.

32 Cordell Hull, *The Memoirs of Cordell Hull* (New York: Macmillan, 1948), I:364-365.

33 Hull, *International Trade and Domestic Prosperity*, 2.

34 세계무역이 저하된 정도는 정확히 측정하기가 어렵다. 폴 베어록은 가치로는 60퍼센트, 양적으로는 35퍼센트 하락했다고 추정했다. 심각한 디플레이션을

겪던 기간이었기 때문에 진정으로 하락한 정도는 두 수치 중간쯤일 것이다. See Bairoch, *Economics and World History*, 9.

35 Maddison, *The World Economy*, 363; and *Monitoring the World Economy* (Paris: OECD, 1995), 182–183, 196.

36 See, for example, Giorgio Basevi, "The Restrictive Effect of the U.S. Tariff and its Welfare Value," *American Economic Review* 58, no. 4 (September 1968): 851. 일각에서는 보호무역주의가 미국과 영국을 비롯한 대국의 국민소득을 증가시켰다고 주장한다. See John Conybeare, "Trade Wars: A Comparative Study of Anglo-Hanse, Franco-Italian, and Hawley-Smoot Conflicts," *World Politics*, 38, no. 1 (October 1985): 169–170; and Michael Kitson and Solomos Solomu, *Protectionism and Economic Revival: The British Interwar Economy* (Cambridge: Cambridge University Press, 1990), 100–102.

37 Douglas A. Irwin, "The Smoot-Hawley Tariff: A Quantitative Assessment," *Review of Economics and Statistics* 80, no. 2 (May 1998): 326–334; Jakob B. Madsen, "Trade Barriers and the Collapse of World Trade during the Great Depression," *Southern Economic Journal* 64, no. 4 (April 2001): 848–868.

38 John Stuart Mill, *Principles of Political Economy*, 389–390.

39 J. B. Condliffe, *The Reconstruction of World Trade* (New York: Norton, 1940), 394.

40 Albert O. Hirschman, *National Power and the Structure of Foreign Trade* (Berkeley: University of California Press, 1980), 72–73.

41 *Proposals for the Expansion of World Trade and Employment*, United States Department of State Publication 2411, November 1945. 문서는 윌리엄 클레이턴(William Clayton) 국무부 차관보의 지시로 이해관계가 있는 정부 각 분야의 당사자들이 작성했다. 「제언」이 근대 세계화의 청사진을 제시했다고 해도 과언이 아님에도 잘 알려져 있지 않고 평가하기 어렵다는 점은 놀랍다. It can be found at http://www.efficientfrontier.com/files/proposals.pdf.

42 위의 책, 1.

43 Clair Wilcox, *A Charter for World Trade* (New York: Macmillan, 1949), 24. For the history of Proposals' origins, see Wilcox, 21-24 and 38-40. 지난 반세기 동안 미국이 세계 최대의 채권국에서 최대의 채무국으로 바뀌었다는 사실을 주목해야 한다.

44 Rhodes, 46-77.

45 T. N. Srinivasan, *Developing Countries and the Multilateral Trading System* (Boulder, CO: Westview, 1998), 9-11; John H. Jackson, *The World Trading System*, 2nd ed. (Cambridge, MA: MIT Press, 1997), 36-38. 많은 학자들은 Jackson의 저서가 근대 무역 체제에 관한 법과 제도적 기반을 다룬 '표준' 영어 문서라고 평가한다.

46 Mancur Olson, *The Logic of Collective Action* (Cambridge, MA: Harvard University Press, 1965).

47 Bairoch, *Economics and World History*, 26.

48 Harley, "Ocean Freight Rates and Productivity, 1740-1913: The Primacy of Mechanical Invention Reaffirmed," 861.

49 Marc Levinson, *The Box* (Princeton: Princeton University Press, 2006), 7-53; Mark Rosenstein, "The Rise of Containerization in the Port of Oakland," New York Univerity master's thesis, 2000, 23-31, http://www.apparent-wind.com/mbr/maritime-writings/thesis.pdf, accessed on March 13, 2007. 두 출처 모두 흥미롭고 훌륭하게 기록되었으나 Rosenstein의 논문이 보다 균형 잡힌 시각을 갖추고 있고 읽기 편하며 비용도 덜 든다.

50 Rogowski, 100-101; quote, 121. The protectionist Patrick Buchanan and William Clinton, a supporter of NAFTA, are exceptions.

51 T. N. Srinivasan, "Developing Countries in the World Trading System: From GATT, 1947, to the Third Ministerial Meeting of WTO, 1999," *World Economy* 22, no. 8 (1999): 1052.

52 Jane Mayer and Jose de Cordoba, "Sweet Life: First Family of Sugar is Tough on Workers, Generous to Politicians," *The Wall Street Journal* (July 29, 1991), A1.

주 - 641

53 엄밀하게 말하면 이 지불금은 농무부가 재배자의 곡물을 담보로 제공한 '부채'
다. '채무자'는 설탕, 밀, 면화, 옥수수, 쌀 등의 현물로 언제든 상환할 수 있었
는데, 이때 시장가격의 2~3배에 달하는 가격을 인정받았다. 당연히 채무자들
은 현물 상환을 선택했다.

54 "Sugar Program: Supporting Sugar Prices Has Increased Users' Costs
While Benefiting Producers," General Accounting Office GAO/RCED-
00-126 (June 2000).

55 Timothy P. Carney, *The Big Ripoff* (New York: Wiley, 2006), 56–61.

56 Mary Anastasia O'Grady, "Americas: Clinton's Sugar Daddy Games Now
Threaten NAFTA's Future," *The Wall Street Journal* (December 20,
2002), A15.

57 농업과 섬유 분야에 관련된 GATT '협정'(면직물에 관한 단기 협정, 면직물의
국제무역에 관한 장기 협정, 다자간 섬유 협정, 농업에 관한 우루과이 라운드
협정)을 다루는 것은 이 책의 범위를 벗어난다. For an excellent survey of
this subject, see John H. Barton et al., *The Evolution of the Trade
Regime* (Princeton: Princeton University Press, 2006), 92–108.

58 Scott Miller and Marc Champion, "At WTO Talks, Stances Are
Hardening," *The Wall Street Journal* (January 27, 2006), A7; Scott Kilman
and Roger Thurow, "Politics and Economics, U.S. Farm-Subsidy Cuts a
Long Shot as Doha Falters," *The Wall Street Journal* (July 26, 2006), A10;
Bernard K. Gordon, "Doha Aground," *The Wall Street Journal* (July 26,
2006), A14.

59 United States Department of Agriculture, "Food Spending in Relation to
Income," *Food Cost Review*, 1950–97, http://www.ers.usda.gov/
Publications/AER780/, accessed March 23, 2007; Food Remains a
Bargain for Oregon and U.S. Consumers," Oregon Department of
Agriculture, http://www.oregon.gov/ODA/ news/060719spending.
shtml, accessed March 23, 2007.

14장

1 Stolper and Samuelson, 73.

2 Norm Stamper, "A Good Cop Wasted," excerpted in *Seattle Weekly* (June 1, 2005).

3 Quoted in Jean-Paul Rodrigue, "Straits, Passages, and Chokepoints: A Maritime Geostrategy of Petroleum Distribution," *Les Cahiers de Géographie du Québec* 48, no. 135 (December 2004): 357.

4 "The Tanker War, 1984-1987," from *Iraq*, Library of Congress Studies, accessed at http://lcweb2.loc.gov/cgi-bin/query/r?frd/cstdy:@field (DOCID+iq0105), March 26, 2007.

5 Yüksel Inan, "The Current Regime of the Turkish Straits," *Perceptions: Journal of International Affairs* 6, no. 1 (March-May 2001), accessed at http://www.sam.gov.tr/perceptions/Volume6/March-May2001/inan06. PDF.

6 See Rodrigue; see also Donna J. Nincic, "Sea Lane Security and U.S. Maritime Trade: Chokepoints as Scarce Resources," in Sam J. Tangredi, ed., *Globalization and Maritime Power* (Washington, DC: National Defense University Press, 2002), 143-169.

7 Jessie C. Carman, "Economic and Strategic Implications of Ice-Free Arctic Seas," in *Globalization and Maritime Power* 171-188.

8 Patrick J. Buchanan, *The Great Betrayal* (Boston: Little, Brown, 1998), 224.

9 Bairoch, *Economics and World History*, 47-55, 135-138.

10 Mark Bils, "Tariff Protection and Production in the Early U.S. Cotton Textile Industry," *The Journal of Economic History*, 44, no. 4 (December 1984): 1041, 1045.

11 Kevin O'Rourke, "Tariffs and Growth in the Late 19th Century," *The Economic Journal* 110 (April 2000): 456-683; quote, 473. The papers by O'Rourke and Bils are representative of a much larger literature.

12 Kitson and Solomu, 102.

13 J. Bradford DeLong, "Trade Policy and America's Standard of Living: An Historical Perspective," working paper, 1995.

14 Edward F. Denison, *Why Growth Rates Differ* (Washington DC: Brookings Institution, 1967), 260-263.

15 Jeffrey D. Sachs and Andrew Warner, "Economic Reform and the Process of Global Integration," *Brookings Papers on Economic Activity* 1995, no. 1 (1995): 41. 자유무역이 경제에 미친 영향을 평가할 때의 어려움을 '내생성'의 문제라고 한다. 다시 말해 경제성장은 그 자체로 무역의 강한 동력이기 때문에 그 반대 방향의 영향을 입증하는 것은 매우 어렵다. Douglas Irwin이 지적하듯 베어록과 뷰캐넌의 단순한 분석은 "시간의 흐름에 따라 일어나는 경제성장을 조사하여 무역 체제를 판단할 수 있다는 미심쩍은 가정을 바탕으로 한다. 이 접근법이 안고 있는 가장 큰 문제점은 무역 정책이 성장률에 미치는 영향이 다른 요인들 때문에 묻힐 수 있다는 것이다." Douglas A. Irwin, "Tariffs and Growth in Late Nineteenth Century America," working paper, June 2000. 최근 경제학자들은 이 문제에 관해 최신 통계 도구를 적용했는데, 서로 연관성 있는 효과를 분리하기 위한 '도구 변수'의 활용이 대표적인 예다. 이러한 기법은 삭스와 워너의 연구가 타당함을 확인하고 확장시키는 역할을 했다. For a sampling of this literature, see O'Rourke, 456; Alan M. Taylor, "On the Costs of Inward-Looking Development: Price Distortions, Growth, and Divergence in Latin America," *The Journal of Economic History* 58, no. 1 (March 1998): 1-28; Nicholas Crafts, "Globalization and Growth in the Twentieth Century," IMF Working Paper WP/00/44; Douglas A. Irwin and Marko Terviö, "Does Trade Raise Income? Evidence from the Twentieth Century," *Journal of International Economics* 58 (2002): 1-18; Jeffrey A. Frankel and David Romer, "Does Trade Cause Growth?", *The American Economic Review* 89, no. 3 (June 1999): 379-399; Sebastian Edwards, "Openness, Productivity, and Growth: What Do We Really Know?", *The Economic Journal* 108, no. 447 (March 1998): 383-398.

16 '수렴 클럽'은 원래 경제학자 William Baumol이 만든 용어다. See William

J. Baumol, "Productivity Growth, Convergence, and Welfare: What the Long-Run Data Show," *The American Economic Review* 76, no. 5 (December 1986): 1079.

17 Maddison, *The World Economy*, 363.

18 Denison, 262.

19 이 유명한 인용구의 정확한 출처를 찾으려면 어려움이 있을 것이다. 바스티아의 글에 스며들어 있는 교역에 대한 감정은 간결하게 기술된 적이 없다. 이 구절의 경우 바스티아를 즐겨 인용했던 코델 헐의 솜씨일 가능성이 있다. See Hull, *The Memoirs of Cordell Hull*, I:363-365.

20 Steven Pinker, "A History of Violence," *New Republic* (March 19, 2007); World Health Organization, http://www.who.int/whr/2004/annex/topic/en/annex_2_en.pdf, accessed March 28, 2007.

21 United States Census Bureau, "Historical Income Tables-People," http://www.census.gov/hhes/www/income/histinc/p05ar.html, accessed April 3, 2007.

22 Henry S. Farber, "What do we know about job loss in the United States? Evidence from the Displaced Workers Survey, 1984-2004," working paper, 2006. See also Peter Gottschalk et al., "The Growth of Earnings Instability in the U.S. Labor Market," *Brookings Papers on Economic Activity* 1994, no. 2 (1994): 217-272. For a general exposition of increasing inequality and job instability in the United States, see Jacob Hacker, *The Great Risk Shift* (New York: Oxford University Press, 2006). See also Jackie Calmes, "Despite Buoyant Economic Times, Americans Don't Buy Free Trade," *The Wall Street Journal* (December 10, 1998), A10. 여기서 '상대적'이 가장 중요한 단어다. 미국은 세계 다른 나라보다 숙련된 근로자가 상대적으로 더 많고 비숙련 근로자는 상대적으로 적다.

23 Susan Chun Zhu and Daniel Trefler, "Trade and inequality in developing countries: a general equilibrium analysis," *Journal of International Economics* 65 (2005): 21-48.

24 Katheryn Gigler, personal communication. See also "Secrets, Lies, and

Sweatshops," *Business Week* (November 27, 2006).

25 Ashley S. Timmer and Jeffrey G. Williamson, "Immigration Policy Prior to the 1930s: Labor Markets, Policy Interactions, and Globalization Backlash," *Population and Development Review* 21, no. 4 (December 1998): 739–771.

26 *Human Development Report*, 2006 (New York: United Nations, 2006), 335–338.

27 Alberto Alesina and Roberto Perotti, "Income Distribution, Political Instability, and Investment," *European Economic Review* 40 (1996): 1203–1228.

28 Geoffrey Garrett, "Global Markets and National Politics: Collision Course or Virtuous Cycle?", *International Organization* 52, no. 4 (Autumn, 1998): 798.

29 See Michael Kremer, "The O-Ring Theory of Economic Development," *The Quarterly Journal of Economics* 108, no. 3 (August 1993): 551–575.

30 See Adrian Wood and Cristóbal Ridao-Cano, "Skill, Trade, and International Inequality," working paper; and Paul Krugman, "Growing World Trade: Causes and Consequences," *Brookings Papers on Economic Activity* 1995, no. 1 (1995): 327–377. For a superb summary of this controversial area, see Ethan B. Kapstein, "Review: Winners and Losers in the Global Economy," *International Organization* 54, no. 2 (Spring 2000): 359–384. 100단계로 구성된 절차에서 각 단계마다 성공률이 99.5퍼센트인 경우에는 전체적인 성공 가능성이 0.995^{100}(61퍼센트)이다. 반면 각 단계별 성공률이 95퍼센트인 경우 전체적 성공 가능성은 0.95^{100}(0.6퍼센트)이다.

31 Daniel Trefler, personal communication. See also Daniel Trefler, "The Long and Short of the Canada-U.S. Free Trade Agreement," *American Economic Review* 94, no. 4 (September 2004): 888.

32 *Westminster Review* (April 1825), 400–401. The article is anonymous; Mill's authorship is identified in Frank W. Fetter, "Economic Articles in the Westminster Review and Their Authors, 1824-1851," *The Journal of Political Economy* 70, no. 6 (December 1962): 584.

33 Jagdish Bhagwati, *In Defense of Globalization* (Oxford: Oxford University Press, 2004), 234.

34 위의 책.

35 Daniel Trefler, "Trade Liberalization and the Theory of Endogenous Protection: An Econometric Study of U.S. Import Policy," *Journal of Political Economy* 101, no. 1 (February 1993): 157.

36 Dani Rodrik, *Has Globalization Gone Too Far?* (Washington, DC: Institute for International Economics, 1997), 5-7.

37 위의 책, 79.

38 Paul A. Samuelson, "Where Ricardo and Mill Rebut and Confirm Arguments of Mainstream Economists Supporting Globalization," *The Journal of Economic Perspectives*, 18, no. 3 (Summer 2004): 137. For a delightful radio interview with Professor Samuelson on the topic, see http://www.onpointradio.org/shows/2004/09/20040927_b_main.asp. 예상할 수 있듯, 새뮤얼슨의 주장은 경제학자들 사이에서 큰 논쟁을 불러일으켰으며, 그가 제시한 모델의 타당성과 정확성에 동의하지 않는 학자들도 있다. For the most cogent criticism, see Jagdish Bhagwati et al., "The Muddle over Outsourcing," *Economic Perspectives* 18, no. 4 (Fall 2004): 93-114.

39 Samuelson, 142.

40 Rodrik, 54.

41 *The Oxford Dictionary of Quotes*, 3rd ed. (Oxford: Oxford University Press, 1979), 150.

| 참고문헌 |

Abdurachman, Paramita R., " 'Niachile Pokaraga': A Sad Story of a Moluccan Queen," *Modern Asian Studies* 22, no. 3 (1988, special issue): 571-592.

Abu-Lughod, Janet, *Before European Hegemony* (Oxford: Oxford University Press, 1989).

Acemoglu, Daron, et al., "Reversal of Fortune: Geography and Institutions and the Making of the Modern World Income Distribution," *Quarterly Journal of Economics* 117 (November 2002): 1231-1294.

Adlington, William, trans., *The Golden Ass of Apuleius* (New York: AMS, 1967).

Ahmad, S. Maqbul, ed., *Arabic Classical Accounts of India and China* (Shimla: Indian Institute of Advanced Study, 1989).

Alesina, Alberto, and Roberto Perotti, "Income Distribution, Political Instability, and Investment," *European Economic Review* 40 (1996): 1203-1228.

Andaya, Leonard Y., *The World of Maluku* (Honolulu: University of Hawaii Press, 1993).

Anderson, Oscar Edward Jr., *Refrigeration in America* (Princeton: Princeton University Press for University of Cincinnati, 1953).

Anonymous, "Behind the Mask," *Economist* (March 18, 2004).

Anonymous, "China and the Foreign Devils," *Bulletin of the Business Historical Society* 3, no. 6 (November 1929): 15.

Anonymous, "Coal Ammonia for Refrigeration," *Scientific American* 64 (1891): 241.

Armstrong, Karen, *Muhammad* (New York: Harper San Francisco, 1993).

Ashton, T. W., *The Industrial Revolution, 1760-1830* (Oxford: Oxford University Press, 1967).

Ashtor, E., "Profits from Trade with the Levant in the Fifteenth Century," *Bulletin of the School of Oriental and African Studies* 38 (1975): 250-275.

Aubert, Maria Eugenia, *The Phoenicians and the West,* 2nd ed. (Cambridge: Cambridge University Press, 2001).

Ayalon, David, "The Circassians in the Mamluk Kingdom," *Journal of the American*

Oriental Society 69 (July–September 1949): 135–147.

Ayalon, David, *The Mamluk Military Society* (London: Variorum Reprints, 1979).

Ayalon, David, "Studies on the Structure of the Mamluk Army-I," *Bulletin of the School of Oriental and African Studies, University of London* 15 (1953): 203–228.

Bachhuber, Christoph, "Aspects of Late Helladic Sea Trade," master's thesis, Texas A&M University (December 2003).

Bairoch, Paul, *Economics and World History* (Chicago: University of Chicago Press, 1993).

Bairoch, Paul. "European Trade Policy, 1815–1914," in Peter Mathias and Sidney Pollard, eds., *The Cambridge Economic History of Europe*, vol. 8 (Cambridge: Cambridge University Press, 1989).

Barber, William J., *British Economic Thought and India, 1600–1858* (Oxford: Clarendon, 1975).

Barnes, Donald Grove, *A History of the English Corn Laws* (New York: Augustus M. Kelley, 1961).

Barton, John H., et al., *The Evolution of the Trade Regime* (Princeton: Princeton University Press, 2006).

Basevi, Giorgio, "The Restrictive Effect of the U.S. Tariff and Its Welfare Value," *The American Economic Review* 58, no. 4 (September 1968): 840–852.

Bastin, John, "The Changing Balance of the Southeast Asian Pepper Trade," in M. N. Pearson, ed., *Spices in the Indian Ocean World* (Aldershot: Variorum, 1996).

Baumol, William J., "Productivity Growth, Convergence, and Welfare: What the Long-Run Data Show," *American Economic Review* 76, no. 5 (December 1986): 1072–1085.

Beeching, Jack, *The Chinese Opium Wars* (New York: Harcourt Brace Jovanovich, 1975).

Beja-Pereira, Albano, et al., "African Origins of the Domestic Donkey," *Science* 304 (June 18, 2004): 1781–1782.

Bernstein, Peter L., *The Wedding of the Waters* (New York: Norton, 2005).

Bernstein, William J., *The Birth of Plenty* (New York: McGraw-Hill, 2004).

Bhagwati, Jagdish, *In Defense of Globalization* (Oxford: Oxford University Press, 2004).

Bhagwati, Jagdish, et al., "The Muddle over Outsourcing," *Economic Perspectives* 18, no. 4 (Fall 2004): 93–114.

Bils, Mark, "Tariff Protection and Production in the Early U.S. Cotton Textile Industry," *Journal of Economic History* 44, no. 4 (December 1984): 1033–1045.

Blake, Robert, *Jardine Matheson* (London: Weidenfeld and Nicholson, 1999).

Boorstin, Daniel, *Hidden History* (New York: Harper and Row, 1987).

Bouchon, Genevieve, and Denys Lombard, "The Indian Ocean in the Fifteenth Century," in Ashin Das Gupta and M. N. Pearson, eds., *India and the Indian Ocean 1500–1800* (Calcutta: Oxford University Press, 1987).

Boxer, Charles R., *The Dutch Seaborne Empire* (New York: Penguin, 1988).

Boxer, Charles R., *The Great Ship from Amacon* (Lisbon: Centro de Estudios Históricos Ultramarinos, 1959).

Boxer, Charles R., *Jan Compagnie in Japan, 1600–1850* (The Hague: Nijhoff, 1950).

Boxer, Charles R., "A Note on Portuguese Reactions to the Revival of the Red Sea Spice Trade and the Rise of Atjeh, 1540–1600," *Journal of Southeast Asian History* 10 (1969): 415–428.

Boxer, Charles R., *The Portuguese Seaborne Empire* (New York: Knopf, 1969).

Braudel, Fernand, *Capitalism and Material Life 1400–1800* (New York: Harper and Row, 1967).

Brierly, Joanna Hall, *Spices* (Kuala Lumpur: Oxford University Press, 1994).

Buchanan, Patrick J., *The Great Betrayal* (Boston: Little, Brown, 1998).

Bulliet, Richard W., *The Camel and the Wheel* (New York: Columbia University Press, 1990).

Burnell, Arthur Coke, ed., *The Voyage of John Huyghen van Linschoten to the East Indies* (New York: Burt Franklin, 1885).

Burton, Richard F., trans., *The Book of the Thousand Nights and a Night*, vol. 6 (London: Burton Club, 1900).

Butel, Paul, *The Atlantic* (London: Routledge, 1999).

Callahan, Colleen M., et al., "Who Voted for Smoot-Hawley?" *Journal of Economic History* 54, no. 3 (September 1994): 683–690.

Calmes, Jackie, "Despite Buoyant Economic Times, Americans Don't Buy Free Trade," *The Wall Street Journal* (December 10, 1998).

Carapace, Ian, *Review of Roman Coins from India* (Paula J. Turner), Classical Review 41 (January 1991): 264–265.

Carman, Jessie C., "Economic and Strategic Implications of Ice-Free Arctic Seas," in *Globalization and Maritime Power* (Washington, DC: National Defense University Press, 2002).

Carney, Timothy P., *The Big Ripoff* (New York: Wiley, 2006).

Chau Ju-Kua, *Chu-Fan-Chi*, Friedrich Hirth and W. W. Rockhill, ed. and trans. (New

York: Paragon, 1966).

Chaudhuri, K. N., *Trade and Civilization in the Indian Ocean* (New Delhi: Munshiram Manoharlal, 1985).

Chaudhuri, K. N., *The Trading World of Asia and the English East India Company* (Cambridge: Cambridge University Press, 1978).

Cherry, George L., "The Development of the English Free-Trade Movement in Parliament, 1689–1702," *The Journal of Modern History* 25, no. 2 (June 1953): 103–119.

Christie, A. B., et al., "Plague in Camels and Goats: Their Role in Human Epidemics," *Journal of Infectious Disease* 141, no. 6 (June 1980): 724–726.

Churchill, Ellen Semple, "Geographic Factors in the Ancient Mediterranean Grain Trade," *Annals of the Association of American Geographers* 11 (1921): 47–74.

Clark, G. Kitson, "The Repeal of the Corn Laws and the Politics of the Forties," *The Economic History Review* 4, no. 1 (1951): 1–13.

Clayton, William, *Proposals for the Expansion of World Trade and Employment*, United States Department of State Publication 2411 (November 1945).

Cochran, Gregory, Jason Hardy, and Henry Harpending, "Natural History of Ashkenazi Intelligence," *Journal of Biosocial Science* 36, no. 5 (September 2006): 659–693.

Coleman, William, *Yellow Fever in the North* (Madison: University of Wisconsin Press, 1987).

Collis, Maurice, *Foreign Mud* (New York: New Directions, 2002).

Condliffe, J. B., *The Reconstruction of World Trade* (New York: Norton, 1940).

Conger, John L., "South Carolina and the Early Tariffs," *The Mississippi Valley Historical Review* 5, no. 4 (March 1919): 415–433.

Conrad, Joseph, *The Mirror of the Sea* (New York: Doubleday, Page, 1924).

Conybeare, John, "Trade Wars: A Comparative Study of Anglo-Hanse, Franco-Italian, and Hawley-Smoot Conflicts," *World Politics* 38, no. 1 (October 1985): 147–172.

Crafts, Nicholas, "Globalization and Growth in the Twentieth Century," IMF working paper WP/00/44.

Crawford, H. E. W., "Mesopotamia's Invisible Exports in the Third Millennium BC," *World Archaeology* 5 (October 1973): 232–241.

Critchell, James Troubridge, and Joseph Raymond, *A History of the Frozen Meat Trade*, 2nd ed. (London: Constable, 1912).

Crosby, Alfred W., *The Columbian Exchange* (Westport, CT: Greenwood, 1973).

Curtin, Philip D., "Africa and the Wider Monetary World, 1250–1850," in J. F. Richards, ed., *Precious Metals in the Later and Early Modern Worlds* (Durham, NC: Carolina Academic Press, 1983).

Curtin, Philip D., *The Atlantic Slave Trade* (Madison: University of Wisconsin Press, 1969).

Curtin, Philip D., *The Rise and Fall of the Plantation Complex*, 2nd ed. (Cambridge: Cambridge University Press, 1998).

Dalby, Andrew, *Dangerous Tastes* (Berkeley: University of California Press, 2000).

Dash, Mike, *Batavia's Graveyard* (New York: Crown, 2002).

Davenant, Charles, *Essay on the East-India Trade* (London: Printed for Author, 1696).

Davis, David Brion, "Impact of the French and Haitian Revolutions," in David P. Geggus, ed., *The Impact of the Haitian Revolution in the Atlantic World* (Columbia: University of South Carolina Press, 2001).

Davis, David Brion, *Inhuman Bondage* (Oxford: Oxford University Press, 2006).

Davis, David Brion, *Slavery and Human Progress* (Oxford: Oxford University Press, 1984).

de La Roque, Jean, *A voyage to Arabia fœlix through the Eastern Ocean and the Streights of the Red-Sea, being the first made by the French in the years 1708, 1709, and 1710* (London: Printed for James Hodges, 1742).

DeLong, J. Bradford, "Trade Policy and America's Standard of Living: An Historical Perspective," working paper, 1995.

de Moraes Fairas, P. F., "Silent Trade: Myth and Historical Evidence," *History in Africa* 1 (1974): 9–24.

de Rachewiltz, Igor, *Papal Envoys to the Great Khans* (London: Faber and Faber, 1971).

de Villehardouin, Geffroi, and Jean, Sire de Joinville, *Memoirs of the Crusades*, Frank T. Marzials, trans. (New York: Dutton, 1958).

De Vries, Jan, and Ad Van Der Woude, *The First Modern Economy* (Cambridge: Cambridge University Press, 1997).

Deane, Phyllis, *The First Industrial Revolution* (Cambridge: Cambridge University Press, 1981).

Defoe's Review (New York: Columbia University Press, 1938).

Defremery, C., and B. R. Sanguinetti, *Voyages d'Ibn Battuta* (Paris: 1979).

Denison, Edward F., *Why Growth Rates Differ* (Washington DC: Brookings Institution, 1967).

Derry, T. K., and Trevor I. Williams, *A Short History of Technology* (New York:

Dover, 1993).

Diamond, Jared, *Guns, Germs, and Steel* (New York: Norton, 1999).

Disney, A. R., *Twilight of the Pepper Empire* (Cambridge, MA: Harvard University Press, 1978).

Dixon, J. E., et al., "Obsidian and the Origins of Trade," *Scientific American* 218 (March 1968): 38-46.

Dols, Michael W., *The Black Death in the Middle East* (Princeton: Princeton University Press, 1977).

Douglas, Audrey W., "Cotton Textiles in England: The East India Company's Attempt to Exploit Developments in Fashion 1660-1721," *Journal of British Studies* 8, no. 2 (May 1969): 28-43.

Dubois, Laurent, *Avengers of the New World* (Cambridge, MA: Harvard University Press, 2004).

Dubs, Homer H., and Robert H. Smith, "Chinese in Mexico City in 1635," *The Far Eastern Quarterly* 1, no. 4 (August 1942): 387-389.

Dunn, Richard S., *Sugar and Slaves* (Chapel Hill: University of North Carolina Press, 1972).

Dunn, Ross E., *The Adventures of Ibn Battuta* (Berkeley: University of California Press, 1989).

Durand, Dana B., Review of *Precursori di Colombo? Il tentativo di viaggio transoceanio dei genovesi fratelli Vivaldi nel 1291* by Alberto Magnaghi, *Geographical Review* 26, no. 3 (July 1936): 525-526.

Eccles, W. J., *France in America* (East Lansing: Michigan State University Press, 1990).

Edens, Christopher, "Dynamics of Trade in the Ancient Mesopotamian 'World System,'" *American Anthropologist* 94 (March 1992): 118-139.

Edwards, Sebastian, "Openness, Productivity, and Growth: What Do We Really Know?" *Economic Journal* 108, no. 447 (March 1998): 383-398.

Ehrenkreutz, Andrew, "Strategic Implications of the Slave Trade between Genoa and Mamluk Egypt in the Second Half of the Thirteenth Century," in A. L. Udovitch, ed., *The Islamic Middle East, 700-1900* (Princeton: Darwin, 1981).

Ellis, Richard E., *The Union at Risk* (Oxford: Oxford University Press, 1987).

Elmers, Detlev, "The Beginnings of Boatbuilding in Central Europe," in *The Earliest Ships* (Annapolis, MD: Naval Institute Press, 1996).

Eltis, David, *The Rise of African Slavery in the Americas* (Cambridge: Cambridge University Press, 2000).

Eltis, David, "The Volume and Structure of the Transatlantic Slave Trade: A Reassessment," *The William And Mary Quarterly* 58, no. 1 (January 2001): 17-46.

Eltis, David, and David Richardson, "Prices of African Slaves Newly Arrived in the Americas, 1673-1865: New Evidence on Long-Run Trends and Regional Differentials," in David Eltis, ed., *Slavery in the Development of the Americas* (Cambridge: Cambridge University Press, 2004).

Ernle, Lord, *English Farming* (Chicago: Quadrangle, 1961).

Estensen, Miriam, *Discovery, the Quest of the Great South Land* (New York: St. Martin's, 1998).

Evans, Allan, Review of *Genova marinara nel duecento: Benedetto Zaccaria, ammiraglio e mercante, Speculum* 11, no. 3 (July 1936): 417.

Faber, Harald, *Co-Operation in Danish Agriculture* (New York: Longmans, Green, 1937).

Fairbank, John K., "The Creation of the Treaty System," in John K. Fairbank, ed., *The Cambridge History of China* (Cambridge: Cambridge University Press, 1978).

Fairlie, S., "The Corn Laws Reconsidered," *Economic History Review* 18, no. 3 (1965): 562-575.

Farber, Henry S., "What do we know about job loss in the United States? Evidence from the Displaced Workers Survey, 1984-2004," working paper, 2006.

Fay, Peter Ward, "The Opening of China," in Maggie Keswick, ed., *The Thistle and the Jade* (London: Octopus, 1982).

Fernández-Armesto, Felipe, *Columbus* (Oxford: Oxford University Press, 1991).

Fetter, Frank W., "Economic Articles in the Westminister Review and Their Authors, 1824-1851," *The Journal of Political Economy* 70, no. 6 (December 1962): 570-596.

Filante, Ronald W., "A Note on the Economic Viability of the Erie Canal, 1825-1860," *The Business History Review* 48, no. 1 (Spring 1974): 95-102.

Finlay, Robert, "How Not to (Re)Write World History: Gavin Menzies and the Chinese Discovery of America," *Journal of World History* 15, no. 2 (June 2004): 229-242.

Fischel, Walter J., "The Spice Trade in Mamluk Egypt," *Journal of Economic and Social History of the Orient* 1 (August 1957): 161-173.

Fischer, Lewis R., and Helge W. Nordvik, "Maritime Transport and the Integration of the North Atlantic Economy, 1850-1914," in Wolfram Fischer et al., eds., *The Emergence of a World Economy 1500-1914*, vol. 2, (Wiesbaden: Commissioned by Franz Steiner Verlag, 1986).

Fisher, Irving, *The Theory of Interest* (Philadelphia: Porcupine, 1977).

Fletcher, Max, "The Suez Canal and World Shipping, 1869-1914," *The Journal of Economic History* 18, no. 4 (December 1958): 556-573.

Flynn, Dennis, and Arturo Giráldez, "Path Dependence, Time Lags, and the Birth of Globalization: A Critique of O'Rourke and Williamson," *European Review of Economic History* 8 (April 2004): 81-108.

Food and Agriculture Organization of the United Nations, accessed at http://www.fao.org/AG/AGAInfo/commissions/docs/greece04/App40.pdf.

Frankel, Jeffrey A., and David Romer, "Does Trade Cause Growth?" *American Economic Review* 89, no. 3 (June 1999): 379-399.

Freehling, William W., *The Road to Disunion* vol. 1. (Oxford: Oxford University Press).

Freyer, James, and Bruce Sacerdote, "Colonialism and Modern Income-Islands as Natural Experiments," working paper (October 2006), http://www.dartmouth.edu/~jfeyrer/islands.pdf accessed December 22, 2006.

Friedman, Thomas L., *The World Is Flat* (New York: Farrar, Straus and Giroux, 2005).

Galloway, J. H., "The Mediterranean Sugar Industry," *Geographical Review* 67, no. 2 (April 1977): 177-194.

Garrett, Geoffrey, "Global Markets and National Politics: Collision Course or Virtuous Cycle?" *International Organization* 52, no. 4 (Autumn 1998): 787-824.

General Accounting Office, "Sugar Program: Supporting Sugar Prices Has Increased Users' Costs While Benefiting Producers," General Accounting Office GAO/RCED-00-126 (June 2000).

Gerschenkron, Alexander, *Bread and Democracy in Germany* (Ithaca, NY: Cornell University Press, 1989).

Gilliam, J. F., "The Plague under Marcus Aurelius," *American Journal of Philology* 82, no. 3 (July 1961): 225-251.

Glamann, Kristof, *Dutch-Asiatic Trade 1620-1740* ('s-Gravenhage, Netherlands: Martinus Nijhoff, 1981).

Goitein, S. D., *A Mediterranean Society* (Berkeley: University of California Press, 1967).

Goitein, S. D., "New Light on the Beginnings of the Karim Merchants," *Journal of Economic and Social History of the Orient* 1 (August 1957): 175-184.

Golob, Eugene Owen, *The Méline Tariff* (New York: AMS, 1968).

Gordon, Bernard K., "Doha Aground," *The Wall Street Journal* (July 26, 2006).

Gottschalk, Peter, et al., "The Growth of Earnings Instability in the U.S. Labor Market," *Brookings Papers on Economic Activity* 1994, no. 2 (1994): 217-272.

Graham, Gerald S., "The Ascendancy of the Sailing Ship 1850-1885," *The Economic History Review* 9, no. 1 (1956): 74–88.

Grant, William L., "Canada versus Guadeloupe, an Episode in the Seven Years' War," *American Historical Review* 17, no. 4 (July 1912): 735–743.

Green, Jeremy N., "The wreck of the Dutch East Indiaman the Vergulde Draek, 1656," *International Journal of Nautical Archaeology and Underwater Exploration* 2, no. 2 (1973): 267–289.

Greenberg, Michael, *British Trade and the Opening of China* (Cambridge: Cambridge University Press, 1969).

Greenlee, William Brooks, trans., *The Voyage of Pedro Álvares Cabral to Brazil and India* (London: Hakluyt Society, 1938).

Groom, Nigel, *Frankincense and Myrrh* (Beirut: Librairie du Liban, 1981).

Hacker, Jacob, *The Great Risk Shift* (New York: Oxford University Press, 2006).

Hadley, Leila, *A Journey with Elsa Cloud* (New York: Penguin, 1998).

Hamilton, Earl J., "American Treasure and the Rise of Capitalism," *Economica* 27 (November 1929): 338–357.

Hanes, W. Travis, III, *The Opium Wars* (Naperville, IL: Sourcebooks, 2002).

Hanson, Victor Davis, *The Other Greeks* (Berkeley: University of California Press, 1999).

Harden, Donald, *The Phoenicians* (New York: Praeger, 1962).

Harding, C. H., *The Buccaneers in the West Indies in the XVII Century* (Hamden, CT: Archon, 1966).

Harler, C. R., *The Culture and Marketing of Tea*, 2nd ed. (London: Oxford University Press, 1958).

Harley, C. Knick, "Ocean Freight Rates and Productivity, 1740–1913: The Primacy of Mechanical Invention Reaffirmed," *The Journal of Economic History* 48, no. 4 (December 1988): 851–876.

Harley, C. Knick, "The Shift from sailing ships to steamships, 1850–1890: a study in technological change and its diffusion," in Donald N. McCloskey, ed., *Essays on a Mature Economy* (Princeton: Princeton University Press, 1971).

Harley, C. Knick, "Transportation, the World Wheat Trade, and the Kuznets Cycle, 1850–1913," *Explorations in Economic History* 17, no. 3 (July 1980): 218–250.

Hartwell, Robert, "Markets, Technology, and the Structure of Enterprise in the Development of the Eleventh-Century Chinese Iron and Steel Industry," *The Journal of Economic History* 26, no. 1 (March 1966): 29–58.

Hattox, Ralph S., *Coffee and Coffeehouses* (Seattle: University of Washington Press,

1988).

Hawkes, Jacquetta, *The First Great Civilizations: Life in Mesopotamia, the Indus Valley, and Egypt* (New York: Knopf, 1973).

Heckscher, Eli, "The Effect of Foreign Trade on the Distribution of Income," in *Readings in the Theory of International Trade* (Homewood, IL: Irwin, 1950).

Heeres, J. E., *Het Aandeel der Nederlanders in de Ontdekking van Australië 1606–1765* (Leiden: Boekhandel en Drukkerij Voorheen E. J. Brill, 1899).

Henderson, W. O., *Friedrich List* (London: Frank Cass, 1983).

Herodotus, *The Histories* (Baltimore: Penguin, 1968).

Heyerdahl, Thor, "Feasible Ocean Routes to and from the Americas in Pre-Columbian Times," *American Antiquity* 28, no. 4 (April 1963): 482–488.

Hinde, Wendy, *Richard Cobden* (New Haven, CT: Yale University Press, 1987).

Hippocrates, *Of the Epidemics*, I:1, http://classics.mit.edu/Hippocrates/epidemics.1.i.html, accessed December 23, 2005.

Hirschman, Albert O., *National Power and the Structure of Foreign Trade* (Berkeley: University of California Press, 1980).

Hirth, Friedrich, "The Mystery of Fu-lin," *Journal of the American Oriental Society* 33 (1913): 193–208.

Hobhouse, Henry, *Seeds of Change* (New York: Harper and Row, 1986).

Hobsbawm, E. J., *Industry and Empire*, rev. ed. (London: Penguin, 1990).

Hobsbawm, E. J., "The Machine Breakers," *Past and Present* 1 (February 1952): 57–70.

Hobson, J. A., *Richard Cobden, the International Man* (London: Ernest Benn, 1968).

Homer, Sidney, and Richard Sylla, *A History of Interest Rates* (New Brunswick, NJ: Rutgers University Press, 1996).

Horrox, Rosemary, *The Black Death* (Manchester: Manchester University Press, 1994).

Hourani, George F., and John Carswell, *Arab Seafaring* (Princeton: Princeton University Press, 1995).

Hovén, Bengt E., "Ninth-Century Dirham Hoards from Sweden," *Journal of Baltic Studies* 13, no. 3 (Autumn 1982): 202–219.

Howe, Sonia E., *In Quest of Spices* (London: Herbert Jenkins, 1946).

Hsin-pao Chan, *Commissioner Lin and the Opium War* (New York: Norton, 1964).

Hudson, Geoffrey, "The Medieval Trade of China," in D. S. Richards, ed., *Islam and the Trade of Asia* (Philadelphia: University of Pennsylvania Press, 1970).

Hull, Cordell, *International Trade and Domestic Prosperity* (Washington DC: U.S. Government Printing Office, 1934).

Hull, Cordell, *The Memoirs of Cordell Hull* (New York: Macmillan, 1948).

Ibn Battuta, *The Travels of Ibn Battuta* (Mineola, NY: Dover, 2004).

Ibn Khaldun, *The Muqaddimah* (An Introduction to History), trans. Franz Rosenthal (New York: Pantheon, 1958).

Ibn Khurdadhbih, "Al-Masalik Wa'l-Mamalik" ("Roads and Kingdoms") in *Arabic Classical Accounts of India and China* (Shimla: Indian Institute of Advanced Study, 1989).

Ibn Shahriyar, Burzug, *The Book of the Marvels of India*, trans. Marcel Devic (New York: Dial, 1929).

Irwin, Douglas A., *Against the Tide* (Princeton: Princeton University Press, 1996).

Irwin, Douglas A., "The Political Economy of Free Trade: Voting in the British General Election of 1906," *The Journal of Law and Economics* 37, no. 1 (April 1994): 75–108.

Irwin, Douglas A., Review [Untitled], *Journal of Economic History* 50, no. 2 (June 1990): 509–510.

Irwin, Douglas A., "The Smoot-Hawley Tariff: A Quantitative Assessment," *The Review of Economics and Statistics* 8, no. 2 (May 1998): 326–334.

Irwin, Douglas A., and Marko Terviö, "Does Trade Raise Income? Evidence from the Twentieth Century," *Journal of International Economics* 58 (2002): 1–18.

Israel, Jonathan I., *Dutch Primacy in World Trade, 1585–1740* (Oxford: Clarendon, 1989).

Inan, Yüksel, "The Current Regime of the Turkish Straits," *Perceptions: Journal of International Affairs* 6, no. 1 (March-May 2001), http://www.sam.gov.tr/perceptions/Volume6/March-May2001/inan06.PDF.

Jane, Cecil, *Select Documents Illustrating the Four Voyages of Christopher Columbus* (London: Hakluyt Society, 1930).

Jeans, W. T., *The Creators of the Age of Steel* (New York: Scribner, 1884).

Jensen, Einar, *Danish Agriculture* (Copenhagen: J. H. Schultz Forlag, 1937).

Jerome, Norge W., and James M. Weiffenbach, eds., *Taste and Development: the genesis of sweet preference* (Washington DC: National Institutes of Health, 1974).

Jett, Stephen, *Crossing Ancient Oceans* (New York: Springer, 2006).

Johnson, Paul, *The Birth of the Modern* (New York: HarperCollins, 1991).

Jones, E. G., "The Argentine Refrigerated Meat Industry," *Economica* 26 (June 1929): 157–172.

Jones, Joseph M., Jr., *Tariff Retaliation* (Philadelphia: University of Pennsylvania

Press, 1934).

Jordan, Henry Donaldson, "The Political Methods of the Anti-Corn Law League," *Political Science Quarterly* 42, no. 1 (March 1927): 58-76.

Joyner, Tim, *Magellan* (Camden, ME: International Marine, 1992).

Kagan, Donald, *The Peloponnesian War* (New York: Viking, 2003).

Kapstein, Ethan B., "Review: Winners and Losers in the Global Economy," *International Organization* 54, no. 2 (Spring 2000): 359-384.

Kedar, B. Z., *Merchants in Crisis* (New Haven, CT: Yale University Press, 1976).

Keynes, John Maynard, *The General Theory of Employment Interest and Money* (New York: Harcourt, 1936).

Kilman, Scott, and Roger Thurow, "Politics & Economics, U.S. Farm-Subsidy Cuts a Long Shot as Doha Falters," *The Wall Street Journal* (July 26, 2006).

Kindleberger, Charles P., "Commercial Policy between the Wars," in Peter Mathias and Sidney Pollard, eds., *The Cambridge Economic History of Europe* vol. 8 (Cambridge: Cambridge University Press, 1989).

Kindleberger, Charles P., "Group Behavior and International Trade," *The Journal of Political Economy* 59, no. 1 (February 1951): 30-46.

Kindleberger, Charles P., "The Rise of Free Trade in Western Europe, 1820-1875," *The Journal of Economic History* 31, no. 1 (March 1975): 20-55.

Kitson, Michael, and Solomos Solomu, *Protectionism and economic revival: the British interwar economy* (Cambridge: Cambridge University Press, 1990).

Krugman, Paul, "Growing World Trade: Causes and Consequences," *Brookings Papers on Economic Activity*, 1995:1 (1995): 327-377.

Labib, Subhi Y., "Capitalism in Medieval Islam," *Journal of Economic History* 29, no. 1 (March 1969): 79-96.

Landes, David, *The Unbound Prometheus* (Cambridge: Cambridge University Press, 1969).

Lane, Frederic C., "The Mediterranean Spice Trade: Further Evidence of Its Revival in the Sixteenth Century," *American Historical Review* 45, no. 3 (April 1940): 581-590.

Lane, Frederic C., "Venetian Shipping during the Commercial Revolution," *American Historical Review* 38, no. 2 (January 1933): 219-239.

Lane, Frederic C., *Venice: A Maritime Republic* (Baltimore: Johns Hopkins University Press, 1973).

Larkin, F. Daniel, "Erie Canal Freight," *The New York State Archives Time Machine*, http://www.archives.nysed.gov/projects/eriecanal/ErieEssay/ecf.html, accessed February 12, 2007.

Latham, A. J. H., and Larry Neal, "The International Market in Rice and Wheat, 1868–1914," *The Economic History Review* 36, no. 2 (May 1983): 260–280.

Latner, Richard B., "The Nullification Crisis and Republican Subversion," *The Journal of Southern History* 43, no. 1 (February 1977): 19–38.

Le Fevour, Edward, *Western Enterprise in Late Ching China* (Cambridge, MA: Harvard University Press, 1968).

Lee, Samuel, trans., *The Travels of Ibn Battuta* (Mineola, NY: Dover, 2004).

Lemire, Beverly, *Fashion's Favourite* (Oxford: Oxford University Press, 1991).

Levathes, Louise, *When China Ruled the Seas* (Oxford: Oxford University Press, 1994).

Levinson, Marc, *The Box* (Princeton: Princeton University Press, 2006).

Leyburn, James G., *The Haitian People* (New Haven, CT: Yale University Press, 1966).

Library of Congress Studies, "The Tanker War, 1984–1987," from *Iraq*, http://lcweb2.loc.gov/cgi-bin/query/r?frd/cstdy:@field(DOCID+iq0105) accessed March 26, 2007.

Ligon, Richard, *A True & Exact History of the Island of Barbadoes* (London: Peter Parker, 1673).

Liss, David, *The Coffee Trader* (New York: Random House, 2003).

Lopez, Robert Sabatino, "European Merchants in the Medieval Indies: The Evidence of Commercial Documents," *Journal of Economic History* 3 (November 1943): 164–184.

Loth, Vincent C., "Armed Incidents and Unpaid Bills: Anglo-Dutch Rivalry in the Banda Islands in the Seventeenth Century," *Modern Asian Studies* 29, no. 4 (October 1995): 705–740.

Lubbock, Basil, *The Opium Clippers* (Glasgow: Brown, Son, and Ferguson, 1933).

Lusztig, Michael, "Solving Peel's Puzzle: Repeal of the Corn Laws and Institutional Preservation," *Comparative Politics* 27, no. 4 (July 1995): 393–408.

Luthin, Reinhard H., "Abraham Lincoln and the Tariff," *The American Historical Review* 49, no. 4 (July 1944): 609–621.

Ma Huan, *Ying-Yai Sheng-Lan* (Cambridge: Cambridge University Press for Hakluyt Society, 1970).

Maddison, Angus, *Monitoring the World Economy* (Paris: OECD, 1995).

Maddison, Angus, *The World Economy: A Millennial Perspective* (Paris: OECD, 2001).

Madsen, Jakob B., "Trade Barriers and the Collapse of World Trade during the Great Depression," *Southern Economic Journal* 67, no. 4 (April 2001): 848-868.

Marlow, Joyce, *The Peterloo Massacre* (London: Panther, 1969).

Martyn, Henry, *Considerations on the East India Trade* (London: Printed for J. Roberts, 1701). Photographic reproduction in J. R. McCullouch, *Early English Tracts on Commerce* (Cambridge: Cambridge University Press, 1970).

Marx, Karl, *Capital*, vol 1. (New York: International, 1967).

Marx, Karl, *The Poverty of Philosophy* (New York: International, 1963).

Maugham, W. Somerset, *On a Chinese Screen* (New York: George H. Doran, 1922).

Mayer, Jane, and Jose de Cordoba, "Sweet Life: First Family of Sugar Is Tough on Workers, Generous to Politicians," *Wall Street Journal* (July 29, 1991).

McCord, Norman, *The Anti-Corn Law League* (London: George Allen and Unwin, 1958).

McCusker, John. J., *Money and Exchange in Europe and America, 1600-1775* (Chapel Hill: University of North Carolina Press, 1978).

McKendrick, N., "Josiah Wedgwood: An Eighteenth-Century Entrepreneur in Salesmanship and Marketing Techniques," *Economic History Review* 12, no. 3 (1960): 408-433.

McKendrick, Neil, John Brewer, and J. H. Plumb, *The Birth of a Consumer Society* (London: Europa, 1982).

McNeill, William H., *Plagues and Peoples* (New York: Anchor, 1998).

Meilink-Roelofsz, M. A. P., *Asian Trade and European Influence in the Indonesian Archipelago Between 1500 and About 1630* (The Hague: Martinus Nijhoff, 1962).

Mellars, Paul, "The Impossible Coincidence: A Single-Species Model for the Origins of Modern Human Behavior in Europe," *Evolutionary Anthropology* 14, no. 1 (February 2005): 12-27.

Menzies, Gavin, *1421: The Year China Discovered America* (New York: Morrow, 2003).

Midford, Paul, "International Trade and Domestic Politics: Improving on Rogowski's Model of Political Alignments," *International Organization* 47, no. 4 (Autumn 1993): 535-564.

Mill, John Stuart, "The Corn Laws," *Westminster Review* (April 1825).

Mill, John Stuart, *Principles of Political Economy* (New York: Appleton, 1888).

Miller, Scott, and Marc Champion, "At WTO Talks, Stances are Hardening," *The Wall Street Journal* (January 27, 2006).

Mintz, Sidney W., *Sweetness and Power* (New York: Penguin, 1986).

Mody, Jehangir R. P., *Jamsetjee Jeejeebhoy* (Bombay: R.M.D.C. Press, 1959).

Moreland, M. H., "The Ships of the Arabian Sea around AD 1500," *Journal of the Royal Asiatic Society of Great Britain and Ireland* (January 1939): 63–74.

Morison, Samuel Eliot, *Admiral of the Ocean Sea* (Boston: Little, Brown, 1970).

Morley, John, *The Life of Richard Cobden* (London: T. Fisher Unwin, 1903).

Morris, Morris D., "Towards a Reinterpretation of Nineteenth-Century Indian Economic History," *Journal of Economic History* 23, no. 4 (December 1963): 606–618.

Muhly, James D., "Sources of Tin and the Beginnings of Bronze Metallurgy," *American Journal of Archaeology* 89 (April 1985): 275–291.

Mukherjee, Ramkrishna, *The Rise and Fall of the East India Company* (Berlin: VEB Deutscher Verlag der Wissenshaften, 1958).

Mun, Thomas, *England's Treasure by Foreign Trade*, in Leonard D. Abbot, ed., *Masterworks of Economics* (New York: McGraw-Hill, 1973).

Needham, Joseph, *Science and Civilization in China*, vol. 4 (Cambridge: Cambridge University Press, 1971).

Nehru, Jawaharlal, *The Discovery of India* (Calcutta: Signet, 1956).

Neustadt (Ayalon), David, "The Plague and Its Effects upon the Mamluk Army," *Journal of the Royal Asiatic Society* (1946): 67–73.

Newman, R. K., "Opium Smoking in Late Imperial China: A Reconsideration," *Modern Asian Studies* 29, no. 4 (October 1995): 765–794.

Nincic, Donna J., "Sea Lane Security and U.S. Maritime Trade: Chokepoints as Scarce Resources," in Sam J. Tangredi, ed., *Globalization and Maritime Power* (Washington, DC: National Defense University Press, 2002).

Nordhaus, William D., "Soviet Economic Reform: The Longest Road," *Brookings Papers on Economic Activity* 1990, no. 1 (1990).

North, Douglass C., and Barry R. Weingast, "Constitutions and Commitment: The Evolution of Institutional Governing Public Choice in Seventeenth-Century England," *The Journal of Economic History* 49 (December 1989): 808–832.

Nowell, Charles E., "The Historical Prester John," *Speculum* 28, no. 3 (July 1953): 434–445.

O'Connell, Robert L., *Soul of the Sword* (New York: Free Press, 2002).

O'Grady, Mary Anastasia, "Americas: Clinton's Sugar Daddy Games Now Threaten NAFTA's Future," *The Wall Street Journal* (December 20, 2002).

Ohlin, Bertil, *Interregional and International Trade* (Cambridge: Harvard University

Press, 1957).

Olson, Mancur, *The Logic of Collective Action* (Cambridge: Harvard University Press, 1965).

Oppenheim, A. L., "The Seafaring Merchants of Ur," *Journal of the American Oriental Society* 74, no. 1 (January–March 1954): 6–17.

Oregon Department of Agriculture, "Food remains a bargain for Oregon and U.S. consumers," http://www.oregon.gov/ODA/news/060719spending.shtml, accessed March 23, 2007.

O'Rourke, Kevin, "Tariffs and Growth in the Late 19th Century," *The Economic Journal* 110, no. 463 (April 2000): 456–483.

O'Rourke, Kevin, and Jeffrey G. Williamson, *Globalization and History* (Cambridge, MA: MIT Press, 1999).

O'Rourke, Kevin, and Jeffrey G. Williamson, "Late Nineteenth Century Anglo-American Price Convergence: Were Heckscher and Ohlin Right?" *The Journal of Economic History* 54, no. 4 (December 1994): 892–916.

The Oxford Dictionary of Quotes, 3rd ed., (Oxford: Oxford University Press, 1979).

Page, T. E., et al., eds., *The Scriptores Historiae Augustae* (Cambridge, MA: Harvard University Press, 1940).

Paquette, Robert L., "Revolutionary Saint Domingue in the Making of Territorial Louisiana," in David Gaspar and David Geggus, eds., *A Turbulent Time* (Indianapolis: Indiana University Press).

Parry, J. H., Review of "Friar Andrés de Uraneta, O.S.A.," *Hispanic American Historical Review* 47, no. 2 (May 1967): 262.

Patterson, Orlando, *Freedom* (New York: Basic Books, 1991).

Pearson, M. N., "India and the Indian Ocean in the Sixteenth Century," in Ashin Das Gupta and M. N. Pearson, eds., *India and the Indian Ocean 1500–1800* (Calcutta: Oxford University Press, 1987).

Pearson, M. N., "Introduction I: The Subject," in Ashin Das Gupta and M. N. Pearson, eds., *India and the Indian Ocean 1500–1800* (Calcutta: Oxford University Press, 1987).

Pearson, M. N., *The New Cambridge History of India* (Cambridge: Cambridge University Press, 1987).

Penzer, N. M., ed., and John Frampton, trans., *The Most Noble and Famous Travels of Marco Polo Together with the Travels of Nicolo de' Conti* (London: Adam and Charles Black, 1937).

Perren, Richard, "The North American Beef and Cattle Trade with Great Britain, 1870–1914," *The Economic History Review* 24, no. 3 (August 1971): 430–444.

Pinker, Steven, "We're Getting Nicer Every Day," *The New Republic* (March 20, 2007).

Pipes, Daniel, *Slave Soldiers and Islam* (New Haven, CT: Yale University Press, 1981).

Pires, Tomé, *The Suma Oriental of Tomé Pires and The Book of Francisco Rodrigues*, ed. Armando Cortesão (Glasgow: Robert Maclohose, 1944), 1.

Pliny, *Natural History* vol. 4 (Bury St. Edmunds: St. Edmundsbury, 1968).

Prain, Ronald, *Copper* (London: Mining Journal Books, 1975).

Prakash, Om, "European Commercial Enterprise in Precolonial Europe," in *The New Cambridge History of India*, vol. 2, no. 5 (Cambridge: Cambridge University Press, 1998).

Procopius, *The History of the Persian Wars, II:16, from The History of the Warres of the Emperour Justinian* (London: Printed for Humphrey Moseley, 1653).

Rabino, Joseph, "The Statistical Story of the Suez Canal," *Journal of the Royal Statistical Society* 50, no. 3 (September 1887): 495–546.

Rainwater, P. L., "Economic Benefits of Secession: Opinions in Mississippi in the 1850s," *The Journal of Southern History* 1, no. 4 (November 1935): 459–474.

Ramsay, G. G., trans., *Juvenal and Perseus* (Cambridge, MA: Harvard University Press, 1945).

Ratcliffe, Donald J., "The Nullification Crisis, Southern Discontent, and the American Political Process," *American Nineteenth Century History* 1, no. 2 (Summer 2000): 1–30.

Ravenstein, E. G., ed., *A Journal of the First Voyage of Vasco da Gama* (London: Hakluyt Society, 1898).

Raymond, Robert, *Out of the Fiery Furnace* (University Park: The Pennsylvania State University Press, 1968).

Redmount, Carol A., "The Wadi Tumilat and the 'Canal of the Pharaohs,'" *Journal of Near Eastern Studies* 54, no. 2 (April 1995): 127–135.

Rees, Ronald, *King Copper* (Cardiff: University of Wales Press, 2000).

Reischauer, Edwin O., "Notes on T'ang Dynasty Sea Routes," *Harvard Journal of Asiatic Studies* 5 (June 1940): 142–164.

Renfrew, Colin, "Trade and Culture Process in European History," *Current Anthropology* 10 (April–June 1969): 151–169.

Rhodes, Carolyn, *Reciprocity, U.S. Trade Policy, and the GATT Regime* (Ithaca, NY: Cornell University Press, 1993).

Ricardo, David, *The Principles of Political Economy & Taxation* (London: Dutton, 1911).

Risso, Patricia, *Merchants of Faith* (Boulder, CO: Westview, 1995).

Rodinson, Maxime, *Mohammed* (New York: Pantheon, 1971).

Rodrigue, Jean-Paul, "Straits, Passages, and Chokepoints: A Maritime Geostrategy of Petroleum Distribution," *Les Cahiers de Géographie du Québec* 48, no. 135 (December 2004): 357-374.

Rodrik, Dani, *Has Globalization Gone Too Far?* (Washington DC: Institute for International Economics, 1997).

Rogowski, Ronald, *Commerce and Coalitions* (Princeton: Princeton University Press, 1989).

Rosenstein, Mark, "The Rise of Containerization in the Port of Oakland," New York University master's thesis (2000), 23-31, http://www.apparent-wind.com/mbr/maritime-writings/thesis.pdf, accessed March 13, 2007.

Rostow, W.W., *The World Economy* (Austin: University of Texas, 1978).

Roy, Tirthankar, "Economic History and Modern India: Redefining the Link," *The Journal of Economic Perspectives* 16, no. 3 (Summer 2002): 109-130.

Josiah C. Russell, "That Earlier Plague," *Demography* 5, no. 1 (1968): 174-184.

Rustichello, *The Travels of Marco Polo* (New York: Signet, 2004).

Sachs, Jeffrey D., and Andrew Warner, "Economic Reform and the Process of Global Integration," *Brookings Papers on Economic Activity* 1995, no. 1 (1995): 1-118.

Samuelson, Paul A., "Where Ricardo and Mill Rebut and Confirm Arguments of Mainstream Economists Supporting Globalization," *The Journal of Economic Perspectives* 18, no. 3 (Summer 2004): 135-146.

Sarna, Jonathan D., "American Jewish History," *Modern Judaism* 10, no. 3 (October 1990): 343-365.

Saunders, J. J., *The History of Medieval Islam* (New York: Barnes & Noble, Inc., 1965).

Sawyer, P. H., and R. H. Hilton, "Technical Determinism: The Stirrup and the Plough," *Past and Present* 24 (April 1963): 90-100.

Schafer, Edward H., *The Golden Peaches of Samarkand* (Los Angeles: University of California Press, 1963).

Schlesinger, Arthur Meier, "The Uprising against the East India Company," *Political Science Quarterly* 32, no. 1 (March 1917): 60-79.

Schurz, William Lytle, "Mexico, Peru, and the Manila Galleon," *The American Historical Review* 1, no. 4 (November 1918): 389-402.

Schwartz, Stuart B., *Tropical Babylons* (Chapel Hill: University of North Carolina Press, 2004).

Scott, Philippa, *The Book of Silk* (London: Thames and Hudson, 1993).

Serjeant, Robert B., *The Portuguese off the South Arabian Coast: Hadrami Chronicles* (Oxford: Clarendon, 1963).

Silverberg, Robert, *In the Realm of Prester John* (Garden City, NY: Doubleday, 1972).

Simmons, Colin, " 'De-Industrialization,' Industrialization, and the Indian Economy, c. 1850–1947," *Modern Asian Studies* 19, no. 3 (April 1985): 593–622

Simpson, Donald, "The Treasure in the Vergulde Draek: A Sample of V. O. C. Bullion Exports in the 17th Century," *The Great Circle* 2, no. 1 (April 1980): 13–17.

Smith, Adam, *An Inquiry into the Nature and Causes of the Wealth of Nations* (Chicago: University of Chicago Press, 1976).

Srinivasan, T. N., "Developing Countries in the World Trading System: From GATT, 1947, to the Third Ministerial Meeting of WTO, 1999," *World Economy* 22, no. 8 (1999): 1047–1064.

Stamper, Norm, "A Good Cop Wasted," excerpted in *Seattle Weekly* (June 1, 2005).

Steensgaard, Niels, *The Asian Trade Revolution of the Seventeenth Century* (Chicago: University of Chicago Press, 1974).

Stein, Gil J., *Rethinking World Systems* (Tucson: University of Arizona Press, 1999).

Stemmer, Juan E. Oribe, "Freight Rates in the Trade between Europe and South America, 1840–1914," *Journal of Latin American Studies* 21, no. 1 (February 1989): 23–59.

Stern, Horace, "The First Jewish Settlers in America: Their Struggle for Religious Freedom," *The Jewish Quarterly Review* 45, no. 4 (April 1955): 289–296.

Stolper, Wolfgang F., and Paul Samuelson, "Protection and Real Wages," *The Review of Economic Studies* 9, no. 1 (November 1941): 58–73.

Subrahmanyam, Sanjay, *The Career and Legend of Vasco da Gama* (Cambridge: Cambridge University Press, 1997).

Tadman, Michael, "The Demographic Cost of Sugar: Debates on Slave Societies and Natural Increase in the Americas," *The American Historical Review* 105, no. 5 (December 2000): 1534–1575.

Taussig, F. W., *The Tariff History of the United States* (New York: Capricorn, 1964).

Taylor, Alan M., "On the Costs of Inward-Looking Development: Price Distortions, Growth, and Divergence in Latin America," *The Journal of Economic History* 58, no. 1 (March 1998): 1–28.

Taylor, George Rogers, *The Transportation Revolution* (New York: Harper and Row, 1951).

Taylor, Henry C., and Anne Dewees Taylor, *World Trade in Agricultural Products* (New York: Macmillan, 1943).

Theophrastus, T. E. Page, et al., eds., *Enquiry into Plants* (Cambridge, MA: Harvard University Press, 1949).

Thomas, Bertram, *Arabia Felix* (New York: Scribner, 1932).

Thomas, Hugh, *The Slave Trade* (New York: Simon and Schuster, 1999).

Thomas, P. J., *Mercantilism and the East India Trade* (London: Frank Cass, 1963).

Thoreau, Henry D., *Walden* (Boston: Houghton Mifflin, 1938).

Thornton, Mark, and Robert B. Ekelund, Jr., *Tariffs, Blockades, and Inflation* (Wilmington, DE: Scholarly Resources, 2004).

Throckmorton, Peter, "Sailors in the Time of Troy," in *The Sea Remembers* (New York: Weidenfeld and Nicholson, 1987).

Thucydides, *History of the Peloponnesian War* (New York: Penguin, 1972).

Timmer, Ashley, and Jeffrey G. Williamson, "Immigration Policy Prior to the 1930s: Labor Markets, Policy Interactions, and Globalization Backlash," *Population and Development Review* 21, no. 4 (December 1998): 739–771.

Tomlinson, B. R., "The Economy of Modern India," *The New Cambridge History of India*, vol. 3, no. 3 (Cambridge: Cambridge University Press, 1993).

Trefler, Daniel, "The Long and Short of the Canada-U.S. Free Trade Agreement," *The American Economic Review* 94, no. 4 (September 2004): 870–895.

Trefler, Daniel, "Trade Liberalization and the Theory of Endogenous Protection: An Econometric Study of U.S. Import Policy," *The Journal of Political Economy* 101, no. 1 (February 1993): 138–160.

Trevelyan, George Macaulay, *The Life of John Bright* (Boston: Houghton Mifflin, 1913).

Trocki, Carl, *Opium, Empire, and the Global Political Economy* (London: Routledge, 1999).

Tunell, George G., "The Diversion of the Flour and Grain Traffic from the Great Lakes to the Railroads," *The Journal of Political Economy* 5, no. 3 (June 1897): 340–361.

Turner, Jack, *Spice* (New York: Vintage, 2004).

Tye, Larry, *The Father of Spin* (New York: Crown, 1998).

Tylcote, R. F., *A History of Metallurgy* (London: Metals Society, 1976).

Tyler, Lyon G., "The South and Self-Determination," *William and Mary College Quarterly Historical Magazine* 27, no. 4 (April 1919): 217–225.

Varela, C., ed., *Cristóbal Colón: Textos y documentos completos* (Madrid: Alianza, 1984).

Ukers, William H., *All About Coffee* (New York: Tea and Coffee Trade Journal, 1935).

United Nations, *Human Development Report*, 2006 (New York: United Nations, 2006).

United States Census Bureau, "Historical Income Tables-People," http://www.census.gov/hhes/www/income/histinc/p05ar.html, accessed April 3, 2007.

United States Department of Agriculture "Food Spending in Relation to Income," *Food Cost Review, 1950-97*, http://www.ers.usda.gov/Publications/AER780/, accessed March 23, 2007.

Van Deusen, John G., "Economic Bases of Disunion in South Carolina," Ph.D. thesis, Columbia University (1928).

Villiers, John, "Trade and Society in the Banda Islands in the Sixteenth Century," *Modern Asian Studies* 15, no. 4 (1981): 723-750.

Villiers, John, "Las Yslas de Esperar en Dios: The Jesuit Mission in Moro 1546-1571," *Modern Asian Studies* 22, no. 3 (1988, special issue): 593-606.

Wachsmann, Shelly, "Paddled and Oared Boats Before the Iron Age," in Robert Gardiner, ed., *The Age of the Galley* (Edison, NJ: Chartwell, 2000).

Wachsmann, Shelly, *Seagoing Ships and Seamanship in the Bronze Age Levant* (College Station: Texas A&M University Press, 1998).

Wake, C. H. H., "The Changing Pattern of Europe's Pepper and Spice Imports, ca. 1400-1700," *The Journal of European Economic History* 8 (Fall 1979): 361-403.

Walvin, James, *Fruits of Empire* (New York: New York University Press, 1997).

Ward, J. R., "The Industrial Revolution and British Imperialism, 1750-1850," *The Economic History Review* 47, no. 1 (February 1994): 44-65.

Warmington, E. H., *The Commerce between the Roman Empire and India* (New Delhi: Munshiram Manoharlal, 1995).

Weatherall, David, *David Ricardo: A Biography* (The Hague: Martinus Nijhoff, 1976).

Webster, Anthony, "The Political Economy of Trade Liberalization: The East India Company Charter Act of 1813," *The Economic History Review* 43, no. 3 (August 1990): 404-419.

Weightman, Gavin, *The Frozen Water Trade* (New York: Hyperion, 2003).

Weinberg, Bennett Alan, and Bonnie K. Bealer, *The World of Caffeine* (New York: Routledge, 2001).

Wendel, Jonathan F., and Richard C. Cronin, "Polyploidy and the Evolutionary History of Cotton," *Advances in Agronomy* 78 (2003): 139-186.

Wheelis, Mark, "Biological Warfare at the 1346 Siege of Caffa." *Emerging Infectious Diseases* (September 2002), accessed 12/15/05 (Serial online).

White, John H., *The Great Yellow Fleet* (San Marino, CA: Golden West, 1986).

White, Lynn, Jr., *Medieval Technology and Social Change* (Oxford: Clarendon, 1962).

Wilbur, Marguerite Eyer, *The East India Company* (Stanford, CA: Stanford University Press, 1945).

Wilcox, Clair, *A Charter for World Trade* (New York: Macmillan, 1949).

Williamson, Jeffrey, G., "De-Industrialization and Underdevelopment: A Comparative Assessment around the Periphery 1750–1939," working paper (December 2004), http://www.economics.harvard.edu/faculty/jwilliam/papers/DeIndEHW1204.pdf, accessed December 22, 2006.

Williamson, Jeffrey G., "The Impact of the Corn Laws Just Prior to Repeal," *Explorations in Economic History* 27 (1990): 123–156.

Wilson, Derek, *The World Encompassed: Francis Drake and His Great Voyage* (New York: Harper and Row, 1977).

Wiznitzer, Arnold, "The Exodus from Brazil and Arrival in New Amsterdam of the Jewish Pilgrim Fathers, 1654," *Publication of the American Jewish Historical Society* 44, no. 1 (September 1954): 80–95.

Wood, Adrian, and Cristóbal Ridao-Cano, "Skill, Trade, and International Inequality," working paper.

Wood, Alfred C., *A History of the Levant Company* (London: Frank Cass, 1964).

Woodward, C. Vann, *American Counterpoint: Slavery and Racism in the North/South Dialogue* (Boston: Little, Brown, 1964).

Worrall, Simon, "Full Speed Ahead," *Smithsonian* 36, no. 10 (January 2006): 93.

Wu Lien-Teh et al., *Plague* (Shanghai Station, China: National Quarantine Service, 1936).

Young, Herbert V., *They Came to Jerome* (Jerome, AZ: Jerome Historical Society, 1972).

Yule, Henry, ed., *The Book of Marco Polo* (London: John Murray, 1921).

Zhu, Susan Chun, and Daniel Trefler, "Trade and Inequality in Developing Countries: A General Equilibrium Analysis," *Journal of International Economics* 65 (2005): 21–48.

Zweig, Stefan, *Conqueror of the Sea* (New York: Literary Guild of America, 1938).

그림 1-1 Expedition of Queen Hatshepsut, reproduced with permission from Torgny Säve-Söderbergh, *The Navy of the Eighteenth Egyptian Dynasty* (Uppsala:Uppsala Universitets Arsskrift, 1946), 14.

그림 6-1 Population of Medieval England. Source Data: *British Population History from the Black Death to the Present Day* Michael Anderson ed., (NewYork: Cambridge University Press, 1996), 77.

그림 10-1 Imports to Dutch East India Company at Amsterdam. Source Data: Kristoff Glamann, *Dutch-Asiatic Trade, 1620-1740* ('s-Gravenhage, Holland: Martinus-Nijhoff, 1981), 14.

그림 10-2 Annual Transatlantic Slave Trade. Source Data: David Eltis and David Richardson, "Prices of African Slaves Newly Arrived in the Americas, 1673-1865: New Evidence on Long-Run Trends and Regional Differentials," in David Eltis, ed., *Slavery in the Development of the Americas* (Cambridge University Press, 2004), 188-189.

그림 11-1 Price of Wheat in England 1700-1850. Source Data: Donald Grove Barnes, *A History of the English Corn Laws* (New York: Augustus M. Kelley, 1961), 297-8.

그림 12-1 Break-Even Point between Sail and Steam. Computed from Charles K. Harley, "British Shipbuilding and Merchant Shipping: 1850-1890," *The Journal of Economic History* 30, no. 1 (March 1970), 264.

그림 12-2 Annual World Ship Construction. Source Data: Gerald S.Graham, "The Ascendancy of the Sailing Ship 1850-1885," *The Economic History Review*, 9, no. 1 (1956), 77.

그림 12-3 Schematic of Early Mechanical Refrigeration Unit. Courtesy of Lewis O'Brien.

그림 13-1 Wheat Prices in Liverpool vs. Chicago, 1850-1913. Source Data: C. Knick

Harley, "Transportation, the World Wheat Trade, and the Kuznets Cycle, 1850–1913," *Exploration in Economic History* 17, no. 3 (July 1980), 246–247.

그림 13–2 U.S. Import Tariffs on Dutiable Goods Under GATT. Source Data: *Historical Statistics of the United States, Millennial Online Edition* (Cambridge University Press, 2006) Table Ee424–430.

그림 13–3 Real Value of World Trade: 1720–2000. Source Data: W. W. Rostow, *The World Economy* (Austin: University of Texas, 1978), 669, and Angus Maddison, *The World Economy* (Paris: OECD, 2001), 362.

그림 14–1 *Shares of Total National Income*. Source Data: United States Census Bureau.

| 표 |

표 10–1 Proportions of New World Slave Imports between 1500 and 1880, and Their Descendant Populations in 1950. Source Data: Philip D. Curtin, *The Atlantic Slave Trade* (Madison, WI: University of Wisconsin Press, 1969), 91.

표 13–1 Stolper-Samuelson Categories. Adapted from Ronald Rogowski, *Commerce and Coalitions* (Princeton: Princeton University Press, 1989), 1–60.

표 13–2 GATT Rounds. Source Data: T. N. Srinivasan, *Developing Countries and the Multilateral Trading System* (Boulder, CO: Westview Press, 1998), 9–11, and John H. Jackson, The World Trading System, 2nd ed. (Cambridge MA: The MIT Press, 1997), 36–38.

표 14–1 Per Capita GDP in Nations Open and Closed to World Trade. Source Data: Jeffrey D. Sachs et al., "Economic Reform and the Process of Global Integration," *Brookings Papers on Economic Activity*, 1995, no. 1 (1995): 22–38 and Angus Maddison dataset, http://www.ggdc.net/maddison/Historical_Statistics/horizontal-file_03-2007.xls.

| 지도 |

고대 실크 이동 경로 Ancient Canals at Suez, based on Joseph Rabino, "The Statistical Story of the Suez Canal," *Journal of the Royal Statistical Society*, 50, no. 3 (September 1887): 496–497.

향 재배지와 이동 경로 Incense Lands and Routes, based on Nigel Groom, *Frankincense and Myrrh* (Beirut: Librairie du Liban, 1981), 99, 192.

2차 흑사병 The Black Death, Act II: A.D. 1330–1350, based on Elizabeth Carpentier, "Autour de la Peste Noir: Famines et Epidémies dans l'Histoire du XIVᵉ Siècle," *Annales: Economies, Societes, Civilizations* (1962), 1062–1092.

다 가마의 첫 번째 항해 Da Gama's First Voyage, 1497–1499, based on Sanjay Subrahma nyam, *The Career and Legend of Vasco da Gama* (Cambridge: Cambridge University Press, 1997), 90–91.

17세기에 절정에 달한 아시아의 네덜란드 제국 Dutch Empire in Asia at Its Height in the Seventeenth Century, based on Jonathan I. Israel, *Dutch Primacy in World Trade, 1585–1740* (Oxford: Clarendon Press, 1989), 182–183.

1846년 이리 운하와 세이트루이스 수계 The Erie Canal and Saint Lawrence Systems in 1846, reproduced with kind permission from Cambridge University Press, Thomas F. McIlwraith, "Freight Capacity and Utilization of the Erie and Great Lakes Canals before 1850," *The Journal of Economic History* 36, no. 4 (December 1976), 854.

세계 원유 이동 경로 World Oil Flows, Millions of Barrels per Day, reproduced with kind permission from Jean-Paul Rodrigue, "Straits, Passages and Chokepoints: A Maritime Geostrategy of Petroleum Distribution," *Les Cahiers de Geographie du Quebec* 48, no. 135 (December 2004): 364.

| 역자 후기 |

저자는 특별할 것 없는 일상 속에서 무역의 위대함을 발견한 일화로 책의 첫머리를 시작한다. 유럽에서 사과가 한창 수확되는 시기에 베를린의 호텔 로비에서 챙긴 사과 한 알이 알고 보니 머나먼 뉴질랜드산이더라는 발견은 오늘날 지구촌에서 벌어지는 무역의 특징을 잘 보여주는 사례다. 아닌 게 아니라 이 원고를 작성하고 있는 노트북을 비롯해 책상 위에 놓인 커피, 볼펜, 수첩, 휴대전화 모두 생산된 곳이 제각각이다. 하긴 '세계의 공장'이라는 이웃 나라 중국에서 생산되지 않은 제품을 하루라도 쓰지 않고는 살기가 어려운 세상이니, 무역은 거창한 게 아니라 당장 우리 삶에 맞닿아 있는 주제이다.

지금은 중국에서 온 물건이라 하면 일상적 품목을 떠올리게 마련이지만, 3세기 유럽에서 미지의 나라 중국으로부터 건너온 실크는 황제나 대단한 부자 정도만 걸칠 수 있는 값비싼 사치품의 대표 품목이었다. 『무역의 세계사』는 제대로 된 기록이 남아 있지 않은 선사시대에도 장거리 교역이 있었다는 사실을 흥미진진한 사례를 통해 소개한다. 수메르의 농사꾼들을 공격한 유목민들이 쓰고 있던 구리를 입힌 투구, 그리스의 한 동굴에서 발견된 흑요석 조각 등은 인류가 토판에 처음으로 설형문자를 기록하기도 전에 진귀한 물건을 멀리 가져가 교환했음을 알려주는 단서다. 저자는 귀한 단서를 토대로 탁월한 상상력을 펼치지만 충분한 근거를 기반으로 하기 때문에 독자들은 그 여정에 무리

없이 올라탈 수 있다.

저자는 인류의 흔적이 남아 있는 수천 년 전까지 거슬러 올라가 교역에 관련된 역사를 훑어 내려오는데, 이 책은 시기뿐만 아니라 주제 측면에서도 다른 역사 관련 서적에서 좀처럼 찾아보기 어려운 방대함을 자랑한다. 단봉낙타와 쌍봉낙타의 주요 서식지와 교배, 설치류가 페스트균을 옮기면서 벌어진 재앙, 네덜란드 동인도회사와 영국 동인도회사의 결정적 차이점 등 저자는 광범위한 시기와 주제를 종횡무진하면서 독자를 거침없이 무역의 세계로 인도한다. 전혀 상관이 없을 법한 일화를 일관된 흐름으로 엮어내는 저자의 솜씨도 일품이라 책장을 넘기면서 때로는 탐정 소설을 읽는 듯한 쾌감도 느낄 수 있다. 저자가 다양한 시공간을 아우른 만큼 번역 과정에서도 그 걸음을 따라가기 위해 검색에 검색을 거듭해야만 했다. 다른 역사서에서 접할 수 없던 일화나 주제에 맞닥뜨릴 때마다 호기심이 이는 한편 저자의 박식함에 절로 겸허한 마음을 가질 수밖에 없었다.

2018년에는 국내외에서 많은 일이 일어났지만 '미중 무역전쟁'만큼 향후 국제 관계에 지속적으로 지대한 영향을 미칠 만한 사건도 드물 것이다. 올 초부터 검색어에 오르내리기 시작한 양국의 갈등으로 이미 중국 경제는 실질 지표가 악화되고 있으며 경제위기론까지 나오고 있다. 미국에서도 증시가 연일 급락하며 시장의 우려가 현실로 드러나는 모양새다. 중국의 항복을 원하는 미국, 이를 수용하기 어려운 중국의 입장이 충돌하는 상황이라 장기전이 될 가능성이 높아지고 있다. 일각에서는 양국의 무역전쟁으로 가장 큰 영향을 받는 나라가 한국이 될 것이라 예상하기도 한다. 수출 제품에서 국제 분업으로 생산되는 제품의 비율이 높아 국제 분업의 가치 사슬이 끊어지면 당장 수출에 큰 타격을 입기 때문이다.

마침 이 책의 후반부는 무역에 의한 승자와 패자에 대한 분석을 자세하게 다룬다. 수천 년 동안 혁명적으로 이어져온 무역의 역사를 살펴보는 동안 그 어느 때보다 '평평해진' 세상에 사는 우리도 새로운 깨달음을 얻을 수 있을 것이다. 인터넷으로 세계가 연결되어 있지만 그만큼 연결성의 파괴에 취약한 시대, 세계의 화약고라는 중동에 여전히 화석 연료를 크게 의존하는 시대에 이 책에 담겨 있는 지혜를 이정표 삼아 새로운 길을 찾을 수 있기를 기대해본다.

옮긴이 박홍경

무역의 세계사

초판 1쇄 발행 2019년 4월 10일
초판 6쇄 발행 2024년 4월 25일

지은이 윌리엄 번스타인
옮긴이 박홍경

펴낸이 정상우
편집 주간 주정림
디자인 오필민 디자인
제작 두성 P&L
종이 (주)이에스페이퍼
펴낸곳 (주)라이팅하우스
출판신고 제2022-000174호(2012년 5월 23일)
주소 경기도 고양시 덕양구 으뜸로 110 오피스동 1401호
주문전화 070-7542-8070 팩스 0505-116-8965
이메일 book@writinghouse.co.kr
홈페이지 www.writinghouse.co.kr

- 이 책은 저작권법에 따라 보호받는 저작물이므로 무단 전재와 복제를 금지하며, 이 책 내용의 전부 또는 일부를 이용하려면 반드시 저작권자와 라이팅하우스의 서면 동의를 받아야 합니다.
- 라이팅하우스는 독자 여러분의 원고 투고를 기다리고 있습니다. 출판하고 싶은 원고가 있으신 분은 book@writinghouse.co.kr로 기획 의도와 간단한 개요를 연락처와 함께 보내 주시기 바랍니다.
- 파손된 책은 구입하신 서점에서 교환해 드리며 책값은 뒤표지에 있습니다.